新校区建设

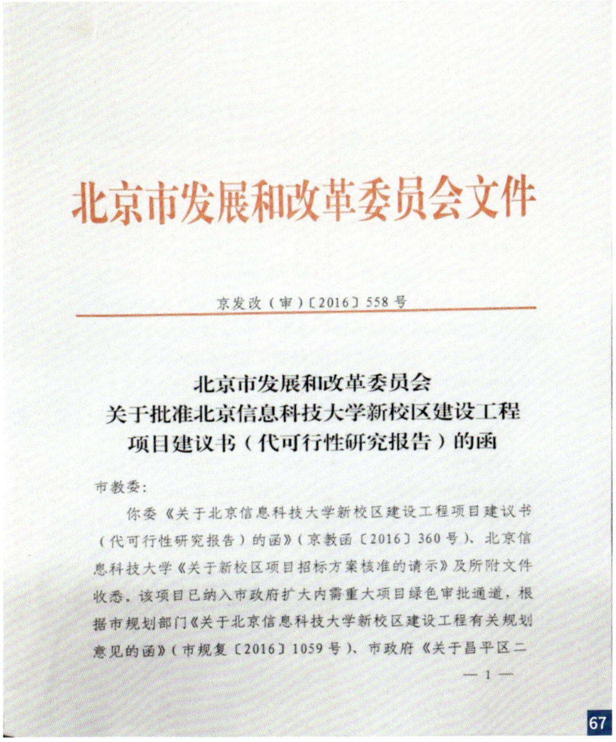

北京市发展和改革委员会文件

京发改（审）〔2016〕558 号

北京市发展和改革委员会
关于批准北京信息科技大学新校区建设工程
项目建议书（代可行性研究报告）的函

市教委：

你委《关于北京信息科技大学新校区建设工程项目建议书（代可行性研究报告）的函》（京教函〔2016〕360 号）、北京信息科技大学《关于新校区项目招标方案核准的请示》及所附文件收悉。该项目已纳入市政府扩大内需重大项目绿色审批通道，根据市规划部门《关于北京信息科技大学新校区建设工程有关规划意见的函》（市规复〔2016〕1059 号）、市政府《关于昌平区二

— 1 —

66 9 月 20 日，新校园学生宿舍 A 组团开始内部装修

67 9 月 20 日，新校区建设工程项目建议书（代可行性研究报告）喜获批复

68 3 月 26 日，学校沙河安置房和公租房选房工作顺利完成

66

67 68

61 4月29日，2016年田径运动会

62 7月，2015级学生军训

63

64

65

63 6 月 24 日，本科生毕业典礼

64 4 月 8 日，研究生毕业典礼

65 6 月 24 日，本科生毕业典礼

63

64

65

47

48

49

47 7月2日，福建校友联谊会成立

48 5月21日，助力梦想 创新创业——“校友杯”创业大赛决赛举行

49 9月12日，校长助理林国策带队赴黄城根小学看望校友

50 7 月 11 日，校领导视察学校 2016 年招生录取工作

51 6 月 29 日，学校举办“党在我心中”教职工歌咏活动

52 6 月 1 日，工会举办“童心 · 圆梦”教职工“六一”亲子活动

50 | 52

51

53 54
55
56

53 11月15日，学校2016年区人大代表换届选举投票工作圆满完成

54 11月9日，学校2016年度主题消防安全文化节开幕

55 4月21日，学校第四届世界读书日系列文化活动启动

56 10月16日，首都高校第八届秋季学生田径运动会在学校隆重开幕

57 6月11日，2016年校园开放日活动举行

58 11月3日，“职”为你来“京津冀”中外企业校园行招聘会举行

59 5月26日，“在团旗下共奋进、共成长”主题团日活动公开赛暨五四表彰大会圆满结束

60 6月14日，学校举办2016年党章党史知识竞赛

57	58
59	
60	

《北京信息科技大学年鉴》

编委会

《北京信息科技大学年鉴 2017》

编辑部

《北京信息科技大学年鉴》

编辑说明

《北京信息科技大学年鉴 2017》是学校正式成立后编辑出版的第十本（部）年鉴。本年鉴汲取前人的编辑经验、承继往年的年鉴风格，资料更加权威、内容更加丰富、体系更加完善，重点反映了北京信息科技大学 2016 年学科建设、教学科研、人才培养、队伍建设、学校管理、交流与合作、校园文化建设、党建与思想政治工作等方面的重要活动和取得的成果等，供全校各单位及校外有关单位了解和研究学校的发展情况时参考使用，同时也是北京信息科技大学历史发展的真实记载。

《北京信息科技大学年鉴 2017》是资料性文献汇编，以文章和条目为基本载体，以条目为主。全书包括新闻图片、学校事业发展综述、大事记、特载与专文、机构与队伍、人才培养、科研与开发、国际及港澳台交流与合作、管理与服务、党建与思想政治工作、教学单位、表彰与奖励、附录等基本栏目。本年鉴选题时间范围为 2016 年 1 月 1 日至 12 月 31 日，力求全面、客观、系统记载学校 2016 年的重大事件、重要活动、重要动态及各个领域的新进展、新成果、新信息，其中收录的统计数据，由学校相关部门审定、提供。

《北京信息科技大学年鉴 2017》在学校年鉴编委会主持下，由年鉴编辑部具体开展编纂工作。编辑部以党校办人员为主，全校各处级建制单位负责年鉴组稿的同志共同参与编纂。编辑部主任、负责人负责统稿和审定。

《北京信息科技大学年鉴 2017》的编辑出版工作得到了学校领导的大力支持以及全校各单位的鼎力协助，在此表示衷心的感谢。本年鉴内容涉及面广、工作繁复，加上编辑人员水平所限、经验不足，故问题和疏漏在所难免，敬请全校师生和广大读者批评指正

《北京信息科技大学年鉴》编辑部

2017 年 7 月

【目 录】

【学校事业发展综述】

一、学校现状概述

2003年8月，北京市委、市政府决定在北京机械工业学院和北京信息工程学院的基础上合并组建北京信息科技大学。经过近五年筹建，2008年3月，教育部批准正式设立北京信息科技大学，2008年5月，北京市委、市政府隆重召开北京信息科技大学成立大会。北京信息科技大学步入了新的发展阶段。

2010年1月20日，中共中央政治局委员、北京市委书记刘淇，市委副书记、市长郭金龙，市委副书记、市委教育工委书记王安顺等七位市领导专程到学校调研，对近年来学校发展建设取得的显著成效给予了充分肯定，对学校进一步推进科学发展提出了新的要求。

2011年3月15日，北京市人民政府批准学校新校区建设项目立项，总用地规模78.95万平方米（其中建设用地50.69万平方米）。

二、基本情况

截止2016年年底，学校有小营、健翔桥、清河、金台路、酒仙桥等5个校区，占地33.35万平方米，校舍建筑面积33.32万平方米；固定资产总值12.45亿元、其中教学科研仪器设备5.92亿元。纸质图书116.98万册，电子图书16.9TB。学校设有机电工程学院、仪器科学与光电工程学院、自动化学院、信息与通信工程学院、计算机学院、经济管理学院、信息管理学院、马克思主义学院、公共管理与传媒学院、外国语学院、理学院、国际交流学院12个学院以及研究生院、体育部、计算中心、机电实习中心、电子信息与控制实验教学中心和继续教育学院等教学机构。学校面向全国30个省（自治区、直辖市）招收全日制普通本科生，面向西部3个省（自治区）招收少数民族预科班学生，面向内地新疆高中班和内地西藏高中班招收本科生。学校有12个专业和1个类别（计算机类）在北京地区一本招生，在京外26个省（区）全部或部分专业进入一本招生。学校有在校生15875人，其中，硕士研究生1210人，普通本科生10749人，成人教育本专科生3881人。

学校有36个本科专业，覆盖工、管、理、经、文等5个学科门类；现有国家级特色专业建设点4个，北京市特色专业建设点9个；有一级学科硕士点14个，二级学科硕士点43个；有工程硕士和工商管理硕士2个专业学位授权种类，9个专业学位授权领域。学校有教职工1359人，其中专任教师843人，专任教师中，正高级职称131人、副高级职称343人；各类硕士生导师358人、博士生导师22人。

学校面向首都经济建设和社会发展需求，以应用研究和科技开发为重点，大力开展科学研究，充分发挥行业特色，在电子信息、现代制造与光机电一体化、计算机应用技术、知识管理与技术经济等领域形成科研优势。

学校坚持开放办学，积极扩大海外交流与合作，与英国剑桥大学，美国加州大学欧文分校、加州大学河滨分校、辛辛那提大学、鲍灵格林州立大学、密苏里大学（堪萨斯城）、奥克兰大学、蒙哥马利奥本大学、圣何塞州立大学、威斯康星大学拉克罗斯分校、威斯康星大学帕克赛德分校，加拿大不列颠哥伦比亚大学、温莎大学，爱尔兰国立科克大学、格利菲斯都柏林大学、阿斯隆理工大学，德国耶拿应用技术大学，澳大利亚格林菲斯大学、拉筹伯大学、卧龙岗大学、邦德大学、维多利亚大学，法国欧洲理工学院、巴黎行政管理学院，意大利罗马外国语大学、罗马二大，日本冈山大学、福井大学，瑞典中瑞大学、哈姆斯塔德大学，新西兰国立理工学院，中国台湾地区世新大学、宜兰大学、铭传大学、台北科技大学、朝阳科技大学、建国科技大学、龙华科技大学等50余所高校建立了校际合作关系，开展了科研合作、互访讲学、管理人员培训、英语教师和双语教师学习进修，本科生双学位项目以及联合培养硕士和博士研究生合作项目。

学校积极开展引进外国智力活动，2011年以来先后申请到国家外专局高端人才项目和北京市人力资源与社会保障局的重点引智项目等近30项，先后聘请美国哥伦比亚大学 1999 年经济学诺贝尔奖获得者罗伯特·蒙代尔教授等国外一批高水平专家为学校的荣誉教授，定期或不定期到校进行讲学和开展学术交流活动。同时，还聘请爱尔兰考克大学校长 Michael Murphy 教授、美国奥本大学蒙哥马利校区校长 John G. Veres III 教授等一批合作大学的校长作为学校的荣誉学术委员会委员。

在积极发展对外交流的同时，学校加大吸引到华留学生步伐，进一步扩大学校知名度，提高到华留学生的层次和数量，提升到华留学生的教育教学管理水平。2012 年 6 月 7 日，学校筹建国际交流学院，经过一年多的时间，国际交流学院在办学规模扩充、管理制度完善、基础设施改造等方面取得显著成效，于 2013 年 10 月 22 日正式成立。

三、发展成果

（一）人才培养质量不断提高

近年来，学校获得国家级教学成果奖特等奖 1 项，一等奖 1 项、国家级特色专业建设点 4 个、国家级实验教学示范中心 2 个、国家级大学生校外实践教育基地 1 个 、国家级工程实践教育中心建设单位 1 个、国家级优秀教学团队 1 个；获得北京市属市管高校创新团队 24 个、北京市特色专业建设点 9 个、卓越工程师教育培养计划专业 3 个、教育部专业综合改革试点项目 2 个、市级实验教学示范中心 4 个、市级教学名师 8 人、市级优秀教学团队 8 个、市级校外人才培养基地 3 个。学校应届本科毕业生一次就业率保持在 95% 以上，毕业生受到用人单位好评。学校以本科生为主的足球机器人 water 队在中型机器人足球世界杯赛中四次荣获冠军，为国家争得荣誉；学生“捷能车队”在全国大学 Honda 汽车节能比赛中连续四年蝉联冠军。

（二）学科建设成绩显著

学校不断强化学科建设为龙头的意识，加强学科建设，初步形成以工管为主体、多学科协调发展的学科体系。学校 2016 年有 3 个北京市重点学科、9 个北京市重点建设学科；1 个省部共建教育部重点实验室，5 个北京市级重点实验室，2 个信息产业部重点实验室，2 个财政部与北京市共建开放实验室，2 个机械工业重点实验室，2 个北京实验室（参与），1 个北京市哲学社会科学研究基地，1 个北京市高校工程技术研究中心；具有开展推荐优秀应届本科毕业生免试攻读硕士研究生工作资格；获批“北京信息科技大学产学研联合研究生培养基地建设”项目，成为拥有北京高校产学研联合研究生培养基地的市属高校之一。

（三）科技工作取得突破

学校立足优势，紧贴需求，把握趋势，以应用研究和科技开发为重点，科技工作保持了持续快速发展的良好势头，取得了以连续 3 年作为第一完成单位获得 4 项国家级科技奖励为标志的重大突破，学校科技竞争力明显增强。近年来学校各类科研项目数稳步提高，科研到款额每年以约 30% 增速稳步上升；科研项目层次不断提高，国家自然基金数目数稳步上升，每年均新增国家科技重大专项、国家科技支撑计划、863 课题等高水平国家级项目，发明专利数大幅增长。2011 年 6 月 15 日，由学校参股的北京拓尔思信息技术股份有限公司在创业板成功上市，成为北京市属市管高校中首家上市企业。拓尔思公司的成功上市，标志着学校科研成果转化及产业化工作进入了新的发展阶段。该公司实施 2011 年度送转股方案后，学校共持有该公司 1470.74 万股，占总股本的 7.18%，按 2015 年 3 月 18 日收盘价 44.03 元计算，市值约 6.48 亿元。

2009 年 7 月，学校成为“中关村国家自主创新示范区”首批 6 家股权激励试点单位之一。2009 年 10 月，学校获批建设北京市大学科技园。2010 年 12 月，学校获批中关村科学城第二批建设项目“北京高端信息产业技术研究院”。

（四）师资队伍建设明显加强

学校依托北京市人才强教深化计划，引进双聘院士 6 人，北京市海外高层次人才 2 人，特聘教授 2 人，讲座教授 3 人，获得市属高校学科首席专家岗位 1 个。入选国家百千万人才工程 1 人，北京市新世纪百千万人才工程 3 人，北京市属高校长城学者 4 人，北京学者 2 人。现有全国优秀教师 2 人、北京市优秀教师 9

人、全国优秀教学团队1个、北京市优秀教学团队8个、北京市教学名师8人、北京市属市管高校创新团队24个、创新人才15人，青年拔尖人才35人，北京市人才强教深化计划骨干教师107人；通过引进培养和推进改革，基本形成以“双聘院士”、特聘教授、学科首席专家、优势特色学科带头人和创新团队为主体的高层次人才队伍；不断完善和提升接收新教师的标准，规范程序、强化管理，严把入口质量；初步完成了以学科建设为龙头和引领、以建立竞争激励流动机制为导向的教师职务全员聘任改革，促进了队伍结构优化和管理机制完善。

四、发展目标

学校“十三五”规划期间的发展目标是：2020年基本建成教学研究型大学；2030年努力建成若干优势学科国内一流、国际知名的高水平教学研究型大学；2050年建成国内一流、国际知名的高水平大学。

学校发展的长远目标是：努力建设在电子信息、现代制造与光机电一体化、知识管理与技术经济等领域特色鲜明，立足北京、面向全国，培养高素质应用型人才为主，对首都经济社会及行业发展的人才支持及科技贡献力较大，办学实力稳居北京市属高校前列，达到国内同类高校一流水平的教学研究型大学。

【大事记】

1月7日，“建筑里的北京信息科技大学校史展”开展。以学校建筑物变迁为蓝本的“建筑里的北京信息科技大学校史展”经过三个多月的酝酿、整理、资料查证及整体设计，展览呈现了学校前身多支脉落不同发展时期有代表的建筑物的风貌，同时还分校区展示了相关教学、科研、后勤保障、活动设施、校园景观等不同功能建筑物的演变过程。

1月12日，围绕“提升国际化办学水平，助力学校转型发展”这一主题，学校召开第一次全校外事工作会议。校长王永生作工作报告，全面总结学校近年来的外事工作成绩，认真分析当前学校国际化办学存在的差距不足，明确未来学校国际化办学的目标和主要任务。全体校领导班子成员、各学院班子成员及相关部门领导参加了会议。副校长许宝杰主持会议。

1月16日，上海校友联谊会成立。党委副书记杨军，校友会副会长、校长助理林国策，校友会常务副秘书长、校友校史办公室主任赵晓林，校友会副秘书长、招生就业处处长杜世智，公共管理与传媒学院联谊会会长、党总支书记郭严俊等亲临会场祝贺，为校友们送去母校的关心和问候。广东校友分会秘书长赵剑冬、副秘书长李致兴也到现场祝贺，参会校友代表覆盖老中青三代共百余人，大家热情洋溢地聚在一起话母校情，叙同学意，气氛热烈。上海校友联谊会是学校校友会成立的第20个分会机构。

1月14日，学校正式成立了体育工作委员会。校党委副书记杨军当选为体育工作委员会主任。体育工作委员会的指导思想是：更好地开展体育运动和保健活动，促进全校师生员工的身体健康；更好地发挥体育育人作用，营造人人重视体育、参加体育锻炼、崇尚健康生活的体育文化氛围；更好地培养学校特色体育项目，形成师生喜爱、有社会影响力的体育运动品牌。

1月26日，《中国日报》第六版，以《Retired teacher leads recycling movement》为题，专题报道了学校退休教师沈云师，从2000年起至今15年来，坚持不懈回收废旧电池，为环保事业做出的特殊贡献和事迹，以及对身边老师、同学和相关人士所发挥的带动和激励作用。报道稿特别强调“maintaining high levels of public participation is essential”，以此激发大家行动起来，共建、共享和谐社会、美丽社会的积极性和主动性。

3月2日上午，根据市委统一部署，市委第四巡视组专项巡视北京信息科技大学党委工作动员会召开。市委第四巡视组组长崔砚青就即将开展的专项巡视工作作了讲话。北京信息科技大学党委书记郑君礼作了表态发言。校长王永生主持会议。

市委第四巡视组副组长胡文顺、王敬东、王爱军及巡视组全体成员，市委巡视工作领导小组办公室有关人员，学校党委领导班子成员及其他校级领导干部出席会议。全校副处级以上领导干部，部分全国及市区“两代表一委员”、民主党派和无党派人士、党风廉政监督员、教代会代表等参加了会议。

3月15日，学校通过能源管理体系认证，取得由中国船级社质量认证公司颁发的能源管理体系认证证书，标志学校能源管理体系建设得到权威机构认可。

3月17日，学校在小营校区报告厅召开干部宣布大会，宣布北京市委关于学校党委书记职务任免的决定。市委组织部副部长李世新，市委教育工委常务副书记张雪，市委教育工委委员、干部处处长陈江华，市委组织部宣教政法干部处处长冷强田、副处长赵跃出席会议。学校领导班子成员，中层干部，学术委员会代表，工会、教代会、团委等负责人，党代会代表、全国市（区、县）人大代表、政协委员代表，民主党派负责人，近期退出领导班子的成员等参加会议。会议由校长王永生主持。

3月26日 学校沙河安置房和公租房选房工作顺利完成。经过前期报名、资格审核、公示等环节，学校于3月26日上午组织开展了沙河高教园安置房、公租房现场选房工作，118名教职工取得学校配售配租的安置房和公租房。学校沙河高教园安置房和公租房房源共329套，其中安置房40套，公租房289套。最终，40套安置房被全部选完，公租房也被选定78套，剩余房源211套（其中学校预留10套用于引进人才）。

3月31日，根据中组部和北京市委教育工委的工作部署和学校工作安排，学校在小营校区学术交流教室召开院级党组织书记抓党建工作述职评议考核会议，学校18个院级党组织中7位院级党组织书记（常务副书记）就2015年抓党建工作情况进行现场述职，不参加现场述职的提交了书面述职报告并于2017年进行现场述职。这是学校首次开展院级党组织书记向校党委述职工作。北京市委教育工委组织处干部王小垂、校党委常委、校党委委员、两代表一委员、院级党组织书记、党政部门负责人、基层党支部书记、干部和师生代表等参加会议。党委副书记刘筱毅主持会议。

4月1日，校党委书记王传亮在副校长陶志红和基建处有关人员的陪同下到新校区考察工作。王传亮一行先后到学生宿舍A组团施工现场、新校区建设指挥部工地和两村拆迁现场，并看望了负责新校区安保工作任务的安保人员。王传亮要求施工单位一定要严格依据合同和施工图纸建设，牢固树立质量、安全意识；并指示基建处与参建单位通力合作，为新校区建设开好头，打好基础。在考察结束时王传亮特别强调，新校区建设是校园空间环境建设的突破点，基建处要以学校的事业发展为重，秉持奉献精神，团结协作、统筹兼顾、克服困难、重点突破，一定要树立信心和决心，把新校区建设好。

4月5日至14日，校党委书记王传亮在相关职能部门负责人陪同下，先后到计算机学院、通信学院、国际交流学院、经管学院、信管学院走访调研，并着重阐述了学校加强“五大环境建设”的发展理念。他指出，加强校园空间环境、办学环境、育人环境、治理环境、情感环境等五大环境建设理念的提出，是学校对党的十八届五中全会提出的五大发展理念的贯彻，是在顶层设计层面对学校实现转型发展进行的战略布局，希望大家共同思考、正确理解，推动形成全体信息科大人的共同理念。

王传亮强调，五大环境建设相辅相成，相互支撑，共同形成推动学校发展的良好生态。五个环境建设配套五个工程，每个环境建设都突出一项或多项中心任务，每项任务都指向制约学校发展的瓶颈和问题。他希望全校师生员工都能在五个环境建设中找到自己发挥作用、做出贡献的位置，能在上级领导下，在前几任领导班子工作的基础上，认清现实，面对困难，树立信心，开拓进取，推动学校各项事业不断向前发展。

4月27日，学校在小营校区报告厅召开“两学一做”学习教育工作会议，传达习近平总书记系列重要讲话以及中央、市委、教工委有关会议的精神，部署学校“两学一做”学习教育工作。校党委书记王传亮作重要讲话。全体在校校领导、全体中层干部，教师党支部书记、学生党支部书记代表参加会议。校长王永生主持会议。

4月28日 学校“北京市知识管理研究基地”评估再获优秀，由北京市哲学社会科学规划办公室组织，与市教委联合聘请专家对15个研究基地第三个建设周期（2013—2015）进行评估，学校“北京市知识管理研究基地”继前两期建设取得优秀后，再次获评优秀。

4月28日，北京市委副书记、市长王安顺一行到学校调研并开展思想政治教育活动。王安顺一行先后走访了学校传感器技术北京市重点实验室、光电测试技术北京市重点实验室，观看了学生科技创新作品展，对学校的科学研究、人才培养、创新创业等工作给予了肯定并提出了新的要求。调研中，他围绕当前国际、国内形势尤其是科技创新时代任务，结合首都经济发展的实际和实践，为学校师生作了题为《全面提升科技能力，加快构建创新驱动发展新格局》的报告。报告结束后，学校召开师生座谈会，学习领会市长王安顺调研讲话及报告精神。

5月6日，学校在小营校区第一会议室召开“十三五”事业发展规划编制工作小组办公室工作会议。会议主要对规划修改稿的指导思想、写作体例等修改内容进行了探讨，对完成编制规划的时间要求作了明确安排。校党委书记王传亮，党委副书记杨军、刘筱毅及规划编制工作小组成员参加会议。副校长许宝杰主持会议。

5月11日，学校2016年党风廉政建设工作会议在小营校区报告厅召开。本次会议的主题是：贯彻党的十八届三中、四中、五中全会，十八届中央纪委六次全会精神和习近平总书记系列重要讲话精神，落实市委教育工委、市教委2016年教育系统党风廉政建设工作会议工作部署，总结学校2015年党风廉政建设工作，部署2016年党风廉政建设各项任务。

5月25日，周恩来总理曾经的卫士高振普将军作为信息管理学院思想教育党校导师，为学校学生开设了题为《学习周恩来精神，全心全意为人民服务》的党课。来自信息管理学院、理学院、外国语学院的200多名学生党员和积极分子聆听。

5月26日至27日，进一步加强学校管理与教学干部队伍的建设工作，提高教职工的管理理论素养和管理工作水平，学校委托北京市高等学校师资培训中心举办了2016年管理干部行政工作能力提升高级研修班。参训人员为校各处室、院系从事行政管理工作的工作人员近50人。

6月28日，“七一”前夕，学校在小营校区报告厅隆重举行庆祝中国共产党成立95周年大会暨“两学一做”学习教育论坛。大会旨在回顾党的光辉历史，坚定理论自信、道路自信、制度自信，扎实推进“两学一做”学习教育和“五个环境建设”，促进学校更好更快发展。全体校领导、党员处级领导干部、在职教工党支部书记、教师党员代表、新生发展学生党员代表约200人出席大会。大会由校长王永生主持。

6月28日至7月4日，第20届Robocup机器人世界杯在德国莱比锡举行。由机电工程学院王雪雁老师带队的学校机器人“Water”足球队在中型组总决赛中，点球惜败荷兰埃因霍温队，获得中型组亚军，在中型组技术挑战赛中获得冠军。

7月1日，学校与国家电网旗下的全资子公司北京中电普华信息技术有限公司举行了校企合作签约仪式，国家电网北京中电普华公司成为学校校外实习基地。副校长许宝杰、教务处处长王兴芬、招生就业工作处处长杜世智等职能部门领导以及信息管理学院全体班子成员出席了本次签署仪式。会议由信管学院院长李忱主持。

7月2日，福建省校友联谊会成立。30余名福建校友齐聚福州，参加此次成立大会。福建省校友联谊会是学校第七个地区分会机构，学校原党委书记、校友会会长郑君礼，学校副校长、校友会常务副会长韩秋实，校长助理、校友会副会长林国策亲赴盛会。

7月3日，学校2015级学生军训开营仪式在平北学生军训基地隆重举行，学校党委副书记杨军，军训团团长符玉鹏，学校相关职能部门负责人和部队相关领导出席了开训典礼。

7月6日，校党委书记王传亮在2016年第7期《前线》杂志发表题目为《建设“五个环境” 打造特色鲜明的高水平大学》的论文。文章结合“创新、协调、绿色、开放、共享”五大发展理念，结合北京市委书记郭金龙重要讲话精神、市长王安顺到学校调研时重要讲话精神，阐述了面对新形势、新任务，如何谋划并扎实推进学校的整体发展和长远发展，把学校建设成信息特色鲜明、国内一流、国际知名的高水平教学研究型大学。

7月7日，学校与清华大学出版社签署战略合作协议。清华大学出版社社长宗俊峰、副社长卢先和、出版社相关领导、编辑，副校长许宝杰及相关职能部门和学院领导。教务处处长王兴芬主持签约仪式。

7月16日，《北京教育考试报》刊发校长王永生题为《学会做人，学会做事，学会学习》的署名文章。文章是王永生校长2016年毕业典礼上对2016届毕业生语重心长的寄语的部分内容。文中提到毕业生踏出校门后将用一生去感悟社会，在人生道路上需要学会做人，学会做事，学会学习；提到立身始于“信”、有为始于“勤”，要诚信、勤奋，做“知行合一”的实践者。

8月1日，学校召开党委常委会，集体研究巡视整改工作。校领导班子全体成员参加了会议，巡视整改工作领导小组办公室全体成员列席了会议。学校巡视整改工作领导小组常务副组长、校党委副书记刘筱毅和校纪委书记冯晓春首先向会议汇报了巡视整改工作领导小组办公室最近两周的工作进展情况，介绍了巡视整改方案的制订和修改情况，并对下一步的工作进程进行了通报。校领导班子成员分别就本人牵头负责整改问题的整改思路、整改措施和立行立改情况进行了专题汇报。会议由校党委书记王传亮主持。

8月25日，《中国高等教育》杂志2016年第15/16期（总第569期）刊登校长王永生署名文章《地方高校建设“双一流”大有可为》。文章结合中央《统筹推进世界一流大学和一流学科建设总体方案》，结合北京信息科技大学在学科建设、人才强校、服务社会经济发展等方面的探索和实践，分析了“双一流”建设为地方高校跨越发展提供的利好政策、广阔时空，明确提出：地方高校应在“双一流”建设中积极作为。

8月26日，2016年人才工作会暨中层干部扩大会在小营校区报告厅召开。会议的主题是：凝聚共识，抢抓机遇，推进学校人才工作再上新台阶。这是学校在国家实施创新驱动发展战略、提出“双一流”大学建设方案的新形势下，充分贯彻全国、北京市人才工作会议精神，大力推进学校“十三五”事业发展的背景下召开的重要会议。全体校领导出席会议，全体中层干部、正教授参加会议。

8月29日上午，学校在小营校区第一会议室召开党委常委会，学校党委书记王传亮代表上级组织宣布王秀彦同志任学校党委副书记的任命。王秀彦将分管学生工作、就业工作、教代会工作、工会工作、体育工作、团委工作。

8月31日，学校在小营校区运动场为3100余名2016级本科新生、研究生新生隆重举行开学典礼。校党委书记王传亮、校长王永生，校党委副书记刘筱毅、王秀彦，副校长韩秋实、刘勇、许宝杰、陶志红，校长助理栾忠权、林国策出席典礼。参加典礼的还有杰出校友代表，各学院、研究生院、部分学校党政职能部门、有关校区的负责人、教师代表、学长代表。典礼由刘筱毅主持。

9月19日，学校党委中心组在小营校区第一会议室集中开展纪念红军长征胜利80周年专题学习。学校党委书记王传亮主持学习。本次学习的目的是重温光辉历程，弘扬长征精神。

9月21日，学校第二届党风廉政监督员聘任仪式在小营校区第四会议室举行。党风廉政监督员、纪委委员参加了仪式。纪委书记冯晓春出席仪式并讲话。仪式由纪委副书记、纪委办公室主任（监察处处长）牛志英主持。

9月，2016年中国仪器仪表学会测量控制与仪器仪表领域全国优秀博士学位论文评选结果揭晓，经过单位初选推荐、形式审查、专家通信评议、专家会议评审，学校光电学院青年教师孙婷的博士学位论文《高精度星敏感器标定测试及动态性能提升方法研究》被评为测量控制与仪器仪表领域全国优秀博士学位论文。

9月，北京市发改委批复学校新校区建设工程项目建议书（代可行性研究报告），这标志着新校区项目建设取得了重大的阶段性成果。此次项目建议书批复总用地面积约78.9公顷，总建筑面积391211平方米（不含已开工建设的学生宿舍A组团项目25369.78平方米），项目建成后，将满足学校整体搬迁需要。此次获批的项目建议书（代可行性研究报告）在最终核定的学生规模、建设内容、建筑面积、投资金额等各个方面，更加贴合实际情况和学校未来发展的需要。项目建议书（代可行性研究报告）的批复是新校区建设工作的重要步骤和关键环节。

9月29日，包括北京信息科技大学在内的北京15所高校获批"北京高校思想政治理论课改革示范点"及"北京高校思想政治理论课改革示范点培育项目"。北京市委副书记、教工委书记苟仲文，教工委常务副书记张雪等亲自为获批单位颁发了奖牌。

10月14日，北京市政协教文卫体委员会一行在委员会主任王守法的带领下到学校考察调研。本次考察调研旨在了解市属高校服务首都经济社会发展情况以及非首都功能疏解过程中存在的困难和问题。学校党委书记王传亮、校长王永生，所有在校校级领导、相关职能部门负责人、实验室负责人陪同调研。

10月16日，首都高校第八届秋季学生田径运动会在小营校区运动场隆重开幕。本届运动会由北京市教育委员会、北京市大学生体育协会主办，北京市大学生体育协会田径分会与北京信息科技大学共同承办。54所高校1390名运动员参加了本届秋季学生田径运动会。

10月26日，市委"两学一做"学习教育第五巡回督导组第六组组长，清华大学原党委副书记张再兴带队来学校开展巡回督导工作。校党委副书记刘筱毅代表学校党委就学校7月份以来"两学一做"学习教育开展情况，全力抓好四项重点工作任务及基层党组织建设有关工作进行了详尽的汇报。

10月26日，2017届毕业生首场大型校园招聘会在小营校区大学生文化艺术中心举行。90余家京内外用人单位提供上千个优质就业岗位，2000余名毕业生参加招聘会。校长王永生、校党委副书记王秀彦亲临会场检查指导工作。

11月4日，由北京信息科技大学承办的2016年北京学者计划信息与电子专家委员会工作会召开。中国科学院院士、中国工程院院士王越，国家最高科学技术奖获得者、中国工程院院士王小谟，中国科学院院士吴德馨、王圩、侯朝焕，中国工程院院士丁文华、方家熊、李天初、吕跃广、许居衍、王恩东，北京学者吴汉明、祝连庆，北京市人力资源和社会保障局党组副书记、副局长陈蓓，北京市委组织部人才工作处处长刘敏华，校党委书记王传亮、校长王永生，北京工业大学党委副书记沈千帆，首都师范大学、北京市科学技术研究院、北京电子控股有限责任公司相关领导出席会议。

11月9日，学校2016年度主题消防安全文化节在小营校区开幕。学校副校长、防火委员会主任刘勇参加并宣布主题消防安全文化节开幕。西三旗街道办事处相关领导参加开幕式并致辞。

11月12日，2016年华北五省（直辖市、自治区）大学生机器人大赛在北京大学生体育馆隆重开幕。来自华北五省（直辖市、自治区）的科技创新精英携带各自的机器人在此进行技术和创意的比拼，共话智能制造进步发展。校长王永生、北京市教委高教处处长邵文杰共同为北京信息科技大学机器人双创开放空间揭牌。王永生和北京市教委北京高校毕业生就业指导中心主任匡校震共同为北京高校大学生创业园（北京信息科技大学孵化基地）揭牌。

11月14日，学校与哈工大机器人集团签署战略框架合作协议。哈工大机器人集团副总裁白相林、学校副校长许宝杰及相关领导参加签约仪式。

11月15日，学校12999名选民参加了海淀区、朝阳区人大代表换届投票选举。前来检查工作的海淀区、朝阳区有关领导充分肯定了学校的选举工作。

11 月 20 日，校团委承办的首届首都高校大学生围棋大赛“弈同学时代”分赛场第一场正式拉开帷幕。“弈同学时代”围棋系列主题活动是在北京市体育局、共青团北京市委员会、北京市教育委员会、北京市学生联合会的支持下，由北京市棋牌运动管理中心主办的一场高品质、高规格、高水平的围棋系列公益活动，比赛汇集北京数十所高校。

12月，第七届“全国优秀科技工作者”评选结果揭晓，学校徐小力和祝连庆教授获得“全国优秀科技工作者”荣誉称号，成为中国广大科技工作者的优秀代表，这是学校教师首次获得此项殊荣。

12 月 29 日，北京市委教育工委印发《关于表彰 2014—2015 年北京高校党的建设和思想政治工作优秀成果、创新成果的决定》，学校党委申报的成果《落实全面从严治党要求 构建“三位一体”基层党建工作模式》荣获优秀成果三等奖。

【特载与专文】

提升国际化办学水平 助力学校转型发展

——在北京信息科技大学外事工作会议上的报告

校长 王永生

2016 年 1 月 12 日

老师们、同志们:

大家上午好！根据学校 2015 年工作安排，今天，我们在这里召开学校外事工作会议，共同探讨学校国际化发展之路，这次会议也是学校国际化办学方面的第一次全校性会议，会议的主题是“提升国际化办学水平 助力学校转型发展”。

报告的内容分为三个方面：一是全面总结学校外事工作；二是认真分析学校国际化办学方面存在的差距和不足；三是面向未来，明确学校未来国际化办学的主要目标和任务。

一、近年来学校外事工作的回顾与总结

伴随着国家对外开放的日益拓展和深化，学校外事工作逐步拓展，合作层次日渐提升，在建立健全外事组织机构及管理制度、学生国际化培养和留学生培养、国外智力引进、中外合作与交流等方面取得了积极进展。

（一）建立健全外事机构与管理制度，外事工作走向规范化

学校自合并筹建初期，就开始着手建立外事机构。2004 年，正式设立国际交流合作处，2012 年成立港澳台事务办公室，与国际交流合作处合署办公。国际交流合作处（港澳台事务办公室）作为学校行政职能部门，负责全校的国际（境）交流与合作工作。同时，为加快学校国际化办学步伐、积极发展来华留学生教育，学校于 2012 年 6 月开始筹建、2013 年 10 月正式成立国际交流学院，承担来华留学生的教育与日常管理工作，开展对外汉语教学及涉外技能培训。

在建立健全学校外事机构的同时，学校先后制定了《因公出国管理办法》《外事公务接待管理办法》等一批外事方面的规章制度，使学校外事工作有章可循，逐步走向规范化。

（二）国际合作层次提高，逐步扩展到教学科研等实质领域

近年来，随着学校国际化办学的发展，与国（境）外院校的交流与合作逐渐超越最初的礼节性的交流与访问，发展到学科和科研等实质性合作领域。

一方面，学校与国（境）外院校的交往日益频繁。自 2012 以来，学校共接待了来自 20 个国家和地区的外宾近 600 人，安排会见和访谈 150 余场。

另一方面，学校外事活动的层次和国际化办学水平逐渐提高。例如，2013 年，学校举办了“卓越人才培养与社会贡献力提升国际论坛”，邀请了国外近 30 余所合作大学的校长和代表参会，共同探讨本科生人才培养的新模式。论坛期间，学校与日本福井大学、美国奥克兰大学、德国耶拿应用技术大学、瑞典哈姆斯塔德大学等就学生交流、教师互访以及联合培养博士等合作项目达成共识。本次论坛推动了学校国际合作的进程，为学校的人才培养工作提供了积极的启示，也提升了学校举办大型国际交流活动的能力。再比如，2014 年，学校机电测控重点实验室主办“第五届国际测试自动化与仪器仪表国际会议”，并首次获得北京市外专局支持，有效提升了学校的国际影响力。还有，2015 年，学校联合清华大学、英国剑桥大学成立了“先进光电子技术国际合作联合实验室”，英国剑桥大学副校长受聘为学校的荣誉学术委员和荣誉教授，开启了学校科研走向国际合作的新起点，对提升学校创新能力和国际学术影响力具有重要意义。

（三）国外引智工作初现成效，人才队伍出国培训力度增强

近年来，学校在国际合作过程中不仅实现了引智项目“零”的突破，而且在项目的规模和资金额度上逐步增加。2011 年至今，已累计获得国家外专局和北京市外专局高端人才项目和重点引智项目共近 20 项，引智资金累计达 300 余万元。其中，徐小力教授和祝

连庆教授分别获得了北京市重点引智项目支持。这些项目均依托学校的重点学科和重点实验室等相关平台，为国外专家提供了配套资金保证，在学科建设和科研平台建设中发挥了重要作用。学校引智工作的成绩也得到了上级领导的认可，2014 年国家外专局副局长、文教司司长等相关领导到校调研，对引智项目落地生根的成果给予了充分肯定。

在国际高端人才引进方面，随着学校国际化合作领域的拓展，2011 年至今，学校先后聘请了以诺贝尔经济学奖获得者罗伯特·蒙代尔教授、英国剑桥大学副校长等为代表的一批国际知名专家和学者为学校的荣誉教授；另外，还聘请了来自亚洲、美洲、欧洲等地区的专家、学者到校讲学、访问、合作承担科研任务和承担学校各类课程，达百余人次。值得一提的是，2014 年学校聘请了一位美籍专家担任国际交流学院副院长，这也是学校国际教育管理方面的新尝试。这些工作的开展，提高了学校国际化办学水平，推动了学科的发展，提升了师生参与国际交流的意识。

在做好引智工作的同时，2011 年开始，学校加大教师的出国（境）培训力度，重点支持专业技术人员的出国培训。特别是 2014 年以来学校与加拿大温莎大学北美教师培训中心合作，先后选派了两批（共 24 名）教师出国系统地接受国外高水平的教学领域培训，学习效果和成效超出预期，受到了北京市外专局的充分肯定。

（四）在校学生出国（境）交流机会增加，来华留学生学历教育规模扩大

学校积极拓展与国（境）外院校的校际交流与合作，截至目前，已与北美、东亚、欧洲、台湾地区等十余个国家和地区的近 50 所院校建立了合作关系，学生长期、短期交流项目渐成规模。在学生交流方面，学校先后开展了面向在校本科生、研究生的长短期交流项目达 50 余项，多层次的长短期交流项目已实现了学校各个学院的全覆盖。2012 年至今，共向 15 所国外合作院校的 31 个交流项目共派出学生 327 人次，涉及 9 个学院，30 个本科专业，10 个研究生专业。从交流人数看，2015 年学生长短期交流人数是 2012 年的 1.5 倍。

学校在为学生提供更多交流选择的同时，也更加注重提升交流院校和交流项目的层次和水平。近年来，与学校开展合作交流项目的有美国加州大学欧文分校和河滨分校、美国辛辛那提大学、加拿大不列颠哥伦比亚大学以及台湾铭传大学、世新大学等，这些学校均是在所在国家或地区具有较强的竞争力的院校。此外，学校还与爱尔兰的科克大学、美国的奥克兰大学以及日本的福井大学等 7 所国外大学签署了联合培养博士生的合作协议。2014 年，学校首次向日本福井大学选派优秀硕士研究生攻读博士研究生，实现了与国外大学在联合培养博士方面“零”的突破。

在开展在校生出国交流的同时，学校还积极拓展来华留学生的招生渠道，着力发展来华留学生的学历教育。自国际交流学院成立以来，已累计招收长短期留学生 469 人，分别来自俄罗斯、美国、韩国等国家及地区。2013 年开始整班建制招收本科学历生，2015 年首次招收 2 名硕士研究生，实现了学校学历学位留学生招生工作的新发展。学校注重加强学历教育教学的规范化建设，以突出中国元素，努力满足不同国家、不同汉语入学水平求学者的学习需求，制订了经济学（国际贸易）专业人才培养方案，制订了工商管理、计算机技术硕士项目培养方案草案。积极开展教材建设，《经贸汉语》获得校级教材立项，填补了学校对外汉语教学教材空白。

（五）国际交流合作项目不断拓展，逐步推动学校开放发展

学校主动拓展国际化办学空间，积极寻求更多的国外合作大学和更高层次的科研合作项目。例如，2012 年，学校组团出访日本，将原来学校与福井大学工学院的合作协议提升到与福井大学的合作协议。在此基础上，2013 年福井大学代表团访问学校，签署了联合培养博士的合作协议。学校已于 2014 年首次选派优秀硕士生赴福井大学攻读博士学位。再有，2015 年，学校组团出访以色列，与本·古里安大学签订了合作协议，开启了与学校光电测控重点实验室共同致力于研究成果产业化的实质性合作。学校受邀访问了台湾世新大学、铭传大学等四所大学，与台湾铭传大学、宜兰大学签署了有关学生交流和教师互访等 3 份合作协议。世新大学和铭传大学是台湾传媒领域的顶尖学府，与他们的合作将对学校传媒专业发展起到重要的推动作用。

学校高度重视出访成果的落地生根。2012 年和 2013 年，学校派出的北京市高层次人才项目访问团，先后对瑞典、芬兰的绿色环保垃圾处理政策、技术等问题进行了实地调研，并就循环经济的应用进行了交流，

掌握了欧洲废弃品处理的理念、管理手段和先进技术等第一手材料，为北京市政府相关决策提供了重要的支撑。该出访项目获得了2012—2013年度北京市优秀因公出国成果奖。2015年，学校组团访问了剑桥大学，签署了学校与清华大学、剑桥大学三校共建国际联合实验室的协议，随后正式成立了“先进光电子技术国际合作联合实验室”。

二、学校国际交流与合作存在的不足和差距

近年来，学校国际交流与合作工作取得了积极进展，开创了学校外事工作的新局面，但从整体上看，目前学校的国际化办学进程还仅仅处于起步阶段，发展极不平衡，对照高等教育国际化办学的发展趋势和开放办学的要求，无论是国际化办学的内涵、形式、水平，还是国际化办学的氛围、政策、措施等方面都还有不小的差距，表现在以下几个方面：

（一）学校国际化办学的目标定位仍需进一步明晰

全校师生对于国际化办学的认同度不平衡，学校各个群体对国际化办学产生的积极意义的理解不够、对国际化办学在国家中长期教育改革和发展中的定位认识不足，对学校师生对于国际化的期待和需求也未能准确评估。各学院之间对国际化办学的实践也极不平衡，有的学院比较积极，国际合作项目开展的较好，有的学院比较排斥，认为是负担，不能很好地完成国际化办学的任务。换言之，学校目前在国际化办学方面存在认识上的不同倾向，即开展国际化办学工作是为了创收，还是为了拓展学校的发展空间、提高学校的办学层次，目前认识还很不一致。随着学校“十三五”事业发展规划的制定和学校的整体发展，我们要进一步明晰、凝聚对国际化办学目标定位的共识。

（二）师资队伍的建设水平不能满足国际化办学需要

目前，师资队伍建设是制约学校发展的瓶颈，这也体现在国际化办学方面。学校在引进具有国际教育背景的人才方面，工作还非常欠缺。目前，学校具有3个月以上海外学习经历的教师共136人，仅占全校教师总数的15%。在具有海外学习经历的教师群体中，主要的学习内容是以进修、短期访问和语言交流为主，专业教师的英语语言能力与国际化教学需求差别较大，能够承担留学生专业课程的双语课程教师非常匮乏，目前学校尚没有一个专业可以开展双语或全英文授课，没有国际班。专业教师的英语应用能力不足直接影响了学校的学科建设和科研水平，并从根本上制约了学校的国际化办学水平的提高。

（三）学科专业的设置难以满足留学生的学历教育需求

虽然近年来学校学生长短期交流人数实现了较大增长，但教育输出量大并不等同于教育国际化水平高，从教学科研方面来看，学校还没有真正意义上的国际化的学科和专业。目前，学校全英文授课的专业课程数量少，也鲜有国际化课程，无法形成英文授课的模块化课程体系，无法满足留学生（特别是学历生）的选课和学分要求，极大地制约了学校在校际交流、科研、学生交换等方面的工作。目前，在校生中留学生的比例仅占0.69%，与北京高校留学生占比6.62%（2014年）的数据相比仍有较大差距。

（四）政策、环境、条件难以支撑提升国际化办学水平

在学校的国际交流与合作发展中，办学的软硬件环境是基础性的。好的政策和环境能够激励学院和教师努力实现国际化办学目标，但是，学校目前在岗位设置、绩效考评等方面没有相关配套政策措施。此外，由于学校的办学空间比较紧张，也在一定程度上制约了学校国际化办学水平的提高。

总之，要提高学校的国际化办学水平，需要在国际化办学的目标定位、师资队伍建设、学科专业设置、政策条件支持等多方面加以整体规划和系统设计。

三、学校未来国际化办学的目标和主要任务

《国家中长期教育改革和发展规划纲要（2010—2020）》指出，要“开展多层次、宽领域的教育交流与合作，提高我国教育国际化水平。”党的十八届五中全会更加突出了五大发展理念中的“开放”理念，首都“四个中心”的城市战略定位也将“国际交往中心”位列其中。我们要深入思考，在“开放”和“合作”的环境中，学校如何实现更高层次发展。未来，国家

将更多地参与国际规则的制定，更多地参与国际竞争和国际事务，相应的，对高等学校国际化办学的要求也越来越高。“十三五”期间，学校将通过各种举措把国际交流与合作融入人才培养、科学研究、学科建设、师资队伍建设以及大学管理的全过程。

未来“十三五”期间，乃至更长一段时间，学校国际化办学的目标定位是：服务国家地区发展战略，提升国际化办学水平，助力学校转型发展。

首先，作为中国的社会主义大学，要服务于国家发展战略。比如，目前国家倡导“一带一路”战略，各行各业都在努力契合新的发展机遇，寻找生长点。针对“一带一路”沿线许多国家所用语言的教学（特别是一些非通用语种）仍是空白的现状，北京外国语大学一次性建设了多个专业的小语种，基本覆盖了一带一路沿线的国家。我们要思考，我们学校是以“信息科技”著称的大学，在服务国家“一带一路”战略“走出去”的过程中，应该如何寻找机遇？

其次，作为位于首都北京的市属高校，要服务于区域发展战略。比如，北京市四个中心的定位之一是“科技创新中心”。北京市教委启动了“北京高等学校高精尖创新中心建设计划”，这是契合区域发展战略的。该计划目标建设 20 个左右的高精尖中心，实施 50 个左右的高精尖项目，目前 13 个中心获得首批认定。北京市每年给予每个中心 5000 万元至 1 亿元的经费投入，其中，原则上不低于 70% 的经费要用于国际创新人才的聘用、国内创新人才资源的整合，不低于 50% 的人员聘任费要用于国际人才的聘用。从这项工作可以看出，科研工作和学科建设工作在很大程度上也与外事工作联结在一起，与“走出去”和“请进来”密切相关。

如同邓小平同志提出“改革开放”的战略选择，带领中国实现了今天的跨越式发展，我们学校在“十三五”期间，首先要在国际化办学的战略定位上形成共识。无论从国家发展战略的高度，还是高等教育改革发展趋势的角度，国际化办学都是学校发展的必由之路。目前，学校发展受到多方面客观因素制约，要在既定的政策框架之外寻找出路，按照国际标准办我们的高等教育，这是学校未来发展的必由之路。高等教育有统一的学术标准，围绕统一的学术标准构建学校的目标和定位，相信会实现突破性发展。未来学校将从以下几方面做出努力。

（一）引进与培养相结合，建设一支适应国际化办学需要的师资队伍

国际化办学水平的提升，关键在师资队伍的国际化。师资队伍的国际化，一方面要引进更多的具有海外教育背景的高端人才，另一方面要加大校内师资队伍国际化的培训与教育。

未来几年，学校将充分利用国家对地方高校人才引进增加投入的契机，重点引进具有海外教育背景尤其是高水平教育背景的人才。特别是要在学校已经申请到“外专高端人才项目”的基础上，填补在“外专高端千人计划”、“111 基地项目”上的空白，力争在未来的五年内使学校长短期外国专家的引进人数达到较高比例。学校 2016 年进人计划中明确提出：第一，引进的高端人才不占学院进人指标；第二，要求六个引领学科至少引进一名具有海外背景的人才。建设教学研究型大学，学校的师资水平、学科水平、科研水平、国际交流水平等都要有所提升。学校在制定“十三五”人才发展规划时，将结合学校发展目标定位，对人才队伍的数量、质量等做出科学的谋划。

在引进人才的同时，学校还将加大校内师资队伍的国际培训与教育。学校将制定出台相关政策，进一步完善师资队伍的聘任、资助、考核和奖励制度，为特色学科中有潜质的中青年人才提供优惠政策和绿色通道，加强国际培训与教育，使他们逐渐成长为未来学校教学和科研工作的中间力量。同时，积极拓展与国外大学在培养师资以及联合培养博士方面的合作，提升校内师资的国际化水平。

（二）以学科建设为引领，为国际化办学搭建高水平的科研平台

2015 年，学校联合清华大学、英国剑桥大学成立了“先进光电子技术国际合作联合实验室”，开启了学校科研工作迈向国际化第一步。高水平的学科建设和科研平台建设是吸引和留住国外高端人才的根本，比如“北京高等学校高精尖创新中心建设计划”，希望能够群策群力，认真谋划，积极争取，若有机会拿到类似的平台，不仅仅能得到较大的资金支持，整个师资队伍都会发生质的变化。学校正集中全校的优势和力量申请，力争使这样的工作能惠及更多师生。一方面，要加强学科和专业建设，凝练特色，突出学科优势；另一方面，要加大对国家外专局引进高端人才项目的宣传，并积极组织申报，让更多的学科带头人了解并

参与到这些项目中来。

未来几年，学校将围绕“世界一流大学和一流学科建设总体方案”寻找发展的突破口，重点在一流学科建设方面发挥学校在“互联网+”“光机电一体化”“现代制造”以及管理等领域的传统优势，在人才引进和资金上支持一批重点学科和国际化的科研平台，并加大对特色鲜明、具有发展潜力的项目和项目带头人的支持，鼓励他们走出去，更直接、更深入地与国外同行专家接触，了解学科发展前沿，产出更多科研成果。比如，联合申请国际合作科研项目、联合开展科技攻关、联合开展研究生培养、联合举办大型的国际学术会议。人才培养是学校永恒的主题，是大学最核心的功能，但是国际合作办学不仅仅是教学的国际化，对它的理解不能仅局限于将学生送出国和招收留学生。没有高水平的科研，就没有高水平的教学，要提高人才培养质量就要将学科和科研同步提升。

（三）以人才培养为抓手，力争实现中外合作办学项目新突破

《国家中长期教育改革和发展规划纲要（2010—2020）》提出，要“引进优质教育资源，鼓励各级各类学校开展多种形式的国际交流与合作，办好若干示范性中外合作办学学校和一批中外合作办学项目”。

中外合作办学项目有两类，一类是具有法人资格的中外合作办学机构。比如，西安交通大学和英国利物浦大学合作在苏州创立的西交利物浦大学、英国诺丁汉大学和浙江万里学院合作创办的宁波诺丁汉大学、美国纽约大学和上海华东师范大学两所著名高等学府联合创办的上海纽约大学、北京师范大学（珠海分校）和香港浸会大学联合创办的北师大浸会大学联合国际学院。虽然这样的项目不多，但是体现了我国与国外大学合作办学方面的尝试与探索，国家已经将其纳入高考招生计划。

另一类是中外合作办学项目，数量比较多。比如，中法工程师学院是由北京航空航天大学与法国中央理工大学集团合办。再比如，中巴、中印等合作办学项目是在国家层面办的中外合作办学项目。除此之外，国家也鼓励大学的某个专业与国外大学的某个专业进行合作办学。这项工作2000年以前发展并不快，截至2014年10月，经教育部批准实施本科以上层次学历教育的中外合作办学项目共计1009个，其中，2011年以后批准的项目数量有505个。换言之，近四年中外合作办学项目发展非常快。我们学校现在没有这样的项目，有较大的发展空间。

未来几年，学校将整合全校优质办学资源，积极寻求与国际知名高校的对接与合作，力争实现中外合作办学项目“零”的突破。中外合作办学项目的专业方向并不一定是现在学校招生目录内的专业，主要是要找准行业特色、学科特色和专业特色，找到切入点之后，联合国外大学，双方共同签署协议，报备北京市政府，上报教育部审批。这样的项目才是规范的中外合作办学项目。

（四）统筹规划本科生人才培养方案，力争部分引领学科专业实现英语授课

制约来华留学的学历生数量和培养质量的瓶颈之一是语言问题，但留学生教育不是语言教育，而是在保持英语教学的基础上，突出学校的专业吸引力，实现专业教育。比如，学校的足球机器人多次赢得国际赛事冠军，开办了机器人实验班，具有专业特色和学科吸引力，但是由于未形成规模化的英文授课的模块和体系，导致了在国际化办学中的优势并没有很好地发挥出来。围绕着现在的多学科交叉与复合型人才培养和整个社会的技术发展变化，学校的专业建设也要进行相应的变化。2016年，学校将召开本科教学工作会议，在人才培养方案的制定过程中，学校将统筹考虑国际化办学的目标和要求。

同志们，实施国际化发展战略，加快学校国际化进程，是学校“十三五”规划的重要内容，也是未来学校将继续坚持的战略选择。学校国际化办学工作任重道远，上述目标和任务需要各部门逐项研究落实，让我们以本次会议为新的起点，提高对国际化战略重要性、紧迫性的认识，深入思考国际化战略对学校提出的挑战和要求，齐心协力，努力开创学校国际合作与交流工作新局面。谢谢大家。

北京信息科技大学 2016 年工作部署会讲话

校长 王永生

2016 年 2 月 24 日

老师们，同志们：

大家下午好！

根据学校的安排，下面由我代表学校部署 2016 年的重点工作。经过学校党委常委会研究决定，2016 年学校的总体工作思路是：全面贯彻党的十八大和十八届三中、四中、五中全会精神，深入学习贯彻习近平总书记系列重要讲话精神，紧紧围绕“四个全面”战略布局，牢固树立和贯彻落实创新、协调、绿色、开放、共享的发展理念，以“一流大学和一流学科建设”为导向，以立德树人为根本，加强顶层设计，凝练办学特色，提高质量声誉，推动内涵发展，努力开创学校事业发展新局面。

下面，主要从两个方面给大家做汇报。

一、高等教育改革发展的宏观形势与政策要点

（一）十八届五中全会与五大发展理念

十八届五中全会于 2015 年底召开，确立了国家“十三五”事业发展规划，习近平总书记提出了五个发展理念，即“创新、协调、绿色、开放、共享”。“十三五”规划将于 2016 年提请全国两会进行审议。在这五个发展理念中，与高等教育相关的两个理念是“创新”和“开放”。习近平总书记在不同场合也曾提出，“创新”作为国家未来发展的驱动力，在科技创新引领、人才培养等方面都要有所体现。关于“开放”，2016 年初学校召开了首次外事工作会议，我在会议上谈了“开放”对于高等教育发展的引领作用。

（二）《统筹推进世界一流大学和一流学科建设总体方案》

2015 年 10 月 24 日，国务院印发了《统筹推进世界一流大学和一流学科建设总体方案》（国发〔2015〕64 号）。作为“双一流”建设的总体方案，有两个方面需要大家了解，一个是“双一流”建设方案的基本原则和总体目标，另一个是中国高等教育改革发展历史。

“双一流”建设方案的基本原则和总体目标

基本原则有四方面：

1. 坚持以一流为目标。引导和支持具备一定实力的高水平大学和高水平学科瞄准世界一流，汇聚优质资源，培养一流人才，产出一流成果，加快走向世界一流。

2. 坚持以学科为基础。引导和支持高等学校优化学科结构，凝练学科发展方向，突出学科建设重点，创新学科组织模式，打造更多学科高峰，带动学校发挥优势、办出特色。

3. 坚持以绩效为杠杆。建立激励约束机制，鼓励公平竞争，强化目标管理，突出建设实效，构建完善中国特色的世界一流大学和一流学科评价体系，充分激发高校内生动力和发展活力，引导高等学校不断提升办学水平。

4. 坚持以改革为动力。深化高校综合改革，加快中国特色现代大学制度建设，着力破除体制机制障碍，加快构建充满活力、富有效率、更加开放、有利于学校科学发展的体制机制，当好教育改革排头兵。

总体目标，有几个时间节点：

1. 到 2020 年，若干所大学和一批学科进入世界一流行列，若干学科进入世界一流学科前列。这是 5 年之后的目标。

2. 到 2030 年，更多的大学和学科进入世界一流行列，若干所大学进入世界一流大学前列，一批学科进入世界一流学科前列，高等教育整体实力显著提升。这是 15 年之后的目标。

3. 到 21 世纪中叶，一流大学和一流学科的数量和实力进入世界前列，基本建成高等教育强国。这是最终目标。

以上是“双一流”的基本原则和总体目标。另外，关于建设任务，今后宣传部组织大家进行专题学习。

中国高等教育改革发展历史

1952 年院系调整：

在新中国建设初期，国家的工业基础几乎为零。如何在这种情况下开展新中国建设？1952 年，当时的政府对中国高等教育进行了重要调整，大力发展独立建制的工科院校。当时的调整是以发展工业为主，更侧重于以行业来办学校。所以，当时把很多综合性大学（包括北大、清华、北师大）进行了拆解，拆解之后组织了新的大学体系，比如，中央有关部门选定在北京西北郊建设“学院区”，统一集中建立了第一批（8 所）高等学府。这八所大学今天分别是中国地质大学、北京航空航天大学、中国矿业大学、北京林业大学、北京大学医学部、北京科技大学、中国石油大学、中国农业大学。全国以北京为样板，开展了高等教育改革，高等教育发生了革命性的变化。应该说，当时沿用了前苏联的高等教育发展模式，对促进新中国的工业发展起到了较好的作用，但是也存在一定的弊端。

文革期间的高等教育：

文革开始，高等教育受到毁灭性的影响。“文化大革命”末期，为了备战，很多高校纷纷迁往内地边远山区，包括我们学校也迁入汉中（西安），这段时期是中国高等教育发展的特殊时期。

“211 工程”和“985 工程”：

改革开放以后重新恢复高考，高等教育又迎来了新的春天，与国家“科学的春天”同步，高等教育进入了新的蓬勃发展的时期。

1996 年的“211 工程”建设，即面向 21 世纪、重点建设 100 所左右的高等学校和一批重点学科的建设工程，于 1995 年 11 月经国务院批准后正式启动。“211 工程”是新中国成立以来由国家立项在高等教育领域进行的规模最大、层次最高的重点建设工作，是中国政府实施“科教兴国”战略的重大举措、中华民族面对世纪之交的中国国内外形势而做出的发展高等教育的重大决策。这 100 所高校里包括过去行业的、地方的大学。

1998 年，时任国家主席江泽民在庆祝北京大学建校 100 周年大会上提出了“985 工程”，即建设具有世界先进水平的一流大学。1999 年，国务院批转教育部《面向 21 世纪教育振兴行动计划》，“985 工程”正式启动建设。接下来出台了“985 工程优势学科创新平台”等。

“双一流”建设战略：

2015 年 10 月 24 日，国务院发布《统筹推进世界一流大学和一流学科建设总体方案》，为把我国建成高等教育强国明确了任务路径。“双一流”建设方案的提出是对高等教育改革的继承、发展和延续，它将深刻影响未来整个高等教育的评价体系、投资体系和分类体系。“211”“985”的经费投放统一打包到“双一流”建设方案下，重新整合和布局，需要高校干部群体认真学习、领会和思考。

（三）《教育部 2016 年工作要点》

2016 年年初，教育部和北京市均印发了教育工作要点。在此，我将《教育部 2016 年工作要点》与高等教育相关的部分为大家解读一下。

1. 优化高校人才培养机制。第一，深入实施“基础学科拔尖学生培养试验计划”，这是 2008 年教育部面对如何培养高水平的创新人才提出的计划，更具体来讲，是未来培养诺贝尔奖这样的在自然科学领域有突破的人才培养计划。第二，“继续实施系列卓越计划”，以卓越工程师培养计划为主，包括卓越工程师、卓越医师、卓越法律、卓越艺术等等。第三，“建设国家级实验教学示范中心”，在五年前的高等教育改革过程中建设了很多项目，包括精品课程、示范中心、名师、精品教材、双语课程等等，现在保留下来的不多，示范中心留下来了。第四，“大学生实习实践教育基地”。第五，“深化专业学位研究生教育综合改革”，这是关于优化高校人才培养机制方面与高校相关的要点。

2. 深入推进高校创新创业教育改革。这个也是李克强总理提出的“双创”（大众创业，万众创新）在高等教育领域的体现。第一，“推动高校完善创新创业教育课程体系”。第二，“推动高校完善教学管理制度”，即将创新创业的学分的积累和转换形成制度。第三，配合实施好“大学生创业引领计划”，办好全国大学生创新创业大赛等各类赛事。第四，“推动建设大学生创新创业服务平台”。第五，“推动各地建立大学生创业孵化园”。

3. 加快一流大学和一流学科建设。教育部在做的“双一流”工作布局有以下几方面，第一，制订“双一流”实施办法，包括资金管理、绩效评价办法等等。第二，推进教育人才发展体制机制改革和落实“千人计划”“万人计划”，实施“长江学者奖励计划”等。第三，制订实施高校科技发展“十三五”规划，重点是推进体制机制创新。中共中央国务院印发了《关于深化体制机制改革加快实施创新驱动发展战略的若干意见》等文件和政策，“十三五”期间，国家的科技项目在原有的基础上，对“973计划”“863计划”“国家科技支撑计划”以及其他专项等进行重新整合，其中包括国家重大科学基础设施、国家实验室建设任务、国家重大科技计划项目等。第四，完善促进科技成果转化的政策机制。第五，深入推进科技评价改革。

4. 完善教育对外开放战略布局。核心是围绕“一带一路”战略，深入开展教育合作交流，包括出台的一些围绕“一带一路”的政策、机制和管理办法。

5. 优化高等教育布局与结构。核心有以下几方面，第一，制定《教育部关于“十三五”高等学校设置工作的意见》，即对高等教育的设置将出台新的办法。第二，建立国家宏观调控、省级整体统筹、高校自主自律的专业设置管理机制，即关于专业设置方面有新的要求。第三，引导高校设置国家战略新兴产业发展、传统产业改造升级、社会建设和公共服务领域改善民生急需的专业。比如，我参加了国家教育部的学科专业设置的评审，2015年年底设立了一些专业，马上要放开二胎生育政策，人口会有比较大的增长，现在随着我国医疗体制改革，需要从大的医疗方面培养儿科人才，所以国家设立了儿科学专业。与我们学校相关的有两个专业，一个是机器人工程，另一个是网络安全工程，即大数据网络安全。专业设置上充分体现了围绕国家发展战略设置专业的取向。第四，鼓励具备条件的普通本科高校向应用型转变。

以上是2016年教育部工作要点中与高等教育相关的内容。希望大家通过了解国家层面的要求和战略部署，在此基础上做学校的工作，只有这样，工作才更有价值、更有意义、更有针对性。

二、部署学校 2016 年重点工作

（一）紧密围绕国家的双一流建设，进一步明确学校的发展定位。

2015年下半年，学校围绕“十三五”规划的制定组织广泛调研，开展座谈会，走访校友等。围绕学校未来的发展，尤其是聚焦到“十三五”学校应该如何作为，做了大量的工作。“双一流”建设开启了高等教育新的改革阶段，在这样的形势下，要认真思考学校的定位。在调研和起草“十三五”规划的过程中，起草组（包括参与的同志）形成了共识。2016年年初，苟仲文书记在北京市高校会议上谈了他对高校定位的思考，即围绕“双一流”建设，首都高等教育提出了对高校的三个层面的定位，一是“国际一流”，二是“国内一流”，三是“地方一流”。作为我们学校，按照苟仲文书记划的坐标，我们的位置在哪里？需要深入思考。

在总结的过程中，我认为有以下几点需要明确：

第一，北京信息科技大学是以工科为主的多科型大学。学校现在有六个引领学科，其中除了有一个是管理学科，其他五个学科是工科。所以，从学校的强势和优势学科现状来看，学校的定位首先是以工科为主的多科型大学。

第二，北京信息科技大学是行业特色型大学。我们学校过去出生在行业（一个在机械部，另一个在信息产业部），发展在行业。从历史渊源、发展基础、服务对象来看，学校是一个行业特色型大学。虽然现在归属北京市管理，但是北京信息科技大学在全国29个省份招生，京外生源占50%，服务面向主要是行业。

第三，北京信息科技大学是“信息”类的大学。从学校的历史、发展和校名的确定来看，首先是信息类的大学。这个“信息”是广义的，而不是狭义的。比如国家自然科学基金委有“信息科学部”，下面分好多处，一处是做电的，二处是做计算机的，三处是做控制的，四处是做光和半导体的。我们学校的“信息”是大信息的概念，是以“信息”为特征的大学。

第四，北京信息科技大学是军工科研特色明显的学校。在北京市属院校中，军工科研做得比较多的高校，一个是北京工业大学，另一个是我们学校。我们学校拥有非常全面的相关资质，很多学院在许多相关领域都有较好的工作，这就是特色。特色就是人无我有，人有我优，人优我强。所以，军工科研也是学校的特色。

我认为学校的定位应该向国内一流，国际知名的目标去努力。对于学校的发展定位，希望大家认真地思考、谋划，在“十三五”规划的制定过程中，要进一步明确学校的发展定位，这对学校的发展来说至关重要。

（二）紧密围绕行业和社会发展需求，进一步凝练学校的办学特色。

作为我们这样一所行业特色型大学，要为国家经济和社会发展服务。在服务过程中，学校的特色有赖于刚才诠释的内容的具体化。现在，虽然学校有一些特色工作，也做出了成绩，但是从学校未来的发展和上水平方面，要寻找新的生长点，要进一步凝练特色，谋篇布局。我在这里提出几方面特色工作，供大家思考。

第一，信息方面的大数据。学校有北京拓尔思信

息技术股份有限公司这样的平台，有良好的前期技术储备，但是在学科方面的优势并不突出，如何把技术的应用变成学科优势，需要我们做好谋划和布局。

第二，网络安全。虽然学校在网络安全方面有基础，但仍有发展空间。我们学校出生在中国电子科技集团公司第十五研究所，十五所在很多方面都是做国家网络安全的，网络安全是在互联网时代非常重要、非常有价值的工作，我们学校本科专业也要开设网络安全专业。今后，学校要在网络安全方面做好谋划和布局。

第三，智能仪器和设备。

第四，循环经济与管理。原来北京机械工业学院在管理方面做得很有特色，现在主要是经济管理学院的工作。

第五，机器人工程。现在机器人工程的本科教育教学做得还不错，部分的科研有的做得较好，但是从全校的机器人学科层面上，离总体水平还有差距，这是我们学校的一个特色工作，要做好谋划和布局。

第六，军工科研相关领域。这个面儿比较宽，以前很多 985 大学做的工作也滞后于我们。

第七，信息技术在相关领域的应用。比如信息管理学院与国家审计署的合作，审计工作依托两个学校，一个是南京审计大学，另一个是我们学校。南京审计大学主要围绕审计的专业教育，我们学校主要从事审计的信息技术应用。为什么审计署会与学校合作？因为学校具有的信息技术优势，也就是计算机技术、网络技术在审计方面的应用。所以，由此可以联想到，除了审计行业外，我们国家还有很多行业，学校是否可以实现在相关行业的信息技术应用，找到学校的生长点。

以上第一和第二方面主要是学校未来在谋事、规划、顶层设计方面的工作。

（三）紧密围绕京津冀一体化和首都的功能定位，进一步找准学校发展的切入点。

北京信息科技大学虽然是一所行业型大学，但是地处北京，要为地方发展服务。北京的定位是四个：政治中心、文化中心、国际交往中心、科技创新中心。其中，政治中心主要是国家层面要考虑的事情，其他三个中心都要有高等教育的介入。根据对学校的前期调研，有几个方面需要加强：

第一，由学校牵头的“2011 北京世界城市循环经济体系（产业）协同创新中心”。围绕北京市的功能定位，这是个很好的平台，应该加强。

第二，先进光电子技术国际联盟实验室。这是 2015 年下半年学校联合清华大学和英国剑桥大学成立的，有利于学校对接北京发展。

第三，智慧城市研究院。这是学校与国奥集团合作成立的，北京作为首都，作为特大型城市，在智慧城市研究方面，尤其需要发挥学校的信息技术、网络技术、装备技术，有发展空间。

第四，北京京信科高端信息产业技术研究院。这是在中关村科技城成立的研究院，目前学校在这方面的工作做得还不够。中关村科技城是国家建设的园区，与上海的浦东、天津的开发区一样，是国家的园区。在国家的园区建设研究院，是要为北京市服务的。

第五，2015 年年底学校参加的国家“智能型 2011 新能源汽车协同创新中心”，由北京理工大学牵头。未来北京的环保压力比较大，新能源战略是北京未来的战略选择之一，并且北京的新能源汽车方面在国内是领先的。

以上工作是学校服务首都功能定位的平台。

（四）紧密围绕学校发展目前存在的问题，进一步解放思想，改革创新。

围绕学校的发展难题，聚焦到学校今年安排的重点工作，有四个方面：

第一，统筹推进一流学科建设。研究一流学科布局，确定目标和建设任务。“双一流”方案中，学校离世界一流大学建设有很大差距，但是根据我们的特色和基础，可以努力建设一流学科。一流学科建设可以作为 2016 年学校发展的发动机和驱动力，要做好研究、布局，按照国家的规划和时间表确定学校在一流学科建设方面的时间表和任务书。

第二，完善人才引进和发展机制。学校未来发展要上水平，队伍是核心，所以，学校把高水平的师资队伍建设作为 2016 年的重要工作。我们学校 2009 年之前，三年连续获得了四个国家奖，这几年一直在养精蓄锐，要想取得更大的成绩和奖励，在队伍建设上有挑战。很多学科带头人逐渐接近退休年龄，在这样的形势下，未来学科建设如何上水平？关键在队伍建设。所以，2016 年学校将出台高层次人才引进和培育政策，一方面要引进，另一方面要培育。

第三，全面提升国际化办学水平。2016 年年初学校召开了外事工作会议，会议上对国际化办学工作做了部署，其中，在中外合作办学项目方面希望 2016 年能够有所突破。

第四，全力推进新校区建设。在前些年的基础上，从 2015 年开始，新校区建设有了良好的开端。新校区建设已列入京津冀疏解项目和市政府重点工程，纳入了国家战略的计划中。利用政策优势，2016 年要力争完成新校区建设项目可研报告的批复，以及推进拆迁等工作。要利用疏解的契机，全力推动新校区建设，这也是支撑学校未来发展的重要工作。

以上是我围绕学校发展难题，谈的四方面主要工作。

除此之外，2016 年我们还要做好以下几方面工作：

1. 在人才培养方面，坚持坚持立德树人，优化人才培养体系和教育模式。

第一，召开本科教学工作会议。人才培养是学校永恒的主题，本科教育是学校人才培养的核心。学校将从 2016 年开始，每年召开一次本科教学工作会议，每年聚焦一个热点和难点问题，分步实施，各个突破，使学校的本科教育通过本科教学工作会议实现稳定、长远的发展。

第二，推进人才培养模式改革。包括本科教育、研究生教育及继续教育等。这里面需要重视三方面工作，北京信息科技大学是工科型大学，应用型人才培养、实践型人才培养、开放型人才培养是我们要认真思考和着力推动的。

第三，完善学生创新创业体系。2015 年学校做了较好的工作，包括实验班、马坊村基地以及各类赛事。在创新创业方面，学校有较好的基础，我们要继续总结学校在创新创业方面的工作经验，把创新创业与人才培养方案的制定、人才培养模式改革、课程设置（包括毕业论文、实践实习）很好的融合。

第四，做好学生思想政治教育工作。这项工作是由于我们社会主义大学的性质，要为国家培养社会主义的合格建设者和接班人。思想政治工作不仅仅是学工队伍的事，而是全员育人的工作。

2. 在科学研究方面，推动创新引领，提升科研品质和服务社会能力。

第一，提升科研水平和创新能力。首先，科研经费 2016 年稳步增长，要在原来基础上有所提高。学校在发展，社会在进步，国家投入在增加，学校水平也在提高，多方面因素会带来科研经费提高，但是不能急功近利，要稳步增长。科研水平的核心是要提高科研项目的层次。2015 年学校申请到国家自然科学基金项目 11 项，有很大发展空间。国家自然科学基金项目反映的是一所学校的基础研究水平，是一个学校总体能力的标签，比较自由、公平。2016 年的国家自然科学基金申请，科技处做出总体规划，首先要提高申请数（国家自然科学基金的支持率在 20% 左右）。其次，做好科研获奖的培育工作。2016 年的目标是要争取获得一个省部级一等奖，获得国家奖的基础是获得省部级一等奖。科技处要做好总体规划，学院要完成相应任务。2016 年，科研获奖方面要做好“十三五”事业规划的起步工作。再次，积极申报北京市的“高精尖”中心和“高精尖”项目。2015 年北京市教委结合北京市“科技创新中心”的定位启动了“北京高等学校“高精尖”创新中心建设计划”，该计划目标建设 20 个左右的“高精尖”中心，实施 50 个左右的“高精尖”项目。2015 年 13 个北京高校高精尖创新中心获得首批认定，分别来自北京大学、清华大学、中国人民大学、北京航空航天大学、北京理工大学、北京工业大学、北京化工大学、中国农业大学、首都医科大学、北京师范大学、首都师范大学、中央美术学院等高校。研究范围涵盖工程科学与新兴技术、未来芯片技术、大数据科学与脑机智能、智能机器人与系统、软物质科学与工程等领域。多数是给予了部委大学，也有地方大学。“高精尖”创新中心的投入力度很大，一年 1 亿元。此外，还有“高精尖”项目，我们要勇于争取。“高精尖”中心也将聚焦经济建设和社会发展重大战略需求，开展国家和北京市急需的关键共性技术研究，即能为未来北京市科技产业和社会进步起引领作用的技术研究。要找准切入点。

第二，推动科研创新基地建设。

第三，提升成果转化与服务社会能力。2016 年要做两件事，第一件事，为学校 2017 年申请博士后工作站做准备。具体来说，以高端信息产业技术研究院为支撑，申报国家博士后工作站。没有博士点，如何申报国家博士后工作站？博士后制度，在国家有两个层面，一个层面是以学科为支撑的，叫做“博士后流动站”，基本上是建立在大学、科学院、科研院所。另一个层面是以企业为支撑的，叫做“博士后工作站”，不要求有博士点，但是可以与大学合作。比如北京印刷学院与清华大学、北京工业大学分别合作，申请批准了一个博士后工作站，这也是在北京没有博士点的学校的第一个“博士后工作站”。我们学校完全有能力、有资格、有水平可以申请“博士后工作站”，今年不评选，学校要做好准备工作。有了“博士后工作站”，可以带博士后，博士后参加学校的科研团队，会弥补学校在博士生培养方面的不足。第二件事，启动继续教育的体制改革。继续教育更多的是服务社会的一项工作，现在的继续教育总体上办的还是学历教育，今后要在继续做好学历教育的基础上，更多地利用行业背景和相关企业、校友资源广泛地开展社会服务。这涉及继续教育体制改革，继续教育应该是以绩效为统领的方式，很多高校有较好的实践经验。

3. 在服务保障方面，服务师生发展，营造良好办学条件和文化环境。

第一，多措并举整合办学资源，拓展办学空间。目前在新校区建设尚未完成的现状下，2016 年要启动对原有校区的资源整合，首先是东校区的功能定位，围绕东校区的功能定位调整来拉动学校目前现有资源的改造。其次是利用京津冀一体化战略和服务行业的战略，在京外地区建设产业研究院和科技园，利用外围空间推动学校发展。

第二，完成沙河高教园区房屋配售配租工作。这项工作已经启动，好事要办好，公开、公正、公平。

第三，提升校园管理服务水平。

第四，塑造声誉品牌，培育校园文化。近年来，学校在大学文化建设方面做了大量工作，包括“勤信文化大讲堂”等等，但是，学校在环境育人方面还有很大空间。比如，统一的宣传标识、统一的环境谋划、重要的有显示度的场所的环境布置等，环境育人是学校育人的重要部分，要利用好各种环境空间开展校园文化建设。

4. 全面从严治党，为学校转型发展提供坚强保证。

第一，扎实开展“两学一做”学习教育。这是中共中央新形势下加强党的思想政治建设的重大部署。

第二，加强宣传思想和意识形态工作。春节前后，习近平总书记到人民日报社、中央电视台、新华社进行了走访、调研、召开座谈会。关于宣传思想教育工作如何服务国家的发展战略，宣传主流价值观，习近平总书记都提出了相关要求。从学校层面来看，宣传思想工作也要积极配合学校的转型发展，把学校的主流声音和取得的成绩要在主流媒体中（包括新媒体）做好宣传，这是宣传思想工作者义不容辞的责任。

第三，加强干部队伍与基层组织建设工作。

第四，抓好党风廉政建设。2 月 29 日，北京市委巡视组将对学校开展常规性巡视工作，我们要积极主动迎接巡视组对学校的检查，将其作为推动学校改革发展的强大动力，利用巡视工作的契机，发现问题、解决问题。

第五，做好统一战线和群团工作。2016 年学校要召开几个会议，包括筹备和召开校友会、团代会、学代会和研代会。

第六，全力保障校园安全稳定。学校发展的基础是有一个安全稳定的环境，安全稳定怎么强调都不为过，要认真做好。以上是学校 2016 年重点工作，共计六大部分 24 项工作，会后学校会广泛征求意见，并以文件形式下发。希望通过今天的会议，在学校党委的领导下，在全体教职员工的共同努力下，凝心聚力谋发展，改革创新上水平，为实现学校教学研究型大学的发展目标而努力奋斗。谢谢大家。

在市委第四巡视组对北京信息科技大学党委开展专项巡视工作动员会上的讲话

原校党委书记　郑君礼

2016 年 3 月 2 日

尊敬的崔砚青组长、市委巡视办、巡视组的各位领导、同志们:

市委第四巡视组到学校开展专项巡视，是对学校党风廉政建设和领导干部廉洁自律的一次“政治体检”，充分体现了市委对北京信息科技大学事业的重视和支持，体现了市委对学校领导班子和各级干部的关心与爱护。巡视工作对学校深入谋划“十三五”事业发展，努力推进综合改革，狠抓党风廉政建设和反腐败斗争，具有重要意义。刚才，崔砚青组长作了重要讲话，传达了中央和市委关于巡视工作的重要指示精神，通报了本轮巡视的重点和总体安排，并提出了明确要求。我们要深入学习领会、坚决贯彻落实。学校领导班子及其成员、全体干部职工从现在起，要严格遵守巡视工作要求，坚决服从巡视组工作安排，全力支持、积极配合巡视组开展好各项工作。下面，我代表学校党委，从三个方面提出要求。

一是要统一思想认识，深刻领会巡视工作的重要意义。党中央对巡视工作一直高度重视，党的十六大提出建立巡视制度，党的十七大将巡视制度写入党章，党的十八大进一步提出更好发挥巡视制度监督作用的新要求。2013 年 4 月 25 日，习近平总书记在中央政治局常委会审议《关于中央巡视工作领导小组第一次会议研究部署巡视工作情况的报告》时，讲话强调，巡视是党章赋予的重要职责，是加强党的建设的重要举措，是从严治党、维护党纪的重要手段，是加强党内监督的重要形式。当前反腐斗争形势依然严峻复杂，巡视工作只能加强，不能削弱。2015 年 8 月 3 日，中共中央颁布实施修订的《中国共产党巡视工作条例》，为新形势下规范巡视工作、强化党内监督提供了重要依据。中央巡视工作领导小组组长王岐山讲话强调，《条例》是党章关于巡视工作规定的具体化、程序化、制度化。制度的生命在于执行，执行离不开责任担当。要密切联系实际，不折不扣贯彻《条例》，强化党内监督，助力全面从严治党。市委书记郭金龙就北京市的巡视工作也多次发表重要讲话并进行工作部署，他在市纪委十一届五次全会上讲话指出，巡视是党内监督的战略性制度安排，是国之利器、党之利器。

巡视工作是对党员领导干部自上而下的党内监督的重要形式，与“四个全面”紧密联系，在党风廉政建设和反腐败斗争中发现问题的能力越来越强，有效发挥了震慑力，遏制了腐败蔓延势头。在新常态下，北京信息科技大学要立足“十三五”事业发展新起点，深入推进学校的综合改革，建设成为一所新型高等学校，必须把“党要管党、从严治党”的要求落在实处，必须自觉和主动接受各方面的监督。

市委第四巡视组入校开展巡视工作，是加强和改进学校党的建设，巩固和扩大群众路线教育实践活动成果，推进学校全面从严治党责任承担落实，促进学校党风廉政建设和反腐败工作深入开展的重要契机。全体党员干部要认真学习习近平总书记关于党风廉政建设和反腐败工作系列重要讲话精神，深入贯彻王岐山同志关于巡视工作的重要指示，深刻领会中央及市委开展专项巡视工作的重要意义。要把思想和行动统一起来，自觉接受巡视监督，把接受市委巡视监督检查作为经受组织考验的过程、作为党性锤炼的过程、作为自我完善提高的过程。

二是要全力支持保障，密切配合巡视组开展工作。自觉接受巡视监督、支持巡视工作、服从巡视组安排，是学校每位党员干部应尽的责任，也是对大家政治意识、大局意识、责任意识的一次重要检验。广大党员干部要本着实事求是的原则，客观、全面、真实地向巡视组汇报工作情况，不夸大成绩，也不掩饰问题，让巡视组全面、准确地了解学校的真实情况，特别是“重点人、重点事、重点问题”。要严格遵守政治纪律和政治规矩，自觉接受监督，如实反映问题，做到对问题不回避、对矛盾不遮掩、对不足不护短。要严格按照巡视组工作要求，积极主动、全面准确地提供各类情况及相关材料，做到不隐瞒、不拖延，坚决杜绝弄虚作假的情况发生。各有关部门要全力配合，为巡视组提供工作方便和一切必要条件，做好各项服务保障工作。在巡视期间，凡是学校重要会议、重大活动，要及时向巡视组通报，邀请巡视组同志参加；凡是巡视组需要查阅的重要文件和资料，都必须及时提供；凡是巡视组有要求、有安排，各相关部门都要全力配合，坚决服从，虚心听取巡视组的意见建议。

在这里，我郑重强调一下，任何人都要严守工作纪律，绝不允许任何人以任何形式干扰、阻止干部群众向巡视组反映问题，对违反巡视纪律的情况要严肃追责。学校领导班子成员、中层干部和相关部门的教职工，在此期间尽量不安排离京出差，同时要保持通信和联络畅通，保证在巡视组安排谈话和汇报工作时，能够做到随叫随到。

三是要强化整改落实，促进学校改革发展取得新成效。开展巡视工作本身就是对学校各项工作的极大的促进，是我们查找问题、发现差距、分析得失、统一认识、转变作风、推动改革的难得机遇。要把抓好巡视整改工作与加强党风廉政建设结合起来，与巩固扩大群众路线教育实践活动成果结合起来，与贯彻落实“三严三实”教育阶段性成果结合起来，与推动学校改革发展结合起来，使接受巡视监督的过程成为教育警示、锤炼党性的过程，成为改进工作、提升素质的过程，成为健全机制、强化管理的过程。

要以巡视工作为动力，强化巡视整改落实，严格执行党规党纪，统筹推进学校各项工作。学校党委要承担起巡视整改的主体责任，对巡视组指出的问题，要诚恳接受，深入剖析，绝不虚与委蛇、讳疾忌医；对巡视组提出的整改意见，要狠抓整改落实，立行立改，快改真改，绝不推卸责任、敷衍塞责；对巡视组发现的违规违纪问题，不管涉及到什么人，都要深入查处，绝不包庇纵容，绝不姑息迁就。全体党员干部要不断增强党要管党、从严治党的政治自觉，正视问题，敢于担当；要认真学习贯彻新修订的《中国共产党廉洁自律准则》和《中国共产党纪律处分条例》，在纪律作风、工作作风上下真功夫；要把责任意识、宗旨意识摆在一切工作的首位，切实做到廉洁自律。

同志们，做好巡视工作是我们当前一项重大的政治任务。同时，我们也真诚希望巡视组的各位领导，对学校的工作多批评、多指导、多提宝贵意见，帮助我们把各项工作做得更好。作为党风廉政建设第一责任人，我将本着对党、对人民和对学校事业高度负责的态度，认真履行职责，从严做好表率，虚心诚恳、自觉主动地接受监督检查，不折不扣地落实整改责任，全力配合好巡视组工作。全体干部职工也要本着对党负责、对学校负责、对自己负责的态度，认真做好各项配合工作，保证巡视组顺利、圆满地完成本次巡视任务。

同志们，我们要以“六项纪律”为尺子，深化“四个着力”，把支持配合巡视工作与学校各项事业发展密切结合，将巡视工作的实际成效转化成为推动学校党组织能力建设、先进性建设和纯洁性建设的强大动力，转化成为推动学校教育教学改革，促进转型发展的强大动力，不断推动北京信息科技大学各项事业开创新局面。谢谢大家。

凝聚共识，抢抓机遇，推进学校人才工作再上新台阶

——在北京信息科技大学2016年人才工作会议上的报告

校长　王永生

2016年8月26日

同志们：

根据学校2016年的工作安排，今天我们在这里召开2016年学校人才工作会议。本次会议是新学期第一个全校性的工作大会，这充分体现出学校党委、行政对人才工作的高度重视。这次会议也是学校在国家实施创新驱动发展战略、提出“双一流”大学建设方案的新形势下，充分贯彻全国、北京市人才工作会议精神，总结经验寻找差距，对学校人才队伍建设的顶层设计和战略举措进行全面规划、部署的会议。

本次人才工作会议的主题是：凝聚共识，抢抓机遇，推进学校人才工作再上新台阶。报告的内容分为三个方面：一是系统回顾“十二五”时期学校人才工作成绩；二是认真分析学校人才工作面临的形势与存在的问题；三是明确学校“十三五”及未来人才工作的思路与举措。

一、“十二五”时期学校人才工作回顾

根据“十二五”规划“进一步加强人才队伍建设，优化结构，创新体制机制，教师队伍、专业技术队伍、管理队伍与后勤服务队伍统筹规划、协调发展，为实现学校转型发展提供有力的人才资源支撑”的要求，过去的五年间，学校人才工作取得了一定的成绩，为完成“十二五”各项任务提供了人才支撑，也为学校继续实现更高水平的发展、完成向教学研究型大学转型的目标奠定了基础。

（一）人事工作制度逐步规范，教师职称晋升常态化

“十二五”期间，学校把人事工作规范化、制度化作为突破口，推进人才工作可持续发展。相继制定或修订了人事制度方面的文件，贯穿了教学、科研、管理、后勤服务等各项工作，初步形成了比较完备的人才竞争、人才流动、人才考核、人才激励等系列制度体系，为进一步推进人才工作奠定了制度基础。尤其是先后制定和完善了教师、其他专业技术、管理和工勤技能岗位聘任实施办法，实现了教师职务岗位晋升聘任常态化，彻底改变了教师职务晋升“三年一聘、一聘三年”的状况，提升了人才工作规范化水平。

（二）人才队伍规模适度增长，师资质量有所提升

“十二五”规划期间，学校教职工总量保持适度增长，内部人员结构比例进一步优化。教学科研一线教师总体规模由786人增加到857人，一线教师占教职工总量比例由60%提高到65%。从职称结构来看，高级职称人数由330人增加到413人，增长25%，其中正高级职称人数由98人增加到122人，增长24.5%。学校现有博士学位教师358人，新增123人，增长52%，到目前为止，具有博士学位的教师占全体教师的比例由29%提高到42%。经过五年的发展，初步形成了全校范围内统筹人才引进、培养和使用的工作机制，壮大了人才队伍总体实力，人才队伍质量有所提升，促进了学校的内涵发展和创新能力提升。

（三）高端人才数量不断增加，团队建设取得进展

“十二五”规划期间，学校结合国家出台的重大人才政策、计划和工程，在高端人才建设方面取得了一定进展。截至目前，学校拥有“双聘”院士5名，新增3名；“十二五”规划期间新增国家级百千万人才工程1名，新增国家“有突出贡献中青年专家”1名，新增享受国务院政府特殊津贴人员2名，新增“北京学者”2名、“长城学者”4名，新增北京市新世纪百千万人才2名、“科技北京百名领军人才”1名，新增北京市教学名师5名（含北京市高层次创新创业人才支持计划教学名师1名），新增“北京市人才强教计划高层次人才”1名，新增“北京市优秀教师”2名，初步形成了高端引领的良好态势。

“十二五”规划期间，学校教学科研团队建设也取得新进展。新增教育部“长江学者与创新团队”1个、北京市学术创新团队4个、北京市创新团队建设提升计划2个，新增北京市教学创新团队2个。通过团队建设，努力培养出了一批高水平创新团队，充分发挥“汇聚人才、培育人才”的作用，形成合理的人才梯队，带动青年教师快速成长。

（四）职工培训体系初步建立，人才项目不断增加

“十二五”规划期间，学校以拓展视野、提升能力为核心，积极搭建教职工能力培养平台，创新培训方式，丰富培训内容，推进职工培训全覆盖。共组织国内培训项目50余项，覆盖教师、管理、服务三支队伍，培训人员3000余人次；组织教师国外教学能力提升培训和管理干部出国（境）管理能力提升培训等项目10余项，培训人数180余人次。通过制定实施《新入职青年教师管理规定（试行）》《青年教师本科教学导师制实施办法》，强化了新入职教职工岗前培训和教学能力培养。通过全校上下共同努力，“十二五”期间，学校共入选国家和北京市人才项目13项，入选各类人才称号103人，人才项目和个人共获得资助7000余万元。

（五）强化人才发展保障措施，民生水平显著提高

“十二五”规划期间，教职工收入水平有较大幅度增长。在全校教职工的共同努力和北京市的支持下，“十二五”期间，学校教职工的人均收入增长88%，尤其是2015年学校积极筹措资金2770余万元，完成校内绩效工资标准调整工作，调增幅度达25%。截至2015年年末，学校教职工收入水平是2010年的1.88倍，有了较大幅度提升。《新入职青年教师管理规定（试行）》的实施，也在一定程度上提高了新入职青年教师的待遇。

“十二五”规划期间，教职工住房条件有较大幅度改善。学校积极争取北京市支持，分得沙河高教园区安置房40套和公租房289套，经学校一届十次教代会表决通过，正式启动并完成了安置房公租房分配工作，切实解决了无房教职工的住房问题，有效缓解了部分教职工的住房压力。

二、学校人才工作面临的形势与存在的问题

高水平的师资队伍是支撑一所高校实现高水平发展的中坚力量，也是一所高校形成特色和培育核心竞争力的关键。“十二五”时期，学校大力提升人才工作规范化水平，人才引进和培育工作取得了成效，有力支撑了“十二五”规划的圆满完成，为学校发展做出了重要贡献。借此机会，我代表学校向多年来为学校建设和发展做出重要贡献的广大教师，向辛勤工作在人才管理和服务工作第一线的同志们，表示衷心的感谢！

人才工作事关建设高水平大学的大业，也涉及每

一位教职工的个人发展。我们在回顾总结成绩的同时，也要清醒地看到，与高等教育改革发展的新形势相比，与国家人才工作新要求相比，我们对人才工作形势的理解还不够到位，人才工作的努力方向还不够明确。下面，我与大家一起来分析一下高校人才工作面临的新形势，以及学校人才工作存在的问题和不足。

（一）高校人才工作面临的形势

1. 中共中央《关于深化人才发展体制机制改革的意见》

2016 年 3 月，中共中央印发了《关于深化人才发展体制机制改革的意见》，着眼于深入实施人才优先发展战略，围绕有力提升人才工作服务国家战略和创新发展的能力，在人才管理体制、培养开发、评价考核、流动配置、创新创业等我国人才发展体制机制方面要改革突破的一些重点问题和工作做出了具体部署，并明确提出将业绩、贡献、潜力等作为人才发展的重要因素，以解放和增强人才活力。这个文件是当前和今后一个时期全国人才工作的重要指导性文件，为学校的人才工作指明了方向。

2. 国务院《统筹推进世界一流大学和一流学科建设总体方案》

2015 年 8 月 19 日，国家审议通过《统筹推进世界一流大学和一流学科建设总体方案》；11 月，国务院确定了“双一流”方案五项重点建设任务，分别是：建设一流师资队伍、培养拔尖创新人才、提升科学研究水平、传承创新优秀文化、着力推进成果转化。其中“建设一流师资队伍”位居五项重点建设任务之首，其他四项任务对应的是现代大学的四大功能。在“双一流”建设任务中，将“建设一流师资队伍”与大学的四大功能并行提出，并且位列五项任务之首，就是要求高等学校通过一流的师资队伍建设，把大学的四大功能做到一流。“建设一流师资队伍”是引领“双一流”建设发展的重要环节，也是大学改革发展的基础和先导，它将是当前和今后各所高校的重要任务。

3. 北京市《关于深化首都人才发展体制机制改革的实施意见》

2016 年 6 月 27 日，中共北京市委出台了《关于深化首都人才发展体制机制改革的实施意见》，其中很多内容对我们的人才工作具有实际指导价值。下面我将其中的几个重要的人才发展的导向与大家一起学习一下：

（1）将“人才优先”发展战略提到极高的地位。“人才优先”战略是贯穿整个《实施意见》的一条主线。在国家“十三五”规划提出的十四个发展战略中，只有“人才”和“就业”两个优先战略，从本质上来说，这两个优先战略都与人才相关。国家将“人才优先”战略置于极高的地位，可见其对中国未来发展的重要意义。

（2）大力破除束缚人才发展的思想观念和体制机制障碍。比如，提出要发挥用人主体在人才培养、吸引和使用中的主导作用，全面保障和落实高校在岗位设置、人员配备、职务评聘、收入分配等方面的用人自主权。比如，创新事业单位编制管理方式，对符合条件的公益二类事业单位（比如高校）实行备案制管理，探索不再纳入编制管理，完善相关配套政策措施。再比如：鼓励事业单位深化收入分配改革，根据工作人员实绩和贡献，建立自主决定的绩效工资分配机制等。这些管理体制改革导向，将深刻影响高校的人才引进、人员编制、工资待遇等。

（3）创新人才评价机制和深化职称制度改革。比如：提出注重凭能力、实绩和贡献评价人才，克服唯学历、唯职称、唯论文等倾向。不将论文等作为评价应用型人才的限制性条件，考核方式也根据岗位特点突出能力、业绩导向，分类制定评价标准等。再比如：在职称评审方面，突出用人主体的主导作用，合理下放评审权限，推动高校自主评审，可以由高校根据研究领域和岗位特点确定评价依据。这些指导性意见在本次提交会议讨论的文件中也都有不同程度的体现。

（4）坚持市场导向，充分尊重和实现人才价值。比如，前面提到，引进海内外高层次人才可根据国际薪酬标准采用年薪制、协议工资制等方式支付，人才薪酬不受单位工资总额限制。比如，实施北京市积分落户，对于优秀人才、核心团队等优先办理引进，对于社会贡献突出且用人单位确实有需要的，还有人才引进的绿色通道。再比如，高校学科专业设置也根据市场需求动态调整，加大校企人才联合培养力度，扩大博士后工作站独立招收规模，大力吸引海外博士来京从事博士后研究。这项政策精神将在学校陆续出台的一系列人才工作政策中有所体现。

（5）注重人才的国际化培养和交流。比如：适度放宽了海外人才引进条件，实施“北京高校高精尖创新中心建设计划”，依托高校引进战略科学家。再比如，支持在京高校与国外相关机构合作，开展联合办学、科学研究和人才培养等工作。鼓励高层次人才和创新团队参与科技合作与创新对话等。未来的人才必须是具有国际竞争力的，学校将国际化办学提高到学校的发展战略，今年专门召开了外事工作会议，学校将在今后的重点工作中始终坚持国际化办学的方向，推动国际化人才的引进、培养和交流，以国际化战略提升学校发展水平。

此外，《实施意见》还提出建立京津冀人才一体化发展的体制机制，三地将实现人才信息共享、职称互认、博士后联合培养、建立跨区域开放实验室和产业技术创新中心平台等。

以上的政策和文件精神，为新时期学校的人才工作提供了指导性意见，无论是编制管理、职务岗位聘任，还是绩效工资分配和绩效考核等方面，在政策上都赋予了学校很大的自主权。与新时期、新形势、新要求相比，学校人才工作还有很大的改革创新空间。

（二）学校人才工作存在的问题

1. 师资结构不尽合理，总量不足且学科分布不均

一方面，师资总体数量不足。虽然学校现有专任教师总数 800 余人，但是数量仍然相对不足，学科梯队无法构建，且教师教学工作任务相对繁重，一定程度上影响了教师的科研水平和教学质量；另一方面，师资队伍结构不尽合理。主要体现在年龄偏大、高学历教师偏少、高级职称教师偏少、学科不均衡等方面，学校师资队伍面临着人员老化、学科梯队建设后备人选不足、缺少有潜力的优秀青年骨干人才的问题，这些都制约了学校师资队伍的整体发展水平。

2. 高层次人才极其缺乏，师资队伍水平有待提高

目前，学校高水平学科带头人数量不足，特别是高层次创新性人才匮乏，且年龄普遍偏大。比如：在 2015 年学校确定的 29 位一级学科和专业（领域）负责人中，58 岁及以上的为 5 人，占 17%，45 岁及以下的仅为 3 人，占 10%，学科负责人平均年龄 51 岁。一方面，这导致一些学科缺少在国内具有领先学术水平、享有较高声誉的学科带头人和科技领军人物，很难形成攻克重大科研课题的能力；另一方面，现有一些学科的高水平人才研究的方向仍然较为分散，还没有形成“人才集聚”的团队效应。高层次人才匮乏已成为制约学校转型发展战略实施的瓶颈之一，成为学校建设高水平大学的最大障碍。

3. 国家级项目立项偏少，教师教学科研能力有待提高

首先，教师承担国家基金项目的能力偏弱。国家自然科学基金是公认的受众面最大的国家级项目，“十二五”期间，学校总计获资助 72 项，年均约 15 项，每年的申报数不足 80 项；国家社科基金“十二五”期间总计获资助仅 3 项（其中文科 1 项，工科 2 项）。对比兄弟院校，学校教师申请国家基金项目不够积极，成功获得资助的国家基金项目偏少，承担能力偏弱。比如，北方工大年均获资助约 19 项，申报数过百；杭电年均获资助约 64 项，申报数过二百。而且，教师主持科研项目的覆盖面偏低，获得资助的集中在教授群体，青年科学基金的资助比例低。其次，发表高水平学术论文数量少、覆盖面偏低。近年来，学校没有 ESI 高被引论文，没有 Nature 和 Science 论文，在 IEEE Trans.、ACMTrans. 和国内 A、B 类等高影响力期刊发表文章的数量太少。再次，科技成果转化率低。除了 2011 年上市的北京拓尔思信息技术股份有限公司，近年来，学校在其他科研领域的研究成果转化数量少，能够形成生产力的科研成果更少，学校基本上没有具有影响的产业化项目，社科成果被社会采用的也很少。

4. 人才考核评价机制不健全，存在“一刀切”现象

到目前为止，学校仍未形成激发人才创新活力的政策环境。政策的不足导致师资队伍发展环境激励性差，进而带来高层次人才缺乏、师资队伍结构不合理、教师成长发展慢等一系列问题。此外，校院两级管理体制改革推进缓慢，学校管理上的“一刀切”不仅降低了二级单位的积极性、主动性和创造性，而且限制了二级单位根据自己的实际情况解决问题，导致学校的一些规定不易操作、实效性差，甚至引起了一些矛盾。

从总体上看，学校人才数量、质量、结构，以及学校的管理体制机制等，都与学校建设高水平教学研究型大学的发展目标存在较大差距，亟须我们进一步完善政策，释放人才队伍的活力，为学校事业发展提供更有力的支撑。

三、学校未来人才工作的思路与举措

学校“十三五”规划确定了未来学校发展的总目标为：努力建设信息特色鲜明的高水平大学。阶段目标为：2020 年基本建成教学研究型大学；2030 年努

力建成若干优势学科国内一流、国际知名的高水平教学研究型大学；2050 年建成国内一流、国际知名的高水平大学。人才工作是影响学校战略转型、特色发展、争创一流的关键和核心工作，为实现学校“十三五”事业发展目标，人才工作必须先行。下面我结合学校发展目标定位，立足学校“十三五”人才发展规划，讲一下下一阶段学校人才工作的思路与举措。

（一）以学科建设为引领，全面优化师资队伍结构

1. 根据学校事业发展需要，实现师资规模科学增长

根据教育部有关精神，国务院学位委员会将深化博士硕士学位授权改革，制订新增博士学位授予单位基本条件，其中，高水平的师资力量是极其重要的审核因素。“十三五”规划期间，学校将针对学科建设需要，科学确定学校师资队伍规模，保持师资队伍总量适度增长。通过实行“618 工程”，从国内外引进和培养学科带头人 6 名，方向带头人 18 名，突破学校高层次人才匮乏的问题；通过实行“人才孵化工程”，加大青年骨干教师的引进和培育力度，“十三五”规划期间力争补充博士、博士后人员 500 名左右，通过设立博士后工作站，孵化选拔有发展潜力的教师；此外，学校将加大研究生导师队伍建设，完善导师队伍培育机制和激励机制，“十三五”期间力争使本校在职兼职博士生导师规模从 22 人增加到 40 人，研究生导师规模从 238 人增加到 450 人。通过以上措施，保持师资队伍规模的科学增长，力争“十三五”末期，教师队伍总量达到 1000 人左右，大约增长 25%，满足一流学科建设和高水平人才培养需要，奠定学校进一步发展的师资基础。

2. 围绕优势和特色学科，确定人才引进和培育方向

办大学就是办好学科，而办好学科的落脚点和关键是专业人才，人才的引进和培养要围绕学科发展进行。学校“十三五”事业发展总目标为：努力建设信息特色鲜明的高水平大学。这里面的“信息特色鲜明”就是针对学校的学科发展提出的。“十三五”时期，学校将紧密围绕建设信息特色鲜明的高水平大学的发展目标，着眼于打造具有领先优势的战略学科，集中资源建设 6 个左右具有鲜明学科特色和优势、实力达到北京市属高校博士授权点水平的引领学科，并围绕这些优势和特色学科确定人才引进和培育方向，进而带动学校学科整体实力和师资队伍水平的提高。

3. 以可持续发展为导向，合理布局人才梯队结构

高校的师资队伍，不仅要有量上的积累，而且要形成合理的人才梯队。在学校现有的 126 名正教授中，处于 1960—1963 年龄段的有 40 人，占教授总人数的近 32%，如果他们在“十三五”末期集中退休，学校将面临人才断档。因此，“十三五”时期，学校将通过重点引进和培育 45 岁以下的学科带头人、大量补充博士、博士后人员等途径，补齐师资队伍的年龄断档，使师资队伍年龄结构趋于合理，全面构建“老—中—青”接续传承、共同协作的人才梯队；“十三五”时期，学校将通过引进和培育处于空缺状态的学科带头人和青年骨干人才，保持人才队伍在学科之间的总体平衡，既要避免某些学科人才扎堆，也要避免某些学科人才空缺；学校还将通过设置科学合理的职称比例，尤其是通过提高高级职称的岗位数，为教师专业成长提供充足的空间，进而使学校师资队伍的职称结构趋于合理；此外，学校将加大青年博士、博士后的引进和培养力度，力争“十三五”末期，博士学位教师从现在的 42% 增加到超过 60%，大幅度优化师资队伍的学历结构。

通过落实以上措施，力争到“十三五”末期，学校师资规模有较大幅度增长，学校师资队伍结构趋于合理，初步形成由学科领军人才、骨干人才、青年拔尖人才构成的，层次分明、结构合理、老中青衔接紧密的人才体系，为实现“十三五”事业发展目标奠定基础。

（二）以高层次人才和团队建设为抓手，提高师资队伍建设水平

1. 全面加强顶层设计，健全师资工作体制机制

首先，科学谋划，加强人才战略的顶层设计。人才工作具有全局性的特点，是一个系统工程，涉及到学校的资源投入、调配、使用等方方面面；人才工作还要有前瞻性，既要满足当前所需，够用能用，更要放眼未来，支撑学校的异军突起。因此，学校“十三五”事业发展规划中将“队伍建设”列为七大基本任务之首，接下来将拟定“十三五”人才队伍建设子规划，加强人才工作的校级统筹，整合全校资源，大力引进并培育高水平人才。其次，党政配合，形成人才工作齐抓共管机制。学校“十三五”发展蓝图已经确定，关键

在于落实。学校高度重视人才工作，坚持党管人才原则，实行党政定期协商、齐抓共管。今年，学校成立了由我任组长的师资工作领导小组，组织人事部门协同做好全校人才工作的牵头部署落实工作，教务处、科技处、研究生院等相关部门做好配合工作，真正形成全校参与人才队伍建设的良好局面。

2. 制定实施相关政策，加大高层次人才引进与培育力度

高层次人才是大学的一面旗帜，是一所大学创新和发展的中流砥柱，我们要有“求贤若渴”的意识和心态，更大力度引进急需紧缺人才，择天下英才而用之。学校“十三五”人才发展目标提出，要实现两院院士及“国家杰出青年基金”获得者、“千人计划”获得者、“长江学者”、国家级教学名师的“零突破”，各类国家级、省部级人才称号获得者达到 20 人。为实现这个目标，学校将配套出台《高层次人才引进与支持计划（试行）》和《“勤信人才”培育计划（试行）》等一系列政策文件，对这些领军人才和学科带头人的引进和培育采取特殊办法，“不拘一格降人才”，充分利用中央和北京市人才政策，主动作为，为高层次人才引进和培育提供政策支撑。这两个文件将提交本次会议讨论，希望通过实施高层次人才引进与培育计划，全校上下凝心聚力，尽早实现这个目标。

3. 提升师资队伍整体水平，做好团队建设工作

学校也只有依托团队建设才能提升师资队伍整体水平，学术领军人才和学科带头人只有依托团队建设才能更好地实现专业发展。“十三五”期间，学校将通过引进和培育，实现新增国家级和省部级教学团队 10 个、科研团队 10 个。通过实施“团队建设工程”，以重大科研项目为依托，培养和建设一支能够跟踪本学科的前沿知识，掌握现代教学手段，集教学、科研、管理等能力于一身的“复合型”团队。

（三）以提升教学科研能力为目标，提高师资队伍能力素质

1. 制定和实施激励政策，为师资队伍能力提升创造条件

科学的人才管理制度要能够培养人才、激励人才、用好人才。学校将依托《新入职青年教师管理规定（试行）》《勤信人才培育计划》《师资队伍补充与支持指导意见》等政策，不仅给教师成长设定明确的教学与科研任务要求，而且为他们提供一系列的科研经费支持和生活保障条件，并在他们成长过程中，给予国内外进修培训机会和发展平台，使他们有方向、有目标，成长为具有国际视野和创新能力的优秀青年骨干人才。本次会议讨论的《教师职务岗位晋升聘任绿色通道的办法（试行）》，目的也是要通过构建人才成长的激励机制，从政策上激发人才的创新活力。学校将以本次人才工作会议为契机，继续制定调动师资队伍的教学和科研积极性的利好政策，为优秀人才的脱颖而出创造条件。

2. 系统构建教育培训体系，提升师资队伍教学科研能力

大学不仅仅是教育学生成长成才的，对每一位教师的培养也是大学应尽的责任。学校要想持续发展，就不能只会“用教师”，而不“培养教师”。学校一直强调，“引进”和“培育”并举，非常重视提高现有师资队伍的能力水平。“十三五”期间，学校将继续利用学历学位进修、骨干教师进修、研修访学等多种形式，开拓学术视野，提升教师的专业能力和素质；依托教学基本功比赛、年度优秀主讲教师评选、教学名师评选及推荐等工作，促进教师教学能力全面发展，推动教师用最新的教育教学理念积极投入教育教学工作；此外，作为以培养高水平应用型人才为目标的高校，教师的实践能力是决定教学质量的关键，学校将围绕“信息特色”，采用挂职锻炼、企业实践等方式，推动教师了解行业最新发展动态，提高教学和实训水平。通过落实以上举措，力争“十三五”期间，教师的教育教学水平、科研能力和创新能力，实验技术人员的实践教学能力，教辅人员和行政管理人员的管理水平均有较大幅度提升。

3. 大力实施国际化办学战略，提升师资队伍国际化水平

国际化办学是学校确定的重要战略方向，师资队伍的国际化是学校实现国际化办学的必然选择。一方面，“十三五”期间，学校将充分利用国家对地方高校人才引进增加投入的契机，重点引进具有海外教育背景的高层次人才。力争在未来的五年内使学校长短期外国专家的引进人数达到较高比例，使学校具有海外学历背景的教师超过 5%。另一方面，加大校内师资队伍的国际化培训与教育。“十三五”期间，学校将继续重点选派优秀中青年骨干教师到国外世界知名大学或一流学科专业学习深造、参与前沿项目研究，全力支持教师主持或参加高水平国际学术活动，提升学

校教师在国际学术领域的影响力和竞争力；实施“青年教师发展研修计划”，通过选派留学、短期进修访学、与国外高校开展交流与合作、邀请海外知名专家讲学等多种途径，积极拓展与国外大学在培养师资以及联合培养博士方面的合作，培育一批适应国际化办学需要、具有双语教学能力、科研水平具有国际竞争力的优秀教师。

（四）以实施综合改革为契机，推进人事管理制度改革

1. 总结试点改革经验，启动推进校院两级管理

随着高校办学规模的不断扩大，高校管理体制正朝着建立健全学校宏观管理、学院自主运行的校院两级管理体制的方向改革。目前，我们学校已经在光电、通信、计算机和马克思主义学院四个学院进行了校院两级管理试点工作，今年开始，学校将在总结试点工作经验的基础上，在全校 11 个二级学院中推进校院两级管理，明确校院两级管理职责和权限，确立学院的办学实体和管理主体地位，给予学院充分的用人自主权。实行校院两级管理后，除了极少数特别重大事项以外，大部分事务将交由二级单位自己决定，学校层面将更加注重宏观规划，以及对学院的自主管理运行进行监督检查和考核评估。“十三五”期间，力争通过实行两级管理和两级考核，逐步构建起责、权、利相统一的内部运行机制，调动二级单位积极性，不断提高办学质量和办学效益。

2. 落实上级相关政策，改革完善教师职务岗位聘任制度

北京市人力资源和社会保障局、北京市教育委员会今年联合下发了《关于调整北京市高校职称结构比例的通知》，学校申请获批调整教师职务岗位比例，今后，学校高级教师职务岗位比例将会有较大提高。根据北京市要求，学校今年内将启动教师职务聘任制改革工作，调整岗位设置，完善教师职务岗位聘任制实施方案。学校在北京市政策基础上制定了《关于教师职务岗位晋升聘任绿色通道的规定》，进一步完善师资队伍的聘任、资助、考核和奖励制度，为特色学科中有潜质的中青年人才提供优惠政策和绿色通道，从机制上保障优秀人才的快速成长。

3. 推进分配制度改革，建立健全绩效考评体系

中共北京市委《关于深化首都人才发展体制机制改革的实施意见》明确提出：“鼓励事业单位深化收入分配改革，根据工作人员实绩和贡献，建立自主决定的绩效工资分配机制。”并提出要“积极推进分配制度改革，建立健全一整套具有激励作用的绩效考评体系”。人力资源与社会保障部也出台了《事业单位人事管理条例》，明确了岗位设置、岗位聘用和岗位绩效工资的原则。学校将根据上级文件精神，不断完善校内岗位绩效工资分配办法，按照市场化要求，充分体现按劳取酬、优质优酬的分配原则，建立重绩效、重贡献、向高层次人才和重点岗位倾斜的分配激励机制，在严格考核的基础上，使教师的津贴收入与岗位职责、工作业绩、实际贡献合理挂钩，通过改革和完善学校分配制度，激励教师的热情和创新意识，进而创造出更优秀的教学和科研成果，促进学校办学质量和效益的不断提升。

在“十三五”开局之年，学校提出了以五大发展理念为引领，全面加强“五个环境建设”，通过“五个环境建设”，全面营造人才稳定发展的良好环境。学校将尽最大努力优化人才成长环境，搭建学术平台，构建多层次的教师发展体系，鼓励支持教师发展，让广大教师拥有教学科研的空间和个人事业发展的空间。通过全面营造人才稳定发展的良好环境，把每个人的潜能和价值都充分发挥出来，让每个人都有成才的机会，让每个有志成才的人都有发展的空间，让每个为国家和学校做出贡献的人都能得到尊重。

同志们！学校正处在转型发展的关键时期，学校建成高水平教学研究型大学需要人才，学校的创新发展也需要人才，学校的特色发展依然有赖于人才，人才工作关系到学校工作的方方面面，关系到学校能否在“双一流”大学建设中有更广阔的发展空间。学校“十三五”规划已经发布，“十三五”建设已经启动，“人才优先”发展战略是未来学校发展必须要坚持的战略选择。学校的人才工作任重道远，让我们以本次会议为新的起点，全校上下齐心协力，重视、关心和支持人才工作，努力开创学校人才工作新局面。

谢谢大家。

以“五个环境建设”为统领 推动学校超常规跨越式发展

校党委书记 王传亮

2016年10月19日

讲党课，是党委书记的职责，更是作为一名高校党员领导干部与师生互相交流的机会，是学校将发展理念、发展思路传达给师生的方式。本次党课是学校“两学一做”学习教育的要求，是学校巡视整改工作的要求，同时也是新入职教师岗前系列培训和“树人班”系列培训的一次内容。本次党课主要想与大家进行一次交流，我对学校不敢说了解，对大家也不敢说了解，我想只要我们用真诚的心主动地思考和交流，就一定会有正能量的回馈。讲的如果有不妥之处，请大家批评指正。

本次党课的主要内容有三个部分，第一部分是宏观形势分析；第二部分是战略思考，也就是“五个环境建设”；第三部分是目前取得的重点突破和未来的主攻方向。

第一部分：形势分析

棋当善弈，落子谋全局。只有善谋大势，才能因势而动、因势而进。我们所说的“势”指的是“势态”，即所谓的大势所趋。我们谋划和推动学校的发展，必须因势而谋，顺势而为。这个大势，有党治国理政的新理念、新战略、新要求，时代发展的趋势，高等教育发展的趋势，还有首都经济社会发展的趋势。

第一，党治国理政的新理念、新战略、新要求。党的十八大以来，以习近平为总书记的党中央科学研判国际国内发展形势，提出了一系列新理念、新布局、新举措，有了重大进展。十八大以来的新形势，不仅是党的领导干部有体会，每一位公民都有切身的感受。在理念上，习近平总书记在十八届五中全会上提出了“创新、协调、绿色、开放、共享”五大发展理念，这五大发展理念实际上也是创造性地继承了我们党提出的“发展是硬道理”“科学发展观”等理念。这五大发展理念不仅是理论上的突破，也是实践上的目标，给我们提出了新任务；在总体布局上，十八大报告提出了经济建设、政治建设、文化建设、社会建设、生态文明建设的“五位一体”的总体布局；在战略布局上，习近平总书记提出了全面建成小康社会、全面深化改革、全面依法治国、全面从严治党的“四个全面”的战略布局。以上的新理念、新战略、新要求，每一个都很重，而且在推进的力度上都是前所未有的。这些构成党中央坚持和发展中国特色社会主义、实现“两个一百年”奋斗目标、走向中华民族伟大复兴中国梦的“路线图”，清晰地展现了当前党中央治国理政的新理念、新布局。在此基础上，以习近平为总书记的党中央励精图治、改革创新，以新思想引领新常态，以新理念指导新实践，以新战略谋求新发展，推出了产业结构调整和升级、“大众创业、万众创新”“一带一路”“亚洲基础设施投资银行”、简政放权、反腐败、“三严三实”专题教育、“两学一做”学习教育等新举措，极其有力地推动党的伟大建设工程再上新台阶，国家的经济社会发展再展新画卷，发展前景和发展空间更加广阔。总的来说，目前中国的形势已经从政治、经济、社会、军事、文化全面走向了国际，这是中国在以前实力积累的基础上做到的。大家也看到了，习近平总书记不断地参加各种重要的国际会议，G20峰会、上合组织、金砖国家、东盟10+3、与非洲的互动等，表明了在国际舞台上，中国已经从幕后走向了前台。G20峰会前不久在我国杭州召开，推出了一系列的中国思维，习近平总书记在会议上发表了重要讲话，引起了国际的广泛关注和重视，中国声音已经成为了国际社会上不能忽视的声音、不能忽略的声音。从这些事情上，我们能够很明显地感受到中国国力强大，这都为我们奠定了继续发展的基础。

第二，时代发展的趋势。当今时代，发展仍然是主题。但世界政治多极化、经济全球化、文化多样化、社会信息化迅猛发展，可以说是处于一个大发展、大变革、大调整的时期。科学技术发展日新月异，新一轮科技革命风起云涌。“美国创新战略”、德国“工业4.0”等战略相继推出，国家也推出创新发展战略，提出了“大众创业、万众创新”“互联网+”行动计划、“智能制造”等，都彰显了时代发展的趋势与需求。这方面，在座的各位老师可能认识得比我还深刻，以后多交流，在这里不多说了。现在科技发展的要素不仅仅局限于一个国家，世界范围科学技术的发展已经推动了我们生活的改变，智能制造、基因技术、互联网等科学技术已经开始深刻影响我们人类的社会进步。

第三，高等教育的发展趋势。习近平总书记提出了办好中国特色社会主义大学的总体要求。教育不能离开社会制度、不能脱离社会需要而孤立存在，办好中国特色社会主义大学，要求我们必须坚持社会主义办学方向，为建设中国特色社会主义事业服务。同时，教育必须扎根中国大地，从中国实际出发，继承中国文化教育的优良传统，形成中国特色社会主义大学自己的特性。习近平总书记最近有一个讲话，受到教育界的关注，他说“教育改革要始终坚持文化自信”。我们的教育改革，无论是思路上、方法上，都要有对自己文化的自信。实际上，从新文化运动开始到现在，我们都在不断地反思，在前人的基础上进入到更加自信的阶段。由此，教育优先发展战略、统筹推进“双一流”建设等新举措相继推出，特别是“双一流”建设，这是当下全国高等教育发展的一个大势。

第四，首都经济社会发展趋势。当前，北京市正深入实施京津冀协同发展战略、发展“高精尖”产业、疏解非首都功能，治理“大城市病”是其中的重点任务。北京市的“大城市病”很严重，水等资源的枯竭、各种污染、雾霾等等，更深层次的问题是城市的规划不足。我们的城市规划以前坚持了某些红线，但是实际上有很多死角，城乡接合部缺乏整体的、长远的规划，缺乏有利于今后发展的基础。比如，我们所在的清河小营，正在做新的规划，有了新的进展。对于一所城市发展而言，规划非常重要，高起点规划才能建好百年千年的城市。我们的学科专业布局、科研优势与特色，使学校在服务首都经济社会发展方面具有很大的用武之地，拥有巨大的发展空间。我们有实力、有基础、有水平、有潜力、有人才，但是我们的发展还要有平台，这个平台不仅仅是要在学校内，而且是要在北京市和全社会有发展的空间。现在，我们的发展空间越来越大了。中国传统文化中讲到“四象”，一个人、一个事业、一个组织的发展应该有青龙、白虎、朱雀、玄武“四象”。简要说，玄武就是有力的支撑、坚强的后盾；青龙是德行、秩序、护佑；白虎是才能；朱雀是发展平台。“四象”缺一不可。我们现在有党和国家的支持、有北京市委市政府的支撑，有我们各方面的努力和资源支撑，有我们自身的才能，再拥有我们的巨大发展空间，将来我们会有更大的发展。对宏观大势的分析、研判，落脚点就是我们学校的未来发展。我们已经制定完成了学校“十三五”事业发展规划，明确了建设信息特色鲜明、国内一流、国际知名的高水平教学研究型大学的发展目标。要实现这个目标，就要始终同党中央、北京市委的新理念、新战略、新布局、新举措、新任务、新要求保持高度一致，要把北京信息科技大学的发展放在整个国家发展、放在首都发展乃至世界发展中看，要跳出信息科大看信息科大的发展，才能清醒地知道我们所处的位置和我们的潜力所在。我们要始终同时代的发展、高等教育的发展同步伐，要主动顺应形势，突出改革创新，练好内功，抓出特色，推动学校超常规、跨越式发展。为什么我们提出超常规、跨越式发展？第一，这是形势的需要。制约学校发展、长时间积累的矛盾和问题，需要快刀斩乱麻，突破它。第二，有了发展的可能性。在以前发展的基础上，现在有了各方面的支持。我们要看到国内的形势，比如，上海某些大学（纽约大学、爱丁堡大学）的情况让人感到很震撼，都是新办的联合办学的国际学校，现在的招生已经超过了我们传统的一流大学的成绩，而且它的各方面环境发展水平很高，完全不是我们常规发展能赶得上的，所以我们一定要超常规、跨越式发展。形势喜人，形势逼人，基于我们现在的基础，有条件要上，没条件创造条件也要上。

第二部分：战略思考

在历届党政领导班子工作的基础上，在广大师生员工长期以来共同努力的基础上，我们已经摸索出治校理教的一贯思想，在此基础上，学校党委提出了“五个环境建设”的战略思考。这个战略思考是我们在中央“五大发展理念”的引领下，对时代发展，对国家、首都和行业发展，对高等教育发展的大势进行分析研判，对学校的历史、现状和未来转型发展的大局进行宏观把握的基础上提炼出来的，也是广大师生员工积极参与提炼出来的。这是一个总体的、宏观的、战略性的思考，它是学校的顶层设计，是发展框架，也是发展的途径、目标、举措和任务，它体现了我们的理念。它与每一个师生员工的学习、工作和生活息息相关，其目的就是要让全体师生员工都能从中找到干工作、做贡献的立足点和着力点，是要充分调动每一个师生员工的积极性、主动性和创造性，推动学校超常规、跨越式发展，推动学校再创辉煌，要让每个人都享有发展的希望。

“五个环境建设”是相辅相成、一以贯之的，也是开放性的，大家都可以往里填充内容，不断地丰富和完善它。“五个环境建设”，就是空间环境、办学环境、育人环境、治理环境和情感环境建设。

第一是要建设庄重典雅、智能宜人、有艺术风格、充满文化感的空间环境。空间环境，是我们人才培养、科学研究、学科建设、管理服务和改革建设发展的必要条件，是我们赖以工作、学习和生活的港湾。空间环境建设好了，学校的发展才会有物质基础，目前，北京以外的很多省市高校的环境都有了长足的发展，有些是我们想象不到的，都已经艺术化了，非常美，而且空间够用。上海新建高校的地下空间非常大。我们要有向国际一流看齐的底气，一旦有了更加优质的空间环境，我相信我们的科学家能创造出更优秀、更先进的成果。这不是我们一个人、一所学校的事情，是需要整个社会共同努力的事情。在一个庄重典雅、有艺术风格、优美的环境中工作，心情会更加舒畅，空间环境优化了，我们的教学科研就会受到积极的、正面的影响。当前，空间环境是影响和制约我们学校发展的一个瓶颈问题。我们明确的目标和任务是重点突破新校区、努力挖掘现有校区潜力、统筹安排现有校区的空间、推动网络空间建设。我到任之后，与领导班子一起致力于推动新校区，目前已经取得了重大的、实质性的突破。现有校区，我们还要不断挖掘潜力，继续推进资源的优化配置，最大限度地满足教学科研和学校改革发展的需要。网络空间建设，要充分发挥信息科技的优势，着力建设好。同时，要不断地优化、美化校园环境，使空间环境更加具有艺术风格，充满文化感。

第二是要建设以工为主、多科并举，特色鲜明，国内一流、国际知名，有利于学术发展、创新和服务社会的办学环境。办学环境是实现人才培养、科学研究、服务社会、文化传承与创新的重要支撑，是办好社会主义大学的迫切需要。找准定位，是学校聚焦重点的前提。我们的定位是基于以往工作建设的基础，但更多的是要考虑现实的北京市教育形势发展的情况，所以北京市委市政府主要领导提出要努力办成北京市最好的大学。抓住特色，是学校发展壮大的关键。我们要实现超常规、跨越式的发展，需要主动顺应“中国制造 2025”“互联网 +”行动计划、创新驱动等国家重大战略布局，要紧密围绕京津冀一体化和首都的功能定位（学校新校区建设也是列为北京市疏解非首都功能的重要工程），以“双一流”建设为导向，优化学科专业布局，更加突出我们的信息特色、行业特色、军工特色；我们要明确主攻方向，努力在智能制造与智能测控、大数据与云计算、信息安全等方面，形成新的发展增长点，争取高级别科研课题，形成更多更好的科研成果，增强服务国家、首都、行业的能力和水平；我们要重点突出人才队伍建设，引进和培养高层次领军人才，建设好具有国际国内核心竞争力的教学和科技创新团队，提升我们的核心竞争力。

第三是要建设以学生为本、立德树人、全员参与、促进学生全面健康成长成才的育人环境。大学是学问之所、育人之地，以人为本、立德树人是我们一贯坚持的人才培养理念。这是办好中国特色社会主义大学的要求和保证，也是对以人为本教育理念的深化理解。要成才，先成人。我们不仅要传授知识、培养能力，还要把培育和践行社会主义核心价值观融入其中，构建“知识传授、能力培养和品德塑造”为一体的人才培养机制和模式，推动形成全员育人的工作合力。重点是构建密切配合、齐抓共管的合力机制，将教书育人、管理育人、服务育人、环境育人和实践育人融为一体，创建良好的育人环境和氛围。前几天我在学校辅导员空间站的活动中谈过，联合国教科文组织对“人才”有过一个定义，真正称为“人才”的至少要“四个学会”：第一，要学会生存。我们在复杂环境中生存、包括在校园环境中生存是不容易的，我们培养的人才，要学会生存，交给一件事情能够做，可以被信赖。第二，要学会沟通。沟通在当今社会越来越重要，不仅仅是我了解你、你了解我的问题，通过沟通我们可以整合资源，达成发展目标，通过沟通我们可以化解矛盾，乃至化解战争，成功的沟通会创造出无穷的价值。第三，要学会学习。要有学习的能力，要有举一反三的能力，要有创新的能力。第四，要学会生存的职业技能。有“一招鲜”，有依靠技能谋生的能力，当然也可以创业。这“四个学会”就构成一个“人才”。

第四是要建设和谐稳定，有序活泼，公正公开，依法治校，充满民主与法治精神的治理环境。办好社会主义大学，与西方办大学有本质的区别，不是单纯的科研单位，有社会办学的因素在里面。我了解到，我们学校有 88 对夫妻在学校工作，真的是像一个家一样，这是我们最大的特色，我们一定要把这个特色变成正能量。所谓建设法治环境，就是要崇尚民主与法治精神，坚持大学章程，坚持和完善党委领导下的校长负责制和民主集中制，坚持党的领导，把握好党的发展方向。党委是学校的领导核心，研究决定“三重一大”事项，支持校长依法独立负责地行使职权；以大学章程为依据，构建层次合理、协调一致的制度体系，既充分发挥党委、行政、学术、群团各类组织机构的作用，更形成讲秩序、讲公正，按制度、规矩办事的政治生态，让我们的师生诉求有渠道、有路径，解决问题有制度、有程序。在治理环境的建设过程中，要培育和而不同、以和为贵、求同存异的处世智慧，倡导各美其美、美美与共的为人处事原则，这并不是要盲目的和、盲目的同，在传统文化中，中国人在这方面非常有智慧，所谓“和而不同，同则不继”，我们不应该也不可能要求所有的人都千篇一律，但是我们能够要求大家有共同的“和”，大家要营造相互欣赏、相互补台的和谐人际关系，这恰恰是中国传统文化多样性存在、包容性存在和开放性存在的要求。允许多样性存在我们才真正有包容性，有了包容性才能充满自信地接纳所有的观念和人、事物，这时候就有了开放性。当我们有了文化自信，才能真正地理解中西方文化的精彩。

第五是要建设崇尚勤信、宽容善意、相互欣赏、团结协作，倡导成人之美、充满人文精神的情感环境。情感环境是与治理环境相辅相成产生的，只有情感环境，没有治理环境是不行的；只有治理环境，没有情感环境是可悲的。情感是无形的力量，是“润滑剂”。虽然无形，但如果发挥好了，其力量是无穷的。我们党领导发展的历程中，无数次地利用这种情感的力量创造了难以想象的成绩。我们这样的学校，是最有条件建设好情感环境的，不仅仅是因为我们有80多对夫妻，更是因为我们有各具特色的来源，各具特色更容易相互欣赏，因为学会欣赏不同，眼中充满的都是美好的。要让每个人都能在这个环境中得到温暖、宽容和尊重，要充满善意的、有爱心的、充满慈悲情怀的情感环境。所谓“慈悲情怀”是要学会宽容，要学会宽容别人的失误、别人的缺点、别人的瑕疵。每个人事业的进步、每个团队的前进都是在克服失误中前进的。要让每个人都能在相互欣赏、有序竞争中取得发展和进步，而不是不择手段，使每一个人都获得存在的价值和应有的尊严。当一个人获得了竞争的成功，我们为他欢呼，为他庆祝，欣赏他；当一个人失败了，我们要理解他、安慰他，鼓励他勇于再战。在竞争中失败了不是犯罪，也应该得到尊重；在竞争中成功了，我们为他赞美，因为他为大家做出了贡献。

以上是“五个环境建设”的总体思考，下面，我再突出强调四点内容，供大家思考。

第一，“各美其美，美美与共，美人之美，成人之美”。著名社会学家费孝通先生提出这句话，原本是“各美其美，美人之美，美美与共，天下大同”，这是费孝通提出的不同文明之间共处的理想境界，非常具有中国式的传统智慧。我借用这句话，将它的顺序作了调整，将“天下大同”改为“成人之美”，并分成两个层次，第一个层次是“各美其美，美美与共”。它的核心就是用中国智慧的包容性形成“和而不同”的局面。我们在一个平台上（无论是学术平台还是生活平台）各美其美，每个人都有自己优秀的地方，都允许存在，在这个基础上形成美美与共的状态，当做到这一点的时候，“和而不同”的局面也就形成了。关于这方面，中国历史上有很多论证，比如《中庸》讲的“万物并育而不相害，道并行而不相悖”，蔡元培讲的“兼容并包，兼收并蓄”，毛泽东同志讲的“百花齐放，百家争鸣”，都是和而不同的原理。第二个层次是“美人之美，成人之美”。“美人之美”要求我们克服自己的妒忌心理，学会欣赏别人，别人有了成绩要欣赏他，别人竞争超过了我，我欣赏，能调整好心态恰恰是自信的表现，因为自己不害怕失败，还有下一次再努力的机会。“成人之美”是更高的层次，指的是虽然不赞成别人，但是成全别人。传统文化讲“己所不欲，勿施于人”，自己不想干的事情，不要强迫别人干。但有时候有的人会“己所欲，施于人”。所以允许“和而不同”，允许“各美其美”的真谛就是要维护别人的特点、成全别人的特点，这个是要求很高的。“四个美”是递进的关系。

这实际上也是一个方法论的问题。中国传统文化追求的方法是平衡，而不是走极端。走极端容易出问题，有矛盾。2014年习近平总书记在平和共处五项原则发表60周年纪念大会上提出：“要努力扩大各方共同利益的汇合点，不能这边搭台，那边拆台，要相互补台，好戏连台。”要树立双赢、多赢、共赢的新理念，摒弃你输我赢，赢者通吃的旧思维。说的也是这个道理。并不是说赢了就可以为所欲为，我们是一个共同体。

第二，学会“在一起，做自己。”“做自己”强调允许有自己的特点，突出个性的发挥；“在一起”强调团结协作，搭建事业发展平台，建好属于大家共同的家园。具体到我们自己的学校，大家“在一起”是不争的事实，每个人都是学校的一员，我们是在一起的人；在这个前提下，又能够“做自己”，我所说的“做自己”不是政治立场，我们的政治立场没有不同，而是指要保持自己的特点，在大家共同遵守公共规则的基础上，我们要保持自己的特点。“在一起”通力协作，搭建事业发展的平台，建好属于大家共同的、精神的、情感的家园。学校是我们学习、生活和工作的共同的家园，在这个家园中，我们每个人都有自己的个性、自己的岗位、自己的事业、自己的生活、自己的追求，我们支持每个人的发展，但每个人的发展都要放在学校发展的大局中来考虑。一方面，做好自己，并通过做好自己，共同推动学校的发展；另一方面，学校发展好了，我们每个人的事业、追求、生活、个性、尊严都将会有更好的发展。总起来说，我们每个人都要将自己放在学校、学院、科研团队、教学团队等平台当中，在一起做好自己。这实际上强调的是“和而不同”，其精神实质源自于《中庸》所说“万物并育而不相害，道并行而不相悖”，蔡元培先生源于这个思想提出了“兼容并包，兼收并蓄”的理念，毛泽东主席提出的“百花齐放，百家争鸣”也是对其的延续。我们的政治立场没有不同，学校是我们共同的家园，在学术思想、学术方法、学术结论等个性发展方面可以有所不同，可以做自己，但是一定要在“和”的基础上发展这种“不同”，再进一步形成“和生万物”的状态。一个好的团队恰恰是需要有共同点，一个好的乐队要有各种乐器才能形成好的音乐。一个好的科研团队，就是需要具有各自研究特点的相关科研人员，在同一个科研平台上共同攻关课题，产出科研成果。在科研平台上汇聚科研人员是“和而不同”，才能“和生万物”，产生出更多更优秀的成果。

第三，“大时代”“小时代”相结合。单纯的英雄创造历史的时代已经过去，现在是一个人人都可以参与创造历史的时代。如同火车运行一样，以前是火车跑得快，全凭车头带；现在的动车、高铁，每节车厢都有动力，这是当今社会发展动力最形象的一个比喻。当今时代，既要有整体的要求，又要有个性的发展。每个团队、每个个人都有动力，都有发展，就能推动学校取得更好更快的发展。

第四，关于化解矛盾的思考。大学是知识分子的聚集之地，观点碰撞甚至思想交锋在所难免，有竞争，有不同的利益诉求，必然会有矛盾。有矛盾是必然，关键是怎么化解。对我们学校来说，由于历史的原因，形成了一些个人和团队的难题和矛盾，如何解决？如何化解？化解矛盾，最重要的是要面向未来，以最大的努力抛弃过去的成见、历史的包袱，轻装上阵。通过我们的治理环境和情感环境建设，建成一个科学有序、充满法治精神和人文精神的、公平公正的治理环境。我来学校之后，有的人告诉我，这所学校是两个学校乃至好几个学校合并来的，有很多矛盾。我并不这么认为，其实任何一所学校都有矛盾。我讲一个例子，就是马丁·路德·金曾经有一个著名的演讲《我有一个梦想》，提到“所有人（不论白人还是黑人）都享有不可让渡的生存权、自由权和追求幸福权”，希望“有朝一日，黑人男孩和女孩将能与白人男孩和女孩情同骨肉，携手并进”。他在作这个讲演的时候，美国社会是这样一种情形，美国的黑人被白人杀戮，同时黑人的反抗也遭到了白人的激烈反抗，可以说，在当时可谓血债累累的时候，有人说马丁·路德·金太幼稚，认为黑人和白人不可能坐到一起。可是也不过几十年，美国的黑人当上了总统，美国的黑人当上了国务卿。这不是说，美国已经解决了这个问题，今天在这个方面依然有很多矛盾和问题。举这个例子不一定合适，但我主要是想说，血债累累可以化解，还有什么矛盾化解不了？只要发自内心，大家共同努力，没有什么矛盾和问题解决不了，不过是一点利益而已，把利益看淡一点，把每个人看得实事求是一点，没有完美的人。我经常说，我们都不是完美的人，但是我们可以构成完美的团队，创造完美的事业，我们通过对不完美的自身的欣赏和自信，达到对不完美的人的欣赏。我们要学会用完美的眼光欣赏不完美的他人。这样，我们眼里才都是完美，那就能实现和谐相处。当然，学校的各级组织要公正。我们要增进大家的彼此信任和理解，我讲一个颜回的故事，子贡当着孔子的面指责颜回偷吃米饭时，孔子制止了子贡的怀疑，亲自对颜回作出询问，得出了事实的真相，原来颜回做米饭的时候一团灰掉了进去，他觉得既不能给别人吃也不能浪费，就自己吃了，孔子知道事情真相后夸赞了颜回，并表示了自己对颜回的信任。“谣言止于智者”，有智慧的人是对一个人的最高评价。信息不对称容易产生误解、隔阂、偏见和傲慢，不能去道听途说各种谣言、传言，给个人造成不必要的纠结，给团队造成隔阂，给学校带来不必要的矛盾。在科学研究上找问题，对科学发展是有益的，但是在人际交往上找问题，于人于己都是不利的。不要总盯着别人的缺点，要看到别人的优点，如果能够做到这一点，将会带来幸福。所以，这个例子着重要说的是亲眼所见未必真实，道听途说更不真实。还有一个例子，是法国总统密特朗在总结一个事件时所作的关于公正和自我约束力的演讲，促成了法国对公正观念、对自我约束观念的一种再认识。要客观地对待每一个人，公正地对待每一个人，公正地对待每一件事情，我们的世界一定会更美好。我讲这个例子，主要是想说，反思对别人的苛刻，不要总是严以待人，宽以待己。我们当然要讲制度、讲纪律、讲规矩，要严格要求，但不是苛刻，更不能把自己的成功建立在伤害别人的基础上。我们在“五个环境建设”中特别提倡治理环境和情感环境的建设，相信我们的师生都可以理解。上周六，南怀瑾的小儿子南国熙、大弟子谷国志到北大、清华作“道不远人”的讲座，我作为嘉宾到会，听了以后很受启发。他们讲到，中国的经济影响力、科技发展、军事实力都强大了，但有一个问题值得我们反思，那就是在世界上为什么还是对中国人不够尊重？一般人会从随地吐痰、乱写乱画等基础修养方面去找原因，外国人不愿意跟某些中国人打交道，主要是因为有些中国人丢掉了自己的优秀文化传统，我们的传统文化讲的“仁义礼智信勇、温良恭俭让诚”等，也具有非常正能量的东西。我们提倡的社会主义核心价值观正是在继承这些优秀文化传统的基础上提出的。但是，现在社会上一定程度上存在着钩心斗角、拉帮结派、不讲诚信、不守规矩，甚至指鹿为马、欺软怕硬等现象。甚至有人说，我们的大学培养了一批“精致的利己主义者”，更可怕的是为自己的目的不择手段，这是社会的大环境。有人说，现在讲诚实守信、遵守规则、公正公平比较难，但正因为难才可贵，我们要大力提倡，首先要求我们领导干部要诚实守信、遵守规则、公正公平。我希望我们朝着这个方向努力，我希望我们学校能建成这样的家园。这也是我们的治理环境建设所要求的。南怀瑾先生曾经发愿，要发扬光大优秀传统文化，在当代重新燃起优秀传统文化之光。习近平总书记系列重要讲话，也在大力提倡继承和创新中国优秀传统文化。习近平总书记说，我们要道路自信、理论自信、制度自信，但更基础、更广泛、更深厚的自信是“文化自信”。同时强调“教育改革要始终坚持文化自信。”在我们学校，一方面，我们要大力提倡诚实守信、遵守规则、公正公平。我相信，实际上我们的老师是努力的、勤奋的，有潜力、有水平、有成果的，也形成了各种人文精神，我们的校训“勤以为学信以立身”讲的也是这些道理。另一方面，我们要摒弃以上所说的不好现象，共同反对搞帮派，切实摒弃“山头主义”、破除“两校观念”。我相信大家能够理解，也能落实到行动上。

第三部分：近期重大突破和未来主攻方向

我们尊重历史，更要面向未来。学校聚焦制约学校发展的瓶颈问题，全力以赴推动解决，在多项工作中取得了突破性进展，并明确了今后的主攻方向。

第一，确立了学校治校理教的总体战略思考。学校党委立足学校的历史发展和现有基础，研判形势，总结经验，谋划发展，提出并确立了“五个环境建设”的总体战略思考，并以之为统领，编制完成了学校“十三五”事业发展规划，明确了以“双一流”为导向，走超常规、跨越式发展之路，努力将学校建设成为信息特色鲜明，国内一流，国际知名的高水平教学研究型大学，建设成为北京市最好的大学。这是我们对学校顶层设计的优化和提升，我们的发展理念，发展目标，发展思路，发展举措更加清晰，也描绘出了学校未来发展的宏伟蓝图。

第二，站在讲政治的高度，完成巡视整改，推进“两学一做”。巡视是一次全面的体检，是一次严峻的考验。按照市委巡视工作统一部署，2016 年 3 月 2 日至 4 月 29 日，市委第四巡视组对北京信息科技大学党委开展了专项巡视。2016 年 7 月 14 日，市委第四巡视组向北京信息科技大学党委传达了市委书记郭金龙在市委书记专题会议上的讲话精神，并反馈了专项巡视情况。学校不仅完成了巡视工作，而且认真推进整改工作。截至目前，14 项整改事项方面，均按要求进行了落实，需要长期落实和建立长效机制的整改任务，也正在有序推进中。此外，我们还切实按照中央和北京市委的统一部署，扎实推进了“两学一做”各项工作。通过这两件事，我们坚决与中央、市委的要求保持高度一致，全面落实“从严治党”，把规矩和纪律挺在前面，讲政治、守规矩将成为常态；我们进一步理顺了各方面的工作，使各方面工作更加规范化、制度化；我们进一步深化了作风建设，巩固和扩展了作风建设的成果。我们在党建和思想政治工作方面成绩是明显的，在历史上也是有基础的，但是希望大家清醒地认识到，我们还存在很多问题，党的建设特别是党风廉政建设永远在路上，不能松懈。要求大家要有政治意识、大局意识、看齐意识、首善意识，在推动学校未来发展的过程中，广大党员要充分发挥先锋模范作用，基层党组织要充分发挥政治核心和战斗堡垒作用，党员领导干部要充分发挥“关键少数作用”。对学校部署的工作，不能有利于自己就做，没有利就不做，也不能阳奉阴违，这是在欺骗自己。如果因为局部的工作不到位，影响到学校整体发展，那将是大家共同的损失。

第三，新校区建设取得重大的、实质性的突破。2016 年 4 月 28 日，北京市委副书记、市长王安顺到学校调研并作报告，明确提出把北京信息科技大学建设成为北京市最好的学校，并提出对加快学校新校区建设的期待；6 月 2 日，副市长王宁到新校区调研并主持召开工作现场会，建立了学校新校区建设市政府层面的工作小组，使新校区建设工作机制实现了根本性转变，新校区建设成为市政府的行为；随后，北京市政府常务副市长李士祥召开学校新校区专题会议，又亲自赴昌平区协调拆迁工作，落实拆迁经费；9 月 14 日，学校新校区建设工程项目建议书（代可行性研究报告）获得市发改委批复，并且将该项目纳入市政府扩大内需重大项目绿色审批通道，享受与通州副中心建设相同的政策。9 月 27 日，《北京市“十三五”时期教育改革和发展规划 (2016—2020 年)》发布，北京信息科技大学被北京市新增为重点疏解的高校。新校区建设正式列为北京市疏解非首都核心功能的重大战略工作。我再次强调，新校区的建设非常难，我们在几届领导班子的共同努力下，才有了今天的成绩。尽管我们看到了曙光，但是今后还有很多工作，希望大家都不要做旁观者，要给予新校区建设正能量。此外，小营校区周边环境也有望得到改善。目前，海淀区已经明确小营建材城拆迁，按照新规划，学校周边将建设高智能制造产业园，小营周边交通枢纽改造也正在研究当中。这对学校来说，是利好。

第四，人才队伍建设取得实质性进展，高级职称比例大幅度增加。这学期，我们召开了人才工作会议，充分体现出学校党政对人才工作的高度重视。高水平的人才队伍是支撑一所高校实现高水平发展的中坚力量，是一所高校形成特色和培育核心竞争力的关键。人才队伍的核心是教师队伍，之前教师队伍职称比例不够合理，高级职称教师偏少，教师职务聘任制改革对教师的激励作用未充分发挥出来。经过与市委、市教委的多方协调、努力争取，学校高级职称教师的比例大幅增加，高级职称占教师总数的比例从 50% 提高到 60%，正副高的比例从 1:2.5 提高到 1:2，按照这个比例，到“十三五”末期，将有约 720 名高级职称教师，包括 240 名正高，480 名副高。大幅度提高高级职称的岗位数，一方面为教师成长提供充足的空间，另一方面，我们有更大的空间去引进高层次人才。

这是我们当前取得的一些重大工作进展，以“五个环境建设”为统领，根据“十三五”事业发展规划确定的目标与任务，下一步我们还将重点推进以下工作：

第一，全力以赴申报博士点。博士学位授予权是引进和留住人才的重要平台，是提升办学层次的重大举措，是学校今后工作的重中之重。我们要将申报博士点作为学校进一步加强学科建设的过程，也要把这项工作作为我们自己发现问题、补齐短板的过程。学校将全力以赴，形成包容高端人才的环境，尽最大的努力，做好申报博士点各项工作。

第二，提高科技创新能力和科研成果产业化水平。以前我们曾有过辉煌的成绩，2007—2009 年，学校连续三年获得 4 项国家科技进步奖，但是后劲不足。今后要不断提高科技创新能力，努力实现新的科研成果、新的奖项、新的产业化成果，提高服务经济社会的贡献率。

第三，深化教育教学改革。人才培养是大学的重要职能，我们对学校的定位是以工为主，多科并举，在教育教学改革中，也要将科学精神和人文精神融合发展。任何一所大学，都蕴含文化因素在其中，科学精神和人文精神融合发展在当今时代尤为重要。福楼拜提出人文和科学从山脚出发，在山顶汇合。现在我们从山脚下就将科学和人文相融合，走出一条人才培养的精彩道路。对于钱学森之问，要想出大师，就要有科学与艺术的结合。我希望我们北京信息科技大学能够出大师，多出大师，学校有这样的基础，教师也有这样的潜力。

第四，提升管理和服务水平。管理和服务是我们学校的瓶颈。任何一所大学，无论国内大学和国外大学，要想办好，管理水平至关重要，都要跟上。上级有上级的管理，我们有我们的管理，管理不好，管理失去了弹性，管理形成了“隔热层”，我们的学校就会各方面都着急，但就是不前进。特别是这种隔热层，中层干部至关重要，学校能不能真正发展，学校形成的战略思考和理念，能不能真正落实，就要靠我们的管理和服务。管理分“管”和“理”两方面，以前，学校“管”的不少，“理”的却不多。学校要注重理顺关系，管理要有弹性，服务要真正的以人为本、以服务对象为本，要摒弃管理中的“隔热层”。学校的综合性不够，分工性太强，所谓法治，在于其立法过程，希望积极参与规则的建立过程，形成了规则之后，大家要共同遵守，如果不参与形成规则的过程，那么对形成了的规则的约束性也会不认同。希望大家重视管理，管理是能出效益的，管得好管得坏大不一样，管理队伍有不断完善的空间。

当前，学校正处于“十三五”开局和转型发展的关键时期，我们已经明确“五个环境建设”的战略思考，已经明确建设信息特色鲜明、国内一流、国际知名的高水平教学研究型大学的发展目标，我们要始终坚持改革和创新，努力争取各方支持，抓好内涵建设，将学校建设成北京市最好的大学。我们有基础、有潜力、有希望、有信心做到这些。让我们携手同行，让北京信息科技大学再创辉煌、让每一位信息科大人都有希望。

以上所讲的内容，供大家参考，如果讲得不对，请大家共同修改，也希望与大家进一步沟通交流。

本科教育教学工作会议专题

综述

为推动学校本科教学内涵发展、创新发展，牢固确立本科教学的中心地位，鼓励教师全身心投入本科教学，全面提高教学质量。5月11日下午，学校召开了“北京信息科技大学2016年本科教学工作会议”。会议的主题是“以优化培养方案为契机，科学构建人才培养体系，全面提高教育教学质量”，全体在校校级领导、各职能部门主要负责人、教学单位领导班子成员、系主任、专业负责人、基础课程负责人、实验教学中心（实验室）主任、教师代表、学生代表参加了会议。会议由副校长许宝杰主持。会上，校党委书记王传亮和校长王永生分别作了重要讲话。会议之后，学校围绕2016版培养方案的制定继续组织开展系列活动，各学院教学单位将认真学习本次会议主题报告和讲话，在总结成绩基础上，分析本单位存在的问题；学校及各单位将继续通过举办专家报告、专题讲座，根据专家意见完善专业人才培养方案，切实落实了会议精神。

坚持教育本源 坚持立德树人 以“五个环境建设”开创人才培养工作新局面

——在2016年本科教学工作会议上的讲话

校党委书记　王传亮

2016年5月11日

老师们、同学们:

大家好！今天我们在这里召开以“以培养方案优化为契机，科学构建人才培养体系，全面提高教育教学质量”为主题的本科教学工作会议。为召开这次会议，学校前期做了大量的筹备工作，开展了本科教育教学改革发展大讨论以及培养方案的修订论证。这次会议对全校上下主动思考、积极探索，解决本科教育教学工作中的重点难点问题，明确今后学校本科教学改革的重点和方向具有重要意义。

“十二五”以来，在郑书记、柳校长等前任领导，现任校级领导班子和广大师生员工的共同努力下，学校本科教学各项工作取得了较好的成绩，刚才永生校长已经作了全面的总结，对学校当前本科教学工作面临的形势分析很到位，也明确了今后的工作思路和主要任务，希望大家认真学习、领会，并落实到具体工作中。

来到学校以后，通过调研走访，我了解到学校还有很多老专家依然坚持在教学的第一线，许多中青年教师也克服了很多困难，顶着各种压力坚持在教学工作岗位上；从事科研工作的教师在艰苦的办学条件下潜心研究，勤奋攻关，取得了丰富的成果，一些年轻教师虽然短时间并未取得成果，但是状态非常好，在逐步积累、提高，朝着目标不断迈进；还有许多在管理岗位和服务岗位上辛勤工作、无私奉献的教职工。大家都以自己在工作中的实际表现和教学科研成果，呈现出了对教育事业、对学校、对学生的热爱和情怀，呈现出了自己优秀的禀赋和潜质。在此，我谨代表学校党委和全体领导班子对大家的付出表示衷心的感谢和由衷的敬意。

下面，我就本科教学工作谈以下几点意见，抛砖引玉，供大家思考。

一、坚守教育本源，凸显人才培养本位

“人才培养为本、本科教育是根”。当前，本科教学工作是高校综合改革中最引人注目的改革内容之一。教育工作不能只顾埋头做事，更要抬头看路，要思考教育的本质是什么？思考教育的宗旨和理念是什么？理念是管全局、管根本、管方向、管长远的东西，发展理念定对了，目标任务就明确了，政策举措也就应然而生。

本科教育教学中最重要、最根本的理念是什么？回答这个问题，我们要回到大学教育的最基本职能——人才培养。在本科教育教学工作中，只有凸显人才培养的本位，才能“盘活”大学人才培养改革整盘棋。

这种“凸显”主要体现在两个方面：

第一，凸显大学最根本的职能，也就是人才培养。大学为什么而存在？大学的理想又是什么？这些是对于大学最基本的问题的思考。一言概之，学生才是大学存在的意义。大学要关注每一个学生，大学的任务就是要把每一个学生培养成为社会的合格人才，同时，让他们实现自己的理想。现在，有很多机构对学校进行排名，所以很多高校往往非常在乎量化的指标，追求办学上的个别成绩，但是从大学的本质出发，我们不仅要重视教学，重视学生才能的提高、知识的增长，而且要关心每一个学生，尊重学生的个性和人格，重视每一个学生德行的培养、持续发展的能力、生活的乃至生命的质量。这解决的是学生为什么值得来大学接受教育的问题，因为大学不仅可以让他们接受立足未来社会发展的专业知识，而且帮助他们形成健全的人格和价值观，同时提升他们的精神气质和文化品位，使他们成“才”，也使他们成“人”。这是大学教育最简单、最朴素的常识。

第二，凸显大学重视教学的传统。近日，李克强总理在北大考察时，特别强调“中华文明几千年生生不息，根本在于重视教育”“到了现代，‘重教’仍然是我们的传统”。我们学校正在由教学型向教学研究型转型，科研的崛起是大学回应时代发展、社会需要的结果，但是，要防止在科研崛起的同时，本科教学偏离方向。在大学教育中，科学研究与人才培养不能论及孰轻孰重，只要论了轻重，就会存在着将教学和科研对立起来的意味。要解决这个问题，不能通过降低科研的地位来实现，只能通过对教学自身的变革，不断强化教学来实现。当下，我们必须重新认识教学，教学一直是大学的真正使命，只有首先从理念上、思想上重视教学，政策中和行动中才能充分体现。比如，在通识课程或核心课程方案制定过程中，不仅要与国际对接，听取领导和专家意见，更要在整个方案的制定过程与教师、学生有更多交集，要“接地气”。再比如，在教学评价中，要看重课堂讲授的能力、效果、内容本身的好与坏、学生的反馈和积极性等。只有避免浮躁，静下心来重视教学、从事教学，才能让学生有一流的学习体验，产出一流的教育成果。

二、传承办学特色，立足传统探索创新

对学校办学定位、办学目标和办学特色的把握是涉及一所大学存在和发展的战略性问题。

首先，办大学要“想在深处、站在高处、做在细处、落在实处”。所谓“想在深处”是要求我们对教育教学理念有清晰的定位和准确的把握，对大学存在的意义和价值有深度的思考，这是我们办大学的价值观问题。所谓“站在高处”是要求我们围绕国家、首都、行业政策，准确把握办学定位、办学目标和办学特色。“不识庐山真面目，只缘身在此山中”，我们从事教

育工作，往往已经习惯了用教育的视角去看待目前众多的教育问题，难以跳出教育教学规律、师生发展需求的固有思维框架。对待教育工作，我们要“横看成岭，侧看成峰”，教育是国家发展、行业发展的一部分，只有站在国家政策的前沿，站在行业发展的前沿，站在高等教育改革的第一线，才能“会当凌绝顶，一览众山小”，才能准确把握我们学校自己的办学定位、办学目标和办学特色，才能做好教学改革的顶层设计，进而形成工作体系并相互衔接。

其次，办大学要坚持“守正创新”。应用型人才培养领域的诸多困境，症结往往在于没有明确我们“要培养什么样的人才”或我们“能培养什么样的人才”。我们学校是以工科为主、以培养具有较强实践能力的高素质应用型人才为主要目标的多科性大学，也是一所在办学历史上行业特色鲜明的行业特色型大学，我们在办学过程中应当坚持“守正创新”。所谓“守正”，就是要立足办学历史、办学传统，在学校以往的发展基础上，立足我们学校的目标定位，加强学生实践应用能力培养，摒弃同质化倾向的人才培养理念，聚焦于提高学生的核心竞争能力。所谓“创新”，就是要以习近平总书记提出的“五大发展理念”为遵循，深入贯彻落实创新驱动发展战略、“双创”“双一流”等重大战略举措，瞄准科技发展前沿，在以往工作业绩基础上寻找新的生长点，使学校的学科专业布局、优势与特色，与“中国制造2025”“互联网+”等深度契合，继续挖掘发展潜力，引导学生了解新思想、领会新要求、感知新理念、掌握新操作。一所学校有什么样的教育理念，就会有什么样的培养方案，有什么样的培养方案，就会产出什么样的学生。

为了传承办学特色，积极探索创新，实现跨越式发展，学校党委经过深入思考、反复酝酿、系统谋划，提出以五大发展理念为引领，全面加强“五个环境建设”，第一个就是努力建设校区环境，一方面结合现有校区功能定位调整，充分挖掘现有空间利用潜力，另一方面重点突破新校区建设，全力以赴为师生的学习、工作和生活提供庄重典雅、智能宜人、具有艺术风格、充满文化感的校区环境，奠定学校实现更高、更快发展的基础。

学校还将努力建设优质的办学环境，尽最大努力优化人才成长环境，搭建学术平台，构建多层次的教师发展体系，通过国内外培训工作提升师资队伍水平，鼓励支持教师发展，让广大教师拥有教学科研的空间和个人事业发展的空间，真正做到靠事业吸引人，靠政策激励人，靠情感温暖人，形成尊重劳动、尊重知识、尊重人才、尊重创造、认可付出的良好氛围，让广大教师能一心一意育英才，踏踏实实做学问。

此外，学校将情感环境建设全面融通于五个环境建设之中，兼容并包，兼收并蓄，在全校形成“各美其美，美美与共，美人之美，成人之美”的人文氛围。习近平总书记在和平共处五项原则发表60周年纪念大会上曾说：“我们应该把本国利益同各国共同利益结合起来，努力扩大各方共同利益的汇合点，不能这边搭台、那边拆台，要相互补台、好戏连台。要积极树立双赢、多赢、共赢的新理念，摒弃你输我赢、赢者通吃的旧思维”。在办学过程中，我们也要互相搭台、互相补台，互相认同、互相帮助，在互动中懂得尊重与感恩，能够宽容与理解，得到发展与完善。努力使我们的情感环境崇尚勤信、相互欣赏、团结协作、宽容善意，倡导成人之美、充满人文关怀。

三、坚持全员育人，构建立体化培养体系

当代大学教育越来越体现为一种“大教育”，不仅教学，也要育人，不仅要关注学生成“才”，也要关注学生成“人”。党的十八大将立德树人作为教育的根本任务，习近平总书记多次强调，办好中国特色社会主义大学，要坚持立德树人，他将青少年时期的价值观养成比喻成“扣好人生的扣子”。如果第一粒扣子扣错了，剩余的扣子都会扣错；人生的扣子从一开始就要扣好。大学教育是与社会接轨的教育，我们培养的人才直接输送进社会，或成为各行各业的砖瓦，或成为国家的栋梁，必须给学生们把该扣的扣子扣好。习总书记所说的扣扣子便是要构建立体化的人才培养工作体系，开展全过程、全方位的全员育人工作。

“十年树木，百年树人”。学生成才是一个要顾及过去、结合当下、预见未来的精雕细琢的历程，需要坚持长期的、全方位的情感投资和环境养育。学校将通过建设育人环境，实施以党建育人、教书育人、管理育人、服务育人、环境育人和情感育人为主体的全过程、

全方位育人工程，将学生成“人”教育贯穿于成“才”教育的始终。在全员育人环境建设中，引导全校教职员工在“教育无小事，事事皆育人”的育人理念上达成广泛共识。我们不仅需要严谨治学、笔耕不辍的优秀教师，又需要勤恳务实、秉公办事的优秀管理工作者，还要有敬业奉献、勤勉有礼的优秀服务人员。学校将构建各部门密切配合的工作机制，把以学生为本和全员育人的意识与行为融入工作每一个环节，使每一位教职员工都能各司其职，各尽其能，共同致力于“立德树人”的根本任务，共同致力于学生的全面健康成长成才，达到“青出于蓝而胜于蓝”的至高境界。

四、凝聚情感规范制度，加强师德师风建设

育人之本，关键在于师德。唐代韩愈说：“师者，所以传道授业解惑也。”“传道”是第一位的，教师是教育的第一资源，教师这个职业承载着比其他社会角色更多的道德责任，一个人遇到好老师是人生的幸运，一个学校拥有好老师是学校的光荣。中国办的大学是社会主义大学，好老师心中首先要有国家和民族，明确意识到肩负的国家使命和社会责任，这是办好中国特色社会主义大学的最基本要求。

师德首先要内部养成。有人说，教育本质上是一个理想主义的事业，所谓的“师德”“教风”，并不在于教了几门课程，上了几门课，关键要有从教育事业中寻找生命意义的情感追求和精神状态，要有“职业认同感”“职业幸福感”。“道始于情”，师德和教风首先表现为一种情感，其次才能升华为思想，最后才能转化为行动，教师既然选择了干教育这一行，就要有这样的精神状态和追求。

师德也要靠外部规范。要成为一名优秀的教师，也需从“严”处入手，学校将通过治理环境建设，充分发挥制度在规范教师行为方式、建立科学合理的管理体制等方面的作用，划定师德建设“红线”，使教师做到严于律己，严守法纪，严谨治学。还要通过治理环境建设，使校园成为遵守秩序与法则的阳光地带，使师生能够守护自己的尊严、价值、追求与关切，能够通过畅通的渠道和程序发表见解、维护权益，使和谐稳定、有序活泼、依法治校、充满民主与法治精神成为校园的显著特征。

师德建设是一个恒久而常新的话题，学校党委将站在立德树人的高度，将师德养成全面融通于人才培养方案，落实到教育教学的各个环节。以空间环境建设作为文化载体，深化对校训精神和办学理念的认同，发挥环境熏陶功能，培养教师的“职业认同感”；以办学环境建设为践行载体，为广大教师提供教学科研创作的空间和个人事业发展的空间，培养教师的“职业获得感”；以育人环境建设为教导载体，引导教师躬身实践，爱岗敬业，知行合一，在科研和教学中实践师德，培养教师的“职业责任感”；以法治环境建设为载体，使教师严于律己，严守法纪，严谨治学，培养教师的“职业规范感”；以情感环境建设为载体，培育“各美其美，美美与共，美人之美，成人之美”的和谐人际关系和相互信赖的人文氛围，构建提倡互助、静气内敛的精神内核，培养教师的“职业幸福感”。

同志们，老师们、同学们：我们并不期待通过一次会议，使所有人在本科教学工作上形成广泛共识，仅借此抛砖引玉，启迪大家对本科教育教学理念和学校发展现状进行反思。也希望大家以本次会议为起点，拓展思考空间，充分讨论主题。虽然学校发展已经取得了一定的成绩，但是在教学研究型大学的建设过程中，还有很长的路要走。学校党委和全体领导班子将广泛汇聚全体师生的智慧与力量，与大家一起携手并肩，找出差距，互相勉励，攻坚克难，促进学校实现新的跨越式发展。

谢谢大家。

以优化培养方案为契机 科学构建人才培养体系 全面提高教育教学质量

——在 2016 年本科教学工作会议上的报告

校长　王永生

2016 年 5 月 11 日

老师们，同学们：大家下午好！

根据学校 2016 年工作安排，今天我们在这里召开 2016 年本科教学工作会议。这次会议是学校在“十三五”开局和加快转型发展的关键时期召开的一次十分重要的会议。会议的主题是：以优化培养方案为契机，科学构建人才培养体系，全面提高教育教学质量。

下面，围绕会议主题，我主要讲三个方面的内容。

一、本科教学工作的回顾与总结

“十二五”以来，学校紧紧围绕培养实践能力较强的高素质应用型人才，积极推动教育教学改革，加强专业建设，创新人才培养模式，强化实践育人环节，不断完善教学质量保障体系，本科教学各项工作取得了可喜成绩。

（一）专业建设与人才培养模式改革初见成效

“十二五”期间，学校着力推进专业建设，围绕国家及首都经济社会发展需要，新增新能源科学与工程、机械电子工程、物联网工程、网络与新媒体、质量管理工程 5 个专业，专业数量达到 36 个，专业布局与结构更加优化；不断深化应用型人才培养模式改革，积极推进卓越计划专业的建设，自动化、通信工程、网络工程 3 个专业入选教育部“卓越工程师教育培养计划”，自动化、计算机科学与技术 2 个专业获批教育部“地方高校本科专业综合改革试点专业”，工科类人才培养特色更加鲜明；以专业认证评估为抓手促进专业内涵建设，全面开展校内专业评估工作，共完成 18 个工科、8 个非工科专业的评估，其中测控技术与仪器专业顺利通过了全国工程教育认证，机械设计制造及其自动化专业正积极准备迎接认证专家进校考察，专业优势更加突出；通过开设数理实验班、实施计算机大类招生试点、开办机器人特长班等方式，积极探索人才培养模式改革的新方向，初步形成了多样化人才培养新格局。

（二）课程建设与教学改革不断推进

围绕提升课程教学质量，积极倡导“以学生为中心”的教育教学理念，大力推进以能力培养为目标、激发学生主动参与的教学方式方法改革，“十二五”期间，获得市级教改立项 12 项，开展校级教改与课程建设 492 项、教材立项 61 项，出版教材 162 部，其中国家级规划教材 7 部，北京市精品教材 11 部。通过采取基础课分级教学与教考分离等措施，进一步提高了基础课教学质量与效果。积极探索“互联网 +”新型教学模式，通过开展微课录制、慕课资源制作试点，优化网络教学平台，积极引导教师运用信息技术更新教学模式，《数据库系统基础》等 3 门精品课开展了慕课建设，对 105 位青年教师进行了微课录制培训，形成了 90 门课程微课资源，运用网络教学平台开展教学的课程达到 200 余门。

（三）实践教学体系更加健全

以切实提高学生综合实践及创新能力为出发点，充分整合利用实践资源，加强校内外实验、实践基地建设，为学生开展创新性实验、科学研究、发明创造、学科竞赛、社会实践等活动提供平台，创造条件。新增国家级实验教学示范中心 1 个，国家级大学生校外实践教育基地 1 个，国家级工程实践教育中心 1 个，北京市实验教学示范中心 2 个，北京市级校外人才培养基地 3 个，北京高等学校示范性校内创新实践基地 2 个，建成校级大学生创业基地 1 个。“十二五”期间，学校采取项目引导、学分激励等措施支持大学生实践创新活动，构建形成了以学科竞赛、开放性实验、实物型毕业设计、大学生创新创业计划为特色的实践创新教育体系。

（四）教师教学能力培养体系初步建立

以拓展视野、提升能力为核心，积极搭建平台，创新培训方式，丰富培训内容，推进师资培训全覆盖。“十二五”规划期间，共组织国内培训项目 50 余项，覆盖教师、管理、服务三支队伍，培训人员 3000 余人次；组织教师国外教学能力提升培训和管理干部国（境）外管理能力提升培训等出国（境）培训项目 10 余项，培训人数 180 余人次；制定实施了《新入职青年教师管理规定（试行）》《青年教师本科教学导师制实施办法》，强化了新入职教职工岗前培训和过好教学关，提高了新入职青年教师待遇。此外，依托教师教学促进中心，系统开展了青年教师教学基本功比赛、实验基本功比赛、年度优秀主讲教师评选、教学名师评选及推荐等工作，构建了多层次、分阶段的教师教学发展路径。“十二五”规划期间，有 4 位教师被评为“北京市教学名师”，1 位教师入选北京市高创计划教学名师，一批科研潜力大、教学基本功扎实的青年教师成长为教学一线骨干力量。

（五）人才培养工作成果显著

“十二五”规划期间，学校以培养实践能力较强的高素质应用型人才为目标，完善优化应用型人才培养方案，整合校内外资源、搭建学生实践创新平台，着力推进教学内涵建设及方法改革，建立有利于学生广泛参与实践创新训练的制度机制，取得了一系列标志性成果，形成了富有学校特色的实践创新教育体系，学生实践创新能力和综合素质得到了极大提升。学生在各级各类科技竞赛中连续多年获得优异成绩，特别是足球机器人“水之队”在中型机器人足球世界杯赛中四次荣获冠军、“捷能”车队多次蝉联 HONDA 中国节能竞技大赛最佳技术奖，社会影响十分广泛；大学生创新创业成果初显，特别是季逸超同学的巅峰实验室、唐荣宽同学的无人机团队已成功创业；应届本科毕业生一次就业率两年保持在 95% 以上，据麦可思公司的第三方调查结果，学校毕业生就业质量及起薪名列全国前列。此外，学校还取得了以第一完成单位获得国家级教学成果奖二等奖 1 项的历史性突破，连续 4 年成功举办华北五省（市、区）机器人大赛，成功举办卓越人才培养与社会贡献力提升国际论坛等，教育教学改革成效获得了上级的高度认可，引起较大的社会影响，提升了学校的声誉。

回顾过去的五年是学校教育教学改革持续深入，本科教学工作水平不断提升的五年。这些成绩的取得离不开全体师生员工的辛勤努力，特别是教学一线广大教师的无私奉献。在此，我谨代表学校向全体师生员工表示崇高的敬意和衷心的感谢。

二、高等教育面临的形势与要求

本次会议，主要任务是优化人才培养方案，科学构建人才培养体系。要实现这个任务，首先要分析和把握国家高等教育的宏观形势，明确国家的战略举措和政策导向。之前，我在 2015 年暑期中层干部会、2016 年工作部署会等会议上，分别从国家、行业、区域的不同层面对包括五大发展理念、创新驱动发展战略、“双创”、“双一流”、“中国制造 2025”“互联网 +”行动计划以及京津冀协同发展战略等新理念、新战略、新举措，作了详细的分析，并强调我们学校作为以工科为主的多科型大学、作为行业特色型大学、作为信息类的大学，我们的学科专业布局、科研优势与国家、行业、区域的发展趋势和重大战略需求，高度契合，发展空间广阔，发展潜力巨大，既大有可为，也能大有作为。我们不仅要围绕这样的需求，加强顶层设计，推进转型发展，突出办学特色，而且要将它们融入到学校的教育教学中，融入到人才培养方案的优化中。

近一个多月以来，据不完全统计，习近平总书记、李克强总理等中央政治局常委先后调研了清华、北大、中科大、西安交大、四川大学、中南大学等高校，虽然中央政治局常委们调研高校的侧重点不同，但都重点关注创新、就业、文化、党建、高校综合改革等内容。中央政治局常委们短时间内密集地调研高校，很不同寻常，折射出国家的施政信号，透露出国家的政策导向，同时也使高等教育面临的宏观形势更加清晰、发展方向更加聚焦，这对我们分析和把握宏观形势，深入谋划学校转型发展尤其是本科教学工作具有重要的指导意义。在此，我简要谈一些习近平总书记、李克强总理的一些讲话要点。

4 月 26 日，习近平总书记在中国科学技术大学调研时发表了重要讲话，讲话要点主要有三个方面：一是强调对人才培养的自信。“中国现在的大学，要培养出什么样的学生，我们要有自信。要道路自信、理论自信、制度自信，还有一个根本的自信，就是文化自信。我们对中国建设国际一流大学、培养国际一流人才充满自信。”二是提出了对同学们的期望。“希望同学们肩负时代责任，高扬理想风帆，静下心来刻苦学习，努力练好人生和事业的基本功，做有理想、有追求的大学生，做有担当、有作为的大学生，做有品质、有修养的大学生。”三是强调创新发展理念。“创新居于五大新发展理念之首。我国经济发展进入新常态，必须用新动能推动新发展。要依靠创新，不断增加创新含量，把我国产业提升到中高端。”这里，关注的焦点之一是人才培养，这同4月22日习近平总书记致清华大学建校105周年贺信关注的焦点一致，要求高校坚持立德树人，坚持服务国家，坚定人才培养的自信，广育祖国和人民需要的各类人才，指明了高校人才培养的方向，提出了新要求。

4月15日，李克强总理在清华、北大调研时的讲话要点主要有六个方面，一是强调大学不仅是推动国家发展的动力，也是推进社会进步的力量；二是强调学校要办出特色，要注重培养学生创新意识和能力，也要注重增强学生实践能力，培育工匠精神，践行“知行合一”；三是强调大学要重视一流学科建设；四是强调简除繁苛，给学校更多办学自主权；五是强调充分调动广大教育教学和科研人员的积极性；六是强调积极提携后进，为青年教师施展才华创造更大舞台。李克强总理的讲话要点，仍然高度聚焦人才培养，突出强调了人才培养是根本任务、高校要办出特色，要注重培养学生的创新意识和实践能力，要求很明确，措施也很具体。我们在优化人才培养方案、构建人才培养体系的过程中要高度关注、融入这些要求和措施。

此外，习近平总书记和李克强总理还反复强调了“双创”与“双一流”。“双创”是当前和今后一个时期推进高等教育综合改革的重要内容，是推动高校毕业生更高质量创业就业的重要举措，也是我们在今后的人才培养中要高度重视和全力推进的一项重要工作。“双一流”则对人才培养提出了明确要求，即要坚持立德树人，突出人才培养的核心地位，着力培养具有历史使命感和社会责任心，富有创新精神和实践能力的各类创新型、应用型、复合型优秀人才。“双创”与“双一流”都要求我们要加强创新创业教育，大力推进个性化培养，全面提升学生的综合素质、国际视野、科学精神和创业意识、创造能力。

面对这样的新形势、新导向，对照新要求、新任务，反观学校的本科教学工作，还存在着以下三个方面的主要不足：一是人才培养的目标定位与国家重大战略需求特别是行业发展的需求还不相适应，人才培养的特色特别是信息类特色的凝练还不够鲜明；二是高层次人才相对缺乏，师资队伍的整体能力水平特别是在实践创新能力、国际视野等方面离人才培养目标的达成还有一定的差距；三是软硬件环境建设尚未形成真正有效地开放共享、实现协同育人的合力效应。针对这些问题和不足，我们在今后的教育教学过程中，要深入思考，研究对策，在今后工作中切实加以解决。

三、今后的工作思路和主要任务

面对新形势、新要求，正视存在的不足，我们要全面贯彻党的教育方针，坚持立德树人的根本任务，主动适应国家创新驱动发展战略，服务行业和京津冀经济发展需求，围绕“培养具有较强实践能力、创新意识与国际视野的高素质应用型人才”这一目标，以优化培养方案为契机，积极转变教育教学观念、激发师生活力。以学生为本、以学为中心，构建“知识传授、能力培养和品德塑造”为一体的人才培养机制和模式。加强校内外协同创新，促进校内外教育、科研和企业之间更广泛更深入的合作，推动优质教育资源的开放、共享和转化，建立与学校战略转型相适应的人才培养新体系，全面提高人才培养质量。

为此，我们要着力做好以下三个方面的工作。

（一）以培养方案制定为引领，科学构建人才培养体系

一要立足办学优势，科学谋划专业布局。要以更远大的前瞻视野，加强人才培养与“中国制造2025”“互联网+”行动计划、“京津冀协同发展”等国家、行业、区域重大战略需求的有效对接，立足学校工科为主、行业特色鲜明的办学优势，进一步调整优化专业结构与布局，积极培育包括大数据、机器人等国家战略性新兴产业发展、传统产业改造升级、社会建设和改善民生急需新兴专业，为学校人才培养工作抢占新的战略高点、谋划新的生长空间。

二要突出培养特色，健全人才培养体系。认真调研分析相关行业及用人单位的需求，紧密围绕行业发展趋势，准确定位专业人才类型、层次及目标；在广泛开展毕业生调查的基础上，分析教育教学对毕业生工作能力素质培养的有效性，找准完善培养方案的问题和突破点；以工程教育认证标准为依据，科学合理

完善培养目标、毕业要求，将信息特色、行业特色及国际视野等要求融入教学环节，全面优化课程体系，使人才培养目标、毕业要求、课程设置之间形成科学合理的关联；认真总结学校前期开展的富有特色的学科竞赛、开放实验、创新训练等创新实践活动的成效与经验，加强创新创业教育课程体系建设，强化学生创新创业实践，积极构建创新创业教育与专业教育有机融合的人才培养体系。

三要坚持立德树人，促进学生全面成长。

坚持育人为本、德育为先，知识、能力、素质协调发展的原则，构建通识教育、学科基础教育、专业教育和第二课堂四位一体、有机融合、层次分明、协同育人的教育教学体系。统筹第一课堂和第二课堂，把第二课堂教育作为人才培养方案的有机组成部分。加强理想信念教育、优秀传统文化教育、校园文化建设，以良好的氛围涵育人才；大力提升心理健康教育工作水平，开展全覆盖的学生心理健康教育，加强心理危机预防与干预，为学生成长成才保驾护航；突出学生主体，注重综合提高，构建素质拓展培养体系，提升育人成效，促进学生健康全面可持续发展。

（二）以师资队伍建设为支撑，全面提升教学质量与水平

一要着眼转型发展，构建高水平师资队伍。学校的战略转型、特色发展、争创一流，关键在人才，特别是高层次人才。要加强校级统筹、完善政策、搭建平台、优化环境，加强高层次人才的引进和培育，构建高水平的师资队伍。这一点，学校近期已经着手开展了相关工作。我们成立了师资工作领导小组，加强师资工作的校级统筹；即将出台《北京信息科技大学高层次人才引进与支持计划（试行）》和《北京信息科技大学“勤信人才”培育计划（试行）》，建立健全高层次人才引进与培育政策。同时，经北京市人力资源和社会保障局批准，学校高级教师职务岗位比例将有较大提高，我们将充分利用这个契机，深化聘任制度改革，积极拓展人才发展空间，激发人才队伍活力。此外，我们还要通过选派留学、短期进修访学、与国外高校开展交流与合作、邀请海外知名专家讲学等多种途径，大力提高师资队伍的国际化水平，开拓教师国际视野，提升国际交流合作和双语教学能力，积极培育一批教学能力突出、科研水平高的优秀教师，发挥优秀教师在教学中的引领、示范效应。

二要围绕人才培养目标，提升师资队伍教学能力。充分发挥教师教学促进中心的作用，以中青年教师为重点，以全面提高教师教学能力为主线，构建多层次教师教学发展体系。要加大培训力度，着力提升教师实践创新、国际交流与双语教学以及科学研究等能力。要建立健全教师到相关企事业单位挂职锻炼制度，进一步提升教师的实践与创新创业能力。要以基层教学组织建设为抓手，建立教学学术研究的常态化机制，围绕教学和人才培养中出现的新情况新特点，以问题为导向，组建教学研究团队，开展教学学术研究，改革课程教学内容和方法，开发课程教学资源，促进教学研讨和教学经验交流，整体提升教师教学能力与水平。

三要突出政策导向，保证教师教学投入。人才培养是教师的第一要务，学校将在梳理现有教师教学约束与激励制度的基础上，以有利于学校转型发展和促进人才培养质量全面提高为出发点，进一步健全和完善教师职务晋升、业务考核、评选表彰等制度，引导教师加大对教学的投入，强化教师教书育人的责任。改革教育教学业绩评价和薪酬激励机制，充分肯定教师教学投入的贡献，激发教师长期从事教育教学的内在动力，进一步落实教学中心地位。

（三）以软硬环境建设为保障，促进学生全面健康成长成才

一要强化实践创新平台建设，保障实践创新能力培养。大力加强实验教学示范中心、工程实践教育中心、创新创业基地、校企联合实习基地的建设，推进科研基地与教学基地融合，增强工程研究中心、重点实验室人才培养功能，着力构建有利于实践创新能力培养的跨专业、一体化大实验平台。进一步健全实验室开放共享机制，大力促进各类实验室向本科生开放，通过定期向学生发布开放性创新实验项目，让学生早进课题、早进团队、早进实验室，在教师的指导下开展创新训练，提升实践创新能力。

二要构建校内外协同机制，实现协同育人。要建立学科、科研与人才培养的协同机制，强化学科支撑专业、科研反哺教学的作用。强化研教结合，通过学科交叉融合、产学研紧密合作等途径，推进科学研究服务人才培养。要积极构建高层次科研成果向优质课程资源转化机制，鼓励高水平教师开发适宜本科教学的研究型、创新型实验项目，形成学科、科研促进人

才培养的良好局面。要建立跨学科交叉人才培养方面的协同工作机制，形成有效的合力，推进跨学科、跨学院的人才培养综合改革特区的建设。要突出开放办学，整合校内外资源，建设一批人才培养联盟、虚拟教研室、开放共享实践基地等平台，拓展合作空间，深化协同创新，推动科教结合、产学融合、协同育人，进一步增强学校人才培养的适应性和创造性。

三要优化全员育人环境，促进学生全面成长成才。坚持“以学生为中心”的教育、管理与服务理念，构建全员、全过程、全方位的育人环境，助力学生全面发展和成长成才。着力增强全员育人意识，坚持教学育人、管理育人、服务育人、实践育人、环境育人。教师要以育人为天职，要把主要精力投入到教学工作中，处理好教学与科研的关系，关心学生成长，加强与学生的互动，提高教学育人水平与效果。教学管理人员要转变服务理念，增强服务意识，认真履行岗位职责，完善教学管理与服务功能，不断提高育人服务的水平。各职能部门要进一步增强人才培养工作中心地位的观念，要形成服务学生、服务教师、服务教学的工作作风，自觉、主动、创造性地为育人服务。同时，要着力加强教育教学资源的统筹整合，建立由教学、学生、人事及各学院协同推进的学业辅导工作机制，建立健全学业指导教师队伍，促进指导学生学业发展与引领学生思想成长相结合，助力学生顺利完成学业、健康成长成才。

老师们，同学们：人才培养是大学的核心使命，为学生提供最好的教育是大学的根本任务。学校将全面贯彻党的十八大和十八届三中、四中、五中全会精神，深入学习贯彻习近平总书记系列重要讲话精神，全面贯彻党的教育方针，以“创新、协调、绿色、开放、共享”五大发展理念为引领，以支撑创新驱动发展战略、服务经济社会发展为导向，以统筹推进学校“五个环境建设”为抓手，坚持立德树人，深化创新创业教育改革，着力优化人才培养体系，加强高水平师资队伍建设，完善协同育人机制，构建良好的全员育人环境，以培养具有较强实践能力、创新意识与国际视野的高素质应用型人才为目标，全面提高教育教学水平和人才培养质量，为实现学校从教学型向教学研究型的转变而努力奋斗。

谢谢大家。

2016 年工作要点

2016 年是学校“十三五”事业发展的开局之年，学校的总体工作思路是：全面贯彻党的十八大和十八届三中、四中、五中全会精神，深入学习贯彻习近平总书记系列重要讲话精神，紧紧围绕“四个全面”战略布局，牢固树立和贯彻落实创新、协调、绿色、开放、共享的发展理念，以“一流大学和一流学科建设”为导向，以立德树人为根本，加强顶层设计，凝练办学特色，提高质量声誉，推动内涵发展，努力开创学校事业发展新局面。

一、加强战略研究，认真谋划“十三五”事业发展

1. 制订实施“十三五”事业发展规划。加强高等教育发展战略研究，完成学校“十三五”事业发展总体规划和各专项规划编制工作，明确“十三五”时期学校改革发展的指导思想、目标任务和重要政策举措，组织开展“十三五”规划宣讲和解读，明确工作目标，分解细化任务，严格落实责任，全力推进规划的实施。

2. 落实《大学章程》，推进依法治校。以《大学章程》为遵循，按照确立的办学方向、思路、理念、特色等一系列顶层设计，开展宣传教育，推进新形势下依法治校理念在学校管理和办学实践中的贯彻落实，全面推进依法治校，落实新一轮学校规章制度的“废改立”工作。

3. 推进综合改革，构建新形势下的学校治理体系。与“十三五”事业发展同步谋划和部署，研究制定学校综合改革方案并组织实施，重点推进校院两级管理体制改革，协调推进各项配套改革，推动管理重心逐步下移，扩大学院办学自主权，增强办学活力和主动适应经济社会发展需要的能力。制定二级单位综合考核指标体系，开展二级单位综合考核工作，推动学校管理工作制度化、科学化。

二、抓重点带整体，攻坚克难破解发展难点问题

4. 统筹推进一流学科建设。以“2011 计划”工作为主线，贯彻落实《〈中国制造 2025〉北京行动纲要》，充分发挥学校学科、科研特色优势，整合资源，按照一流学科建设目标，加强六个引领学科建设。进一步完善学科、学科方向带头人遴选和培养机制，提高学科核心竞争力。在完成学位授权点自评初评的基础上，推进整改建设工作，面向国家和地方重大需求，面向科技前沿，建立健全学科及学位点动态调整机制，优化学科结构，提升学科内涵。进一步完善导师队伍培育和激励机制，力争导师队伍规模有所扩大。

5. 完善人才引进和发展机制。完善引进高层次人才的工作机制和政策条件，制定并实施高层次人才引进和培育工作实施办法，实现学校高层次人才引进工作的突破，切实提高引才聚才成效，提高现有师资队伍整体水平。不断优化师资队伍结构，充分考虑学校转型和国际化办学需要对人才队伍的需求，加大对具有海外背景和科研潜力的优秀青年人才的引进和培养力度，加大力度引进和培养重点学科高层次人才。通过完善教师职务聘任制度、提供激励保障政策等举措，为人才引进和培育工作提供保障。

6. 努力提升国际化办学水平。全力做好国际合作办学的申报工作，整合学校优质办学资源，积极寻求与国际知名高校的对接与合作，争取实现“中外合作办学项目”新的突破。进一步加强对外交流工作，积极争取国外优质资源，为师生出国（境）交流提供更多选择。坚持引进与培养相结合，加大国（境）外引智力度，推进校内师资队伍的国际培训与教育。加强学生国际联合培养，完善留学生教育与管理，推动各专业开展双语教学，提高留学生学历教育教学质量。

7. 全力推进新校区建设。充分发挥新校区建设已列入京津冀疏解项目和市政府重点工程的优势和条件，力争完成新校区建设项目可研报告的批复工作。完成新校区建设指挥部建设，按计划推进学生宿舍 A 组团建设工作，结合拆迁进度，力争完成部分新校区单体建筑的开工手续办理工作。积极争取昌平区政府支持，继续推进东坨村剩余拆迁和踩河新村拆迁工作，完成踩河新村非宅基地拆迁，争取启动踩河新村宅基地拆迁工作。

三、坚持立德树人，优化人才培养体系和教育模式

8. 召开本科教学工作会议。结合新时期高等教育发展的新形势新要求，在本科教育教学大讨论基础上，召开 2016 年本科教育教学工作会议。认真总结学校教育改革的经验与不足，以提高教育教学水平和人才培养质量为核心，围绕 2016 版人才培养方案的制定，在人才培养目标、创新教育模式、突出办学特色等方面统一理念、理顺思路、明确任务，进一步加强本科教学工作，提高教学质量。

9. 推进人才培养模式改革。制定 2016 版人才培养方案，加强课程建设，推进教考分离，完善督导体系和教学质量评价制度，提升教学质量，进一步凸显学校应用型人才培养特色和定位。优化人才培养模式，强化大学生实践创新能力培养，加强统筹协调，积极落实“北京高等学校高水平人才交叉培养计划”和“卓越工程师教育培养计划”，继续完善机器人特长班项目。提高研究生培养质量，构建以研究生成长成才为中心的培养机制，顺应研究生教育国际化趋势，开拓多样化研究生教育国际交流与合作。加强专业建设，深入开展专业认证与专业评估工作。适应高考改革，完善招生工作，提高生源质量，健全毕业生就业指导工作体系，拓宽就业渠道，提升就业质量。

10. 完善学生创新创业体系。贯彻落实《国务院办公厅关于深化高等学校创新创业教育改革的实施意见》，把创新创业教育融入人才培养全过程。完善创新创业教育课程体系，探索创新创业教育与专业教育有机融合的模式，切实提高学生综合实践及创新能力。注重学生创新创业实践训练，加强校外创新创业实践基地建设，推动校企和校际互动，发挥国家级、市级示范中心的辐射及带动作用，改革完善创新项目管理模式，提高实践教学效果。通过梳理、优化、规范学科竞赛和学生科技创新等项目，进一步发挥其在培养学生工程实践能力和创新意识中的积极作用。

11. 做好学生思想政治教育工作。切实加强和改进大学生思想政治教育工作的针对性和实效性，深入开展社会主义核心价值观和“中国梦”宣传教育。进一步推进校风学风建设和学业辅导体系建设，以学业辅导与职业指导为着力点，打造学生工作“一院一品”，提高学生事务管理科学化水平，促进学生健康成长成才。加强辅导员队伍专业化、职业化建设。提升心理

健康教育工作水平。推进学校体育和美育工作，推进大学生社会实践和志愿服务工作，建设志愿服务品牌和特色队伍。

四、推动创新引领，提升科研品质和服务社会能力

12. 提升科研水平和创新能力。充分发挥科研政策的导向和激励作用，探索科研成果评价与激励机制，为师生创造良好的科研氛围和条件，进一步提升科研成果产出力和科技创新能力。多措并举拓宽科研经费来源渠道，努力实现科研经费投入、成果产出等科研指标稳定增长，力争科研总经费达到 1.4 亿元，其中项目经费保持 0.9 亿 ~ 1 亿元。提高高级别科研项目立项数量和质量，培育高水平研究成果，力争获得省部级科技成果一等奖，公开发表学术论文 1200 篇以上。聚焦经济建设和社会发展重大战略需求，深入研究学校优势，与首都地区高校和国际创新资源等多方力量有效整合，积极申报北京市“高精尖”中心和“高精尖”项目。

13. 推动科研创新基地建设。充分发挥重点科研基地在科技创新、学科建设、人才培养、社会服务等方面的作用。继续加强学校牵头的 2011 协同创新中心——“北京世界城市循环经济体系（产业）协同创新中心”培育，积极参与其他高校 2011 协同创新中心建设。全力加强先进光电子技术国际合作实验室建设，力争获得北京市级联合实验室批复挂牌，并为获得教育部联合实验室认证做好前期准备。继续做好军工科研资质运行及国家秘密保密工作，确保军工科研项目研究顺利开展。

14. 提升成果转化与服务社会能力。促进产学研用一体化建设，加快推进科技成果转化和产业化，提高服务经济社会的贡献率。以北京高端信息产业技术研究院为依托，做好博士后工作站的申报准备工作。完成资产公司改制工作。继续做好大学科技园和“北京高端信息产业技术研究院”建设，改善科技成果孵化孵育环境，提高孵化水平，支持 1 ~ 2 项产业化项目完成中试。启动继续教育管理体制改革，依托行业背景与办学特色，充分发挥市场化优势，推动优质教育资源向社会开放，适应社会经济发展对各类专业人才的需要。

五、改善条件环境，全面服务师生发展

15. 多措并举整合办学资源，拓展办学空间。在前期工作基础上，明确东部校区的功能定位，完成东部校区的房屋资源整合和调整工作。进一步推进校内资源优化配置工作，制定和完善相应制度措施，提高房屋资源的使用效率和配置效率，最大限度地满足教学科研和学校改革发展需要。充分利用京津冀一体化政策和学校优势特色学科，拓展校外办学空间，探索校企合作等多样化的办学渠道。

16. 完成沙河高教园区房屋配售配租工作。严格执行《沙河高教园区安置房配售管理办法《沙河高教园区公租房配租管理办法》和《沙河高教园区安置房公租房剩余房源配售配租管理办法》，规范工作程序，公开、公平、公正地完成沙河高教园区安置房配售和公租房配租工作，切实解决无房教职工住房问题、缓解部分教职工住房压力。

17. 提升校园管理服务水平。深化后勤改革和校园家属区物业服务改革，完善后勤服务保障运行机制和员工绩效考核制度，建立后勤事务服务中心并投入运营，提高服务质量与保障能力。做好学生公寓安全管理，完成三校区学生公寓空调安装工程。加强网络安全建设和管理，加强信息化基础设施条件建设，完成移动门户上线运行和使用推广，力争校级数据中心平台（学生部分）投入运行，实现学生关键数据的部门间共享。完善学校招标工作的领导体制和工作机制。完成“数字图书馆支撑系统项目”和“数字图书馆基础硬件建设项目”，进一步推动移动图书馆和微信图书馆平台建设。

18. 塑造声誉品牌，培育校园文化。积极推动学校品牌建设，利用体现学校发展成效的重大事件，扩大学校的影响力，提升学校的知名度和美誉度。充分利用传统媒体和新媒体手段，提高传播效力。科学谋划文化建设顶层设计，加强大学文化内涵建设，建立文化建设会商机制，推动二级单位文化建设，形成整体建设格局。积极创建大学生文化建设载体，加强校园文化建设，为学生成长成才创设良好的文化育人环境。着手校史文化研究，发掘提炼学校优秀文化传统，推动文化传承，增强广大师生及校友的文化认同感和归属感。

六、全面从严治党，为学校转型发展提供坚强保证

19. 扎实开展“两学一做”学习教育。按照中央、市委统一部署和要求，在全校党员中开展“学党章党规、学系列讲话、做合格党员”学习教育，将其作为党建工作的龙头任务，制定全校学习教育工作方案，扎实有效推进。结合实施“党员意识提升行动”，引导全校党员坚定信仰信念、强化政治意识、树立清风正气、勇于担当作为，为完成学校本年度工作要点和“十三五”事业发展目标任务提供坚强保障。

20. 加强宣传思想和意识形态工作。深入组织学习党的十八大和十八届三中、四中、五中全会精神和习近平总书记系列重要讲话精神，深化中国特色社会主义理论学习教育，增强党员干部和师生“三个自信”。切实加强马克思主义理论学习、研究、宣传，深化青年教师思想政治工作，探索提高意识形态工作水平的有效途径。加强新闻宣传和舆论引导，健全舆情工作机制，拓展对外宣传渠道，推进二级单位门户网站规范化建设，推进宣传思想工作队伍建设，创新载体，不断提升主流媒体的舆论引导能力，提升宣传思想工作服务国家发展与学校中心工作的水平。

21. 加强干部队伍与基层组织建设工作。认真贯彻落实全国组织部长会议和全市组织部长会议精神，进一步健全完善党政领导干部选拔任用机制，从严从实选好配强各级干部。落实全面从严治党要求，推动践行“三严三实”要求常态化，从严从实做好干部的监督、管理和教育培训工作，做好后备干部队伍建设各项工作。推动党建工作责任制落实。进一步严肃党内政治生活，切实提升基层党支部组织生活质量。统筹推进基层党支部工作规范化，严格做好发展党员工作。实施学生党员先锋工程。完善党校规章制度，加强院级党校工作。扎实开展党建研究，全面提升党建工作质量。

22. 抓好党风廉政建设。认真落实上级精神和工作要求，深入推进“两个责任”落实，完善反腐倡廉工作体系和工作机制。配合做好接受北京市委巡视组对学校的专项巡视，按照巡视反馈意见整改落实。深入学习贯彻《中国共产党廉洁自律准则》和《中国共产党纪律处分条例》，加强反腐倡廉宣传教育。履行党风廉政建设监督责任，持续加强对中层以上党员领导干部贯彻落实党风廉政建设责任制情况的监督检查。加强招生、科研、基建、干部任用、招投标工作等重点领域和关键环节的协同监管，加大违纪案件查处力度，营造风清气正的办学环境。严格执纪问责，做好信访举报和案件办理工作。完成内部控制制度建设，编制学校《内部控制规范手册》，规范各类经济活动，有效预防和控制风险。加强预算规范管理与执行力度。认真履行审计监督职责，推进经济责任审计工作，提升审计工作水平。

23. 做好统一战线和群团工作。加强党外代表人士队伍、民主党派和统战团体建设，充分发挥统一战线广大成员凝聚人心、汇聚力量的优势和作用。筹备召开学校第二届“双代会”，筹备成立二级教代会，依法依规落实教代会各项职权，切实推进基层民主、保障师生权益。推动师德师风建设，提升教职员工身心健康水平和幸福指数。搭建学校与校友企业合作的平台，构建校、院、地三个层面的校友工作联动机制，加强校友工作培训和校友会内部队伍建设，筹备召开校友会第二次代表大会。筹备召开第二次团代会、第四次学代会和第一次研代会。加强离退休干部“两项建设”，落实离退休干部“两项待遇”，探索分类管理模式，搭建工作平台，充分发挥老同志在推动学校发展中的作用。

24. 全力保障校园安全稳定。完善“两个机制”和“两个体系”，继续巩固和提升“平安校园”建设成果，完善校园综合治理常态化管理机制和校园长治久安长效工作机制。巩固校园多维防控体系和维护稳定工作体系，切实做好重大活动、重要时期、重点领域的安全稳定工作。进一步完善情况信息搜集研判机制，建立渠道通畅、反应灵敏的信息动态搜集网络，及时预判、处理各类安全事件。做好学校国家安全工作和校园防恐反恐工作，持续维护校园安全稳定。

2016 年工作总结

2016 年是学校全面实施“十三五”发展规划的关键之年。在北京市委、市政府的正确领导下，学校深入贯彻落实党的十八届六中全会和全国高校思想政治工作会议精神，坚持全面从严治党，明确了“五个环境建设”发展理念，扎实推进“十三五”规划的全面实施，实施“人才强校”战略和“国际化办学”战略，创新人才培养模式，稳步提升科研水平，不断推进学校事业发展，各项工作取得新进展。

一、明确“五个环境建设”战略思考，研究部署“十三五”事业发展规划，发展理念与目标定位进一步清晰

1. 深入学习贯彻中央会议和习近平总书记系列重要讲话精神。2016 年，学校全体师生全面落实党的十八大和十八届三中、四中、五中、六中全会精神，深入学习贯彻习近平总书记系列重要讲话精神和全国高校思想政治工作会议等系列会议精神，紧紧围绕“五位一体”总体布局和“四个全面”战略布局，坚持社会主义办学方向，全面贯彻党的教育方针，准确把握高等教育发展方向。2016 年，学校主动适应新形势，提高工作的前瞻性，紧密结合《统筹推进世界一流大学和一流学科建设总体方案》和京津冀协同发展战略、加快疏解非首都功能和北京“四个中心”功能定位等引领北京发展方向的重大政策，顺势而为、改革创新，全面分析学校发展面临的挑战，紧紧抓住学校发展的机遇，明确了以“双一流”为导向，走超常规、跨越式发展之路。

2. 提出并确立“五个环境建设”的总体战略思考。在中央“五大发展理念”的引领下，学校科学分析研判国家、首都、行业和高等教育发展大势，在对学校的历史、现状和未来转型发展的大局进行宏观把握的基础上，提出“五个环境建设”的战略思考，即空间环境、办学环境、育人环境、治理环境和情感环境建设。第一，建设庄重典雅，智能宜人，有艺术风格，充满文化感的空间环境。第二，建设以工为主、多科并举，特色鲜明，国内一流、国际知名，有利于学术发展、创新和服务社会的办学环境。第三，建设以学生为本，立德树人，全员参与，促进学生全面健康成长成才的育人环境。第四，建设和谐稳定，有序活泼，公正公开，依法治校，充满民主与法治精神的治理环境。第五，建设崇尚勤信、宽容善意、相互欣赏、团结协作，倡导成人之美、充满人文精神的情感环境。“五个环境建设”是学校的顶层设计和发展框架，是对学校中长期发展总体的、宏观的、战略性的思考，体现学校的发展理念，对指导学校实现超常规、跨越式发展具有重要意义。

3. 正式发布实施“十三五”事业发展规划及子规划。2016 年是“十三五”事业发展的开局年，学校不断发掘学校基于办学历史积淀形成的办学传统、办学优势和办学特色，在广泛调研国内高校发展情况的基础上，历经一年时间，科学制定和实施学校“十三五”事业发展规划及其子规划，进一步明确了学校的发展目标和办学定位，明确了学校未来发展“三步走”的战略布局，提出了“建设信息特色鲜明、国内一流、国际知名的高水平教学研究型大学”的发展目标，明确了“立足北京、面向全国、服务行业与京津冀协同发展”的服务面向，明确了“十三五”期间实现跨越式发展的思路和任务，为学校理清发展思路、明晰发展方向、找准发展举措奠定了坚实的基础。

二、全面实施“人才强校”战略和“国际化办学”战略，首次施行二级单位绩效考核，激发和释放办学活力

4. 全面实施二级单位绩效考核，激发学校办学活力。2016 年，学校经过广泛调研和意见征集，制定出台《二级单位年度考核办法》，对教学单位、党政管理部门和群团组织等二级单位的重点任务和特色工作推进和完成情况进行全面考核。评选出综合考核优秀单位 9 个、“勤信杯”获奖单位 1 个和单项奖 20 个。通过二级单位绩效考核工作，引导全体师生员工向学校重点工作和战略发展方向聚焦发力，增强学校的办学活力和主动适应经济社会发展需要的能力。

5. 全面实施“人才强校”战略，创新人才工作体制机制。2016 年 8 月，学校召开人才工作会议，详细分析了学校人才工作存在的问题和差距，进一步明确了未来人才工作的思路和举措，全面实施“人才强校”

战略，深化人事制度改革，通过“外部引进”和“内部培育”两个途径，激活现有师资队伍的活力和动力。先后制定并出台《“勤信人才”培育计划》《高层次人才引进与支持计划》《师资队伍补充与支持指导意见》《关于教师职务岗位晋升聘任绿色通道的办法》等创新性的政策和文件，为学校高层次人才队伍建设、青年优秀教师的补充和培养提供了政策保障。此外，在市委、市政府和上级领导的大力支持下，学校高级职称的比例从原来的上限 50% 提高到 60%，正高级职称与副高级职称的比例从原来的 1 ：2.5 提高到 1 ：2，彻底打破了高级职称聘任的“天花板”，为学校人才引进和教师队伍补充提供了充足的发展空间。在此基础上，学校优化设计 2016 岗位设臵方案，奠定人员岗位结构基础，为教师、专业技术人员、管理人员、工勤技能人员的岗位晋升提供了充足的岗位空间。

6. 全面实施“国际化办学”战略，推动学校开放发展。2016 年 1 月，学校召开办学历史上首次外事工作会议，明确提出将“国际化办学”作为“十三五”事业发展的重要战略，确立了学校国际化发展的总体战略目标。在“国际化办学”战略指导下，国际合作高校进一步拓展，学生出国（境）交流人数不断攀升，首次选派学生赴英国剑桥大学、美国加州大学欧文分校、以色列本古里安大学等高水平大学开展交流活动。2016 年，学校国外引智工作凸显成效，引进长短期外国专家 36 人，获批国家外专局和北京市外专局引智项目 7 项，全年共接待短期来访外国专家 32 人次、校际来访组团 26 个，通过举办留学生教育研讨会暨首届国际文化节，与更多国家、更多高校、在更广泛领域开展教育交流与合作。学校加大研究生国际交流力度，与 13 所国（境）外高校签订联合培养研究生协议，其中与 7 所国（境）外高校签署联合培养博士研究生协议，选派优秀硕士毕业生赴日本福冈大学、美国奥克兰大学、爱尔兰科克大学等攻读双硕士和博士学位。

三、坚持立德树人导向，优化人才培养方案，深化创新创业教育改革，人才培养质量持续提高

7. 提升招生工作精细化水平，就业率再创新高。2016 年，学校科学分析历年录取数据，优化各省分专业招生计划方案，调整部分招生专业的方向和科类，加大招生宣传力度，进一步提高了报考率。2016 年，学校首次在西藏投放 4 个本科一批招生计划，一本招生的省份由 2015 年的 25 个增加到 26 个，天津等 8 个省份由一批、二批兼招提升至全部专业一批招生。截至目前，学校共面向 30 个省份招收本科生，其中 22 个省份均为一本招生，北京、广西、重庆、新疆 4 个省份一批、二批兼招，江苏、浙江、湖南、广东 4 个省份二批招生。2016 年学校录取工作实现“零差错”“零投诉”，京内外录取分数和学生报到率再创新高，圆满完成 2016 年全日制研究生招生计划，共录取全日制硕士研究生 437 人，计划完成率达 100%，非全日制研究生 37 人，计划完成率达 95%；招收硕士留学生数继续增加，截至 2016 年年底到校攻读硕士学位留学生 4 人。截至 2016 年，各类在校研究生共计 1455 人，研究生招生数量持续增加，培养质量不断巩固提高。学校完善保障机制，加强就业创业指导，积极开拓就业市场，毕业生服务基层、服务西部及征兵工作取得新成效。2016 年，本科毕业生一次就业率 99.42%，连续 5 年位居市属高校前三名，硕士毕业生一次就业率 98.40%，位居市属高校前列，毕业生就业质量实现新的提升。

8. 完成培养方案修订工作，进一步提高人才培养质量。2016 年 8 月，学校召开本科教学工作会议，完成 2016 版本科人才培养方案的修订工作，进一步突出人才培养的“信息特色、实践创新、国际视野”，为提升人才培养质量打下坚实的基础。顺利完成机械设计制造及其自动化专业考察认证工作，组织申报机器人工程、数据科学与大数据技术两个新专业，围绕办学特色进一步优化了学校专业布局。学校按照一级学科口径全面修订 2016 版研究生培养方案，进一步落实培养方案的基础地位。按照市教委的要求，深入开展“高水平人才交叉培养计划”各项工作。依托学校机器人技术、智能控制、大数据等工科专业特色，完成卓越工程师联盟开放实验室的三期建设。基于实验室环境，建设学院路共同体开放实践课程 6 门，实现了校际优质资源开放共享，为培养学生解决复杂工程问题能力提供了实训平台。学校不断提高教师的专业水平和教学能力，2016 年，新增北京市教学名师 1 人。成功承办第四届华北五省（直辖市、自治区）大学生机器人大赛，Water 机器人足球队荣获第 20 届 Robocup 机器人世界杯中型组亚军，多个学生创业团队入驻新成立的机器人工程双创开放空间，人才培养质量进一步提高。

9. 创新人才培养模式，创新创业教育取得重要进展。2016年，学校深化创新创业教育与专业教育融合，将创新能力和创业素质培养融入教学环节，在2016版培养方案中设定创新创业实践学分（必修）。完成马坊村大学生创新创业基地二期建设任务，“机器人工程双创空间”正式揭牌。积极培育基地优秀创业项目与创业团队，基地创业项目获第二届中国“互联网＋”大学生创新创业大赛铜奖1项，北京赛区一等奖1项，二等奖1项，三等奖4项，获北京市大学生创业设计大赛一等奖1项，2个创业项目被评为北京地区高校大学生创业优秀团队。学校成功入选首批13所北京市深化创新创业教育改革的示范高校，北京高校大学生创业园孵化基地正式落户学校，标志着学校创新创业教育进入了一个全新的发展阶段。2016年，学校制定出台继续教育改革方案，举办首次“《中国制造2025》：智能制造系统中的智能感知与‘互联网＋’”高级研修班，顺应国家继续教育改革发展形势，积极拓展继续教育与行业、企业和兄弟院校的合作。

10. 提高思想政治教育水平，推进全员育人工作。2016年，学校深入推进全员育人的工作体系建设，以社会主义核心价值观教育为核心，实施学生党员先锋工程计划，充分发挥学生党建在大学生思想政治教育中的引领作用。推进以培养学生实践能力为导向的社会实践活动，圆满完成红色“1+1”共建活动，1个支部获得北京市二等奖、3个支部获得三等奖、9个支部获得优秀奖，学校荣获最佳组织奖，不断促进学生全面发展。提高学生事务管理的精细化水平，围绕家庭经济困难学生实际需求重点打造“六个一”综合素质提升平台，资助育人工作成果显著。2016年，学校有序推进学业辅导体系建设，推动学院形成学工特色品牌，塑造良好校风学风。深入开展新生引航工程和毕业逐梦计划，继续做好心理健康教育工作和国防工作，加强学生工作队伍建设，提高学工干部工作能力和水平。

四、立足办学特色，优化学科结构，科研经费和科研立项再创新高，核心能力建设水平稳步提升

11. 明确学科发展战略，进一步优化学科结构。2016年，学校以优势学科达到冲博实力为目标，确定学科建设发展战略。出台学校硕士学位授权点整改工作方案（2016—2018年），紧密围绕学校“十三五”规划和第四轮学科评估有关精神，进一步优化学科结构。14个一级学科全部参加全国第四轮学科评估，完成学科专家信息增补工作，上报专家库共计102人。工商管理硕士（MBA）参加专业学位水平评估和MBA专项调查、自纠自查工作。持续加强引领学科建设，完成6个引领学科建设成果检查工作，资金投入向特色学科方向倾斜。2016年，学校在北京工业大学、燕山大学和首都师范大学新增兼职博士生导师各1名，兼职博士生导师数达到24位，在读博士生40名。新增硕士研究生导师7名，导师数达到238名，硕士生导师队伍结构、梯次和素质进一步提高。

12. 科研经费再创新高，科技立项获得新突破。2016年，学校科研经费总额达到1.5470亿元，项目经费首次突破1亿元，创历史新高。全年新增科研项目272项，新增国家自然科学基金项目26项，再创历史新高，新增省部级及以上项目18项，首次获得合同额2547万元的中央支持地方——科技创新服务能力建设项目，首次获得合同额500万元的国家重点研发计划——“重大科学仪器设备开发”专项课题。完善保密制度，严格保密审查审批，继续做好军工科研项目保密管理工作，确保军工科研项目研究顺利开展。2016年，学校高水平学术论文数与专利授权数稳步增长，全校教师共计发表学术论文1033篇，获各类知识产权授权、登记150项，获得北京市专利资助金项目和4项科技成果奖。研究生发表高水平学术论文数量和优秀硕士学位论文数量持续增长，2016年评选优秀硕士学位论文23篇（截至2016年，共计评选优秀硕士学位论文106篇）。

13. 提升整体科研能力，平台建设取得阶段性成效。2016年，经教育部评审认定，“光电信息与仪器”学术团队被列入教育部“创新团队发展计划”滚动支持，经过长期学科建设与科研积累，被评为教育部创新优秀团队。“绿色发展大数据决策”北京市重点实验室和”先进光电子技术”北京市国际合作基地通过评审。“北京市知识管理研究基地”在三期评估中均获得“优秀”，光电信息与仪器实验室申报教育部重点实验室通过北京市教委评审。徐小力、祝连庆当选第七届“全国优秀科技工作者”，成为我国广大科技工作者的优秀代表。通过一系列大量卓有成效的工作，学校的科研能力和平台建设水平稳步提升。

14. 推进科技协同创新，积极推动成果转化。截至

2016年年底，学校校办科技产业资产总额超过6亿元，各科技企业上交学校利润358万元。完成2016年度校办科技产业产权登记、年检、变动工作。推进校办产业规范化建设，妥善解决了投资处臵等问题，通过办理资产公司（北信工程）产权变动登记等，全面完成校办科技产业资产的划转工作，理顺各企业产权关系，基本完成校办产业规范化建设工作。2016年，学校继续做好科技园及产业技术研究院实体运营和项目培育工作，重新开展产业化项目储备库入库项目的梳理工作，新增入库项目3项，支持项目开展产业化中试。学校积极推动完成以研究院公司为平台，代表学校申报建设“博士后工作站”的基础性工作。积极探索与学生创新实践紧密结合的成果转化模式，把产业化中试平台搭建成能够满足学生创新创业需求的教学实践平台，促进成果转化为教学服务。

五、提高保障能力，新校区建设取得实质性突破，校园文化环境与办学条件支撑不断优化

15. 新校区建设项目建议书正式获批。2016年，学校将新校区建设作为空间环境建设的重中之重，在市委、市政府的大力支持下，2016年9月14日，学校新校区建设工程项目建议书（代可行性研究报告）获得市发改委批复，并纳入市政府扩大内需重大项目绿色审批通道，《北京市“十三五”时期教育改革和发展规划(2016—2020年)》正式将学校新校区建设列为北京市疏解非首都核心功能的重大战略工作。学校积极推进新校区建设工作，完成踩河新村个人非宅全部签约工作及80%非宅拆除工作和东坨村全部个人非宅签约及拆除工作，截止2016年年底，共签约宅基地129宗，完成学生宿舍A组团90%的内部装修施工。学校积极筹措和使用资金，2016年共争取到市财政资金22537万元，发改委资金40000万元，累计62537万元。支付新校区前期建设经费约76912.64万元，为新校区建设提供了强有力的支撑。此外，全力做好新校区全面开工相关准备工作，完成新校区单体设计、勘察设计招标准备工作和新校区建设指挥部项目设计、工程量清单及预算编制、技术交底等工作，完成项目施工。

16. 完成沙河高教园区房屋配售配租和学生宿舍安装空调工程。沙河高教园区安臵房配售和公租房配租工作是学校解决无房教职工住房问题的重要民生工程，学校本着“公开透明、依规办事”的理念，制定配售配租方案，圆满完成了40套安置房、275套公租房、62个配套车位、32个承租车位的配售配租工作，改善了青年无房教职工的住房条件。2016年，学校在前期工作基础上，完成三校区14个公寓，共计2059间宿舍的空调安装工程，极大地改善了学生的住宿环境。此外，2016年，学校对全校资产开展全面清查及产权登记，明晰了国有资产产权，解决了房改房等部门历史遗留问题。通过清查全校办公用房，进一步挖掘、整合、调配房屋资源，推进校园空间环境建设。

17. 推进精细化管理，切实提高服务水平和办学效率。2016年，学校强化教学服务功能，在小营、健翔桥两个校区正式启用“教学运行服务中心”“学籍学务中心”和“后勤事务服务中心”，为广大师生提供全天候、一站式服务。助推就业服务优质化，启用新的就业网、就业管理系统、“北信科就业”公众微信，充分发挥网络信息平台的作用，使就业信息的推送及时准确。学校成立网络安全与信息化领导小组，开展网络安全自查、检查、督查，加强网络安全建设和管理。进一步提升信息化基础设施条件，完成移动门户（微信版）上线和推广，实现微信查工资和一卡通消费，数据中心平台（学生部分）投入使用。2016年，学校落实养老保险改革政策，高效完成养老保险入库及保险费补缴工作，实现了养老保险改革的平稳过渡，保障了全体员工的利益。稳步推进后勤社会化改革，规范后勤外聘工管理，完善员工绩效考核办法，调动了员工的工作积极性。多措并举，全力推进节能减排工作，完成三校区锅炉低氮改造和小营校区水平衡测试工作，认真加强节水、节电、节气技术改造与日常管理，取得市发改委颁布的“能源管理体系认证证书”，荣获市水务局颁布的“节水型单位”称号。

18. 着力防范风险，维护校园安全稳定。2016年，学校加强信息搜集研判，不断改进信息搜集工作模式，全力做好重要时间节点维稳工作。认真落实上级重要时间节点期间工作部署和维稳工作机制，不断降低校园稳定风险。根据防范邪教各项工作要求，强化反恐安全防范和安全隐患整治，加强消防、治安、交通、危险化学物品的管理，落实校园治安防范措施，建立属地与学校动态联系机制，强化安防技防建设，先后对安防报警系统、视频监控系统进行升级改造。统筹推进“平

安校园”深化工作，不断完善校园综合防控体系，细化网格化安全管理模式，强化安全稳定工作责任落实，有效维护了校园的安全稳定。

六、完成专项巡视整改工作，落实全面从严治党要求，改革发展的思想组织基础进一步夯实

19. 完成市委专项巡视整改工作。2016 年，市委第四巡视组对学校党委进行了专项巡视，学校以高度的政治责任感，配合市委第四巡视组完成巡视工作，并扎实做好巡视反馈意见整改工作。根据巡视组提出的意见建议，制定了《北京信息科技大学专项巡视整改工作方案》，明确了专项巡视整改工作任务、分工、时限等。在后续整改工作中，校党委统筹协调，严格按照《整改工作方案》确定的工作目标，全面落实整改任务，进一步修订完善相关规章制度，健全处级干部选拔任用、干部因私出国（境）审批、科研经费和科研项目管理、基建工程廉政风险防范等工作机制，推动巡视整改工作取得实效。

20. 全面从严治党，加强党风廉政建设。2016 年，学校在巡视组关于监督执纪问责的政治巡视基础上，扎实推进纪委履行全面从严治党监督责任，将党风廉政建设责任制检查和考核工作纳入全校二级单位考核体系，重新修订完善党风廉政建设责任书，对“一岗双责”的要求进一步确认。从源头上建章立制，规范纪律审查工作程序。加强和改进纪律审查工作，提高信访核查质量，加大案件查处力度，积极落实“三转”要求，充分发挥兼职纪检干部的监督作用和宣传教育的警示作用。2016 年，学校积极推进内部控制建设工作，初步形成一套较为科学、规范的，涵盖财务管理、资产管理、政府采购和基建工程等方面的制度体系，有效规范各类经济活动、保证资产安全有效使用、全面提高学校的管理水平。建立健全财务规章制度，编制推进预决算管理工作，顺利完成绩效考评工作，荣获市教委系统 2015 年度决算编报工作先进单位一等奖，2016 年市属高校预算综合绩效评价三等奖。完善内部审计工作规章制度，加大处级干部经济责任审计力度，以控制造价、规范管理为重点，不断加强新校区建设项目全过程跟踪审计，继续做好建设工程与修缮项目的审计监督和后勤服务的监督与管理工作。

21. 深入开展“两学一做”学习教育。2016 年，学校按照中央及市委工作部署，认真组织开展“两学一做”专题教育，按照“建标准，搭平台，强督导”的工作要求，建立“两学一做”学习教育三级例会制度、考勤制度，校内巡回督导等制度。组织全校各基层党组织严格“三会一课”，通过处级干部支部书记讲党课、专题讨论、主题党日、专题组织生活会、论坛交流、党章党史知识竞赛、志愿服务活动等形式，把全面从严治党的要求落实到每个党支部、每名党员。结合“两学一做”学习教育活动，按照上级工作部署，高质量完成党员组织关系排查、党组织换届专项检查、党费收缴补缴、党代表党员违纪专项检查、党员信息核查等工作。

22. 培育和弘扬社会主义核心价值观。2016 年，学校牢牢把握意识形态工作的领导权、管理权、话语权，制定《意识形态工作责任制实施细则》，强化统筹领导，健全党委统一领导、党政工团齐抓共管的工作机制。精心组织校院两级中心组学习，2016 年集中学习 13 次，加大对院系和基层理论学习的指导力度，推动理论学习全覆盖，推进 N+1 理论学习模式，增强学习的针对性和实效性。举办以“记录故事，传递感动，凝聚力量，筑造梦想”为主题的首届“勤信人物（团队）”评选活动和“弘扬伟大长征精神”纪念红军长征胜利 80 周年作品展，弘扬主旋律，传播正能量，培育和弘扬社会主义核心价值观。此外，学校着力加强校园媒体建设，充分整合学校媒体资源，营造积极向上的校园舆论环境。

23. 加强干部队伍和基层党组织建设。2016 年，学校从严从实开展处级领导干部违规因私出国（境）核查和整改工作，研究制定《北京信息科技大学加强处级干部因私出国（境）审批工作办法》，重新设定处级干部因私出国（境）申请审批流程，从严把握审批标准，进一步规范管理处级干部因私出国（境）行为。开展新一轮全校处级后备干部集中调整工作，按照相关规定和程序，初步提出处级后备干部人选建议名单。2016 年，新提任处级干部 3 人，完成学校首次院级党组织书记述职评议考核工作。在教学单位院级党组织中全面实行“公推直选”，选好配强党组织负责人，完成全部院级党组织换届选举工作。学校以“落实全面从严治党要求，构建‘三位一体’基层党建工作模式”为题，获得 2014—2015 年北京高校党的建设优秀成果奖三等奖。按照上级要求，研究制定工作方案，顺利完成提名出席党的十九大代表候选

人推荐人选工作，推荐北京市出席党的党的十九大代表候选人推荐人选1名。此外，完成各类人才的推荐评优工作，1名教师获得“北京市有突出贡献的科学、技术、管理人才”称号，1名教师入选“北京市青年拔尖人才”，4名申请人获得北京市优秀人才培养资助项目。

24. 协调推进统战、群团、离退休和校友校史工作。2016年，学校认真开展统战工作自查自评，有序推进人大、政协换届选举工作。贯彻落实党的民族宗教政策，制定出台《涉及民族宗教因素突发事件应急预案》，积极稳妥做好少数民族学生的教育服务工作。不断加强党外代表人士队伍建设，1名教师加入九三学社，2名社员分别被九三学社北京市委授予“优秀社务干部”和“优秀社员”称号。加强师德建设，陈勇和范军芳教授分别获得“北京市师德榜样”和“北京市师德先锋”荣誉称号。召开第一届教职工代表大会第十一次会议，推动二级教代会制度建设，加强基层民主，建立科学规范的院级决策机制。完善体育工作委员会工作，成功举办首都高校第八届秋季运动会，大力营造和谐的人文氛围和情感环境。召开第三次学生代表大会第二次全体会议，创新开展校园文化活动，深化学生社团的育人功能，“走进腾冲、服务腾冲”暑期社会实践活动入选“百强团队”，荣获2016年北京市大学生音乐节“优秀组织奖”和1项金奖，2项银奖，荣获第18届CBDF“院校杯”国际标准舞公开赛、首都高校第八届体育舞蹈大赛3项金奖、多项银奖。进一步加强离退休干部思想政治建设和党支部建设，落实离退休干部“两项待遇”，加强离退休干部“两项建设”，创造条件为离退休老同志提供发挥作用空间。学校以服务校友、服务学校、服务发展为宗旨，继续构建校、院、地三个层面的校友工作联动机制，搭建校企合作的平台。加强校友返校活动的规范性建设，进一步完善校友会信息化平台，加强校友工作培训和校友会内部队伍建设，通过举办“建筑里的北京信息科技大学”专题展览和校史展览，弘扬校园文化精神。

2016年十大新闻

1. 市委第四巡视组对学校党委进行专项巡视。3月2日至4月29日，北京市委第四巡视组对学校党委进行专项巡视。7月14日，市委第四巡视组向学校党委传达了市委书记郭金龙在市委书记专题会议上讲话精神，并反馈了专题巡视意见。随后，学校党委成立了巡视整改工作领导小组及其办公室，先后多次召开专题会议，研究巡视整改工作，制定《北京信息科技大学巡视整改方案》。学校党委落实主体责任，按照立行立改、务求实效的要求扎实推进落实各项整改任务，完成各项整改任务。

2. 学校党委领导班子重大调整。3月17日，学校召开干部宣布大会，市委组织部副部长李世新宣布北京市委关于北京信息科技大学党委书记职务任免的决定，任命王传亮为北京信息科技大学党委书记，郑君礼因年龄原因不再担任北京信息科技大学党委书记。8月29日上午，学校党委书记王传亮代表上级组织宣布王秀彦任学校党委副书记的任命，杨军提任北京农学院党委书记。

3. 完成安置房、公租房配售配租，学生宿舍空调安装工作。3月26日，学校首批沙河高教园安置房、公租房现场选房工作启动；7月6日，沙河高教园40套安置房、275套公租房、62个配套车位、32个承租车位的配售配租工作顺利完成，学校315名教职工拥有了自己的温馨住房。此外，小营、健翔桥、清河校区的14个学生公寓的2059间学生宿舍空调安装完毕。民生工程深入推进，师生的学习生活条件明显改善。

4. 学校党委明确“五个环境建设”发展理念。4月初，学校党委提出“五个环境建设”发展理念：建设庄重典雅，智能宜人，有艺术风格，充满文化感的空间环境；建设以工为主、多科并举，特色鲜明，国内一流、国际知名，有利于学术发展、创新和服务社会的办学环境；建设以学生为本，立德树人，全员参与，促进学生全面健康成长成才的育人环境；建设和谐稳定，有序活泼，公正公开，依法治校，充满民主与法治精神的治理环境；建设崇尚勤信，宽容善意，相互欣赏，团结协作，倡导成人之美，充满人文精神的情感环境。“五个环境建设”发展理念立足学校建设发展的历史和现实，汇聚全校师生员工的智慧，是学校党委贯彻落实中央五大发展理念的具体举措，是科学谋划学校“十三五”事业发展的重要引领，是努力推动学校转型发展的任务与目标。

5. 扎实开展“两学一做”学习教育。4月27日，学校党委启动“两学一做”学习教育。学习教育坚持问题导向、分类指导，明确了“建标准、搭平台、强督导”的工作理念，建立三级例会制度，举办专题论坛和工作培训，着力夯实学的基础、抓好做的关键，把全面从严治党要求落实到每个支部每名党员。各党支部严格落实“三会一课”、组织生活会等制度，认真组织专题学习讨论；全体党员认真学习、强化“四讲四有”意识，积极承诺践诺、立足岗位做贡献；党员领导干部按照要求、创新方式讲党课，确保学习教育有序推进、扎实开展。学校各级党组织认真学习十八届六中全会精神、全国高校思想政治工作会议精神。校党委书记王传亮强调，要切实增强“四个意识”，更加自觉地在思想上政治上行动上同以习近平同志为核心的党中央保持高度一致；要全面、系统地学习贯彻全国高校思想政治工作会议精神，自觉用习近平总书记系列重要讲话精神统一思想认识；要全面落实从严治党要求，认真执行《关于新形势下党内政治生活的若干准则》和《中国共产党党内监督条例》，坚定不移推进全面从严治党，共同营造风清气正的政治生态。学校党委着力加强基层党组织建设，申报的成果《落实全面从严治党要求 构建“三位一体”基层党建工作模式》荣获北京市委教育工委2014—2015年北京高校党的建设和思想政治工作优秀成果三等奖。

6. 学校人才培养质量进一步提升。5月11日下午，学校召开本科教学工作会，全面提高教育教学质量。本年度学校新增北京市教学名师1人；完成2016版本科培养方案编制；完成机械设计制造及其自动化专业工程教育专业认证工作；教学运行服务中心、学籍与学务中心开放服务；多个学生创业团队入驻新成立的机器人工程双创开放空间； Water机器人足球队荣获第20届Robocup机器人世界杯中型组亚军；机电1401班荣获北京市“示范班集体”荣誉称号，多个学生党支部在2016年北京高校红色“1+1”示范活动展示评选中获得奖项；本科毕业生就业率持续保持98%以上，连续5年位居市属高校前三名，学校人才培养能力和人才培养质量进一步提高。

7. 徐小力、祝连庆荣获“全国优秀科技工作者”奖。5月18日，机电系统测控重点实验室徐小力教授、仪器科学与光电工程学院祝连庆教授荣获“全国优秀科技工作者”奖，成为全国科技工作者的优秀代表。他们围绕国家创新驱动发展战略，立足本职、敬业奉献、开拓进取、奋发有为，取得多项创新性成果，为国家科技事业发展做出了重要贡献。本届“全国优秀科技工作者”评选工作，共有494名优秀科技工作者入选。在全校科研工作者的努力下，学校2016年度科研经费总额超过1.5亿元，项目经费首次突破1亿元大关。

8. 学校“十三五”事业发展规划正式发布。7月13日，学校“十三五”事业发展规划正式发布。2016年，学校因势而谋，顺势而为，聚焦发展，准确定位，进一步明确了办学定位、发展目标、基本任务。立足北京、面向全国、服务行业与京津冀协同发展，建设信息特色鲜明的高水平大学的服务面向和发展目标，描绘了未来5年学校改革发展的事业蓝图。

9. 学校新校区工程项目建议书喜获批复。9月14日，北京市发改委批复学校新校区建设工程项目建议书（代可行性研究报告），标志着学校新校区项目建设取得了重大的阶段性成果。项目建议书批复总用地面积约78.9公顷，总建筑面积391211平方米（不含已开工建设的学生宿舍A组团项目25369.78平方米），项目建成后，将满足学校整体搬迁需要。此前，北京市副市长王宁亲自到新校区调研并主持召开工作现场会。他强调，要按照建设一流大学和一流学科的标准，打造具有国际标准、世界眼光、北京风格的高水平校园。他要求，各部门要进一步聚焦项目，投入更多精力，从各自工作角度推进项目建设。与此同时，要对项目建设进行重新评估，完善校园功能和建设方案，共同为项目推进打开绿色通道。新校区建设取得重大、实质性的突破。

10. 系列人事制度改革政策相继出台。2016年，学校推进人事制度改革，召开人才工作会议，制定人才发展战略，相继出台了一系列人事制度改革政策。此次人事制度改革坚持高端引领、“外引内培”相结合的理念，加大资助力度，拓展晋升空间，打通了高水平人才“引进”和“培育”通道，为深化综改，实现超常规、跨越式发展打造人才实力硬支撑。本年度，学校高级职称比例大幅度增加，人才队伍建设取得实质性进展。

【机构与队伍】

校级党政领导

中共北京信息科技大学委员会

党委书记	王传亮（2.24任）	郑君礼（2.24免）			
党委副书记	刘筱毅	王秀彦（8.17任）	杨　军（6.8免）		
党委委员（按姓氏笔画排序）					
	王久和	王永生	王传亮（2.24任）	王兴芬	王秀彦（8.17任）
	卢玲军（女）	冯晓春（女）	邢济收	刘　勇	刘筱毅
	苏　中	杜世智	李　宁	李　忱	杨　军（6.8免）
	张怀存（10.18免）	林国策	郑君礼（2.24免）	栾忠权	
	陶志红（女）	葛新权	韩秋实	鲁　雷	
党委常委	王传亮（2.24任）	郑君礼（2.24免）	王永生	刘筱毅	
	王秀彦（8.17任）	杨　军（6.8免）	冯晓春（女）	韩秋实	
	刘　勇	陶志红（女）			

北京信息科技大学校长、副校长、校长助理

校长	王永生			
副校长	韩秋实	刘　勇	许宝杰	陶志红
校长助理	栾忠权	林国策		

中共北京信息科技大学纪律检查委员会

纪委书记	冯晓春				
纪委副书记	牛志英				
纪委委员	戈新生	牛志英	冯晓春（女）	刘永成	孙　晨（女）
	徐　燕（女）	韩俊彦	谢瑞峰	滕功清	

校级领导班子成员分工

表 1　　校级领导班子成员分工

姓名	工作分工
郑君礼（1月1日至2月24日） 王传亮（2月24日至12月31日）	主持党委全面工作。侧重联系计算机学院、经济管理学院、信息管理学院、马克思主义学院、公共管理与传媒学院、理学院
王永生	主持行政全面工作；代管人事和审计工作。侧重联系机电工程学院、仪器科学与光电工程学院、自动化学院、信息与通信工程学院、外国语学院
杨　军（1月1日至6月8日） 王秀彦（8月17日至12月31日）	负责宣传工作、统战工作、学生工作、就业工作、工会工作、教代会工作、体育工作。分管党委宣传部、党委统战部、党委研究生工作部、学生处、党委学生工作部（武装部）、招生就业工作处（就业工作）、新闻中心、校工会、校团委。联系马克思主义学院、公共管理与传媒学院、体育部（6月8日至8月17日期间，由刘筱毅分管相关工作）
刘筱毅	负责组织工作、干部工作、老干部与离退休工作、党校工作。分管党委组织部、离退休工作处、党委老干部工作部。联系外国语学院
冯晓春	负责纪律检查工作、监察工作、保密工作、校区工作，协助校长分管审计工作。分管纪委办公室、监察处、保密工作办公室、审计处、健翔桥校区管理办公室、清河校区管理办公室、东部校区管理办公室。联系计算机学院
韩秋实	负责科技工作、学科与研究生教育工作、科技产业工作。分管科技处、研究生院、产业与经营性资产管理办公室。联系仪器科学与光电工程学院
刘　勇	负责学校日常综合协调工作、后勤工作、安全稳定工作。分管学校办公室、后勤管理处、安全稳定处、党委安全稳定工作部。联系自动化学院
许宝杰	负责本科教学工作、本科招生工作、外事工作、港澳台事务工作、留学生教育工作、继续教育工作、图书馆工作、高教研究工作。分管教务处、招生就业工作处（招生工作）、国际交流学院、继续教育学院、图书馆、高教研究室、发展战略研究室。联系经济管理学院
陶志红	负责基建工作、新校区建设工作。分管基建处、新校区建设办公室。联系理学院
栾忠权	负责财务工作、资产管理工作。分管财务处、资产管理处。联系信息与通信工程学院、机电实习中心
林国策	负责信息化建设工作、校友工作、校史工作、国内合作与法律事务工作、招投标工作。分管信息与网络管理中心、校友校史工作办公室、学校办公室（国内合作与法律事务）；兼任学校招投标工作领导小组办公室主任。联系信息管理学院、计算中心

专门委员会和专门工作组

新校区总体规划工作小组和专家咨询委员会

一、新校区总体规划工作小组

组　长：校长

副组长：主管基本建设工作的副校长

成　员：学校办公室主任、基建处处长、财务处处长、审计处处长、教务处处长、科技处处长、研究生部主任、图书馆馆长、网管中心主任、后勤管理处处长兼后勤服务集团总经理、体育部主任、监察处处长

（一）协调组

组　长：学校办公室主任

组　员：基建处处长、教务处处长、科技处处长、研究生部主任、后勤管理处处长兼后勤服务集团总经理

（二）招标组

组　长：基建处处长

组　员：财务处处长　审计处处长

（三）监督组

组　长：监察处处长

二、新校区总体规划专家咨询委员会

市国土局分管副局长、昌平区分管副区长、市教委分管副主任、市发改委社会处处长、市发改委环资处处长、市教委基建处处长、市建筑质量安全监督总站站长、市规委相关处处长，另拟聘请国内外 15 人以内有关规划、建筑设计领域专家

校务公开工作组织机构

校务公开工作领导小组

组　长：书记　校长

组　员：学校领导班子成员、党委常委、校长助理

校务公开工作办公室

主　任：书记　校长

副主任：学校办公室（党委办公室）主任

成　员：组织部部长、统战部部长、纪委办公室（监察处）主任、教务处处长、科技处处长、研究生部主任、人事处处长、财务处处长、学生工作处处长、招生就业工作办公室主任、资产管理处处长、审计处处长、基建处处长、校工会常务副主席、校团委书记

思想政治理论课建设工作领导小组

组　长：书记

副组长：主管宣传工作的副书记　主管教学工作的副校长

成　员：党委办公室（学校办公室）主任、党委宣传部部长、教务处处长、科技处处长、研究生部主任、人事处处长、财务处处长、党委学生工作部部长、校团委书记、马克思主义学院负责人等

领导小组下设办公室，办公室设在马克思主义学院

北京信息科技大学党建和思想政治工作研究会

理事会

会　长：书　记

副会长：学校党委副书记

秘书长：组织部部长

副秘书长：学校办公室主任　宣传部部长

成　员：（按姓氏笔画排序）

王　鹰　王兴伟　卢玲军　叶　超　田杨萌　刘小河　刘永成　回世勇　孙　晨　孙福友
张怀存　李　健　李　燕　李华涛　李荣华　赵　刚　郭小兵　郭春燕　崔仲凯　谢瑞峰
韩俊彦　滕功清　谭胜国

秘　书：李　哲

党建工作组

主　任：刘筱毅（兼）

副主任：组织部部长

成　员：（按姓氏笔画排序）

李　燕　林国策　姜伟华

秘　书：李　哲

思想政治工作组

主　任：杨　军（6.8 免）　王秀彦（8.17 任）（兼）

副主任：宣传部部长

成　员：（按姓氏笔画排序）

田杨萌　回世勇　李华涛

秘　书：薛　涛

心理健康教育及心理咨询相关机构

一、大学生心理健康教育领导小组

组　长：主管学生工作副书记

副组长：主管后勤工作副校长　主管教学工作副校长

成　员：学生工作部部长、宣传部部长、研究生工作部党总支书记、教务处处长、人事处处长、财务处处长、保卫处处长、后勤管理处处长、心理健康教育中心（心理咨询中心）主任、团委书记、后勤管理处门诊部主任

领导小组下设办公室，办公室与心理健康教育中心（心理咨询中心）合署办公，主任由中心主任兼任

二、心理健康教育中心和心理咨询中心

心理健康教育中心和心理咨询中心（以下简称中心）合署办公，是心理健康教育与咨询的专业机构，负责心理健康教育、教学、心理咨询与研究等工作，负责心理健康教育课程的管理与建设工作。中心不设行政级别，挂靠学生工作部，主任由学生工作部分管领导兼任。

党风廉政建设责任制领导小组

组　长：郑君礼（2.24 免）　王传亮（2.24 任）　王永生

副组长：冯晓春

成　员：杨　军（6.8 免）　王秀彦（8.17 任）　刘筱毅　韩秋实　刘　勇　许宝杰

陶志红　栾忠权　林国策

领导小组办公室设在纪委办公室（监察处）。

学校信访工作领导小组

组　长：郑君礼（2.24 免）　王传亮（2.24 任）　王永生

副组长：刘筱毅　冯晓春

成　员：杨　军（6.8 免）王秀彦（8.17 任）　冯喜春　刘　勇　许晓革
林国策　李　燕　回世勇　孙福友　王兴芬

信访工作领导小组下设办公室，办公室设在学校办公室。

学校党校校务委员会

党校校务委员会主任：郑君礼（2.24 免）　王传亮（2.24 任）

党校校务委员会副主任：刘筱毅　杨　军（6.8 免）　王秀彦（8.17 任）

党校校务委员会委员：（按姓氏笔画排序）
卢玲军　田杨萌　刘永成　回世勇　孙福友　李　燕　李华涛　杨兴林
邵长生　林国策　姜伟华　崔仲凯　韩俊彦　鲁　雷

党校校长：郑君礼（2.24 免）　王传亮（2.24 任）（兼）

党校常务副校长：姜伟华

党校副校长：刘永成（兼）

党校日常工作机构设在党委组织部

学校人才工作领导小组和工作组

一、校人才工作领导小组

组　长：郑君礼（2.24 免）　王传亮（2.24 任）　王永生

副组长：刘筱毅　冯喜春

成　员：组织部部长、人事处处长、研究生部主任、教务处处长、科技处处长

二、校人才工作组

组　长：刘筱毅　冯喜春

成　员：党委组织部部长、人事处处长、研究生部主任、教务处处长、科技处处长、
党委学生工作部部长和各学院（系）院长（主任）

学校党的建设工作领导小组

组　长：刘筱毅　党委副书记

副组长：杨　军（6.8免）　王秀彦（8.17任）党委副书记　冯晓春　党委常委、纪委书记

成　员：李华涛　党委办公室主任　　鲁　雷　党委组织部部长

王　蕾　党委宣传部部长兼统战部部长　　牛志英　纪委副书记、纪委办公室主任

姜伟华　党委组织部副部长兼党校常务副校长　　李祥贵　党委研究生工作部部长

郭银辉　党委学生工作部部长　　胡　滔　党委安稳部部长

贺　芳　党委老干部工作部部长

学校党的建设工作领导小组办公室设在党委组织部。

学校民族宗教工作领导小组

组　长：杨　军（6.8免）　王秀彦（8.17任）　刘　勇

副组长：党委统战部部长　学校办公室主任

组　员：党委组织部部长、党委学生工作部部长、党委研究生工作部部长、人事处处长、党委保卫部部长、后勤管理处处长（后勤服务集团总经理）、工会常务副主席、党委老干部工作部部长、团委书记

领导小组下设办公室，办公室设在党委统战部。

学校师德建设领导小组和工作小组

一、学校师德建设领导小组

组　长：郑君礼（2.24免）　王传亮（2.24任）　王永生

副组长：主管人事工作的校领导　杨　军（6.8免）　王秀彦（8.17任）　刘筱毅

成　员：党委组织部、党委宣传部、党委学生工作部、党委研究生工作部、校工会、教务处、科技处、人事处等部门的主要负责人

学校师德建设领导小组办公室设在人事处

二、学校师德建设工作小组

组　长：主管人事工作的校领导

副组长：刘筱毅

成　员：党委组织部、党委宣传部、党委学生工作部、党委研究生工作部、校工会、教务处、科技处、人事处等部门的主要负责人，各教学单位党总支（直属党支部）负责人。

学校保密委员会成员

主　任：冯晓春

副主任：韩秋实

委　员（按姓氏笔画排序）：

王　蕾　王久和　王兴芬　王丽坤　卢　静　田杨萌　邢济收　吉莉莉　许　波　麦　苗

李　擎　李华涛　陈　昕　胡　滔　高国伟　龚汉明　鲁　雷　谢新伟

学校关心下一代工作委员会

名誉主任：郑君礼（2.24 免）　王传亮（2.24 任）　王永生

顾　问：杨　军（6.8 免）　王秀彦（8.17 任）　冯晓春　唐树艺　林少岩　陈　虎

段　续　陈维兴　钱崇越　柴鸿斌　黄永水　肖玉华

主　任：甘圣予

常务副主任：孙毓仁　刘筱毅

副主任：郝静如　赵　刚　孙福友　麦　苗　李祥贵　郭银辉

委　员：（按姓氏笔画排序）

王芹芳　王国华　付崇修　刘建兰　刘景怀　李宗生　李　燕　关桂元　岳文元　张祖荫

杜振祁　陈裕中　赵平生　赵鸿庆　尚德培　钟国康　曹　珺　梁舒惠　甄同树　谭鸿儒

成员单位：学校办公室、组织部、宣传部、研究生工作部　人事处、财务处、学生处、后勤管理处、校团委、离退休工作处

秘书长：赵　刚（兼）　贺　芳

关工委下设秘书处，秘书处设在离退休工作处。

学校老干部工作领导小组

组　长：郑君礼（2.24 免）　王传亮（2.24 任）　王永生

副组长：刘筱毅

成　员：李华涛　鲁　雷　王　蕾　陈　昕　谢新伟　赵立胜　贺　芳

老干部工作领导小组办公室设在党委老干部工作部（离退休工作处）。

学校校办企业规范化建设领导小组

组　长：郑君礼（2.24 免）　王传亮（2.24 任）　王永生

副组长：冯喜春　韩秋实　刘　勇

成　员：监察处处长、科技处处长、人事处处长、财务处处长、资产管理处处长、审计处处长、后勤管理处处长（后勤服务集团总经理）

领导小组下设办公室，领导小组办公室挂靠在科技处。

办公室主任：钟　玲（兼）

学校财经工作领导小组

组　长：王永生

副组长：许宝杰

成　员：财务处处长、审计处处长、监察处处长、资产管理处处长、学校办公室主任

安全稳定工作领导小组

组　长：郑君礼（2.24 免）　王传亮（2.24 任）　王永生

副组长：杨军（6.8 免）　王秀彦（8.17 任）　刘　勇

成　员：刘筱毅、冯晓春、冯喜春、韩秋实、许晓革、彭斌柏、许宝杰、陶志红、邵长生，学校办公室、党委宣传部（统战部）、纪委办公室、研究生部、财务处、学生处、国际交流合作处、后勤管理处（后勤服务集团）、保卫处、网络管理中心、离退休工作办公室、工会、团委、继续教育学院以及各校区的主要负责人

国家安全工作领导小组

组　长：刘　勇

副组长：杨　军（6.8 免）　王秀彦（8.17 任）

成　员：学校办公室、党委组织部、党委宣传部（统战部）、党委保卫部、人事处、保密办公室、科技处、研究生部、党委学生工作部、团委、国际交流合作处、继续教育学院、网络管理中心的主要负责人

办公室：设在安全稳定工作部

办公室主任：安全稳定工作部部长

社会治安综合治理委员会

主　任：刘　勇

委　员：学校办公室、党委宣传部、保卫处、研究生部、财务处、学生处、后勤管理处（后勤服务集团）、资产管理处、工会、团委、继续教育学院以及各校区的主要负责人，各党总支（机关党委、直属单位党支部）书记。

办公室：设在安全稳定处

办公室主任：安全稳定处处长

防火安全委员会

主　任：刘　勇

副主任：安稳处、后勤管理处（后勤服务集团）主要领导

委　员：学校办公室、教务处、科技处、研究生部、学生处、基建处、资产管理处、各校区主要负责人，保卫处安全科科长、派住健翔桥校区负责人，后勤管理处（后勤服务集团）分管饮食服务和分管学生公寓的负责人。

办公室：设在安全稳定处

办公室主任：安全稳定处处长

交通安全委员会

主　任：刘　勇

副主任：安稳处、后勤管理处（后勤服务集团）主要领导。

委　员：学校办公室分管车辆的副主任，党委宣传部、学生处、工会、团委和各校区主要负责人，研究生部党总支书记、继续教育学院院长，离退休工作办公室副主任，保卫处安全科科长，后勤服务集团运输部负责人。

办公室：设在安全稳定处

办公室主任：安全稳定处处长

外来人口管理领导小组

组　长：刘　勇

副组长：安稳处、后勤管理处（后勤服务集团）主要领导。

成　员：人事处、各校区的主要负责人，后勤管理处（后勤服务集团）其他领导，保卫处社会治安综合治理管理岗负责人。

办公室：设在安全稳定处

办公室主任：安全稳定处处长

学校大学生思想政治教育工作领导小组

组　长：王传亮　王永生

副组长：校领导班子其他成员

成　员：党委办公室、校长办公室主任，党委组织部部长，党委宣传部部长，纪委办公室主任，教务处处长，科技处处长，党委研究生工作部部长，人事处处长，财务处处长，党委学生工作部部长，招生就业工作处处长，后勤管理处处长，安全稳定处处长，校工会常务副主席，校团委书记，马克思主义学院党总支书记，信息与网络管理中心主任。

领导小组下设办公室，办公室设在党委学生工作部。

党务公开工作组织机构

党务公开工作领导小组

组　长：刘筱毅

副组长：冯晓春

成　员：党委办公室（学校办公室）、党委组织部、党委宣传部、纪委办公室、保密工作办公室、党委研究生工作部、党委学生工作部、党委保卫部、党委老干部工作部负责人

领导小组下设党务公开工作办公室，负责日常组织和协调工作。办公室设在党委办公室（学校办公室），主任由党委办公室（学校办公室）主任兼任。

党务公开工作监督小组

组　长：纪委办公室主任（兼）

小组成员：一般党员和学校区人大代表各 1 人、教代会党员代表 1 人、民主党派和无党派代表各 1 人、

学生代表 1 人、离退休干部党员代表 1 人

监督办公室设在纪委办公室

学校招标工作领导小组

领导小组组长由学校党委书记、校长担任；成员由学校分管纪检监察、财务资产、后勤、基建工作的校级领导班子成员组成。领导小组下设办公室、物资采购招标工作组、服务外包招标工作组、修建工程招标工作组。

领导小组办公室设在学校办公室，主任由校长助理林国策兼任，成员由纪委办公室（监察处）、财务处、审计处及法律事务办公室主要负责人组成。

学校“十三五”事业发展规划编制工作机构

一、学校“十三五”事业发展规划编制领导小组

组　长：郑君礼（2.24 免）　王传亮（2.24 任）　王永生

成　员：杨　军（6.8 免）　王秀彦（8.17 任）　刘筱毅　冯晓春　冯喜春　韩秋实　刘　勇　许宝杰　陶志红　栾忠权　林国策

二、学校“十三五”事业发展规划编制工作小组

组　长：王永生

副组长：许宝杰　冯喜春　韩秋实

成　员：杨兴林　王兴芬　邢济收　王久和　陈　昕　苏　中　李华涛　鲁　雷　王　蕾　刘　伟　卢玲军

三、学校“十三五”事业发展规划编制写作组

组　长：许宝杰

副组长：杨兴林

成　员：谌　兵　王智勇　王学文

四、学校“十三五”事业发展规划编制工作小组办公室

主　任：许宝杰

成　员：李华涛　杨兴林　王兴芬　邢济收　王久和　陈　昕　王　蕾

高水平人才交叉培养计划专项工作机构

一、高水平人才交叉培养计划领导小组

组　长：王永生

副组长：杨　军（6.8 免）　王秀彦（8.17 任）　许宝杰

成　员：（按姓氏笔画排序）

王兴芬　卢　静　杜世智　赵立胜　贾　斌　郭银辉　谢新伟

二、高水平人才交叉培养计划教学工作小组

组　长：许宝杰

副组长：王兴芬

成　员：（按姓氏笔画排序）

王红军　曲　立　吕　勇　刘建华　闫　健　米　洁

李学华　张广奇　张　伟　陈雯柏　徐晓敏　薛春艳

三、高水平人才交叉培养计划学生工作小组

组　长：杨　军（6.8 免）　王秀彦（8.17 任）

副组长：郭银辉

成　员：（按姓氏笔画排序）

马绍辉　刘云风　杨　菁　邱明晓　张　艳　张　健　贾　斌　崔　凯　彭书华　程立军

沙河安置房配售和公租房配租领导小组

组　长：刘　勇　杨军（6.8 免）　王秀彦（8.17 任）

组　员：3 名教代会执委会委员，校工会、学校办公室、人事处、财务处、资产管理处、后勤管理处等部门各一名领导。

沙河安置房配售和公租房配租工作委员会

配售配租委员会构成：

王兴叶　王肖楠　卢玲军　白雪峰　刘　勇　吴俊法　宋　芳　张晓青　杨　军（6.8 免）

王秀彦（8.17 任）　陈　昕　周金和　郑召义　侯吉成　高　英　谢新伟

根据校领导工作分工，经 2015 年 12 月 15 日校党委常委会研究，由副校长刘勇和校党委副书记、教代会执委会主任、校工会主席杨军两位同志担任配售配租委员会主任，实行双主任负责制。

体育工作委员会

人员组成：

校体委设主任 1 名，由分管体育工作的校领导担任；设副主任 2-3 名，由分管教学、工会、学生工作的校领导担任；设秘书长 1 人，由体育部主任担任；设副秘书长 3-4 人，由学工部、研工部、工会、团委负责人担任；设委员若干名，由体育部、学校办公室、教务处、学工部、研工部、工会、团委、后勤处、学生会、研究生会及各学院的负责人担任。

学校定密小组成员

组　长：田杨萌

组　员：（按姓氏笔画排序）

王丽坤　许　波　李　擎　李华涛　陈　昕　高国伟

毕业生就业工作领导小组

组　长：校党委书记、校长

副组长：分管毕业生就业工作的校领导、分管教学工作的校领导

成　员：招生就业办主任、研究生部主任、学生处处长、教务处处长、宣传部部长、团委书记

毕业生就业工作领导小组下设办公室，办公室主任由招生就业办主任兼任。

现代测控技术教育部重点实验室学术委员会

主　任：高金吉（院士　北京化工大学）

副主任：张福学（教授　北京信息科技大学）　韩秋实（教授　北京信息科技大学）

委　员：（按姓氏笔画排序）

王子才（院士　哈尔滨工业大学）　戈新生（教授　北京信息科技大学）

卢秉恒（院士　西安交通大学）　石照耀（教授　北京工业大学）

高金吉（院士　北京化工大学）　张钟华（院士　中国计量科学研究院）

张福学（教授　北京信息科技大学）　徐滨士（院士　装甲兵工程学院）

徐春广（教授　北京理工大学）　徐小力（教授　北京信息科技大学）

韩秋实（教授　北京信息科技大学）　褚福磊（教授　清华大学）

樊尚春（教授　北京航空航天大学）

秘书长：王红军（教授　北京信息科技大学）

公费医疗管理委员会

一、公费医疗管理委员会

主　任：主管后勤工作的副校长

成　员：学校办公室主任、监察处处长、学生处处长、审计处处长、离退休工作办公室主任、工会常务副主席、后勤管理处处长、人事处主管劳资工作副处长、财务处副处长、后勤管理处副处长、门诊一部主任、门诊二部主任

二、公费医疗管理委员会办公室

办公室设在后勤管理处

办公室主任：后勤管理处副处长（兼）

副主任：门诊一部主任、门诊二部主任

大学英语四、六级考试管理工作领导小组

组　长：许宝杰

副组长：王兴芬

成　员：（以姓氏笔画为序）

王　蕾　牛志英　任维平　闫　健　李华涛　李祥贵

张广奇　赵立胜　胡　滔　郭银辉　龚汉明

住房补贴工作领导小组

组　长：许宝杰

成　员：后勤管理处处长、学校办公室主任、监察处处长、财务处处长、离退休工作办公室主任、工会常务副主席、健翔桥校区主任、清河校区主任、金台路校区主任、酒仙桥校区主任、人事处主管劳资工作副处长、后勤管理处副处长

住房补贴工作领导小组办公室设在后勤管理处（后勤服务集团），办公室主任由后勤管理处处长兼后勤服务集团总经理兼任。住房补贴工作领导小组监察办公室设在监察处，办公室主任由监察处处长兼任。

高端信息产业技术研究院建设工作领导小组

组　长：韩秋实

副组长：冯喜春　许宝杰

成　员：科技处处长、产业与经营性资产管理办公室主任、财务处处长、资产管理处处长、基建处处长

领导小组办公室设在产业与经营性资产管理办公室，负责高端信息产业技术研究院建设工作的日常协调及运转工作，办公室主任由产业与经营性资产管理办公室主任兼任。

学校工勤技能岗位聘任委员会和学校工勤技能岗位聘任考核推荐组

一、学校工勤技能岗位聘任委员会

主任委员：刘　勇

委　员：（以姓氏笔画为序）

王兴伟　王兴芬　李华涛　陈　昕　赵立胜　滕功清

二、学校工勤技能岗位聘任考核推荐组

组　长：许宝杰

组　员：（以姓氏笔画为序）

李万福　李荣华　英树志　郑　军　孟创立　赵立胜

学校公务用车问题专项治理工作领导小组

组　长：刘　勇

副组长：冯晓春

成　员：林国策　李　燕　姜玉勇　郑召义　徐　燕　王志伟　英树志　侯吉成

公务用车问题专项治理工作领导小组办公室设在学校办公室，领导小组办公室主任由学校办公室主任林国策兼任。

学校公用房屋使用管理工作领导小组

组　长：王永生

副组长：韩秋实　刘　勇　许晓革　许宝杰

成　员：学校办公室主任、教务处处长、科技处处长、研究生部主任、资产管理处处长、后勤管理处处长

领导小组下设办公室，办公室设在学校办公室，领导小组办公室主任由学校办公室主任兼。

学校经营性资产管理委员会和大学科技园管理委员会

主　任：王永生

副主任：韩秋实　许宝杰

成　员：科技处处长、产业与经营性资产管理办公室主任、财务处处长、后勤管理处处长、审计处处长

学校经营性资产管理委员会办事机构是产业与经营性资产管理办公室

大学科技园管理委员会下设科技园管理办公室，科技园管理办公室与产业与经营性资产管理办公室合署办公。

学校信息化建设工作组织机构

组　长：王永生

副组长：冯喜春　杨　军（6.8免）　王秀彦（8.17任）　许宝杰

成　员：学校办公室主任、宣传部部长、教务处处长、科技处处长、研究生部主任、人事处处长、财务处处长、学生处处长、资产管理处处长、后勤管理处（后勤服务集团）处长（总经理）、基建处处长、保卫处处长、图书馆馆长、网络管理中心主任

学校法律事务工作小组

组　长：王永生

副组长：杨　军（6.8免）　王秀彦（8.17任）　冯喜春　韩秋实　刘　勇　许晓革　许宝杰　陶志红

成　员：学校办公室主任、教务处处长、科技处处长、研究生部主任、人事处处长、学生工作处处长、基建处处长（新校区建设办公室主任）

学校法律事务工作小组办公室设在学校办公室，办公室主任由学校办公室主任兼任。

全日制普通高等教育本科招生工作领导小组及相关机构

一、学校招生工作领导小组

组　长：王永生

副组长：许宝杰　冯晓春

成　员：杜世智　李　燕

二、招生工作领导小组办公室

主　任：杜世智（兼）

三、招生工作领导小组监察办公室

主　任：李　燕（兼）

二级及以上专业技术职务分级与评定委员会

主任委员：郑君礼（2.24 免）　王传亮（2.24 任）　王永生

副主任委员：冯喜春

委　员：叶声华（天津大学中国工程院院士）　王文举（首都经济贸易大学二级教授）

周明全（北京师范大学二级教授）　蒋毅坚（北京工业大学二级教授）

北京信息科技大学预算管理委员会

主　任：王永生

副主任：许宝杰

委　员：林国策　姜玉勇　栾忠权　王兴芬　邢济收　王久和　回世勇　王志伟　刘　伟　卢玲军

杨兴林　戈新生　葛新权　张志凤　李　宁

办公室主任：郑丽珠

秘　书：郑彩云

三级及以下专业技术职务分级与评定委员会

主任委员：王永生

副主任委员：冯喜春

委　员：张福学　徐小力　唐五湘　施水才　张曙光（北京师范大学二级教授）
阮秋琦（北京交通大学二级教授）　宗光华（北京航空航天大学二级教授）

校园网络与信息安全事件应急处置领导小组

组　长：主管信息化工作和宣传工作的校领导

小组成员：学校办公室、宣传部、保卫处、网络管理中心等部门主要负责人

北京信息科技大学教职工集体宿舍清理工作小组

组　长：刘　勇　杨　军（6.8免）　王秀彦（8.17任）

成　员：学校办公室、人事处、财务处、后勤管理处、校工会、监察处等部门负责人

审计工作领导小组

组长由校长担任，分管审计、组织、资产、财务等工作的校领导任副组长，成员为组织部、纪委办公室（监察处）、审计处、财务处、资产处等部门主要负责人

学校基础设施改造定额管理经费管理使用工作领导小组

组　长：王永生

副组长：刘　勇　许宝杰

组　员：（以姓氏笔画为序）
王兴芬　王志伟　牛志英　邢济收　郑召义　林国策　姜玉勇　徐　燕

学校支持中小学发展工作组

工作组的组成：

组　长：许宝杰

副组长：林国策　王兴芬

成　员：李祥贵　郭银辉　贾斌

北京信息科技大学劳动人事争议调解委员会

主　任：杨　军（6.8免）　王秀彦（8.17任）

副主任：卢玲军

委　员：（按姓氏笔画排序）

王红军　王明涛　张　健　李文杰　李月强　杨孔雨　穆　婕

北京信息科技大学教职工爱心扶助金管理委员会

主　任：杨　军（6.8免）　王秀彦（8.17任）　刘筱毅

副主任：卢玲军　孙福友

委　员：（按姓氏笔画排序）

牛志英　王志伟　关桂元　杨大利　邵长生　姜玉勇　栾忠权　翟新权

第六届学校教师职务聘任委员会

主任委员：王永生

副主任委员：陈　昕　李邓化

委　员：（以姓氏笔画为序）

王久和　王兴芬　王丽坤　邢济收　杨兴林　张仰森　祝连庆　唐五湘

国防科技专家委员会

主　任：苏　中

副主任：田杨萌　王丽坤

委　员：（以姓氏笔画为序）

王立勇　吕　勇　李邓化　李　擎　张　伟　祝连庆　高国伟　高晶敏

国防科技专家委员会下设办公室，办公室设在国防科技研究院（筹），由田杨萌任主任。

内部控制规范建设组织机构

组　长：王永生

副组长：冯晓春　栾忠权

成　员：

（一）部门负责人：

李华涛　谢新伟　郑召义　刘　伟　徐　燕　牛志英

（二）专家：

张志凤　刘　春　杨闻萍　高　英

工作小组办公室设在财务处。

学校其他专业技术职务聘任委员会
和学校其他专业技术职务聘任考核推荐组

一、学校其他专业技术职务聘任委员会

主任委员：许宝杰

委　员：（以姓氏笔画为序）

王兴芬　邢济收　陈　昕　赵立胜　龚汉明　康　劲　韩秋实　谢瑞峰　谢新伟　滕功清

二、学校其他专业技术职务聘任考核推荐组

组　长：陈　昕

组　员：（以姓氏笔画为序）

才秀芬　张玉忠　刘　伟　刘桂礼　徐　燕　曹　林

学校学位评定委员会

主　席：王永生

副主席：韩秋实　许宝杰　葛新权

委　员：（以姓氏笔画为序）

王久和　王兴芬　刘永成　任维平　孙江宏　苏　中　李　宁　李　忱　汪毓铎　吴秋新

林慕义　杨孔雨　杨毅恒　周亚丽　杨大利　唐五湘　康海燕　郭阳宽　董明利

学位评定委员会办公室设在研究生院，由王久和任主任（兼）。

2015 年至 2016 年度冬春季火灾防控专项工作领导小组

组　长：刘　勇

副组长：胡　滔　赵立胜　郭银辉

组　员：李华涛　王兴芬　邢济收　李祥贵　郑召义　麦　苗　回世勇　孟创立　李侃卓

火灾防控专项工作领导小组办公室设在安稳处，办公室主任由胡滔兼任。

毕业设计（论文）工作领导小组

组　长：主管教学工作的副校长

副组长：王兴芬

组　员：许宝杰　李　东　李邓化　周维真　葛新权　李　忱　郭春燕　肖洪森　李祥贵　胡　滔

秘　书：董丽萍

图书馆工作委员会

主　任：主管图书馆工作的校领导

常务副主任：图书馆馆长

副主任：图书馆工作委员会推选产生

成　员：各学院主管教学或科研的院长，图书馆副馆长，资产管理处、教务处、研究生部、科技处、学生处、继续教育学院、高教研究室、财务处、监察处负责人

秘　书：图书馆工作人员

大学生学科竞赛管理委员会

主　任：许宝杰

副主任：王兴芬

委　员：（按姓氏笔画排序）

于肇贤　王久和　曲　立　回世勇　刘建兰　刘桂礼　李华涛　李学华　邱国旺　陈　昕
陈雯柏　徐晓敏　郭春燕　黄　民　彭书华

秘　书：李忠刚

大学生科技创新计划领导小组

组　长：主管教学校领导

副组长：教务处处长

组　员：学生处处长　　校团委书记　　机电工程学院教学副院长

仪器科学与光电工程学院教学副院长　　自动化学院教学副院长

信息与通信工程学院教学副院长　　计算机学院教学副院长

经济管理学院教学副院长　　信息管理学院教学副院长

人文社科系教学副系主任　　外国语学院教学副院长

理学院教学副院长　　教务处主管实践教学副处长

大学生创新创业教育领导小组

一、北京信息科技大学大学生创新创业教育领导小组

组　长：王永生

副组长：杨　军（6.8 免）　王秀彦（8.17 任）　许宝杰

成　员：（按姓氏笔画排序）

王　蕾　王兴芬　李华涛　杜世智　陈　昕　钟　玲　赵晓林　贾　斌　郭银辉　谢新伟

二、北京信息科技大学大学生创新创业教育工作小组

组　长：王兴芬

副组长：杜世智　钟　玲

组　员：（按姓氏笔画排序）

王红军　吕　勇　曲　立　伊　强　闫　健　李学华　张　伟　张广奇　李建良

陈雯柏　徐晓敏　蔡　英　谭祖卫　薛春艳

本科生“机器人”特长班教学工作小组

组　长：许宝杰

副组长：王兴芬

成　员：（按姓氏笔画排序）

王红军　吕　勇　米　洁　李学华　张　伟　陈雯柏

学术委员会

主　任：叶声华

常务副主任：苏　中

副主任：祝连庆　张　健

委　员：（以姓氏笔画为序）

王　斌　王久和　王红军　王丽坤　尹春华　朱希安　任维平　刘永成　牟永敏
李　忱　李邓化　李淑琴　张仰森　张奇志　周金和　侯军岐　施水才　娄小平
黄　民　梁冬梅　谢冬秀

学术委员会下设办公室，办公室设在科技处，由邢济收任主任。

工程硕士教育指导委员会和工商管理硕士（MBA）教育指导委员会工商管理硕士（MBA）教育中心

一、工程硕士教育指导委员会

主　任：王永生

副主任：王久和

委　员：（以姓氏笔画为序）

戈新生　王晓林　石镇山　刘仲馨　苏　中　李　东　李　宁　李　忱　李邓化　杨孔雨
栾忠权　葛新权

工程硕士教育指导委员会实行任期制，每届任期四年。

二、工商管理硕士（MBA）教育指导委员会

主　任：王永生

副主任：王久和　葛新权

委　员：（以姓氏笔画为序）

刘　宇　孙宝文　曲　立　张　群　张新民　杨孔雨　林汉川　金春华　侯军岐

工商管理硕士（MBA）教育指导委员会实行任期制，每届任期四年。

三、工商管理硕士（MBA）教育中心

工商管理硕士（MBA）教育中心，挂靠经济管理学院。

主　任：葛新权

副主任：曲　立　金春华　王斌

办公室主任：何　琼

第一届工程硕士教育指导委员会和第一届工商管理硕士教育指导委员会调整后的任期为2012年3月31日至2015年3月30日

研究生奖助工作评审领导小组

组　长：杨军

副组长：韩秋实

成　员：（按姓氏笔画排序）

王久和　牛志英　刘永成　朱希安　米洁　张仰森　李祥贵　董明利　蒋文保

谢瑞峰，校研究生会主席

领导小组下设研究生奖助工作评审及管理办公室，办公室设在党委研究生工作部。

第一届研究生教育教学专家组

组　长：李邓化

成　员：（按姓氏笔划排序）

牟永敏　刘　宇　何深思　杨庆东　祝连庆　谢冬秀

北京信息科技大学校友企业家联谊会、校友会名单

北京信息科技大学校友企业家联谊会第一届理事会会长名单

张敬东

北京信息科技大学校友企业家联谊会第一届理事会常务副会长名单

刘　博

北京信息科技大学校友企业家联谊会第一届理事会副会长名单（按姓氏笔划排序）

万卫国　王明华　孙　冰　成　勇　张　晖　张献华　杨海飞

陈　斌　唐济扬　郭　林　熊　平　杨　劲　林国策

北京信息科技大学校友企业家联谊会第一届监事会监事长名单

蔡　兵

北京信息科技大学校友企业家联谊会第一届监事会监事名单（按姓氏笔划排序）

王海鹏　李艳波　蔡　兵

北京信息科技大学校友会第一届理事会秘书长名单

李华涛

北京信息科技大学校友会第一届理事会副秘书长名单（按姓氏笔画排序）：

刘云风　回世勇　陈立刚　邱明晓　黄兴红　曹晋红　董燕丽　詹国勇

北京信息科技大学校友企业家联谊会第一届理事会理事名单（按姓氏笔划排序）

万卫国　马建明　孔凡东　王大勇　王明华　王振宇　王雁茂　史文禄　刘　铮　刘　博　刘可欣
刘海涛　刘铁峰　刘漾水　孙　冰　孙　勇　孙德玉　成　勇　邢　立　何　辉　宋　军　宋　杰
宋子明　宋国伟　张　晖　张文心　张立新　张敬东　李　川　李　挺　李　斌　李　超　李东辉
李学文　杨　洋　杨海飞　陈　斌　陈士正　陈利君　周庆军　易振金　林春雨　范成先　赵亮亮
唐济扬　郭　林　郭晨东　高周宏　梁振华　梅卫平　韩　野　雷　洪　熊　平　熊　刚　穆东辉

校友会换届筹备工作领导小组

组　长：郑君礼（2.24 免）　王传亮（2.24 任）

副组长：韩秋实　冯晓春　林国策

办公室成员：秘书处成员　学院党委书记或党总支书记

教学工作委员会

主　任：许宝杰

副主任：王兴芬

委　员：（以姓氏笔画为序）

于肇贤　刘建兰　张　虹　张　健　张世忠　李学华　杨曙辉　苏　中　邱国旺　周长胜
周维真　郑　军　侯吉成　徐晓敏　高晶敏　梁冬梅　黄　民　彭书华

学校现代测控技术教育部重点实验室建设管理委员会

主　任：王永生

副主任：韩秋实

成　员：邢济收　栾忠权　姜玉勇　郑召义　王久和

现代测控技术教育部重点实验室建设管理委员会下设办公室，办公室设在科技处。

办公室主任：邢济收（兼）

教育管理专业技术职务推荐评议和评审组

组　长：冯喜春

成　员：韩秋实　许宝杰　唐五湘　王兴芬　邢济收　王久和　陈　昕　杨兴林

思想政治工作专业职务推荐评议和评审组

主任委员：杨　军（6.8 免）　王秀彦（8.17 任）

委　员：（以姓氏笔画为序）

王　蕾　卢玲军　冯晓春　刘永成　刘筱毅　陈　昕　鲁　雷　谢瑞峰

教师资格专家审查委员会

主　任：许宝杰

副主任：冯喜春

委　员：王兴芬　栾忠权　戈新生　苏　中　刘小河　李　宁　葛新权　田杨萌　谭胜国　王学文　王　雁

北京信息科技大学管理岗位、工勤技能岗位绩效津贴分档工作小组

（一）处以上岗位分档工作小组

组　长：郑君礼（2.24 免）　王传亮（2.24 任）　王永生

成　员：刘筱毅　冯晓春　冯喜春　韩秋实　刘　勇　许宝杰　陶志红　栾忠权　林国策

（二）处以下岗位分档工作小组

组　长：冯喜春

副组长：栾忠权

成　员：林国策　王兴芬　邢济收　牛志英　葛新权　王志伟　孙晨　叶超　王兴伟

（三）绩效津贴分档工作小组办公室设在人事处。

征兵工作领导小组

组　长：杨　军（6.8 免）　王秀彦（8.17 任）

成　员：武装部部长、招生就业工作办公室主任、宣传部部长、监察处处长、教务处处长、财务处处长、后勤管理处处长、保卫处处长、研究生工作部部长、各学院党总支副书记、人文社科党总支副书记。

领导小组下设办公室，办公室设在武装部，武装部部长兼任办公室主任。

学校学生申诉处理委员会

主　任：杨　军（6.8 免）　王秀彦（8.17 任）

副主任：学生处副处长、教务处副处长

成　员：党委研究生工作部部长、学校办公室副主任、纪委办公室（监察处）纪检员、教师代表 2 人、学生代表 2 人

北京信息科技大学学生工作委员会

主　任：杨　军（6.8 免）　王秀彦（8.17 任）

副主任：韩秋实　刘　勇　许宝杰

委　员：林国策　王兴芬　王久和　李祥贵　姜玉勇　回世勇　杜世智　王志伟　韩俊彦　李华涛　马铁键（研究生）　李明轩（本科生）　单青梅（本科生）

学生工作委员会办公室设在学生处，回世勇任办公室主任，李祥贵任办公室副主任

北京信息科技大学防汛应急指挥部

总指挥：刘勇副校长

副总指挥：后勤管理处处长、学校办公室主任、安稳处处长

主要成员：后勤管理处、学校办公室、学生处、安稳处、宣传部、财务处、基建处、资产处、各校区办等部门主要负责人

防汛应急指挥部办公室设在后勤管理处。

学校绿化工作委员会

主　任：刘　勇

副主任：后勤管理处处长兼后勤服务集团总经理

成　员：学校办公室主任、党委宣传部部长、教务处处长、学生处处长、保卫处处长、机关党委书记、后勤服务集团副总经理

学校绿化工作委员会办公室设在后勤服务集团，办公室主任由后勤服务集团副总经理兼任。

学校爱国卫生运动委员会

主　任：刘　勇

副主任：后勤管理处处长兼后勤服务集团总经理

成　员：学校办公室主任、党委宣传部部长、教务处处长、学生处处长、保卫处处长、机关党委书记、后勤服务集团副总经理

爱国卫生运动委员会办公室设在后勤服务集团，办公室主任由后勤服务集团副总经理兼任。

学校住房补贴工作领导小组

组　长：刘　勇

副组长：后勤管理处处长兼后勤服务集团总经理

成　员：学校办公室主任、监察处处长、财务处处长、离退休工作办公室主任、工会常务副主席、健翔桥校区管理办公室主任、清河校区管理办公室主任、金台路校区管理办公室主任、酒仙桥校区管理办公室主任、人事处主管劳资工作副处长、后勤管理处副处长

住房补贴工作领导小组监察办公室设在监察处，办公室主任由监察处处长兼任。

学校能源管理体系和碳排放管理体系建设工作小组

（一）学校能源管理体系和碳排放管理体系建设工作领导小组

组　长：刘勇

副组长：赵立胜

成　员：学校办、财务处、后勤处、基建处各一名处领导，理工科学院主管行政工作的副院长以及体育部、教辅单位负责人。

（二）能源管理体系和碳排放管理体系建设工作小组

组　长：李荣华

副组长：孙　伟

组　员：有关基层单位节能工作小组成员或兼职节能管理员

学校成人教育学位评定分委员会

主　任：许宝杰

副主任：韩　光

委　员：（按姓氏笔划排列）

王兴芬　王红军　王裕民　吉莉莉　谢瑞峰

秘　书：郁海燕

《北京信息科技大学年鉴》编纂委员会和编辑部成员

（一）年鉴编委会组成人员

主　任：郑君礼（2.24 免）　王传亮（2.24 任）　王永生

副主任：杨　军（6.8 免）　王秀彦（8.17 任）　刘筱毅　冯晓春　韩秋实　刘　勇　许宝杰

陶志红　栾忠权　林国策

委　员：学校副处级及以上独立设置机构的党政负责人

（二）年鉴编辑部组成人员

主　任：李华涛

副主任：许　波

责任编辑：史三军　李丝璐

编　辑：学校副处级及以上独立设置机构具体负责年鉴组稿的工作人员名单（各部门指定）。

编辑部设在学校办公室

治理教育乱收费工作机构

一、治理教育乱收费工作领导小组

组　长：校长

副组长：纪委书记、主管财务的校领导

成　员：监察处处长、财务处处长、审计处处长

二、治理教育乱收费工作办公室

主　任：监察处处长（兼）

成　员：财务处处长、审计处处长、学校办公室常务副主任、教务处常务副处长、研究生部主任、学生处处长、招生就业办主任、后勤处长、保卫处处长、图书馆馆长、继续教育学院院长、计算中心主任、网管中心主任、机电实习中心主任、后勤集团总经理、体育部主任

北京信息科技大学高教研究会领导机构

一、名誉理事长、副理事长、理事

名誉理事长：周远清　邬大光

名誉副理事长：龚　放　陈锡章

名誉理事：王秀平

二、理事长、副理事长、秘书长、副秘书长、常务理事

理事长：许宝杰

副理事长：杨　军（6.8免）　王秀彦（8.17任）　冯喜春　韩秋实　许晓革

秘书长：杨兴林

副秘书长：（按姓氏笔画排序）

王久和　王兴芬　王学文　邢济收　林国策　栾忠权　鲁　雷

常务理事：（按姓氏笔画排序）

王久和　王兴芬　王学文　冯喜春　许晓革　许宝杰　邢济收　杨　军（6.8免）
王秀彦（8.17任）　杨兴林　林国策　栾忠权　韩秋实　鲁　雷

北京信息科技大学综合改革领导小组

组　长：王传亮　王永生

成　员：刘筱毅　冯晓春　韩秋实　刘　勇　许宝杰　陶志红　栾忠权　林国策

学校综合改革领导小组下设办公室，办公室设在学校办公室。

网络安全与信息化领导小组

组　长：王传亮　王永生

副组长：刘筱毅　刘　勇　林国策

成　员：李华涛　鲁　雷　王　蕾　王兴芬　邢济收　王久和　陈　昕　谢新伟　郑召义　郭银辉　杜世智　赵立胜　刘　伟　胡　滔　滕功清　龚汉明

新校区建设相关组织机构

一、新校区建设领导小组

组　长：王传亮　王永生

副组长：陶志红　冯晓春

成　员：郑君礼　栾忠权　林国策

领导小组下设办公室，办公室设在学校办公室。

二、新校区建设指挥部

总指挥：王永生

常务副总指挥：陶志红

副总指挥：刘　伟

总建筑师：外聘（负责技术咨询）

总工程师：北京建达兴工程咨询有限公司项目负责人（负责技术咨询）

指挥部下设新校区建设办公室，与基建处合署办公。

三、新校区建设监督工作委员会

组　长：冯晓春

成　员：牛志英　李华涛　徐　燕　卢玲军

新校区建设监督工作委员会办公室设在纪委办公室。

四、新校区建设招标工作办公室

主　任：林国策

成　员：谢新伟　郑召义　李华涛

招标工作办公室下设招标工作小组。

学校师资工作领导小组

组　长：校长

副组长：主管人事、教学、科研、学科与研究生教育工作的副校长

成　员： 人事处、教务处、科技处和研究生院主要负责人

办公室： 设在人事处

2017 年推荐优秀应届本科毕业生免试攻读硕士学位研究生遴选工作领导小组

组　长： 许宝杰

副组长： 王秀彦

组　员：（按姓氏笔画排序）

王久和　王兴芬　牛志英　郭银辉　邢济收　贾　斌　周金和　唐五湘

学校“安全生产月”领导小组

组　长： 刘勇

副组长： 李华涛、赵立胜、胡滔

成　员： 后勤处、学校办、基建处、安稳处、宣传部、教务处、科技处、学生处、校团委、研究生院、各校区办和各学院的负责人。

预防艾滋病宣传教育工作组

组　长： 分管学生工作和后勤工作的校领导

成　员： 宣传部、教务处、学生处、研究生工作部、校团委、后勤管理处、财务处、图书馆等部门负责人

科级干部人事档案专项审核工作组织机构

一、领导小组

组　长： 王永生

副组长： 陈　昕

组　员： 李华涛　鲁　雷　牛志英　李万福

二、干部人事档案专项审核工作办公室

主　任：李万福

副主任：葛春会

成　员：沈　平　李　哲　张京华　王　鑫　孙佳秋　孙　坚　权铁汉　郭　颖　房　圆　董　亮　王雨濛　杜　平　唐　斌　裴鹏程　周海亮

学校资产清查及产权登记工作领导小组

组　长：栾忠权

成　员：学校办公室、监察处、教务处、科技处、研究生部、人事处、财务处、资产管理处、审计处、后勤管理处、基建处、图书馆和各学院、校区办等部门负责人。

学校资产清查及产权登记工作领导小组办公室设在资产管理处、财务处

党政组织机构设置及负责人

表 2　　机关处级机构负责人一览表

部 门	职 务	姓 名
学校办公室	主 任	李华涛
	副主任	王智勇
		英树志
		许 波
组织部	部 长	鲁 雷
	副部长	姜伟华(兼党校常务副校长)
宣传部	部 长	王 蕾
	副部长	赵爱玲(兼新闻中心主任)
		谌 兵
统战部	部 长	王 蕾
纪委办公室	主 任	牛志英
保密工作办公室	主 任	许 波（兼）
学生工作部	部 长	郭银辉
	副部长	刘云风
		马绍辉
		贾 斌（兼）
武装部	部 长	郭银辉（兼）
	副部长	马绍辉（兼）
安全稳定工作部	部 长	胡 滔
	副部长	魏元燃
		李丛建
研究生工作部	部 长	李祥贵
老干部工作部	部 长	贺 芳
教务处	处 长	王兴芬
	副处长	金春华
		闫 健
		米 洁
科技处	处长	邢济收
	副处长	钟 玲（兼产业与经营性资产管理办公室主任）
		曹 林
		穆 婕
研究生院	院长	韩秋实(兼)
	常务副院长	王久和
	副院长	李祥贵(兼)
		彭书华
		崔新红

续表 2

部门	职务	姓名
人事处	处 长	陈 昕
	副处长	刘桂礼
		李万福
财务处	处 长	谢新伟
	副处长	郭慧峰
学生处	处 长	郭银辉
	副处长	刘云风
		马绍辉
		贾 斌（兼）
招生就业工作处	处 长	杜世智
	副处长	刘 斌
国际交流合作处	处 长	卢 静
港澳台事务办公室	主 任	卢 静(兼)
资产管理处	处 长	郑召义
	副处长	艾志刚
审计处	处 长	徐 燕
	副处长	张 莉
监察处	处 长	牛志英（兼）
后勤管理处	处 长	赵立胜
	副处长	李荣华（兼）
		吴俊法
		王明涛
基建处	处 长	刘 伟
	副处长	金宝东(兼)（1月1日至6月21日）邱绪君（6月21日任）
新校区建设办公室	主 任	刘 伟(兼)
	副主任	朱亚媛
		麻 力
		金宝东（1月1日至6月21日）邱绪君（6月21日任）
安全稳定工作处	处 长	胡 滔
	副处长	魏元燃
		李丛建
离退休工作处	处 长	贺 芳
		周连跃

表 3　　直属单位、校区负责人一览表

单 位	职 务	姓 名
健翔桥校区管理办公室	主 任	麦 苗
	副主任	邱绪君（1 月 1 日至 6 月 21 日）陈义平（6 月 21 日任）
清河校区管理办公室	主 任	回世勇
东部校区管理办公室	主 任	孟创立
	副主任	陈义平（1 月 1 日至 6 月 21 日）金宝东（6 月 21 日任）
高教研究室	主 任	杨兴林
	副主任	王学文
发展战略研究室	主 任	杨兴林（兼）
	副主任	王学文（兼）
图书馆	馆 长	滕功清
	副馆长	张玉忠
		叶 超（兼）
信息与网络管理中心	主 任	龚汉明
	副主任	郑小博

表 4　　群团组织负责人一览表

部 门	职 务	姓 名
工 会	主 席	杨 军（兼）（1 月 1 日至 6 月 30 日）
	常务副主席	卢玲军
	副主席	薛承军
团 委	书 记	贾 斌
校友校史工作办公室	主 任	赵晓林
	副主任	王立民

表 5　　教学科研单位负责人一览表

学院（部、中心）	职 务	姓 名
机电工程学院	院 长	黄 民
	副院长	王红军
		林慕义
仪器科学与光电工程学院	院长	董明利
	副院长	娄小平
		吕 勇
自动化学院	院 长	王久和
	副院长	张奇志
		陈雯柏

续表 5

学院（部、中心）	职 务	姓 名
信息与通信工程学院	院 长	苏 中
	副院长	李学华
		朱希安
计算机学院	院 长	李 宁
	副院长	张 伟
		张仰森
经济管理学院	院 长	葛新权
	副院长	曲 立
		张 健
信息管理学院	院 长	李 忱
	副院长	蒋文保
		徐晓敏
政治理论教育学院（7 月 13 日撤）	院 长	刘永成
	副院长	刘建华
马克思主义学院（7 月 13 日设）	院 长	刘永成
	副院长	刘建华
公共管理与传媒学院	执行院长	杨孔雨
	副院长	伊 强
		梁冬梅
外国语学院	院长	任维平
	副院长	张广奇
		王朝晖
理学院	院长	戈新生
	副院长	薛春艳
		杨毅恒
国际交流学院	院 长	王兴芬（兼）
	副院长	蔡 英
体育部	主 任	张世忠
继续教育学院	副院长	李侃卓（主持工作）
		吉莉莉
计算中心	主 任	周长胜
机电实习中心	主 任	郑 军
电子信息与控制国家级实验教学中心	副主任	高晶敏
	院长	韩秋实（兼）
国防科技研究院（筹）	常务副院长	田杨萌

表 6 基层党组织负责人一览表

部门	职务	姓名
机关党委	书 记	冯晓春（兼）
	常务副书记	孙 晨
	副书记	林国策（兼）
离退休党总支	书 记	贺 芳
	副书记	孙毓仁
教辅单位党总支	书记	叶 超
校区联合党总支	书 记	王兴伟
后勤党总支	书 记	李荣华
机电学院党委	书 记	张怀存（1 月 1 日至 10 月 20 日）王吉芳（10 月 20 日任）
	常务副书记	王吉芳（1 月 1 日至 10 月 20 日）
	副书记	张 艳
仪器科学与光电工程学院党委	书 记	王 鹰
	副书记	邱明晓
自动化学院党委	书 记	曹晋红
	副书记	陈红英
信息与通信工程学院党委	书 记	李 健
	副书记	程立军
计算机学院党委	书 记	韩俊彦
	副书记	杨 菁
经济管理学院党委	书 记	谢瑞峰
	副书记	崔 凯
信息管理学院党委	书 记	张 虹
	副书记	张 健
政治理论教育学院党总支（7 月 13 日撤）	书记	郭春燕（3 月 14 日任）（3 月 14 日至 7 月 13 日）
	副书记	郭春燕（主持工作）（1 月 1 日至 3 月 14 日）
		于 洋
马克思主义学院党总支（7 月 13 日设）	书记	郭春燕（7 月 13 日任）
	副书记	于 洋
公共管理与传媒学院党总支	书记	郭严俊（4 月 21 日任）
	副书记	郭严俊（主持工作）（1 月 1 日至 4 月 21 日）
		吕丽峰
外国语学院党总支	书记	李相豸（7 月 13 日任）
	副书记	李相豸（1 月 1 日至 7 月 13 日）
		王 瑾
理学院党总支	书 记	韩 光
	副书记	张景波
体育部直属党支部	书 记	郭小兵
计算中心直属党支部	书 记	张曼萍

【人才培养】

招生就业管理

【概况】招生就业工作处承担全校全日制普通高等教育本科学生（简称“本科生”）的招生和本科毕业生与硕士毕业生就业的相关工作。负责学校每年本科生招生计划的编制，开展招生咨询和招生宣传，负责本科生录取工作以及招生数据的汇总统计等其他后续工作；负责学校应届毕业生的就业指导与咨询，日常就业事务的管理与服务，组织就业招聘，开拓就业市场，推进学生创业以及其他后续工作。招生就业工作处下设招生科和就业科，处长1人，副处长1人，工作人员6人。

2016年招生就业工作实现了“稳定生源规模、优化生源结构、提高生源质量”和“保持就业率、增强就业能力、提高就业质量”的工作目标。招生工作方面，优化分省分专业计划分配方案，调整部分招生专业方向和招生类别，通过媒体平台加大招生宣传力度，本科第一批次招生工作再次取得新进展，继续保持稳定的生源规模，生源结构较为合理，生源质量进一步提升。就业工作方面，健全就业工作体制，夯实就业工作坚实基础；创新工作方式，完善精准化就业服务体系；加强就业分类指导，提升就业指导服务水平；拓宽就业渠道，构建全方位、立体化、多区域的就业市场格局；建立反馈机制，搭建毕业生、用人单位双向的反馈平台。年内，被评为学校2016年度二级单位考核工作中被评为优秀单位。

（夏　帆）

【招生工作】 2016年招生计划2821人，其中本科生计划2730人，高职升本科计划91人。本科招生，北京计划1515人（占55.5%），京外省份计划1215人（占44.5%），生源结构比较合理。2016年学校面向全国30个省份招收本科生，其中西藏自治区首次招生。北京继续实行双培计划和外培计划（提前批B段），其中双培计划招生243人，新增对外经济贸易大学联合培养计划；外培计划24人，与美国奥克兰大学联合培养。天津、山西、江西、湖北、四川、贵州、云南、甘肃8个省市实现了全部专业一本招生，截至2016年年底，全部专业均为一批招生的省份达到22个。在2730个招生计划中，一本招生计划1927人，占70.6%，比2015年提高了近7个百分点。学校在京外25个省份理科一批招生，平均录取线高于各省平均一本线40分，在13个省份文科一批招生，平均录取线高于各省平均一本线21分，只在江苏、浙江、湖南、广东、广西、重庆、新疆7个省、自治区投放了理科二批招生计划，平均录取线高于各省平均二本线106分，高于各省平均一本线2分。2016年学生报到率再创新高，报到率为97.77%。高招宣传方面，及时准确发布招生信息，举办校园开放日，积极参加京内外由高校、中学、区县招办部分媒体以及教育主管部门主办的高招咨询会，进行现场高招宣传咨询；先后在教育部阳光高考网、各省考试报、招生志愿填报系统、新浪网、腾讯网、中国教育在线等二十家主流报刊、广播电视、网络平台刊登招生宣传、参加招办主任访谈等多种形式的招生宣传。

（夏　帆）

表7　　　2016年理工类普通本科各地录取情况一览表

招生地区	当地控制线		录取批次	最高分	最低分	平均分	招生人数	男生人数	女生人数	高考满分
	一本线	二本线								
北京	548	494	双培计划	598	548	568	225	177	48	750
			外培计划	604	554	573	25	18	7	750
			农村专项	587	548	559	33	18	15	750
			一批	599	549	561	613	352	261	750
			二批	562	535	541	459	297	162	750

续表 7

招生地区	当地控制线		录取批次	最高分	最低分	平均分	招生人数	男生人数	女生人数	高考满分
	一本线	二本线								
天津	512	—	一批	563	540	547	32	14	18	750
河北	525	—	双培计划	622	607	617	4	2	2	750
			一批	626	602	609	34	19	15	750
山西	519	—	一批	559	542	547	24	12	12	750
			贫困专项	551	531	540	6	4	2	750
内蒙古	484	—	一批	572	519	553	35	12	23	750
辽宁	498	—	一批	576	564	569	35	25	10	750
吉林	530	—	一批	580	545	562	27	13	14	750
黑龙江	486	—	一批	575	566	570	22	15	7	750
			贫困专项	569	529	542	5	4	1	750
江苏	—	315	二批	354	351	352	10	8	2	480
浙江	—	439	二批	615	599	606	10	7	3	810
安徽	518	—	一批	580	571	573	40	27	13	750
福建	465	—	一批	547	513	522	27	19	8	750
江西	529	—	一批	580	563	568	31	25	6	750
			贫困专项	576	558	563	16	15	1	750
山东	537	—	一批	610	597	600	48	35	13	750
河南	523	—	一批	593	574	578	38	20	18	750
			贫困专项	569	558	563	10	7	3	750
湖北	512	—	一批	588	566	573	30	15	15	750
湖南	—	439	二批	543	533	538	10	7	3	750
广东	—	402	二批	541	505	513	10	8	2	750
广西	502	333	一批	568	527	539	15	6	9	750
			二批	529	477	496	50	29	21	750
海南	602	—	一批	660	633	643	25	16	9	900
重庆	525	416	一批	580	540	553	20	18	2	750
			二批	600	531	542	13	7	6	750
			贫困专项	541	535	538	2	2	0	750
四川	532	—	一批	616	572	580	40	28	12	750

续表 7

招生地区	当地控制线		录取批次	最高分	最低分	平均分	招生人数	男生人数	女生人数	高考满分
	一本线	二本线								
贵州	473	—	一批	576	518	531	79	43	36	750
			贫困专项	549	522	529	20	12	8	750
云南	525	—	一批	581	549	559	35	16	19	772
西藏（汉）	425	—	一批	479	479	479	1	1	0	750
西藏（民）	285	—	一批	320	302	310	3	3	0	750
陕西	470	—	一批	556	533	540	32	13	19	750
甘肃	490	—	一批	541	520	527	51	28	23	750
			贫困专项	533	517	521	17	14	3	750
青海	416	—	一批	522	423	454	20	12	8	750
			贫困专项	477	457	467	5	4	1	750
宁夏	465	—	一批	531	495	502	37	21	16	750
			贫困专项	528	512	520	3	1	2	750
新疆	464	394	一批	519	507	510	13	8	5	750
			二批	510	485	491	24	9	15	750
			贫困专项	490	466	477	5	4	1	750
新疆和田定向	—	394	二批	462	426	443	3	1	2	750
新疆南疆单列	—	394	二批	463	457	460	2	0	2	750
内地新疆班	—	—	二批	489	300	397	19	8	11	—
内地西藏班	—	—	二批	358	265	300	6	5	1	—
预科转入	—	—	—	—	—	—	28	17	11	—
合计	—	—	—	—	—	—	2427	1501	926	—

（夏　帆）

表 8　　2016 年文史类普通本科各地录取情况一览表

招生地区	当地控制线		录取批次	最高分	最低分	平均分	招生人数	男生人数	女生人数	高考满分
	一本线	二本线								
北京	—	532	二批	584	565	573	174	44	130	750
天津	532		一批	558	538	548	8	2	6	750
河北	535	—	一批	603	588	595	12	3	9	750
吉林	531	—	一批	558	537	545	8	1	7	750

续表 8

招生地区	当地控制线		录取批次	最高分	最低分	平均分	招生人数	男生人数	女生人数	高考满分
	一本线	二本线								
黑龙江	481	—	一批	537	534	536	8	0	8	750
安徽	521	—	一批	554	548	550	10	2	8	750
福建	501	—	一批	535	520	526	8	1	7	750
江西	523	—	一批	543	528	536	8	3	5	750
山东	530	—	一批	566	548	555	12	4	8	750
河南	517	—	一批	551	541	546	12	6	6	750
四川	540	—	一批	567	561	564	10	2	8	750
贵州	551	—	一批	581	562	568	12	3	9	750
陕西	511	—	一批	554	535	541	8	2	6	750
甘肃	504	—	一批	528	511	517	12	3	9	750
新疆和田定向	—	415	二批	473	437	454	3	0	3	750
内地新疆班	—	—	二批	474	401	421	4	1	3	—
内地西藏班	—	—	二批	373	323	346	5	4	1	—
合计	—	—	—	—	—	—	314	81	233	—

（夏　帆）

【就业工作】学校 2016 届毕业生共有 2943 人，其中本科生 2568 人，硕士生 375 人。截至 2016 年 10 月 31 日，本科毕业生一次就业率为 99.42%，硕士毕业生一次就业率为 98.40%。本科毕业生就业率达到历史新高，连续四年位列北京市属市管高校前三名；硕士毕业生就业率保持稳定增长。学校高度重视毕业生就业工作，各二级学院积极推进就业工作“一把手”工程，健全工作体制，夯实就业工作坚实基础。加强课程体系建设，形成了“就业指导课为主导，网络课堂为辅助，就业实践活动为补充”的三位一体的就业创业指导体系；完善了就业信息网、就业管理系统、就业公共微信平台，使就业信息的推送及时准确。充分利用就业指导课和就业指导讲座，加强分类指导，帮助毕业生树立“行行可建功、处处能立业”的正确就业观。遵循“稳固已有就业渠道、努力挖掘潜力就业市场”的工作思路，构建与用人单位多层次、全方位的联系，密切加强与具有长期稳定合作关系单位的联系。高度重视学业困难学生、考研落榜学生、女生和少数民族学生等特殊群体毕业生的就业工作，要求做到人员准、数字清、情况明、措施得力。建立以用人单位问卷调查、毕业生网络调查和各二级学院毕业生跟踪调查为主体的就业工作反馈机制，按专业开展毕业生的跟踪、调查及反馈工作。从薪酬看，近五届毕业生的月收入水平整体呈上升趋势，且与“北上广”同类本科院校平均水平相比具有一定的优势。据第三方评估机构麦可思公司调查显示，学校毕业生一年后的月收入为 6098 元，比“北上广”同类本科院校高 1489 元。据 2016 年度职场数据网站爱拼网毕业生五年薪酬指数计算数据显示，学校毕业生毕业五年后月薪 9317 元，同比上年度增长 16%，位列全国高校第 60 名。

（夏　帆）

表 9　北京信息科技大学 2016 届毕业生就业情况一览表

学院	专业名称	毕业生数	就业情况																就业比例（%）	生源		性别	
			签三方协议		劳动合同		考研		申请出国		志愿服务西部		入伍参军		核心就业		灵活就业			北京	外地	男	女
			人数	比例（%）	人数	比例（%）	人数	比例（%）	人数	比例（%）	人数	比例（%）	人数	比例（%）	人数	比例（%）	人数	比例（%）					
机电学院	机械设计制造及其自动化	159	57	35.85	37	23.27	8	5.03	15	9.43	0	0.00	3	1.89	120	75.47	39	24.53	100.00	76	83	130	29
	车辆工程	60	22	36.67	11	18.33	4	6.67	10	16.67	0	0.00	0	0.00	47	78.33	11	18.33	96.67	38	22	53	7
	工业设计	53	29	54.72	9	16.98	2	3.77	5	9.43	0	0.00	0	0.00	45	84.91	8	15.09	100.00	36	17	27	26
	工业工程	49	16	32.65	17	34.69	1	2.04	3	6.12	0	0.00	0	0.00	37	75.51	12	24.49	100.00	30	19	36	13
	新能源科学与工程	27	9	33.33	6	22.22	7	25.93	1	3.70	0	0.00	0	0.00	23	85.19	4	14.81	100.00	14	13	19	8
	学院小计	348	133	38.22	80	22.99	22	6.32	34	9.77	0	0.00	3	0.86	272	78.16	74	21.26	99.43	194	154	265	83
光电学院	测控技术与仪器	68	11	16.18	32	47.06	8	11.76	3	4.41	0	0.00	1	1.47	55	80.88	13	19.12	100.00	20	48	37	31
	光信息科学与技术	66	19	28.79	26	39.39	2	3.03	10	15.15	0	0.00	1	1.52	58	87.88	8	12.12	100.00	40	26	55	11
	学院小计	134	30	22.39	58	43.28	10	7.46	13	9.70	0	0.00	2	1.49	113	84.33	21	15.67	100.00	60	74	92	42
自动化学院	自动化（信息与控制系统）	128	37	28.91	26	20.31	13	10.16	20	15.63	0	0.00	0	0.00	96	75.00	32	25.00	100.00	64	64	93	35
	电气工程及其自动化	53	25	47.17	6	11.32	5	9.43	5	9.43	0	0.00	0	0.00	41	77.36	12	22.64	100.00	32	21	43	10
	智能科学与技术	69	21	30.43	8	11.59	4	5.80	8	11.59	0	0.00	0	0.00	41	59.42	28	40.58	100.00	39	30	59	10
	学院小计	250	83	33.20	40	16.00	22	8.80	33	13.20	0	0.00	0	0.00	178	71.20	72	28.80	100.00	135	115	195	55
通信学院	通信工程	124	60	48.39	34	27.42	13	10.48	10	8.06	0	0.00	0	0.00	117	94.35	7	5.65	100.00	68	56	82	42
	电子信息工程	132	78	59.09	26	19.70	11	8.33	10	7.58	0	0.00	1	0.76	126	95.45	5	3.79	99.24	87	45	95	37
	学院小计	256	138	53.91	60	23.44	24	9.38	20	7.81	0	0.00	1	0.39	243	94.92	12	4.69	99.61	155	101	177	79

续表 9

学院	专业名称	毕业生数	就业情况																就业比例（%）	生源		性别	
			签三方协议		劳动合同		考研		申请出国		志愿服务西部		入伍参军		核心就业		灵活就业			北京	外地	男	女
			人数	比例（%）	人数	比例（%）	人数	比例（%）	人数	比例（%）	人数	比例（%）	人数	比例（%）	人数	比例（%）	人数	比例（%）					
计算机学院	计算机科学与技术	168	43	25.60	53	31.55	23	13.69	9	5.36	0	0.00	0	0.00	128	76.19	40	23.81	100.00	87	81	113	55
	软件工程	79	27	34.18	26	32.91	6	7.59	4	5.06	0	0.00	1	1.27	64	81.01	15	18.99	100.00	46	33	63	16
	网络工程	84	26	30.95	24	28.57	5	5.95	4	4.76	0	0.00	1	1.19	60	71.43	24	28.57	100.00	52	32	65	19
	学院小计	331	96	29.00	103	31.12	34	10.27	17	5.14	0	0.00	2	0.60	252	76.13	79	23.87	100.00	185	146	241	90
经管学院	会计学	54	21	38.89	6	11.11	0	0.00	4	7.41	0	0.00	0	0.00	31	57.41	23	42.59	100.00	33	21	12	42
	会计学（注册会计师）	85	40	47.06	8	9.41	4	4.71	2	2.35	0	0.00	0	0.00	54	63.53	31	36.47	100.00	51	34	29	56
	财务管理（证券与投资）	33	14	42.42	4	12.12	1	3.03	2	6.06	0	0.00	0	0.00	21	63.64	12	36.36	100.00	20	13	10	23
	财务管理（公司理财）	60	22	36.67	2	3.33	2	3.33	5	8.33	0	0.00	0	0.00	31	51.67	28	46.67	98.33	28	32	12	48
	市场营销	49	5	10.20	7	14.29	1	2.04	3	6.12	0	0.00	0	0.00	16	32.65	32	65.31	97.96	29	20	25	24
	工商管理	69	28	40.58	8	11.59	0	0.00	2	2.90	0	0.00	0	0.00	38	55.07	31	44.93	100.00	48	21	25	44
	工商管理(服务运营管理)	51	11	21.57	6	11.76	0	0.00	5	9.80	0	0.00	0	0.00	22	43.14	28	54.90	98.04	26	25	23	28
	经济学	52	18	34.62	2	3.85	0	0.00	5	9.62	0	0.00	0	0.00	25	48.08	23	44.23	92.31	24	28	19	33
	经济学（国际贸易）	52	15	28.85	4	7.69	2	3.85	11	21.15	0	0.00	0	0.00	32	61.54	17	32.69	94.23	31	21	14	38
	人力资源管理	59	7	11.86	11	18.64	4	6.78	2	3.39	0	0.00	0	0.00	24	40.68	35	59.32	100.00	20	39	15	44
	学院小计	564	181	32.09	58	10.28	14	2.48	41	7.27	0	0.00	0	0.00	294	52.13	260	46.10	98.23	310	254	184	380
信管学院	信息管理与信息系统	183	65	35.52	49	26.78	5	2.73	13	7.10	0	0.00	0	0.00	132	72.13	50	27.32	99.45	100	83	74	109
	信息安全	63	14	22.22	15	23.81	6	9.52	4	6.35	0	0.00	1	1.59	40	63.49	23	36.51	100.00	43	20	40	23
	审计学（计算机审计）	37	13	35.14	10	27.03	3	8.11	2	5.41	0	0.00	0	0.00	28	75.68	9	24.32	100.00	19	18	10	27
	电子商务	28	10	35.71	6	21.43	1	3.57	3	10.71	0	0.00	0	0.00	20	71.43	8	28.57	100.00	15	13	12	16
	管理科学	25	9	36.00	7	28.00	1	4.00	1	4.00	0	0.00	0	0.00	18	72.00	7	28.00	100.00	10	15	12	13
	学院小计	336	111	33.04	87	25.89	16	4.76	23	6.85	0	0.00	1	0.30	238	70.83	97	28.87	99.70	187	149	148	188

续表 9

学院	专业名称	毕业生数	就业情况																就业比例（%）	生源		性别	
			签三方协议		劳动合同		考研		申请出国		志愿服务西部		入伍参军		核心就业		灵活就业			北京	外地	男	女
			人数	比例（%）	人数	比例（%）	人数	比例（%）	人数	比例（%）	人数	比例（%）	人数	比例（%）	人数	比例（%）	人数	比例（%）					
公管传媒学院	行政管理（办公自动化）	27	9	33.33	4	14.81	4	14.81	3	11.11	0	0.00	0	0.00	20	74.07	7	25.93	100.00	13	14	4	23
	行政管理（电子政务）	26	7	26.92	10	38.46	2	7.69	0	0.00	0	0.00	0	0.00	19	73.08	7	26.92	100.00	9	17	9	17
	行政管理（高职升本）	23	11	47.83	8	34.78	0	0.00	0	0.00	0	0.00	0	0.00	19	82.61	4	17.39	100.00	14	9	2	21
	传播学（网络传播）	58	18	31.03	19	32.76	1	1.72	3	5.17	0	0.00	0	0.00	41	70.69	16	27.59	98.28	33	25	23	35
	学院小计	134	45	33.58	41	30.60	7	5.22	6	4.48	0	0.00	0	0.00	99	73.88	34	25.37	99.25	69	65	38	96
外国语学院	英语（商务）	49	13	26.53	15	30.61	1	2.04	10	20.41	0	0.00	0	0.00	39	79.59	10	20.41	100.00	23	26	10	39
	英语（翻译）	24	9	37.50	5	20.83	2	8.33	6	25.00	0	0.00	0	0.00	22	91.67	2	8.33	100.00	18	6	4	20
	英语（高职升本）	11	5	45.45	5	45.45	0	0.00	0	0.00	0	0.00	0	0.00	10	90.91	1	9.09	100.00	5	6	2	9
	学院小计	84	27	32.14	25	29.76	3	3.57	16	19.05	0	0.00	0	0.00	71	84.52	13	15.48	100.00	46	38	16	68
理学院	信息与计算科学	55	15	27.27	21	38.18	2	3.64	4	7.27	0	0.00	0	0.00	42	76.36	13	23.64	100.00	33	22	41	14
	电子信息科学与技术	49	18	36.73	14	28.57	2	4.08	5	10.20	0	0.00	2	4.08	41	83.67	8	16.33	100.00	29	20	37	12
	统计学	27	9	33.33	3	11.11	6	22.22	4	14.81	0	0.00	0	0.00	22	81.48	5	18.52	100.00	18	9	11	16
	学院小计	131	42	32.06	38	29.01	10	7.63	13	9.92	0	0.00	2	1.53	105	80.15	26	19.85	100.00	80	51	89	42
合计		2568	886	34.50	590	22.98	162	6.31	216	8.41	0	0.00	11	0.43	1865	72.62	688	26.79	99.42	1421	1147	1445	1123

（杨文龙）

【召开 2015—2016 年度招生就业工作总结表彰暨动员会】3 月 15 日，学校 2015—2016 年度招生就业工作总结表彰暨动员会在小营校区国际学术交流教室召开，此次大会旨在总结 2015 年本科生招生就业工作，表彰 2015 年毕业生就业工作先进单位和个人，部署 2016 年招生就业工作。王永生、杨军、许宝杰、相关职能部门负责人、各学院党政领导、2015 届和 2016 届毕业年级辅导员以及各专业系主任出席大会，校党委书记郑君礼主持大会。许宝杰从招生计划、招生宣传、招生录取及新生报到情况等几方面总结了 2015 年学校招生情况。杨军从就业工作的机制体制、招生—培养—就业一体化平台等方面介绍了 2015 届毕业生就业工作基本情况，并部署了 2016 年就业工作。王永生指出要坚持以社会需求和就业为导向，以培养高素质应用型人才为目标，深化教育教学改革，形成以就业引领培养、带动招生的良好局面。

（夏　帆）

【举办 2016 年春季首场校园双选招聘会】3 月 16 日，学校举办“2016 年北京地区毕业生就业服务月暨公共就业和人才服务进校园活动——北京信息科技大学专场招聘会”。本届招聘会共计有 125 家用人单位参会，提供就业岗位 1368 个，岗位需求涵盖计算机、电子信息、通信、信息管理、机械、自动化、行政管理、外语、财务管理、会计、工商管理等专业。参会单位中，国有企事业单位 104 家，占招聘单位总数的 83.2%，其中包括北京金隅集团、首钢总公司、北京北广电子集团、北京北辰实业股份有限公司等大型国有企业。

（夏　帆）

【与北京市第十八中学签订生源基地校协议】5 月 20 日，学校与北京市第十八中学（以下简称“十八中”）举行了生源基地校签约授牌仪式。许宝杰与十八中校长管杰共同签署了《北京信息科技大学生源基地校协议》，杜世智向十八中党总支书记、副校长魏韧颁授了北京信息科技大学生源基地校牌匾。

（夏　帆）

【举办 2016 年校园开放日】6 月 11 日，2016 年校园开放日在小营校区和健翔桥校区隆重举行。招就处、教务处、学生处、国际交流处、校团委等部门领导老师，各学院党政领导、学科专业负责人、青年教师、学工老师向前来咨询的家长、考生现场解答问题。

（夏　帆）

【召开 2016 届毕业生就业工作推进会】7 月 11 日，学校召开 2016 届毕业生就业工作推进会，刘筱毅和各学院主管本科毕业生就业工作的副书记、主管硕士毕业生就业工作负责人及招生就业工作处相关人员参加了会议，由杜世智主持。刘斌通报了 2016 届学校本科生和研究生就业工作进展、各学院就业率及市属高校的就业率排名情况，邱东布置了暑期学校就业工作进度安排、毕业生就业信息统计等具体工作。各学院就业工作负责人就毕业生就业工作进展情况、就业现状、存在的问题作了汇报，并提出了应对举措。杜世智对下一步工作做了安排部署，刘筱毅就进一步做好 2016 届毕业生就业工作提出相关要求。

（夏　帆）

【召开 2016 年本科招生录取工作总结会】9 月 14 日，学校在小营校区召开 2016 年度本科生招生录取工作总结会。许宝杰主持会议并做总结讲话，相关职能部门负责人及招生录取工作相关人员参加了会议。杜世智对 2016 年本科招生录取工作做总结汇报。教务处、国际交流处等职能部门针对如何有效开展招生宣传、如何稳步提升生源素质、如何合理推进招生—培养联动机制落实等工作提出了很多宝贵建议。许宝杰在总结讲话中肯定了 2016 年本科生招生录取工作，并提出了相应的工作要求。

（夏　帆）

本科教育教学

【概况】教务处是本科教学管理的重要职能部门，负责全日制普通高等教育本科学生的专业、教学和培养管理，包括专业建设与培养方案管理、课程和教材建设、教学改革与教学建设的研究、教学运行管理、教学质量监控、学籍和学务管理、实践教学环节的建设与管理、电教中心的管理、教学管理规章制度的制（修）订、各项教学工作及教学人员的评优与奖励、教学管理人员培训等工作。

2016 年，教务处紧密围绕学校“十三五”事业发展规划，按照学校年度工作要点，通过筹备召开 2016 年度本科教学工作会议、修订 2016 级培养方案、推进专业评估与认证、深化人才培养模式改革、强化创新创业教育、完善本科教学基本状态数据等重点工作的开展，持续加强内涵建设，努力开创本科教学工作新局面。

【专业建设】组织完成 2016 级培养方案修订工作。2016 年，组织完成了 2016 级培养方案的修订工作。本次培养方案的修订立足学校工科为主、行业特色鲜明的办学优势，进一步突出信息特色、实践创新、国际视野，为提升人才培养质量提供了坚实的基础。

组织完成新专业申报工作。立足学校工科为主、行业特色鲜明的办学优势，积极谋划、整合全校优势资源，组织申报了机器人工程、数据科学与大数据技术两个新专业。国际经济与贸易专业也参加了此次新专业申报。

表 10　　国家级特色专业建设点一览表

序号	专业名称	所属学院
1	电子信息工程	信息与通信工程学院
2	车辆工程	机电工程学院
3	计算机科学与技术	计算机学院
4	自动化	自动化学院

表 11　　北京市级特色专业建设点一览表

序号	专业名称	所属学院
1	电子信息工程	信息与通信工程学院
2	通信工程	信息与通信工程学院
3	测控技术与仪器	仪器科学与光电工程学院
4	计算机科学与技术	计算机学院
5	软件工程	计算机学院
6	自动化	自动化学院
7	信息管理与信息系统	信息管理学院
8	车辆工程	机电工程学院
9	机械设计制造及其自动化	机电工程学院

【教学运行】深入开展高水平人才交叉培养计划。2016年按照市教委的要求，深入开展“高水平人才交叉培养计划”各项工作。选派机械电子工程等14个专业的229名“双培”计划学生到七所央属高校学习；“外培”计划的24名学生，将在美国奥克兰大学进行为期2年的学习；组织完成2016年“实培计划”三类项目的校内征集、上报工作，最终入选与中科院合作的毕业设计（科研）项目19项、与其他科研院所合作的毕业设计（科研）项目5项、大创深化项目19项、毕业设计（创业）项目25项。

正式启用教学运行服务中心和学籍学务中心。2016年9月1日，在小营、健翔桥两个校区正式启用教学运行服务中心和学籍学务中心。两个中心坚持“以师生为中心”的服务理念，通过改善服务条件与环境、规范教学服务流程、明确值班制度，为广大师生提供了全天候、一站式服务，强化了教学服务功能，受到师生一致好评。

【教学改革与教学管理】着力推进卓越试点改革。委托麦可思数据有限公司开展的“卓越计划试点专业数据分析”项目，召开《卓越计划试点专业数据分析报告解读会》。按照教育部要求，完成并提交了《北京信息科技大学2015—2016年卓越工程师教育培养计划工作进展报告》。

继续举办机器人特长班。2016年招生规模为60人，主要面向2013—2015级三个年级，召开机器人特长班任课教师与学生座谈会，进一步优化课程体系与培养方式。

完成教改、课改立项与结题。2016年，教学改革立项68项，课程教学方式方法改革立项47项。完成2013—2015校级教改、课改项目结题验收，以及2013—2015年市级教改项目的中期检查与结题验收工作。

继续推进教考分离课程改革工作。2016年，全校共有49门课程进行了教考分离，各教学单位对教考分离改革效果进行了分析研讨。

启动2016年教育教学成果奖评选。2016年9月13日，下发了《北京信息科技大学关于做好2016年教育教学成果奖评选工作的通知》，启动了2016年教学成果奖评选工作。各教学单位申报教育教学成果共计55项，已完成成果材料的审核工作。

【教学质量管理与评价】继续开展专业评估工作。2016年3月，完成了机械电子工程等11个工科专业和会计学等7个非工科专业的校内专业评估工作。通过本次专业评估对各参评专业的建设情况做一次系统全面的梳理，明确优势特色，发现问题和差距，为下一步的建设发展提供了方向。2016年11月，组织计算机科学与技术、会计学、英语三个专业参与北京市普通高等学校本科专业试点评估。

继续推进工程教育认证工作。2016年10月23日至26日，机械制造及其自动化专业接受工程教育认证专家组进校考查的工作。同年，组织4个专业申请2017年工程教育认证，其中，测控技术及仪器、自动化、通信工程3个专业的认证申请被受理。

继续加强教学质量监控。持续开展期初、期中、期末三段式教学检查。组织学院对教考分离课程试卷进行专项分析。开展青年教师教学专项听课工作，校级教学督导组共听课130人次、259学时。组织开展2016年度教学效果评价，各教学单位共150人参评。

深入开展第三方跟踪调查。学校在2012—2014届毕业生跟踪调研工作的基础上，继续开展了2015—2017届毕业生跟踪项目，同时委托第三方评价机构启动了在校生全程跟踪调研、卓越专业学生专项调研评价和2012—2014届毕业生中长期调研工作。

首次启动本科教学基本状态数据采集工作。2016年11月2日，首次启动本科教学基本状态数据采集工作。本次采集工作数据量大、涉及面广、要求高、时间紧、任务重，为保证采集工作顺利开展，学校下发了《关于开展北京信息科技大学2016年本科教学基本状态数据采集工作的通知》，明确了组织机构、工作要求和进度安排。在主管校长带领下，通过相关部门的通力协作，历时1个月时间顺利完成该项工作。通过本次数据采集工作，系统梳理了学校本科教学基本状态数据，为学校数据采集工作常态化积累了经验，为迎接本科教学审核性评估奠定了良好基础。

编制2015—2016学年本科教学质量报告。按照市教委的通知要求，根据学校办学特点，在充分分析和认真总结提炼的基础上，紧扣本科教学工作，分析教学基本状态，突出教学改革亮点、成就和经验，准确把握存在的问题，基于2016年本科教学基本状态数据，编制并上报了《北京信息科技大学2015—2016学年本科教学质量报告》。

【课程和教材建设】2016年，学校拥有北京市级精品课程9门，北京市级高等教育精品教材27项。

表 12　北京市级精品课程一览表

序号	课程名称	负责人	所属学院
1	机械原理	郝静如	机电工程学院
2	工程制图	王建华	机电工程学院
3	数据库系统基础	崔　巍	信息管理学院
4	数字电路与逻辑设计	王久和	自动化学院
5	高等数学	许晓革	理学院
6	运营管理	曲　立	经济管理学院
7	机械制造技术基础	王红军	机电工程学院
8	软件工程	刘建宾	计算机学院
9	电机与拖动	厉　虹	自动化学院

表 13　北京市级高等教育精品教材一览表

序号	教材名称	主编	单位
1	工程制图	高俊亭　毕万全	理学院
2	软件工程导论（第四版）	张海藩	计算机学院
3	信息系统的开发与管理教程（第二版）	左美云　邝孔武	信息管理学院
4	高等数学实验	许晓革	理学院
5	操作系统	孟庆昌	计算机学院
6	电工电子实验教程	王久和	自动化学院
7	电力电子技术实验	栗书贤	自动化学院
8	80 × 86 汇编语言程序设计	马力妮	计算机学院
9	数据库系统及应用	崔　巍	信息管理学院
10	C++ 面向对象程序设计教程（第二版）	陈维兴	信息管理学院
11	信息系统开发与管理	邝孔武　王晓敏	信息管理学院
12	会计信息系统教程	王永生	经济管理学院
13	矩阵理论与方法	吴昌悫	理学院
14	傅里叶光学（第二版）	吕乃光	仪器科学与光电工程学院
15	Linux 教程（第二版）	孟庆昌　牛欣源	计算机学院
16	面向对象程序设计实用教程（第二版）	张海藩　牟永敏等	计算机学院
17	金融学	徐文彬　王斌等	经济管理学院
18	汽车测试技术	陈　勇	机电工程学院
19	机械制图与计算机绘图（第二版）	王建华　毕万全	机电工程学院
20	人工智能教程	张仰森	计算机学院
21	C++ 面向对象程序设计教程（第三版）	陈维兴　林小茶	信息管理学院
22	Linux 基础教程	孟庆昌	计算机学院
23	国际贸易理论与实务	李雁玲	经济管理学院
24	电子商务概论	孙若莹	信息管理学院
25	智能检测技术及仪表	李邓化	电子信息与控制国家级实验教学中心
26	计算机控制系统	李　擎	自动化学院
27	数据库系统及应用 (第 3 版)	崔　巍	信息管理学院

【学籍管理】完成学籍学务管理工作。完成了包括学籍异动处理、毕业生学位资格审核及证书发放、推免研究生遴选、本科生转专业等相关工作。

完善相关制度文件。完善相关文件制度，主要包括《北京信息科技大学全日制普通高等教育本科学生学籍管理规定》《北京信息科技大学本科学生成绩管理办法》《北京信息科技大学推荐优秀应届本科毕业生免试攻读硕士学位研究生遴选程序与办法》《北京信息科技大学授予普通高等教育学生学士学位工作细则》《北京信息科技大学本科生成绩单及在读证明管理办法》。

【实践教学基地建设与管理】加强实验室管理与建设。加强实验教学中心（实验室）建设与管理，完成本学年实验室信息统计与上报。召开实验室安全问题培训会，以工程专业认证标准开展实验教学文档、实验设备使用管理、环境安全等自查、整改和研讨观摩活动。

利用市财政专项建设机械工程国家级实验教学示范中心、卓越工程师联盟开放实验室；利用中央资金建设“双培计划”专业实验室；支持机械设计制造及其自动化专业工程教育专业认证实验室条件建设，为本科实验室统筹更新 194 台计算机，不断改善实践教学条件。

积极实施各种实践训练项目。进一步完善国家级、市级、校级、院级四级大学生创新创业训练计划项目体系，以开放实验、学科竞赛、创新创业项目为抓手，强化学生创新实践能力的培养。2016 年，大学生科技创新计划项目共立项 242 项，其中，国家级 40 项、市级 156 项、校级 46 项，881 名在校本科生参与；5 个工科学院完成实物毕业设计 166 项；11 个学院（中心）共设立开放性实验项目 127 项供学有余力的学生进行自主选择。2016 年，学校大学生创新实践再次取得佳绩，学生在各级各类学科竞赛中取得了优异的成绩，截至 12 月 30 日在已经公示结果的比赛中，获得省部级（含）以上奖励 327 项，其中一等奖 70 项，二等奖 92 项，三等奖 165 项。

加快创新创业项目遴选与培育。2016 年 12 月，完成学校第四批入驻基地的 9 个团队的遴选工作，累计入驻基地创业团队数量达 28 个。邀请校外专家举办有关创业实务讲座 2 次，开展经常性创新创业讨论 10 余次，带领学生创业者到校外优秀创新创业基地清华科技园参观与学习。

深化创新创业教育改革。着力推进软硬件设施建设，顺利完成马坊村大学生创新创业基地二期建设任务，基地与卓越工程师联盟开放实验室共建的“机器人工程双创空间”正式揭牌。深化创新创业教育与专业教育融合，在 2016 版培养方案中设定 6 学分的创新创业实践学分（必修），将创新能力和创业素质培养融入教学环节。积极培育基地优秀创业项目与创业团队。基地创业项目获第二届中国“互联网 +”大学生创新创业大赛铜奖 1 项，北京赛区一等奖 1 项，二等奖 1 项，三等奖 4 项；获北京市大学生创业设计大赛一等奖 1 项；同时，有 2 个创业项目被评为北京地区高校大学生创业优秀团队。2016 年学校创新创业教育取得重要进展。学校大学生创新创业基地获批“北京高校大学生创业园（北京信息科技大学孵化基地）”；学校入选首批 13 所北京市深化创新创业教育改革的示范高校，这标志着学校创新创业教育进入了一个新的发展阶段。

推进卓越联盟开放实验室建设。依托学校机器人技术、智能控制、大数据等工科专业特色，在前期建设基础上，2016 年，完成卓越工程师联盟开放实验室的三期建设，搭建了具有智能工厂、机器人结构、控制、通信、检测，以及大数据的应用环境。基于实验室环境，组织相关学院教师建设学院路共同体开放实践课程 6 门，首期开设的 2 门课程，已有来自北邮、北科、联大等 12 所学校的 60 余名学生进校学习，实现了校际优质资源开放共享，为培养学生解决复杂工程问题能力提供了实训平台。

承办第四届华北五省（市、自治区）大学生机器人大赛。在市教委和学校的统一部署下，2016 年成功承办了第四届华北五省（直辖市、自治区）大学生机器人大赛决赛。共有 66 所高校、566 支参赛队伍报名参赛，参赛队员 1450 余人，指导教师 350 余人。本次大赛首次开展机器人优秀创业团队（项目）的评选，7 支获奖团队将入驻北京高校大学生创业园（北京信息科技大学孵化基地），接受后续的创业扶持。

优化毕业设计管理。2016 年，利用“中国知网”大学生论文管理系统，为学校 2768 人次学生提供了的毕业设计（论文）查重检测；完成“实培计划”的毕设（科研）11 项、毕设（创业）项目 34 项，共指导毕业生 61 名，其中 28 名毕设成绩为优秀。

表 14　国家级实验教学示范中心一览表

序号	示范中心名称	所属教学单位
1	电子信息与控制实验教学中心	电子信息与控制国家级实验教学中心
2	机械工程实验教学中心	机电工程学院

表 15　国家级工程实践教育中心建设单位一览表

序号	建设单位名称	共建学校
1	中兴通讯股份有限公司	北京信息科技大学

表 16　国家级大学生校外实践教育基地一览表

序号	建设单位名称	共建学校
1	中国电子科技集团公司第十五研究所	北京信息科技大学

表 17　北京市级实验教学示范中心一览表

序号	示范中心名称	所属学院
1	电工电子实验教学中心	电子信息与控制国家级实验教学中心
2	机械工程实验教学中心	机电工程学院
3	文管综合实践教学中心	经济管理学院、信息管理学院、人文社科系、外国语学院共建
4	计算机实验教学中心	计算机学院
5	仪器与光电工程实验教学中心	仪器科学与光电工程学院

表 18　学校实验教学中心、实验室一览表

<table>
<tr><th>序号</th><th>教学单位</th><th>实验教学中心名称</th><th>实验室名称</th></tr>
<tr><td>1</td><td rowspan="5">机电工程学院</td><td rowspan="4">机械工程实验教学中心（院级）</td><td>机械设计实验室</td></tr>
<tr><td>2</td><td>制造工程实验室</td></tr>
<tr><td>3</td><td>机械电子实验室</td></tr>
<tr><td>4</td><td>车辆工程实验室</td></tr>
<tr><td>5</td><td colspan="2">工业设计实验室</td></tr>
<tr><td>6</td><td rowspan="3">仪器科学与光电工程学院</td><td rowspan="3">仪器科学与光电工程实验教学中心（院级）</td><td>光电信息工程实验室</td></tr>
<tr><td>7</td><td>测控技术与仪器实验室</td></tr>
<tr><td>8</td><td>现代电子技术实验室</td></tr>
<tr><td>9</td><td rowspan="3">自动化学院</td><td rowspan="3">控制工程与智能技术实验教学中心（院级）</td><td>自动化实验室</td></tr>
<tr><td>10</td><td>电气工程实验室</td></tr>
<tr><td>11</td><td>智能科学与技术实验室</td></tr>
<tr><td>12</td><td rowspan="2">信息与通信工程学院</td><td colspan="2">通信技术实验室</td></tr>
<tr><td>13</td><td colspan="2">电子信息技术实验室</td></tr>
<tr><td>14</td><td>计算机学院</td><td>计算机实验教学中心（院级）</td><td></td></tr>
</table>

续表 18

<table>
<tr><th>序号</th><th>教学单位</th><th>实验教学中心名称</th><th>实验室名称</th></tr>
<tr><td>15</td><td rowspan="3">经济管理学院</td><td rowspan="3">经济管理实验教学中心（院级）</td><td>企业管理实验室</td></tr>
<tr><td>16</td><td>会计与财务实验室</td></tr>
<tr><td>17</td><td>经济与贸易实验室</td></tr>
<tr><td>18</td><td rowspan="2">信息管理学院</td><td rowspan="2">信息系统与信息安全实验教学中心（院级）</td><td>信息系统实验室</td></tr>
<tr><td>19</td><td>信息安全实验室</td></tr>
<tr><td>20</td><td rowspan="2">理学院</td><td colspan="2">大学物理实验室</td></tr>
<tr><td>21</td><td colspan="2">理综实验室</td></tr>
<tr><td>22</td><td>公共管理与传媒学院</td><td colspan="2">公共管理与传媒学院综合实验室</td></tr>
<tr><td>23</td><td>外国语学院</td><td colspan="2">英语学习中心</td></tr>
<tr><td>24</td><td>计算中心</td><td>计算中心（校级）</td><td>计算机实验室</td></tr>
<tr><td>25</td><td>电子信息与控制国家级实验教学中心</td><td colspan="2">电子信息与控制实验教学中心</td></tr>
<tr><td>26</td><td>机电实习中心</td><td colspan="2">机电实习中心（校级）</td></tr>
</table>

表 19　　北京市级校外人才培养示范基地一览表

序号	基地名称	依托单位
1	信息类专业校外实践教学基地	中国电子科技集团公司第十五研究所
2	电子信息与控制类校外实践教学基地	中兴通讯股份有限公司
3	机械类校外实践教学基地	北京京城机电控股有限责任公司
4	自动化校外人才培养基地	北京研华兴业电子科技有限公司
5	信息通信类校外人才培养基地	悦成移动互联网孵化基地（北京尚嘉悦成科技有限公司）

表 20　　北京市级高校示范性校内创新实践基地一览表

序号	基地名称	所在学院
1	大学生创新实践教学基地	教务处
2	机械工程大学生创新实践基地	机电工程学院

【表彰与奖励】2016 年，学校在各类学科竞赛中获得国际奖项 25 项，北京市级 14 项。

表 21　　2016 年各类学科竞赛获奖一览表

所在教学单位	获奖项目（人）	等级
机电工程学院	中国机器人大赛暨 RoboCup 公开赛	国家级一等奖
仪器科学与光电工程学院		国家级一等奖
自动化学院		国家级一等奖
信息与通信工程学院		国家级一等奖
电子信息与控制国家级实验教学中心		国家级一等奖
计算机学院		国家级三等奖
机电工程学院	全国大学生机械创新设计大赛	国家级二等奖
机电工程学院	中国大学生方程式汽车大赛	国家级三等奖
机电工程学院	全国航空航天模型锦标赛	国家级一等奖
仪器科学与光电工程学院	全国大学生光电设计大赛	国家级二等奖
自动化学院	中国机器人大赛暨 FIRA 世界杯机器人大赛	国家级一等奖
自动化学院	全国大学生智能汽车竞赛（华北赛区）	市级二等奖
自动化学院	华北五省（市、自治区）大学生机器人大赛 / 北京市大学生机器人大赛	市级一等奖
信息与通信工程学院		市级一等奖
计算机学院		市级二等奖
电子信息与控制国家级实验教学中心		市级二等奖
信息与通信工程学院	全国大学生电子设计竞赛——嵌入式系统专题赛	国家级三等奖
信息与通信工程学院	全国大学生嵌入式物联网设计大赛	国家级二等奖
信息与通信工程学院	“大唐杯”全国大学生移动通信技术大赛	国家级三等奖
信息与通信工程学院	华北五省（市、自治区）及港澳台大学生计算机应用大赛	市级一等奖
计算机学院	计算机博弈竞赛	国家级一等奖
计算机学院	全国软件专业人才设计与开发大赛	国家级二等奖
经济与管理学院	中国大学生就业模拟大赛	国家级一等奖
经济与管理学院	中国大学生创意创业大赛 - 全国总决赛	国家级一等奖
经济与管理学院	“大智慧杯”全国大学生金融精英挑战赛	国家级一等奖
经济与管理学院	全国信息技术应用水平大赛	国家级二等奖
经济与管理学院	北京市大学生创业设计大赛	市级一等奖
经济与管理学院	全国大学生沙盘模拟经营大赛	市级一等奖
信息管理学院	中国大学生计算机设计大赛	国家级二等奖
信息管理学院	全国大学生信息安全竞赛	国家级三等奖
马克思主义学院	北京高校思想政治理论课社会实践优秀论文评选	市级二等奖
外国语学院	全国大学生英语竞赛	国家级一等奖
理学院	全国大学生数学竞赛	国家级一等奖
理学院	北京市大学生数学建模与计算机应用竞赛	市级一等奖
理学院	全国部分地区大学生物理竞赛	市级一等奖

续表 21

所在教学单位	获奖项目（人）	等级
理学院	北京市大学生物理实验技能竞赛	市级二等奖
电子信息与控制国家级实验教学中心	北京市大学生电子设计竞赛	市级二等奖
校团委	“挑战杯”首都大学生课外学术科技作品竞赛	市级二等奖
教务处（自动化学院 2 人，经济管理学院 2 人，机电学院 1 人，信管学院 1 人，信控中心 1 人）	第二届中国“互联网 +”大学生创新创业大赛	国家级三等奖

【教师教学发展中心建设】学校搭建了青年教师导师制培养、青年教师基本功比赛、年度优秀主讲教师评选、教学名师评选等教师教学成长培养体系，教师教学发展中心努力为教师提升教学能力和水平服务。

【继续落实青年教师导师制】2016 年有 27 名新入职教师申请接受导师制培养。同年，有 26 位青年教师通过开展微课教学录制等工作，通过了导师制培养考核。

【举办青年教师教学基本功比赛】2016 年 11 月 14 日，下发了《北京信息科技大学关于举办第九届青年教师教学基本功比赛暨第三届教学新星评选的通知》（校教发〔2016〕115 号），启动了北京信息科技大学第九届青年教师教学基本功比赛暨第三届教学新星评选工作。大赛分为个人申请、院级初赛和校级决赛三个阶段。在个人向所在教学单位申请后，由各教学单位组织初赛，按照名额分配比例共遴选出 33 名候选人参加决赛。最终有 18 位教师获奖。

【组织优秀主讲教师评选】完成了 2015 年度优秀主讲教师的评选，9 名教师被评为 2015 年度优秀主讲教师；启动了 2016 年度优秀主讲教师评选工作。

表 22　学校年度优秀主讲教师一览表

教学单位	姓　名	当选年度
机电工程学院	杨　莉	2013
机电工程学院	米　洁	2013
计算机学院	蔡　英	2013
经济管理学院	陈雪红	2013
经济管理学院	黎　枫	2013
信息管理学院	孙若莹	2013
信息管理学院	张　莉	2013
外国语学院	陈　玲	2013
理学院	王　昕	2013
理学院	王爱文	2013
信息与通信工程学院	焦瑞莉	2014
计算机学院	侯　霞	2014
经济管理学院	杭建平	2014
信息管理学院	高　英	2014
外国语学院	王朝晖	2014
外国语学院	史学冬	2014

续表 22

教学单位	姓　名	当选年度
理学院	倪晓明	2014
公共管理与传媒学院	王　媛	2015
信息管理学院	车　蕾	2015
外国语学院	汤　萌	2015
理学院	孙　妍	2015
机电工程学院	孙江宏	2015
信息与通信工程学院	李学华	2015
经济管理学院	汪　刚	2015
自动化学院	张巧杰	2015
理学院	徐军京	2015

【启动第六届校级教学名师评选】2016 年 3 月，启动了第六届校级教学名师评选，该项工作分为个人申请、教学单位审核推荐、校级评审等三个环节，共有 11 位教师参加本届教学名师的评选。

表 23　　校级教学名师一览表

序号	教学单位	教师姓名	评选时间
1	机电工程学院	王建华	2008 年年初
2	信息与通信工程学院	苏　中	2009 年年底
3	机电工程学院	黄　民	2008 年年底
4	自动化学院	李邓化	2011 年
5	自动化学院	刘小河	2008 年年初
6	理学院	于肇贤	2008 年年初
7	经济管理学院	张志凤	2008 年年底
8	信息与通信工程学院	周金和	2008 年年底
9	外国语学院	任维平	2008 年年底
10	机电工程学院	王红军	2009 年年底
11	自动化学院	厉　虹	2011 年
12	计算机学院	陈　昕	2012 年

【完成市级教学名师推选】自动化学院王久和老师入选 2015 年度北京市高层次创新创业人才支持计划领军人才（教学名师）。计算机学院陈昕老师获第十二届北京市高等学校教学名师奖。组织推荐机电工程学院王红军老师参加 2016 年北京市高层次创新创业人才支持计划教学名师评选。

表 24 北京市教学名师一览表

序号	教学单位	教师姓名	评选时间	备注
1	机电工程学院	郝静如	2003 年	
2	自动化学院	王久和	2007 年	2015 年北京市“高创计划”教学名师
3	理学院	谢冬秀	2007 年	
4	机电工程学院	王建华	2008 年	
5	机电工程学院	黄　民	2010 年	2014 年北京市“高创计划”教学名师
6	自动化学院	苏　中	2010 年	
7	自动化学院	李邓化	2011 年	
8	自动化学院	刘小河	2012 年	
9	机电工程学院	王红军	2013 年	
10	自动化学院	厉　虹	2014 年	
11	信息与通信工程学院	周金和	2015 年	
12	计算机学院	陈　昕	2016 年	

学科建设与研究生教育

【概况】研究生院主要负责起草学校学科与研究生教育工作的规章制度并组织实施；负责学科建设、研究生的招生、培养、学籍、学位和思想教育等方面工作。

2016 年，坚持以学科建设为工作重点，按照“优化体系、整合资源、凝练方向、寻求突破”的总体原则，以经济社会发展需要和学科发展前沿为导向，着眼于首都和行业需求，立足学校定位与发展目标，大力建设 6 个引领学科，强化优势学科，扶持新建学科，培育新兴学科，鼓励学科交叉、渗透与融合。重视研究生教育工作，坚持以科学发展观作为指导，坚持以人为本为核心，积极推进校院二级管理，加大学院培养研究生自主权，引导研究生全面、协调地与不断发展的社会同步前进。

【学科建设】（1）持续加强引领学科建设，圆满完成专项验收和立项工作。完成 6 个引领学科建设成果检查工作，2016 年，投入 354 万元用于建设引领学科，并向特色学科方向倾斜。对“学科与研究生教育水平提高项目及经费实施细则”部分条款进行调整，更加适应学科建设发展新变化，提高项目经费使用效益。2016 年学科与研究生教育专项申报工作充分体现择优资助原则，对 2015 年完成情况优异、成果显著的项目，2016 年优先给予资助。2016 年促进高校内涵发展——学科与研究生教育专项经费共计 800 万元，经自主申报、学院初审、专家评审，资助学科建设类项目 20 项，合计 690 万元；资助研究生教育质量工程类项目 31 项，合计 80 万元；资助研究生科技创新类项目 23 项，合计 30 万元。

（2）确定硕士学位授权点整改方案，进一步优化学科结构。根据教育部相关要求，结合国务院学位委员会“学位点专项评估结果及处理意见”等有关文件精神，通过现场办公和沟通，在各硕士学位授权点整改方案和学院整改意见基础上，出台学校硕士学位授权点整改工作方案（2016—2018）。整改工作紧密围绕学校“十三五”事业发展规划和第四轮学科评估有关精神，整改意见制定过程充分体现学校顶层设计和民主决策，鼓励学位点和学院根据建设要求和自身建设目标，自主调整建设思路。

（3）积极参加全国第四轮学科评估和 MBA 专业学位水平评估。在学校统一部署下，组织协调一级学科全部参加全国第四轮学科评估，对 14 个一级学科进行全面“体检”。同时按照学位中心文件要求，积极组织学科专家信息增补工作，上报专家库共计 102 人。组织工商管理硕士（MBA）参加国务院督导委员会办公室开展的专业学位水平评估和北京市学位办开展的 MBA 专项调查、自纠自查工作，成绩良好。

（4）继续加强导师队伍建设，导师队伍素质得到进一步提升。继续组织开展学校教师兼职博士生导师资格申报工作，分别在北京工业大学、燕山大学和首都师范大学新增兼职博士生导师各 1 名。截至 2016 年年底学校有兼职博士生导师24位，在读博士生40名。进一步完善博士生服务与管理，博士生培养办公室为 8 名博士生解决住宿问题，为博士生发放各类补贴近 10 万元。开展硕士生导师遴选和培训工作，导师队伍结构、梯次和素质进一步提高。2016 年新增硕士研究生导师 7 名，导师数达到 238 名。组织 10 名新导师积极参加北京市高等学校师资培训中心的培训。已完成硕士生导师管理规定和专业学位硕士生校外兼职导师有关规定修订，为进一步优化导师结构，提升导师队伍活力奠定基础。

【重点学科】

表 25　　2016 年重点学科一览表

序号	学科名称	重点学科类别	带头人
1	机械电子工程	北京市重点学科	徐小力
2	精密仪器及机械	北京市重点学科	祝连庆
3	技术经济及管理	北京市重点学科	唐五湘
4	计算机应用技术	信息产业部重点学科	施水才
5	信号与信息处理	信息产业部重点学科	周金和

表 26　　2016 年重点建设学科一览表

序号	学科名称	重点学科类别	带头人
1	应用数学	北京市重点建设学科	杨毅恒
2	机械工程	北京市重点建设学科	许宝杰
3	测试计量技术及仪器	北京市重点建设学科	祝连庆
4	信号与信息处理	北京市重点建设学科	周金和
5	控制理论与控制工程	北京市重点建设学科	刘小河
6	检测技术与自动化装置	北京市重点建设学科	李邓化
7	计算机应用技术	北京市重点建设学科	施水才、李宁
8	管理科学与工程	北京市重点建设学科	葛新权
9	企业管理	北京市重点建设学科	侯军岐

【硕士学位点】

表 27　2016 年硕士学位点一览表

序号	一级学科点	序号	二级学科点、专业学位点	相关学院
1	机械工程	1	机械制造及其自动化	机电学院
		2	机械电子工程	机电学院
		3	机械设计理论	机电学院
		4	车辆工程	机电学院
		5	先进装备动力学与控制	机电学院
		6	先进制造设备工业设计	机电学院
2	光学工程		光学工程（一级学科，下无二级学科）	光电学院
3	仪器科学与技术	7	精密仪器及机械	光电学院
		8	测试计量技术及仪器	光电学院
		9	生物传感与医学仪器	光电学院
4	信息与通信工程	10	信号与信息处理	通信学院
		11	通信与信息系统	通信学院
		12	智慧感知与信息处理	通信学院
5	电气工程	13	电机与电器	自动化学院
		14	电力电子与电力传动	自动化学院
6	控制科学与工程	15	控制理论与控制工程	自动化学院
		16	检测技术与自动化装置	自动化学院
		17	模式识别与智能系统	自动化学院
		18	导航、制导与控制	自动化学院
7	计算机科学与技术	19	计算机系统结构	计算机学院
		20	计算机软件与理论	计算机学院
		21	计算机应用技术	计算机学院
		22	网络信息检索与内容理解	计算机学院
		23	数字文化传播	计算机学院、公管传媒学院
		24	计算语言学	计算机学院、外国语学院

续表 27

序号	一级学科点	序号	二级学科点、专业学位点	相关学院
8	数学	25	基础数学	理学院
		26	计算数学	理学院
		27	概率论与数理统计	理学院
		28	应用数学	理学院
9	电子科学与技术	29	微电子学与固体电子学	理学院
		30	电磁场与微波技术	理学院
		31	物理电子学	理学院
10	管理科学与工程		管理科学与工程	经管学院、信管学院
		32	信息管理与信息安全	信管学院
		33	资源循环管理工程	经管学院
		34	公共决策与社会管理	经管学院、公管传媒学院
11	工商管理	35	会计学	经管学院
		36	企业管理	经管学院
		37	技术经济及管理	经管学院
12	应用经济学	38	国民经济学	经管学院
		39	金融学	经管学院
		40	数量经济学	经管学院
13	马克思主义理论	41	马克思主义中国化研究	政教学院
		42	马克思主义基本原理	政教学院
		43	中国近现代史基本问题研究	政教学院
	软件工程		软件工程（拟调整为专业学位）	计算机学院
	专业学位点	1	机械工程（工程硕士）	机电学院
		2	车辆工程（工程硕士）	机电学院
		3	仪器仪表工程（工程硕士）	光电学院
		4	电子与通信工程（工程硕士）	通信学院
		5	控制工程（工程硕士）	自动化学院
		6	计算机技术（工程硕士）	计算机学院
		7	物流工程（工程硕士）	信管学院
		8	工业工程（工程硕士）	经管学院
		9	工商管理（工商管理硕士）	经管学院

【硕士研究生指导教师】

机电工程学院（40 人）：

韩秋实 徐小力 戈新生 杨庆东 许宝杰
王科社 黄 民 栾忠权 王红军 王吉芳
郝南海 林慕义 高锦宏 王国权 陈 勇
米 洁 高炳学 贺敬良 孙江宏 张怀存
邢济收 钟建琳 张瑞乾 刘 泉 李天剑
童 亮 龚国庆 郝育新 姜 可 朱春梅
陈秀梅 吴国新 张志强 王立勇 张君华
谷玉海 侯悦民 李启光 王少红 李 乐

仪器科学与光电工程学院（22 人）：

李 东 祝连庆 董明利 刘桂礼 郭阳宽
刘国忠 王晓飞 吕 勇 马牧燕 娄小平
燕必希 李月强 王艳林 王晓玲 陈青山
张晓青 周哲海 牛春晖 贾豫东 秦 雷
王 君 刘力双

信息与通信工程学院（17 人）：

汪毓铎 周金和 苏 中 杨曙辉 缪 旻
朱希安 李红莲 曹 林 焦瑞莉 吴韶波
李学华 罗 倩 崔英花 张月霞 徐 湛
姚彦鑫 王亚飞

自动化学院（28 人）：

刘小河 张奇志 白连平 李邓化 王久和
恒庆海 申闫春 李 擎 高国伟 厉 虹
胡平平 周亚丽 管 萍 马 洁 高晶敏
朱嘉林 杨秀媛 曹荣敏 艾 红 李 娟
张巧杰 付兴建 杨鸿波 彭书华 范军芳
陈雯柏 李 慧 吴迎年

计算机学院（25 人）：

李 宁 牟永敏 刘建宾 徐雅斌 张仰森
李淑琴 施水才 都云程 陈 昕 吕学强
武 装 杨大利 周长胜 殷 旭 肖诗斌
蔡 英 秦奕青 施运梅 侯玲燕 李宝安
侯 霞 张 伟 焦 健 任维平 刘旭红

经济管理学院（44 人）：

唐五湘 葛新权 谢瑞峰 张志凤 刘 宇
王信东 侯军岐 卢 静 刘 春 曲 立
周脉伏 王 斌 谢 群 黄中文 李雁玲
贠晓哲 张 健 李静文 徐文彬 杭建平
梁栩凌 金春华 周秀玲 谭祖卫 黎 枫
周飞跃 周 觉 孙 静 田肇云 程桂枝
岳宝宏 孙玉霞 杨颖梅 崔 瑜 李晓非
孙 凯 徐 颖 孟海亮 尹洁林 刘文涛
廉串德 王 晖 王 莹 刘 伟

信息管理学院（17 人）：

李 忱 杨孔雨 王兴芬 尹春华 崔 巍
蒋文保 徐晓敏 康海燕 孙志恒 卢华明
赵 刚 孙若莹 蒋宏伟 朱 阁 张 莉
卢益清 任俊玲

马克思主义学院（11 人）：

傅正华 杨兴林 何深思 刘永成 王 媛
张云筝 赵爱玲 敖云波 胡 飒 郭春燕
陈建成

理学院（34 人）：

谢冬秀 杨毅恒 李祥贵 侯吉成 盛炎平
李国成 许晓革 其木苏荣 滕功清 张福学
王丽坤 田杨萌 于肇贤 邱 钧 吴秋新
薛春艳 田文杰 朴林华 邹小平 张炳江
杨 虹 冯美强 张 伟 王宏伟 程希明
王灯山 王彩霞 殷树娟 王 昕 李 涵
闻小勇 王爱文 孟祥花 王小妮

【兼职博士生导师情况】

表 28　　兼职博士生导师一览表

序号	博导姓名	从事学科门类	所在学科	任兼职博导单位	备注
1	韩秋实	工学	机械工程	机械科学研究总院	
2	徐小力	工学	机械工程	北京理工大学中国农业机械化科学研究院贵州大学	
3	黄　民	工学	机械设计及理论	中国农业机械化科学研究院	
4	杨庆东	工学	机械设计及理论	辽宁工程技术大学	
5	陈　勇	工学	车辆工程	北京理工大学	
6	祝连庆	工学	精密仪器及机械	合肥工业大学天津大学	
7	吕乃光	工学	电子科学与技术	北京邮电大学	退休
8	苏　中	工学	控制科学与工程	北京理工大学	
9	李邓化	工学	交通信息工程及控制	北京交通大学	
10	刘小河	工学	控制科学与工程	北京交通大学	
11	王久和	工学	电气工程	北京交通大学	
12	葛新权	管理学	企业管理	北京交通大学	
13	侯军岐	管理学	农业经济管理	西北农林科技大学	
14	李祥贵	工学	系统工程	辽宁工程技术大学	
15	谢冬秀	理学	数学	湖南大学	
16	王丽坤	工学	电子科学与技术	北京邮电大学	
17	张福学	工学	物理电子学	北京邮电大学	
18	杨毅恒	理学	数学	吉林大学	
19	戈新生	理学	一般力学	北京交通大学	
20	王永生	工学	光学工程	北京交通大学	
21	王秀彦	管理学	管理科学与工程	北京工业大学	
22	董明利	工学	机械工程	北京工业大学	
23	陈　昕	工学	计算机科学与技术	燕山大学	
24	吕学强	中国语言文学	语言智能	首都师范大学	
25	卢秉恒	工学	机械工程	西安交通大学	兼职教授
26	王子才	工学	控制科学与工程	哈尔滨工业大学	兼职教授
27	姜　澜	工学	机械工程	北京理工大学	兼职教授

（李忠刚）

【研究生培养】2016 年，研究生教育规模继续扩大、质量稳步提高。2016 年，共录取全日制硕士研究生 437 名，比 2015 年增加 2.29%，在校全日制硕士研究生人数已达 1210 人。

依据研究生所学专业的实际需要开设学位课程、同时也兼顾学生本身的兴趣取向开设选修课程，对学生实行人性化与科学化的教学管理。2016 年共开设研究生课程 547 门，完成课程库建设，下达相应的开课计划，完成相关课程的排课，组织相应课程的考务工作，录入研究生考试成绩约 20000 人次。做好研究生日常的教学管理工作，保证教学运行正常有序。保质完成教学管理工作，注意掌握和了解各项教学工作的实施情况。注重研究生教学管理的规范化建设。

完成了 1210 名全日制在校研究生的注册、在校生学籍异动管理、新入学研究生培养计划制定、课程安排、考务工作组织、成绩录入、中期考核、2016 届毕业生等年度学籍与培养的日常工作。

2016 届全日制硕士研究生毕业生共计 375 人，获硕士学位研究生 376 人（其中全日制 371 人，在职 5 人），23 人获优秀硕士生称号。完成 2016 年度组织的 2014 级、2015 级研究生毕业生图像信息采集工作。

组织完成 2016 年 6 月、12 月的研究生英语四级、六级报名和考试工作；组织完成 2016 年度的研究生英语学位统考考务等相关工作。

组织完成 2015 年 30 项研究生教育教学改革项目的验收工作和 2016 年 31 项研究生人才培养项目的立项工作。

（张华杰　李忠刚　尚　萌）

表 29　　2016 年全日制硕士研究生录取情况一览表

招生专业	录取人数	录取分数线	录取人数（类别）		录取人数（生源）		男生	女生	考研	推免生
			非定向生	定向生	非应届人员	应届本科生	人数	人数	满分	
机械制造及其自动化	7	265	7	0	2	5	6	1	500	
机械电子工程	11	265	11	0	6	5	8	3	500	1
机械设计及理论	7	265	7	0	3	4	6	1	500	
车辆工程	6	265	6	0	1	5	6	0	500	1
先进装备动力学与控制	1	265	1	0	0	1	1	0	500	
先进制造设备工业设计	0	265	0	0	0	0	0	0	500	
机械工程	28	265	28	0	19	9	22	6	500	
车辆工程	11	265	11	0	6	5	11	0	500	
光学工程	5	265	5	0	2	3	2	3	500	1
精密仪器及机械	12	265	12	0	4	8	7	5	500	
测试计量技术及仪器	6	265	6	0	3	3	3	3	500	
生物传感与医学仪器	5	265	5	0	1	4	3	2	500	
仪器仪表工程	35	265	35	0	10	25	21	14	500	
通信与信息系统	5	265	5	0	1	4	0	5	500	
信号与信息处理	5	265	5	0	1	4	3	2	500	
智慧感知与信息处理	4	265	4	0	0	4	2	2	500	
电子与通信工程	31	265	31	0	6	25	15	16	500	
控制理论与控制工程	5	265	5	0	1	4	3	2	500	
检测技术与自动化装置	7	265	7	0	0	7	4	3	500	
模式识别与智能系统	5	265	5	0	2	3	5	0	500	

续表 29

招生专业	录取人数	录取分数线	录取人数（类别）		录取人数（生源）		男生人数	女生人数	考研满分	推免生
			非定向生	定向生	非应届人员	应届本科生				
导航、制导与控制	4	265	4	0	3	1	3	1	500	
电机与电器	2	265	2	0	1	1	1	1	500	
电力电子与电力传动	6	265	6	0	1	5	5	1	500	
控制工程	36	265	36	0	15	21	26	10	500	
计算机系统结构	2	265	2	0	0	2	2	0	500	
计算机软件与理论	1	265	1	0	0	1	1	0	500	
计算机应用技术	10	265	10	0	2	8	6	4	500	
网络信息检索与内容理解	1	265	1	0	1	0	1	0	500	
软件工程	5	265	5	0	1	4	3	2	500	
数字文化传播	1	265	1	0	0	1	1	0	500	
计算语言学	1	265	1	0	0	1	1	0	500	
计算机技术	36	265	36	0	11	25	20	16	500	
国民经济学	7	325	7	0	7	0	2	5	500	
金融学	5	325	5	0	2	3	2	3	500	1
数量经济学	4	325	4	0	3	1	3	1	500	
管理科学与工程	16	335	16	0	8	8	5	11	500	1
资源循环管理工程	0	335	0	0	0	0	0	0	500	
会计学	5	335	5	0	3	2	1	4	500	2
企业管理	8	335	8	0	2	6	1	7	250	2
技术经济及管理	3	335	3	0	1	2	1	2	500	
工业工程	16	265	16	0	7	9	8	8	500	
工商管理硕士	24	165	24	0	24	0	10	14	300	
信息管理与信息安全	0	335	0	0	0	0	0	0	500	
物流工程	16	265	16	0	9	7	4	12	500	
基础数学	2	285	2	0	2	0	0	2	500	
计算数学	4	285	4	0	1	3	1	3	500	
概率论与数理统计	2	285	2	0	0	2	1	1	500	
应用数学	6	285	6	0	4	2	1	5	500	
物理电子学	4	265	4	0	2	2	3	1	500	
微电子学与固体电子学	6	265	6	0	2	4	4	2	500	
电磁场与微波技术	1	265	1	0	1	0	1	0	500	
马克思主义理论	7	315	7	0	3	4	4	3	500	
合计	437		437	0	184	253	250	187		9

（李忠刚）

【研究生思想政治教育】以主题教育活动为核心，加强研究生理想信念教育，提升思想道德水平。2016 年 3 月启动了学校第二期研究生骨干培训班，加强研究生骨干培养，以点带面促进研究生全面成长成才。

以志愿服务为重点，引领青年研究生服务奉献社会、勇当社会责任。做好常规性研究生志愿服务活动的同时，2016 年暑假期间学校研究生“知・行”志愿服务团远赴云南省广南县者妈完小开展暑期义务支教活动，为大山里的留守儿童带去了山外的精彩世界。活动结束后，后期编写了《云南广南者妈完小支教实录》，制作了《阿妈的锦衣》《妈妈，我们等你回家》《者妈者妈》《庄色天成》等纪录片，参加了中国中国大学生微电影创作大赛，其中三部作品成功入围。

以常规校园活动为主线，以特色品牌活动为抓手，丰富研究生课余文化生活，营造健康和谐校园文化氛围，促进研究生能力提升，全面成长成才。2016 年，每月都会开展 1~2 项内容丰富、形式新颖，深受研究生群体欢迎的校园文化活动。

进一步建立和健全研究生心理健康教育四级网络，组织心理讲座、研究生心灵驿站心理知识交流会。

加强研究生科技创新意识和创新能力的培养，支持和引导研究生开展学科竞赛、自主研究以及创新成果项目，组织完成 2016 年研究生科技创新项目申报、评审工作。

以研究生评奖评优工作为契机，树立正确导向，强化学风建设，鼓励全面发展。其中，26 人获评研究生国家奖学金；1 人荣获研究生双百奖学金；学业奖学金实现 2014 级、2015 级、2016 级在校研究生全覆盖：2014 级研究生一等学业奖学金 39 人、二等 96 人、三等 204 人；2015 级一等学业奖学金 38 人，二等学业奖学金 107 人，三等 224 人；2016 级发放学业奖学金 427 人。35 名研究生获评校级优秀毕业研究生，其中 19 人获评北京市优秀毕业研究生。

不断加强研究生团工委的作用。在 2016 年度，研究生团工委进行了换届工作， 各学院团总支设置了主管研究生工作的团总支副书记，充实了人员力量，积极投入各项工作，发挥了重要作用。

承办了首届校园文化艺术节之定向越野大赛。本次定向越野大赛总共有 46 支队伍、150 多人参加，涵盖各学院的本科生和研究生，取得了良好的效果。

完善了助理辅导员岗位设置。依据《北京信息科技大学研究生担任学生助理辅导员实施办法》，完善了助理辅导员岗位设置、申报。全校共设立了 22 个助理辅导员岗位，其中 A 岗 11 个，B 岗 11 个。

研究科技创新活动成果显著。2016 年资助研究生科技创新项目 23 项，2014 级的 12 个项目已全部结题验收完毕，完成情况良好，其中优秀项目 4 个。研究生全年在校研究生发表论文 474 篇；获得专利 14 项。

（王海龙　阎为民）

【科研与开发】

科技工作

【概况】2016年科技工作以“五个环境建设”为统领，充分发挥学校学科、科研特色优势，整合各类创新资源，以提升学校综合科研实力为目标，主动适应国家科技新形势，有重点、分步骤开展各项工作，确保科技工作健康、内涵式发展。2016年，学校到校科研经费总额1.5470亿元，项目经费突破1亿元。全年新增科研项目272项，新增国家自然科学基金项目26项，新增省部级及以上项目19项，首次获得合同额2547万元的中央支持地方——科技创新服务能力建设项目，首次获得合同额500万元的国家重点研发计划——“重大科学仪器设备开发”重点专项课题。2016年，学校教师发表学术论文1033篇，获各类知识产权授权、登记151项，获5项科技成果奖。“光电信息与仪器”学术团队被列入2016年教育部“创新团队发展计划”滚动支持。“北京市知识管理研究基地”在北京市哲学社会科学研究基地建设验收中获得“优秀”。徐小力、祝连庆当选“全国优秀科技工作者”。徐湛入选2016年度北京市科技新星计划（A类）。修订《北京信息科技大学纵向项目管理办法》《北京信息科技大学纵向科研经费管理办法》《北京信息科技大学横向项目管理办法》《北京信息科技大学横向科研经费管理办法》；制定《北京信息科技大学科研危险化学品管理办法》《北京信息科技大学预防和处理学术不端行为的实施细则》；配合完善《科研经费开支范围及报销细则》，配合制定《北京信息科技大学安全生产及环保管理办法》。

【科研经费】2016年度累计到校科研总经费1.5470亿元。项目经费1.0475亿元，其中纵向项目经费7354.74万元，国防项目经费1189.50万元，横向项目经费1931.13万元。平台建设及科研水平提高经费4994.32万元。

【科研项目】全年新增各类科研项目272项，其中纵向项目158项，横向项目106项，军工项目8项。国家自然科学基金项目获批26项，其中面上项目13项，青年科学基金项目13项；教育部人文社科项目获批1项；北京市哲学社会科学基金项目获批12项；全国教育科学规划课题获批1项；北京自然科学基金项目获批6项，其中面上项目2项，预探索项目2项，青年项目2项。首次获批国家重点研发计划重大科学仪器设备开发重点专项1项，合同额500万元；获批中央支持地方—科技创新服务能力建设项目，合同额2547.321万元；国家社科基金重大项目获得滚动资助80万元，总研究经费212万元；获得国家科技重大专项子课题1项，合同额165万元。资助校基础研究基金项目21项，金额18.18万元。2016年度办理新增横向项目免税业务57项，免除增值税额60.9万元；新增合同额100万元以上的重大横向3项。

【科研机构】“绿色发展大数据决策”北京市重点实验室和“先进光电子技术”北京市国际合作基地通过评审；“北京市知识管理研究基地”在北京市哲学社会科学研究基地建设验收中获得“优秀”；“高动态导航”北京市重点实验室获科技创新基地培育与发展工程子专项择优资助；学校参与建设的北京理工大学电动汽车2011协同创新中心经费到位，研究工作开展顺利。截至2016年年底，学校拥有各类科研基地37个，主要机构情况见表30。

表30　　北京信息科技大学2016年主要科研机构一览表

序号	机构名称	机构属性	挂靠学院
1	现代测控技术实验室	教育部重点实验室	机电工程学院
2	传感器实验室	北京市重点实验室	理学院
3	机电系统测控实验室	北京市重点实验室	机电工程学院
4	网络文化与数字传播实验室	北京市重点实验室	计算机学院
5	高动态导航技术实验室	北京市重点实验室	通信学院
6	光电测试技术实验室	北京市重点实验室	光电学院
7	绿色发展大数据决策北京市重点实验室	北京市重点实验室	经济管理学院

续表 30

序号	机构名称	机构属性	挂靠学院
8	光电信息与仪器工程研究中心	北京高校工程研究中心	光电学院
9	北京知识管理研究基地	北京市哲学社会科学研究基地	经济管理学院
10	先进光电子器件与系统北京市国际科技合作基地	北京市国际科技合作基地	光电学院
11	新能源汽车实验室（共建单位）	北京实验室	机电学院
12	生物医学检测技术及仪器北京实验室（共建单位）	北京实验室	光电学院
13	应用数学研究所	校级	理学院
14	数据恢复研究所	校级	科技处
15	电磁信息技术与煤层气开发研究所	校级	通信学院
16	知识管理研究所	校级	经济管理学院
17	信息系统研究所	校级	信息管理学院
18	循环经济研究中心	校级	经济管理学院
19	翻译研究所	校级	外国语学院
20	数字化设计与制造研究所	院级	机电工程学院
21	精密测试技术与仪器研究所	院级	光电学院
22	信息微系统研究所	院级	通信学院
23	通信新技术研究所	院级	通信学院
24	智能控制研究所	院级	通信学院
25	电力电子技术研究所	院级	自动化学院
26	检测技术研究所	院级	自动化学院
27	虚拟现实与系统仿真研究所	院级	计算机学院
28	智能信息处理研究所	院级	计算机学院
29	企业成长研究中心	院级	经济管理学院
30	公共管理研究所	院级	公管传媒学院
31	跨文化研究所	院级	公管传媒学院
32	海洋信息与科学计算联合实验室	院级	理学院
33	英语语言研究所	院级	外国语学院
34	应用语言研究所	院级	外国语学院
35	国际教育研究所	院级	国际交流学院
36	工伤保险及其装备研究所	院级	机电工程学院
37	软件工程研究中心	院级	计算机学院
38	智能机器人研究所	院级	机电工程学院
39	数学物理研究所	院级	理学院

【科研成果与获奖】2016 年，获各类科研成果奖励 5 项。机电系统测控实验室完成的“机电系统测控及信息化技术研发与应用”项目获中国产学研合作创新成果奖一等奖，自动化学院完成的“微小飞行器智能制导技术及应用”项目获吴文俊人工智能科学技术进步奖三等奖。电子信息与控制实验教学中心参与完成的“GIS 设备运维及检测技术研究与应用”项目获青海省科学技术奖励二等奖，学校为第三完成单位。电子信息与控制实验教学中心参与完成的“GIS 现场振荡型冲击耐压试验及故障诊断技术的研究与应用”项目获中国电力科学技术奖三等奖，学校为第三完成单位。机电系统测控实验室完成的“中国内燃机再制造产业战略实施方案”项目获中国机械工业科学技术奖三等奖，学校为第四完成单位。

【知识产权】2016 年以北京信息科技大学为申请人共获各类知识产权授权、登记 151 项，其中：发明专利 53 项，软件著作权 94 项，实用新型 3 项，外观设计 1 项。

【学术论文与专著】2016 年，全校教师共发表学术论文 1033 篇，其中：北大中文核心期刊 223 篇，被三大检索收录论文 209 篇，CSSCI 收录 30 篇，出版学术专著 34 部。主要专著情况见表 31。

表 31　　2016 年度出版专著一览表

序号	著作名称	第一作者	出版单位	出版时间
1	宋学先觉孤山智圆思想研究	韩剑英	中国社会科学出版社	2016-10-01
2	高等学校在学生管理中的法律定位研究	王英红	中国工人出版社	2015-12-25
3	对社会主义意识形态建设的经济学思考	赵雅沁	中国广播影视出版社	2015-12-01
4	马克思主义中国化的理论研究与实践探索	曾毅红	中央文献出版社	2015-11-18
5	与真理同行 与生活共舞	胡　飒	中央文献出版社	2015-11-11
6	模拟联合国活动研究	王英红	中央文献出版社	2015-11-01
7	《当代大学生核心价值观培育若干热点难点问题研究》	赵爱玲	武汉大学出版社	2016-08-28
8	瞬变电磁法及其在二氧化碳注入运移监测中的应用	朱希安	煤炭工业出版社	2016-08-06
9	仿生蛇形机器人技术	苏　中	国防工业出版社	2015-12-22
10	物联网时代的环保信息化	解迎刚	机械工业出版社	2015-12-20
11	微米加工与纳米制造	缪　旻	机械工业出版社	2015-09-01
12	供应链环境下的知识协同研究	卢益清	清华大学出版社	2016-07-01
13	信息安全的数学基础	卢华明	清华大学出版社	2016-04-01
14	网络隐私保护与信息安全	康海燕	北京邮电大学出版社	2016-01-15
15	中国资源产出率测算分析	李　楠	河北科学技术出版社	2016-12-01
16	自我协商过程探究	丁晓蔚	当代世界出版社	2016-06-01
17	Restropce and prospect of China’s 30-year refrom of financial system	董利晓	Canadian Academy of Oriental and Occidental Culture	2015-12-01
18	Chian Figure	董利晓	Canadian Academy of Oriental and Occidental Culture	2015-12-01
19	Retrospect and prospect of China’a 30-year reform of economic system	董利晓	Canadian Academy of Oriental and Occidental Culture	2015-12-01
20	Banach 空间中非线性常微分方程边值问题	冯美强	科学出版社	2016-11-30
21	外势场中玻色：爱因斯坦凝聚体的动力学研究（英文版）	王灯山	科学出版社	2016-07-01

续表 31

序号	著作名称	第一作者	出版单位	出版时间
22	创业投资引导基金运作的尽职调查与风险防控	李建良	社会科学文献出版社	2016-10-01
23	创业投资基金的法律规制	李建良	社会科学文献出版社	2016-08-01
24	创业投资引导基金的联合投资	李建良	社会科学文献出版社	2016-04-01
25	创业投资引导基金的引导模式	李建良	社会科学文献出版社	2016-03-03
26	创业投资引导基金参股子基金的管理评价方法	李建良	社会科学文献出版社	2016-03-01
27	城市化、集聚效应和收入分配	王建国	中国农业大学出版社	2016-09-01
28	公共经济学视阈的财税改革问题探究	孙玉霞	光明日报出版社	2016-06-30
29	《种业企业案例研究》	侯军岐	中国农业出版社	2016-11-07
30	对抗性设计	张　黎	江苏凤凰美术出版社	2016-09-01
31	设计史：理解理论与方法	张　黎	江苏凤凰美术出版社	2016-09-01
32	性别化的设计批评：空间、物与时尚	张　黎	江苏凤凰美术出版社	2016-06-01
33	计算广告学	刘庆振	人民日报出版社	2016-11-01
34	载体驱动陀螺	张福学	国防工业出版社	2015-11-01

【北京信息科技大学学报】《北京信息科技大学学报》（自然科学版）为双月刊，96 页。全年出版 6 期，发表学术文章 113 篇，其中校内稿件 98 篇，校外稿件 15 篇。根据《中国学术期刊影响因子年报（自然科学与工程技术 2016）》，学报在综合性科学技术学科类目中，2015 年复合影响因子为 0.591，学科排序 98/424，综合影响力指数（CI 值）119.221，影响力指数（CI）学科排序 143/424。

【学术交流】2016 年度主要学术交流活动有：5 月 28 日，由国务院学位委员会办公室主办，北京信息科技大学、天津大学和合肥工业大学共同承办，清华大学等 22 所知名高校、科研院所协办 2016 年全国仪器科学与生物医学工程博士生学术论坛。

7 月 29 日，由北京信息科技大学信息与通信工程学院承办第十届海峡两岸信息科学与技术学术交流研讨会。

9 月 20 日，由北京信息科技大学和中国仪器仪表学会联合主办第六届国际测试自动化与仪器仪表学术会议。

10 月 17 日，学校光电信息与仪器北京市工程中心参加 ILOPE 第一届北京光电周京津冀光电专业高等院校科技创新与成果转化展示会。

10 月 18 日，由北京电子学会、中国绿色数据中心推进联盟主办，北京信息科技大学计算机学院、网络文化与数字传播北京市重点实验室协办“‘互联网 +’与智能制造信息技术峰会暨 2016 云数据中心构建与运营论坛”。

11 月 4 日，由中国工程院信息与电子工程学部主办，精密测试技术及仪器国家重点实验室（天津大学、清华大学）、合肥工业大学和北京信息科技大学联合承办中国工程院“智能制造中测量科学与仪器的创新发展”高层论坛。

【领导调研指导】5 月 11 日，北京市哲学社会科学规划办主任崔新建、基地规划处处长刘军一行到学校北京市知识管理研究基地调研。

6 月 30 日，北京中医管理局局长屠志涛一行 4 人到校就学校利用信息特色服务国家健康产业和首都中医药行业的发展进行调研交流。

科技产业

【概况】截至2016年年底，学校拥有校办科技产业5家，资产总额超过6亿元，其中，北京市北信计算机系统工程公司（全资，全民所有制）行使资产公司职能。

各科技企业上交学校利润358万元，其中拓尔思公司分红147万元、科信所上缴利润10万元、意康上缴利润6万元、由意康公司代持股票投资卖出完税后上缴学校195万元。

2016年，校办科技产业产权登记、年检、变动工作，其中，完成意康公司占有产权登记工作、完成科信所、研究院公司产权年检，完成拓尔思、北信工程产权变动登记。

完成原电子工业管理干部学院时期委托意康公司买入的13万元股票投资处置，收回资金274万元，完税79万元后（含增值税及附加、所得税），共上缴学校195万元。

启动以研究院公司为平台，代表学校申报建设“博士后工作站”的基础性工作。起草了《博士后工作站申报资料》；启动了以研究院公司承接横向项目的工作，2016年共签订技术开发合同2项，合同额300多万元，实到经费80万元。

【科技成果推广】开展产业化项目储备库入库项目的梳理。支持“玻璃生产线自动化装备”“硬盘数据恢复综合教学平台”“个性化支付自助服务系统”项目完成中试；对“水陆两栖节肢机器人”“泛在自主三维空间定位系统”“大尺寸测量技术”“高铁桥梁隧道在线监测技术”“酶联免疫检测系统”“飞机载荷谱监测与定寿、延寿”等技术进行了产业化论证。

【大学科技园】截至2016年年底，科技园现有在孵项目31项，其中已成立公司的在孵项目13家、未成立公司的在孵项目18项。在孵项目涉及云计算、传感技术、光电仪器、先进制造等多个学科领域，入园企业年销售收入3亿元以上。

探索与学生创新实践紧密结合的成果转化模式。重点支持产业化中试阶段可与学生教学实践环节结合的项目，把产业化中试平台搭建成能够满足学生创新创业需求的教学实践平台，让成果转化工作真正能为教学服务。

【徐小力、祝连庆当选“全国优秀科技工作者”】5月18日，中国科协颁发《关于表彰第七届“全国优秀科技工作者”获奖者的决定》，经中国机械工程学会和北京市科协推荐，“全国优秀科技工作者”评审委员会评审，学校徐小力、祝连庆荣获2016年“全国优秀科技工作者”称号，学校教师首次获得该荣誉。

【国家自然科学基金项目获批26项】8月17日，国家自然科学基金委员会公布2016年度国家自然科学基金申请项目评审结果，学校获批国家自然科学基金项目26项。

【“绿色发展大数据决策”北京市重点实验室通过评审】2017年1月20日，北京市科委公布2016年度北京市重点实验室认定名单，以学校为依托单位的绿色发展大数据决策北京市重点实验室通过认定。

【“北京市知识管理研究基地”三期验收获得“优秀”】5月13日，北京市教委，北京市哲学社会科学规划办公室公布北京市哲学社会科学研究基地建设验收结果，以学校为依托单位的北京知识管理研究基地三期验收结果优秀。

【“光电信息与仪器”团队获教育部“创新团队发展计划”滚动支持】10月11日，教育部公布2016年教育部“创新团队发展计划”滚动支持名单，祝连庆为学术带头人的“光电信息与仪器”学术团队被列入2016年教育部“创新团队发展计划”滚动支持。

【学校获评“2015年度北京市社会科学基金项目优秀二级管理单位”】3月31日，北京市哲学社会科学规划办公室给学校发来表扬函，学校获评“2015年度北京市社会科学基金项目优秀二级管理单位”。

【国际及港澳台交流与合作】

【概况】国际交流合作处和港澳台事务办公室，是执行涉外政策、协调学校国际交流与港澳台事务的归口管理部门，下设综合办公室、外专和引智管理办公室、对外合作办学办公室、因公派出和英文网站管理办公室。主要职责：起草全校对外交流工作的发展规划；校际合作协议的起草和翻译；校际交流计划的统筹管理，交流项目的协调和落实；牵头组织全校性外事活动，负责重大外事活动的策划、组织和实施；国外高端人才引智项目的申报和管理、外国长短期专家的聘请、申报、来华手续办理和日常管理；学校因公出国、因公赴港澳台手续的办理，以及因公护照和港澳台通行证的保管等；学生因公出国（境）管理办法的起草和落实；学校对外交流信息的发布，学生对外交流项目的联系、协调和管理，学生公派出国（境）学习奖学金的评审和管理等。国际交流合作处 2016 年有处长 1 人，其他管理人员 6 人，共 7 人。

2016 年 1 月，学校召开首次外事工作会议，明确提出将国际化办学作为“十三五”事业发展的重要战略之一，确立了学校国际化发展的总体战略目标。在国际化办学战略指导下，学校国际合作高校进一步拓展，交流学校的层次不断提升，学生出国（境）交流人数不断攀升，全年共派出学生 154 人，首次选派学生赴英国剑桥大学、美国加州大学欧文分校、以色列本古里安大学等高水平大学开展交流活动。

2016 年，学校先后与英国德蒙福特大学、美国密苏里大学堪萨斯分校、新加坡义安理工学院、意大利罗马外国语大学、意大利罗马二大、美国密歇根大学迪尔本分校、英国奇切斯特大学、匈牙利布达佩斯城市大学、印度圣玛丽学院 9 所合作院校签署合作协议，建立起合作关系；与 8 所已有合作院校续签或新签项目协议 10 项，其中包括美国威斯康星大学拉克罗斯分校“2+2”项目协议、美国鲍灵格林州立大学“3+1”项目协议、美国蒙哥马利奥本大学“3+1”项目协议、新西兰 Unitec 理工学院“3+1”项目协议、爱尔兰科克大学外培项目协议、美国奥克兰大学计算机专业外培项目协议以及爱尔兰阿斯隆理工学院硕士联合培养协议等。

2016 年，学校共引进长短期外国专家 36 人，获批国家外专局和北京市外专局引智项目 7 项；接待来自美国、德国、英国、法国、意大利、瑞典、爱尔兰、新加坡、印度、匈牙利、等多个国家和中国台湾地区的友好合作院校访问团组 26 个，来访人员共计 67 人，其中校长、副校长级人员 9 人；聘请了英国曼彻斯特大学 Vladimir Falko 教授、英国剑桥大学教授 Andrea Ferrari、美国布朗大学 Theodore F. Morse、台湾东华大学教授赵涵捷、台湾台北商业大学教授张瑞雄、台湾辅仁大学教授李天行、瑞典皇家理工学院教授王力犟等 11 人为学校荣誉教授和学术委员会荣誉委员；办理教工类因公出国（境）团组 39 个，87 人次，成功申报国际会议“2016 年第十届海峡两岸信息科学与技术学术交流研讨会”，并由通信学院举办；发布英文新闻 74 篇，做到了对校级中文新闻的实时更新。

（张　雅）

【对外交流与合作办学】2016 年，学校与美国、英国、澳大利亚、日本、意大利、德国等国以及中国台湾地区开展了广泛的合作办学。主要的合作院校和合作项目如下表（表 32）。

表 32　　学校主要合作院校和合作项目

国别 / 地区	院校名称	合作形式
美国	加州大学欧文分校	学生、教师交流
	加州大学河滨分校	“3+1+1（2）”本硕连读项目，学生、教师交流
	密苏里大学堪萨斯分校	“3+1+1（2）”本硕连读项目，学生、教师交流
	威斯康星大学帕克赛德分校	“3+1+1”本硕连读项目，学生、教师交流
	威斯康星大学拉克罗斯分校	“2+2”本科双学位项目，“3+1+1”本硕连读项目，学生、教师交流
	奥克兰大学	“2+2”本科双学位项目，“1+1+1”研究生双硕士项目，学生、教师交流，科研合作，博士生联合培养

续表 32

国别 / 地区	院校名称	合作形式
	鲍灵格林州立大学	“3+1+1”本硕连读项目，学生、教师交流
	辛辛那提大学	“2+2”本科双学位项目，学生、教师交流
	密歇根大学迪尔本分校	“3+1+1（2）”本硕连读项目，学生、教师交流
	蒙哥马利奥本大学	“3+1+2”本硕连读项目，学生、教师交流
	圣何塞州立大学	“3+1+2”本硕连读项目，学生、教师交流
	惠特学院	学生、教师交流
加拿大	温莎大学	“3+1+1”本硕连读项目，学生、教师交流
	不列颠哥伦比亚大学	学生、教师交流
英国	剑桥大学	学生、教师交流，科研合作
	安格利亚鲁斯金大学	学生、教师交流，科研合作，博士生联合培养
	桑德兰大学	学生、教师交流
	德蒙福特大学	学生、教师交流，科研合作
	奇切斯特大学	学生、教师交流，科研合作
爱尔兰	国立科克大学	“2+2”本科双学位项目，“3+1+1”本硕连读项目，“1+1+1”研究生双硕士项目，学生、教师交流，博士生联合培养
	都柏林格里菲斯学院	“2+2”本科双学位项目，“3+1”本科生交流项目，学生、教师交流
	阿斯隆理工学院	“3+1+1”本硕连读项目，“1+1+1”研究生双硕士项目，学生、教师交流，博士生联合培养
	沃特福德理工学院	学生、教师交流
德国	耶拿应用技术大学	“2+2”本科双学位项目，“3+1”本科生交流项目，学生、教师交流
	IBA 国际大学	学生、教师交流
	柏林经济文化科技大学	学生、教师交流
	莱比锡电信应用科技大学	学生、教师交流
澳大利亚	格里菲斯大学	学生、教师交流
	拉筹伯大学	学生、教师交流
	维多利亚大学	学生、教师交流
澳大利亚	卧龙岗大学	学生、教师交流
	邦德大学	学生、教师交流
新西兰	Unitec 理工学院	“3+1+1”本硕连读项目，学生、教师交流
日本	冈山大学	学生、教师交流，科研合作，博士生联合培养
	福井大学	“3+1”本科生交流项目，学生、教师交流，科研合作，博士生联合培养
瑞典	中瑞典大学	“3+1+1”本硕连读项目，学生、教师交流
	哈姆斯塔德大学	“3+1”本科生交流项目，“1+1+1”研究生交流项目，学生、教师交流，科研合作，博士生联合培养
意大利	罗马外国语大学	学生、教师交流
	罗马二大	学生、教师交流

续表 32

国别 / 地区	院校名称	合作形式
法国	欧洲理工学院	学生、教师交流
	巴黎行政管理学院	学生、教师交流
韩国	中源大学	学生、教师交流
	柳韩大学	学生、教师交流
芬兰	图尔库应用科技大学	学生、教师交流
马来西亚	林登大学	学生、教师交流
以色列	本·古里安大学	学生、教师交流
匈牙利	布达佩斯城市大学	学生、教师交流
印度	圣玛丽学院	学生、教师交流
新加坡	义安理工学院	学生、教师交流
中国台湾	铭传大学	学生、教师交流
	建国科技大学	学生、教师交流
	台北科技大学	学生、教师交流
	朝阳科技大学	学生、教师交流
	龙华科技大学	学生、教师交流
	宜兰大学	学生、教师交流
	世新大学	学生、教师交流

（王　琛）

【港澳台事务工作】2016 年，学校继续加强与香港、台湾等地区高校的交流与合作，首次选派学生参加了台湾世新大学的交流项目；承办了第十届海峡两岸信息科学与技术学术交流研讨会；聘请了台湾东华大学校长教授赵涵捷、台湾台北商业大学校长教授张瑞雄、台湾辅仁大学副校长教授李天行担任学校荣誉教授；接待了参加第四届华北五省（市、自治区）大学生机器人大赛的台湾建国科技大学师生代表团。

（王　琛）

【引智与外专】2016 年，学校共获批引智项目 7 项，引智经费达 98.6 万元。其中国家外专局高端外国专家项目（文教类）4 项，北京市引进国外技术、管理人才重点项目 1 项；北京市教科文卫重点引智项目 2 项。

2016 年，学校共聘请长短期外国专家 36 名来校开展教学、学术交流和科研合作，这些专家分别来自美国的南加州理工大学、波士顿大学，英国的剑桥大学、曼彻斯特大学以及瑞典的皇家理工学院等世界知名学府，为光电学院、机电学院、通信学院、计算机学院、自动化学院、信管学院、经管学院、理学院等学院讲授本科生和研究生课程或开设专题讲座，并与教师合作指导博士论文、开展相关科研合作。

表 33　　学校荣誉教授及学术委员会荣誉委员一览表

序号	姓名	聘任头衔	学校	聘任年月
1	Robert Mundell	荣誉教授	美国哥伦比亚大学、诺贝尔经济学奖获得者	2011.09
2	Ciaran O Cathain	荣誉教授、学术委员会荣誉委员	爱尔兰阿斯隆理工学院	2012.03
3	Michael Murphy	荣誉教授、学术委员会荣誉委员	爱尔兰考克大学	2012.03
4	Michael Thorne	荣誉教授、学术委员会荣誉委员	英国安格利亚鲁斯金大学	2012.03
5	Diarmuid Hegarty	荣誉教授、学术委员会荣誉委员	爱尔兰格里菲斯都柏林学院	2012.03
6	Gabriele Beibst	荣誉教授、学术委员会荣誉委员	德国耶拿应用技术大学	2012.05
7	何耀钦	荣誉教授	美国奥本大学蒙哥马利分校	2012.03
8	Bengt-Göran Rosén	荣誉教授	瑞典哈姆斯塔德大学	2012.08
9	见浪護	荣誉教授	日本冈山大学	2012.08
10	范光照	兼职教授	台湾大学	2012.09
11	Roger Lee White	兼职教授	美国慧德学院	2012.11
12	John G Veres III	荣誉教授、学术委员会荣誉委员	美国奥本大学蒙哥马利分校	2013.09
13	Wim Ravesteijn	荣誉教授	荷兰代尔夫特理工大学	2013.11
14	BedassaTadesse	荣誉教授	美国明尼苏达大学德鲁斯分校	2013.11
15	dt ogilvie	荣誉教授	美国罗切斯特理工大学	2013.12
16	村濑一之	荣誉教授	日本福井大学	2013.12
17	Keith Hooper	荣誉教授	新西兰奥克兰理工大学	2014.04
18	Louay M. Chamra	荣誉教授	美国奥克兰大学	2014.09
19	Daping Chu 初大平	荣誉教授	英国剑桥大学	2014.08
20	Torben Ernst Svane	荣誉教授	瑞典哈姆斯塔德大学	2015.03
21	Mattias Weckstén	荣誉教授	瑞典哈姆斯塔德大学	2015.03
22	王宏	荣誉教授	英国曼彻斯特大学	2015.04
23	Peter G. Klein	荣誉教授	美国密苏里大学	2015.05
24	Anand Asundi	荣誉教授	新加坡南洋理工大学	2015.09
25	Ian White	荣誉教授、学术委员会荣誉委员	英国剑桥大学	2015.09
26	Mikael Alexandersson	荣誉教授、学术委员会荣誉委员	瑞典哈姆斯塔德大学	2015.09
27	Gabby Sarusi	荣誉教授	以色列本古里安大学	2015.12
28	Vladimir Falko	荣誉教授、学术委员会荣誉委员	英国曼彻斯特大学	2016.04
29	Andrea Ferrari	荣誉教授、学术委员会荣誉委员	英国剑桥大学	2016.05
30	Theodore F. Morse	荣誉教授	美国布朗大学	2016.06
31	张瑞雄	荣誉教授	台湾台北商业大学	2016.07
32	赵涵捷	荣誉教授	台湾东华大学	2016.07
33	赵东明	荣誉教授	美国密歇根大学迪尔本分校	2016.07
34	王英宏	荣誉教授	台湾淡江大学	2016.07

续表 33

序号	姓名	聘任头衔	学校	聘任年月
35	张真诚	荣誉教授	台湾逢甲大学	2016.07
36	彭胜龙	荣誉教授	台湾东华大学	2016.07
37	李天行	荣誉教授	台湾辅仁大学	2016.12
38	王力翚	荣誉教授	瑞典皇家理工学院	2016.12

（张　雅）

【因公派出】2016 年，学校共派出因公出访团组 39 个，计 87 人次。重点支持了学校一线教学科研人员的短期访问学者及科研合作等任务。在因公出访团组的派出方面，严格执行计划管理，按需派遣，不断完善因公临时出国（境）工作细则，严格控制出国经费的预算和使用，当前国际形势错综复杂，注重强调政治意识。根据中共北京市委办公厅文件京办字〔2016〕12 号《关于加强和改进教学科研人员因公临时出国管理工作的实施意见》，经 2016 年第 20 次校长办公会讨论通过了《北京信息科技大学教学科研人员因公临时出国实施细则》。学校赴白俄罗斯、哈萨克斯坦、乌兹别克斯坦等国家团组进一步促进“一带一路”沿线国家的合作交流。在访问意大利外语大学期间，签署了合作协议。出访团组在开拓学校国（境）外新的合作大学方面发挥了重要作用，提升了出访人员的国际视野，对学校人才培养、学科建设和科研发展起到了积极的推进作用。

（王俊威）

【学生公派出国（境）交流学习】2016 年，学校继续加大与国（境）外合作大学的交流力度，派出总人数创历年新高，继续向 9 个国家和地区的 22 所合作院校派出长期、短期交流学生共计 154 人。在长期项目方面，首次向美国辛辛那提大学、美国密苏里大学堪萨斯分校、爱尔兰阿斯隆理工学院、台湾世新大学派出交流学生。在短期项目方面，首次开展了前往英国剑桥大学、以色列本古里安大学的短期项目。组织完成了学生公派出国（境）学习奖学金的评审、公示和发放等工作，受资助人数及总金额均创历年新高。

（王　琛）

【管理与服务】

综合管理

【概况】学校办公室（党委办公室）（以下简称“学校办”）是校党委、行政的合署办事机构，主要职能是落实、协调和服务。具体负责综合协调，文秘，印章和机要管理，信息和办公自动化，档案和综合统计，学校对外联络和接待，接待和协调处理群众来信来访，管理、协调学校法律事务，党务公开、校务公开和信息公开，学校党政机关办公经费和一般办公设备费分配及办公电话管理等工作。办公室现有主任 1 人，副主任 3 人，工作人员 16 人。

2016 年，深入贯彻党的十八大以来重要会议精神和习近平总书记重要讲话精神，全面落实全国高校思想政治工作会议精神，结合学校办公室实际，加强学习，改进作风，不断增强集体凝聚力、战斗力，为完成各项工作目标提供组织保障。2016 年，学校办公室紧密围绕学校党政工作要点和本部门工作计划，以高度的政治意识、大局意识、责任意识、服务意识，全面提升工作水平，积极推进并完成了各项重点工作。

【综合协调与服务】2016 年，完成校领导日常活动的总体协调、安排和服务工作。做好学校运动会、迎新、开学和毕业典礼、毕业生离校等工作的总体策划和综合协调，完成基础设施改造、华北五省机器人大赛等工作的服务保障和组织协调；配合相关部门完成外事工作会、安全稳定工作会议、学生军训、人大换届选举、北京市党风廉政建设专项检查、思政课督查等工作。

完成外联与接待工作，承担了全国政协部分委员、北京市政府、市政府教育督导室、北京市第 49 期中青班学员、北京市教委、北京市朝阳区、北京市委第四巡视组、北京中医管理局、海淀区政协、西三旗街道、烟台经济开发区、电子科技大学、吉林大学、北京工业大学等各项来访接待工作。

完成学校各部门的电话调整安装、变更名称、日常管理工作；做好校行政用印的审核、登记、管理，行政公函和介绍信、证明信的管理、会议室管理、会务服务及各节假日放假通知及排班工作，完成假期值班安排和 40 周的会议安排；完成学校办公室车辆维修的网上申报、确认、维修费统计，各部门使用车辆经费转账统计工作以及司机的管理工作。

【机要管理及公文处理】机要文件的收发管理及传阅。完成上级党委、行政及其他各类公文的收发、登记，根据拟办意见，完成文件传阅工作，完成文件的转办、督办、办结和归档工作。截至 2016 年 12 月 28 日，共接收上级党委类公文 424 件，含机要 109 件，电子政务内网收文 163 件，其中密级 179 件（机密 52 件，秘密 127 件），已办结件 420（其余 5 件按文件要求应于 2017 年 1 月前完成），共传阅 2331 人次。接收上级行政类公文 569 件，含机要 109 件，电子政务内网收文 73 件，其中密级 13 件（机密 4 件，秘密 9 件），已办结 564 件（其余 4 件按文件要求应于 2017 年 1 月前完成），共传阅 2468 人次。接收上传真通知（会议）172 份，传阅 232 人次，均已按通知要求传送各单位，并回复会议回执。

校内请示报告的管理及传阅。完成校内各部门提交的请示类、报告类文件的文件会签、传阅和督办。截至 2016 年 12 月 28 日，共办理校内请示 193 件，共传阅 410 人次，已办结 187 件，其余 6 件，各部门正在积极办理中。

内部资料等刊物的管理及传阅。完成学校领导内部机要刊物的订阅、传阅及管理。截至 2016 年 12 月 28 日，共接收内部资料 2001 件，密级：135 件（机密 96 件，秘密 49 件），共传阅 1006 人次。

电子政务内网运行与维护。在日常工作中，做好电子政务内网及安全邮件系统的运行维护，保证文件的及时签收、打印、传阅，完成校内其他部门通过安全邮件系统上报数据工作。截至 2016 年 12 月 28 日，完成电子政务内网收文 163 件，配合组织部完成组工内网与电子政务内网的接入工作。

2016 年共审核、印制校级文件 475 件，印发规章制度 37 件，其中行政类 21 件，党群类 16 件，新成立 11 个专门委员会和工作组，校内制作秘密级文件 6 件。

【文秘工作】完成重要决策会议的组织和纪要制发工作，全年共召开党委常委会 38 次、制发纪要 1045 份，召开校长办公会 21 次，制发纪要 542 份，召开党政联席会议 3 次，制发纪要 45 份。

起草并全面审核把关学校党政重要文件，完成学校巡视整改方案、年度工作要点、工作总结等重要文件的起草工作，起草纪念建党 95 周年主题报告、外事工作会议讲话、本科教学工作会议讲话、人才工作会议讲话等学校重要发展战略会议文稿。

完成 2016 年华北五省大学生机器人大赛、第十届海峡两岸信息科学与技术学术交流研讨会、首都高等学校第八届秋季学生田径运动会、开学典礼毕业典礼等各类领导致辞，完成校领导走访调研的新闻报道，以及校际间贺信、函件等的起草工作。

【依法治校工作】2016 年，不断完善以学校章程为中心的制度体系，完成规章制度“废改立”工作，规范印章管理，出台学校合同管理办法等，并通过制度审核、司法诉讼、法律宣传、信访工作等，构建懂规矩、用规矩、守规矩的“治理环境”。经过对规章制度的三次系统性梳理，截至 2016 年年底，共废止规章制度 24 个，已修订或已有修改意见的规章制度 24 个，修订中的规章制度 24 个。同时，启动学校规章制度汇编工作，截至 2016 年年底，已经完成初稿，共涉及现行规章制度 460 个。

【年鉴工作】2016 年，完成北京教育志编纂委员会编纂《北京教育年鉴 2016 卷》的组稿工作，共上报学校 2015 年全年的重大事件条目 43 条，约 8300 字，图片共 17 幅。完成《北京教育年鉴（2015）》（包含约 62 万字及 51 幅图片）三次审稿、三次校对、定稿和终审工作，印刷成册共 300 本，分别发放到全校共 49 个单位；3 月，同时启动《北京教育年鉴（2016）》的组稿和编纂工作，完成校内各单位稿件的编辑、统稿、核稿、图片筛选、三次审稿、三次校对等工作，共计约 62 万字及 76 幅图片。组织选出《北京教育年鉴（2016）》编纂过程中的“快手编辑”和“十佳编辑”奖项，共通报表扬校内各单位编辑 18 人。首次邀请北京教育年鉴编纂专家进行年鉴编写培训 1 次，约 50 人参加。

【综合统计工作】完成高基报表填报及统计分析工作、海淀统计工作和校内部门专项统计工作。更新录入学校 2016—2017 学年统计数据，完成统计分析报告一篇，获得北京市高校教育事业统计先进集体三等奖。组织相关部门按时完成海淀统计月报、季报、年报工作，承担或协助学校其他部门完成科普统计、本科教学质量数据采集、国防动员潜力数据采集等各类专项统计工作。

【信访工作】2016 年共协调处理法律诉讼案件 11 起，参与法庭调解与旁听 10 次，组织校内重大案件律师会商会议 8 次，为校内单位提供法律事务咨询共计 27 次，出具法律意见书 5 份，审核制度性文件 25 份、合同 31 份，制定出台学校合同管理制度，开展法治宣传教育活动，提升学校师生法治观念。

2016 年共处理群众来信 55 封，接待群众来访 34 人次，电话接访 30 余次，安排校领导接访 40 次。

【党务、校务公开、信息公开】2016 年，通过各种形式主动公开各类信息共计 2569 条，公布校级党委文件 91 个、行政文件 313 个。完成党务公开网站的日常运行维护工作，全年通过党务公开网站共公开事项 1583 项，其中 2016 年新发布文档 110 篇。学校信息公开网站正式上线运行，公开内容涉及学校信息公开实施细则中要求的 11 大类 57 项公开内容，公开信息 700 余条，并发布《2016 年度信息公开报告》。

【档案管理】2016 年，修订《档案各门类档案归档范围和保管期限》，开展三期“档案管理专题培训”，共归档各类纸质档案 2410 卷，照片 135 张；电脑录入 0.29 万条，卷内文件目录 2.44 万条。全面升级学校档案管理系统，完成部分基建类档案 72 卷、共计 1287 张图纸扫描工作。及时、准确地完成“2015 年度综合档案室基本情况”统计、录入、上报工作。

【其他工作】党支部工作扎实开展。2016 年，召开支部委员会议 5 次、全体党员大会 4 次、民主生活会 2 次。

完成校工会、机关工会下达的各类通知。2016 年，学校办公室号全体同志积极参加校工会和工会小组组织的活动二十余项。

【配合做好巡视工作 扎实做好巡视整改】2016 年，市委第四巡视组对学校党委进行了专项巡视，学校办公室作为学校专项巡视整改领导小组办公室成员，调动各单位及时准确地提交了巡视所需材料，统筹安排巡视组座谈、单独谈话等各项工作。根据反馈意见，学校办公室牵头起草了《整改工作方案》《整改情况报告》《组织落实情况报告》。此外还与纪委办公室共同开展专项巡视整改相关后续工作，制定专项巡视材料清单、收集汇总相关材料，并对各相关部门专项巡视整改措施的落实情况开展了督查督办。

【全面实施二级单位考核工作】2016 年，学校办公室作为二级单位考核的牵头单位，从年初开始着手相关准备工作，先后到兄弟高校调研、征求职能部门意见、征求教学单位主要负责人意见、召开考核工作小组会议等，共修改完善《二级单位年度考核办法》16 稿。

【有序推进公车改革】2016 年 11 月，北京市全面部署市属高校公车改革。学校成立公务用车改革工作领导小组，由学校办公室牵头制定详细车改实施方案。学校办公室多次会同人事处、财务处、资产管理处和后勤管理处等单位，研究上级政策、填写统计数据，把任务、分工、进度以及要求等相继明确，先后4次上报学校公务用车制度改革工作方案。在此项工作推进过程中，统筹做好公车改革的相关后续工作，保证公车改革按规落实，有序推进，平稳过渡。

【实现档案系统升级和档案数字化建设】2016年，实现档案系统升级和档案数字化建设，既实现了对档案原件的有效保存，保证不可再生珍贵档案资源的安全，又通过计算机网络实现档案信息的在线共享，更好地发挥档案信息资源的作用。2016年，学校综合档案室办公区域实现网络版系统全面使用，并对接学校办公系统，实现学校各兼职档案员及档案管理负责人的查询功能。在档案数字化建设工作中，完成学校健翔桥校区、清河校区、小营校区剩余部分基建类档案72卷，共计1287张图纸扫描工作，实现基建类图纸使用的方便、快捷。

（李思璐）

人事管理

【概况】人事处是学校人力资源管理的重要职能部门，主要负责贯彻执行国家、上级主管部门和学校颁布的有关人事干部、劳动、工资等方面的法律、法规、政策和规定，负责全校人事管理政策的研究与制定；人员编制、岗位设置和校内各种津贴的发放；师资队伍建设与人才引进；行政科级机构设置；人事调配与管理；劳动工资管理；专业技术职务岗位聘任；人才交流和编外人员管理；职工培训、考核、奖惩；办理退休、保险福利等工作。人事处共有处长1人，副处长2人，其他工作人员9人。

2016年是学校围绕国家创新驱动发展战略和“双一流”大学建设方案，服务京津冀协同发展和首都“四个中心”功能定位的发展理念，制订“十三五”事业发展规划并付诸实施的开局之年。人事处认真贯彻国家、北京市和市教委及学校人事工作的一系列方针政策，紧密围绕学校发展目标及办学定位，扎实落实“五个环境建设”和学校“十三五”事业发展规划，不断深化人事制度改革，建立符合时代要求和学校建设发展需要的用人机制。以优化结构和提高水平为重点，不断加强新形势下师资队伍建设，继续规范和完善人事管理制度，平稳推进绩效工资改革，提高人事管理与服务工作水平，为学校 “超常规、跨越式”发展提供人才资源硬支撑。

（王　颍）

【师资管理】教师资格认定。组织教师参加2016年度春季、秋季两期教师资格认定，共有47人获得高校教师资格证书。

外聘教师审批。2016年完成学校兼职教授的聘任和管理工作，年度聘任兼职教授2人；完成学校外聘参加一线教学工作教师7人。

（冉　屏　高　俊）

【高层次人才】成功组织召开2016年北京学者计划信息与电子专家委员会工作会议，校党委书记王传亮、校长王永生、北京市人力社保局党组副书记、副局长王蓓到会，组织工作得到了北京市人力社保局专家处的高度评价。

组织开展北京市第十二批海外高层次人才推荐工作，学校特聘教授新加坡南洋理工大学ASUNDI ANAND KRISHNA教授获批；新增双聘院士姜会林和杨善林2人。

完成学校“北京市海外高层次人才”的日常管理工作，配合北京市海外学人中心以及所聘学院，做好与高层次人才的沟通协调及津贴发放工作；完成学校高层次人才管理、协调沟通及其津贴发放；完成学校兼职教授、客座教授的聘任和管理工作。

（冉　屏　高　俊）

【评优推荐】组织开展2016年享受国务院政府特殊津贴人员推荐工作；组织开展2016年国家“千人计划”申报工作；组织开展百千万人才工程北京市级人选推荐工作；组织推荐2016年度长江学者奖励计划青年项目候选人推荐工作；组织开展海外高层次人才引进专项计划调查工作。

（冉　屏　高　俊）

【教师职务岗位聘任】完成2015年度教师职务岗位聘任工作。共有71人晋升申报教师职务岗位，经过聘任工作程序，最终 8 人晋升聘任到正高级岗位，22 人晋升聘任到副高级岗位，13 人晋升聘任到中级教师职务岗位。共有 2 人同级申报教师职务岗位，经过聘任工作程序，最终 2 人同级聘任到中级教师职务岗位。

启动 2016 年教师职务岗位晋升聘任工作。2016 年度教师职务岗位晋升聘任于 11 月份进行前期准备工作，12 月 14 日发布《北京信息科技大学关于 2016 年教师职务岗位晋升聘任工作的通知》，标志着 2016 年教师职务岗位晋升聘任工作全面启动。下达正高级岗位 18 个，副高级岗位 42 个，通过绿色通道晋升聘任的教师职务岗位下达数无指标限制。共有 71 人晋升申报教师职务岗位，其中，14 人晋升申报正高级教师职务岗位，70 人晋升申报副高级教师职务岗位，8 人晋升申报中级教师职务岗位。

（冉 屏 高 俊）

【其他专业技术职务岗位聘任】完成了 2015 年度其他专业技术职务岗位聘任工作。共有 9 人晋升申报副高级其他专业技术职务岗位，14 人晋升申报中级其他专业技术职务岗位，5 人同级申报中级其他专业技术员职务岗位。经过聘任工作程序，最终晋升聘任 3 名副高级其他专业技术职务岗位人员，晋升聘任 14 名中级其他专业技术职务岗位人员；同级聘任 5 名其他专业技术职务岗位人员。

（冉 屏 高 俊）

【科技成果转化高级岗位聘任工作】完成了科技成果转化高级岗位的聘任方案制定和聘任工作。学校于 11 月 3 日正式启动 2016 年科技成果转化高级岗位聘任工作。共有 4 人申报科技成果转化高级岗位，其中申报科技成果转化正高级岗位 2 人，申报科技成果转化副高级岗位 2 人。经过聘任工作程序，最终聘任 2 位科技成果转化正高级岗位人员，聘任 2 位科技成果转化副高级岗位人员。

（冉 屏 高 俊）

【教育管理高级专业职务任职资格评审】完成了 2016 年教育管理高级专业技术职务任职资格的推荐评议工作。共有 1 人申报教育管理任职资格。经评审，共向北京市推荐教育管理研究员 1 人。

（冉 屏 高 俊）

【工勤技能岗位人员职业技能培训、鉴定】完成 2016 年工勤技能岗位人员职业技能培训、鉴定工作，共有 17 人申报参加北京市工勤技能岗位人员职业技能培训、鉴定。经工作程序，最终向北京市教委推荐技师 2 人，高级工 7 人参加北京市 2016 年工勤技能岗位培训、鉴定。

（冉 屏 高 俊）

【思想政治工作人员资格审核工作】完成 2017 年思想政治工作人员任职资格评审审核工作，共组织 3 名申报人参加了北京市政工职评高级政工师资格审核。

（冉 屏 高 俊）

【教职工发展工作】新入职教职工培训。10 月，学校举办新入职教职工岗前培训。党委书记王传亮作了主题为“以‘五个环境建设’为统领 推动学校超常规跨越式发展”的专题讲座，校长王永生作重要讲话，有关职能部门负责人分别作专题报告。培训内容主要有师德教育、校情介绍、骨干教师的教学观摩活动、教学、科研和管理能力专题培训以及参观实践等活动，并新增了师德师风宣誓、参观新校区建设和参加海外专家大讲堂等活动，有效提高了教职工的业务能力。参加培训事业编和非事业编教职工 60 人。组织新入职教师参加北京市高等学校师资培训中心举办的第 71 期、72 期岗前培训以及人众人拓展培训公司举办的拓展培训。

教师国内进修培训。2016 年，落实全校教职工进修学习工作，学校在职攻读博士学位 61 人，在职攻读硕士学位 16 人；新派出国内访问学者 4 人；举办骨干教师英语水平提高班，集中培训各学科专业青年骨干教师 20 余人；委托北京市高等学校师资培训中心为学校举办高校管理干部行政工作能力提升高级研修班，年度总计培训管理干部 50 人次；与学校办公室联合举办专、兼职档案管理人员专题培训班，培训专、兼职档案管理人员 83 人；组织教职工参加北京市属高等学校硕士研究生导师高级研修、青年骨干教师教学能力提升培训、北京市大学英语教师专业化能力发展专题研修、高校教师科研能力与师德素养提升高级研修、高校管理干部论文发表与写作能力提升高级研修培训、北京市属高校后勤管理干部能力提升培训等各类培训项目，培训教师 240 余人；资助各类上岗培训、岗位继续教育 70 余人次。

教师境外进修培训。2016 年，组织教师申报国家留学基金委国外高级访问学者项目，年度推荐 6 人；分两批组织骨干教师赴爱尔兰高校开展教学实践技能培训，总计培训骨干教师 6 人；举办第四期处级以下教育管理干部台湾培训班，年度培训院系和行政教育管理人员 15 人。

（吕 航 王 颖）

【人才项目管理】

项目推选工作

组织开展北京市委组织部2016年度青年拔尖人才项目推荐工作，入选1人；组织开展“高创计划”青年拔尖人才项目推选工作，入选1人；组织开展北京市2016年度留学人员科技活动项目择优资助申报工作，入选1人。

项目执行工作

按照北京市项目管理办法，严格执行财经纪律，协调2016年度北京学者项目2个、长城学者项目3个的实施工作，总计涉及经费315万元；具体组织2016年度教师队伍建设项目中由人事处牵头的青年拔尖人才项目的实施工作，总计涉及经费95万元。

项目经费预算工作

组织开展教师队伍建设等项目2017年度经费预算及申请工作，包含北京学者2人、长城学者2人、北京市属高校青年拔尖人才7人、北京市委组织部青年拔尖人才3人，总计涉及经费357.5万元。

项目结题工作：配合北京市教委对学校2013年度入选的教师队伍建设系列项目开展结题工作，所涉及的34个项目全部顺利结题。

项目效益分析工作

依据北京市教委通知要求，对学校各类人才项目开展项目执行情况效益分析工作。

（吕　航　王　颍）

【人事管理】教职工队伍状况。截至2016年12月31日，学校共有在编教职工1366人，其中45人不在岗。在岗教职工中：专业技术岗位999人，管理岗位244人，工勤技能岗位78人。按专业技术职务（职称）统计，共有正高级专业技术职务（职称）132人；副高级专业技术职务（职称）345人；中级专业技术职务（职称）579人；初级专业技术职务（职称）56人。按学位统计，共有博士学位409人，硕士学位489人，学士学位216人。截至2016年12月31日，学校共有退休人员1051人，离休人员45人。其中，2016年退休教职工34人。

人才引进。2016年共接收各类人员61人，其中博士40人，硕士16人，本科5人。接收应届毕业生31人，其中博士20人，硕士11人，为21人办理了进京落户手续 调入26人，其中博士后9人，博士11人，硕士4人，本科2人；接收留学回国人员3人，其中博士3人；接收村官1人；接收军转干部4人。

根据学校发展需要，严格执行招聘工作程序，经过笔试、面试（试讲）、英语水平测试、心理测试等工作环节，人事科及时完成了2016年非事业编制职工招聘入职等相关工作，共招聘非事业编职工6人，其中硕士5人，本科1人。

人员调出及校内调动。2015年从本校调出人员共计7人。按人员身份统计：教师4人，管理人员3人；按学位统计：硕士学位4人，学士学位3人。校内调动6人。

完成全校现任局级干部11人、现任处级干部137人、涉密人员33人和离退休局级干部39人，共计220人在北京市出入境管理局上报备案工作及4人撤销报备工作，完成报备人员因私证照收集、统计、管理工作。

年度考核。2017年1月，学校颁布《北京信息科技大学处级以下教职工2016年年度考核实施办法》。依据此办法，人事处组织实施了2016年工作考核工作。2016年工作考核结果为：全校1173名处级以下教职工应参加考核，实际参加考核1169人，其中，考核等次为优秀的教职工235人，考核等次为合格的教职工908人，参加考核不确定等次的教职工26人。

教授延长退休及返聘人员管理。为4名教授办理了延长退休年龄申请。按照《返聘人员管理办法》，明确校内返聘人员的条件和程序，办理返聘手续88人次。

二级机构负责人聘任。完成教学单位及学院15人次二级机构负责人的聘任工作。

完成了2016年59名新入职教师聘用合同签订工作。

（王　贺　高立浩）

【劳动工资和福利管理】工资与福利。2016年，全年在职职工工资总额25019.7万元，其中在岗职工工资24591万元，其他从业人员劳动报酬428.7万元，不在岗职工生活费23.7万元。离休人员离休费670.46万元，退休人员1—10月发放退休费7902.47万元（养老保险改革归并前）。

社会保险。根据社会保险有关规定，以参保职工本人2015年1月至12月实际发生工资总额（税前）的月平均工资核定2016年度社会保险缴费基数。非事业编制职工需缴纳企业职工养老保险、医疗保险、失业保险、生育保险和工伤保险。2016年根据北京市人力资源与社会保障局的统一安排，学校的在编正式职工除需正常缴纳医疗保险、生育保险、失业保险和工伤保险外，还需缴纳机关事业养老保险和职业年金。2016 年，学校共为各类职工缴纳养老保险 1717.65 万元，职业年金 187.72 万元（不含补缴）。医疗保险 3314.06 万元，生育保险 164.66 万元，失业保险 212.8 万元，工伤保险 82.28 万元。

离退休有关工作。截至 2016 年 12 月 31 日，学校共有离退休人员 1095 人，其中离休人员 44 人、退休人员 1051 人。2016 年学校共为 34 名职工办理了退休手续。2016 年度按照机关事业养老保险改革工作的部署和要求，自 2016 年 10 月起将退休人员统一纳入社会保险，统筹部分的养老金改由社保基金支付发放。

残疾人就业保障金。根据《残疾人就业条例》《北京市按比例安置残疾人就业办法》等有关规定，本市各类用人单位，均应按照本单位在职职工总数不少于 1.7%的比例安排残疾人就业，未按规定完成安排残疾人就业任务的，应缴纳残疾人就业保障金。学校本年度实际安排 9 名残疾人就业，实际缴纳残疾人就业保障金 266.7 万元。

（龙天 戴长林）

附：高级专业技术职务岗位任职人员

机电工程学院（47 人）：

教授 王红军 王国权 王科社 孙江宏 杨庆东 陈勇 林慕义 郝南海 郝育新 贺敬良 高炳学 黄民 钟建琳 姜可 刘泉 王吉芳 童亮

副教授 朱春梅 刘芳 祁志生 严乐 李天剑 李乐 李启光 杨莉 张志强 张艳 张君华 张瑞乾 陈秀梅 赵秋玲 侯悦民 龚国庆 盖雨聆 戴丽萍 马彬 李凤莲 赵理 彭宝营 刘相权

高级实验师 王雪雁 王准 刘国庆 邓春芳 黄小龙 韩凤霞 孟玲霞

仪器科学与光电工程学院（39 人）

教授 王晓飞 刘国忠 李东 吕勇 娄小平 祝连庆 郭阳宽 董明利 陈青山 宋建丽 张晓青 周哲海

副教授 马牧燕 王君 王艳林 王晓玲 刘力双 牛春晖 李月强 赵爽 贾豫东 燕必希 刘锋 张钰民 李晓英 何巍 闫光 吴思进 辛璟焘 孙婷 张帆

副研究员 乔道鄂 贺庆 孟晓辰

高级实验师 刘刚 郎晓萍 郑青玉 赵双琦 孔全存

信息与通信工程学院（23 人）

教授 朱希安 苏中 汪毓铎 周金和 缪旻 李学华 曹林

副教授 李红莲 吴韶波 罗倩 张月霞 姚彦鑫 徐湛 崔英花 焦瑞莉 潘建军 解迎刚 王占刚 段中钰 张涛 朱翠 赵凯

高级实验师 王亚飞

自动化学院（32 人）：

教授 厉虹 马洁 张奇志 李擎 周亚丽 恒庆海 曹荣敏 艾红 胡平平

副教授 付兴建 刘丽华 李娟 李慧 吴迎年 杨秀媛 范军芳 张巧杰 张利 陈雯柏 管萍 张芳 王军茹 冯清娟 刘琼 刘佳 王丽婕 李庆奎

高级实验师 白雪峰 关静丽 李萍 侯明

副研究员 胡敬芳

计算机学院（44 人）：

教授 申闫春 刘建宾 牟永敏 李宁 李淑琴 李宝安 张仰森 徐雅斌 侯凌燕

副教授 王铁峰 牛欣源 刘旭红 刘均梅 刘京志 刘城霞 刘雪飞 杨大利 杨菁 何玉洁 沈美娥 张志华 岳清 张伟 胡信裕 胡景凡 侯霞 施运梅 秦奕青 殷旭 彭克勤 徐莉 焦健 朱敏玲

李　卓　孟　坤　宋　莹　蒋玉茹
刘秀磊　苗　军　郑丽伟
高级实验师　田英爱　高　卓　黄改娟
研究员　吕学强

经济管理学院（69 人）：

教　授　王　斌　刘　春　贠晓哲　李雁玲
曲　立　张志凤　张　健　黄中文
周脉伏　唐五湘　徐文彬　葛新权
谢瑞峰　谢　群　岳宝宏　候军歧
梁栩凌　谭祖卫　孙玉霞
副教授　于生生　王建梅　王　慧　王　莹
王　晖　尹洁林　叶小玲　田淑英
田肇云　任丽明　刘文涛　孙　静
孙　凯　李红娟　李建良　李晓非
李静文　李慧思　杨闻萍　杨颖梅
沈银萱　周飞跃　周秀玲　周　觉
崔　瑜　彭　燕　孟海亮　杭建平
侯风萍　贾香萍　徐　颖　段文军
赵　伟　程桂枝　韩之怡　廉串德
黎　枫　陈玉保　赵　淼　聂铁力
曹晋红　倪　渊　张　舒　杨　慧
王建国　李　莉
高级实验师　刘　青　刘　伟　陈元凤

信息管理学院（33 人）：

教　授　尹春华　李　忱　徐晓敏　崔　巍
蒋文保　康海燕　赵　刚
副教授　王晓敏　于瑛英　卢华明　朱　阁
任俊玲　孙志恒　孙若莹　何文君
卢益清　刘亚辉　吴丽花　陈立南
林小茶　郁红英　施永香　胡　炬
赵庆聪　高　英　蒋洪伟　张　虹
王晓波　车　蕾　谷晓燕　胡　敏
臧玉洁
高级实验师　宋燕林

公共管理与传媒学院（15 人）：

教　授　王　媛　李　钢　梁冬梅　杨孔雨
副教授　丁　宁　牛新权　伊　强　李　仙
张英杰　郭严俊　谢保杰　阎建国
沈春雷　杨成虎
高级实验师　高　平

马克思主义学院（19 人）：

教　授　刘永成　胡　飒　敖云波　张云筝
傅正华　何深思
副教授　王英红　陈建成　刘建华　齐治兰
杨玉珍　吴慧芳　汪　帆　庞淑萍
舍娜莉　曹　霞　曾毅红　郭春燕
韩剑英

外国语学院（35 人）：

教　授　任维平　李淑琴　肖洪森
副教授　马月英　王朝晖　王　霞　王　瑾
方　元　尹祝辉　刘　颖　李　萍
李伟宏　孙力华　肖　滨　宋　芳
张广奇　张晓蔓　张群星　陈晓飞
陈海涛　陈　燕　郝永辉　赵　彬
郭丽萍　董利晓　程京艳　程　莲
顾　红　赖　瑜　蔡　莉　谭胜国
丁剑仪　杨韩钰　史学冬　丁晓蔚

理学院（60 人）：

教　授　于肇贤　齐臣杰　李国成　杨毅恒
邱　钧　侯吉成　戈新生　冯美强
程希明　谢冬秀　薛春艳　其木苏荣
吴秋新　王宏伟　王灯山
副教授　王　昕　王小妮　王爱文　王彩霞
王晶杰　龙晶凡　田　茹　孟祥花
徐茂林　华冬英　庄建红　刘凤敏
刘　玲　李　涵　杨　虹　吴光旭
张丹萍　张炳江　钟新华　闻小永
倪晓明　殷树娟　黄小丽　雷纪刚
解文龙　陈　芳　黄静静　马余全
李　严　亢芳圆　肖　玮　苏　农
赵明镜　左　军
研究员　王丽坤　田文杰　朴林华　邹小平
高级实验师　胡纪平　黄文奇
副研究员　张　伟　谷传欣　秦　雷　解炳昊
廖擎玮

体育部（7 人）:

教 授 王慧丽

副教授 王 睿 刘守君 张世忠 陈永存 席 军 徐 涛

国际交流学院(1 人):

教 授 蔡 英

电子信息与控制国家级实验教学中心（7 人）

教 授 朱嘉林 李邓化 高晶敏

副教授 杨鸿波 张金龙 魏 英

高级实验师 任小军

科研单位（11 人）:

教 授 田杨萌 徐小力

副教授 王立勇

研究员 高国伟

高级工程师 王 涛 都云程

副研究员 王小川 王少红 左云波 吴国新 谷玉海

直属单位（28 人）:

教 授 杨兴林 滕功清 盛炎平

副教授 方炜炜 刘梅彦 周长胜 贾艳萍 崇美英 董丽萍 黄宏博

副研究员 王学文 马 丁 陈 萍 杨志耘

副研究馆员 马铭锦 应红燕 陶靖中

高级工程师 伍 银 宋利强 郑小博

高级实验师 王 伟 李 沛 李桂芝 宋晓娜 郑 军 侯晓霞 胡延平 赵玉双

党政机关（28 人）:

教 授 王久和 王兴芬 卢 静 刘桂礼 米 洁 许宝杰 李祥贵 陈 昕 金春华 赵爱玲 韩秋实

副教授 刘云风 张 莉 郭银辉 倪 海 彭书华 王海龙 郭 颖

高级工程师 李 旭 黄 芳 孙彦超

主任医师 才秀芬

副主任医师 黄月仙

高级会计师 权菊娥 郑丽珠

编辑正高级 康 劲

编辑副高级 黄宁军

高级审计师 包育红

说明：1. 以上人员均按姓氏笔画排序，共计 497 人。
2. 人员职称情况统计截至 2016 年 12 月 31 日。

财务管理

【概况】财务处是学校的一级财务机构。主要负责贯彻执行国家和北京市有关法律、法规、财经政策及财务规章制度；依法组织和领导全校财务管理和会计核算工作；根据学校事业发展计划编制年度预算，并协调预算执行、组织编制决算；依照财务制度规定，办理学校各项经费收支核算；建立健全学校财务规章制度，规范校内经济秩序；依法多渠道筹措资金，满足学校运行和发展需要。财务处下设预算管理部、会计核算部、综合服务部和基建（新校区建设）财务部四个二级机构。财务处现有在职职工 21 人，在两个校区办公，其中处长 1 人，副处长 1 人，高级会计师 2 人。

（刘晓妮）

【财务收支状况】2016 年，全校总收入 146814.64 万元，其中财政拨款收入 132308.73 万元、事业收入 13041.55 万元、附属单位上缴收入 200.76 万元、其他收入 1263.60 万元；2016 年，全校总支出 132320.68 万元，其中基本支出 59549.92 万元；项目支出 72770.76 万元。

截至 2016 年 12 月 31 日，全校资产总额 281039.31 万元，其中流动资产 129477.19 万元、长期投资 463.55 万元、固定资产 124126.49 万元、在建工程 26567.46 万元；全校负债总额 28878.91 万元，其中长期借款 14900 万元；全校净资产合计 252160.39 万元，其中事业基金 20526.13 万元、非流动资产基金 151562.12 万元、专用基金 4240.32 万元、财政补助结转 64283.91 万元、非财政补助结转 11502.24 万元。

（郑彩云）

【财务计划管理】科学编制预算，组织做好财政预算及校内预算编报工作。依据2015年预算及执行情况，综合编制2016年预算。在资金安排上保证人员经费、水电气暖费用等各项刚性支出，满足教学、科研等中心工作的需求，保证学校重点工作支出，为新校区建设等学校发展建设重大事项提供资金保证。积极做好年度预算分配、调整和追加等工作事项，确保学校预算顺利执行。9月下发《关于做好2017年度财政预算编报工作的通知》文件，按照市财政、市教委工作部署，财务处组织相关人员参加新版预算编报系统培训，并及时启动预算编报工作，汇总教务处、研究生院、人事处、后勤管理处等归口部门基础数据，统筹做好2017年度财政预算的测算和申报工作。11月2日发布《2017年度校内预算编报通知》，启动校内预算编制工作；11月至12月，组织2017年校内预算的布置、汇总、平衡工作，及时上报预算管理委员会审议、校长办公会审批、党委常委会审定。

积极做好年度财务决算编制工作。2016年1月上旬财务处精心部署、团结协作、细化分工、落实责任，组织填报“2015年度财务决算报表”“2015年度财务决算分析报表”，撰写完成《2015年度财务决算分析报告》，1月中旬将决算数据上报北京市教委并顺利通过审核，优质高效地完成了2015年决算编报工作以及决算分析报告撰写。

积极开展财务信息公开。按照合法性、基础性、重要性和谨慎性的原则，主动将市教委批复的2015年度财务决算报表、2016年度财务预算报表和学校制定的各类财经文件通过校园网进行公开。

（郑彩云）

【会计核算工作】2016年严格按照《高等学校会计制度》的要求开展会计核算工作。主要完成以下方面的工作：

会计核算工作。本年度共编制记账凭证32276张，分录共143879笔，附件张数312244张。全年现金付款1961.83万元，现金收款1961.90万元，签发银行支票和办理汇款10817笔，办理各种收款2265笔。为提高工作效率，财务处在清河小营校区和健翔桥校区两个校区共安装了三套汇款单自助打印系统，方便职工办理汇款业务，大大降低手工填制汇款单的出错率。

公务卡结算工作。本年度共编制公务卡业务凭证7979张，报销公务卡刷卡笔数15752笔，还款金额1188.04万元。

加强劳务费、专家咨询费发放管理。本年度共发放劳务费1501.23万元。财务处优化了劳务费发放流程，确保了各项费用及时准确发放。

试运行网上预约报销系统。从2016年3月开始，财务处试运行网上预约报销系统，全年共有1473张凭证进行了网上预约报销，占全年凭证的4.56%。财务处先后三次开展以网上预约无现金报销为主题的培训，在两个学院开展网上预约报销业务试点工作。针对试点过程发现的问题及时与软件公司进行协调和沟通，积极推进无现金报销系统调试，已完成数字证书、网银账号以及软件调试等前期工作。

坚持会计凭证交叉复核，按时做好银行对账工作，对每笔未达账项分析原因并及时处理，按月编制“银行存款余额调节表”，切实做到账实相符，确保学校资金安全。

财务档案管理工作。对每天银行的回单及时查号并整理，确保会计资料的完整性。及时将记账凭证整理装订成册，全年共装订记账凭证515册，移交档案室凭证1190册。

（秦顺红）

【专项经费管理】2016年，北京市教委下达专项经费35436.39万元，结转2015年及以前年度专项经费48515.46万元，其中，包括结转的2014年财政拨款专项经费“基建三年规划项目——北京信息科技大学新校区建设项目”48139.40万元。2016年专项支出62938.53万元，其中当年项目支出14468.74万元，以前年度项目支出48469.79万元。3月初，财务处发布《关于2016年度专项经费预算指标的批复》，将2016年年初专项经费额度及时下达到各归口管理部门，顺利启动专项经费支出工作。2016年4月，北京市教委组织开展专项预算绩效考评工作。学校2014年度下达项目“科研基地建设——北京世界城市循环经济体系协同中心(2011协同创新中心)(市级)”接受北京市教委考评，项目金额791.00万元。在财务处和科技处等相关部门的精心准备下，经过事务所初审和专家检查、复审答辩等环节，该项目综合得分81.29分，项目综合绩效评定结论为“良好”。2016年6月，由财务处牵头，各业务处室及各院系配合，聘请北京中平建华浩会计师事务所组织学校绩效考评工作。从2014年度下达项目中抽取6个项目进行评价。本次抽取的6个项目绩效评价结果为：优秀项目1个，占评价项目总数的16.67%；良好项目5个，占评价项目总数的83.33%。10月中旬，顺利完成2017年专项经费预算申报工作，共申报59个项目，金额合计为53677.15万元。

（李小鹭）

【收费管理工作】顺利完成了2016年全年收费工作。按照学生收费工作计划，精心组织安排，全年收费工作做到了收缴及时，数目准确。全年累计实现非税收入6490.97万元。其中，本科生学费4694.01万元，研究生学费881.25万元，继续教育学院学生学费139.94万元，留学生学费159.12万元，住宿费881.25万元。

同时，完成了返校重修生的培训费收缴工作，收费共计17.73万元；工程硕士收费102.05万元；继续教育学院合作办学和函授收费共计279.28万元。

年底完成了收费系统、账务系统和财政局系统三个系统的收费数据核对工作，数据核对无误，保证了收费工作账证相符。

（王素容）

【科研经费管理】2016年，科研经费的立项、结题及免税工作不断完善和提高。2016立项科研课题758项，到款金额6013.23万元，实际已立项352项目，金额5256.54万元，其中包含纵向课题经费1019.75万元，横向课题经费4236.79万元，缴纳增值税179.77万元。协调税务机关及时为广大教师办理各项纳税、免税申报手续，全年累计办理科研项目立项及备案手续309笔，申报项目免税手续49项，涉及免税课题金额达987.87万元，涉及免税金额59.27万元。本年度学校支持科研工作，当年拨付科研编制奖励385万元。

积极配合项目负责人及相关部门完成校内科研项目结题工作28项。其中北京市自然基金4项，国家自然基金14项，重大项目3项（为现场审计），装备承制资格现场审查1项，军工新品验收5项，申请重大项目1项，国军标体系监督审查等。打印账册明细、结题、查找凭证、盖章合计1580卷。对于科研结题，根据课题研究的需要，随时提供项目的明细账，核对项目经费支出明细的合理性并盖章。

【财经制度建设】2016年根据财务管理和内控建设工作的新形势、新要求，继续加大规章制度建设，力争构建长效机制。先后出台印发4个文件，《北京信息科技大学经费支出审批管理办法》《财务会计人员岗位轮换办法》《会计人员继续教育管理办法》《财务印章管理和使用办法》。通过制定完善和落实制度，不断强化了财务管理风险防控意识，提高财务管理水平。

（杨文静）

【获奖情况】获得北京市教委2015年度决算编报工作先进单位一等奖。获得2016年预算综合绩效评价三等奖（奖励拨款600万元）。

（刘晓妮）

【其他】为了贯彻落实财政部文件《关于印发〈行政事业单位内部控制规范（试行）〉的通知》（财会〔2012〕21号），2016年学校财务处继续牵头推进学校内部控制建设工作，各职能部门通过业务流程梳理、流程图绘制、风险点查找、规章制度建设等工作，基本完成了学校《内部控制手册》。初步形成了一套较为科学、规范的，涵盖财务管理、资产管理、政府采购和基建工程等方面的制度体系，以有效规范各类经济活动、保证资产安全有效使用、全面提高学校的管理水平。9月，按照上级文件要求，财务处牵头完成学校的内部控制评价工作，汇总单位层面指标、业务层面指标共6类21项，并提交了《北京信息科技大学内部控制基础性评价报告》。根据《行政事业单位内部控制基础性评价指标评分表》中列明的评价指标和评价要点，学校2016年单位层面内部控制基础性评价得分为52分，业务层面内部控制基础性评价得分为37分，共计89分。

通过内部控制规范建设工作，学校重点查找现有内部控制工作中的不足之处和薄弱环节，发现问题，降低并有效预防和控制风险。内控建设工作是廉政风险防范的重要举措，对于预防与降低办学过程中的经济风险有重要意义。一年多以来，学校坚持做好内部控制工作的宣传动员工作，使全校相关人员全面了解实施内部控制规范建设工作的意义、内容和方法。将内控工作贯穿到学校各个层级和各职能部门，并要求各部门各自梳理业务流程，协同配合，确保内部控制规范工作在各类经济业务活动的全覆盖，实现对学校经济活动的全面控制。

（李小鹭）

资产管理

【概况】北京信息科技大学资产管理处是学校土地、房产和固定资产的产权管理职能部门。设有条件装备科和资产管理科。资产管理处主要职责是贯彻执行国家资产管理法规，结合学校实际建立健全相关的管理办法及规章制度，并对国家和学校资产管理办法及规章制度的落实情况进行监督检查。负责土地和房产管理、固定资产管理、招投标管理、物资采购管理，负责学校资产信息库的建设和维护等工作。现有处长1人、副处长1人、管理干部5人。

（孙　旭）

【完善廉政防控制度建设】2016年，资产管理处针对全处工作实际情况，进一步完善部门内控制度，多次组织全处人员召开会议，明确分工，讨论资产管理处的规章制度和工作流程，分析并排查各工作环节的风险隐患点，评定风险等级，共梳理总结工作流程5个，风险点29个，其中采购环节A类风险9个，B类风险5个，C类风险2个，资产处置和日常管理A类风险2个，B类风险6个，C类风险5个。对每个风险点，资产管理处通过优化工作流程，制订了详细的风险防范措施，完善廉政防控制度建设。

（孙　旭）

【资产清查及产权登记工作】完成资产清查工作。根据财政部《行政事业单位资产清查核实管理办法》（财资〔2016〕1号）和北京市财政局《关于开展2016年北京市行政事业单位国有资产清查及事业单位产权登记工作的通知》（京财资产〔2016〕599号）文件的精神，资产管理处制定了北京信息科技大学2016年资产清查及产权登记工作方案，2016年5月9日至2016年9月15日对全校资产开展了清查及产权登记工作，受北京市财政局委托天华正信（北京）会计师事务所有限公司对学校资产清查及产权登记工作进行了专项审计。此次清查，明晰了学校国有资产产权，解决了部分房改房的历史遗留问题。

（孙　旭）

【整合房屋资源】根据《国家发展改革委住房城乡建设部关于印发党政机关办公用房建设标准的通知》（发改投资〔2014〕2674号）精神要求和学校党委的工作部署，资产管理处在2016年对办公用房进行了全面清查，对于超标的部门进行清、退、改工作。在二号办公楼退租的情况下，资产管理处充分挖掘校内房屋资源，制定了详细的分流工作方案，共分流二号办公楼66间办公用房；完成基建处、科技处、后勤管理处、继续教育学院和高教研究室等部门办公科研用房的调配；解决理学院、外国语学院，国际交流学院和通信学院的用房遗留问题；与清河校区办联合清退清河校区施工队占用的场地，交由学校统筹建设为教学科研用地。

（孙　旭）

【招标采购工作】

表34　　2016年度招标采购基本情况一览表

	社会招标	校内招标	合计
次数	27	22	49
合同数（个）	205	19	224
合同金额（万元）	10610.01	1015.75	10715.76

（孙　旭）

【协议、零星采购】2016年度协议采购合同766个，合同金额3,046.30万元；校内招标及零星采购合同874个，合同总金额3,029.67万元。

表 35　　2016 年度协议采购工作基本情况一览表

	设备	办公家具	印刷	保洁	保安	互联网接入	审计	租车
合同数（个）	532	62	20	3	4	4	4	127
金额（万元）	1484.45	190.41	79.66	199.12	602.68	155.84	66.30	83.98

（孙　旭）

【进口设备资料审批备案工作】按时办理进口免税年审工作，认真落实京财采购〔2008〕621 号文件精神，做好进口产品采购的申报工作和进口设备的报关工作，配合使用单位办理进口免税审批相关工作。2016 年，通过招标采购进口设备 1638.60 万元，其中办理免税 1440.64 万元。

（孙　旭）

【采购管理系统进入实施阶段】经过近几年的项目申报、论证答辩和批复之后，2016 年年底，资产处通过公开招标确定软件开发商，现已进入需求分析、软件开发和基本功能试运行的系统实施过程。资产管理处采购工作初步形成处内合同管理系统与校内采购管理系统并行的工作模式。

（孙　旭）

【加强验收环节管理】截至 2016 年 12 月 31 日，资产管理处全年共派员参加监督验收 77 次，收取《北京信息科技大学物资设备采购验收报告单》共计 1056 份，其中招标采购 145 份，协议采购 168 份，零星采购 743 份。

（孙　旭）

【资产验收入库登记工作】截至 2016 年 12 月 31 日，全校新增资产 1245311097.09 元，其中新增专用设备 456 台（件），价值 14796996.74 元；新增通用设备 3009 台（件），价值 74015093.75 元；新增文物和陈列品 10 台（件），价值 297868.00 元；新增图书、电子课件 31733 册（套，G），价值 5621853.25 元；新增家具、用具 2499 台（件），价值 5460758.00 元；房屋及构筑物价值为 16643672.83 元。

（孙　旭）

【资产报废、调拨、维修工作】截至 2016 年 12 月 31 日，全校共报废资产 16509380.89 元，其中报废专用设备 207 台（件），价值 793216.50 元；报废通用设备 2752 台（件），价值 14445076.40 元；报废文物和陈列品 1 台（件），价值 10000.00 元；报废图书、电子课件 17836 册（套，G），价值 274254.91 元；报废家具、用具 297 台（件），价值 467889.80 元；报废房屋及构筑物价值 518，943.28 元。调剂学校闲置资产 3 批次，配合基建处完成新校区拆迁资产的处置及 2017 年修缮工程报备工作。

（孙　旭）

【完善资产管理系统基础数据】资产管理处对资产管理系统中资产数据，按照资产清查的统计表进行了领用人和存放地点信息的变更完善，截至 2016 年 12 月 31 日，已更改全校 24 个部门的台账信息，共计条目数为 21209 个。要求管理人员办理固定资产登记时，对新增资产录入经费项目号、存放地点等信息，确保资产信息的完整性。为 18 个需要查看本部门设备台账信息的单位分配资产管理系统登录账号，试点资产二级管理模式。

（孙　旭）

【制定《北京信息科技大学人防工程事故应急预案》】按照《北京信息科技大学突发事件总体应急预案（2016 年修订）》（校党发〔2016〕56 号）文件要求，制定《北京信息科技大学人防工程事故应急预案》。完成 2016 年西三旗街道地下空间调查工作及朝阳区大震巨灾仿真模拟数据采集工作。

（孙　旭）

【房屋产权工作】完成海淀区国土资源局关于北京信息科技大学与空调器厂合同纠纷调研接待工作。

（孙　旭）

审计工作

【概况】审计处是依照国家法律、法规和政策以及学校的规章制度，对学校及所属部门、单位财务收支及其有关经济活动的真实、合法和效益情况依法实施内部审计监督的专门机构。审计处是学校处级建制单位，现有处长 1 人，副处长 1 人，专职审计人员 3 人。

2016 年，审计处在学校党委和行政的高度重视和直接领导下，深入贯彻党的十八大会议精神及国务院《关于加强审计工作的意见》、国务院办公厅《关于完善审计制度若干重大问题的框架意见》的要求，认真落实北京市委、市政府《关于加强新形势下审计工作的意见》，围绕着学校中心工作和“十三五”事业发展规划，认真履行内部审计职责，增强审计监督服务。全年共完成各类审计项目 86 项，审计资金总额 94043.19 万元，出具审计报告 26 份，出具审核意见 201 份，提出审计建议 9 条。

（张博文）

【预算执行与收支审计】实施预算执行与财务收支审计，提高经费管理水平和使用效益。

审计处完成对后勤管理处饮食服务科 2014 年 1 月 1 日至 2015 年 12 月 31 日财务收支情况及经营状况的审计。审计涉及资产金额 640.73 万元，负债金额 706.25 万元，提出 9 条审计意见及建议，并出具管理建议书。

规范科研审签经费使用，提高科研经费使用效率。2016 年审计处共完成科研项目审签 46 项，审签金额 792.95 万元。

（张博文）

【基建工程、修缮工程项目审计】加强对工程领域的审计监督。

2016 年，完成全过程审计和竣工结算审计项目 18 项。出具审计报告 18 份，送审金额 2923.88 万元，审减金额 135.32 万元。

2016 年，对东坨村非拆迁补偿出具审核意见 9 份，涉及资金 34708.86 万元，宅基地补偿（含宅基地周边非住宅）出具审核意见 15 份，涉及资金 4855.80 万元，周转费出具审核意见 108 份，涉及资金 615.16 万元。

2016 年，对踩河新村非宅基地拆迁，出具搬迁协议审计报告、中介服务费审计报告（含房屋拆迁评估服务费、房屋拆迁服务费、森林（林木）资源鉴定服务费、资产评估服务费）共 5 份，涉及送审金额 31061.31 万元，审定金额 31061.31 万元。

继续对新校区学生宿舍 A 组团采取全过程审计，2016 年共出具 69 份审计意见，其中 8 份监理付款审计意见，8 份施工进度款支付审计意见。

完成对新校区指挥部及配套工程的结算审计工作，出具审计报告两份，送审金额 659.56 万元，审减金额 26.92 万元。

（张博文）

【领导干部经济责任审计】受学校组织部委托，依据《北京市属市管高等学校处级领导干部任期经济责任审计操作指南》和学校《北京信息科技大学处级干部经济责任审计实施办法》的有关规定，审计处完成对 16 位处级干部的经济责任审计，出具审计报告 16 份，涉及审计金额 17719.42 万元。

（张博文）

【完善内部审计工作规章制度】2016 年，审计处制定《北京信息科技大学审计档案管理办法》（审发〔2016〕2 号），进一步规范内部审计档案管理工作；修改完善《北京信息科技大学建设工程、修缮工程项目审计实施办法》，为规范工程审计打下基础；并初步制定《处级干部经济责任审计指引》和内部控制审计监督评价体系。

（张博文）

【其他】配合市教委完成 2014 年基础设施改造定额项目管理和经费使用情况的审计调查。

参与校内部分货物采购招议标、基建维修工程招议标工作。

（张博文）

后勤管理（后勤服务）

【概况】后勤管理处（以下简称“后勤处”）兼具两方面主要职责，包括学校后勤管理工作和学校后勤服务保障工作。

管理职责：负责制定学校后勤工作发展规划、年度工作计划，建立和完善后勤各项管理制度；完善学校后勤经费预算，组织预算执行；负责校园环境规划与改造；负责学校房产日常管理和教职工住房补贴、住房公积金的缴存和管理，以及教职工集体宿舍管理工作；负责学校节约能源和环境保护工作；受理相关工作的投诉、来访和信访工作，以及完成学校交办的其他工作任务。

服务保障职责：坚持服务育人方向，增强服务意识，提高服务质量；坚持服务教学、科研和师生生活，加强管理，完善制度，优化服务流程，保证学校后勤服务正常运转，为师生员工提供优质后勤服务。负责学校基础设施的日常维护，包括地下管网、道路的日常巡检、维护；给排水、供电、供暖、供气系统的运行管理和维护；负责全校饮食服务、学生公寓管理、交通运输、校园绿化、室内外卫生保洁、报刊信件收发、教室管理、商业网点管理等服务工作。负责师生的医疗服务保障，包括公费医疗管理、教职工医保服务、教职工及学生体检、卫生健康知识教育和宣传、疾病预防及计划生育工作。

截至2016年12月31日，后勤处有职工449人，包括在编人员102人、外聘人员331人、返聘人员16人。其中副科级（含）以上管理人员24人。

（邵　飞　张丽侠）

【沙河高教园区安置房配售和公租房配租】沙河高教园区安置房配售和公租房配租工作是学校解决无房教职工住房问题的民生工程。后勤处作为具体执行单位，在学校配售配租工作委员会指导和参与下，历时近一年，形成管理办法3个、过程性文件30份、相关统计表格14份、会议纪要10份、委员会会议及有关部门及个人信访答复等材料20份，近80000字，经过组织报名、材料审核、消息发布、现场布置、氛围营造、宣传报道、现场摇号、选房选车位、签订合同等一系列程序，于2016年7月中旬，完成40套安置房、275套公租房、62个配套车位、32个承租车位的配售配租工作，学校315名教职工拥有了自己的住房。

（邵　飞　张丽侠）

【全校学生公寓空调安装】从2015年开始，历经近两年时间，后勤处作为牵头单位，与学校基建处、资产处等职能部门联动，为学生宿舍安装空调做调研、出方案、上校长办公会、申请财政专项、招标、装机、电路扩容、工程验收等，到2016年8月底，学校14栋学生公寓楼、2200余间宿舍全部安装了空调。

（邵　飞　张丽侠）

【组织教职工健康体检】全校教职工健康体检工作自4月份开始启动，经过体检项目确定、招标、合同签订、职工报名、教职工信息整理、集中体检正式进行等环节，历时2个月，教职工体检报名共计2635人，实际到检2178人，占报名人数的83%。下半年11月份至12月份，女职工专项体检到检516人。全校职工体检报告出来后，校医院专门召开体检报告分析说明会，为教职工分析、解答体检报告相关问题。

（邵　飞　张丽侠）

【成立后勤事务服务中心】2016年9月，后勤事务服务中心正式成立。中心位于学五公寓一层西侧入口第一间，中心热线电话82426868，集中受理师生报修、投诉、咨询和建议。同时推出后勤微信公众平台Bistu_hq，师生扫描二维码关注公众号可实现网上报修。事务服务中心隶属后勤党政办公室管理，有三名工作人员轮班，实行“9小时工作，24小时服务”。后勤事务中心成立目的是为学校师生提供更方便、快捷的后勤服务。

（邵　飞　张丽侠）

【创新开展优质服务月活动】2016年度“优质服务月”活动，着眼学校 “五个环境建设”，主题为“创新服务形式 营造良好育人环境”，时间从2016年10月18日至11月18日。各部门围绕主题，结合实际，举行安全知识、业务知识培训，开展与学生党支部共建、问卷调查，查找工作中的问题和不足落细改进等；贯彻优质服务精神到实际工作中，细化落实防控水痘病情、大学生运动会保障、四六级考试保障和冬季供暖等项工作。活动共评选出活动先进集体2个、活动优秀党支部2个、活动先进个人10名、“优质服务示范岗”10个。

（邵　飞　张丽侠）

【稳步推进后勤改革】细化管理规范、创新工作方法、加强队伍建设，稳步推进后勤改革。

修订《后勤管理处绩效考核办法(试行)》和《后勤管理处部门及员工绩效考核结果兑现办法(试行)》,成立专门考核工作小组,量化打分,两次对后勤服务部门进行考核,增强考核科学性和有效性。

出台《后勤管理处职工加值班管理规定》《后勤管理处外聘员工管理办法(试行)》《后勤管理处职工考勤管理办法(试行)》《后勤处物资和服务集中采购管理办法》,加强管理工作规范化。

服务工作加强问题导向,分上下半年两次、面向三校区师生开展问卷调查,调查近2000名师生,了解师生对后勤服务工作的需求和意见、建议,为各部门改进工作提供一手参考数据。

加强后勤队伍建设,督促各部门严格落实培训计划,选派管理干部和工作人员20人外出学习交流,引进本科以上人员,充实后勤队伍,优化人员结构。

(邵 飞 张丽侠)

【安全工作】长期抓实、抓细、抓全,确保安全。

2016年3月28日,后勤处与各二级部门签订安全责任书,此后各二级部门与班组、各班组与各岗位人员及时签订安全责任书,将安全工作责任落实到岗、到人。后勤领导在各种场合不断重申安全工作重要性,警钟长鸣,要求各部门安全制度、安全检查、安全措施、应急预案、安全意识均要落实好、坚持好,安全检查成常态。逢节假日加大安全检查力度。公寓科、饮食科积极参与学校组织的消防、防恐演练,部门内严格执行各项安全管理制度。汛期来临,充分准备,7月份突发暴雨之际,干部职工严防死守,最终保证学校安全度汛。供暖前充分检查维修,落实人员培训,供暖季严格执行操作规程,确保整个供暖季安全供暖。

(邵 飞 张丽侠)

【增收节支】2016年上缴收入7184218.75元,其中水电暖等收入5151569.45元(含水电暖收费、浴室茶炉收费、公寓学生超额电费等),研究生及新教职工入职体检收费25020元,校园各网点综合服务管理收入454703.40元,宏利招待所收入1552925.90元。

(邵 飞 张丽侠)

【房产管理工作】依法依规,公开透明,保证教职工切身利益。为57户公有住房职工办理上市出售或产权过户手续。审核校内教职工及配偶单位居住证明及住房调查表等106人次。为57名职工办理集体宿舍入住或退宿相关手续。暑期完成7套集体宿舍房屋装修改造,添置集体宿舍家具13套。全年发放物业补贴2416人,5809120元;采暖补贴发放2409人,5766400元。房产综合管理信息化系统正式投入使用,学校教职工房产信息已录入系统中,并添加住房公积金和住房补贴缴存基数确认模块,2016年度该两项基数已实现网上确认。

(赵 萍 张丽侠)

【住房补贴与住房公积金管理工作】严格按政策办事,认真为教职工服务。完成2016年度全校教职工住房公积金跨年度基数调整和全校无房职工住房补贴基数核定工作。完成2017年住房公积金和住房补贴预算工作。全年办理住房公积金汇缴、补交46589801元,涉及部分支取、约定支取、销户支取等项业务共计709人;办理住房补贴汇缴、补交18025638元,涉及正常支取、销户支取、变更支取限额等7项业务共计648人。多方协调,为学校承租沙河高教园公租房教职工争取到支取公积金和住房补贴权限,并陆续为相关教288名职工办理支取手续,缓解学校教职工购房压力。

(符丽芬 张丽侠)

【医疗卫生工作】立足日常、聚焦重点任务、全力应对突发情况。确保日常门诊医疗:全年接诊门诊病人21557人次,收治输液、肌肉注射318人次。对2016届学生接种麻疹疫苗906人,乙脑疫苗105人,应急水痘疫苗接种168人。开展结核病、麻疹、塞卡病毒、艾滋病防控宣传活动,制定或修订完善院感、疫情监测等制度及常见传染病的处置流程。在少数学生突发水痘病情时,牵头组织做好人员隔离、相关区域消毒、学生紧急接种疫苗及相关宣传、上报等项工作,有效控制疫情蔓延。全年与体检中心共同完成教职工和学生健康检查近5500人次。学生军训驻地医疗保障工作,先高温后连雨天,学生状况不断,驻地医务人员克服困难半月内诊治患者2500余人次,很好地配合完成军训保障任务。同时完成学校运动会、离退老干部参观、教工体检等各类保障工作30余次。完善医疗服务各种流程及抢救休克、心肺复苏等各种急症的抢救流程;细化服务内容,四校区统一配备急诊设备,克服困难改革值班制度,小营校区实现24小时候诊、应诊。完成妇科和放射科医师引进工作。计划生育和医保报销工作有序进行,全年完成各类医疗报销6634人次。

(才秀芬 张丽侠)

【节约能源和校园环境保护工作】强化管理、注重节能技改、加大节能宣传。开展数据统计分析，形成报表和报告，全年上报各类报表计 27 份。完成碳排放权交易及碳排放配额履约工作，2016 年核发学校碳排放配额 13568 吨，履约 13348 吨，累计配额余量 15851 吨。2016 年 3 月，学校正式取得“能源管理体系认证证书”。2016 年，学校参评海淀区发改委组织的节能技改专项奖励申报项目，学校 2015—2016 年节能技改项目共节约能源 336.77 吨标煤，获得奖励资金 16.84 万元。落实用水指标“双月考核”，2016 年，学校三校区未出现超额用水情况。2016 年学校荣获“市级节水型单位”称号。推进节能宣传工作，设计制作并张贴各类节能宣传牌 2000 余个，节能宣传周利用微信、报刊栏、大屏幕播放视频等形式进行节能宣传。配合市发改委委托的第三方公司对学校清河、小营两校区的数据中心进行节能改造，已投入使用，改造后节电率可达 20%。全校办公区域分体式空调智能节电装置于 2016 年 6 月正式投入运行，节电效果明显。启动学校全部洗浴锅炉和清河校区供暖锅炉的低氮改造工作，拟于 2017 年 5 月完成。2016 年，三校区合计用电量 12027941 千瓦时，同比增长 2.57%；用水量 506235 吨，同比增长 1.07%。

（孙　伟　张丽侠）

【公寓服务工作】安全、规范、以人为本是关键。

继续实行楼长、门卫、巡查组定期检查、三级例会、月考核三项制度，提高公寓规范管理水平。

加强安全工作。坚持每月将学生宿舍安全隐患、卫生状况、晚归情况向学生处、各学院、安稳处通报；坚持配合学校相关部门，对学生宿舍进行大检查工作；对施工人员进出公寓楼实行登记制度，加强学生公寓安全管理。

改善学生公寓基础设施。配合完成全部宿舍楼的空调安装一系列工程，并完成涉及 400 余间宿舍及其公共区域的粉刷工作。

各公寓楼大厅精心布置，增加文化气息，为学生营造温馨和谐的住宿环境。发挥学生自主性，引导学生自律委员会参与到新生入学、毕业生离校、防火防盗、控烟等工作的宣传中，推进学生公寓民主管理。

6 月至 9 月，先后完成三个校区 2900 名毕业生离校、2000 余名本科生和研究生校区转换、3200 余名新生入校相关手续办理，并 700 余间房间的两次清扫、300 余间房间物品配备、5400 余名同学信息调整或信息档案建立，有效保证教学工作顺利进行。

实行新生入学最简化手续，新增自助购电服务，各公寓楼设置快速报修窗口并提供五金工具等方便学生服务，加强人性化服务。

（王　彤　张丽侠）

【饮食服务工作】食品安全、服务质量、内部管理多管齐下见实效。

坚持在高校伙联采平台统一采购食品原材料，并每天检测上报，严格内部检查制度，从业人员严格执行操作程序。

在食品药品监督所对照新的《中华人民共和国食品安全法》评级中，学校三校区学生食堂均达到食品安全量化分级评定等级 B 级标准。全年没有出现各类安全事故。

通过三校区食堂互换厨师等方式每月推出创新菜、粗粮细做食品；根据时令合理调整膳食结构，夏季增添打卤面、绿豆汤，冬季推出炖菜、汤菜；小营校区引进风味新品种——中快餐饮公司，丰富职工饮食结构。

根据员工业务技能、工作态度、出勤情况、是否违规乱纪、培训等情况严格落实考核制度，实现奖勤罚懒、激发员工工作积极性。

完成市政协委员到校考察、北京市人大代表换届选举、首都高校秋季田径运动会、博士生论坛等多项重大专题活动餐饮接待任务。

全校食堂全年总销售额 3000 万元，比 2015 年增长了 6.4%，其中自营基本伙达到 850 万元，比 2015 年增长了 5.2%。

（李志远　张丽侠）

【物业管理工作】2016 年，物业服务工作着力捋顺程序、分工协作，主动服务，抓好细节方面展开。

2016 全年清运消纳生活垃圾及餐厨垃圾 5500 余吨，完成校级会议及节日花坛摆花 12000 盆，修剪树木 1500 余棵、砍伐危树和枯树 43 棵，完成 800 余棵树木的冬季保暖涂茎刷白。收发报纸、杂志、信件 514270 件。

2016 年是“大物业”运行的第二年。物业服务科加强人员调配、资源整合，组织同行业职工相互交流学习，大型重点工作比如暑期防汛、低氮锅炉更换、学生宿舍空调安装等联动完成。

注重主动服务和服务细节，维修加大主动巡查力度，供水供电提前预防，发现苗头性问题及时维修；遇紧急重大抢修，加班加点；保洁员配合清洗车对小营和健翔桥两校区反复清洗，减小暑期基础设施改造工程对校园环境造成的影响；初冬及时修整各校区高树枯枝，大风天后加班加点集中清扫落叶；供暖季前气温骤降，提前供暖，正式供暖后主动巡视、维修，24小时全天候服务，还解决多处供暖老大难问题。

全年完成10余项学校相关活动的物业保障工作。事前了解活动情况，安排人员，先后为北京高校秋季运动会、机械设计制造及自动化专业工程教育认证考察、华北五省机器人大赛、北京市中小学教师资格证考试、四六级考试、人力资源师考试等多次活动或会议布置会场、进行环境保洁及送水服务。

（周继革　张丽侠）

【商业服务及运输服务工作】保证行车安全、食品卫生安全、消防安全，提高服务质量。

依法依规加强对所属商业网点的检查、指导，保证其合法经营；及时与承租单位签订合同、收取上交合同款，全年完成上交指标2007629.3元。两次和超市发美欣店联盟举办便民活动，方便校内教职员工校园一卡通刷卡消费。

对照年初承诺，落实员工岗位培训、安全培训，强调日常保养、检修、一日三检、礼让慢行等安全要求，全年安全行车217337.00公里，节油13975.00元，无任何重大甲方责任事故和恶性交通违章，所有车辆通过2016年度年检，所有驾驶员2016年度审验全部合格。

（谢南贵　张丽侠）

【党建工作】2016年，后勤党总支党建工作以“两学一做”学习教育活动为主线展开。

党建工作方面：2016年，后勤党总支下有6个党支部，共有党员48人，其中有外聘员工党员2名。

2016年，后勤党总支全力开展“两学一做”学习教育活动。

采取集中学习、讨论和自学等形式，组织后勤处领导班子和后勤党员学习党规党章和习近平总书记系列重要讲话，其中组织中心组学习与研讨7次；各支部组织各类学习讨论24次。

领导班子和各党支部积极开展民主生活会共7次，开展批评和自我批评，查找问题，分析原因，提出整改措施。

开展处级干部讲党课活动。2016年6月，后勤处四位处级干部先后在所在党支部讲党课，与支部党员一起学习党的理论、党的历史。

开展主题党日活动。2016年6月，各党支部开展“承诺践诺、做合格党员”主题党日活动，活动中每一名党员结合自身工作实际，写下承诺；2016年9月27日，后勤党总支组织全体党员参观中国地质博物馆，让广大党员了解中国的地大物博，增强爱国意识；2016年10月，组织全体党员赴中国美术馆参观中国工农红军革命胜利80周年图画展，让每名党员重温党的历史。各支部先后组织党员外出参观学习、开展主题党日活动8次，加强党性教育。

加强支部建设工作。各支部从规范支部组织生活、落实“三会一课”制度、坚持支部书记会议制度、强化党支部教育管理党员作用、注重党支部创新工作等方面入手加强支部建设。

开展支部建设规范和党员行为规范大讨论。各支部通过讨论形成支部规范和个人行为规范，并提出支部工作和个人行为的整改措施。党总支对各支部“两个规范”讨论结果进行汇总，形成后勤党总支层面的建设规范和党员行为规范。

通过一系列的学习实践活动，现在绝大多数后勤党员已成为本部门的业务尖子，日常工作中起到先锋模范作用，遇到急难险重任务时，党员冲在前，确保各项服务保障任务圆满完成。各支部创新活动内容，2016年物业第一党支部在各校区浴室设立“党员爱心角”，为学生提供糖果和雨伞；物业第二党支部在学校绿地设立“党员活动基地”，开展党员劳动日活动。2016年，深入开展“优秀共产党员服务岗”创建活动，对10个“优秀共产党员服务岗”进行表彰。

廉政建设方面：切实担起主体责任，有效防范问题发生。

加强教育。把习近平总书记系列重要讲话、十八届中央纪委六次全会等作为处级理论中心组学习和教职工政治学习的重要内容，纳入学习培训计划；举办辅导讲座、观看视频材料、参观警示教育基地等活动，开展正面示范和反面案件警示教育，筑牢廉政防控体系。

落实责任。制定后勤领导班子党风廉政建设责任制，分解落实责任，将后勤党风廉政建设工作分解到班子每位成员和各部门。后勤处与各部门签订《后勤管理处2016年党风廉政建设责任书》、科级干部签订《后勤科级干部廉洁自律承诺书》，任务明确，责任到人。

落实制度。后勤处务会明确“三重一大”议事规则和决策程序，凡属涉及后勤重要事项均要提交处务会研究议决，严格按照议事规则和决策程序办事，每次会议由专人记录，会后整理下发各部门。出台《后勤处物资和服务集中采购管理办法》，提高经费使用效益，有效防范问题发生。落实党总支委员会、支部书记会、支部党员大会及支委会和《后勤部门负责人例会制度（试行）》，通报后勤重大决策、征求意见、公开经费使用等情况。

（邵　飞　张丽侠）

【**分工会工作**】后勤分工会工作犯抓两点：关心服务后勤员工、增强后勤凝聚力。

推进后勤文化建设。结合各部门工作特点，凝练提出体现各部门精神要求的口号、标语，统一制作并张贴在各主要办公及工作场所。在校医院、公寓管理科两个与师生接触较为紧密的部门实行员工挂牌上岗，增加服务工作透明度，强化员工责任意识，促进服务质量提高。充分利用新媒体，建立“后勤管理者”和“勤信后勤人”微信群，给大家提供沟通工作、交流思想与情感平台。这些活动有效促进后勤文化培养。

弘扬正能量。利用后勤网站开设的“正能量点赞栏”，宣传后勤系统好人好事，全年组织采写和宣传 20 多名一线员工事迹。组织编印《后勤勤信人物事迹摘编之二》，发到每一位职工手中，供大家学习。通过宣传，展示后勤职工劳动光荣、实干奉献的良好精神风貌。

关注、维护少数民族师生利益。帮助回族、维吾尔族学生欢度他们的节日——“古尔邦节”。小营校区三层清真食堂为穆斯林学生设立专座，摆放专门的餐具；健翔桥校区清真餐厅根据少数民族师生的饮食习惯与需求，不断创新菜品。

热情关心职工生活。组织后勤职工参加校工会组织的“三八”妇女节时装展、“党在我心中”歌咏比赛。开展奥森踏青健步走、首届后勤乒乓球赛、赴野鸭湖湿地公园秋游、首届后勤摄影比赛等活动，丰富职工业余生活、调整身心、增强队伍凝聚力。

（邵　飞　张丽侠）

【**表彰情况**】学校各项节水指标通过 2016 年度北京市节水型单位创建验收，荣获北京市水务局授予的“北京市节水型单位”称号。

海淀区爱国卫生运动委员会组织的 2015 年度控烟工作先进评选活动于 2016 年 6 月揭晓，学校荣获海淀区 2015 年度控烟工作先进集体。

学校被北京市海淀区高校安委会评为“2016 年度海淀区高校系统交通安全先进单位”。

谢南贵被北京市海淀区高校安委会评为“2016 年度海淀区高校系统交通安全先进个人”。

后勤处在 2016 年度学校二级单位年度考核评比中，所申报的沙河房源配售配租工作获得单项工作奖。

（邵　飞　张丽侠）

基本建设与新校区建设工作

【**概况**】基建处（新校区建设办公室）是在学校党委、行政的领导下，依据国家有关法律法规和学校规章制度，负责校园基本建设和新校区规划与建设工作的职能部门。主要职责是：负责拟订全校基本建设规划和工作计划；负责校园环境、基础设施的规划与改造；工程建设实施工作；工程竣验及固定资产移交工作；建设资金管理工作；建设项目档案管理工作；制度管理工作；负责新校区规划与建设工作；沟通联系和宣传统筹工作等。下设办公室、计划科、工程科、修缮科 4 个科室。现有处长 1 人，副处长 3 人，其他管理人员 11 人，共 15 人，其中高级职称 3 人，中级职称 5 人。

（苏　灿　吕　顺）

【**新校区建设工作**】大力推进新校区建设工作，取得实质性成果。

学生宿舍 A 组团建设工作。完成了 A 组团工程进度款、监理进度款支付工作；相关变更、洽商项目审核工作；招标图纸和强审图纸的量差审核工作；完成财政补助资金申请工作；完成与工程总包单位工程款项共管账户年度款项支付管理工作。截至年底，A 组团内部装修施工已完成 90%。

新校区建设指挥部用房建设及运行工作。完成新校区建设指挥部项目施工。完成新校区建设指挥部工程及配套工程竣工结算资料的报审、配合审计工作；工程结算款项支付工作；工程质保金的收取工作。

拆迁工作。2016 年东坨村、踩河村拆迁工作继续进行，截至年底，东坨村非宅基本拆除完毕，宅基地共签约 129 宗，余 18 宗宅基地未签约。完成踩河新村非宅基地签约及 80% 非宅拆除工作。

可行性研究报告编制及报审工作。取得北京市发展改革委员会关于学校新校区建设项目建议书（代可行性研究报告）的批复。

新校区设计相关工作。完成新校区单体设计、勘察设计招标准备工作；组织各单体设计院，针对大学生活动中心、风雨操场及后勤保障中心、体育场、学生宿舍 C、D 组团、学二食堂等单体设计深化做准备工作。

工程前期工作。启动水资源论证报告编制工作，开始水影响评价、洪水影响评价和水土保持方案的编制工作。完成新校区第三期围墙工程预算、委托代理单位公开招标工作，合同签订及工程预付款项支付工作。完成了新校区水影响评价招标工作，签订了评估合同。

（苏　灿　吕　顺）

【现有校区建设工作】按照学校部署，组织实施现有校区各项工程，并做好既往工程收尾及维修工作。

2015 年基础设施改造项目收尾工作。编制完成并向教委上报了 23 项 2015 年基础设施改造－定额管理项目决算分析报告和北京市市级项目支出绩效跟踪分析表、支出进度跟踪情况表、上缴资金项目 2016 年经费需求统计表等。完成 2015 年基础设施改造项目施工单位补报洽商工作、配合后续审计工作，审定金额质保金的收缴、结算款项支付工作。完成 2015 基础设施改造项目校区绿化工程、清河校区运动馆改造（属设备采购）2 项工程的收尾，结算审计和款项支付及质保金的收缴工作。完成 2015 年基础设施改造项目及校内项目保修、招标、竣工、结算资料汇总移交工作。

2016 年基础设施改造项目工作。完成 14 项基础设施改造项目的需求调研、调整申报、施工图设计、施工管理、竣工验收和配合结算审计等项工作，项目包括：学生公寓配电室工程；食堂用房及部分校舍室内外供暖系统、上下水系统等综合改造工程；毕业生及学生宿舍及个别道路等综合修缮改造工程；教学、实验用房综合改造工程；健翔桥校区教学楼外墙节能等综合改造工程；健翔桥校区箱式变压器增容改造工程；小营校区箱式变压器增容改造工程；小营校区学五公寓无负压供水系统改造工程；学生公寓控电系统等改造工程；消防、安防设施综合改造工程。

校内自筹资金装修改造项目。完成 15 项装修改造项目的需求调研、方案设计、施工管理、竣工验收和配合结算审计等项工作。项目包括：小营校区理学院 1009 会议室改造工程；后勤事务服务中心装修改造工程；小营校区后勤处新建仓库工程；小营看台下基建处办公室装修工程；小营校区安稳处门卫室装修工程；清河校区西围墙修缮工程；图书馆 1003 外语学院资料室装修工程；金台路招待所平房加固工程；小营集体宿舍装修工程；小营校区实验楼顶层防雷设施维修工程；自动化学院二层疏散外楼梯工程；大学生创新创业基地基础设施改造项目；小营运动场围网修缮工程；安稳处中控室修缮改造和图书馆阅览室地板修复、校医院放射室修缮改造项目。

2017 年基础设施改造项目申报工作。完成 12 项 2017 年基础设施改造－定额管理项目校内申报、立项评审和向市教委、市财政立项申报工作。

（苏　灿　吕　顺）

【配合招标工作】配合学校招标领导小组办公室完成各项招标工作。

新校区各项招标工作。配合完成专业工程、材料和工程设备招标工作；电梯招标工作；地砖、铝合金门窗、木门、强电配电柜、卫生间隔断等施工材料招标工作；太阳能系统、消防报警系统、弱电系统、直饮水系统招标工作；新校区第三期围墙工程预算、委托代理单位公开招标工作；新校区水影响评价招标工作。

现有校区各项工程招标工作。配合完成了 2016 年度基础设施改造项目及校内修缮工程施工、监理、设计单位 13 包招标工作，其中：委托代理单位招标 11 项、校内招标 2 项。完成了招标文件起草、修改工作。

（苏　灿　吕　顺）

【其他工作】完成校内招标项目工程量清单及预算编制及合同签订，工程预付款、进度款支付，质保金收交工作；完成基础设施改造项目清标工作；配合审计处及审计单位完成 52 项工程结算审计工作。

（苏　灿　吕　顺）

校区管理

健翔桥校区

【概况】健翔桥校区地处朝阳区，位于健翔桥东北角，西临G6高速，南临北四环。占地面积约8.2万平方米，校区现有教一楼、教二楼及教三楼（教二、教三为一体楼）3栋教学楼，校区图书馆设有4个阅览室。学生活动场地有：大学生活动中心、带有300米跑道的足球场地1块，标准篮球场地8块，排球场地3块。校区现有本科生2886人，研究生402人，博士生15人。在校区办学的学院有信息与通信工程学院、计算机学院、国际交流学院及其他若干科研机构。

健翔桥校区管理办公室主要负责校区综合协调工作；负责校区内部服务、管理与协调以及与地方政府、当地社区的联系和沟通；负责校区家委会的日常管理与服务；完成学校交办的其他工作。

（张　雨）

【“两学一做”专题教育活动】按照学校党委有关指示精神，结合实际，健翔桥校区党支部在党员中开展“两学一做”专题教育活动。在学习过程中，以“三会一课”等党的组织生活为基本形式，以党支部为单位集中完成党章党规、系列讲话、做合格党员等学习内容。

（张　雨）

【完成党员在线学习任务】为建设学习型党组织，不断加强理论武装，校区办全体党员在规定时间内超额完成“北京高校教师党员在线平台”学习任务。党支部动员学员汇总整理对平台的使用意见和建议，主动发现问题，提出改进意见。

（张　雨）

【举办各类活动的配合工作】做好校区举行活动会务配合工作是校区管理办公室一项非常重要的工作职责。全年，大阶梯礼堂提供场地服务75次，图书馆报告厅及多功能厅、第一会议室、第二会议室共提供场地服务136次。每次会议、活动开展过程中，校区办的工作人员都积极配合，全面协调，与学校相关职能部门进行良好合作，努力做到万无一失。

（张　雨）

【迎新接待工作】8月30日，计算机学院和信息与通信工程学院合计700余名新生抵达健翔桥校区。校区管理办公室按照学校统一安排，制定工作预案，安排联合办公场地，设计放置校区平面图、指路标志，协调各职能部门和相关学院，对迎新工作进行了较为周密的部署和准备，顺利完成当天校区的迎新工作。

（张　雨）

【装修改造工程】针对健翔桥校区教一楼一层办公室暖气管道改造，教二、教三楼窗户更换及外立面改造工程，校区管理办公室配合基建处、后勤处等相关职能部门在暑假前对即将施工的教学办公楼进行排查，对工程中可能遇到的影响施工开展的诸如空调移机以及配合施工人员值班等问题进行协调并妥善安排，确保施工顺利进行。

（张　雨）

【配合做好区人大换届选举工作】在北京市朝阳区人大换届选举工作中，校区办作为校区该项工作的牵头单位，抽调人员参与学校选举办公室的工作，在宣传和选民登记、分组、选民名单张榜、选民证打印、材料的上报、代表候选人的推荐、酝酿、讨论以及投票站的布置等环节投入了大量工作。11月15日投票当天，投票站现场的验证、发票、投票等环节顺利进行。健翔桥校区共3198名选民（本科生2886人，职工和研究生196人，居民116人）参加了亚运村地区分会第52选区选举投票工作，选民投票率达到98.25%。通过投票，学校苏中教授当选为朝阳区第十六届人民代表大会代表。

（张　雨）

【配合解决光环集团施工干扰四公寓学生问题】针对5月份部分学生反映学四公寓附近光环电信集团施工现场夜间扰民的问题，健翔桥校区办多次牵头组织后勤处、学生处、安稳处、计算机学院、通信学院相关领导以及社区领导、施工方代表与四公寓学生代表进行座谈，对施工产生的对学生的影响，双方进行平等协商，讨论合理化解决方案并协调落实。在一些具体措施包括经济补偿等问题上出台相应的方案并签订校方、施工方及社区的有关各种扰民问题解决方案的三方协议。施工干扰学生问题最终得到较圆满解决。

（张　雨）

【配合校区学生管理相关工作】做好校区办勤工助学

岗位的上岗管理与日常考核以及每月工资表的制作及发放工作。协调校团委及计算机学院和信息与通信工程学院等教学单位，确保校区办管辖范围内的宣传橱窗、报刊栏的使用工作。做好学生借用校区相关场地的申请备案管理工作。配合各职能部门及教学单位做好校区 2016 年校园开放周活动的准备工作。每学期末配合完成校区考试期间监考任务。

（周京华）

【做好家委会相关工作】热情接待亚运村街道办事处、丝竹园社区和校内外来访人员。积极开展“共建”活动，支持并配合丝竹园社区开展丰富多彩的居民活动，动员和鼓励校区家属参加社区举办的各类会议及公益活动。配合做好重大节日期间的志愿者服务以及 2016 年朝阳区建筑信息调查工作。在汛期加强安全检查，督促相关部门确保下水道通畅，努力避免汛期事故发生。

（周京华）

【做好居民服务相关工作】 与十五所家委会协调，清理家属区卫生死角。定期对家属宿舍楼卫生进行巡查，保证楼道安全畅通。做好下情上传工作，及时反映群众的意见和建议并跟进解决。为学校召开业主大会和成立业主委员会做大量前期宣传、材料整理等基础性工作，积极与街道社区相关部门进行沟通，寻求业务指导。

（周京华）

【配合属地政府及其他单位工作】 配合亚运村街道城管部门，做好校园环境卫生整治相关工作，协助制作宣传横幅及海报，倡议校区师生提升安全意识，远离十五所改造施工现场并抵制校内违章摊贩。全年多次为丝竹园社区协调提供会议室、篮球场等场地服务，确保社区相关工作顺利开展。11 月 23 日，在校区报告厅组织学生参与“讲讲冬奥那些事儿”冬奥知识进社区系列活动。

（张　雨）

【配合做好离退休老同志日常服务工作】 配合开展各项活动，使老同志在寓教于乐中保持身心健康。全力支持校区离退休办公室举办各类会议及活动。立足现有条件，为老同志提供周到细致的服务。继续配合做好校区两学院相关学生党支部和离退休党支部的老少结对共建交流活动。

（张　雨）

【配合开展老同志“开心聊天”系列活动】配合校区离退休办公室做好校区离退休老同志特色活动，着力建立 “开心聊天”活动的长效机制，积极提供场地确保老同志“开心聊天”系列活动顺利开展。

（张　雨）

清河校区

【概况】清河校区管理办公室是学校设在清河校区的综合协调管理部门。清河校区位于北京市海淀区清河昌平路南段 26 号，占地面积 43431.19 平方米，截至 2016 年年底，校区校舍建筑面积 49321.4 平方米，其中教学用房 8955.46 平方米；办公用房 2436 平方米；学生公寓 10014 平方米；其他用房 8219.78 平方米；校区家属楼总建筑面积 19696.16 平方米。学校在清河校区还设有校区联合党总支、安全稳定处办公室、校友校史工作办公室、高教研究室（发展战略研究室）、离退休工作处办公室、电教中心、计算中心、信息与网络管理中心、心理健康教育（咨询）中心、家委会和后勤管理处所属的各科室、饮食服务、公寓服务、医疗服务、节能、物业管理服务等部门。校区设有图书馆，藏书 58000 册。校区的教学工作由驻校区各学院统一安排；经济管理学院、外国语学院、国际交流学院、公共管理与传媒学院、理学院、研究生院（研究生工作部）、体育部等院（部）在校区设有教学、管理和学生工作办公室，各类教室、机房、实验室设施齐全。校区内设有塑胶田径运动场，塑胶篮球、排球、羽毛球场、木结构气膜馆，小超市、工商银行和北京银行自助取款机、浴室、报刊服务亭，教一楼、教二楼、锅炉房和各学生公寓楼设有电茶炉 17 台。各类后勤服务保障设施齐全。

2016 年，校区有全日制本科及研究生在校生 1477 人，在清河校区固定工作的教职工共计 131 人，其中在编教职工 40 人（不包括任课教师）；临时工及外聘人员 91 人；离退休人员 176 人。

（白　兵）

【综合协调工作】 协调配合校内其他相关部门对校区公共建筑和设施及时进行给排水、电、暖、消防维修和校园绿化及公共卫生的清理。加强对校区公务电话的管理，按时交纳电话费，联系中国联合网络通信有限公司北京市分公司清河营业厅为新迁入部门开通电话并随时对电话出现的线路故障进行维修，保障校区各部门全年办公电话的通畅使用。按时开启清河校区2个校长信箱，及时向相关部门转交信件，协助有关部门完成校区信访工作。对校区公务车辆严格管理，执行学校的车辆管理规定并遵守交通法律法规，安全驾驶，保证正常通勤。配合资产管理处完成联合校区党总支和清河校区管理办公室固定资产复核登记。配合基建处、安稳处排除外部干扰，修建因风、雨、雪侵蚀造成垮塌的分界墙体，保障校区安全。配合校办及施工安装单位完成校名发光字安装、调整和验收工作。教二楼办公室按学校要求调整后，重新制作安装房间分布索引牌。重视校区安全维稳，坚持校区巡视，配合安稳处安装充电桩，化解校区1号、2号住宅楼因抗震加固所产生的各类矛盾，强化各类安全稳定的排查工作。在寒、暑假及各种节庆放假前及敏感时期进行校区安全的全面检查并做好假期值班和记录工作。

（白　兵）

【学生管理协调】注意倾听学生意见并及时向学校反馈，积极应对突发事件，化解矛盾，配合学生部门开展工作。协调教学单位、职能部门为学生及社团服务。加强对校区阅报栏、宣传栏的管理，安排勤工助学学生及时更换当日报纸，以便学生和教职工及时了解时事新闻，做好政治宣传工作。

（白　兵）

【重要事项】按照《北京信息科技大学迎接2016年新生入学工作实施方案》要求，校区办全体人员提前进入操场布置、划分各学院和部门迎新生接待区，设置新生家长休息室，联系后勤部门排放桌椅，张挂横幅，放置和粘贴标示牌，插彩旗，上报雨天处置方案和工作流程。在2016年8月30日新生报到当天进行交通疏导，供应饮用开水，为参加接待新生的各部门教工提供饮水和工作午餐，当天完成941名2016级本科生及研究生新生入学报到工作。

由于校区变迁中的历史原因，校区东北角有近650平方米的小院一直未纳入学校使用规划，长期由校外人员随意占用，造成学校国有资产的荒废。校区办在对其历史成因进行认真调研后，联合资产管理处和基建处，多次到现场踏勘，找到当年涉事人员，进行沟通和协商，最终无条件将小院收回学校，并进一步对使用功能进行了规划设计，纳入学校固定资产的管理范围。

校区南门口道路东西方向来往车辆速度过快，时常威胁出入学校南门人员的人身安全。另外，校区南门口道路的南、北两侧经常停满车辆，造成南门车辆进出非常拥挤，影响通行。校区办多次会同安稳处现场勘察，写报告向有关部门反映上述情况。政府相关部门已将南门出口道路东、西处安装减速带，并且在南门口道路南、北侧两布置隔离栏，阻止车辆的停放，排除学校南门的安全隐患。

海淀区人大代表换届选举工作中，清河校区被划分为第六选区，校区办是第六选区召集人之一，经过部署，在其他部门配合下，进行人大代表的推荐工作，完成第六选区选民推荐表填写工作。校区办按照政府部门和学校人大代表换届选举办公室的要求布置校区投票站，组织本区选民的投票工作，使选民投票率达到90%以上，完成海淀区人大代表换届选举第六选区工作。

由于清河校区2016年拆除和新建一些建筑，原校区现状总平面图与现状脱节。校区办在清河校区2009年办理的国有土地使用权证房地平面图基础上，结合拆除和新建的建筑物，经过多次现场踏勘，依据测量数据按1：1000的比例绘制清河校区现状总平面图，委托公司制作安装校区现状总平面图及图架，方便来访者了解清河校区建筑物分布情况。另外，后勤管理处在向市水务局申报项目，拟将清河校区自备井停用，以自来水代替自备井供水，在申报过程中，市水务局要求申报资料内要有清河校区1：1000的现状总平面图和北京市测绘设计研究院1：2000的清河地区地形图。校区办及时向后勤管理处提供现状图和地形图，后期又多次提供校区现状总平面图，使申报资料齐整完备。

（白　兵）

【其他】根据协议约定，按时向小营村鲲鹏物业公司缴纳清河校区操场租金。加强与小营大队物业的沟通联系，有效解决校区操场租金拟涨价问题。

（白　兵）

东部校区

【概况】北京信息科技大学东部校区由原金台路校区和酒仙桥校区合并而成。

东部校区（金台路）位于朝阳区金台西路2号，占地28000余平方米（42亩），地上建筑面积约30000平方米。校区内现有后勤集团所属宏利招待所、校医务所的医务室、离退休办公室及老干部活动中心、与继续教育学院合作办学的京师教育集团等。另有320余户居民住户。

东部校区（酒仙桥）位于朝阳区酒仙桥地区，占地面积约3400平方米，地上建筑面积约5600平方米。在校区内开展工作的主要是学校科研机构和相关产业单位，包括：光电信息与仪器北京市工程研究中心、信息获取与检测实验室、北京北信华安信息技术有限公司、北京爱陌客信息技术有限公司等。此外，该校区也是继续教育学院的教学点，主要开展成人高等学历教学工作，以及校外合作教学活动。

东部校区管理办公室主要履行校区综合协调与管理职能，具体包括：代表学校和校区与当地街道、社区及地方政府相关部门进行联系与沟通；承担校区后勤保障和安全稳定工作；负责校区有关公共设施的管理及使用安排；负责居民房租、水电费和相关单位取暖费的查收；负责校区水费、电费、供暖费的缴纳及办公电话的统一管理及话费的缴纳；负责校区离退休老同志协调服务及家委会的日常管理；配合学校各职能部门协调完成相关工作；及时发现并通报校区有关安全稳定的相关工作等。现有职工15人，其中管理干部7人、电工3人、水暖工4人、司机1人。党员7人。

（孟创立　程　飞）

【综合协调工作】协调与当地政府机构关系，确保校区周边环境稳定。在校区的基础设施修缮、改造施工过程中，校区办做好各方面的协调工作，加强安全排查力度，着力化解各类问题、矛盾和纠纷，与所在地政府各相关部门建立良好关系，保证校区良好的外部环境。

保持完善、高效的信息沟通渠道，及时向校领导和相关管理部门报送校区重大事项、突发事件的信息，及时处理各类具体事项。

积极配合继续教育学院、校区内的科研部门做好工作，搞好服务，提供有关的后勤、物业管理及各项保障工作。

（程　飞）

【校区后勤保障、安全稳定工作】认真贯彻学校“稳定压倒一切”的工作方针，维护创建“平安校园”取得的成果。树立“安全无小事”的安稳工作思想认识，严格执行“每日巡查，防患于未然”的安稳工作要求，校区重点部位24小时实时监控。

完成大量的基础设施日常修缮及水、电、暖、房租等费用的收取清缴工作。由于校区承载着种类繁多的使用功能，因此带来极其大量的日常后勤服务保障工作。本年完成的主要工作内容有：校舍屋面防水修缮，卫生间修缮，供水、污水、雨水、采暖、供电设施及门窗等正常维护、维修和更换，室外自来水突发断裂抢修，消防通道打通，危险供电线路改造，公共区域危险设施拆除，平整路面，校区绿化，卫生保洁和垃圾清运，收取水电暖房租等各项费用共计70万元左右。

在确保校区日常安全方面，配合后勤处、安稳处甄别校区居民身份、房屋归属、建筑物的一些基本情况，配合地方政府和行政部门完成门前三包、流动人口普查、节假日及两会期间的红袖标流动巡逻等工作。充分发挥家委会、保安的作用，主动寻求地方政府相关机构部门支持和学校相关部门协助，及时发现和消除隐患，进行宣传教育，网格化管理逐级签署协议，加强责任落实，保证校区日常工作安全、稳定、和谐。

加强对继续教育学院学生宿舍的卫生及安全防范管理。继续教育学院学生宿舍卫生状况不良、电器设备过多以及大量学生有吸烟习惯，这些问题给宿舍区造成极大的安全隐患。针对此情况，校区办积极与继续教育学院沟通，督促其合作方加强学生管理，完善针对学生的各项规章制度，并严格执行。加强学生宿舍卫生、安全大检查，并形成制度，对于发现的问题及时提出要求，限期整改。通过大量的工作，促使学生宿舍的卫生、安全情况大有好转。

加强与合作办学单位京师世纪教育集团的配合协作，保障各方面的后勤服务。

（孟创立　程　飞）

【金台路家委会日常管理】组织并参加三年一次的社区党委和社区党支部的换届选举，三年一次的居（家）委会换届选举。发放校区老年补贴1316人次，走访困难户210户。向校区反映居民的一些实际困难和问题32件，调节居民矛盾60余次。节日以及政府重要会议期间的社区巡查值班 51 人次。

（孟创立 程 飞）

【**离退休工作**】校区积极配合学校离退办工作，热心为离退休老同志服务，结合校区老同志的特点，落实上级有关工作部署和具体工作要求。组织老同志赴体检中心体检，及时探视住院治疗的老同志。为去世人员处理后事、慰问家属。为有困难和生病的老同志积极申请（争取）困难补助，给他们送去温暖，为他们排忧解难。为离退休人员报销书报费，购买公园年票，发放相关物品。组织形式多样、丰富多彩的茶话会、座谈会、参观游览等活动。

（程 飞）

高教研究（发展战略研究）

【**概况**】高教研究室是 2004 年 10 月组建而成的直属研究性质单位。高教研究室基本职能和主要任务：负责学校发展规划研究和发展战略研究，向学校提出建议和研究报告；负责组织学校教育教学领域的理论研究工作；负责学校高教研究论文的评优工作，协助教务处组织教学成果评选；了解和掌握学校教学改革情况，把理论研究和学校教学改革实践有机结合，对学校的教育教学改革提出建设性意见和建议；结合高等教育改革发展形势，根据学校教育教学工作需要开展调查研究，提出对学校教育教学改革具有战略性的意见和建议；作为学校高教研究会的办事机构，负责处理研究会的日常事务。现有研究人员 6 人，其中教授 1 人，副研究员 1 人，副教授 3 人，助理研究员 1 人。2010 年 11 月筹建发展战略研究室。

2016 年，按照校党委、校行政的工作部署和要求，圆满完成了本年度的各项工作任务。

（张文格）

【**高教研究工作**】全年共编辑、印制、发行《高教研究资料摘编》12 期，计 40 余万字，文章 100 多篇，内容涉及高教管理体制、师资队伍建设、人才培养、学生工作、大学文化等国内外高等教育发展研究信息。全年共编辑、印发《高等教育研究》2 期，在稿源严重不足的情况了，为完成工作，室里加强组稿力度，通过各种办法解决稿源不足问题，同时聘请校内外相关学科有关教授对每一篇文章认真把关，编辑人员认真编校，确保了编辑质量和稿件质量稳步提升。充分利用高教研究室网页向全校师生员工发布有关信息，方便、快捷地了解学校高校研究的最新信息，《高等教育研究资料摘编》同时在网页上发布，有关高等教育的各种课题申报信息等立即在网页上发布。

（张文格）

【**发展战略研究工作**】作为主要单位制订学校“十三五”计划。发展战略研究室作为学校“十三五”计划的牵头单位，在学校“十三五”发展规划领导小组的统领下，在主管校长的直接领导下，在写作组人员的大力协同下，完成了学校“十三五”发展规划的编制工作，规划确立了建立信息特色鲜明的高水平大学的奋斗目标，明确了学校“十三五”规划期内跨越式发展的思路和重要任务，为学校的未来发展指明了方向。完成了“北京信息科技大学学情调查”

高教研究室按照清华大学教育科学院“大学生学习性投入调查”课题组的要求，对学校学生进行抽样调查，在全校共抽查了1600个学生，发放问卷1600份，共回收 1423 份，回收率 88.94%。大一共发放 400 份，回收 378 份，回收率 94.5%；大二共发放 400 份，回收 368 份，回收率 92%；大三共发放 400 份，回收 362 份，回收率 90.5%；大四共发放 400 份，回收 315 份，回收率 78.6%。截至 2016 年年底回收问卷正在清华大学指定的数据统计公司进行相关指标的统计。

完成了 2014 年度学校学情调查的资料分析，撰写了分析报告。研究室对清华大学反馈学校的 2015 年度学情调查数据资料进行了深入分析，在此基础上撰写了比较翔实的分析报告。整个报告近 2 万字，围绕学情调查的基本指标，与地方高校及全国高校的相关指标均值进行比较，对各个学院被调查者回答问卷的情况进行了深入分析，报告对学校大学生学习性投入情况的调查分析，与日常经验观察高度相似，从而为学校进一步改进教学、管理等提供了有价值的借鉴和参考。主办《发展战略研究资料摘编》，全年共印发 5 期，围绕“十三五”规划、“双一流”、高校科技、人才工作、新校区建设、校企联合六大主题选编了高质量的论文供学校相关领导参考，撰写《“十二五”期间学校科技成果情况分析》。为学校建设发展提供了学习参考和决策咨询。

（张文格）

【科研组织工作】完成了全国和北京市高教研究立项申报工作。高教研究室按照全国教育科学规划办和北京市教育科学办的要求，组织了学校的全国教育科学课题申报工作和北京市教育科学规划课题申报工作。完成2014年校内高教研究立项结题工作和2015年度校级高教研究立项的中期检查工作。完成校内高教研究2016年立项工作，经过专家匿名评审和会议评审，共有17项课题（重点课题4项）被确定为校级2016年度高教立项课题。

（张文格）

【科学研究】室内研究人员认真开展研究工作，获得全国教育科学“十三五”规划2016年度教育部重点课题“地方普通本科院校学生在校体验研究”，2项校级高教研究课题完成结题，校内高教研究课题立项2项。发表高教研究论文17篇，3篇为CSSCI来源期刊，《我国大学校长到底如何遴选——基于三重视角的拷问》被中国人民大学报刊《高等教育》2016年第5期复印，并且被《新华文摘》2016年第13期摘选。获得北京市教育科学三等奖1项，同时获北京市优秀高教研究机构。

（张文格）

图书馆工作

【概况】图书馆是学校文献信息中心，是为教学和科学研究服务的学术性机构，是学校信息化和社会信息化的重要基地。图书馆是学校教学和科学研究工作的重要组成部分。

图书馆的基本职能和主要任务：建设包括馆藏实体资源和网络虚拟资源在内的文献信息资源，对资源进行科学加工整序和管理维护；做好流通阅览、资源传送和参考咨询工作，积极开发文献信息资源，开展文献信息服务；开展信息素质教育，培养读者的信息意识和获取、利用文献信息的能力；组织和协调全校的文献信息工作，实现文献信息资源的优化配置；积极参与文献保障体系建设，实行资源共建、共知、共享，促进图书馆事业的整体化发展；开展各种协作、合作和学术活动。图书馆设有办公室、采编部、流通部、图书阅览部、期刊服务部、参考咨询部、特色资源建设部、技术支持部8个部门。图书馆馆舍总面积约9525平方米，阅览座位1180个。

小营校区图书馆采用大开间全开架管理模式，集借、阅、藏为一体，设有一个研讨室、四个阅览室以及两个借阅室：期刊阅览室、声像阅览室、综合阅览室、电子阅览室、科技图书借阅室、社科图书借阅室，所有图书采取分散借阅统一归还的模式：在社科借阅室和科技借阅室分别设有自助借还设备以及人工辅助借书处，一层设有统一还书处；健翔桥校区图书馆设有一个书库、一个图书借还处、一个研讨室和三个阅览室：外文期刊阅览室、中文期刊阅览室和电子阅览室；清河校区图书馆设有一个书库、一个图书借还处、一个图书期刊综合阅览室和一个电子阅览室。

图书馆采购、编目、典藏、流通和检索全部实行计算机管理，采用江苏汇文软件有限公司的Libsys图书馆信息管理系统进行自动化、网络化管理。图书馆局域网通过校园网与CERNET、INTERNET连通，实现资源共享。

2016年年底，图书馆正式教职工43人（其中非编2人）。馆长1人、副馆长2人（其中1人兼任），办公室3人、采编部8人（其中非编1人）、流通部8人、图书阅览部6人（其中非编1人）、期刊服务部3人、参考咨询部4人、特色资源建设部3人、技术支持部5人。

（滕功清　张玉忠　焦丽华）

【文献资源建设】2016年，图书馆继续大力建设文献资源，共投入641.8万元用于文献资源建设。其中中外文图书105万元，中外文期刊115万元，中外文电子资源421.8万元。2016年，新增中外文图书2.74万册，累计馆藏图书达到106.2万册；订购中外文期刊1339种，1694册，报纸86种，157份，声像资料3922件；中外文数据库62个（其中中文数据库34个，外文数据库25个，自建数据库3个），实际馆藏电子图书约64万种，拥有使用权的虚拟馆藏电子图书约114万种；开通中科院“JCR期刊分区数据在线平台”的访问，读者可通过校园网直接登录进行期刊分区检索；引进CSSCI（中国社会科学引文索引）

平台，提供查收查引服务。

（刘春燕 孟 微 王培凤）

【读者服务】图书馆在做好原有读者服务工作的基础上，举办多种形式的培训和讲座，提供多种形式的咨询，继续做好各项服务，满足教学和科研的需要。

流通与阅览。2016 年全年的借书量为 45352 册，总还书量为 43202 册。其中借阅量排前五位的是以下几类：T 工业技术类 19069 册，占总借书量的 42.03%，I 文学类 8166 册，占总借书量的 18.00%，H 语言类 5075 册，占总借书量的 11.19，O 数理科学与化学类 3657 册，占总借书量的 8.06%，F 经济类 3103 册，占总借书量的 6.84%。

委托借阅、预约图书和馆际互借。全年共接受委托申请 1407 册，委托到书 848 册，共处理预约申请 201 册，预约到书 43 册，预约书较多的分别是 T 类、I 类以及 O 类。馆际互借 2016 年两校区读者注册人数为 442 人，使用人数为 680 人，发送请求 313 册，接收请求 89 册。

日常上机阅览服务工作。2016 年，三校区电子阅览室提供广大读者上机总数为 45774 小时，同时承担了“文献信息检索与利用”课程以及数据库使用的培训活动，健翔桥电子阅览室、小营电子阅览室同时提供随书光盘的借阅及复制服务。

原文传递服务工作。2016 年，原文传递系统新注册人数 386 人，向外校发送原文请求 187 篇，接收外校读者的原文请求 28 篇；满足 28 篇，满足率 100%。在 53 家参评成员馆中，北京信息科技大学图书馆总评成绩排名第 26 位。

“互联网 + 阅读，人生更丰富”世界读书日系列活动。4—5 月，图书馆与校团委联合举办以“互联网 + 阅读，人生更丰富”为主题的世界读书日系列活动。举办中外文图书展，诵读比赛、“期刊寻宝”趣味竞赛、推荐“我最受益的一本书”、信息科大移动图书馆利用有奖竞赛、馆际互借 / 原文传递服务宣传、图书捐赠与漂流、数字资源试用等特色鲜明、形式多样的主题活动，为读者搭建阅读平台，提供优质服务，营造书香校园。10 月，在小营校区和健翔桥校区组织移动图书馆的现场推广活动，发放移动图书馆宣传彩页，邀请读者下载安装移动图书馆客户端，为读者现场演示移动图书馆的使用。截至 11 月 20 日，学校共有移动图书馆注册用户 3252 人，活动之后新增用户 1009 人。

星光志愿者团队和“图书馆开放日”。2016 年团队共有成员 35 人，参与 5 月 11 日图书馆馆际互借推广辅助活动、9 月 1 日到 17 日编导拍摄剪辑图书馆宣传指南影片，社团成员义务劳动共计 290.5 小时。图书馆设立每周六的上午为“校园开放日”，面向周边中小学开展开放日主题活动，充分发挥我馆资源优势，加强与周边中小学的联系。2016 年 5 月 7 日和 10 月 16 日，图书馆在小营校区阅览室面向周边中小学生成功举办两次校园开放日活动，近 70 人参加活动。

咨询服务。2016 年，通过设置图书馆咨询台、微信平台、电话、邮件、QQ 等工具加强图书馆各类服务的宣传。同时利用“QQ 说说”发布图书馆的各类通知，特别是对举办的重大活动予以报道，及时反应图书馆的动态；通过高校网络图书馆推出的 TQ 在线客服系统为读者提供网上咨询服务。

文献检索课教学。完成研究生“信息检索”必修（选修）课、本科生“文献信息检索与利用”公共选修课、“文献信息检索与利用”专业选修课、“信息检索与利用”专业选修课、“信息检索与档案管理”专业选修课的教学任务，撰写完成公选课“文献信息检索与利用”、专选课“文献信息检索与利用”、专选课“信息检索与利用”三门课程教学大纲及中英文课程简介。

读者培训。完成常规培训、原文传递专题讲座、针对世界读书日活动之信息科大移动图书馆利用有奖竞赛的赛前讲座、针对研一部分学生组织 Springer、WebofScience、IEL 数据库的专题讲座，新生入馆教育培训等。完善图书馆主页“新生空间”、发放一卡通卡袋、设计制作“新生入馆教育平台”，采用文字、动画、视频等形式将图书馆概况、各类型资源以及读者服务等相关内容形象生动地展现出来。2016 年 9 月，应机电学院的要求，为该院新生作了专题培训讲座并安排参观了图书馆，让学生们切实感受到图书馆丰富的馆藏资源。

研究生论文管理。从学校研究生院接收本校 2016 届硕士研究生纸质版学位论文共 353 本，并进行加工编目。截至年底，建立《北京信息科技大学硕士研究生学位论文题录数据库》，完成 1994 年至 2016 年的纸本学位论文的题录信息导入数据库工作并进行编目和审核。截至 2016 年年底，1994 年至 2015 年的 2713 条论文数据已发布完成，读者通过该数据库可以检索图书馆收藏的纸本硕士学位论文的相关信息。

研讨室对外开放。2016 年，健翔桥校区研讨室共接待理学院、信息与通信工程学院和外语学院等课题组 34 场次。

2016 年，提供 EI 检索证明 200 余份，CPCI 检索证明 40 余份，SCI 检索证明近 100 份。首次提供 CSSCI 检索证明服务，开具 CSSCI 收录引用证明 25 份；设计了“论文收录及引用检索证明”的报告格式。

编辑印刷馆刊《图书馆通讯》4 期。《图书馆通讯》已连续出版八年，共计 32 期。

利用微信平台做好资源与服务宣传工作。2016 年 2 月图书馆微信平台上线，将图书馆服务与部分数据库资源嵌入平台，通过课堂，活动，讲座等多种形式加强微信公众号的宣传和推广，使读者及时获取最新信息，并可以快捷方便的直接利用部分数字资源。截至 2016 年 12 月 15 日，微信平台总用户数 1884，发布各类信息 70 条，内容涉及图书馆各类通知、组织活动情况、数据库介绍、新书推荐等，阅读量近 3800 次。

2016 年 7 月至 8 月，完成阅览室整架、倒架工作。小营校区将过刊约 15000 册下架迁移至密集书库，同时将约 5000 册过刊、外文原版图书 1652 册、中文工具书约 5000 册及学校 1994 年至 2015 年硕士学位论文约 2600 册重新迁移布架。健翔桥校区将过刊重新布架到过刊室。

（马铭锦　王培凤　孟　微　牛润桃　黄立农）

【图书馆建设】图书馆信息化建设。2016 年 10 月完成了图书馆管理系统（汇文系统）的升级，升级内容涵盖了 OPAC、应用服务系统、委托订购、客户端等四方面，新增功能总计 47 项，提升了服务读者的效率；2016 年 10 月，对小营图书馆计算机网络进行了完整规划、改造。彻底舍弃了使用多年的老旧网线，消除了安全隐患，增强了网络质量，提升了网速。最终实现小营图书馆与校园网的万兆接入，图书馆桌面终端的千兆接入；2016 年 6 月，对全馆办公电脑的内存进行了升级，从原先的 2G 升级到 4G 或 8GB，暂时缓解了电脑老旧，速度慢的问题；2016 年 10 月，对健翔桥电子阅览室的地板进行了加固维修，消除了安全隐患。

特色资源建设。将 1994 年至 2016 年的纸本学位论文的题录信息导入《北京信息科技大学硕士研究生学位论文题录数据库》中，并完成数据编目、审核和发布工作；2016 年在研究生院的支持下，在计算机学院、通信学院和理学院试行开展的硕士研究生学位论文电子版提交工作进展顺利。三个学院的电子版学位论文全部提交，并收录进《北京信息科技大学硕士学位论文全文数据库》中，通过图书馆网站进行发布，提供给本校师生阅览使用。

完成《随刊光盘数据库》的建库工作。期刊部人员对随刊光盘目录数据陆续进行加工并上传。随刊光盘库与书目检索系统（OPAC）完成了整合，方便读者检索、下载随刊光盘资料；开展特色文献——中国科学技术发展战略研究院《调研报告》电子版的制作工作。完成纸本《调研报告》2016 年各期的扫描及上传服务器工作，实现了各年度篇名目录与全文的超链接，并以专题网页的形式在图书馆主页上发布，方便师生随时浏览、学习。

参与“数字教学参考信息资源共享网”项目的建设。2016 年图书馆作为该项目的参建馆之一，根据项目中心馆北京工业大学图书馆的要求，为“数字教学参考信息资源共享网”的课程库著录本校课程信息。截至 12 月底完成 501 条课程数据的著录工作，并提交给项目组。

（杨伟兵　马铭锦）

【获奖情况】2016 年，图书馆荣获北京地区高校图书馆文献资源保障体系 BALIS 管理中心“最佳组织奖”。图书馆荣获北京高校网络图书馆“虚拟参考咨询先进集体奖”。图书馆在 BALIS 馆际互借中心年度评比中荣获先进集体三等奖。图书馆在北京高校图工委组织的“北京高校图书馆面向中小学开放日”评选活动中，荣获优秀奖。图书馆荣获北京地区高校图书馆文献资源保障体系 BALIS 管理中心“BALIS 统一检索资源贡献奖”。图书馆荣获北京高校图工委组织的北京地区高校图书馆第十届运动会“积极参与奖”。马铭锦荣获北京地区高校图书馆文献资源保障体系 BALIS 管理中心组织的“原文传递服务先进个人奖”。杜广涛在 BALIS 馆际互借中心年度评比中获馆际互借先进个人二等奖。

（牛润桃　王培凤　马铭锦）

信息与网络管理

【概况】信息与网络管理中心的主要职能是全面负责学校信息化建设、网络管理与服务工作。中心下设综合服务部、网络基础条件保障部和系统运行部 3 个二级机构，现有工作人员 22 人，其中事业编 10 人、非事业编 7 人、外聘 5 人。2016 年，中心按照校党委、行政对信息化建设和信息服务的工作部署，完成学校工作要点中的相关任务，保障校园网、校园卡和信息系统的安全稳定运行，基本满足学校教学、科研、管理和服务等方面的信息化需求。

（龚汉明）

【专项建设】2016 年完成上年度追加 3 个校内专项的建设工作，共计经费约 320 余万元，已按合同要求完成并投入使用，达到了项目预期建设目标；组织开展新增信息化项目技术方案前置评审和申报工作，申报的 3 个信息化项目均获市经信委函复通过，涉及经费总额 1270 余万元。按照政府采购等相关法律法规要求，配合资产处完成全年专项建设、带宽和追加 4 个校内专项的采购工作。

（龚汉明）

【网络安全】加强网络安全建设和管理，7 月推动成立学校网络安全与信息化领导小组，学校办公室、宣传部、安稳处、信息网络中心为具体承担网络安全与信息化工作的职能部门，网络舆情和内容安全由宣传部负责，技术安全问题由信息网络中心负责；修订《北京信息科技大学突发网络与信息安全事件应急预案》等文件，进一步丰富和完善学校网络安全工作相关制度。学校各部门进行系统建设时，信息网络中心与各部门业务负责人、行政负责人签订“信息服务申请表”与“信息安全承诺书”，明确业务职责与信息安全责任，按照信息系统等级保护政策要求，对于存在的问题完成局部整改加固，不断增强学校网络安全技术保障能力。与市教委、教工委，市公安局文保总队、网监总队等上级部门进行网络安全业务对接，按照要求完成了 2016 年的网络信息安全自查、信息系统统计报送、网络安全专项整治、重要时期的网络安全保障等工作，协助校内各部门进行网络安全建设和防范，对各系统存在的网络安全隐患提出整改建议和方案，全年未发生重大网络安全事件。

（龚汉明　杨　安）

【特色与亮点】1. 新校区智慧校园建设。组织召开“智慧校园规划研讨会”，形成了对新校区智慧校园建设的总体目标、实施方案、保障措施等方面的基本设想，配合基建处完成了新校区综合布线系统工程规范要求、A 组团学生公寓弱电系统的实施。2. 信息化顶层设计编制。组织修订了北京信息科技大学信息化顶层设计方案，形成了学校 2017—2019 信息化建设重点项目清单和项目实施计划书。3. 组织校园一卡通卡面设计大赛。随着校园一卡通在学校的广泛使用，成为学校师生的身份识别凭证和电子支付介质，校园一卡通卡面设计大赛立足于设计出充分展现北京信息科技大学的风格与特色、具有鲜明的时代感、富于艺术表现力与感染力的卡面图样为目标，积极拓宽学校形象展示载体，服务校园文化塑造，组织召开北京信息科技大学一卡通卡面设计大赛活动。4. 荣誉及奖励。中心获共青团海淀区委员会 2014 年度“青年文明号”，获“2014—2015 年度学校保密先进集体”荣誉称号。

（龚汉明）

校友校史工作

【概况】校友校史工作办公室，是校友校史工作的专门机构，2010 年 12 月 13 日学校成立校友工作办公室，挂靠学校办公室，副处级建制。2014 年 10 月 22 日，为适应转型发展，优化组织结构，撤销校友工作办公室，成立校友校史工作办公室，正处级建制。主要职能包括负责校友会的建设、校友的联系和沟通及校友日常管理工作，此外还负责校史资料和校史档案的收集、整理和服务工作。办公室人员情况：主任 1 人、副主任 1 人、工作人员 2 人，其中副高级专业技术职务人员 2 人，中级专业技术职务人员 2 人。

2016 年，校友校史办根据学校“十三五”事业发展规划、学校 2016 年党政工作要点、部门工作职责及本部门 2016 年工作计划，以服务校友、服务学校、服务社会为宗旨开展了校友校史工作。继续构建校、院、地三个层面的校友工作联动机制，搭建校企合作的平台；加强了校友返校活动的规范性建设；进一步完善校友会信息化平台建设；加强校友工作培训和校友会内部队伍建设；从校史沿革发展资料的收集、整理、研究入手，在三校区巡回举办“建筑里的北京信息科技大学”专题展览和准备校史展览，弘扬校园文化精神。

【建设校友联谊分会】9 月 24 日借通信学院三十周年院庆之机，成立通信学院校友联谊会，是学校第 10 个学院校友联谊会。

1 月 16 日成立上海校友联谊会，7 月 2 日成立福建校友联谊会。8 月 20 日川渝校友联谊会召开第二次会员代表大会，顺利完成换届工作。地区校友联谊会的成立和发展，汇聚了更多校友，为校友与母校之间的联系、沟通与合作搭建了更为广阔的平台，为推进校友工作向纵深发展奠定了组织基础。

河南校友联谊会完成了筹建工作、贵州地区校友联谊会正在积极筹建之中。

【校友会评估、相关会议】2016 年，校友会参加了北京市民政局组织的社会组织评估。3 月 17 日，召开全校参评工作布置会，进行校内动员、工作培训，3 月至 8 月按照职责分工准备支撑材料、撰写自评报告、上报材料，并完成 22 卷评建资料文档的准备。9 月 7 日接受专家现场评估。评估专家组对校友会会长、常务副会长、秘书长和常务副秘书长分别进行了深度访谈，同时从基础条件、内部治理、工作绩效和社会评价等 110 个四级指标分别查阅了校友会历年来整理的档案资料和评估筹备材料并进行询问。专家从“服务高教有项目、机构完善有活动、规范管理有制度、校友返校有设计、增进联系有业绩、校友交流有特色、双向交流有平台、反哺母校有行动”八个方面及“研究校史有建树、服务教育有榜样”两大特色对学校校友工作予以充分肯定。

10 月 27 日组织校院两级校友工作人员、校友联谊会各级负责人参加校友工作培训会。邀请北京工商大学校友工作办公室主任吕东燕和首都经济贸易大学对外合作交流处处长赵喜玲两位老师作为主讲嘉宾做关于校友工作经验的分享发言。赵晓林作校友会有关工作开展流程、一般做法等内容培训。

【校领导走访校友】2016 年，校友会会长、学校原党委书记郑君礼，副校长韩秋实、副校长许宝杰、纪委书记冯晓春、校长助理林国策等领导先后带队 11 次走访了山东、川渝、辽宁、上海、广东、广西校友联谊会，调研京内外校友企业，探望各地校友，关心校友与校友企业成长，促进母校与校友企业在人才培养、毕业生就业、科技创新等方面的交流与合作。

开展主题校友企业走访，对 10 家近年来新三板上市校友企业进行走访调研。

【校友论坛、座谈及活动】通信学院、光电学院以 30 年院庆为契机，梳理学院办学历史，广泛联络校友，召开校友座谈会，举办校友与在校生互动的主题论坛。

6 月 7 日，校友校史工作办公室邀请赵峥校友回到母校参加党日活动座谈会，与老师同学们交流公益等方面的内容。中国网和学校网站曾报道了赵峥成功捐献造血干细胞救人的感人事迹。

为加强与校友的联系沟通，增进情感、凝聚力量，传递学校对校友的关怀，传承校园文化精神，营造喜庆祥和的节日气氛，推进良好校友文化的形成，校友会面向全校师生及校友征集 2017 年春联。共有 28 人提交了 48 副春联，评选出一等奖一名，二等奖两名，三等奖四名，优秀奖六名。

【校企合作】和校友企业家联谊会联合发起，并由校团委、研究生工作部、经济管理学院共同承办的第一届“校友杯”创业计划竞赛大赛，共有校园组 102 件作品（其中本科生 52 件、研究生 50 件）和校友组 9 件作品报名参赛，经过初赛、复赛，校园组 6 件作品和校友组

3件作品入选决赛。项目涵盖教育、饮食、旅游、互联网、农业等行业，从初赛到复赛先后邀请20余位杰出校友参与。5月21日举行决赛，评出：校园组三等奖4个：寻师网平台的设计开发与推广、教育院校信息安全服务支撑及试点应用项目、食客——定制化健康饮食平台、MEI家园科技有限责任公司；二等奖2个：基于脑电信号的轮椅式机器人、可集中控制的电热采暖系统；校园组一等奖空缺。校友组二等奖2个：广西崇左700亩沃柑种植基地、美一点；校友组一等奖：VR Traveller项目。现场校友与在校学生进行了非常精彩的互动。

正益移动互联网、北京聚通达股份有限公司等校友企业回母校商谈合作事宜。多次体验校友企业产品“前景大V”。学校与深圳市创翼睿翔天空科技有限公司签署战略合作协议。

与校友企业加强联系，协助“律动乐器”等7家校友企业来校宣讲招聘毕业生和实习生。

【校友捐赠】2016年校友会接受校友和校友企业捐赠57910元人民币。校友捐款设立奖励基金。4家校友企业向学校捐款，设立了中安消平安校园奖学金、东方京安平安校园建设基金、东方京安平安校园奖学金、德高贝登贫困生资助资金。2016年校友会接收物品捐赠：1位校友为学校捐赠价值100多万元的3D打印机两台，用于通信学院的教学与科研，接受4家公司价值金额共128182元的设备捐赠。校友利用值年返校的机会为母校捐赠石凳和认养“校友林”树木等。

【秩年校友返校】2016年校友会组织规划、举办和接待毕业50年、30年、20年及以下14批次校友值年返校活动、以及平时零散返校校友聚会活动。5月组织1966届校友毕业50周年返校活动，为其设计了学位成礼仪式、认捐“校友林”仪式、校友联欢会暨主题班会、参观原北京机械学院旧址等活动，有近200位老校友返校。10月组织了86届校友返校聚会活动、除了安排师生座谈会、浏览校园等活动，还为86届校友安排了学位成礼仪式，当天有近100名校友返校。

各学院也组织了不同形式的毕业20年、10年秩年校友返校活动10余次。

【校友会信息化建设】进一步完善校友会网站，数据库、资源共享平台等系统，在网站上及时上传学校和校友会重要信息、活动通知等，充分调动校友的积极性和热情，加强网站的互动性，成为学校和校友沟通交流的纽带，有效的保证校友们的“组织性”。

加强校友会微信公众号建设。通过手机周报，向广大校友、在校学生推送学校新闻、校友会动态、校友企业信息等内容，全年编辑推送38期，推送4期校友知识普及。

筹备进行微信公众平台开发工作。完成“微信公众平台运维开发”的招标工作 .

继续保持校友会QQ群和微信群校友联系。建立22个校友分会QQ群和微信群， 2016年新增2016届联络员工作群、各地区校友联谊会负责人工作群、信息科大校友工作群，继续保持与约1000名校友的经常联系。以这种联系方式推送母校信息，帮助若干位校友查找档案、寻找校友，达成商务合作和校企合作等。

【《信息科大人》改版】改版后的校友会期刊《信息科大人》更加突出了信息科大的品牌效应。加大发放范围，更加有效增进了校友对学校发展建设情况以及母校对各地校友活动情况的相互了解，增进了校友同母校的互动，增进了校友与母校以及校友之间的联系。一年编印第11期、12期，共印发5000册。

【校友工作联络员】第五届校友工作联络员聘任顺利完成，新聘任129名2016届毕业生校友工作联络员。校友总会通过QQ群、微信群等通信方式以及秩年校友返校，获取校友信息，并与校友保持经常性的联络。

【校友工作志愿者】校友工作志愿者顺利完成第五届换届工作，共招募学生志愿者28名。

10月16日，主任赵晓林主持召开第五届校友工作志愿者协会学生干部会议，根据“服务型、创新型、学习型、传承型、奉献型”志愿者的要求，梳理了校友工作志愿者协会之前工作不足，要求新一届志愿者们认真学习章程并提出改进意见。

10月26日召开校友工作志愿者协会学生干部第二次工作会议，根据学习后的反馈提出制定落实校友工作志愿者协会会议制度的要求，同时提出校友工作志愿者协会将从建立校友服务平台和搭建在校生学习实践平台两个方面着手全面参与校友会的各项工作，凝心聚力发挥在校生参与校友工作的作用。

继续开展“寻访校友足迹，展示校友风采”活动，新采访校友20余位。

【学生活动】组织2016届本科优秀毕业生在毕业典礼上接受校领导授予校友会旗和校友徽章，邀请85级经管校友、北京科力恒久电力技术股份有限公司董事长张立新参加毕业典礼。组织举办了赴新疆、西藏工作的5

名2016届毕业生学校欢送会事宜，并保持与5位校友的日常联系。邀请93级计算机专业校友、易宝支付总裁办CEO助理左家平参加2016级新生开学典礼并做演讲，为在校生传递工作人生经验。

【三维虚拟校史馆和校园全景视图建设】完成了三维虚拟校史馆一期工程：基于目前信息科大校区资源紧张，无法建设实体校史馆，而三维虚拟校史馆是将校史展馆移植到互联网上进行展示、宣传和教育的三维互动体验解决方案。一期三维虚拟校史馆包括序厅、北京机械工业学院及其前身、北京信息工程学院及其前身、北京信息科技大学（筹）和北京信息科技大学五个厅，内容涵盖1937年到2014年70多年信息科大人艰苦奋斗、发展壮大的办学历史。三维虚拟校史馆不受时间和空间的限制，广大师生和校友通过互联网即能真实感受学校历史，接受大学文化教育，成为素质教育的一个活动窗口。

为更直观形象地展示校园风貌，让广大教职工、校友和社会各界人士更好地了解信息科大美丽校园；同时考虑到未来学校整体搬迁后，现有学校校园景观档案资料留存的需要，完成了小营校区和健翔桥校区两个校区一期工程的全景视图拍摄制作。参观者打开页面，结合全景的导览应用，只需点击鼠标即可自由穿梭于校内教学、科研、办公、后勤保障、校园道路等不同场所，360度的视觉效果，给人以身临其境般之感。

采购了3台触控一体机，分别安装于小营校区图书馆、健翔桥校区图书馆、清河校区校友之家，用于展示全景校园、虚拟校史馆和校史展览等。

【建设校史馆网站】依托学校网站群，完成校史馆网站架构建设，根据网站架构，编辑处理制作老照片，现已完成《老照片》《毕业骊影》等栏目的制作、上传。

【多渠道征集校史资料、老照片】在校友会理事会、校友值年返校、《信息科大人》、校友网站、校友公众号上向广大校友、离退休老干部征集校史资料。共征集文字25720字，照片284张。对校友与有关人士赠送的校史物件进行登记、整理，共拍照、整理45件物品。

对25位校友进行采访，初步整理文字资料近3.5万字。通过多方搜集到5位校友事迹材料共9055字。

校内多方联系，搜集扫描历史档案文件。在学校办公室档案负责老师的支持下，到小营8楼和1楼档案室翻拍档案资料，共整理扫描文件2105页；整理文字约130227字。

前往机械科学研究总院及其延庆库区查访学校历史档案文件，查阅近1000个档案目录，调阅57类卷宗档案，共查找、复印57份与学校相关的档案文件。在北京市档案馆网站上查找有关校史档案资料，共搜集到81条与学校相关的档案目录。

通过密切关注校园网、信息门户及与相关部门的沟通，共收集2016年学校大事文字、“十二五”总结文字约5.5万字。

【逐步整理校史资料】通过查寻有关文件资料、大事记，对部分口碑资料进行查证、比对，初步整理出学校办学阶段性校史沿革资料10867字。整理出校史简史文字展览资料20485字、配图290张。为2016年《信息科大人》提供2篇史料文章，为校史馆网站提供8篇校史文章、818张老照片。

举办“建筑里的北京信息科技大学校史展”。对学校建筑物的变迁进行资料查证、整理及整体设计，首先在清河小营校区图书馆举办“建筑里的北京信息科技大学校史展”，又分别在健翔桥校区、清河校区和新生入学时进行了巡回展出，同时分专题向学校官微提供4篇文稿。校友校史办还将展板电子版放到了校友会网站及校史馆网站上。

为更好地利用以往收集、翻拍和扫描的照片，共对1592张照片进行了编辑处理。

【筹备教育基金会】正式加入中国高等教育学会教育基金工作研究分会并参加中国高等教育学会教育基金工作研究分会年会。为更有效地开发和利用校友资源，校友校史办积极推进筹备成立教育基金会的各项前期工作，对基金会的组织机构、拟开展项目提出初步设想。截至2016年年底，只要注册资金到位，即可申请成立教育基金会。

【党建与思想政治工作】

组织工作

【概况】北京信息科技大学组织工作职能由党委组织部负责。设有部长 1 人，副部长 1 人，组织建设与党员管理工作岗、党校与党员教育工作岗、干部与人才工作副科级岗 3 个岗位，代为管理北京高校教师党员在线学习系统，现有工程师 4 人。

2016 年，学校现任处级干部共有 133 人，其中，正处级 55 人，占干部总数 41.35%；副处级 78 人，占干部总数 58.65%。

2016 年学校在校党员 3129 名，其中在岗教职工党员 892 名，占党员总数的 28.51%，离退休党员 577 名，占党员总数的 18.44%，学生党员 1660 名，占党员总数的 53.05%，其中本科生党员 1077 名，占全校本科生学生总数的 10.64%。研究生党员 583 名，占全校研究生学生总数的 47.90%。

2016 年度，学校申报的《落实全面从严治党要求构建“三位一体”基层党建工作模式》获 2014—2015 年北京高校党的建设和思想政治工作优秀成果三等奖。

（李　哲）

【重点工作】2016 年 3 月 2 日至 4 月 29 日，接受市委第四巡视组对学校的巡视以及选人用人工作专项检查，共准备 60 多卷的工作档案材料。根据巡视组提出的意见建议，研究制定了《北京信息科技大学干部选拔任用工作巡视整改方案》。在后续工作中，严格按照《整改方案》确定的工作目标，全面落实整改任务，进一步修订完善了《处级干部选拔任用工作实施细则（暂行）》等规章制度，进一步健全了干部因私出国（境）部际会商审批等工作机制，进行了处级干部系列专题教育活动，开展了处级后备干部集中补充调整等工作。

2016 年 4 月 27 日，学校召开“两学一做”专题教育工作会议。按照中央及市委工作部署，认真组织开展“两学一做”专题教育，成立专门机构，制定“两学一做”实施方案和工作安排表，对学习时间、内容、方式进行详尽规划；按照“建标准，搭平台，强督导”的工作要求，建立“两学一做”学习教育三级例会制度、考勤制度，校内巡回督导等制度。组织全校各基层党组织按照校党委“两学一做”学习教育工作的总体要求，严格“三会一课”，通过个人自学、集中学习、处级干部支部书记讲党课、专题讨论、主题党日、专题组织生活会、论坛交流、党章党史知识竞赛、志愿服务活动等形式，把全面从严治党的要求落实到每个党支部、每名党员。

（李　哲）

【专项工作】2016 年 1 月至 3 月，开展违规因私出国（境）全面清查治理工作。牵头组织开展处级领导干部违规因私出国（境）工作，对处级干部因私护照和出入境记录进行全面核查。按照《关于组织人事部门对领导干部进行提醒、函询和诫勉的实施细则》要求，对近三年来未经审批因私出国（境）以及存在其他问题的处级干部分别进行了提醒和戒勉谈话。研究制定《北京信息科技大学加强处级干部因私出国（境）审批工作办法》，从机制上重新设定了处级干部因私出国（境）申请审批流程，建立因私出国（境）申请部际联席研究审批程序，从严把握处级干部因私出国（境）的审批标准，实行《处级干部因私出国（境）承诺书》签订制度，对处级干部因私出国（境）进行更加严格的管理。9 月 9 日，邀请上级主管部门领导对因私出国（境）问题开展专题培训。

2016 年 3 月至 7 月，开展领导干部个人有关事项随机抽查工作。组织全体处级干部完成个人有关事项报告工作，并组织开展领导干部个人有关事项抽查核实工作。根据上级核查反馈结果，与领导干部本人填报的个人有关事项情况进行逐项比对。对存在漏报情况的干部进行函询，责令个人撰写情况说明并作出书面检查。

2016 年 3 月至 12 月，开展党员组织关系排查工作。党委组织部牵头，协同党委研究生工作部、人事处、招生就业处、校友校史工作办公室等相关部门合力，协助各基层党组织做好了党员组织关系排查工作。

2016 年 6 月至 12 月，开展党组织换届专项检查工作。按照上级要求，对学校所有党组织换届工作进行了全面梳理，除 8 个党支部按照工作要求进行整改，及时开展完成了党支部换届选举工作外，其余学校党委、18 个院级党组织及各基层党支部均严格按照要求进行了换届选举工作。同时建立了基层党组织换届工作台账，并时时进行更新。

2016 年 7 月至 12 月，完成党费收缴补缴工作。按照上级要求，党委组织部协同人事、财务、审计等相关部门进行了大量前期调研、测算工作，制定了学校补缴党费工作方案，并顺利完成党费补缴工作。

2016 年 7 月至 12 月，开展党代表党员违纪专项检查工作。按照《在“两学一做”学习教育中对党代表和党员违纪违法未处理情况排查通知》的要求和北京市委教工委提供的信息，协同纪委完成了对党代表党员进行违纪专项检查。

2016 年 12 月至 2017 年 1 月，开展提名出席党的十九大代表候选人推荐人选工作。按照上级要求，研究制定工作方案，顺利完成提名出席党的十九大代表候选人推荐人选工作，推荐北京市出席党的党的十九大代表候选人推荐人选 1 名。

2016 年 9 月至 2017 年 2 月，开展党员信息核查工作。严格按照北京市委的时间进度要求，完成市委将要启用的新的党员信息库中学校所有党组织和党员信息的梳理、核对和完善工作。

【干部工作】2016 年 10 月至 12 月，开展了新一轮全校处级后备干部集中调整工作。按照中央《党政领导干部选拔任用工作条例》、学校《处级干部选拔任用工作实施细则》的基本条件确定初步人选，党委组织部通过开展专题调研、对初步人选进行综合分析、统筹比选基础上，研究提出了处级后备干部人选建议名单。

2016 年 11 月 16 日，学校组织 50 余名新任职处级干部进行集体谈话，加强纪律规矩意识、廉政意识教育。

2016 年 3 月至 12 月，完成处级干部年度考核工作和 36 名试用期满处级干部考核工作，试用期满考核合格。

2016 年 3 月至 7 月，完成公共管理与传媒学院党总支书记、马克思主义学院党总支书记、外国语学院党总支书记、机电工程学院党委书记、基建处副处长、健翔桥校区办公室副主任、东部校区管理办公室副主任等岗位的干部选拔任用工作。2016 年新提任处级干部 3 人。

做好京冀互派干部挂职、宣教系统干部挂职、博士生服务团、全市专业技术干部挂职、低收入村选派第一书记等批次的人才管理工作，完成北京市选调生统计、审核、推荐、组织培训等相关工作。

完成 2016 年度北京市优秀人才培养资助项目申报工作，艾瑞、何巍、贺庆、刘庆振 4 名申请人拟获得资助。

【基层党组织建设】2016 年 3 月，完成院级党组织书记述职评议考核工作。完成学校首次院级党组织书记抓党建工作述职评议工作，7 位院级党组织书记做了现场述职，汇报了抓基层党建工作情况，其他 11 位院级党组织书记提交了书面述职报告。

2016 年 3 月至 5 月，完成院级党组织 2016 年度考核工作。印发《关于 2015 年院级党组织年度考评工作安排的通知》，在院级党组织完成本单位所辖党支部年度考核工作基础上，完成院级党组织 2016 年度考核工作，考核结果已向各院级党组织进行了反馈。

2016 年，学校共发展党员 651 名，其中教职工 3 名，学生 648 名（研究生 121 名，本科生 527 名）。

2016 年 12 月，开展全校党支部工作自查并建立年度工作台账。研究制定了在全校范围内开展党支部工作自查的方案，对基层党组织建设提供规范化的指导和要求，在此基础上建立了党支部年度工作台账，通过“抓中间 促两头”，将一批支部列入示范党支部培育计划，梳理了基层党建工作中的薄弱环节，为下一步有针对性地开展工作奠定基础。

【党校工作】2016 年 8 月至 12 月，开展处级干部专题培训。共设立三个培训专题：一是聚焦“四个意识”，建设“五个环境”；二是严明党规党纪，遵守校规校纪；三是回顾建设历程，着眼未来发展，通过专题报告、集中研讨、进一步引导处级干部严明组织纪律，积极投身学校“五个环境”建设，自觉约束自身言行，加强作风建设，把党员干部工作的着眼点引导到促建设、谋发展上来。

2016 年 5 月 18 日，结合重点工作的开展，对院级党委（党总支、直属党支部）书记、副书记，教工、学生党支部书记，党务秘书、党建辅导员群体开展了定期培训，如“主讲主问制”理论学习模式培训、党组织关系排查、基层党组织换届、党费收缴等专项工作培训等。

2016年4月和10月，开办发展对象校级党课培训。通过集中培训、网上自学、分组讨论等方式，以加强对发展对象的理想信念教育，进一步端正入党动机为主题，共培训 800 余人。

2016 年 4 月，对 400 余名学生预备党员进行集中培训，通过辅导报告、音像教学、分组讨论、综合测试和在线学习五个环节，提高预备党员的思想政治素质，进一步端正入党动机，牢记党的宗旨，不断增强社会责任感和历史使命感，切实发挥党员先锋模范作用。

2016 年 11 月至 12 月，根据中央和北京市关于开展党员教育培训中期检查工作的要求，对近三年来的党员教育培训工作开展情况进行全面摸底检查，了解全校各院级党组织党员教育培训开展情况、信息化建设情况、取得成效及存在问题。

组织开展党建课题研究，共设立党建研究课题 10 项（其中委托课题 1 项），为解决党建工作中遇到的理论和现实问题提供思路和借鉴。

【人才工作】完成各类人才的推荐评优工作。1 名教师获得“北京市有突出贡献的科学、技术、管理人才”称号。1 名教师入选“北京市青年拔尖人才”。在北京市优秀人才培养资助项目申报工作，共计推荐 15 名教师申报青年骨干个人项目，4 名申请人获得资助。

【党员在线运维工作】2016 年，完成资源建设的招标工作。完成市委组织部委托开发协议规定的有关课程并上报。新上线三分屏、大视频、动画课、富媒体课共计 147 门，微视频课 102 门。对“中国梦”大型动画课程进行了改版和知识点补充，定制开发“重走长征路”动画课程，探索开发了一系列富媒体课程。

根据日常运行过程中发现及用户反馈提出的问题不断对平台进行优化，提高用户体验性和平台稳定性；完成信息安全等保二级测评工作，对平台整体进行渗透测试及脆弱性检查，查找出系统在硬件和软件方面的漏洞与不足，制定了系统的安全加固方案并实施，增强平台的安全性。

（李　哲）

宣传工作（统战工作、新闻中心）

【概况】 党委宣传部（统战部、新闻中心）是学校党委的职能部门，负责全校的思想政治、宣传教育和统一战线工作。主要职能是管理和协调全校的宣传教育与理论学习，掌握教职工的思想动态，开展形势与政策教育，指导和协调全校思想政治理论课的教学与研究工作，加强对内对外宣传及舆论环境建设，进行全校重大活动的宣传报道，搞好精神文明建设和意识形态领域及校园文化宣传阵地的管理；贯彻落实党的统一战线政策，团结各民主党派，推荐党外代表人士；完成党委和校领导交办的其他工作任务。党委宣传部与党委统战部合署办公，新闻中心挂靠党委宣传部。党委宣传部（统战部）有部长 1 人，副部长 2 人，宣传干部 6 人。

（薛　涛）

【思想建设和理论学习】抓好理论学习和理论武装，坚定师生理想信念。以学习党的十八大、十八届三中、四中、五中、六中全会精神和习近平总书记系列重要讲话精神为重点，深化中国特色社会主义理论学习教育，深入开展中国梦宣传教育，落实“两学一做”学习教育要求，不断增强党员干部和师生的“四个自信”。

精心组织校院两级中心组学习，推动理论学习全覆盖。制定每学期校院两级中心组学习计划，专门为校院两级中心组成员印制学习笔记本，加大学习督导检查力度，努力实现有计划、有平台、有落实、有检查的工作目标。校级党委中心组 2016 年集中学习 13 次。加强对院系和基层理论学习指导，推进 N+1 理论学习模式，进一步增强了学习的针对性和实效性。印发、整理、上传理论学习资料共计 34 万余字。全年获上级有关部门理论研究立项 18 项。

落实《形势与政策》的日常管理工作，努力推进课程改革，组织开展形势政策课教师基本功比赛，促进教学交流，提升教学水平，努力建设大学生真心喜爱、终身受益的形势政策课。

强化政治意识和责任意识，牢牢把握意识形态工作的领导权、管理权、话语权。为贯彻落实中央、教育部、北京市的相关工作部署，结合学校实际，制定《意识形态工作责任制实施细则》，明确了学校各级党组织的意识形态工作责任，列出了学校党委和各单位各部门主要承担的意识形态工作责任清单，对建立健全意识形态工作研究报告、情况通报、主动引导和风险防控、管控处置、教育培训等制度提出了具体要求，对追究意识形态工作责任做出了具体规定。修订和制定了多项有关意识形态工作的制度和办法，进一步细化了各级党组织以及相关单位做好意识形态工作的具体任务和责任担当，为学校落实意识形态工作责任制提供了坚实支撑和操作规范。学校党委常委会坚持每学期研究一次意识形态工作，宣传部牵头定期召开意识形态工作例会。

（薛　涛）

【新媒体联盟理事会成立暨新媒体优秀作品表彰大会举行】1 月 8 日下午，新媒体联盟理事会成立暨 2015 年度新媒体优秀作品表彰大会在小营校区报告厅举行。校党委副书记杨军，相关职能部门负责人，各学院党委副书记出席会议。在此次优秀作品评选中，共有 27 个校园新媒体平台选送了 99 件作品，最终评选出一等奖 8 件、二等奖 12 件、三等奖 20 件、优秀奖 20 件，以及联盟“十佳”平台和特色平台。与会领导为获奖平台和人员颁发了荣誉证书。党委宣传部部长王蕾介绍了过去一年学校新媒体工作，对优秀平台和优秀作品进行了点评。杨军对新媒体工作进行了充分肯定，并提出四点希望：一要找准平台定位，服务好受众；二要坚持内容为王，不断提升平台影响力；三要加强队伍建设，充分发挥学生作用；四要加强内部管理，确保正确的舆论导向。

（薛　涛）

【教职工思想政治工作】定期走访各部门和院级党组织，做好思想状况调研工作，切实掌握师生思想动态，加强思想政治工作的针对性。设立学校教师思想政治工作课题，为教师思政工作创新发展提供有力支持。坚持编辑整理面向全校发布《一周高教要闻》，从高层动态、《人民日报》《光明日报》《中国教育报》、重点高校、地方高校、市属高校、网络热议、非常关注 9 个角度筛选、整理高教领域中发生的有代表性的新闻事件和主要观点，使师生方便快捷地了解信息、把握动态、开阔视野、共同研讨。全年共计完成 39 期 140 多万字。

（薛　涛）

【树人班成功举办】10 月 12 日至 11 月 2 日，宣传部、组织部、人事处、校工会共同举办了一期树人班，28 名青年骨干教师参加。树人班教学由课堂教学、自主学习、交流研讨、实践教学、撰写学习体会等环节组成，共计 40 学时。在课堂教学环节，学员们听取了 8 个专题报告，重点学习中国特色社会主义理论、习近平总书记系列重要讲话精神和高校教师职业道德规范；在自主教学环节，学习了《做党和人民满意的好老师——同北京师范大学师生代表座谈时的讲话》《北京信息科技大学“十三五”事业发展规划》等。结合教学内容，开展了主题学习研讨，交流和共享学习成果，每名学员撰写了 3000 字以上的心得体会文章。10 月 28 日至 29 日，学员们来到红旗渠干部学院开展实践教学。培训过程中，学员们学习态度端正，自觉性和主动性强，培训达到预期目的。

（薛　涛）

【精神文明建设】落实学校党委统筹推进“空间环境、办学环境、育人环境、治理环境、情感环境”建设精神，认真听取师生和校内外专家的意见建议，制定学校“十三五”事业发展规划文化建设子规划。挖掘典型，弘扬正能量，打造精品文化活动。以“记录故事 传递感动 凝聚力量 筑造梦想”为主题，举办首届“勤信人物（团队）”评选活动，得到广大师生的热烈响应和积极参与。规范二级单位标识系统，推进学校文化形象设计。举办“抱玉握珠二级单位文化标识展”，11 个教学单位、继续教育学院、国际交流学院积极参与展览。举办“弘扬伟大长征精神”纪念红军长征胜利 80 周年作品展，依托马院、机电学院、公共传媒学院的学科平台，2500 余名学生和部分离退休教师共制作了 312 项作品参加展览。依法依规，精心组织，完成学校 12999 名师生选民登记工作，发动师生选民积极参与投票，顺利完成选举工作。

（薛　涛）

【对外对内宣传工作】围绕教学科研、学生科技成果、师生典型人物、新校园建设等工作，主动设置新闻议题，加强对外专题宣传，新华社、中央电视台、北京电视台、《中国青年报》《北京日报》、新浪网、凤凰网等媒体对学校进行了百余次报道和转载，学校社会美誉度得到提升。在全面推进学校事业发展中，积极发挥宣传部的职能与作用，围绕华北五省机器人大赛、运动会、学生开学（毕业）典礼、招聘会等各种重要活动，完成氛围营造和宣传报道工作。先后推出“长征精神大家谈”“五个环境建设”等 15 个主题系列报道，撰写稿件 206 篇，采写人物典范 38 位，事迹典范 18 件；新闻网发布新闻共计 1030 条，撰写编发共计 90 万余字新闻，更换新闻网主视域图片 120 张；完成官微 367 条图文推送，粉丝突破 11000 次，总阅读量 75 万次，总点赞量 1.2 万次。为重要工作及有关部门和单位提供照相、摄像服务近 200 次，累积照片 1 万余张，处理视频资料 795GB 计 4690 分钟；完成学校 2016 版宣传片拍摄工作；制作宣传橱窗 12 期（专题）89 块，电子屏横幅 240 余条；广播台完成时长 200 余小时的常规播音任务；实行校内出版物备案和年检制度，加强对校报校刊、校园网络广播电视、出版物的内容审核；进一步完善网络舆情监控机制，坚持全天候监控、定期及时进行信息报送工作，全年共计编辑报送《北京信息科技大学舆情月报》10 期，全面梳理和呈现了涉及学校的舆情状况，为各级领导和主责单位提供决策和研判参考。

（薛　涛）

【荣获 2014—2015 北京高校党建和思想政治工作优秀成果三等奖】12 月 29 日，北京市委教育工委表彰 2014—2015 年北京高校党的建设和思想政治工作优秀成果、创新成果，学校申报的《落实全面从严治党要求 构建“三位一体”基层党建工作模式》荣获优秀成果三等奖。此次共有 53 所高校总计申报成果 134 项，评定优秀成果一等奖 4 项、二等奖 11 项 、三等奖 21 项，创新成果奖 8 项。近年来，学校党委落实全面从严治党不断向基层延伸和拓展的新要求，着力构建“三位一体”基层党建工作模式，明显提升了基层党建工作的整体效能。一是建立健全目标责任体系，实施“魅力”“能力”“奉献”和“成长”等四个工程；二是建立健全督导评价体系，实施两级联述联评联考制度，指导和督查基层党建工作；三是建立健全教育培训体系，不断提升教育培训的吸引力和实效性。通过三个体系相互融合和支撑，增强了学校基层党建工作的系统性、协同性和整体性，努力使学校基层党组织工作推进有动力、过程有督导、效果有见证、提升有保障。

（薛　涛）

【校报编辑部工作】2016 年，《北京信息科技大学报》紧密结合深入学习贯彻党的十八大、十八届三中、四中、五中、六中全会、全国高校思想政治工作会议和习近平总书记系列重要讲话精神，认真落实学校各项工作部署，紧密围绕学校中心工作，继续深入开展“走转改”活动，坚持贴近校园生活、贴近师生员工、贴近学校实际，努力体现时代性、把握规律性、富有创造性，切实发挥引导舆论、交流信息、弘扬新风、培育新人、维护稳定和繁荣文化、传承文明的重要作用，工作水平和影响力不断提升，赢得了学校师生和同行的认可和肯定。全年按期保质出版报纸 12 期，发行量为 4 万份。在中国高校校报好新闻评选中，3 件作品获奖；在北京高校好新闻评选中，5 件作品获奖。同时，本报编辑部以求真务实的态度继续履行北京高校校报研究会常务理事单位的职责。

（王肖楠）

【民主党派与党外知识分子工作】 学校有民主党派成员 47 人，其中高级职称 31 人，中级职称 16 人。2016 年统战部积极指导和协调各民主党派基层组织按照要求，从自身实际出发开展工作和组织实践考察活动。为进一步了解和认识《中国制造 2025》制造强国战略，1 月 13 日，组织民主党派成员到北京现代汽车公司第二工厂开展社会实践活动。9 月 28 日，组织民主党派成员到中国人民革命军事博物馆，参观“纪念中国工农红军长征胜利 80 周年主题展览”。协助朝阳区委统战部、海淀区委统战部分别考察 1 名党外代表人士担任区人大代表、2 名党外代表人士担任政协委员。推荐传感器重点实验室副研究员张伟参加北京市第九期无党派人士培训班，副校长许宝杰参加北京市 2016 年党外领导干部研修班。协调全国政协委员祝连庆教授参加北京市政协、北京市委统战部召开的情况通报会。协助九三学社北京市委组织部考察推荐 2 名社员担任九三学社第四综合支社委员会成员。有 2 名社员分别被九三学社北京市委授予“优秀社务干部”和“优秀社员”。年内 1 名老师加入九三学社。

（薛　涛）

【校领导与民主党派和无党派人士共商学校发展大计】12 月 28 日下午，学校在小营校区第四会议室召开统战人士座谈会。学校党委书记王传亮、副书记刘筱毅，相关职能部门负责人，20 余位民主党派、无党派人士代表参加。座谈会由统战部部长王蕾主持。王传亮指出，多年来，学校民主党派、无党派人士紧密团结在学校党委周围，荣辱与共、肝胆相照，讲真话、谏诤言、献良策，在各条战线上为学校的建设发展做出了巨大贡献。真知灼见的背后，反映了老师们热爱学校、以校为家的情怀。王传亮介绍了学校在统筹推进“五个环境建设”，推进落实“十三五”事业发展规划的战略思考和建设发展实际成绩；通报了全国高校思想政治工作会议精神。王蕾从顶层设计、空间环境建设、队伍建设、人才培养、科学研究、民生工程等方面通报了 2016 年学校建设发展情况。与会人员围绕学校 2016 年中心工作，分别从制度建设、队伍建设、学科发展、人才培养、校园文化、课程设置、专业建设、民生问题、校园文化建设等方面开诚布公地提出了意见和建议。

（薛　涛）

【开展统战工作自查自评】按照教工委《关于开展贯彻落实中央和市委统一战线一系列重大决策部署调研检查工作的通知》要求，对照调研检查内容，对学校统战工作的开展情况认真进行了自查自评。总体认为，近年来，学校统战工作紧紧围绕学校中心工作，充分发挥统战人士的积极性，为推动学校的科学发展和首都建设作出了积极贡献。坚持“充分尊重、广泛联系、加强团结、热情帮助、积极引导”的方针和“德才兼备、以德为先”用人标准，努力建设一支数量充足、结构合理、素质优良、作用突出的党外代表人士队伍，为每位党外代表人士落实了每年 300 元培训经费，建立了学校党员领导干部与党外代表人士联系交友制度。贯彻落实党的民族宗教政策，根据学校领导补充调整及工作分工变动等情况，及时调整和健全了民族宗教工作领导小组，制定了《北京信息科技大学涉及民族宗教因素突发事件应急预案》。解决少数民族学生在学习生活中的实际困难，每年为清真食堂补助 2 万元以上，定期检查卫生和饮食质量，让少数民族师生吃上可口的饭菜。各级党组织和学工干部关心少数民族学生的政治成长，引导他们积极向上，不断强化对伟大祖国的认同、对中华民族的认同、对中华文化的认同、对中国共产党的认同、对中国特色社会主义的认同，党员教师与少数民族学生结对子，经常面对面地沟通交流，收到较好效果。

（薛　涛）

【民族宗教工作】11 月 11 日，在小营校区第四会议室举行少数民族学生管理专题报告会，统战部、宣传部、学工部、研工部等职能部门和学院辅导员参加，邀请中央民族大学党委统战部部长、博士生导师余梓东教授作了题为《高校少数民族学生管理问题探讨》的专题报告，对于正确对待民族问题、加强对民族生的管理等具有一定的指导性。9 月 12 日晚，在穆斯林同胞传统节日古尔邦节来临之际，学校在小营校区文化艺术中心举办主题为“畅谈节日情，共叙中国梦”的古尔邦节、中秋节联欢晚会，校领导、相关职能部门负责人和老师们与广大回族、维吾尔族、哈萨克族等少数民族同学齐聚一堂，共度佳节。为进一步加强领导，统筹协调，积极稳妥做好“新翼事工”处置工作，成立了学校“新翼事工”专项工作领导小组。

（薛　涛）

【统战宣传信息工作】完成并上报北京市委教育工委《民主党派组织机构状况》《民主党派成员状况》《民主党派组织发展状况》《高级知识分子状况》《实职干部安排状况》《党外局级以上领导干部（实职）情况》“北京高等学校统战工作对象情况统计表”“北京高校港澳学生人数统计表”“北京高校华侨学生人数统计表”“北京高校台湾学生人数统计表”“北京高校外国留学生人数统计表”“北京高校少数民族学生统计表”“北京高校少数民族班统计表”“北京高校在校学生统计表”等。推荐全国政协委员祝连庆教授为全国无党派重点人选，并按要求报送了“全国无党派重点人选名单填报表”和“无党派人士登记表”。

（薛　涛）

纪检与监察工作

【概况】纪委办公室是学校纪律检查委员会的办事、办案机构，负责纪委的日常工作，主要职责是组织起草纪检监察各类文件、材料；协助党委抓好全校党风廉政建设工作，落实党风廉政建设监督责任的各项任务；受理本校党员的控告和申诉，保障党员民主权利；受理本校师生员工对违反党内纪律的党组织、党员的检举、控告；负责校纪委会议，落实纪委全会做出的决定；接待群众的来信来访，按照有关规定进行调查核实，查处违纪案件；负责本部门的网络信息、文件的运转和督办、信访（包括监督执纪各项工作）材料的立卷与归档、报送上级纪委要求的数据报表等其他工作。

监察处和纪委办公室合署办公，主要履行以下职责：对学校行政职能部门及其行政工作人员和学校任命的其他行政负责人进行行政监察；配合校纪委制定并监督实施学校反腐倡廉建设的相关制度；监督检查监察对象贯彻执行国家法律、法规和政策的情况；监督检查学校的决议、决定、规章制度在校内各部门的贯彻执行情况；受理对监察对象违反行政纪律行为的检举、控告；受理监察对象不服政纪处分的申诉；调查处理监察对象违反行政纪律的行为；协助校领导及有关部门对监察对象进行遵纪守法、履行职责、廉洁从政教育。

2016 年，学校认真贯彻落实党的十八大和十八届三中、四中、五中、六中全会以及中央纪委三次、四次、五次、六次全会精神，全面落实党中央、北京市委关于党风廉政建设的工作要求与部署，按照“全面从严治党”要求，以落实“两个责任”为抓手，以惩防体系建设为核心，进一步推进党风廉政建设和反腐败斗争，为学校改革发展稳定提供强有力的政治保证。

【党风廉政建设工作】落实党风廉政建设年度总结工作。2016 年 1 月，校内各单位按照《北京信息科技大学学校办公室关于做好 2015 年工作总结和 2016 年工作计划的通知》要求，启动党风廉政建设责任制自查工作，并向纪委办公室上报部门 2015 年度党风廉政建设工作总结。

部署年度工作任务。协助党委制定《北京信息科技大学 2016 年党风廉政建设和反腐败工作主要任务》，将主要任务分解为七大任务 20 项，包括落实全面从严治党要求、严明党的纪律、驰而不息纠正“四风”、加大执纪监督力度、规范权力运行、加强专项整治工作力度、加强纪检监察队伍建设等内容，督促牵头单位及协办单位抓好落实。

协助党委召开党风廉政建设工作会议。5 月 11 日，学校在小营校区报告厅召开 2016 年度党风廉政建设工作会议。党委书记和校长就落实“全面从严治党”各项任务及完成本年度党风廉政建设工作向全体处级以上领导干部提出明确要求。纪委书记代表学校部署 2016 年度党风廉政建设和反腐败工作主要任务，并明确了每项工作的牵头单位、协办单位。

修改并逐级签订《党风廉政建设责任书》。修订学校 2016 年度《党风廉政建设责任书》，将“全面从严治党”加入责任书内容，对“一岗双责”的要求进一步确认。学校党委书记、校长与全体副校级领导干部，校领导班子成员与所分管部门正职，部门正职与副职之间层层签订责任书，一级抓一级，层层抓落实，做到责任到人，落实到位。

聘任新一届党风廉政监督员拓宽监督渠道。6 月 16 日，学校下发《关于聘任王丽坤等同志为学校党风廉政监督员的通知》，重新聘任 10 位党风廉政监督员。9 月 21 日学校举行了党风廉政监督员聘任仪式，并由纪委书记就监督工作开展的重点事项进行了培训。

强化党风廉政建设责任制考核。11 月，制定学校 2016 年度《党风廉政建设责任制考核指标体系》，对院级党委（党总支、直属党支部）和党政管理部门分别明确一级指标、二级指标、检查重点及评分依据，确保党风廉政建设考核有理有据。同时启动全校党风廉政建设责任制检查考核工作，各单位提交自查报告并依据《指标体系》自评打分。

12 月，协助学校党委制定了《中共北京信息科技大学委员会关于践行监督执纪四种形态的实施办法》，明确了践行监督执纪四种形态的具体内容和工作的具体要求。

12 月，协助党委做好校内党风廉政建设责任制自查及工作报告的起草工作。向市纪委、教育纪工委上报《2016 年北京信息科技大学党委落实党风廉政建设主体责任情况自查报告》。

【反腐倡廉宣传教育】依托“大宣教”工作格局，分层分类加强有针对性的廉洁教育。重点加强党员领导干部的作风建设和廉洁从政教育，组织全体处级领导干部参观“明镜昭廉”明代反贪尚廉历史文化园；党委书记、纪委书记与新提任处级干部进行廉政集体谈话；纪委书记为处级干部做题为《落实巡视整改要求 自觉遵守“六大纪律”做“讲规矩 有纪律”的合格党员干部》的报告，强调组织纪律、工作纪律、廉洁纪律的重要性。着重强调教职工师德师风、廉洁从教教育，制作以新颁布的党内法规为主题的图解展板；开展“纪律教育在身边”征文活动，评选出 5 篇优秀稿件报送上级单位。纪委书记以案例教育为主，为预备党员讲党课，为备课生讲形势与政策课。依托学生廉洁社团，在大学生中开展廉洁文化教育，组织开展了双清别墅拓展活动、奥林匹克廉洁主题公园参观活动，不断丰富学生对廉洁的认识与理解；在新生教育、毕业生教育和入党教育中，融入学术道德、学术诚信等廉洁教育内容。

【惩防体系建设工作】继续推进落实《北京信息科技大学关于进一步加强廉政风险防控管理的实施方案》。根据部门和岗位工作职责的调整，试点单位基建处、资产处重新修订了权力事项、权力形式对象和范围、主责部门等风险内容，两个部门共确定职权 11 项，并重新绘制权力运行流程图。持续探索信息化防控建设，资产处与财务处系统实现无缝对接，进一步推进廉政风险防控管理“三个体系”建设。

【贯彻落实中央“八项规定”精神工作】在元旦、春节、暑假、国庆节等重要时间节点前发布通知，列明违纪红线，要求全体党员领导干部和教职员工严格遵守党的纪律，各单位认真开展宣传教育和自查自纠。节点过后，通过适当方式收集群众对干部落实八项规定的反映，及时查纠“四风”问题。

及时整理汇总中纪委、市纪委公开通报的违反八项规定精神的典型案例，由纪委书记在党委常委会、纪委全委会上进行通报，并发布在校内公文系统警示教职工。纪委办公室网站中“工作动态”“警钟长鸣”栏目及时发布中央及北京市落实八项规定的工作情况、市纪委公开通报的违反八项规定精神的典型案例，提醒各级干部严格廉洁自律有关规定，做到预防在前、警示在先。

【专项治理工作】纪委办公室、财务处和审计处协同开展秋季校内教育收费专项检查，对有收费项目的单位逐一进行现场检查，并对收费事项进行了一一核对。经检查，学校能够严格按照审批标准收费并对收费项目进行公示，不存在乱收费情况，不存在“小金库”问题。

统计上报外逃、出国（境）逾期未归、失踪人员情况。

开展招生录取工作问题线索及案件查处工作专项检查。按照上级要求，对学校2013—2016年招生录取工作中问题线索及案件查处情况进行专项检查。经自查，未收到有关招生录取工作的信访举报。

开展案件线索清理工作，坚持集体研究，严肃线索管理纪律，建立健全案件线索管理长效机制。

【重点部位监督检查工作】与有关部门密切配合，围绕重点部位和关键环节，认真履行监督职责，推进权力在阳光下运行。

加强干部选拔任用重要环节的监督工作。为拟提任的处级干部出具书面廉政意见共计40人次。

全程监督2016年度本科招生工作。参与招生工作领导小组相关工作，集体研究重大事项，在全体招生工作人员培训会上，校长与纪委书记、主管招生工作副校长提出纪律要求。校长与主管招生工作副校长、招生部门负责人、招生工作人员层层签订《招生工作责任书》。

加强对招聘面试及基建、修缮、物资设备采购等招投标环节的监督。按照工作职责进行全程或关键节点的监督工作，尤其是体现“监督的再监督”，在招投标工作、项目验收工作中引入备案制度。协助学校招投标领导小组办公室修订学校招投标工作规程，进一步规范招标工作，强化监督的再监督。

加强对科研经费使用的监督检查力度。针对校内出现的个别科研项目中经费使用不规范现象，及时开展校内项目经费使用的专项检查，推动校内各类专项的规范管理。

参与国家四级、六级英语考试及研究生入学考试、新生报到相关工作，做好相关的监察工作。

【信访举报与案件办理工作】保持信访举报渠道畅通，及时受理处理群众来信来访，做好执纪审查工作，切实做到“事事有回音、件件有着落”。坚持实事求是，认真做好调查了解，重要问题召开纪委全委会进行研究，全年共召开5次纪委全委会，其中2次研究党风廉政建设工作，3次研究重要信访件的调查处理。出台《中共北京信息科技大学纪律检查委员会关于规范纪律审查工作程序的实施办法（试行）》《北京信息科技大学纪律检查委员会纪检监察信访举报工作实施细则（试行）》，进一步规范业务工作流程。2016年纪委共收到信访举报46件，其中巡视组移交32件信访件，涉及17个问题线索；上级纪委转办3件信访件，包含2件重复信访件。纪委办公室已完成全部信访件的筛选分类与分析研判。对所梳理的问题线索采取初核、谈话函询等方式处置，部分业务范围外的转有关部门处理。向上级纪委上报问题线索18件，已了结16件，转立案1件并结案，另有1件线索正在初核中。

【获奖情况】纪委书记在2016年度机械行业纪检监察工作论文评比中荣获一等奖。

【其他】组织纪检监察干部参加市纪委、市教育纪工委组织的业务培训。

【接受北京市委第四巡视组政治巡视】2016年3月2日至4月29日，市委第四巡视组对学校党委开展了专项巡视，并于7月14日反馈了专项巡视情况。学校纪委也接受了巡视组关于监督执纪问责的政治巡视。巡视期间，纪委办公室做好沟通协调和资料报送工作；整改期间，纪委办公室做好工作落实和组织配合工作，从协助党风廉政责任制落实、强化监督执纪问责力度、落实全面从严治党要求等三方面建章立制、聚焦主业。

【考察北京建筑大学新校区建设监督工作】6月14日，纪委书记冯晓春带队赴北京建筑大学考察调研新校区建设监督工作。校长助理林国策、纪委办公室、审计处相关人员参与调研。此次调研主要针对新校区建设中的监督、审计工作进行，围绕工作开展的方式、重点和效果进行沟通。北京建筑大学相关领导就北京建筑大学新校区建设及监督工作进行了整体介绍，并详细介绍了审计监督注意事项、全程监督重点等方面的主要做法。双方还就招投标监督工作要点、全程监督难点等问题进行了深入讨论和交流。

【参观“明镜昭廉”明代反贪尚廉历史文化园】11月10日上午，学校纪委办公室、党委组织部联合组织学校处级干部90余人参观“明镜昭廉”明代反贪尚廉历史文化园，接受廉政警示教育。展览通过雕塑、壁画、实物模型以及电子科技等方式，展示明代反贪、惩贪、治贪的思想、实践和经验教训，弘扬中国传统廉政文化中的精华。

（谢　司）

保密工作

【概况】保密工作办公室是校党委保密委员会的日常办事机构，在党委保密委员会的领导下，主要承担保密管理、监督检查、完善落实各项保密规章制度、组织开展全校的保密宣传教育以及对全校涉密人员按照有关规定进行管理等工作任务。

2016 年，学校保密工作围绕学校中心任务做好服务保障工作，在保密宣传教育、技术防范能力建设、监督检查等方面做了大量工作。

（张京华）

【保密管理】加强涉密单位和涉密介质的保密管理。结合学校实际，认真开展涉密计算机管理工作，规范审批程序。涉密文件销毁工作。加强对涉密载体的管理，所有涉密文件及内部文件均到上级指定的销毁中心进行销毁，先后组织全校性的统一销毁工作 4 次，其中机密级新华通讯社 98 份，秘密级新华通讯社 48 份，一卡通 IC 卡 7560 张，内部资料共 2440 公斤。严格工作流程。切实做好涉密载体收发、登记、复制、保管、清退、销毁等环节。注重对要害部门部位和涉密人员的管理。以保密要害部门部位的管理为切入点，重点加强涉密人员的管理、重点检查各项审批审查制度执行情况，认真落实管理责任制。国家法定节假日和寒暑假前，要求各涉密单位进行保密检查和保密教育，通过短信平台提醒假期期间全校涉密人员如有出国（境）请严格按相关制度进行审批。假期继续使用涉密计算机、涉密移动存储介质要严格按照保密要求操作。保密要害部门部位确保有涉密设备的场所在无人时处于关闭状态，锁好门窗，防入侵报警装置处于良好的工作状态。

（张京华）

【保密宣传教育】强化培训，提高能力，加强保密宣传教育。进行全校各单位保密工作负责人、兼职保密干部和全体涉密人员保密知识测试；组织 11 名涉密人员参加北京市国家保密局举办的保密业务培训并取得上岗资格证。创新保密宣传教育载体，利用专业书刊提供学习保证，及时宣传相关的法规和保密知识。通过校内短信平台定期为涉密人员发送保密教育及保密提醒的相关信息，不断强化涉密人员的保密意识。新增涉密人员上岗专题培训。根据涉密岗位及人员变动情况及时对新增涉密人员开展上岗专题培训，本年度培训 10 人。通过培训，提高了涉密人员的专业理论知识和业务水平，增强了保密意识、责任意识和防范意识，提高了认真履行保密工作职责的能力。

（张京华）

【保密监督检查】严格做好各项检查工作。2016 年保密办会同国防科技科研院、网络中心对全校涉密计算机及存储载体进行检查，共开展了 1 次专项检查和 10 次常规检查，利用审计软件，查看监控审计报告。每月定期对全校涉密人员自查进行督促和检查，确保涉密人员按规定、按要求进行自查。

（张京华）

【其他】上报完成《中共北京信息科技大学委员会保密委员会关于学校保密工作的自查自评情况报告》《北京信息科技大学关于落实〈关于进一步加强涉密人员保密管理工作的意见〉的报告》《中共北京信息科技大学委员会保密委员关于开展 2016 年武器装备科研生产单位安全保密专项检查的报告》2016 年度北京信息科技大学《北京地区武器装备科研生产保密资格单位保密自检报告》等相关材料。

（张京华）

学生工作（国防教育）

【概况】党委学生工作部（学生处）（武装部）（以下简称“学生处”）主要职责是负责本校本科生日常思想政治教育、服务管理以及国防教育。学生处坚持“以学生为本”，以培育优良校风学风为核心，将学生思想政治教育贯穿于学生培养的全过程，培养和锻炼学生坚忍的意志品质、创新精神和实践能力，服务于学生的全面发展；不断加强学生日常管理工作，努力为学生提供优质服务。

在学校党委和行政的正确领导下，2016 年学生处（党委学生工作、武装部）坚持以邓小平理论、“三个代表”重要思想、科学发展观和习近平总书记系列重要讲话精神为指导，以社会主义核心价值观为引领，以立德树人为根本任务，按照学校“十三五”事业发展规划的部署，紧密围绕学校中心任务和2016年学生工作要点，以“五个环境建设”为引领，立足服务学生成长成才的需要，拓展日常教育的方法途径，加强学生事务管理服务，构建学生发展辅导体系，推进校风学风文化建设，强化学生工作队伍建设，育人工作成效不断提高。

（孟李辛）

【思想政治教育】 学校日常思想政治教育工作，围绕十八大以来党和国家的一系列方针政策，创新载体，拓展平台，将党的宗旨和社会主义核心价值观深入学生内心，激发学生的爱党爱国热情，坚定为中华民族的繁荣富强而努力奋斗的信心和决心。

校领导邀约日活动。邀约日活动是学校领导和学生近距离沟通的平台，为了解学生关切，倾听学生心声，拓宽工作思路，提升服务水平，校长王永生、副书记刘筱毅、副书记王秀彦、副校长许宝杰先后邀约十大先锋人物和学生代表就“笃学崇信，筑梦天下”“践行两学一做，争当时代先锋”“勤以为学、扬帆起航”“砥砺前行，不忘初心”等主题进行深入沟通。

学生信息。编辑印制《学生信息》2期，共收集整理特约学生信息员报送信息40条，信息类型涵盖校风学风建设、教育与教学管理、学业与就业指导、学生工作、图书馆、后勤管理、校园治安、校园设施与条件8个方面。同时提请至学校领导及相关部门负责人答复，并及时有效地通过橱窗、学校官微、学生处官微发布，反馈给学生。

网络思想政治教育。紧扣时事热点和学校中心工作，围绕学生成长成才，丰富学工部新浪官方微博及微信内容，及时更新学生处官网信息，积极开展网络思想政治教育工作。

官方微博。定时发布微博，传递正能量，弘扬爱国爱校的情怀，全年发布博文256篇，内容涵盖校内外资讯、大学生活与学习、求职就业指导、校园美景等；利用新浪微博学生处官方平台在线答疑，解答学生普遍关注的问题37个；官微粉丝数量增长到3581人。同时，对学校微信公众号、人人网公共主页、北京信息科技大学百度贴吧、风信子论坛等公众平台做好舆情监控和思想引导工作。

学生网络信息化服务基础平台。学生处网站与党委学工部网站、心理健康教育与咨询中心网站有机结合，基本实现学生思想政治教育、学生事务管理、学生工作队伍建设和学生工作的全面信息化。全年度，学生处网站发布学生事务管理相关信息89条，其中通知公告类20条、奖助勤贷类69条；学工部网站发布思想政治教育相关信息76条；心理健康教育中心微信公众号“BISTU心灵驿站”：共推送图文消息170余篇；定时更新心理网站：共更新网站心灵学堂（心理美文）文章100余篇，推荐心理书籍20余本，分享心理电影20余部。

宣传橱窗管理。充分发挥三个校区宣传橱窗和小营校区学五公寓大喷绘以及电子宣传屏的作用，及时宣传时事热点、学校有关精神和重大活动，先后开展了迎新、诚信考试教育、毕业季等10期主题教育和校园活动系列宣传，营造了良好的校园文化氛围。

寒暑假返校学生思想状况调查。寒暑假结束后，在全校范围内通过宿舍走访、座谈会、主题班会以及组织生活会、个别访谈、问卷、思想汇报等形式开展学生返校后思想状况调查，把握学生思想动态，撰写《北京信息科技大学2016年春季开学学生思想动态调研报告》和《北京信息科技大学2016年秋季开学学生思想动态调研报告》，上报教工委，并供学校决策参考。

《学工信息》编纂。《学工信息》以“创新学生党建和思想政治教育理念、思路、方法，服务学生工作队伍”为办刊宗旨，不断寻求栏目编辑的细化、突破和创新，注重宣传典型、传播经验、探讨困惑与问题。全年编辑电子版《学工信息》4期，每期内容刊登于学校办公系统，供全校师生下载阅览。

（冯天赐　孙　坚　孟李辛）

【学生党建】 学校依据《中共北京信息科技大学委员会关于印发〈北京信息科技大学2016年学生党员先锋工程实施计划〉的通知》要求，立足学生党员实际，不断加强学生党员的党性与先进性教育，将学生党员要做工作、要做表率、要发挥作用落到实处。

校级党课学习班。4月、10月举办了两期校级党课学习班，党课采用开班典礼集中辅导、在线学习、讨论交流相结合的方式进行，每期学习40学时，有634名学员顺利结业。

新生朋辈教育。学校选拔14名学生党员骨干参与2016级新生入学朋辈教育活动，在三个校区分四个专题开展讲座，分别就学业规划、学生事务办理、学生活动及学生组织、学校及周边环境等与新生交流互动。活动过程中播放《2016届毕业生十大先锋人物访谈视频》，用优秀学生的成功经验启发新生。

学生党支部书记培训班。2016 年 11 月 2 日和 11 月 9 日分别开展了两期学生党支部书记集中培训工作。分别邀请首都师范大学郭海燕教授和组织部刘莹老师为支部书记做《加强党的建设和党性修养》和《发展党员工作规范》的培训。

学生党支部书记素质拓展。5 月 28 日，学校学生党支部书记素质拓展在昌平基地举行，近 60 名学生党支部骨干在学工部相关老师和辅导员的带领下参加了素质拓展活动，参加活动的全体学生党支部骨干面向党旗重温了入党誓词。

“百名学习标兵”评选。10 月至 11 月学校开展了“百名学习标兵”评选，评选采用支部讨论推荐、学院党委（党总支）评选上报、学校审核确认并公示的方式进行，共评选出学生党员“百名学习标兵”99 人。同时各学院组织学习标兵在学生中广泛开展助学小课堂、一加一、一对一等助学帮困活动，起到了较好的学风引领作用。

红色“1+1”共建活动。共有 38 个学生党支部参加红色“1+1”共建，在教工委组织的评选中，学校获得最佳组织奖；学生党支部获得二等奖 1 个，三等奖 3 个，优秀奖 9 个。学生党员们在活动中既为共建单位做出了贡献，又锻炼了学生才干，展现了学校学子踏实好学、勤于实践、服务社会的良好精神面貌。

党章党史知识竞赛。竞赛包括初赛和决赛，决赛设置了观众互动和“你来描述我来猜”等环节，充分调动了学生党员和入党积极分子学习相关知识的积极性，收到了很好的效果。

“读书读经典”征文比赛。根据市委教工委的工作部署，并结合“两学一做”有关要求和学校学生党员先锋工程实施方案，学校在学生党员中开展了主题为“品读 成长”的读书征文活动，有 30 名同学获奖。

学生党员“佩戴党徽、亮明身份”。为全面推进“两学一做”学习教育，切实增强党员的责任意识、自律意识和表率意识，更加自觉地接受群众监督，树立学生党员良好形象，经党委学工部研究，决定在全校开展学生共产党员“佩戴党徽、亮明身份”活动。

（张良志　冯天赐）

【校风学风建设】学风建设是学生工作的核心内容之一，良好的学风是一种潜移默化的巨大而无形的精神力量，时时刻刻都会对学生产生强烈的熏陶和感染，激励学生奋发努力，健康成长。

学校先进班集体创建评选。9 月至 11 月，学校组织开展了先进班集体创建评选工作，经各学院推荐、学校考评工作组评选、学校公示等环节，共评选出校级先进班集体 13 个，分别是机电 1401、人力 1402、审计 140、英语 1303、机电 1402、行政 1401、 计类 1403、财务 1302、电气 1502、通信 1402、通信 1401、工商 1501、计类 1411。

北京高校优秀学生基层组织（本科生）推选。11 月，学校组织开展了北京高校优秀学生基层组织推选工作，经各学院推荐、学校考评工作组评选、学校公示等环节，共评选出北京高校优秀班级推荐对象 5 个、北京高校优秀宿舍推荐对象 3 个。在北京市的评选中，机电 1401 班被评为“示范班集体”，人力 1402、英语 1303、审计 1401、行政 1401 获得优秀奖；学五公寓 703（光电学院）、学三公寓 418（计算机学院）、学二公寓 129（信管学院）获得“示范学生基层组织（宿舍）”荣誉称号。

百名时代先锋评选。11 月，面向 2017 届本科毕业生，开展了主题为“践行长征精神，争做时代先锋”的“百名时代先锋”评选活动，评选出“百名时代先锋”100 名。其中，奉献服务先锋 24 名，勤奋治学先锋 21 名，志愿公益先锋 10 名，自强不息先锋 10 名，文化艺术先锋 2 名，健行创新先锋 12 名，明心笃志先锋 15 名，诚实守信先锋 4 名，阳光健康先锋 2 名。

考风考纪教育。学期末，印发《关于加强考风考纪教育和诚信考试教育工作的通知》，协同教务处督促学院做好有关工作，印发诚信考试承诺书；大学英语四级、六级考试前，与教务处合作，印发《关于大学英语四、六级考试诚信教育的通知》。

新生引航工程。9 月，坚持“育人为本，德育为先”，以社会主义核心价值观为引领，以“开启新征程，追逐新梦想”为主题，按照“三全四突出”的工作思路，坚持遵循“打好基础、强化指导、助力成长”的新生教育工作模式，引导新生做到“勤学、修德、明辨、笃实”，为成长成才奠定坚实基础。

深化思想引领。学校组织暑期社会实践团面向 2016 级新生开展长征精神宣讲活动，引导新生重温长征精神，做新时期的“红色传人”，坚定理想信念。

强化价值导向。在新生班级中组织开展“养正育人，践行社会主义核心价值观”主题班会活动。将社会主义核心价值观与学生日常行为习惯养成教育相结合，引导学生从日常的行为习惯做起，将社会主义核心价值观内化于心、外化于行，积极践行社会主义核心价值观。

朋辈教育。在学校的统一部署下，新生入学教育阶段，各学院分别开展以“大学新生活：学长在说……”为主题的朋辈教育活动。活动选拔优秀的党支部学生骨干分别就学业规划、学生事务、学生活动及学生组织、学校以及周边环境四个专题与新生进行交流。

做好校情校规在新生中的普及工作。开展新生校情校规知识竞赛，竞赛分为初赛和决赛两个部分，使新生了解学校历史和发展、熟悉现行规章制度，更好地适应大学学习与生活，同时也为各学院之间交流一年级学生教育经验、宣传典型提供了平台。竞赛的开展对切实提高学生思想政治教育工作实效性，形成优良的校风、学风，推动学校校园文化建设起到了积极作用。

关注新生学业职业指导。编印《新生入学指南》《知至 · 知止》《留给母校的心里话》《致新生家长的一封信》，帮助学生尽快适应大学生活，及时确立学业和人生目标。

指导各学院开展新生专业教育和职业生涯规划辅导，帮助新生产生专业归属感，引导新生树立职业生涯规划意识，以科学的方法规划自己的学业和职业生涯。

培养读书习惯。在新生入学教育和新生党课中，开展“读书读经典”系列活动，培养学生“多读书、读好书、好读书”的良好习惯，鼓励全体 2016 级新生阅读经典书籍。当年度，为新生推荐的阅读目录为《大数据时代》和《文章选读》。

学风建设。继续实施一年级学生晚自习制度，制定下发了《关于要求一年级学生按时晚自习的通知》，由学工部向教务处申请班级固定自习室，并由各学院安排部署，有效提升了学生的晚自习率，强化了学生学习自觉性。

毕业生教育。3 月，启动以“情系母校 逐梦家国”为主题的 2016 届毕业生教育工作。

开展“母校送祝福”文明离校系列活动。统一定制毕业纪念品，制作纪念视频短片，发起自媒体互动，举办毕业典礼等形式，帮助毕业生感恩思源，重温大学美好时光。

开展“真情留母校”系列活动。通过组织毕业生座谈会，毕业微心语征集，《留给母校的心里话》征文等活动，引导毕业生回顾自己的成长历程，强化感恩奉献、尊师爱校、服务社会、报效国家的意识。

开展“逐梦报家国”系列活动。各学院充分发挥毕业生先锋人物、优秀毕业生党员、四年级优秀基层组织负责人，以及在科技竞赛、志愿活动等方面成绩优异毕业生的榜样示范作用，通过组织召开各类专题宣讲会、交流会，向低年级学生传授先进集体建设的经验、介绍优秀个人逐梦的事迹，切实加强正向“传、帮、带”的力量。

优秀毕业生评选。2016 届毕业生中共评选出杜祯等校级优秀毕业生 152 名、市级优秀毕业生 129 名。

毕业典礼。毕业典礼划分为典礼区、教师区、家长区、毕业生活动区四个模块。其中，毕业生活动区设置了勤信果乐园、本科毕业生名录、百米喷绘、合影区、学院活动区等功能区，在情感共鸣中激发学生眷念母校、感恩师长、立志成才、报效祖国的情感动机。

勤信果乐园分别以学院和班级为单位设置了 24 个矩形柱体，表面覆以树林为主背景的喷绘，每个柱体设计为 4 个班级，学校将刻有每个毕业生姓名和学号的苹果形状冰箱贴设计为果实，以班级为单位贴在树上，96 棵树代表 96 个班级，由学生摘取果实；新增投掷网内侧设计为典礼仪式部分的留影景观区域，以“硕果”为主题，主要内容为本届优秀毕业生个人及团体展示。投掷网外侧设计以“恩师”为主题，内容为评选出的“我最敬佩的老师”的生活照及事迹介绍。

十大先锋人物评选。各学院从 2016 届本科毕业生“百名时代先锋”中推荐了 15 名表现特别突出并能在校内或社会产生积极影响的优秀代表参加了“十大先锋人物”评选，通过个人陈述、评议和投票，最终评选出“十大先锋人物”10 名。王永生校长邀约“十大先锋人物”，进行了深入的交流，并为他们颁发奖品。学校录制了“十大先锋人物”访谈视频作为新生和在校生教育重要素材，毕业典礼上学校领导为“十大先锋人物”颁发了荣誉证书。

（张良志　马　骏　孟李辛）

【大学生心理健康教育工作】心理健康教育中心紧紧围绕“优化师生心理品质，创建和谐健康校园氛围”的指导思想，全力推进各项工作。

心理健康教育课程。心理健康教育课程是面向广大学生进行心理健康教育的主阵地。本年度，中心开设的公共选修课大学生心理学，共覆盖 2015 级学生 416 人， 2016 级新生 600 人。

心理健康知识宣传工作。中心利用微信平台、网站、报纸、宣传册、海报以及小礼品等多种形式进行心理健康知识宣传。微信平台共推出 300 多篇心理类图文。心理健康教育网站设有多个栏目，是面向大学生宣传心理健康知识的窗口。

个体咨询工作。中心分别在小营、健翔桥、清河校区，开展面向全校学生的个体心理咨询服务。全年，接待来访学生约 230 多人次。与此同时，中心还随时为军训学生、受处分学生、留级学生以及退学学生等特殊群体提供心理咨询服务。

团体辅导工作。10 月至 11 月，中心启动开展 9 场面向各校区学生骨干的心理辅导，通过各种形式的团体互动架起了同学之间沟通的桥梁，并通过一系列故事分享和活动帮助同学们树立健康的世界观和人生观，体会到沟通的重要，并学习到相关的实用性知识。

春季心理危机排查工作。3 月，中心印发全体学生春季心理危机排查工作文件，制定筛查标准，指导各学院开展全面排查工作。对于筛查出的存在严重心理问题的 6 名学生，组织专家进行约谈，为其建立心理危机档案，并给学院下发危机处理单；对于有自杀倾向和严重精神疾病的学生，指导学院进行转介和预后工作。

心理健康节活动。本年度，中心共举办了“5 · 25”大学生心理健康节、“新生心理健康节”和“10 · 10”世界精神卫生日活动。在活动中，中心举办了名家心理讲座、现场心理咨询、“我与我的 VIP”照片征集活动、“默默关心你”宿舍创意大赛、心理健康知识有奖问答等丰富多彩的活动。心理健康节丰富多彩的活动，使学校心理健康教育工作的形式更加多样化，更加生动、有趣，更加富有实效。

毕业生心理危机排查工作。6 月，中心全面开展了毕业年级学生心理危机排查工作，加强对学业困难学生、家庭经济困难学生、患有精神类疾病学生等群体的关注，指导各学院在排查的同时，更注重对毕业生的情绪疏导和人文关怀。

新生心理普查与建档工作。10 月至 12 月，中心制定了新生心理普查工作方案，统筹安排普查工作的具体实施，共普查新生 2581 名，并为每一名新生建立电子心理档案。根据普查的结果，中心向学院发放“重点关注学生名单”，针对不同问题学生群体，采取不同方式进行干预。

心理危机干预工作。除新生心理普查、春季心理危机排查、毕业生心理危机排查外，中心通过课堂、日常咨询、学院报告等渠道监测发生心理危机的学生，进行危机风险评估以及危机干预，成功进行 24 人次危机干预。为更好地掌握全校学生心理健康动态，严格执行学生心理健康信息月报制度，中心根据情况进行及时反馈、指导和干预。

新生入学心理教育工作。10 月至 11 月，中心举办了 14 场新生适应心理讲座，讲座从生活、学习以及人际关系等方面介绍如何更好地适应大学生活，同时介绍了心理咨询中心的咨询范围、保密原则和预约方式等，指导大学生遇到问题及时地寻求专业的心理帮助。

心理社团指导工作。大学生心理社团是调动大学生积极参与心理健康教育、提高自身心理素质的重要力量。学校三个校区都设有心理社团，固定成员 200 多人。中心注重加强对学生心理社团的工作指导，并在社团内部开展 4 次促进团体凝聚力的团队建设活动。

心理健康教育工作队伍建设工作。中心组织举办了 2 场学工队伍心理知识大讲堂活动，并继续选送 6 名心理辅导员参加国家三级心理咨询师培训。通过这些举措，以期让学校心理危机预防体系更好地发挥重要作用。

（陈　蕾）

【国防教育】学校武装部认真贯彻落实上级文件精神，结合军训、夏秋季征兵等具体工作，积极开展各项国防教育活动，取得较为突出的成绩。本年度，学校武装部被北京市教育委员会高校国防教育协会评为国防教育先进单位称号。

学生军训。2015 级本科生军训工作安排在平北学生军训基地组织。实际参训人数 2542 人，参训率达到 97.7%。完成军事理论教学 36 个学时，参训学生考试优良率达 78%，合格率为 100%。军事技能训练，合格率达 100%。

征兵。本年度，圆满完成夏秋季征兵工作。

国防教育协会。积极参加由北京市教育委员会高校国防教育协会组织的北京高校国防教育研讨会、国防教育网络知识竞赛、北京高校定向越野系列比赛等活动。

军事爱好者协会。积极开展国防教育讲座、征兵宣传、军训动员等一系列活动。在广大学生中广泛宣传了军事和国防知识。做好入伍学生欢送工作和退伍学生服务工作，完成协会换届选举工作并带领退伍学生开展素质拓展活动。

拥军工作。组织 20 余名军队转业干部走进国家博物馆，参观《复兴之路》大型展览。召开入伍学生欢送会和退伍学生座谈会，开展入伍和退伍学生教育工作，帮助学生更快适应新生活。

（孙　坚　马　骏）

【学生事务管理】以提升服务意识和学生事务管理工作水平为重点，强化管理育人环节，逐步推进学生事务管理工作的规范化和精细化。

学生平安保险。为学生做好平安保险投保及理赔工作，积极与保险公司沟通协调简化办事流程，方便学生办理各项手续，维护学生的最大利益。本年度，1735人参加学生平安保险，理赔总数达75797.81元。

校内奖学金评定工作。依照学校《北京信息科技大学本科生校内奖学金管理办法》（校学发〔2014〕25号）中的有关规定，严格执行评定条件，规范评定程序。经学生自愿申请、学院审核及公示，学校审核公示等程序，完成了学校2015—2016学年的奖学金评定工作。2015—2016学年，共有1504人（次）荣获学习优秀奖学金，其中特等奖22人，一等奖227人，二等奖542人，三等奖713人，累计发放奖学金258.8万元；104人（次）获得文体优秀奖学金，其中个人项目54人，集体项目50人，累计发放奖学金5.492万元；901人（次）获得社会贡献奖学金，累计发放奖学金45.05万元；10人（次）获得校长奖学金，发放奖学金10万元；372人（次）获得科技创新奖学金，其中一等奖43人，二等奖102人，三等奖227人，累计发放奖学金23.81万元。

2015—2016学年共计发放校内奖学金343.152万元。

对违纪学生的处理、教育。进一步推进学生违纪处分流程的规范化管理，充分发挥违纪处分的教育警示作用。全年度，全校各类违纪学生73人受到相应处分，其中51人为考试违规。经过认真审查，按规定流程报主管校领导审批后，解除9名2016届毕业生在校期间所受处分。认真分析学生违纪成因及学生违纪典型案例并编纂题为《知至·知止》的宣传教育材料，充分发挥学生违纪处理工作的教育警示作用。

（马　骏　李伟彪）

【学生助学体系的建设与管理】注重从物质支撑和精神引导“两个层面”给学生成长提供有力支持。一方面，把国家和学校的五项主要资助政策—“奖、贷、勤、助、减（免）”进行整合，对家庭经济困难学生细化分类，针对不同类型学生所适用的奖励措施或资助措施进行组合，优化配置资助资源，使其发挥出最佳的经济和社会效益；另一方面，针对家庭经济困难学生的思想状况，进行“感恩”“诚信”“成才”等主题指导，帮助他们在不同的发展阶段接受不同的成长教育。充分发挥资助服务在学生成长发展过程中的辅助支持作用。

家庭经济困难学生认定工作。在认真总结以往经验的基础上，依据《北京信息科技大学家庭经济困难学生认定工作实施办法》，严格认定程序，进一步规范家庭经济困难学生认定工作，保证每一名家庭经济困难学生都得到合理资助。经认定，本年度学校本科生家庭经济困难学生共有1862人，其中特殊困难学生612人，一般困难学生1250人。家庭经济困难学生约占全校本科学生总人数的17%。

国家助学贷款。学校助学贷款形式有两类，分别是（校园地）国家助学贷款和生源地信用助学贷款。

（校园地）国家助学贷款。积极贯彻落实国家及北京市学生资助政策，坚持以学生为本，服务学生的理念，不断创新工作机制，深入、扎实、有效地推进贷款工作的有序开展。坚持“公平、公正、公开”原则，积极做到“四个主动”，即：主动开展助学贷款工作、主动加强对学院的贷款指导、主动与经办银行配合、主动承担学校在助学贷款办理过程中应尽的义务。严把贷款材料审核关，夯实放款基础。严格审核贷款学生的资格和条件，努力把问题解决在校内，确保报送材料的准确性，为银行顺利放款打下坚实基础。339名学生通过银行审批获得2015—2016学年助学贷款，发放金额191.65万元。252名学生申请2016—2017学年助学贷款，预计金额148.68万元。积极开展诚信还款教育，做好贷后管理工作。搭建学生与银行之间的平台，6月邀请银行到校指导贷款毕业生，讲解还款操作流程和具体办法并印发《国家助学贷款还款指南》。通过还款协议签订会等形式，解答学生疑问，宣传全国个人征信系统。2016届毕业生中，共有150名学生获得了助学贷款，其中35人在毕业前还清了贷款，11人办理了考研延长贴息，104名同学与银行签订了还款计划。还款签订率达到100%。

生源地信用助学贷款。生源地助学贷款是国家助学贷款的重要组成部分，是解决家庭经济困难学生就学问题的重要途径，对进一步完善家庭经济困难学生资助体系、确保实现国家资助政策既定目标具有十分重要的意义；同时也给家庭经济困难学生带来了更多选择，获益于这一政策，学校生源地信用助学贷款人数也呈逐年上升趋势。学校学生大部分是在国家开发银行进行生源地贷款，积极配合生源地贷款银行工作要求，为289名学生进行了续贷审核工作。完成631名学生2016—2017学年贷款回执录入工作，并协助学校财务处完成对其中627名学生贷款到账情况的核对工作。完成40余名其他生源地信用助学贷款学生的回执审核工作。主动做好贷后引导工作，发挥桥梁与纽带作用。4月，通过印发《国家开发银行生源地信用助学贷款还款指南》，向127名2016届贷款毕业生宣传还款知识和要求，敦促学生诚信还款，签订还款承诺书。精心维护网上系统中学生在校信息，推进生源地信用助学贷款向着良性循环的方向发展。

勤工助学工作。勤工俭学是学生资助和学生自助的重要环节。结合学校自身情况，努力为学生提供更多的与学生专业相关的岗位，注重培养和锻炼学生的工作技能和沟通能力，努力促进学生全面发展。本年度，共设勤工助学岗位460余个，3169人次参加校内勤工助学活动，发放勤工助学劳务费127万余元。

各类学生资助项目管理工作。本年度，共发放副食补贴722万余元；经过严格的评审程序共有23名学生获得国家奖学金，350名学生获得国家励志奖学金，1664名学生获得国家助学金（其中一等584人，二等1080人），总奖励资助金额达769万余元；为1056名家庭经济困难学生发放三费补贴19.5万余元，为1653名家庭经济困难学生发放临时伙补33万余元。完成12102人（次）的体检费、军训伙食费、教材费等的扣费工作。

校园爱心工程建设工作。本年度，为293名受突发性事件影响的家庭经济困难学生发放一次性困难补助23.3663万余元，为11为名家庭遭遇重大变故的学生减免学费、住宿费4.87万余元，为333名热心公益，积极参加献血活动的学生发放献血补贴3.3万余元，协助宁夏燕宝慈善基金会完成71名受助学生的信息核对、银行卡发放工作。

重视少数民族家庭经济困难学生的资助工作，认真做好新疆籍少数民族家庭经济困难学生专项补贴的评定及管理工作。本年度，65名新疆籍少数民族学生享受专项补贴，补贴总额6.8万余元。

新生入学绿色通道。新生入学“绿色通道”是确保学校家庭经济困难新生顺利入学的最直接、最有效的通道。随录取通知书向每位新生发放《高等学校学生资助政策简介》、学校申请助学贷款指南等宣传材料；开通资助咨询电话，做好政策解读、问题解答工作；精心设计制作资助政策宣传展板，扩大资助工作宣传效果；制做爱心礼包助困难学生顺利起航。8月30日新生报到当天，在各部门积极配合下，共有230名学生通过“绿色通道”顺利入学。“高效、便捷、关爱”的“绿色通道”确保了学生“报到无忧、求学无忧、生活无忧”。

服义务兵役学生学费补偿贷款代偿 。完成当年度服义务兵役学生学费补偿贷款代偿的申报、发放工作。克服诸多困难因素，多方联系正在服义务兵役学生以及他们的家长，核对情况，认真细致地做好学费补偿代偿工作。经过努力，顺利完成56名学生（其中25名在校生、13名应届毕业生、2名往届毕业生、15名退役复学生、1名直招士官生）申请材料的审核、网上报送工作。发放金额65.7822万元。及时与北京银行学院路支行联系，完成其中6名（校园地）贷款参军学生还款结清工作。

诚信教育活动。为进一步增强受助学生的诚信意识，构建以诚信为荣的校园文化氛围，推动学生资助工作持续健康发展，根据北京市学生资助事务管理中心精神，5—6月开展了学校学生资助诚信教育主题活动。积极组织学院，结合学院特色和学生实际，成功举办了主评选诚信自强之星、暑期社会实践、诚信微语征集活动、诚信考试教育等一系列丰富多彩、内容充实的主题教育活动，吸引学生积极主动参与，有效地将诚信教育转化为大学自觉的素养和行为。5月配合北京市学生资助事务管理中心在全校本科生中开展以“助学·筑梦·铸人”为主题的征文比赛，收到稿件358篇，评选出校内征文一等奖12名，二等奖23名，三等奖35名，鼓励奖106名。

（李伟彪　万　岚）

【**学生工作队伍建设**】以提高学生工作队伍能力和水平为目标，积极开展辅导员空间站活动，推荐辅导员参加各级各类培训，做好大学生思想政治教育系列教师职务聘任，强化辅导员考核激励工作，努力推动学生工作取得新发展。

辅导员空间站建设。以建设辅导员的学习空间、交流空间、成长空间和发展空间为定位，建设“辅导员空间站”平台，定期组织有关活动，助力辅导员健康成长和可持续发展。先后开展专题报告、培训交流等活动8次。

学工队伍培训。推荐辅导员27人次参加北京高校辅导员研修基地和教育部等开展的专题培训。

教师职务聘任。根据学校安排，和人事处等部门协作，完成2015年度大学生思想政治教育系列教师职务聘任工作，7人晋升为中级；启动2016年度教师职务晋升聘任，3人申报副高级，4人申报中级，稳步推进有关工作。

辅导员、班主任年度考核。根据学校辅导员、班主任工作规范的相关规定，开展了2015—2016学年辅导员、班主任考核工作，评选出优秀辅导员6名、良好辅导员10名，优秀班主任69名、良好班主任96名。

团队化建设。积极开展新入职辅导员座谈培训；举办首届辅导员职业能力比赛；组织赴台湾学习交流1次，京外调研2次，京内调研3次，东北社会实践1次。

大学生思想政治教育课题。开展2016年度课题申报、立项、结题工作，通过专家评审，同意立项5个重点课题、10个一般课题、10个支持课题，结题8项。

辅导员岗位补贴、班主任津贴发放。按时编制辅导员岗位补贴和班主任津贴报表，发放相关费用。本年度，发放辅导员岗补29.17万元，班主任津贴81.124万元。

（张良志）

【学生骨干管理技能提升计划】通过讲座、素质拓展、社会实践、团体心理辅导、心理测试、竞赛等形式，着力提升学生骨干的理论素养、团队协作及集体观念、实践能力、管理技能、心理健康水平等方面的综合素质。

理论提升计划。各个学院分别邀请了周恩来侄女周秉德女士和99级校友北京创新爱尚家科技有限公司创始人兼CEO陈立军为学生开展了经验交流会、职业生涯发展报告会、就业创业知识等专题活动。

素质拓展计划。学校组织2016级班级主要学生干部、2015级班级主要学生干部、各学院团总支、学生会的部长级及以上学生干部、校团委的学生干部共计500余人，由各学院组织前往校外参加素质拓展活动。

实践能力提升计划。根据专项工作要求，开展主题为青春、梦想、责任、自信的暑期社会实践活动。具体组织各学院申报、评审、立项、安全教育及经费报销等工作，批准立项并完成社会实践项目20项，参与师生286人。各实践团队分赴祖国各地，通过“走进贫困农村与中西部地区”基层体验与帮扶行动、“走进革命老区”红色寻访行动、“走进经济新区”调查研究行动、“走进城镇郊区”共建帮扶行动、“走进城市社区”公益服务行动，分类别实施学校的学生社会实践能力提升计划，使大学生在社会实践活动中受教育、长才干、做贡献，增强社会责任感，对于促进学生的就业创业和实现学校应用型人才培养的目标起到很好的促进作用。

心理素质提升计划。10月至11月，中心启动开展9场面向各校区新生学生骨干的心理辅导，通过各种形式的团体互动架起了同学之间沟通的桥梁，并通过一系列故事分享和活动帮助同学们树立健康的世界观和人生观，体会到沟通的重要，并学习到相关的实用性知识。

（冯天赐　孟李辛　陈　蕾）

【家庭经济困难学生综合能力提升计划】家庭经济困难学生综合能力提升计划旨在探索更具科学性和实效性的家庭经济困难学生资助模式，在满足他们基本经济需求的基础上，关注他们的成长发展，提升自身综合能力。

先后聘请校外专家为学校200余名家庭经济困难学生举办了前沿科技学术报告、科技文化讲座2场，组织完成针对家庭经济困难学生开展的大学生综合能力测评前测及后测工作。

遴选组织38名家庭经济困难学生赴天津市进行社会实践，深化学生对京津冀一体化认识，加强爱国主义教育、社会责任教育、感恩励志教育。调研活动结束后，每名家庭经济困难学生撰写并提交了个人社会实践报告。

（李伟彪）

【获集体奖励与表彰】教职工获奖奖励与表彰。2016年北京高校红色“1+1”示范活动评比：学校获得最佳组织奖。2016年学校武装部被北京市教育委员会高校国防教育协会评为国防教育先进单位称号。2015—2016年度北京高校德育工作先进集体：机电工程学院机械工程系；北京高校优秀德育工作者：马绍辉、刘泉、李学华、杨菁、周宇；北京高校优秀辅导员：王晗、冯天赐、韩聪钰。

学生获奖奖励与表彰。2016年北京高校红色“1+1”示范活动评比：信管学院信管专业第三学生党支部获得二等奖，理学院信计统计联合学生党支部，计算机学院计科第一学生党支部，机电学院工业工设学生党支部获得三等奖，通信学院电信专业第一、二、三学生党支部，外国语学院英语专业学生第一、二、三党支部，自动化学院第二学生党支部＆电气专业学生党支部，机电学院研1502学生党支部，经管学院经济专业第二学生党支部联合校医院党支部，公管学院行政管理专业第一学生党支部，光电学院测控第一、三学生党支部，通信学院通信专业第二学生党支部，经管学院财务专业学生党支部＆后勤公寓饮食党支部获得优秀奖。

2016年北京高校优秀学生基层组织创建展示：机电1401班被评为“示范班集体”，人力1402、英语1303、审计1401、行政1401获得优秀奖，学五公寓703（光电学院）、学三公寓418（计算机学院）、学二公寓129（信管学院）获得“示范学生基层组织（宿舍）”荣誉称号。

在北京市第三届高校兵棋推演大赛中，信息管理学院学生朴杨鹤然、经济管理学院学生方毅获得了二等奖。

（张良志　冯天赐　马　骏）

安全稳定工作

【概况】北京信息科技大学的安全稳定工作，由党委安全稳定工作部和安全稳定处负责，下设信息调研科、安全科、治安科，依据国家有关法律法规和学校规章制度，履行维护学校政治稳定、治安安定及安全生产秩序等职能，确保师生员工的生命财产及合法权益不受侵害，并为广大师生员工的教学、科研、生活、学习提供安全服务。

安稳工作队伍。安全稳定工作队伍由专职安全稳定工作队伍和兼职安全稳定工作队伍组成。其中专职安全稳定工作队伍由学校安全稳定处（党委安全稳定工作部）和签约北京市保安服务总公司文安分公司、北京时代科安保安服务有限公司组成。安全稳定处（党委安全稳定工作部）正处级建制，全员编制16人（含处级干部1正2副），现有保卫干部12名，其中处长1人、副处长2人，在编职工10人（不含代管家委会在编职工），非在编2人；文安分公司配备队员85人，负责小营、健翔桥、清河、东部校区安全工作；时代科安公司配备队员6人，负责新校区指挥部安全工作。兼职安全稳定工作队伍由大学生治安服务队（54名人勤工俭学的在校生）、学生班级安全委员及公寓宿舍安全员（2113人）、消防安全重点部位管理责任人（158人）、安稳处和后勤管理处共同组建的保洁员兼职安全员队伍（52人）、安稳处和校工会共同组建的“平安校园”教职工兼职安全员队伍（62人）组成。

安稳工作规章制度。制定了《北京信息科技大学校园机动车出入和停放管理办法（试行）》《北京信息科技大学“校园安全卫士”评选办法（试行）》。下发了《北京信息科技大学2016年维护安全稳定工作要点》《北京信息科技大学突发事件总体应急预案（2016年修订）》《北京信息科技大学反恐怖工作方案》。严格执行学校安全审批制度，全年审批备案20人以上集体外出活动51批次，审批各种宣讲、招聘、社团活动386次。

保卫工作设施。消防设施设备：消防水泵22台、室外消防井48处、消防接合器18处、灭火器3961具、墙壁消防栓、水龙带685套、喷淋泵2台、喷淋头544个、正压风机5台、正压风口36处、卷帘门37个、排烟机3台、排烟口39处、消防电梯6部。交通设施：电动道闸6套、保安岗亭7个、减速带28处、限速标志7块、禁停标志11块、黄网格12处、隔离栏12处、隔离墩6处、导向牌3块、禁鸣标志6块、自行车棚18处、停车位402个。技术防范设施：消防监控报警主机7台、电子感烟探头3411只、电子感温探头128只、消防手动报警按钮337只、防入侵报警系统7套、防盗报警探头637只、电子巡更系统3套44个点位、监控室5个、监控电脑15台、监控电视33台、视频监控探头786部，涵盖实验楼、教学楼、办公楼、图书馆、气膜馆、大学生文化艺术中心、学生公寓、食堂、外国专家公寓、留学生公寓等部位。

（杜　平　魏元燃　胡　滔）

【安全稳定工作】“平安校园”建设深化。根据上级有关精神和学校“十三五”规划任务要求，认真总结了“十二五”规划期间学校开展“平安校园”创建和深化“平安校园”创建成果的工作经验，全面梳理了学校在安全教育、技术建设、综合防控体系建设、队伍建设等方面的成效和创新成果，认真查找了短板和不足。在此基础上，按照“整体规划、分步实施、适度超前、特色鲜明”的原则和“固化成果，形成长效工作机制”的工作思路，把学校安全稳定工作“十三五”规划建设内容纳入了学校“十三五”建设统一规划。

5月，市教育两委委托的《首都高校“平安校园”建设长效机制研究》二期课题通过验收结题，并被评为优秀。

学校召开2016年安全稳定工作会议。4月27日下午，学校在小营校区报告厅召开2016年安全稳定工作会议。会议总结了2015年安全稳定工作，部署了2016年维护安全稳定重点工作。在校校领导、全体中层干部、教工党支部书记、学生党支部书记代表参加了会议，会议由校长王永生主持。校党委书记王传亮分析了当前安全稳定工作面临的形势，阐述了维护安全稳定大局的重要意义，并就做好2016年学校安全稳定工作，从深刻认识安全稳定形势增强使命感责任感紧迫感，强化维护安全稳定工作责任做到落实落细落小，加强统筹领导强化安全稳定软硬件建设等三个方面提出了工作要求。副校长刘勇总结回顾了学校 2015 年安全稳定工作，并对 2016 年安全稳定工作主要任务进行了重点部署。会上还对《2016 维护学校安全稳定责任书》签订工作进行了布置。

校园反恐工作。制定下发了《北京信息科技大学反恐怖工作方案》，修订了《北京信息科技大学突发恐怖事件预案》，健全了学校反恐怖工作体系。依据学校各校区各场所的具体情况，将可能发生恐怖袭击的地域和部位进行了等级划分，建立了分级台账。加强了应急分队应急处突能力建设，对学校现有安保力量进行了整合，优化配置了各种专兼职力量，更新装备了对讲机、防刺手套等装备，加强了校园巡逻工作。

10 月，配合海淀区公安分局高校治安处对《北京信息科技大学恐怖袭击事件处置工作方案》进行了修订。

应急能力建设。修订《北京信息科技大学突发事件总体应急预案》，细化各类专项预案，完善领导指挥和协调联动体系。加强应急预警体系建设，根据学校各级人员调整情况，更新网格化安全管理责任人。将新校区建设指挥部和龙岗路科研基地纳入校园防控体系，制定专项预案，与龙岗路科研基地物业签订安保协议，配备视频监控系统和消防监控系统。为新校区指挥部配备了安保人员和安保器材，确定应急通信和信息报送措施。加强校园各部位防控、校园网络信息监控和应急值班，继续实行小营校区安稳干部、“平安校园”管理服务中心 24 小时值班制度，重大活动或敏感期安稳处领导带班、保卫干部双值班制度，每月公布安稳处值班表。推行了健翔桥校区安稳干部 24 小时值班制度。

5 月，分批组织了 500 余名 2015 级新生消防疏散演练。

11 月，分批组织了 800 余名 2016 级新生消防疏散演练。

“平安校园”管理服务中心建设。配齐配强值班人员，坚持持证上岗，强化监督管理，定期组织业务考核。发挥“平安校园”管理服务中心“六位一体”综合防控、应急处置和热线服务功能，全年共接警 233 件。

（杜　平　魏元燃　胡　滔）

【校园安全管理】校园安全管理。结合学校开学、放假、大项活动等时间节点，加强了消防、治安、交通、饮食卫生、易燃、易爆、有毒、有害等危险化学物品管理，建立检查台账，及时抓好整改，做好跟踪落实。全年共开展专项检查 20 次，开具安全施工动火证 67 份，签订施工安全责任书 39 份。

6 月，安稳处、科技处、教务处和学校危险化学品使用单位，联合对学校危险化学品管理使用风险进行了评估，建立了学校危险化学品安全风险分布档案。

10 月，制定下发了《北京信息科技大学关于切实做好 2016—2017 学年秋季学期校园安全管理工作的通知》。

10 月 26 日至 11 月 30 日，配合第 26 个“全国消防安全宣传教育日”的宣传教育活动，安稳处、宣传部、学生处、研工部、后勤处、校团委，围绕“关注消防、消除火灾、珍惜生命、减灾避难”等内容，以“加强消防安全教育，助力五个环境建设”为主题，联合举办了 2016 年消防安全文化节。11 月 9 日在小营校区组织了消防安全文化节开幕式，属地消防、安监、文保等相关人员、机关职能部门领导及小营校区各学院学生代表参加了活动。11 月 30 日，组织健翔桥校区 30 名班级安全委员在中国消防博物馆参观学习。

12 月 6 日，海淀区高等院校交通安全委员会检查验收专家组到学校，对学校 2016 年度交通安全工作进行检查验收。学校安稳处处长、交通安全委员会副主任胡滔，代表学校交通安全委员会汇报了学校 2016 年的交通安全工作情况。检查验收专家组分别到后勤处小营校区车场查看车辆冬季保养情况，并现场对驾驶员进行了冬季行车安全知识宣讲；到学生处查阅了学生交通安全教育的相关文件资料，与学生处领导就学校学生交通安全教育等问题进行了深入交流。海淀区高等院校交通安全委员会主任、海淀区交警支队警官李希宝对学校 2016 年的交通安全工作给予高度评价，特别是对学校 2016 年全年没有违章超标、获得北京市交通安全微视频征集奖项等成绩表示祝贺。

12 月 26 日上午，学校在小营校区第四会议室召开安全工作会议，就近期校园安全工作进行情况通报，并结合学校实际部署相关工作。学校党委书记王传亮，校长王永生，党委副书记王秀彦，副校长韩秋实、刘勇、许宝杰出席会议。相关部门负责人，各学院院长、书记、副书记参加会议，会议由校长王永生主持。王传亮强调：一要发挥政治优势，巩固维护安全稳定的思想基础；二要充分发挥体制优势，巩固维护安全稳定的组织基础；三要充分发挥思想政治工作优势，筑牢维护安全稳定的发展基础。王永生在总结中强调，在统筹推进

"五个环境建设"，推进落实"十三五"事业发展规划，建设信息特色鲜明的大学过程中，全校各单位要共同维护好学校安全稳定大局。要强化宣传教育，增强安全意识，高度重视安全稳定工作；强化法治意识，坚持依法依规，切实维护校园安全稳定和谐，为实现超常规跨越式发展的目标保驾护航。刘勇通报了校园安全检查等相关工作，并对下一步工作进行了部署。同时强调，要进一步提高思想认识，增强安全意识，强化责任落实，全面排查各类安全隐患，认真落实整改，确保学校安全稳定。

校园治安管理。落实校园治安防范措施，适时开展校园安全及侵害师生人身和生命财产安全的各类隐患排查梳理和集中整治。开通了微信失物招领平台，共收到各类上交物品 300 余件，价值 5 万余元。全年共接警 200 人次，扭送犯罪嫌疑人到派出所 7 人，处理打架 10 起，处理盗刷学生卡 10 起。

3 月，妥善处理了一起校处人员在校内意外死亡事件。

10 月，按照北京市公安局防诈骗工作专项部署，组织 50 名师生观看了防诈骗话剧。

10 月，组织 20 名学生参加了北京市公安局和北京市教工委联合举办的"做自己的首席安全官"大型公益活动启动仪式。

校园及周边环境综合治理。建立了市、区、属地三级校园周边环境治理动态联系制度，及时配合做好校园周边环境秩序的综合治理工作及校园环境净化工作。

7 月，对三个校区无主非机动车进行了清理。

9 月，安稳处、健翔桥校区办联合处理了健翔桥校区外施工噪音影响学生休息问题。

10 月，根据校园管理实际和师生意愿，对外卖车辆进入小营校区加强了限制。

大型活动安保工作。在北京市市长王安顺到校讲课、承办华北五省大学生机器人大赛、迎新、英语四六级考试、校园招聘会、校园开放日、首都高校秋季大学生田径运动会等大型活动期间，制定详细安保方案，召开安保工作部署会，落实工件责任和保障措施，各项大型活动期间安全无事故。

安防基础设施建设。完成了学校高层建筑防雷电安全监测，共测点位 487 个，更换了 695 条消防水龙带，维护保养了 3961 具灭火器，更新了 13 个消防柜；完成了小营校区南校区消防主机移机及学五公寓配电柜更换工程；对合建楼、清河校区教二楼消防水箱进行了维修。在小营校区学五公寓南侧新建一处停车场，新增停车位 30 个，更换和维修了损坏的隔离柱，加装了小营校区北门电子显示屏。

（杜　平　魏元燃　胡　滔）

【**安全防范宣传教育**】安全教育。把安全教育纳入学生形势政策课，采取开设安全网站、开展"一生平安"主题班会教育等办法，运用校园网、《平安校园报》、横幅标语、宣传栏、大屏幕、显示屏、微信微博等载体宣传安全知识。根据新生军训时间的调整，分期分批对 2016 级新生进行安全教育，为每名 2016 级新生发放一本《大学生安全手册》（第 4 版），安排安稳干部轮流上课。

9 月 8 日下午，学校安稳处联合教务处、学生处在清河小营校区国际交流教室开展了 2016 级新生辅导员大学生安全教育网络课程开课培训。合作公司技术人员到会进行了业务培训并与参加培训的人员进行了现场互动。培训结束后，学校开通了"互联网 + 大学生活与安全"微学平台。据学校 2016 级本科专业方案，学校自 2016 年开始，在 2016 级本科第二课堂增设了安全教育网络课程。该门课程采取网络授课和网上考核的方式进行，自 2016 级新生开始，每年新生在入学教育阶段要通过网络（手机客户端或计算机客户端）学完安全教育课的全部课程，并通过网络进行考试。该课为必修课，通过考试可积 1 学分，未通过考试且两次补考不及格的同学不能获得毕业证。2016 年上课时间是 9 月 12 日至 11 月 20 日。截至结课，全校共 2549 名学生参加了学习，通过率 99.3%

法治教育。按计划开展了"七五"普法教育，利用 2016 级班级安全员培训和消防演练等时机，组织开展《中华人民共和国消防法》学习。按照上级机关的要求，组织开展了"4 · 15"国家安全宣传教育日宣传教育工作，组织开展了《中华人民共和国国家安全法》专题学习，张贴了宣传彩页、制作宣传展板。全年制作预防电信诈骗、关注消防安全宣传横幅共 30 条，印刷发放防诈骗提示卡片 3000 余张。

消防教育。采取不同的方式，多场次多场合组织兼职安保队伍人员消防培训。根据冬季预防煤气中毒、春节期间燃放烟花爆竹等不同阶段的特点，印制了 1000 份安全宣传材料，发放到家属楼、临时工宿舍和学生宿舍。

5 月、11 月，分期分批组织了 600 余名 2015 级学生和 20 余名实验室管理员进行了消防实践培训。

12月，制作了消防宣传专题展板，在小营校区、健翔桥校区、清河校区进行了巡回宣传。

交通安全教育。在交通安全宣传日、世界交通事故纪念日等重要时间，采取制作宣传展板、张贴交通宣传画、利用大屏幕播放交通事故警示视频、电子屏滚动播放交通宣传标语、组织交通专题讲座、慰问学校交通受害者职工、到属地清河交通大队慰问一线交通民警等形式，普及交通安全知识，倡导文明出行。组织开展海淀区道路交通设施故障信息有奖征集活动、“治理拥堵、文明出行”主题微视频作品征集活动，不断提高师生交通安全意识。

（杜　平　魏元燃　胡　滔）

【科技创安深化工程】投入专项资金对消防报警、智能交通系统、视频监控系统等基础条件设施进行了升级改造，先后升级了小营、健翔桥两校区的安防报警系统，完成了小营、健翔桥两校区中控室安防系统存储扩容及视频监控盲区、室外重点区域覆盖；新建新校区建设指挥部视频监控系统、小营校区开水房南侧停车场视频监控系统，安装了小营校区地下室监控、机电实习中心视频监控、健翔桥校区传感技术研究中心监控点位；改造了金台路校区视频监控系统、小营校区大学生文化艺术活动中心安防系统、小营校区外国专家公寓监控系统；恢复了健翔桥校区南门草坪视频监控设施。

（杜　平　魏元燃　胡　滔）

【家委会工作】根据北京市人民政府《北京市老旧小区综合整治工作实施意见的通知》〔2012〕3号文件精神，海淀区西三旗街道于7月开始对学校小营校区、清河校区家属区住宅进行改造，主要包括抗震加固、外墙保温并粉刷、市政主管线接入、楼外飞线、更换外窗、空调外机规划整理、楼梯扶手刷新修复、楼道无障碍设施修复、楼门门禁系统更换、楼顶防水处理、上下水及暖气主管（立管）更换等项目，工程预计2017年7月完工。

【集体户口管理】集体户口清理。根据《北京市公安局人口管理总队关于印发全市开展集体户口清理整顿工作方案的通知》，学校于2016年9月开始对滞留户口和符合条件教工集体户口进行迁出工作，截至12月底，共迁出滞留户口155人。

居住证、居住卡办理及新生落户。2016年，全年共办理新生落户564人，毕业生迁移户口980人，办理个人户口相关手续978人次。开具居住证办理证明26份、居住卡办理证明18份。

（杜　平　魏元燃　胡　滔）

【获奖情况】北京市“2016年度国家安全人民防线建设工作先进集体”：北京信息科技大学北京市海淀区高校系统交通安全先进单位：后勤管理处商服及运输科北京信息科技大学“三育人先进单位”：安稳处北京市“2016年度国家安全人民防线建设工作先进个人”：胡　滔　杜　平北京市“2016年度海淀区高校系统交通安全先进个人”：王　蕾　谢南贵北京市海淀区交通安全优秀管理干部：段德君

（杜　平　魏元燃　胡　滔）

离退休工作（老干部工作）

【概况】离退休工作处现有工作人员7名。全校现有离退休职工1096人，其中离休干部45人（含代管离休干部1人）、退休人员1051人，分别在海淀区和朝阳区的5个校区（清河小营、清河、健翔桥、金台路和酒仙桥校区）。离退休党总支设有19个党支部，中共党员583名。

2016年，在学校党委和行政领导下，以邓小平理论、“三个代表”重要思想、科学发展观为指导，深入学习贯彻党的十八大、十八届三中、四中、五中、六中全会和习近平总书记系列重要讲话精神，紧紧围绕学校中心工作，稳中求进。继续全面落实好老干部“两项待遇”，抓好“两项建设”。从“政治上尊重老干部，思想上关心老干部，生活上照顾老干部”，充分发挥离退休干部在学校改革发展和构建和谐校园建设中的作用，努力为广大离退休人员办实事，做好事，促进和谐校园建设。

（祁长青）

【离退休干部管理服务工作】老干部新春团拜会召开。1月8日上午，2016年老干部新春团拜会在小营校区报告厅举行。党委书记郑君礼、校长王永生及全体校领导、相关职能部门及校区负责人与近百名老干部欢聚一堂，共迎新春。团拜会由校党委副书记刘筱毅主持。

会上，郑君礼与王永生先后发表了热情洋溢的讲话。郑君礼就2015年学校领导班子调整、党建重点推进开展“三严三实”专题教育、院级行政班子换届、召开党建工作会以及全面推进从严治党等重点工作进行了通报。王永生向老干部通报了学校2015年的改革发展情况。王永生感谢老同志们为学校改革发展所做出的贡献，也衷心希望老同志们多提建设性的宝贵意见，一如既往地关注和支持学校发展。会上，全体校领导给老干部集体拜年，郑君礼代表全校师生衷心祝福全体离退休老同志新春愉快，生活幸福，健康长寿，阖家欢乐。郑君礼和王永生还代表学校向生肖属猴的老同志代表赠送了本命年吉祥物。随后，老干部们共同观看了北京离退休先进集体、先进个人事迹宣传片。团拜会在喜庆祥和的气氛中圆满结束。

校领导走访慰问老干部、老党员和家庭经济困难党。新春佳节将至，校党委书记郑君礼，校长王永生等校领导在相关职能部门负责人陪同下，于1月14—25日期间，分别走访慰问了张鸣岐、林少岩、张福学等老干部、老党员和家庭经济困难党员代表，向他们送去了校党委的关心和祝福。

郑君礼、王永生分别走访探望了老干部、老党员代表。每到一处，领导们与大家亲切地拉家常，话健康，详细询问身体状况和生活情况，通报学校各项事业发展情况，虚心征求意见和建议；并对老同志为学校发展做出的重要贡献表示衷心感谢，希望他们继续关心学校发展，发挥余热，建言献策，同时祝福大家身体健康、生活幸福。

老同志们感谢学校领导对他们的深切关怀，不少老同志虽然已经离开工作岗位，但依然心系学校的建设发展。他们对过去一年学校取得的成绩感到满意和欣慰，并祝愿学校各项事业在新的一年里再上新台阶。

校党委副书记杨军、刘筱毅，纪委书记冯晓春探望了家庭经济困难党员。探望中，领导们与家庭经济困难党员促膝长谈、亲切交流，详细了解他们的生活情况，并细心询问身体状况和实际困难，勉励他们要保持积极乐观的心态，努力克服困难，渡过难关。领导们还代表校党委送去了慰问金，把校党委的关怀和祝福送到每位生活困难党员手中。家庭经济困难党员一致表示感谢学校的关心和慰问，表达了乐观面对生活的态度和战胜困难的信心，决心在新的一年里以更加饱满的热情做好本职工作，为学校发展多做贡献。

北京市朝阳区领导到校调研养老问题。1月21上午，北京市朝阳区副区长张维刚带领区人大办公室主任李振玲、区发改委副主任刘琳、区民政局副局长谭孔辉就养老问题到学校进行调研，首经贸工商管理学院院长柳学信教授参加调研。学校党委副书记刘筱毅、纪委书记冯晓春及学校办公室、离退休工作处、健翔桥校区管理办公室、人事处相关领导陪同调研，调研交流会在健翔桥校区图书馆第一会议室举行，朝阳区人大代表何深思教授主持调研会。与会人员就养老问题进行了广泛充分的研讨。副区长张维刚表示非常感谢学校领导的重视与参与，欢迎学校参与朝阳区的建设，有关工作可再进一步深入探讨。

老干部工作领导小组会议召开推动工作迈上新台阶。5月12日上午，学校召开2016年度老干部工作领导小组会议。学校老干部工作领导小组组长、党委书记王传亮，老干部工作领导小组副组长、党委副书记刘筱毅及学校老干部工作领导小组成员参加了会议。

王传亮主持会议并作重要讲话。他指出，尊重老干就是尊重党的历史，尊重党的光荣传统，要充分认识做好老干部工作的重要性和必要性，重视和爱护老同志；要进一步改善和搭建老同志展示的舞台，拓展老同志发挥作用的方式、渠道，满足精神需求，实现老有所为；要多办实事，做好服务，让老同志有归属感，体现党的温暖和学校的关怀。会上，刘筱毅传达了《关于进一步加强和改进离退休干部工作的意见》（中办发〔2016〕3号）、2016年北京市老干部工作会议以及2016年北京教育系统老干部工作会议精神；离退休工作处汇报了2015年学校离退休工作开展情况。与会的老干部工作领导小组成员审议并讨论研究了2016年学校离退休工作要点。会后，有关职能部门将按照会议的研究意见，积极做好相关工作，落实好会议精神。

召开新学期办公会研究离退休工作。2月26日上午，离退休工作处召开新学期首次办公会，主要总结了寒假期间的离退休工作，讨论了新学期的活动计划，并部署本学期的工作，要求全体老干部工作干部要紧贴实际，提前谋划，创新落实，率先垂范，力争新学期取得新成效。各校区老干部工作干部参加了会议。

会议总结了寒假期间关心关爱特殊老同志，离退处领导陪同学校党委书记郑君礼、校长王永生等学校领导看望慰问离退休老同志的情况，以及离退休工作人员对全体离休干部、生病住院、高龄独居和空巢老人进行走访慰问的情况，收集了近期老同志的思想动态，研究了2016年离退休建党工作、高龄困难家庭、关心下一代等工作，讨论了今年的活动计划，大家表示要科学谋划，担当责任，通力合作，确保新学期工作平稳有序、顺利开展。

学校主要领导与离退休老同志见面会。5月12日上午，学校召开了学校新任校领导与离退休老同志见面会，30余位离退休局级干部、党支部书记以及老同志代表参加了见面会。会议由校长王永生主持。

校党委书记王传亮首先向老同志们作了自我介绍，同时感谢各位老领导为学校事业的发展做出的重大贡献。王传亮向老同志通报了近期市长王安顺到校调研并开展科技创新形势与政策专题宣讲活动情况。为深入贯彻落实五中全会提出的“创新、协调、绿色、开放、共享”五大发展理念，更好地贯彻落实中央和市委关于“两学一做”学习教育要求与部署，推动学校转型发展、再创辉煌，学校正着手开展包括空间环境建设、办学环境建设、育人环境建设、治理环境建设、情感环境建设在内的 “五个环境建设”。王传亮希望老同志们也加入“五个环境建设”中来，为学校事业发展建言献策、贡献力量，共同推动学校事业发展。最后，王传亮表示传承勤信文化，一定要从尊重老同志开始，自己与领导班子成员团结一心，全力做好学校离退休干部服务管理工作。

特困基金小组会议。6月20日和12月8日，学校离退休特困基金工作小组会议分两次在清河小营校区老干部活动室召开，专题研究离退休老同志困难补助问题，各校区离退休工作人员和离退休老同志代表共计13人参加会议。会议分别由离退休工作处处长贺芳主持。按照《学校离退休职工特困补助实施办法》，各校区离退休工作人员分别汇报本校区老同志申请困难补助的情况。会议在综合分析老同志困难情况的基础上，对全校129名离退休老同志给予不同额度的困难补助。全年特困补助金额共计10万元。

学校就“十三五”事业发展规划编制征求老干部意见。6月22日上午，学校在小营校区第四会议室召开座谈会，就“十三五”事业发展规划编制向离退休老干部征求意见，钱崇越、孙毓仁等10多名老干部参加了座谈会。副校长许宝杰及相关职能部门负责人到会倾听了老干部意见和建议。

许宝杰向与会人员介绍了学校“十三五”事业发展规划（草案）的起草过程、主要内容，同时介绍了学校“十二五”规划期间的发展成就。他表示，学校建设发展成绩同样凝聚着广大老干部、老同志的智慧、心血和汗水。希望大家积极为学校“十三五”事业发展规划建言献策。与会老干部认为，规划的框架结构合理，思路清晰，内涵充实，要点鲜明，对学校未来五年发展目标、定位、思路及表述准确，具有很强的针对性和可操作性。结合学校实际，与会老干部从不同角度对规划中涉及的人才培养、科学研究、学科专业建设、师资队伍建设、文化建设等内容，以及规划文本的表述等细节问题，提出了许多建设性的意见和建议。许宝杰非常感谢大家提出的意见和建议，他表示老干部的意见和建议都非常有针对性和指导性，学校将认真研究、吸纳大家提出的宝贵意见和建议，使得学校的“十三五”规划建议更加切合学校的发展实际，能够更好地指导工作。

（祁长青）

【关心下一代工作委员会工作】召开关工委工作会议。5月12日上午，学校召开2016年关工委工作会议。学校党委副书记、关工委常务副主任刘筱毅出席会议并讲话。学校关工委成员参加会议，相关职能部门负责人出席会议。会议由关工委秘书长贺芳主持。

会上，关工委常务副主任孙毓仁传达北京教育系统关心下一代工作会议精神、北京教育系统关工委2016年工作要点，总结了学校关工委2015年开展的主要工作。与会人员还听取了学校2016年关工委工作安排，并结合学校关工委工作现状，就如何开拓性开展学校关工委工作进行了深入研讨。党委副书记、关工委常务副主任刘筱毅对学校的关工委工作给予了充分肯定，并就做好关工委工作提出了三点要求：一要进一步把握好关工委工作要求，深入学习贯彻习近平总书记系列重要讲话和关心下一代工作重要指示精神，发挥好老同志的独特优势，加强政治引领，引导大学生听党话、跟党走。二要向有利于发挥老同志优势、学校现有基础、推动青年学生成长的方向聚焦，夯实“共谈、共建、共进、共赢”平台基础，帮助学生成长成才。三要立足于补短板，优化结构，推动关工委工作科学化、规范化、精细化。创造性开展关工委工作领域的横向拓展与纵向深入的有机结合。加强关工委工作机制建设和二级关工委建设，努力开创学校关工委工作新局面。

学生军训服装捐赠活动。2016年暑假，学校离退休工作处响应北京市教育系统关工委的号召，联合学生处、后勤公寓管理科等部门共同开展了2016年北京信息科技大学军训服装捐赠工作。在2016级学生军训期间，学校学生处通过辅导员系统，班级干部系统发布通知，大力宣传军训服装捐赠活动，坚持公益、自愿的原则之下，动员学生积极响应，并发出军训服装捐赠的倡议书。活动宣传取得良好的效果， 学生们深刻了解到军训服装捐赠的具体详情以及公益献爱心的重大意义。学校离退休工作处作为此次活动的牵头单位，高效率的统筹安排了军训服装捐赠的具体工作。从接到关工委的活动通知，到各个部门一起协调工作，北京信息科技大学的师生们都为爱心公益贡献着自己的一分力量。离退休工作处副处长周连跃老师对积极配合此次活动的部门、领导以及老师和同学们表示衷心的感谢，“如果没有学生处，后勤公寓管理科以及各学院领导、老师、同学们的配合，仅凭我们一个部门的力量是无法将这个活动快速顺利地进行下去的。没有大家的帮助和支持，好多工作寸步难行，真的非常感谢大家。”

开展“手拉手”结对子活动。12 月 7 日下午，公管传媒学院学生党支部联合清河离退休党支部以“畅谈经验感受 践行两学一做”为主题，举办首次“手拉手”结对子活动。校离退休党委副书记、校关心下一代工作委员会常务副主任孙毓仁及离离退休老同志代表，校离退休工作处副处长周连跃，公管传媒学院执行院长杨孔雨、党总支书记郭严俊及公管传媒学院学生党员参加了座谈会，座谈会由公管传媒学院党总支副书记吕丽峰主持。座谈会气氛热烈，老同志分别回答了学生关于新时期如何做一名合格共产党员的问题，他们认为新时期的党员要树立正确的世界观、人生观与价值观，要时刻学习党的理论知识，学习专业知识，增强为党和人民服务的本领，在工作中要任劳任怨，敢于承担责任，做到像一滴水融入大海一样，融入人民群众中去。孙毓仁指出，本次座谈会是支部“手拉手”结对子共建活动的开始，他希望支部共建能够实现双方共赢，老同志要关心下一代，青年学生也要发挥自己的优势关心老同志，继续开展形式多样、有意义的活动。

（祁长青）

【老干部活动】召开庆祝“三八”国际妇女节茶话会。为庆祝“三八”国际妇女节，3 月 8 日，离退办在各校区分别组织庆“三八”国际妇女节茶话会， 130 多位离退休女职工参加。茶话会上，老同志们纷纷发言，从每个人的自身谈感受，从身边人、身边事谈心得，畅谈作为女同志如何处理家庭与工作的关系，离退休女同胞们过了一个健康、和谐、快乐、温馨、难忘而有意义的节日。

成立离退休教职工合唱团。3 月 10 日下午，学校离退休教职工合唱团成立大会在小营校区报告厅举行。离退休工作处处长贺芳、校团委副书记郭颖、合唱团艺术总监汪效梅及 40 余位离退休职工参加了大会。贺芳处长深刻阐述了开展离退休教职工合唱活动的必要性以及成立合唱团的意义，同时就合唱团的发展提出了具体要求。艺术总监汪效梅宣读了《离退休教职工合唱团章程》，并对合唱团的日常训练工作了周密安排。校团委副书记郭颖及汪效梅带领大家进行了第一次声乐训练。团员们表示要坚持训练，唱出水平，唱出风采。

教工休养院休养活动。4 月 5—9 日，离退休工作组织 100 名离退休老同志到北京市教工休养院进行为期 5 天的休养，在本次健康休养活动中，这离退休老同志安排了丰富的活动，参观国家级保护文物建于明代的将军关、观赏平谷区百亩杏花园、颂歌献给祖国歌咏活动等。参加休养的老同志们由衷地感谢学校为他们安排的健康活动，不仅为他们提供了彼此交流的平台，而且欣赏到春天的美景，愉悦了心情。

离退休老同志参加学校运动会。4 月 28 日上午，离退休老同志趣味运动会紧张面有序的在小营校区风雨操场进行。趣味运动会共设五个项目，投篮、投包、保龄球、飞镖和套圈，分男女组分别进行，共有 501 人次报名，412 人次参加了 2016 年的趣味运动会。此次活动丰富和活跃了离退休老同志的生活，为全民健身运动的开展起到了很好的推动作用。

参加北京高校健身项目展示活动。5 月 19 日，学校离退休柔力球队的 20 多名老同志参加北京市委教育工委市教委在首都体育学院举办的“阳光好心态 健身乐晚年”北京高校老同志健身项目展示活动。她们在赛场上表演了激情洋溢的柔力球绸操《祖国是棵常青树》，以整齐优美的动作、丰富多变的队形、阳光灿烂的笑容，创造了自由自在、无拘无束的审美境界，获得了专业评委的一致好评，充分展示了学校离退休老同志的积极向上的阳光心态、多彩多姿的晚年生活。

春季参观活动。5 月 24 日、26 日，离退休工作处组织学校近 700 余名离退休老同志到北京张裕爱斐堡国际酒庄。通过参观，老同志们深切感受到祖国的强大，以及处处体现着的国家自信和民族自强感到自豪。大家纷纷表示，一定要为实现中华民族伟大复兴的中国梦不断发挥自己的正能量。

参观养老服务中心。6 月 2 日上午，离退休工作处为离休干部解忧办实事，组织有养老需求的 20 多名离休干部参观位于北京大兴庞各庄的寿山福海养老服务中心。按照“需求自愿，亲身感受”的原则，采取听取介绍、实地考察的方式，为老同志选择适合自己的健康养老方式提供了信息和平台。工作人员详细介绍了养老服务中心基本情况，并参观了健康生活馆、互动多媒体室、健身房和养老房间等设施，亲身体验了养老院的营养膳食。离休干部一边参观一边与工作人员进行交流，对老同志提出的问题进行了逐一解答。

离退休老同志健步走活动。6 月初，学校离退休老同志 400 余人齐聚学校体育场，开展离退休教职工欢乐健步走活动。参加者年龄最大的93岁，最小的52岁。健步长走这种全民运动的健身形式，既能达到健身强体，全身运动的效果，又简便易行，安全无害，是一种适合全员，特别是中老年人开展的体育运动形式。

秋季参观活动。9 月 22 日至 23 日，离退休工作处组织全校离退休老同志分二批到北京呀路古热带植物园参观学习。共有 300 余名离退休老同志参加了此次主题参观活动。为保证给老同志们提供高质量的服务，离退休工作处根据老同志的居住所在地就近分配，分批开展活动，有效保证了服务品质与老同志的参观安全，受到了老同志们的一致好评。

组织局级离退休干部体检。10 月 19 日至 20 日按北京市卫生局要求在北京小汤山医院进行了学校离退休局级领导的一年一度的体检工作，共有 23 位老领导参加了今年的体检工作。体检结束后离退休工作处就 2017 年体检时间等工作和小汤山医院体检负责部门进行了协商，预定了明年的体检时间，并通知到各位离退休局级老领导，提醒老领导合理安排时间，保证 2017 年体检工作顺利进行。

举办老同志“健步走”活动欢度重阳节。9 月 20 日是我国传统节日——重阳节，离退休工作处在学校运动场举办了“健康快乐健步走、孝老敬老度重阳”活动。此次活动老同志们以积极乐观向上的精神诠释了学校离退休老同志与众不同的活力风采。

参观北京文化创意产业 798 艺术区。10 月 25 日，小营校区离退休党员开展主题党日活动——参观北京朝阳区 798 艺术区。它是北京市和朝阳区文化创意产业的地标，是历史与现实、工业与艺术完美地结合在了一起，包括画廊、出版、建设设计、服装设计、室内家居设计、音乐演出、影视播放、艺术家工作室、各式各样的展厅等。通过参观学习，每个人深受感动和鼓舞，大家看到了时代的发展与历史的变迁，深切感受到伟大祖国的强大，感受到中国共产党的伟大，更加坚定了理想信念，激发出作为一名党员的自豪感、使命感和责任感，也更加热爱我们生活的这个城市。

参观老年公寓。11 月 20 日、25 日，离退休工作处组织近 80 名老同志分两批参观了位于朝阳区的汇晨老年公寓。为了满足离退休职工养老需求，我们专门选择了条件较好的老年公寓，组织前去参观，让他们实地考察，工作人员详细介绍了住宿、餐饮、娱乐、医疗等各方面的情况，逐一解答了他们关心的问题。参观后老同志们表示，组织这样的活动合民心，重实际，不走形式，是做合格党员的真正体现。

参加“文体文化月”活动。11 月，离退休工作处在各校区老干部活动室举办了老同志“文体文化月”活动，根据老同志们的身体状况和兴趣爱好，共设计了跳棋、投飞镖、趣味夹乒乓球和扑克牌四个项目，集娱乐、健身、趣味性于一体，让老同志们在参与活动的同时收获健康与快乐。200 余名老同志踊跃报名，热情高涨，各显身手，积极参加各类项目，充分展示出老当益壮、与时俱进、奋发向上的精神风貌。

举行 2016 年新退休教职工茶话会。12 月 20 日下午在小营校区图书馆教职工活动中心，离退休工作处举行 2016 年新退休教职工茶话会，欢迎 2016 年以来离开工作岗位，光荣退休的同志。离退休工作处处长贺芳、副处长周连跃、各校区支部书记参加了会议，茶话会由周连跃主持。贺芳对新退休同志的到来表示热烈的欢迎，并详细介绍了学校离退休工作、离退休人员情况以及社团组织和大型活动的安排等，希望新退休的人员能够尽快调整好心态，适应新的角色，积极参加各种社团活动，高质量的过好退休生活。为了表示对新退休教职工的欢迎，已退休教职工还精心准备了乐器演奏、大合唱、诗朗诵、歌曲独唱等节目，并为新退休的教职工精心准备了小礼品。通过茶话会，拉近了新退休教职工与工作人员、已退休老同志的距离，使新退休教职工亲切感倍增，归属感更强。

贺金婚活动。12 月 25 日，离退办对达到金婚年龄的 17 对离退休老同志表示祝贺，颁发贺信并送去慰问品，以此表达学校对离退休老同志夫妻幸福生活的祝福，老同志收到贺信和慰问品后非常感激，对学校的关怀表示衷心感谢。

（祁长青）

【党建工作】离退休教师党支部党日主题活动。3 月 30 日中午，健翔桥校区离退休教师党支部、通信学院学生党支部师生党员、入党积极分子一起到中国国家博物馆参观学习。老教师们对中国经典文化有自己独特的见解，与学生党员共同参观，学生们可以在跟老教师的参观交流中得到更加深刻的感悟与理解。看到一幅幅精美的书画作品，大家无一不赞叹国学大师高超的技艺和深厚的文化修养。

举办党支部书记骨干培训班。5月16日至17日，离退休党委在平谷教工休养院举办了离退休党支部书记、骨干培训班，离退休党支部书记、骨干近50人参加了培训学习和交流，校党委副书记刘筱毅出席培训班并与离退休支部骨干亲切交谈。培训班邀请了市委教育工委离退休干部处处长刘新军解读《关于进一步加强和改进离退休干部工作的意见》的专题报告，使各支部书记骨干对离退休工作的基本要点和工作要求有了全面、准确的了解和把握。

离退休党委书记贺芳介绍了2016年离退休党委换届改选的总体情况，并针对“两学一做”教育实践活动，就如何结合离退休党支部和党员的特点做好支部工作进行了辅导，提出了具体的指导意见和注意事项，对各党支部下一步工作的开展提出了部署、希望和要求。

组织离退休党员参观新农村建设。5月18日，离退休党委组织离退休党员来到房山区韩村河村参观学习，感受改革开放的成果。离退休党员们先后参观了韩村河村展览室、公园、村民别墅住宅、高科技蔬菜园区等景点，看到村里宽阔平坦的马路，整洁一新的街道，风格各异的村民小别墅，离退休党员们对社会主义新农村的蓬勃朝气和小康社会的充实富裕有了更加直接的了解，对党中央提出的“四个全面”的奋斗目标有了更加清晰的认识。

部署“两学一做”学习教育工作。5月5日上午，离退休党委召开党委委员、支部书记大会，部署和动员“两学一做”学习教育工作，离退休党委书记贺芳主持会议。贺芳对“两学一做”学习教育的开展背景和重要内涵进行了解读，传达了学校有关“两学一做”学习教育的实施方案，她强调在全体党员中开展“两学一做”学习教育，就是要推动党内教育从“关键小数”向广大党员拓展、从集中性教育向经常性教育延伸，也是将从严治党落实到每位党员的新要求。她希望各支部结合实际情况采取自学、集中学、讨论和知识竞赛相结合等方式组织离退休党员认真学习《党章》，新《准责》、新《条例》等党内法规和党的十八大、十八届三中、四中、五中全会精神，引导广大离退休党员以积极的心态、历史的眼光、辩证的思维，正确看待国家、学习的发展变化，客观分析党风政风和社会风气，做心态阳光的模范长辈，充分发挥自身政治优势、经验优势、威望优势，为高等教育改革发展和校园和谐稳定增添正能量。

开展“两学一做”学习教育知识答题活动。5月中旬，离退休党委在全体离退休党员中开展了“两学一做”学习教育知识答题活动。答题围绕“两学一做”学习教育共设置了100道试题，旨在通过这次活动进一步深化各离退休党支部“两学一做”学习教育的开展和引导，教育全体党员做“讲政治、有信念，讲规矩、有纪律，讲道德、有品行，讲奉献、有作为”的合格党员。各支部党员学习认真，答题积极，有439名党员参与了答题活动，参与率达76.1%。大家普遍认为这次知识问答活动非常有意义，通过学习及答题，巩固和加深了老同志对党章党规以及习近平总书记系列重要讲话的学习和理解，增强了支部的凝聚力，继续推动“两学一做”学习教育活动的深入开展起到了积极作用。

举办迎“七一”、“两学一做”书法作品展。6月中旬，离退休党委在小营校区图书馆一层大厅举办了离退休党员迎“七一”、“两学一做”学习教育书法作品展。离退休老同志热情参与、认真创作，以翰墨丹青展现“两学一做”学习教育内容，表达了对建党95周年的祝福，对党、国家、学校和生活的热爱，体现了老同志崇高的爱国主义情怀和高雅的艺术品位。此次活动共征集作品200余件，题材广泛，内容丰富，融政治性、艺术性于一体。校党委书记王传亮等学校领导到展厅现场参观并指导工作，王传亮对展览作品的内容和形式给予了赞赏，并充分肯定了此次展览活动的意义，对以后展览活动的开展提出了具体要求和宝贵建议。

离退休党委换届选举工作顺利完成。6月16日上午，离退休党委召开了党员代表大会。来自19个党支部的93名代表出席大会，会议由离退休工作处处长、党委老干部工作部部长贺芳主持。会议主要任务是听取和审议了上一届党委工作报告，选举产生新一届委员会。贺芳代表上一届离退休党委作题为《围绕中心，开拓创新，不断开创离退休干部工作新局面》的工作报告和党费收缴及使用情况报告。大会通过无记名投票的方式，差额选举产生了离退休党委新一届委员会，新一届离退休党委由9人组成。随后新一届党委召开第一次全体会议，选举贺芳为新一届离退休党委书记，孙毓仁为党委副书记。

参观首钢工业文化园。10月18日，离退休党委组织离退休党员参观首钢工业园活动。“首钢工业文化体验园”是在首钢总厂原址上开发、建立的，是我国第一家以工业文化为特色的“新型主题文化公园”。党员们首先参观了首钢的标志性建筑“陶楼”，它是首钢对外联络的重要窗口，是首钢总公司举办展览、洽谈经贸、发布新闻、召开重要会议的活动场所；随后党员们来去雕塑馆参观了钢铁雕塑展览和3D展，看到了造型奇特、生动有趣，让人叹为观止的程式雕塑，其制造材料全部取材首钢废旧钢材，党员们不仅被艺术家们巧妙的构思和丰富的想象力所折服，同时也深深体会到了艺术家艺术创作中的环保理念，纷纷感叹于我国工业快速发展变迁，感受到首钢深厚的文化底蕴，为首钢人做出的巨大贡献而感动，首钢人“舍小家、为大家”的精神值得所有党员敬佩和学习。

参观新农村建设。11月1日，健翔桥校区三个退休党支部党员来到怀柔区北沟村，参加“走进新农村——实地探访新农村建设”主题党日活动。北沟村是北京市新农村建设示范点，其新农村建设成果得到了社会各界的广泛认可，曾先后获得“全国先进基层党组织”“全国生态文化村”“首都文明村”“北京最美乡村”等荣誉称号。此次活动为大家提供了走进新农村、认识新农村的实地考察机会，不仅开阔了视野、搭建了交流平台，同时北沟村党支部党员的模范带头作用更是值得我们学习和借鉴的。

参观双清别墅。11月4日，清河校区离退休党支部组织离退休党员参观爱国主义教育基地——香山双清别墅。它位于香山公园南麓，环境优雅，曾经是毛主席居住过的地方，是中共中央的指挥中心，是发生过扭转中国命运、决定中国前途的地方。通过参观学习，大家亲身感受了新中国的起点——进京赶考路，重温了党史和中国革命发展史。前来参观的老党员，以对党、国家深深的感激之情，表示要珍惜我们今天的幸福生活，发挥自己的余热，为实现中国梦做出自己的贡献。

集中学习十八届六中全会精神。12月7日，学校组织离退休党员集中学习十八届六中全会精神，党委宣传部副部长、新闻中心主任、马克思主义学院赵爱玲教授作了辅导报告。离退休党委委员、党支部书记、委员、党小组长、老党员及离退休工作处工作人员参加了学习。通过学习，与会的老党员对全面从严治党的重大意义、新形势下加强和规范党内政治生活的基本遵循有了更加准确和深刻的理解，大家纷纷表示，要把思想和行动统一到全会精神上来，始终自觉地向党中央看齐，坚定不移地维护以习近平同志为核心的党中央的权威和党中央的集中统一领导，用自己的模范行动影响家庭和社会，广泛宣传全会精神，为党的事业增添正能量，发挥余热，继续为学校的改革发展贡献自己的力量。

3月29日至30日，离退休工作处处长贺参加市教工委组织的北京高校老干部处长培训班。9月2日至23日，陈虎、孙毓仁、钱崇越参加教育工委组织的局级干部读书班。10月17日至21日，李易远参加教育工委组织的第三期北京高校离退休工作人员培训班。11月15日至18日，柴鸿斌、王兰俊、关桂元、肖玉华参加在北京市老干部党校举办的北京高校局级干部读书班。12月13日至15日，贺芳参加市委教育工委组织的离退休干部处处长培训班。

（祁长青）

【获奖情况】12月，在市委教育工委、市教委召开的北京高校离退休工作总结表彰会上，学校离退休工作处被评为“2016年度北京高校离退休干部信息工作先进单位”。

12月，在传承长征精神，赞美伟大时代——北京教育系统老同志书画作品展览会上，学校离退休工作处荣获“组织奖”，王作珍作品获一等奖；秦世良、高冀贤作品获二等奖；王绍文作品获三等奖。

12月，在北京教育系统关工委工作总结会上，学校关工委被评为“2016年北京教育系统关工委信息宣传工作先进单位”。

12月，贺芳被评为“2016年北京教育系统关工委信息宣传工作先进个人”。

（祁长青）

工会教代会工作

【概况】校工会是学校党政联系广大教职工的桥梁纽带，是教职工利益的代表者和维护者。工会具有维护、建设、参与、教育四项基本职能。其中维护教职工的合法权益是工会的基本职责。校工会现有分管工会工作校领导1人，常务副主席1人，副主席1人，兼职副主席1人，工会干部2人；现有部门工会17个，部门工会主席17人。

校工会是教代会的工作机构，负责教代会的日常工作。主要承担着教职工代表大会的各项会议筹备、会务工作，负责做好教职工代表大会日常工作，指导二级教代会工作，以及做好教职工代表大会各专门工作委员会的协调工作。

2016 年，校工会在校党委的正确领导下，在学校行政的大力支持和广大教职工的积极参与下，紧紧围绕学校中心工作，从实际出发，以提高教职工整体素质为重点，充分行使各项职能，锐意进取，创新务实，充分发挥了新形势下工会的桥梁纽带作用和教代会民主管理和监督作用，为促进学校教育教学工作的顺利完成做出了积极的贡献。

（卢玲军　白莎莎）

【教代会工作】6 月 25 日，召开第一届教职工代表大会第十一次会议。代表们听取校长王永生作的《北京信息科技大学“十三五”事业发展规划（草案）》的编制情况说明。大会进行了分团审议，各代表团在人才培养、师资队伍建设、学科建设、民生工程等方面提出了一些有益的意见和建议。

12 月 12 日，校工会制定下发了《北京信息科技大学二级教职工代表大会建立和部门工会换届选举工作实施方案》，17 个部门工会开始启动二级教职工代表大会建立和部门工会换届选举工作。

（卢玲军　白莎莎）

【工会工作】(1) 树立典型，宣传先进，形成相互学习、相互帮助，争做“四有”好教师的氛围。6 月，校工会组织开展了学校师德标兵和“三育人”先进集体、先进个人的评选活动。评选过程中切实做到发扬民主、公开公正、高标准、严要求，重实绩，把那些教学科研工作过硬、道德素质好、精心育人、有影响力的典型人物树为标兵，进行宣传学习；在 2016 年北京市师德榜样（先锋）评选中，学校推荐的陈勇教授和范军芳教授，分别获得北京市师德榜样和师德先锋荣誉称号；教师节之际，校工会举办庆祝教师节暨“三育人”表彰大会，表彰全校在教书育人、管理育人、服务育人中涌现出来的先进个人和集体。通过表彰活动，起到以点带面，带动全局的作用，形成了“学先进 见行动”的良好风气，引导教职工以主人翁的姿态，在各自岗位上为学校的超常规跨越式发展做贡献。（2）开展青年教师社会实践活动。10 月，与宣传部、组织部、人事处共同举办学校第二届树人班，组织树人班学员前往红旗渠开展社会实践活动，追寻前辈们“自力更生、艰苦创业、团结协作、无私奉献”的红旗渠精神，并将其内化为干事创业、教书育人的强大精神动力；12 月，组织青年教师赴江西于都和瑞金开展以“传承长征精神 不忘革命初心”为主题的社会实践活动，通过社会实践重温长征历史，弘扬长征精神，进一步坚定了立足岗位、立德树人的职业使命感和责任感（3）针对不同群体开展特色活动，使工会活动多样，精细化。在“三八”国际妇女节之际，校工会开展系列庆祝活动，3 月 7 日，举办“走进互联网教室 体验现代化教育”主题活动，组织女教师们到北京竞业达数码科技有限公司参观；3 月 9 日，组织女教职工时装展示，全校 14 个单位，350 余位参演教职工精心准备，辛苦排练，展现了女教职工动人的风采；6 月 1 日，校工会举办了以“童心·圆梦”为主题的教职工亲子活动，丰富多彩的活动吸引了近一百组家庭参加；9 月 28 日，举办“回味人生五十载，我与祖国共未来”座谈会，为年满五十岁的教职工集体庆生，校工会为过生日的老师们准备了生日蛋糕，并送上生日贺卡和鲜花；12 月 21 日，组织 2016 年新入职教职工迎新座谈会，校领导及工会领导与 40 多位新入职教职工共聚一堂，欢迎他们加入学校大家庭，共同迎接新年的到来。（4）开展丰富多彩的文体活动。4 月，校工会启动“我参与我快乐”教职工百日健步走活动， 500 多名教职工积极响应并参与，时间跨度三个月，使用北京市总工会“健步 121”APP 计步并统计排名；6 月 15 日，组织教职工 15 人赴鹫峰参加“魅力教师 · 健康生活”教育工会教职工健步走活动；6 月 24 日，教职工毽球（健身毽）协会成立，成立仪式邀请到国家毽球队教练和运动员为教职工带来精彩的对抗表演和比赛；10 月 12 日，校工会在奥林匹克森林公园举办 2016 年教职工健步走活动，全校教职工积极响应参与；10 月 29 日，组织教职工队员 10 名参加首届北京教育工会第一片组乒乓球比赛，并获得第七名的好成绩；10 月 27 日，为教职工开办声乐培训班，聘请北京现代舞团艺术总监为指导老师；12 月 17 日，学校羽毛球队参加 2016 年学院路地区高校教职工羽毛球团体邀请赛。（4）做好送温暖和慰问活动。校领导及工会人员走访和慰问劳模、优秀教师、校医护人员、从教三十年的教职工。将“生日送祝福、节日送温暖”建成常态化的普惠制活动，为 1600 多名教职工送上生日“蛋糕卡”和祝福；在“五一”“十一”、新年等重大节日为全体会员送上节日慰问品；为教师休息室提供咖啡、茶点；做好困难教职工的扶助和各类慰问金的发放工作，做好“爱心扶助金”的管理和发放工作，为患重病和有特殊困难的教职工排忧解难；做好“走访慰问”工作，在“两节”、教师节等节日走访和慰问劳模、优秀教师、校医护人员、从教三十年的教职工；竭诚为教职工办实事，为教职工的日常生活提供便利，先后为教职工联系购买优质大米、莲子、苹果等，为教职工办理公园年票；和长城汽车养护中心合作，为教职工提供免费服务和汽车保养优惠卡；组织教职工赴沙河安置房、公租房看房；为单身青年教职工举办两次联谊活动；为青年教职工子女联系幼儿园、中小学入学；组织教职工参加《女工特殊疾病互助保障计划》，为850名女教职工投保，同时，做好患病教职工的保险理赔工作。

（卢玲军　白莎莎）

【工会自身建设】（1）由校工会编制《北京市实施〈中华人民共和国工会法〉办法》知识竞赛试题，各部门工会组织会员参与知识竞赛，推进工会工作法治化建设，充分发挥工会组织的作用，团结动员广大教职工投身全面推进依法治国的伟大实践。（2）积极组织工会干部学习新《工会法》以及工会业务知识，突出抓好工会干部的职业道德教育和全心全意为教职工服务的宗旨，号召他们深入职工群众，倾听大家的呼声，并积极做好教职工的思想工作，真心实意为群众说话办事，树立良好的形象。（3）深入、细致地进行校内外工会工作调研。3月28日，赴首都经济贸易大学工会参观调研，听取了工会常务副主席李民对首经贸工会工作情况的介绍，并就二级教代会建设、教职工社团建设、职工小家建设、福利品采购招投标等相关工作进行了交流；10月19日，赴北京工业大学就工会教代会工作进行调研，与北工大工会及二级工会负责人进行座谈，并参观二级工会“小家”；10月27日，赴浙江大学、浙江理工大学、杭州电子科技大学进行工会二级教代会工作调研；11月7日，赴西安电子科技大学、西安理工大学进行参观调研。同时，深入部门工会，了解部门工会工作的特点和困难，提高工作效能，增强宗旨意识，践行群众路线。（4）制定《北京信息科技大学部门工会经费管理办法》，明确部门工会经费支出范围和报销要求，规范工会经费的管理。

（卢玲军　白莎莎）

【获奖情况】

陈勇荣获2016年北京市“师德榜样”。

范军芳荣获2016年北京市“师德先锋”。

【2016年从事教育工作满三十年人员】（36人）

马月英　王丽坤　王绍芳　王　艳　牛欣源

邓卫东　卢玲军　吕继祥　任立群　齐治兰

孙昭智　贠立新　李国成　李雁玲　杨闻萍

吴　丽　汪毓铎　张丹萍　张凤琛　张启立

张曼萍　陈　红　陈颖聪　金卫红　郝南海

胡庆华　莫亚如　徐军京　徐晓敏　唐五湘

黄中原　曹荣敏　崇美英　梁栩凌　曾万梅

薛春艳

【2016年学校师德标兵】

王　昕　任俊玲　陈　勇　范军芳　黎　枫

【2016年学校“三育人”先进集体】

教务处　后勤管理处房产管理科　安稳处

机电工程学院机械工程系

自动化学院电气工程系　计算机学院　经济管理学院学生工作办公室　机电实习中心

【2016年学校“三育人”先进个人】

王　昕　王小妮　方　元　艾　红　石冀平

朱亚媛　任俊玲　华冬英　刘　伟　刘　泉

刘　莹　刘力双　刘建宾　刘春萍　李　慧

李文杰　李忠刚　李学华　李宝安　李春强

李俊清　李雁玲　杨　静　杨厚云　杨翠芬

何颖利　应红燕　张明丽　张晓青　张晓蔓

张婧梅　陈　红　陈　玲　陈　勇　范军芳

周金和　赵　伟　赵锐锋　姜　可　费衍慧

秦　雷　秦顺红　夏建军　郭春燕　黄小龙

梁卫江　彭　燕　彭克勤　彭春玲　葛春会

董明利　蒋洪伟　谢　司　谢冬秀　黎　枫

魏　英

【2016年度工会工作积极分子】

丁　濛　丁文利　于　莉　万咏梅　马　众

马牧燕　王　子　王　君　王　欣　王　艳

王　莹　王　准　王　睿　王　鑫　王小丽

王小妮　王巧玲　王亚飞　王兴伟　王肖楠

王秀真　王图宏　王爱文　卞　娜　文江川

邓　宁　邓春芳　毋政印　厉夫兵　石小滨

石梅华　卢华明　田　甜　田永利　田林子

史兆全　白　兵　白莎莎　白雪峰　冯清娟

朴林华　朱　宇　任若水　庄建红　刘　伟

刘　青　刘　凯　刘　佳　刘　洪　刘　娟

刘　滨　刘凤敏　刘文涛　刘为中　刘令涛

刘丽华　刘春萍　刘相权　刘翻民　祁长青

孙　旭　孙　璇　孙玉霞　孙江宏　孙若莹

孙淑玲　贠立新　杜　平　杜广涛　李　英

李　响　李　哲　李　颖　李万鹏　李子录

李月悦　李月强　李丝璐　李忠刚　李振英
李湘蓉　李蒙丝　李德生　杨　华　杨志耘
杨保林　吴　进　吴虹燕　吴雪莲　佟　岩
谷玉海　汪秀山　汪秀萍　沈文珍　宋晓娜
宋寒冰　张　笑　张　晨　张　琼　张　雅
张　舒　张　然　张　颖　张丹萍　张凤江
张玉辉　张世彤　张立新　张庆荣　张良志
张拥军　张学勇　张晓蔓　张海国　张家林
张新华　陈　红　陈　玲　陈　莲　陈雪红
林乐荣　林　进　金卫红　金培欣　周　平
周京华　周继革　郑　玮　孟　坤　孟　浩
赵　勇　赵玉静　赵志耘　赵　静　胡　炬
胡纪平　胡信裕　胡章钰　胡燕萍　钟建琳
侯　霞　娄小平　胥　静　姚小敏　勇　刚
敖云波　贾　泰　贾红霞　贾萌萌　贾梅芳
夏　帆　柴海莉　倪　渊　徐　铭　徐红卫
徐艳玲　高　卓　高　健　郭　凯　郭　颖
陶靖中　曹　霞　曹玉平　盛立国　常　城
崔　凯　崔　巍　康　延　梁　希　梁彦丽
彭克勤　彭春玲　彭娟娟　葛春会　蒋　敏
程京艳　焦　艳　曾万梅　谢　司　楚彦丽
裴鹏程　滕义莲　潘若愚　薛　虹　瞿晓燕

共青团工作

【概况】北京信息科技大学各级团组织是学校先进青年的群众性组织，也是学校党委的助手和后备军，担负着服务学校发展建设、服务同学成长成才的工作任务。校团委下设办公室、组织部、宣传部、学习实践部、文化艺术部、网络信息部六个部门，负责指导学生会、社团联合会、志愿者联合会、学术科技联合会、红十字会学生分会。校团委现有书记 1 人，副书记 2 人，校团委干事 1 人，艺术教育中心教师 3 人，其中艺术教育中心主任由 1 名副书记兼任。

2016 年，校团委紧密围绕首都改革发展稳定的大局和学校育人中心工作，坚持“注重与基层团支部交流，积极发展基层团支部工作”的工作方向，加强开展以团校为主要形式的团学干部培训活动，开展“一学一做”，充分发挥青年工作与时俱进、善于创新的特点，组织广大团员青年以高校思想政治工作会议精神为指导，深入学习党的十八届六中全会精神以及“两学一做”教育，提高广大青年学生对社会主义核心价值观的学习激情，引导学生树立正确的世界观、人生观、价值观，确保广大青年学生在思想上与党中央保持一致，初步形成了以培养青年学生科技创新能力为核心，以社会工作岗位锻炼为重点的组织建设平台，以社会实践和志愿服务为主体的课外实践教育平台，以“创新杯”为龙头的课外科技创新创业平台，注重科技创新作品的公益性、创新性和实践性，拓展科研创新指导，提高青年创业就业能力。

（贾　斌）

【宣传思想政治教育】校团委宣传部始终秉承关注青年呼声、引领青年思想、服务青年学习生活的理念，在坚持以宣传党团思想为中心的基础上，利用多种多样的宣传形式和方法贴近、凝聚、引导和服务广大团员青年。

校团委微信平台勤信青年的建设。2016 年平台粉丝量达到 13000+，文章原创率达到 95% 以上，年阅读量达 450000+，平均阅读量保持在 1000 人次左右。校团委宣传部利用勤信青年平台辅助校团委工作的开展，曾发起多次网络评选、网上征文、网上留言互动等活动增加与学生的交流，引导树立正确校园舆论价值观，扩大校团委影响力。勤信青年平台推送的内容注重内涵的同时不断增加其可读性，在宣传主题上坚持三条主线，其一是校团委工作的宣传和成果的展示，及时协助宣传报道团委学生组织的重大活动，展现学生组织良好的精神风貌；其二是设立采访板块，传播身边人的正能量，加强与全校师生的联系；其三是着眼于学生生活，打造精品原创文章，为学生提供服务解答疑惑。

团市委宣传通知、团委网站、校内宣传栏管理等工作。对团市委要求的宣传工作均按时按质完成，如：学习宣传贯彻习近平总书记系列重要讲话精神“四进四信”活动和落实“青年服务国家”2016 年首都大中专学生暑期社会实践宣传工作等多项任务；完成日常新闻稿向团市委报送工作，并完成校团委官方网站的维护和更新，在 2016 北京共青团信息上报积分排行榜上，学校团委在 387 家团组织中排名第 45 位；完成对校内团属橱窗的规整工作，明确使用办法加强管理。

（贾　斌）

【组织建设工作】大力推进党建带团建工作。以“双闪亮工程”为载体，深入开展党建带团建活动。开展初级、高级团校系列培训。

为进一步深化共青团改革，加强基层团组织建设，增强团支部的凝聚力、创造力、战斗力；提升团干部的综合素质，组织开展“活力团支部、十佳团支书”评选活动。

为引导全校广大青年学生树立正确的人生观和价值观，增强青年学生的社会责任感和历史使命感，组织开展“激扬梦想正青春，传递中国正能量”团日活动。

根据团中央及团市委文件要求及相关规定，完成团情统计、团费收缴、团关系办理等团务工作。

评选表彰工作，5月份，学校团组织开展了校级和北京市级“优秀团员”“优秀团干部”“优秀团支部”评比表彰工作。12月份，开展了校级和北京市级“三好学生”“优秀学生干部”“先进班集体”评比表彰工作。

为在广大青年学生中深入开展培育和践行社会主义核心价值观活动，同时发掘优秀典型和发挥示范作用，引领广大青年学生勤奋学习、砥砺品格、全面发展，为实现中国梦不懈奋斗，组织开展“中国电信奖学金”评定与社会贡献奖学金评定工作。

为培养优秀、坚定的青年马克思主义者大力深化素质教育，培养党的青年后备人才，组织开展首都大学生英才学校招生报名工作。

（郭　颖　毋政印）

【学生科技创新活动】4月18日，组织举办学校第十届“创新杯”大学生创业计划竞赛，团体冠军为信息管理学院，亚运为通信工程学院，季军为计算机学院。之后选出八组优秀作品参加“创青春”2016首都大学生创业大赛。参赛作品获得银奖两项，铜奖两项。5月23日，组织举办学校第一届“校友杯”创业计划竞赛决赛，07级信管校友高山山荣获一等奖。11月30日，组织开展第十届科技文化节，信息科大实验室开放日当天，学术科技联合会组织各科技类社团在小营校区举办小型科技展览，共有14个社团参与展出。12月19日，组织举办第七届“新星杯”新生创业创意大赛。

（陈天宇）

【学生会工作】3月2日，北京信息科技大学学生委员会议暨聘请特约信息员会议顺利召开，参加本次会议的有校学生处处长刘云风，校团委毋政印和校学生会主席李玎及全体学生委员。

3月7日，2016年女生节在小营、清河及健翔桥校区开展。活动以学院互相竞争的形式展开。机电学院获得了第一名，外国语学院与公共管理与传媒学院分别获得了第二名和第三名。

3月16日，以“权益服务日，倾听心声，全心全意”为主题的学生意见征集活动在小营、清河及健翔桥校区顺利开展，共计收集到356份意见单。

3月23日，北京信息科技大学学生干部培训班正式开班。

3月29日，北京信息科技大学第十三届宿舍文化节在三个校区同时开展。本届宿舍文化节开展了“三行情诗征集”“安全知识竞赛”“信息科大招牌菜评选”等一系列活动。

5月6日，“博文约礼，辩理明德”先锋论坛辩论赛在小营校区报告厅落下帷幕。理学院获得冠军，信息管理学院获得亚军，计算机学院获得季军。

5月13日，“音为你 乐动听”十佳歌手大赛决赛在小营校区大学生文化艺术活动中心举行。曾翊雄、潘雪晴、张翊博三位选手分别夺得了冠、亚、季军的好成绩。

5月25日下午，2016年“勤信杯”三球联赛完美收官。经济管理学院荣获足球冠军，自动化学院与通信学院分别获得篮球及排球联赛冠军。

6月15日，学生会优秀部门评比答辩正式开始，最终决出优秀部门三个。

10月20日，“文明之路，你我同行”校园文明活动在小营清河健翔桥三个校区同时举行。

10月26日，北京信息科技大学2016年新生3V3篮球赛在小营校区体育场开赛。经济管理学院获得冠军，公共管理与传媒学院获得亚军，理学院获得季军。

11月4日，北京联合大学学生会主席团和各部门代表到学校与北京信息科技大学学生会主席团成员及各部门部长交流学习。

11月12日，北京信息科技大学2016年普通话水平免费测试在小营校区南区四教进行，共800人左右参加了本次普通话测试。

11月13日，北京信息科技大学第三次学生代表大会第二次全体代表会议在小营校区报告厅举行。校学生会主席进行了汇报，总结学生会工作所取得的主要成绩，并对今后工作进行展望。

11月25日，北京信息科技大学学生会在小营校区报告厅召开第三届第三任全体大会，到会老师宣布新一任主席团部长和副部长的名单，并为上一任部长们颁发聘书。

11月28日，“遇见大学遇见你”新生风采大赛决赛正式落幕，决出歌舞组、语言组、其他组奖项各一名，最佳社团组织奖和最佳学院组织奖各一名。

12月13日，北京信息科技大学第四届“持韵筑梦，话茧成蝶”主持人大赛在小营校区大学生文化艺术中心举办，最终决出冠、亚、季军各一名。

（毋政印　陈天宇）

【社团联合会工作】“北京信息科技大学社团联合会”，是在校党委领导，校团委指导下的校级学生组织。作为信息科大全体学生社团的联合组织和学生社团组织管理机构，学校社团联合会始终以“引导、管理、服务、监督”为主要职能，遵循“百花齐放，以人为本”的理念，按照“建设特色品牌，打造精品社团”的社团文化建设思路，对学生社团的活动进行总体协调，努力建设和谐开放的平台，促进校园社团文化更好的发展。

3月4日，对全体社联成员开展社联内部培训大会，明确部门职能，讲解新学年大体工作计划，分配任务。

6月1日，在小营校区学五楼下召开社团游园会，展示各社团风采，丰富校园文化。

6月23日，在图书馆108室开展首届“社长论坛”，校团委书记贾斌和副书记陈天宇出席活动，对社团提出指导性意见。

9月5日，在小营校区学五楼下进行社团联合会招新。

10月16日，社团联合会公众号专栏——社团人物志正式成立，并发布首篇推送，通过采访社长来提升社团知名度，吸引更多同学加入。

10月25日，开展社团干部核心能力测评活动，通过填写问卷等形式，深度考察社团人的核心能力，为社团发展提出合理化建议。

11月2日，在小营校区报告厅召开社团联合会换届大会。

11月10日，“弈同学时代”首届高校围棋大赛信息科大分赛区在大学生文化艺术召开，几十所高校的选手到北京信息科技大学参赛，学校天残棋社在比赛中取得佳绩，社团联合会在本次比赛举办过程中获得“最佳组织奖”的称号。

11月21日，校党委副书记王秀彦调研学生组织工作，并对社联新学年的工作提出建设性意见。

11月23日，中国戏曲艺术进校园——豫剧《朱莉小姐》在大学生文化艺术中心召开。

（陈天宇　毋政印）

【学生社团工作】3月4日，召开社长大会，让社长们了解新学期社联主体工作。4月7日，G-Robot社在一教E42召开机器人总动员，让学生了解机器人相关知识。5月11日，在小营校区举办“校园定向越野比赛”，由定向越野社和社联牵头，在校内寻找定向越野人才，参加市级“来挑战吧”定向越野比赛。9月14日，EDS街舞社在学五楼下进行快闪活动，宣扬社团风采，为社团招新预热。9月19日，在学五楼下进行社团招新活动，各个社团尽显才能，尽显百团大战之势。10月16日，社团人物志专栏发布首篇推送，通过采访社长使得同学们了解社团魅力，为社团拉拢人才。10月29日，紫枫堂动漫社开展万圣节社团快闪活动。

（陈天宇　毋政印）

【艺术教育工作】5月22日，北京信息科技大学钢琴艺术团团员参加1966届校友联欢会演出。5月25日，合唱团参加“2016北京大学生音乐节”重唱及人声乐团普通乙组比赛。5月25日，话剧团在大学生文化艺术中心举办专场演出《蠢蛋》。6月1日，合唱团参加“2016年北京大学生音乐节”声乐类合唱展演普通乙组比赛。6月7日，钢琴艺术团夏季音乐沙龙于小营校区图书馆教职工活动中心举行。6月20日，民舞团和国标舞团在大学生文化艺术中心联合举办舞蹈专场演出。6月21日，管乐团在大学生文化艺术中心举办“仲夏有梦”夏季专场音乐会。7月21日，钢琴艺术团将演奏中国乐曲的光盘送给中国男子举重队，为奥运健儿送上祝福。9月20日，管乐团在大学生文化艺术中心举办开学季迎新专场音乐会《秋实启程》。11月，北京信息科技大学管乐团参加北京大学生文化艺术节比赛，获银奖。11月5日，管乐团参加2016北京大学生音乐节器乐类展演管乐合奏第二场。11月12日，钢琴艺术团在鲍蕙荞钢琴城演出。11月16日，钢琴艺术团在大学生文化艺术中心举办《传承华夏之音》献礼长征胜利80周年专场音乐会。12月20日，钢琴团团员参加老干部团拜会表演。12月27日，钢琴艺术团团员参加新年晚会表演。12月28日，钢琴艺术团内部音乐沙龙于小营校区图书馆教职工活动中心举行。

（郭　颖　孙豆豆　肖　潇）

【社会实践与志愿服务工作】为全面贯彻党的十八大和十八届三中、四中、五中全会精神，深入学习贯彻习近平总书记系列重要讲话精神，学校团委按照北京团市委的要求开展北京信息科技大学2016年暑期社会实践活动，对各学院下发暑期社会实践工作的文件，积极鼓励各学院参与2016年暑期社会实践活动，并且得到了各学院的大力支持。

3月26日，在小营校区报告厅开展“情牵乡梓 爱心圆梦”实践归来话收获活动。

5月16日，组织开展以“青年服务国家——投身助力‘十三五’，青春奋进中国梦”为主题的2016年首都大中专学生暑期社会实践教育活动。在2016年首都大中专学生暑期社会实践活动总结表彰中，北京信息科技大学被评为“北京市社会实践先进单位”，10支团队被评为“北京市优秀社会实践团队”，5名教师被评为“北京市社会实践先进工作者”，5名学生被评为“北京市社会实践先进个人”，15项社会实践成果被评为“北京市优秀社会实践成果”。

6月14日，在小营校区大学生文化艺术中心举行北京信息科技大学2016年“学党章党规、学系列讲话，读书读经典，做合格党员”党章党史知识竞赛决赛。

11月2日，北京信息科技大学校团委学习实践部换届大会圆满召开。

11月8日，在小营校区报告厅成功举办2016年暑期“实践归来话收获”分享大会。

12月7日，举办以“守规爱校 · 兴校荣校”为主题的校情校规知识竞赛。

志愿者工作紧紧围绕“项目化，品牌化”工作重心，牢固树立校、院两级志愿服务品牌，积极加强社会公益服务活动，各项工作扎实推进，在公益服务，形象树立，人才培养方面取得了一系列成绩，获得了多个重要奖项。志愿者联合会分设6个部门，部门分工明确，各司其职，为更好地在校内外奉献力量，建设和谐美好社会添砖加瓦。目前学校有22个志愿类学生社团，参与学生8600多人次。主动深入西三旗等周边社区，加强支教等重点团队建设。截至2016年年底，学校已经有石油学院第二附属实验小学、南沙滩小学2个稳定的支教基地，建立了中国科技馆、小汤山动物保护基地等9个固定的志愿服务基地。

3月6日，举办“2016FINA国际泳联跳水系列赛（北京站）”培训活动。3月11日至13日，参加“2016FINA国际泳联跳水系列赛（北京站）”志愿服务活动。3月19日、20日，进行了“优秀志愿服务团队、优秀志愿服务项目和优秀志愿者个人”评选工作。3月30日，在国际学术交流厅举办“优秀志愿服务暨‘温暖衣冬’活动表彰大会”。5月19日，在三大校区选拔“2016北京马拉松”志愿者。6月12日，邀请兄弟组织在图书馆108室开展了“2016志愿服务交流会”。6月15日，进行“西部计划”志愿者面试选拔工作。2016年暑假，带领同学们参加了蓝立方、国家图书馆、献血车、科技馆等暑假志愿活动。8月13日，进行“2016国际泳联短池游泳世界杯（北京站）”志愿者面试。8月30日、31日，在火车站接新生。9月7日、8日、9日，在三大校区进行志愿者联合会招新。9月18日，参与“2016北京马拉松”志愿服务工作。9月30日，参与“2016FINA国际泳联游泳世界杯”志愿服务工作。10月12日，第八届志愿者联合会换届大会圆满成功。10月15日、16日，参与“第八届首都大学生田径运动会”志愿工作。10月23日，参加“2016北京鸟巢半程马拉松”志愿者培训。10月29日，参与“第六届北京国际国标舞大赛”志愿服务工作。10月30日，参与“2016北京鸟巢半程马拉松”志愿服务工作。11月1日，举办“袋塑随行”活动。11月2日，长期项目志愿者招募。11月12日，参与“2016华北五省机器人大赛”志愿服务工作。11月20日，举办蓝立方志愿者培训。11月27日，参与“2016北京市中小学生游泳公开赛”志愿服务工作。12月5日、6日，在三大校区举办“国际志愿者日”纪念宣传活动。12月7日，举办“一本书，一个梦”捐书活动。12月22日，进行“温暖衣冬”衣物搬运工作。12月23日，参加水立方志愿服务总队面试活动。12月28日，举办年终茶话会。12月29日，为校新年晚会提供志愿服务。

（孙豆豆）

【网上共青团工作】11月9日，为更好地建设学校网上共青团工作，第一届校团委网络信息部成立大会在小营校区第四会议室成功召开。任命部长1人，副部长2人，部长助理5人，干事8人，大会上确定了校团委网络信息部定位及工作方向，确立规章制度。

12月21日，校团委为拓宽网络育人途径，畅通信息发布渠道，研发上线了“信息科大共青团在线”APP，实现了线上线下双重引领的工作格局。

（王梦晨）

【红十字会工作】学校红十字会学生分会在学校党委领导、团委指导下，接受北京市红十字会业务指导，弘扬“人道、博爱、奉献”的红十字精神，遵守国际红十字与红新月运动七项基本原则，学习贯彻《中华人民共和国红十字会法》、《中国红十字会章程》，始终坚持以爱心和行动感染在校师生，传递温暖正能量，积极扩大社会综合影响力。

3月7日，邀请北京市青少年法律与心理咨询服务中心主任、北京市禁毒志愿者总队副总队长许建农在学校报告厅开展“禁毒流动大课堂”北京信息科技大学专场。3月19日至20日、5月29日，邀请北京市红十字会专业讲师在学校开展两期急救培训。3月19日，参加海淀区疾控举办的防治结核病知识竞赛，获得优秀奖。4月10日，联合北京中医药大学红十字会举办“感受中医魅力”健康咨询活动。4月21日，承办学校2016年春季无偿献血活动，共计131人次参与无偿献血，献血量26200毫升。4月24日，协助校医院为校运动会提供学生急救志愿者。5月9日，举办“2016年无偿献血工作表彰大会”，机电工程学院、信息管理学院、理学院荣获学校“无偿献血工作先进单位”。5月15日，第33个国际艾滋病烛光纪念日，举办烛光纪念活动。5月19日，海淀区疾控举办的大学生预防艾滋病辩论会北京信息科技大学校内决赛成功举办；5月22日，派出学校辩论队参加区级初赛，战胜中国矿业大学（北京）晋级复赛；5月28日复赛，战胜北京航空航天大学，晋级半决赛；10月20日参加半决赛。5月30日，举办“谈性说艾——高校学子性健康与防艾”倡导活动。6月6日、10月17日、11月10日、11月16日，举办四期防艾同伴教育活动。6月15日，举办“创建无毒无烟环境，享受健康生活”禁毒控烟宣传活动。7月15日，举办学校“暑期社会实践团急救知识培训”专场。9月4日，协助校医院完成2016级新生体检工作。9月25日，联合北京体育大学红十字会学生分会共同开展“青春善言行”YABC同伴教育活动。10月23日，联合北京体育大学红十字会举办“体育无处不在·运动无限风采”全民健身活动。10月21日至3日，部分骨干成员参加中国红十字会总会主办的2016年探索人道法（EHL）首都高校同伴教育项目培训班。10月19日、10月24日，在三个校区分别举办“水痘与秋季疾病防治宣传教育”外展。10月25日，举办手语培训活动。10月26日，举办“让爱心传递，让温暖蔓延。募集冬衣，爱心传递”回收旧衣献爱心活动。在校内放置多个衣物回收募捐箱，赠予贫困山区以及在京务工子弟，共募捐6700余件，上交北京市工友之家。开展“爱心墙”活动，号召在校学生互换捐赠书籍及闲置物品。10月30日，面向全校招募志愿者，为北京鸟巢半程马拉松比赛提供志愿服务活动。11月2日，派代表参加“2016海淀区高校大学生艾滋病健康知识竞赛”。11月5日，派出志愿者参与首都博物馆“战火中的人道”主题展览讲解员培训。11月9日，联合校医院举办“我有问题问校医”线上询医活动。11月14日，承办学校2016年秋季无偿献血活动，共计341人次参与无偿献血，献血量68200毫升。11月23日，开展了“阳光助残”“雨滴行动”主题志愿活动。11月26日，联合北京中医药大学开展“健身气功进校园”活动。12月1日，世界艾滋病日，举办大型宣传教育外展，举办“灯光红丝带”“爱的抱抱”“魔方红丝带”“防艾观影”“防艾手语歌”等系列活动。

（肖　潇）

机关党委工作

【概况】机关党委（机关工会）2004年9月成立，是在学校党委领导下、建立在学校党政机关职能部门的基层党组织（群众组织）。2016年，机关党委在学校党委的正确领导下，深入学习贯彻党的十八届三中、四中、五中、六中全会精神，习近平总书记系列重要讲话精神，紧紧围绕学校中心工作，落实学校第二次党代会精神，以建设学习型、服务型、创新型党组织为工作目标，深入开展“两学一做”专题教育，以服务中心，建设队伍为核心，全面推进党的思想建设、组织建设、作风建设、制度建设和反腐倡廉建设，扎实做好年度计划各项工作。

截至2016年年底，机关党委有199名党员，入党积极分子2人，19个党支部，覆盖23个处级职能部门。机关工会挂靠机关党委，有工会会员262人，非事业编新入会会员3人，工会小组21个，覆盖2个院级党委，24个处级部门。

2016年积极推动学校“两学一做”微党课、微视频征集推广活动，校工会党支部和宣传部党支部联合制作的微视频《党务工作的有心人》获得北京高校二等奖。

（孙　晨）

【党建工作】2016年，机关党委完成换届选举工作，新一届委员会由王蕾、冯晓春、孙晨、李万福、英树志、姜伟华、郭银辉、谢新伟、魏元燃（按姓氏笔画排序）9名人组成，冯晓春任书记，孙晨任常务副书记。

2016 年新增党支部 1 个，入党积极分子 1 人，入党申请人 3 人。

（孙 晨）

【深入开展“两学一做”学习教育活动】机关党委把“两学一做”学习教育作为 2016 年党建工作的重点任务，紧密结合实际，突出严实要求，注重落细落实。

高度重视，加强工作统筹安排。成立机关党委“两学一做”学习教育领导小组；根据学校总体部署与要求，结合机关工作实际，制定了《机关党委“两学一做”学习教育实施方案》；召开支部书记例会，指导党支部制定计划，切实落实主体责任；建立了机关党委委员“两学一做”联系党支部制度等。

坚持以上率下，发挥示范引领作用。机关各部门领导成员带头学习党章党规、学习习近平总书记系列重要讲话；带头开展学习研讨、查摆自身问题，在学得更多、学得更深、做得更实等方面走在前、做表率。

多措并举，着力打牢学的基础。党支部制定具体学习安排，带领全体党员努力按照“两学一做”学习要求，把学习党章、习近平总书记系列重要讲话作为根本任务，学深学透，学出成效。采取集中学习与自学相结合；校领导、处级以上领导干部带头上党课；集中专题研讨；联合听党课；“承诺践诺”主题党日活动；到红色教育基地接受教育等。同时积极推动学校“两学一做”微党课、微视频征集推广活动，校工会党支部和宣传部党支部联合制作的微视频《党务工作的有心人》获得北京高校二等奖，学校一等奖，学生处党支部制作的微党课“坚定理想信念 做合格党员”，获得学校一等奖，校工会党支部制作的微视频《耕耘者的微笑》获得学校二等奖。

做好组织关系排查和党费收缴工作。把党员信息核实和党员组织关系集中排查工作抓实抓好；按照学校党委开展党费收缴工作的要求，保质保量完成机关全体党员党费的收缴和补缴工作。

坚持问题导向，着力做好问题的查摆和整改。党支部全面梳理 2016 年工作进度、成效、特色和经验，建立工作台账。以按照问题导向的原则，结合学校合格党支部建设规范和合格党员行为规范，认真自查，查找出支部自身工作存在的薄弱环节，研究分析薄弱环节存在的原因，有针对性地提出整改措施和整改期限，确定今后工作的努力方向。机关党委结合党支部的表现与各党支部一起认真研究、梳理党支部查找出的工作薄弱环节。

强化学做结合，推进机关作风建设。开展“承诺践诺，做合格党员”主题党日活动，每个党支部结合本部门工作，确定了承诺内容。窗口单位作为第一批佩戴党徽的部门，提出亮明身份，佩戴党徽，接受群众监督的要求。开展了党支部建设规范大讨论和合格党员行为规范大讨论，形成了本支部的两个“规范”，机关党委在支部规范的基础上，形成了机关党委两个“规范”。

（孙 晨）

【思想政治教育学习】加强理论学习。专题研究制定机关处级干部、党员、教职工的学习计划，认真落实学习制度，创新学习形式，明确学习重点。对支部组织的学习，采取定期或随机参加支部活动、检查支部手册、督促党员完成首都高校教师党员在线学习任务等方式，2016 年，机关 199 名党员全部完成党员在线学习任务。

坚持处级理论中心组学习制度。重视处级理论中心组的学习引领作用，将机关 50 多名处级干部分成四个理论中心组，指定组长、副组长，保证学习平均每月至少一次。今年共集中学习 10 次，主要围绕学习《党委会的工作方法》、习近平总书记“七一”重要讲话以及系列重要讲话、《党政领导干部选拔任用工作条例》《中国共产党问责条例》《党内政治生活若干准则》《党内监督条例》、六中全会精神、“学习贯彻五大发展理念”、学校“五个环境建设”等进行学习研讨。

（孙 晨）

【支部工作指导建设】完成对党支部考核工作。按照学校《党支部工作考评办法》，结合考评标准指标体系评分情况、检查《党支部工作手册》参照实际表现，对支部 2015 年度的党建工作进行了全面梳理。

建立机关党委委员联系党支部制度、党支部书记例会制度。密切机关党委委员与基层党组织、党员和群众的联系，加强对党支部工作的分类指导，2016 年共召开支部书记会 9 次。

严格组织生活制度、“三会一课”制度。严肃组织生活制度，及时检查党支部贯彻落实“三会一课”制度情况。党支部定期召开党员大会，按时组织党员上好党课，严格按照组织生活会要求开展批评和自我批评、“民主评议党员”。

创新党支部活动形式。按照各党支部党员实际人数，划拨活动经费，助推基层支部建设，各支部围绕“两学一做”学习教育、“承诺践诺”开展主题党日活动，主题党日活动有党史知识学习竞赛、到党员教育基地实地参观体验、重温入党誓词等形式，吸纳入党积极分子和民主党派人员参加。

（孙　晨）

【党风廉政方面】高度重视，认真落实党风廉政建设责任制。党风廉政建设工作纳入年度工作计划和总结，认真组织并积极参加学校组织的有关党风廉政建设的各种会议、讲座和活动，及时传达会议精神和上级文件精神。

开好处级干部的民主生活会。按照学校党委部署，组织进行专题民主生活会，以认真贯彻落实党章和《中国共产党廉洁自律准则》等党内规章，围绕“严以修身、严以用权、严于律己，谋事要实、创业要实、做人要实”要求，联系实际深入查摆问题，严肃认真开展批评和自我批评。

抓好党员学习。重点学习《党章》和习近平总书记“七一”讲话以及关于全面从严治党、严明党的纪律和规矩等方面的重要论述。党支部严格执行“三会一课”制度；党员开展批评和自我批评；党员评议；以“严守纪律，不破党员底线、不越师德红线、不触法纪高压线，做合格党员”为主题开展专题讨论；组织党员进行学习《中国共产党廉洁自律准则》《中国共产党纪律处分条例》测试；党支部组织到廉洁教育基地接受教育等，使党员不断增强党章党规党纪意识，始终将纪律和规矩挺在前面。

按照党风廉政风险防范管理要求开展工作，发展党员、重要活动和重要经费支出，都按照机关党委和机关工会的工作制度和规定办理。

（孙　晨）

【健全完善制度建设】坚持和完善了机关处级干部理论中心组学习制度、重大事项经机关党委会讨论决定制度、“三会一课”制度、党员干部思想状况定期分析制度、机关党委联系党支部制度等。

坚持和完善机关党支部书记培训制度、党支部书记例会制度、党支部活动立项申报制度、党支部委员会会议制度、党员管理等制度。

坚持和完善机关党委党务公开制度，在机关党委网站上，从总体工作动态、全局工作、思想建设、组织建设、作风建设、制度建设、反腐倡廉建设、支部建设等多方面，公开机关党委的工作内容、程序和进度等，及时向党员和教职工通报情况。

（孙　晨）

【五个环境建设】注意充分发挥教职工代表的作用。事关学校改革发展和教职工切身利益的各种事项，广泛征求意见，畅通反映渠道，积极发挥作用。

抓好激励关怀帮扶机制。在党员中，认真实施党内激励关怀机制，注意从思想、工作、生活上全方位关怀爱护，抓好“七一”和节前慰问看望。2016 年慰问困难党员 2 人，使他们切实感受到党组织的温暖；在工会层面，对生病、生活困难的职工，积极争取各种补助，并及时探望。2016 年为机关工会会员 28 人送去了慰问金。在学校组织的“共产党员献爱心”捐款活动中，机关 186 人参加，共捐款 6220 元。

配合组织好 2016 年区人大代表换届选举工作。深入开展宣传教育，细致做好选民登记、组编选民小组、推荐代表候选人、发动选民投票选举等工作，使得机关参与投票率达到较高的水平。

推荐参评第一届“勤信人物（团队）”评选活动。机关党委高度重视，积极参与，深入挖掘先进典型事例，推荐招生就业工作处参评，入选第一届“勤信人物（团队）”。

（孙　晨）

【工会工作】截至 2016 年年底，机关工会有会员 262 人，工会小组 21 个。覆盖 2 个院级党委（机关党委、离退休党委），24 个处级部门。

2 月，组织机关 127 名女职工参加《在职女职工特殊疾病互助保障计划活动》。

3 月，参加校工会举办的庆祝“三八”妇女节“我们的风采”服装展示活动，获得“最佳组织奖”。

3 月，参加校工会组织的“育人风采”微电影大赛评选活动。学生处制作的参赛作品《与学生一起成长的辅导员队伍》获得“三等奖”、《学生资助事务服务中心二三事》获得“最佳参与奖”。

4 月，参加学校 2016 年田径运动会，机关代表队获得教职工团体总分第一名。

5 月，组织机关工会会员到西山国家森林公园健步走活动。

6 月，学校评选 2016 年师德标兵和“三育人”、先进集体、先进个人，教务处、安稳处被评为“先进集体”，朱亚媛、刘莹、李忠刚、杨静、秦顺红、葛春会、谢司 7 人，被评为先进个人。

6 月，参加学校纪念建党 95 周年和红军长征胜利 80 周年“党在我心中”歌咏比赛，机关参赛队演唱歌曲《延安颂》，获得“优秀组织奖”。

6月，组织教代会代表审议学校“十三五”规划，为学校的发展建言献策。

10月，在校工会组织的“教职工奥森公园健步走活动”中，机关一队和二队分别获得“10公里争先组二等奖”和“三等奖”。

10月，组织机关工会会员到怀柔黄花城水长城登山健步走活动。

11月，组织“迎新年扑克牌双升比赛”。

12月，组织会员进行《中华人民共和国工会法》学习知识问答活动，机关21个工会小组的262名会员参加了活动。

12月，27人被评为学校2016年“工会工作积极分子”。

12月，参加学校迎新年教职工扑克牌（双升）团体比赛，机关一队和三队分别获得一等奖和优胜奖。

2016年，对生病住院、生活困难、结婚、退休、生小孩、家庭发生变故的职工及时慰问，全年为机关28名教职工送去慰问金9000多元。

校区联合党总支

【概况】2016年，校区联合党总支以深入学习党的十八大和十八届五中、六中全会精神为主线，贯彻落实全面从严治党要求，抓好《关于新形势下党内政治生活的若干准则》和《中国共产党党内监督条例》的贯彻执行，推进党风廉政建设责任制落实，学习宣传学校提出“五个环境建设”发展理念，组织带领所属支部和全体党员，在党的基层组织建设、“两学一做”学习教育活动开展、校区管理、工会工作等方面，做出努力；完成党员组织关系排查、基层党组织换届、党费收缴、区人大换届选举等专项工作。现有四个党支部（即健翔桥校区党支部、健翔桥校区科研党支部、东部校区党支部、清河校区党支部），在职党员21名（其中正式党员20名、预备党员1名）。2016年，退休党员2名，入党积极分子2名。校区联合工会在校工会和党总支领导下开展工作，设4个工会小组，共有工会会员51人。

（张家林）

【党建工作】2016年，校区联合党总支落实全面从严治党要求，能够切实把思想和行动统一到党的十八届六中全会精神上来，树立宗旨意识，增强政治意识、大局意识、核心意识和看齐意识，坚决维护以习近平同志为核心的党中央权威，自觉地在思想上政治上行动上同以习近平同志为核心的党中央保持高度一致。工作中，结合学校任务，组织本单位党员围绕校区工作重点、难点问题，开展“两学一做”学习教育活动，激发所属党员干部开拓创新、敬业奉献精神。

（理论学习方面）2016年，处级理论中心组完成六大专题学习，组织五次交流研讨。特别是在学习宣传贯彻党的十八届六中全会精神，落实《北京信息科技大学巡视整改方案》有关要求以及处级干部系列培训安排中，校区联合党总支于11月份和12月份组织关于围绕“五个环境建设”和“严明党规党纪，遵守校规校纪”的专题学习研讨，形成共识材料上报学校党委组织部和宣传部。通过交流研讨，能够把党中央的决策部署落到实处，用党的理论武装头脑、指导实践、提高治校理教能力。

（组织建设方面）1.2016年1月份，校区联合党总支完成总支换届选举，选举产生新一届总支委员5名，其中书记1名。

开展党员集中组织生活。2016年7月，以支部为单位，开展党员学习《习近平总书记在庆祝中国共产党成立95周年大会上的讲话》活动。

开展“两学一做”学习教育活动。开展处级干部讲党课活动，示范作用明显，清河校区办回世勇获得“两学一做”微党课推广活动三等奖。开展党章知识答题活动，激发党员学习党章、自觉坚守和维护党章党规意识。开展“承诺践诺，做合格共产党员”主题党日活动。组织党员到中国人民革命军事博物馆参观“英雄史诗不朽丰碑——纪念中国工农红军长征胜利80周年主题展览”。继承和弘扬长征精神，从中汲取智慧和力量，不忘初心、继续前进。开展合格党支部建设规范和合格党员行为规范大讨论，形成本单位合格党支部建设规范和合格党员行为规范。

进行党员集中排查工作，理顺党员组织关系，健全完善党员档案，没有失联党员。

做好党费收缴、补缴党费工作，体现党规党纪意识和大局意识，校区联合党总支补缴2008年4月至2016年6月党费45984元。

组织2016年区人民代表大会换届选举。2016年11月，组织1400名教工及学生现场投票。

2016年，校区联合党总支不断分析研究党建面临新特点、新情况，结合全面从严治党要求和工作实际，开展民主生活会和党员民主评议，落实“三会一课”制度，领导干部过双重组织生活，根据所属党支部特点，开展支部和党员活动。

（党务公开方面）校区联合党总支由专人负责，定期在校园网上更新党务公开内容。注重实效性，与中心工作、作风建设、民主建设等有机结合，不断扩大党员群众的知情权、参与权、监督权，全面树立“阳光党务”新理念。

（党风廉政建设方面）2016 年，党总支专门对党风廉政工作进行安排部署，完善党风廉政建设责任制相关制度，成立党风廉政工作领导小组，制定廉政工作计划。坚持对总支成员进行党风党纪教育，理想信念教育，廉洁奉公教育，培养广大党员教职员工爱岗敬业精神。通过坚持民主集中制度，坚持党务公开制度，创造开展党风廉政建设宣传环境，强化廉政意识，从思想上筑牢拒腐防线，提高党员领导干部廉政勤政的自觉性，落实领导干部“一岗双责”，自觉接受上级监督、群众监督、组织监督。

（张家林）

【工会工作】2016 年校区联合工会坚持维护教职工合法权益，为广大教职工服务，营造宽松和谐民主氛围，促进学校工作健康发展。

校区联合党总支积极支持工会独立开展工作，根据校区实际情况积极开展建小家活动，通过加强对会员的宣传教育，提高会员服务教职工的自觉性，通过加强工会自身建设，提高会员服务教职工的能力，关心教职员工生活，以为员工办好事办实事为己任，努力为员工排忧解难。依照校工会的安排，组织教工疗养、体检，多次为教工订购应季水果、大米等，让职工感受到工会组织关怀，凝聚人心。

参加学校“党在我心中”歌咏活动。校区联合工会克服校区间工勤矛盾突出、人员分散等不利因素，动员所属会员参加校工会活动，王兴伟认真研究学校备选歌曲单，确定《我们走在大路上》为参赛曲目，回世勇担任指挥、通信学院大一学生担任伴奏，为 28 名参赛队员统一服装，排练 4 次，激发教职工团结协作、热爱党、热爱祖国的热情。

组织交流活动。为加强各校区教职工之间的联系，增进各校区教职工之间的相互了解，创造团结和谐的工作环境，2016 年 5 月组织工会会员游览顺义汉石桥湿地公园活动；10 月组织参加校工会“走进自然，健康生活”健步走活动“10 公里”组队员选拔赛。12 月，发起学习校党委书记王传亮的《“五个环境建设”推动学校再创辉煌》的知识答题活动，体现了全员参与治校理教意识，得到了全体会员的好评。

按照学校要求，深入开展“三育人”宣传教育活动，评选出“三育人”标兵。

深入工作第一线，认真了解教职工的工作、学习、生活状况，了解基层教职工工作生活需求，关注家庭困难的教职工，关心教职工的身心健康，主动到医院探访患病教职工，让职工感受到工会组织的关怀，达到凝聚人心、形成聚力的成效，促进学校工作的有力进行。

（张家林）

教辅单位党总支

【概况】教辅单位党总支于 2010 年 9 月成立，由图书馆、机电实习中心、信息与网络管理中心、继续教育学院四个党支部组成。截至 2016 年年末，教辅单位党总支所属各单位共有教职工 106 人（含非在编职工 34 人），其中党员 51 人（含非事业编 5 人），党员占比为 48.1%。处级干部 9 人，高级职称 18 人；另有民主党派人士 2 人。叶超任党总支书记，张金晓任党务秘书。

（叶　超　张金晓）

【党的建设】组织开展理论学习。按照学校党委的要求，分层次有目的地开展政治理论学习。制定处级干部、党员、职工三层次学习计划并加以落实。在处级理论中心组进行专题学习研讨，在党支部开展“两学一做”专题学习教育，在教职工中进行社会主义核心价值观及学校“十三五”规划学习教育。借助于北京干部教育网、高校教师党员在线等网络平台，以集中和个人自学相结合，外出参观学习与校内读书学习相结合，“三会一课”，专题研讨，撰写心得体会，参加学校论坛，听取辅导报告，问卷答题，观看电影等多种形式进行学习。

紧密结合党的文件、党建工作新形势开展学习活动，2016 年开展《学校十三五规划》专题、“两学一做”

专题学习教育答题活动，开展《关于建立健全高校师德建设长效机制的意见》学习讨论活动，开展纪念建党 95 周年、长征胜利 80 周年主题教育活动。

组织、督促全体党员完成党员在线等网上学习任务，2016 年全体党员按时超额完成学习任务，全总支完成 1183 学时，人均约完成 23.2 学时。

完善组织建设。按照《中国共产党基层组织选举工作暂行条例》和学校党委的有关规定，完成党总支的换届选举工作。新一届委员会委员 5 人：叶超、伍银、张玉忠、盛炎平、韩凤霞，叶超任书记。

改进党员教育管理服务工作。积极探索学习教育活动新途径、新方法，各支部建立了微信群或 QQ 群，及时发布各种消息，研讨工作，推送学习资料。完善组织生活会制度，开展党员评议、党支部考核等工作。

做好党员管理工作。2016 年转出 3 位党员，转入 3 位党员。建立完善党员信息库，数据翔实准确。开展党员承诺践诺活动，签订了党员承诺书。

配合党委组织部工作。开展副处级后备干部的选拔工作，教辅单位产生 4 位后备干部人选。完成处级干部试用期满考察、党员基本信息档案核查、党员信息库数据完善、党员组织关系排查、党费收缴补缴等专项工作。

抓好作风建设。不断改进工作作风，增强服务意识，明确工作流程，提高工作效率。做到急事急办、随来随办、特事特办，把办事的时间多让给各支部，自己汇总上报的时间压缩到最少；把自己能做的事情都做到做好，把必须让党支部做的事情减到最少，尽量减少他们的负担。

2016 年，在全体党员中全面系统地开展“两学一做”学习教育，普遍开展专题学习讨论，学党章党规、学总书记系列重要讲话，开展合格党支部建设规范和合格党员行为规范大讨论，检查、对照党员队伍、基层党建存在的突出问题，建立问题清单积极整改，建立工作台账，加强基础工作。

开展制度建设和宣传工作。建立了党总支委员联系党支部工作制度，党总支所属的处级干部联系党支部制度。

积极宣传并认真贯彻落实学校党委颁发的各项规定和制度。与党总支和工会工作有关系的学校发文件都在党总支网站上予以转发，方便大家学习使用，并认真按照要求予以落实。积极进行党务公开网站的建设。2016 年党总支网站各栏目更新 53 项内容。

开展廉政建设。认真落实党风廉政建设责任制，以“预防为主”认真抓好宣传教育、风险防范，结合“两学一做”学习教育工作，不断加强廉政学习教育，积极配合校纪检、组织、宣传部门开展廉洁教育活动，发放各种学习材料。完成处级干部述职述廉、年度考核、个人收入重大事项申报工作。签订平安校园建设责任书、党风廉政责任书、领导干部廉洁自律承诺书。

完成年度党风廉政自查报告，本总支党员干部未发现违法违纪现象。

党总支资产账目清楚，设施设备完好，使用正常。党总支掌握的党员活动经费、办公经费、工会活动经费的使用情况均向相应委员会进行汇报。2016 年预算执行情况良好，所有支出计划均已完成。

抓好党支部建设。加强党支部书记的培训。结合具体工作，不断提升党支部书记的党务工作能力，如指导开展“两学一做”学习教育的全过程工作，进行整改工作中的党员组织关系排查，党内信息管理系统更新，计算收缴补交党费，党支部 2016 年工作自查及建立台账工作专项培训等。

发挥党支部书记的作用，引导各支部开展组织生活和党员评议工作，组织开展有意义的主题党日活动，对生活困难党员进行慰问，增强党组织的凝聚力、战斗力。

各党支部结合工作特点，以立德树人为根本任务，在深化高等教育综合改革过程中，积极开展服务党员群众、服务基层、服务社会工作。图书馆党支部开展图书馆开放日活动，直接为社区的小学生开展阅读引领服务；机电实习中心党支部为中小学生开展实习基地参观动手制作服务；继续教育学院党支部形成了生病住院职工、父母去世职工领导必探望关怀的“规矩”；信息网络中心党支部在党员或职工的教学科研等方面给予鼓励和帮助。

各支部认真系统地开展“两学一做”学习教育，积极开展“三会一课”，组织开展“承诺践诺，做合格共产党员”主题党日活动，增强党组织的凝聚力、战斗力。图书馆党支部组织参观中国科技馆，信息与网络管理中心党支部前往平谷鱼子山抗战纪念馆，机电实习中心党支部、继续教育学院党支部赴平北抗战纪念馆开展主题党日活动。各党支部均组织党员观看弘扬主旋律电影。

（叶　超　张金晓）

【教辅工会工作】发挥“双代会”代表作用，保障职工行使民主权力。截至2016年年底教辅单位工会有10位“双代会”代表，工会在工作中注意听取他们的意见建议，支持他们行使民主权利。2016年圆满完成学校第一届“双代会”第十一次会议议程，积极组织代表参与意见建议，为学校“十三五”事业发展规划建言献策。

注重部门工会和会员队伍的建设。对全体会员进行学习教育工作。组织学校“十三五”规划的学习答题活动，促进全体会员明确学校的发展战略，激发工作积极性。

鼓励支持非事业编和外聘职工加入工会，截至2016年年底已达33人，其中3人为新入会。

积极推荐会员参加学校“三育人”先进集体和先进个人的评选，彭春玲、杨厚云、应红燕获评先进个人，机电实习中心获评“三育人”先进集体。回广福获学校“十佳优秀非事业编职工”表彰。

真诚关爱会员，为职工办实事。部门工会制定了相关规定规范各项慰问金的使用标准和范围，在职工患病住院、父母去世、结婚生子等时刻，工会及时探望慰问，并送上慰问金，2016年慰问13人次。对当年退休的8位职工给予关心和慰问，发放荣誉证书和纪念品。

开展“三八”国际妇女节有关活动，组织女教工参加学校风采展示活动。完成女职工专项体检报名等项工作。

协助校工会完成职工重大疾病保障计划申报、疗休养安排、三十年教龄职工统计、各种职工福利的统计发放、生日贺卡的发放等工作。完成校工会组织的各项文体活动的报名参与工作。

积极开展文体活动。组织职工踊跃报名参加校运动会，2016年获教工团体第四名，男子和女子4×100米接力赛、个人男子铅球、投篮、保龄球等比赛中均获得好名次。在校工会组织的“走进自然，健康生活”健步走争先赛中荣获集体第一名，二人总排名进入前八。

鼓励支持会员参加校工会举办的“党在我心中”教职工歌咏活动，节目获得大家好评，活跃了校园文化氛围。组织职工参加摄影比赛、微电影拍摄比赛，获得了较好的效果。

组织教职工80余人赴北宫森林公园开展“金秋健走”健身活动。

2016年，12位职工当选学校工会工作积极分子，他们是杜广涛、王秀真、陶靖中、陈莲、刘滨、金培欣、李月悦、任若水、宋晓娜、张拥军、田永利、彭春玲。

（叶　超　张金晓）

【其他】进一步开展服务工作。协助组织完成2016年区人大代表换届选举工作。完成党总支党建工作述职考评工作。完成每一年度春季和秋季职工思想状况调查，完成处级干部年度考核工作。完成各种党内统计报表上报，收缴党费等工作，完成固定资产清查、撰写上报党总支年鉴、年度工作总结和计划等工作。开展共产党员献爱心活动，2016年，收到捐款1065元。完成会员统计、会费收缴、工会经费使用管理等项工作，做到及时、无差错。

（叶　超　张金晓）

【教学单位】

机电工程学院

【概况】机电工程学院（School of Mechanical and Electrical Engineering，简称“机电学院”）下设机械工程系、车辆工程系、工业工程系、工业设计系、新能源科学与工程系、机械电子工程系和基础教学部。学院有机械设计制造及其自动化、车辆工程、工业设计、工业工程、新能源科学与工程、机械电子工程 6 个本科专业，其中车辆工程专业为国家级特色专业建设点、北京市品牌建设专业，机械设计制造及其自动化专业为北京市重点建设专业、北京市特色专业。机械工程一级学科硕士学位授权点是北京市重点建设学科，下设 5 个研究方向：机电系统测控与信息化、智能制造、现代设计理论与方法、车辆系统动力学与控制、机器人技术；同时拥有机械工程领域、车辆工程领域 2 个专业硕士学位授权点。

截至 2016 年年底，学院有教职工 88 人，其中专任教师 82 人。专任教师中，正高级职称 16 人，副高级职称 27 人，具有博士学位 47 人，兼职博士生导师 3 人，硕士生导师 40 人。

2016 年，学院毕业生 431 人，其中研究生 70 人，本科生 361 人。招生 446 人，其中研究生 70 人，本科生 376 人。截至 2016 年年底，学院在校生 1682 人，其中研究生 206 人，本科生 1476 人。

2016 年，学院在年度二级单位考核中考核等次为优秀，并获得党的建设和思想政治工作、教学工作、科研工作及师资队伍建设工作共四项单项工作奖。

（权铁汉）

【学科建设与研究生教育】学科建设专项：2016 年，完成了学科专项建设任务，加强了机械工程一级学科以及机械工程、车辆工程专业学位授权点的建设，使学院的学科实力继续得到增强。

学科整改：在学校的统一部署下，完成了机械工程一级学科学术学位、机械工程专业学位两个授权点的整改工作，通过学科整改，对学院近几年来学科建设的成效，以及存在的突出问题进行了梳理和总结，建立新的管理机制，重新规划学科方向，为进一步优化学科结构、突出学科特色奠定了基础。

评估工作：在学科整改基础上参加了教育部第四轮学科评估。

申博工作：根据教育部发博士学位授权点申请基本条件，梳理学科实际情况，为博士点申报做好了基础数据准备工作。

招生录取：圆满完成了学校下达的 70 名学术型和专业型研究生的招生录取工作。

培养环节改革：逐步完善研究生教育和培养的二级管理机制，加强了学院研究生的组织管理和队伍建设，进一步提高了硕士生的培养质量，根据调整后的学科方向重新修订了研究生培养方案，新增课程 5 门。

完善奖助贷政策：制订了新的研究生国家奖学金、学业奖学金、助学金评选办法，完善了奖助贷政策，提高了学生学习科研的积极性。

毕业离校：70 名学生顺利毕业并获得硕士学位，其中考取博士研究生 6 人。全院研究生宽口径就业率 100%，核心就业率 97.1%，均名列全校前茅。

（安　媛）

【教学工作】机械设计制造及其自动化专业在成功获得中国工程教育专业认证协会认证申请受理后，于 2016 年 7 月完成并向中国工程教育专业认证协会提交了自评报告，并于 2016 年 10 月完成专家现场考察。机械电子工程、工业工程、工业设计、新能源科学与工程四个专业通过了第二批工科类专业校内专业评估。

积极组织教师参加教学基本功比赛，获学校第九届青年教师教学基本功比赛暨第三届教学新星评选一等奖 1 项，并被选拔代表学校参加北京高校第十届青年教师教学基本功比赛，1 名教师评为校级优秀主讲教师，2 名教师获学校第六届教学名师奖。

继续与北京科技大学合作开展机械类专业中央与地方共建试点，选送机械设计制造及其自动化和车辆工程两个专业 2014 级的 10 名学生到北京科技大学交流学习。继续执行“双培计划”，选送了机械电子工程和车辆工程两个专业 2016 级 28 名学生到北京理工大学交流学习；继续执行“外培计划”，从机械设计制造及其自动化和机械电子工程两个专业选拔了 12 名学生参加了外培计划。承担校级以上教改项目 7 项（其中 1 项为重点资助），校级课程建设项目 9 项，高水平人才交叉培养“实培计划”项目 5 项。

积极开展大学生科技创新和竞赛活动，承担市级以上大学生科技创新项目 40 项，其中国家级 11 项；开设开放性实验 16 项；组织参加 RoboCup 机器人世界杯、全国航空航天模型锦标赛等，获世界亚军 1 项，全国一等奖 2 项，二等奖 2 项，三等奖 2 项。

3月25日，根据校教发〔2015〕35号文件，经学院推荐，学校教学工作委员会评审，学院获教学改革立项项目9项。

3月25日，根据校教发〔2016〕36号文件，经校外专家评审、教学工作委员会审议、主管校长批准，学院获课程建设——教学方式方法改革立项项目9项。

6月13日，根据校教发〔2016〕43号文件，经学生申报，学院评审，学校审核，学院获大学生科技创新计划项目立项40项，其中国家级11项，北京市级29项。

7月，在德国举办的国际RoboCup比赛中，学院机器人“Water”足球队荣获“中型组”亚军、“中型组技术挑战赛”冠军。

11月，学院机器人“Water”足球队参加了由学校举办的华北五省区机器人大赛，获得中型组冠军。

10月11—15日，在襄阳举办的昆仑润滑油杯中国大学生方程式汽车大赛中，学院参赛团队在79支车队中脱颖而出，获得了三等奖。

（樊晓雪）

【**科研工作**】2016年，科研到款额579万元，新增国家自然科学基金2项，北京市科委科技计划项目1项，北京市教委科技计划重点项目1项，面上项目5项。完成北京市教委科技计划项目2项，北京市自然科学基金1项，北京市优秀人才培养资助项目1项，并顺利通过验收。

发表学术论文123篇，其中核心期刊37篇，SCI检索4篇，EI检索3篇，论文数量和质量均有提高，核心期刊论文占比有所增加。获授权发明专利11项、实用新型专利2项，软件著作权1项。

新增项目：国家自然科学基金2项：1.基于车路耦合的复合工况轮胎三维全局磨损研究；2.湿式摩擦副流—热—固—摩擦多物理场耦合分析与数值建模方法研究。北京市科委科技计划项目1项：用于偏心轴加工的专用随动式磨床研制。北京市教委科技计划重点项目1项：微小磨粒在线检测信号测量与识别方法研究。北京市自然科学基金项目1项：压电智能周期结构板的减振降噪特性研究。北京市教委科技计划项目5项：1.基于知识驱动的企业研发协同与成本控制方法研究；2.湿式离合器摩擦界面热弹性失稳状态传播机理研究；3.智能优化支持向量机预测方法研究；4.基于解耦的四轮驱动电动车分段多模态转矩协调控制研究；5.基于混合动力的有机蔬菜田除草机器人关键技术研究。

完成项目：教委科技计划项目2项：1.智能下肢康复训练机器人关键技术研究；2.基于交互行为分析的产品可用性研究。北京市自然科学基金项目1项：回转类复杂型线零件高效精密磨削过程力－位耦合控制研究；北京市优秀人才培养资助项目1项：高维非自治非线性系统的多脉冲混沌动力学研究。

（安　媛）

【**学生工作**】2016年，机电工程学院坚持以学生为本，服务育人、管理育人为宗旨，以学风建设、队伍建设、机制建设为抓手，丰富校园文化生活，促进学生全面发展，健康成才，一年来获得了北京市示范班集体、北京市红色1+1三等奖、北京市暑期社会实践优秀团队、团中央暑期社会实践千人千校第八名，校运动会男子团体第一名、青春踏歌行比赛一等奖、实践话成长一等奖等一系列奖项。

3月3日中午，机电学院新发展党员入党宣誓活动在一教E13举行，院党委书记张怀存，院党委常务副书记王吉芳，院学工办王晗参加了此次活动，活动由学工办孙巍伟主持。

3月9日下午，北京信息科技大学与深圳市创翼睿翔天空科技有限公司战略合作签约仪式在小营校区报告厅内隆重举行。

3月18日18:30在报告厅举行了本次校辩论赛的揭幕战，由正方计算机学院对阵反方机电学院，最终评委老师判定反方三辩获得最佳辩手，正方赢得了本场比赛。

4月5日晚，北京信息科技大学的大学生活动中心迎来了机电学院十佳歌手大赛的总决赛。

4月13日15:30，机电工程学院2016届毕业生就业工作推进会在实验楼404会议室召开。

4月15日下午，机电工程学院学生工作办公室携手工业设计系走访了北京工艺美术高级技工学校（以下简称“工美学校”）。

4月25日晚，机电工程学院学赴北京理工大学良乡校区开展了“双培”学生校际交流会。

4月27日下午1:30，为了是同学们更好的准备考研，12级的学长学姐们在一教E43给大家带来了他们的考研经验。

5月3日晚，机电学院研究生会在小营校区气膜馆举行了第二届“羽动奇迹，羽爱同行”的羽毛球比赛。

5月12日晚，“在团旗下共奋进 共成长”为主题的团日活动公开赛答辩在小营校区教四楼举行。

5月24日，在小营报告厅举行了青年演说家决赛，本次比赛由机电工程学院、信息管理学院和公管与传媒学院三个学院的学生会联手打造。

6月6日在大活举办了阔别两年的红五月合唱比赛，机电学院参赛队伍凭借精彩的演唱得到了97分的最高分，获得了本次红五月歌唱比赛的一等奖。

6月13日18:30分，由机电学院举办的“一站到底”知识竞赛决赛，在小营校区报告厅成功举行。

6月25日19时，机电工程学院“恰时遇见 · 恰好是你”——大型毕业季晚会在小营校区大学生艺术教育活动中心上演。

9月29日，机电工程学院领导班子一行对机科发展科技股份有限公司进行了走访。机科发展科技股份有限公司。

10月12日下午机电学院先进班集体答辩活动在二教401举行。

10月20日，与学院多年共建的北京市工艺美术高级技工学校的党总支书记翁立华一行到学院进行交流访问。

10月23日，2016级新生学生骨干素质拓展在北京市昌平区瑶台山庄温泉酒店举行。

10月26日晚的大学生活动中心灯光璀璨，歌声飞扬，机电工程学院与外国语学院联合举办的2016级“从‘新’开始 歌唱青春”新生合唱节正在举行。

10月29日，机电工程学院学工办组织2017届毕业生一行参观创业校友产业基地——广东泰一高新技术发展有限公司，并就大学生创新创业及成功案例进行了经验分享与交流。

10月24日至27日晚，机电工程学院针对毕业生的需求，精心安排了三场大型讲座，主讲人为校外企业CEO、国企人力资源专家及民企人力资源总监，覆盖了学院毕业班的所有专业及毕业生。

11月2日13点30分，北京信息科技大学机电工程学院学生组织换届新闻发布会在小营报告厅隆重召开。

11月4日，机电工程学院党委书记王吉芳带领机电学工办老师赴桂林电子科技大学交流。

11月22日中午，机电学院篮球赛在小营校区篮球场完美谢幕。

12月5日18:30 2016级新生职业生涯规划辩论赛决赛在小营报告厅正式举行。

12月27日，机电工程学院“互联网+新年线上晚会”在机电人公众号上正式展开，通过视频推送节目和线上互动的方式为同学们带来了一场别开生面的盛宴，大家的参与响应度也十分的高涨。至结束，平均访问阅读量达到2000+。

（王　晗）

【党建工作】机电学院党委下属党支部21个，其中教工党支部10个，本科学生党支部5个，研究生党支部6个。学院党员309人，其中教职工党员69人，本科生学生党员127人，研究生学生党员113人。

按计划全年发展了预备党员93人，其中教师预备党员1人，本科学生预备党员64人，研究生预备党员28；转正预备党员90人，其中本科预备党员64人，转正研究生预备党员26人。

2016年，陈勇被评为北京市师德榜样；王雪雁获西三旗街道十佳共产党员；学院获学校“纪念红军长征胜利82周年”优秀组织奖；王吉芳《历史我们不能忘却 强化共产党员的责任》荣获“两学一做”专题微党课三等奖；张怀存《知史惜今 学习党章 两学一做》荣获“两学一做”专题微视频三等奖；工业工设专业学生党支部获北京市红色“1+1”三等奖；研1502学生党支部北京市红色“1+1”优秀奖；学院机械工程系获学校“三育人”先进集体；刘泉、张婧梅、陈勇、姜可、黄小龙5人获学校“三育人”先进个人；学院获校工会“三八”妇女节时装秀一等奖。

扎实开展“两学一做”学习教育。按照校党委《关于在全体党员中开展“学党章党规、学系列讲话，做合格党员”学习教育实施方案》的文件精神，全面部署学院“两学一做”专题教育活动，制定了学院《深入开展“两学一做”学习教育工作安排》以及学院《开展“两学一做”学习教育实施方案》。

加强支部书记“两学一做”专题培训，督促党支部书记参加学校组织的各项培训和会议，提高他们的思想政治素质、理论修养和业务工作能力。

5月25日，院党委在圆明园举行了“两学一做”学习教育专题活动，以“历史——我们不能忘却，强国——共产党员的责任”为主题，张怀存、王吉芳两位书记为全体党员上党课。

加强“两学一做”理论学习。首先是党委中心组学，学院班子成员围绕学习内容进行学习与讨论；其次党支部为单位，组织全体党员开展学习，从而实现“两学一做”学习全覆盖。

爱岗敬业，服务师生。一年来，教育引导广大教师党员忠诚党的教育事业，树立崇高的职业理想和坚定的职业信念，做爱岗敬业的模范。组织开展了“敬业修德，献身党的教育事业，做合格党员”的专题讨论，学院党员陈勇老师被评为北京市师德榜样。

不忘初心，回报社会。教师党员和研究生党员坚持开展公益机器人下乡支教活动，为山区小朋友讲学。教师节，研 1502 支部走进育鹰学校；中秋节研 1501 支部走进房山张坊小学支教。

学习教育中，院学生党支部分别赴中国科技馆、八宝山、焦庄户地道战、平北抗日战争烈士纪念馆、圆明园等地开展“承诺践诺，做合格共产党员”党日活动，在承诺践诺活动中亮明身份，做合格共产党员。在学校党委提出“五个环境”建设这个发展问题后，学生支部分别从育人环境、办学环境、空间环境、情感环境、治理环境五个方面，开展了大讨论，对学校的发展提出了自己的想法与见解，并结合“两学一做”学习教育，讨论了大学生研究生党员在校园的先锋模范作用。

9 月 20 日工业工设学生党支部与工美高级技校第三党支部对接，工美高级技校第三党支部参观学校重点实验室及科技项目，座谈交流会，共促支部建设。

10 月 15 日机械专业第一、第二学生党支部与机械工业学院社区党支部开展“红色 1+1”活动，聆听专家讲座——学习习近平总书记重要讲话。

10 月 21 日机械专业第三学生党支部、车辆学生党支部与石马峪村党支部开展“知识融入群众，共建党旗辉煌”“红色 1+1”活动。

12 月 1—12 月 30 日开展党员助学小课堂 10 余场。

9 月 24 日一支部到中国科技馆开展“承诺践诺，做合格共产党员”党日活动。

9 月 22 日二支部到八宝山开展“承诺践诺，做合格共产党员”党日活动。

9 月 25 日三支部到焦庄户地道战开展“承诺践诺，做合格共产党员”党日活动。

9 月 25 日车辆支部到平北抗日战争烈士纪念馆开展“承诺践诺，做合格共产党员”党日活动。

9 月 21 日工业工设支部到圆明园开展“承诺践诺，做合格共产党员”党日活动。

6 月 22 日学生党支部“两学一做”研讨会，结合“两学一做”与“五个环境”，讨论大学校园中作为党员的模范先锋作用。

6 月 24 日组织学生党员骨干参加教育部全国大学生党员“两学一做”专题网络培训示范班，学院 13 名学生党员参加课程学习、交流研讨、思想汇报、在线考试，

2016 年 10 月 21 日上午，研 1601、1602、1501、1502 党支部党员及积极分子来到廉政教育基地恭王府，开展以“回顾历史，谨记教训，做合格党员”为主题的党日活动。

党风廉政，常抓不懈。深入贯彻落实《关于实行党风廉政建设责任制的规定》要求，进一步完善党风廉政建设责任体系，明确学院党委在党风廉政建设的主体责任，书记院长是学院党风廉政建设的第一责任人。书记、院长和联系领导签订了《党风廉政建设责任书》，领导班子其他成员根据工作分工，对职责范围内的党风廉政建设负主要领导责任。具体来说：主管科研的副院长负责学院科研人员落实财务报销的相关要求；主管教学的副院长负责教学专项、教改课题等管理；副书记主管学生活动经费和学生奖学金、助学金等方面的责任。班子成员按照“一岗双责”的要求，很好地履行了责任。

学院党委班子成员和全体教师认真学习校党委有关党风廉政建设及反腐败工作方面的有关文件，观看警示教育片，学习《中国共产党廉洁自律准则》和《中国共产党纪律处分条例》。采用闭卷考试《中国共产党廉洁自律准则》和《中国共产党纪律处分条例》检查和巩固核心内容。全体党员通过参加竞赛，进一步巩固了“两学一做”学习教育的成果，提升了理论修养，增强了党性修为。

8 月 31 日，召开全体教职员工大会，严明纪律要求，重抓中央“八项规定”，提醒党员干部廉洁自律，确保节日期间风清气正，令行禁止。

积极推进院务公开、党务公开，制度公开：《机电工程学院党政联席会议制度》《机电工程学院“三重一大”制度的实施办法》等规章制度在网上公开；学院年度党政工作计划、学院党政年度工作总结，学院发展规划等在学校网站学院党务公开栏中长期公开；学院行政经费年度预算和年度预算执行状况，以及学院年度课时酬金、管理酬金的二次分配情况在学院教职工大会上通报，保证了教职工的知情权、监督权；学生党员发展，依据校党委组织部的程序，计划、每批发展人员向各支部公布，发展前进行公示；学院各种评优，严格按照学校的文件，通过自下而上的推荐程序，最后通过学院党政联席会议或党总支委员会集体评定，上报学校前通知到学院基层单位。

抓好安全稳定工作。认真落实安全工作“党政同责、一岗双责、失职追责”责任制，严格执行学院安全工作检查制度，进一步完善各项规章制度，认真做好重

点部位和敏感时期的安全稳定工作。

召开有关安全方面主题班会和整改动员大会等各类会议及时传达学校安全工作精神，开展安全教育。明确了学院所辖范围内所有办公、教学、实验室、机房的消防安全责任人。

重视党员培训及发展工作。加强对2016级新生的思想政治教育，学生党支部在新生班级中逐一开展入党启蒙教育，宣传党的历史和成就，启发有进步要求的学生靠近党组织，了解入党发展程序，指导撰写《入党申请书》。在此基础上，院党委于10—11月开设院级党课学习班，对新生积极分子进行党的基本知识教育，提高新生积极分子的思想觉悟。212名学生提交入党申请书并参加院级党课学习，178名学生完成全部学业要求，顺利结业。

学习贯彻《中国共产党发展党员工作细则》，严格党员发展程序，确保党员发展质量。严格执行发展党员公示制度和无记名投票制度。充分征求党员群众的意见，公开评议，通过制度的实施，增加了发展党员工作的透明度。

抓学习，重思想，加强基层党建工作。深入学习贯彻党的十八届六中全会精神并且制定了学院《贯彻十八届六中全会精神安排》，抓好“两学一做”重大主题活动，开展形式多样、内容丰富的专题学习教育活动。在教师党员中开展学习党章党规、系列讲话及六中全会精神，大力加强师教思想及师德师风建设，引导广大教师爱岗敬业，忠诚党的教育事业。

始终严格执行党组织生活制度，完善“三会一课”制度。坚持党员标准教育，在全体党员中开展党史知识竞赛、做合格党员的工作。在大学生中开展党课、团课培训，教育引导大学生以社会主义核心价值观作为个人的价值追求、精神支柱和道德规范。

大力开展诚信教育、感恩教育、公民道德教育、心理健康教育、职业素质教育，提升大学生文明行为和综合素质。进一步加大正面引导和教育力度，充分发挥党组织的思想引领作用。

认真做好党组织关系排查工作，书记直接抓，早动手、早联系，按照学校党委要求，学院于2016年3月起，开展了党员组织关系集中排查工作，通过排查，学院党委共与1000余名学校毕业生党员取得联系，学院将结合排查工作，认真研判党员队伍现状，深入分析党员日常管理中存在的问题，制定落实改进工作的办法措施，并选取典型案例，总结经验，为今后扎实有效开展工作提供参考。

认真做好党费收缴和清查工作，严格按照中组部规定的收缴基数及比例收取，各党支部按时按规定足额自觉交纳党费，做到党费缴纳有收据、有记录，杜绝出现党费欠缴、漏缴等现象。

坚持抓党建促学风，加强制度和方法创新，加强学生党支部建设，提高学生党员的素养和群众满意度，充分发挥党员先锋模范带头作用。继续开设党员助学小课堂，全年学院共开设小课堂15节，重点针对低年级和毕业班学生。开展学生党员“助学零距离”活动，完善党员助学小课堂活动形式，划分学生党员责任区，为学生党员模范作用发挥搭建平台。充分发挥研究生会和研究生党支部的自我管理作用，促进学院研究生、本科的互动，形成机电工程学院硕本“1+1”研究生导学制。

拓展活动渠道，创新党建形式。学院各基层支部积极运用新型媒体，拓展活动渠道，创新党建活动形式，党建取得显著成绩。学生支部建设活动主要是“微课+微信”联动方式和党员讨论活动。“微课”即时常15分钟左右的小组理论学习发言；“微信”即支部建立的微信公众号平台。实践证明，“微课”和“微信”联动方式对于基层支部活动的开展和自身建设有重要意义。

惠师生，坚持民心工程。院党委通过加强对院工会、院团委的工作领导和指导，围绕职工权益、学生成长做了大量工作。组织职工参加了时装表演、棋牌乐、“七一”合唱、健步走、素质拓展、包饺子等活动。时装秀和“七一”合唱均荣获学校一等奖。

院党委强化学院团学组织建设。指导院团委组织了团课培训、暑期社会实践、从而使得广大学生得到党史知识、专业理论、生涯规划、社会实践等方面的学习和锻炼。

（王吉芳　周荔薇　赵　洁）

【对外交流】国际学术交流工作继续得到重视和加强。选送2名学生到日本福井大学进行“3+1”模式交流学习；选送3名学生到美国奥克兰大学进行交流学习，其中2人1年外培模式，1人“1+2+1”外培模式；选送5名学生到德国耶拿大学进行“3+2”交流学习模式。接受4名美国奥克兰大学学生来学院进行为期1月的交流学习。

（贾萌萌）

【机电1401班荣获北京市示范班集体称号】2016年12月27日，在前期先进班集体创建基础上，通过班级创建、学院督导、自我总结、学校评比评优后，机电

1401 班在北京市众多高校班级中脱颖而出获得北京市示范班集体称号，在此之前该班级曾获“凝聚青春信仰 坚定中国梦想”团日答辩第一名，学院合唱比赛第二名，新生合唱节最佳创意奖，职业生涯规划辩论赛一等奖；10 人次在学科和文体竞赛中获奖，22 人次获奖学金，15 人次获得三好学生、优秀学生干部等荣誉称号。

（王　晗）

【机械设计制造及其自动化专业工程教育认证】2016 年 10 月 23—26 日，中国工程教育专业认证协会现场考查专家组进驻学校，对机械设计制造及其自动化专业进行工程教育认证现场考查。在为期四天的考查中，专家组与学校领导、院领导、相关职能部门和基础教学单位负责人进行了座谈，考查了实验室及其他教学设施，查阅了教学管理资料、教学文档资料，对任课教师、管理人员、在校学生、毕业生、用人单位代表等进行了访谈。专家考察组就现场调查结果及其他资料对机械设计制造及其自动化专业形成了考察报告，对学校专业建设与人才培养成效给予了肯定。

【获得青年教师教学基本功比赛一等奖】2016 年 12 月 24 日，在学校第九届青年教师教学基本功比赛暨第三届教学新星评选中，王茂老师获得理工组一等奖，并被选拔代表学校参加北京高校第十届青年教师教学基本功比赛。学院非常重视对青年教师教学基本功的训练，不仅出台了《评选“教学标兵”实施办法》《教学成果奖励暂行办法》等办法，从制度上为青年教师的发展保驾护航，同时还举办了以“漫谈青年教师成长”为主题的机电工程学院教师论坛，由经验丰富的老教师对青年教师进行传帮带。本年度机电工程学院还有 1 名教师评为校级优秀主讲教师，2 名教师获学校第六届教学名师奖。

（樊晓雪）

（机电工程学院）

仪器科学与光电工程学院

【概况】仪器科学与光电工程学院设有测控技术与仪器、光电信息科学与工程两个本科专业，均为北京市品牌建设专业，其中测控技术与仪器专业是北京市特色专业建设点和北京市应用型人才培养试点专业，2014 年通过中国工程教育专业认证，是学校首个通过认证的专业。具有仪器科学与技术（一级学科，含测试计量技术及仪器、精密仪器及机械、生物传感与医学仪器（自主设置）三个二级学科）、光学工程（一级学科）学科的硕士学位授予权以及仪器仪表工程领域的专业硕士学位授予权，同时与重点高校联合培养博士生。“仪器科学与技术”是本校的特色优势学科和引领学科，二级学科“精密仪器及机械”是北京市重点学科，“测试计量技术及仪器”是北京市重点建设学科。学院拥有“光电信息与仪器”北京市工程研究中心、“光电测试技术”北京市重点实验室、“生物医学检测技术及仪器”北京实验室（与清华大学等共建）、“先进光电子器件与系统”北京市国际科技合作基地（与剑桥大学、清华大学共建）等高水平的科学研究基地。拥有“仪器与光电工程”北京市实验教学中心等本科教学实践基地，教学科研仪器设备总值 8000 余万元。近年来获得国家科技进步奖、北京市科学技术奖和北京市教学成果奖多项。学院广泛开展国际交流与合作，与美国奥克兰大学以“2+2”和“1+1.5”方式联合培养本科生和硕士研究生，同时还与英国、日本、俄罗斯等国家的高校建立了合作关系。2016 年，学院教职工 65 人，其中专任教师 50 人，教授 11 人，副教授 15 人；兼职博士生导师 5 人，硕士生导师 30 人；学院兼职教授 17 人，其中双聘院士 3 人，海外高层次人才 3 人。学院毕业生 176 人，其中研究生 52 人，本科生 134 人；招生 188 人，其中研究生 63 人，本科生 125 人；在校生 765 人，其中学术型学位硕士 79 人，专业型学位硕士 96 人，本科生 590 人；与北京邮电大学联合培养博士生 2 人，与合肥工业大学联合培养博士生 4 人，与天津大学联合培养博士生 1 人。学院在 2016 年度学校二级单位考核中获得“勤信杯”。

【学科建设与研究生教育】进一步落实学科建设的龙头地位，强调学科建设在教师队伍建设、人才培养、科学研究等工作中的引领作用。以参加“第四轮学科评估”和“先进光电子器件与系统”北京市国际科技合作基地获批为契机，全面推进学院学科建设的各项工作。积极组织开展学术交流，努力提高本校仪器科学与技术引领学科在国内的知名度与影响力。

学科队伍建设。学院聘请姜会林院士为兼职教授；聘请的新加坡南洋理工大学 AnandAsundi 教授入选北京市海外高层次人才计划（海聚工程）；仪器科学与技术学科带头人祝连庆教授当选“全国优秀科技工作者”。以祝连庆教授为团队带头人的“光电信息与仪器”教育部创新团队验收为优秀，获得滚动支持。引进应届博士 2 人，博士后 6 人，有力提升了学院师资队伍的整体水平。

研究生招生。共招收全日制硕士研究生 63 人；顺利完成 2016 级仪器科学与技术、光学工程以及仪器仪表工程专业硕士研究生入学考试专业课成绩评定；完成 2017 级研究生招生简章修订工作；组成 3 个专业课命题小组，完成 2017 级研究生入学考试命题工作。

研究生培养。完成了 2016 版研究生培养方案的修订工作。其中，“仪器仪表工程”专业硕士培养方案在实践环节设置方面根据工程硕士培养特点进行了较大调整。修订并完善了《仪器科学与光电工程学院研究生国家奖学金评选条例与细则（2016）》《仪器科学与光电工程学院研究生学业奖学金评选条例与细则（2016）》；制定了《仪器科学与光电工程学院硕士生导师招生条件与名额分配实施办法》；完成 2016 届（2013 级）硕士研究生论文答辩工作，学院共有 50 名研究生获得工学硕士学位或工程硕士学位，其中 27 名研究生在论文评审过程中参加了盲评；学院承担学校相关校内平台建设项目 5 项、申请研究生科技创新项目 3 项。

（董明利）

【教学工作】坚持教学工作的中心地位，深化教学改革，强化教学管理，加强教学基础建设，制定新版培养方案，优化课程体系，强化实践性教学环节，努力形成学院专业和人才培养特色。

北京市高水平人才交叉培养计划。2016 级共 38 人参加“双培计划”，其中北京理工大学 18 人，北京科技大学 15 人，清华大学 5 人，6 人入选“外培”计划。学院 13、14 级 6 人入选在校生“外培计划”，赴美国奥克兰大学进行为期 1 年的学习。2012 级毕业设计有 10 人参与“实培计划”，到中国科学院、中国计量科学研究院等 6 所科研院所进行毕业设计，最终成绩均为优秀。

本科生国际联合培养。2016 年，派出第六批 3 名参加“2+2”联合培养的本科生赴美国奥克兰大学学习，2015 年参加与美国奥克兰大学“3+1”联合培养项目的 9 人顺利毕业并都出国继续读研深造。

专业建设。学院全面基于工程教育专业认证的标准和理念，完成两个专业 2016 版培养方案修订和新版课程大纲制定。测控技术与仪器专业 2014 年通过工程教育专业认证后，第二轮申报并获批参加 2017 年全国工程教育专业认证。

学生创新创业。2016 年学院共获批 50 项“大学生科技创新计划项目”（其中国家级 8 项、市级 24 项、校级 19 项），同时完成了 2017 年度国家级和市级大创项目（9 项国家级，24 项市级，共 33 项）的筛选和评审工作。积极教育培养学生创业意识和能力，初现成效，光信 1201 班张傲同学毕业后选择创业，成立了北京东方格致教育咨询有限公司。

教学改革和建设。进行毕业设计改革，分组交叉评审，强化实物验收，最终46项实物毕设中 19 项优秀。开始对所有必修环节（课程和实践）进行了达成度评价，2门课程进行教考分离。课程建设立项数为历年来最多，达到 10 项，其中校级重点 1 项，一般 6 项，院级 3 项；教改项目 4 项，其中 2 项校级重点，2 项一般；完成 6 项开放性实验项目，2 项课程教学方式方法改革项目顺利通过学校结题验收，发表教改论文 13 篇。为学校机器人特长班开设 3 门课程。

（娄小平）

【科研工作】在学院全体教师共同努力下，学院科研工作再创佳绩。在科研到款额持续增高、科研项目水平稳步提升、科研基地建设不断加强的同时，科研成果数量、质量两方面都有明显的增长。

科研项目及经费。2016 年，学院科研到款额 3802.011 万元，占学校年度科研经费的 38%，其中纵向科研经费 3391.001 万元，军工项目 208 万元。首次获得合同额 2547 万元的中央支持地方科研基金项目；首次获得合同额 500 万元的国家重点研发计划——重大科学仪器设备开发专项课题；获批国家自然科学基金项目共 7 项，其中面上项目 4 项，青年基金 3 项；学院所承担的国家“863”项目顺利通过中期检查验收。

论文及发明专利。2016 年学院共发表学术论文 108篇，其中SCI检索论文21篇、EI检索期刊论文20篇、ISTP 收录论文 6 篇，中文核心期刊论文 58 篇。论文的数量及水平均较 2015 年有明显提高。获授权发明专利 22 项；申请国家发明专利 100 余项，美国发明专利 6 项。

科研基地建设。2016 年 11 月，与清华大学、英国剑桥大学联合成立的“先进光电子器件与系统”北京国际科技合作基地通过北京市科委评审。2016 年 12 月，“光电测试技术及仪器”实验室通过北京市评审被列入教育部重点实验室建设指南。

（吕　勇）

【学生工作】学生获得的各类荣誉。依托学生党团组织开展了主题团日活动、党员先锋工程、“两学一做”主题学习教育活动、红军长征胜利80周年主题教育活动。获评北京市先锋杯团支部2个，党员学习标兵6名，百名时代先锋5名，学生党员“读书读经典”征文二等奖1项，三等奖1项，校团日活动公开赛三等奖、新生校情校规知识竞赛三等奖、红色1+1活动获北京市优秀奖，1个宿舍被评委北京高校优秀宿舍。暑期社会实践校级评选荣获3项一等奖，4项二等奖，2项三等奖，1个优秀社会实践团队。获得校三球联赛足球季军，主持人大赛第三名。校运会团体总分第四，男团第四，女团第五名的历史最好成绩。学科竞赛取得了国家级奖项52人次，市级5人次，校级25人次：包括2016RoboCup机器人世界杯中国赛技术挑战赛亚军，三等奖，最佳机器人奖；第五届全国大学生光电设计竞赛二等奖，全国航空航天模型锦标赛空战团体冠军；北京市大学生创业设计大赛团队一等奖，第十届“创新杯”大学生创业设计竞赛获三等奖，校“新星杯”蝉联冠军。

校园文化活动。举办“为凝而战”团支书风采展示活动、第一届“舞耀星夜化装舞会”、学院“三球联赛”（足球、篮球、排球）、“心仪星光”新年文艺晚会、院庆三十周年校友论坛、校友话成长活动等。

社会实践和志愿服务活动。社会实践参与人数超过95%。其中，暑期社会实践校级评选荣获3项一等奖，4项二等奖，2项三等奖，1个优秀社会实践团队。

学生管理工作。开展“我要学习”系列学业辅导活动：包含英语晨读之星评选、考研辅导讲座、新生晚自习制度、党员助学小课堂、“优学习”宿舍评选、优良学风班创建评选、教师学业导师制等。学生学业评价指标上升。学院总体学风不断改善，在学校最近的本科教育学情报告中，学生给出的评价正向指标呈逐年上升趋势，在学校排位第二。公平公正公开做好学生资助服务和奖学金评定工作。做好征兵动员和推荐工作，征兵人数8人，全校第一。

新媒体网络思想政治教育。运营十佳新媒体平台“光电之家”公众号，关注量972人、访问量70831人次、推送发帖352篇，分享转发1667次。在学院网站发布新闻53篇。

新生教育。开展新生引航工程；开办新生党课培训班；开展新生团队建设：组织素质拓展“破冰”活动，增强凝聚力；举办青年分享——“大学该如何过”“互联网那些事”“换种思路想问题”等；开展行为习惯养成教育活动：组织新生上晚自习，举办“金秋十月、与书为伴”读书分享活动，培养新生阅读习惯活动；开展心理健康教育活动，开展心理团体辅导。

学生就业工作。2016届就业率和就业质量有明显提升，本科宽口径就业率100%，核心就业率达到84.33%，全校第三，考研出国率17.16%。研究生宽口径就业率98.04%，核心就业率82.35%。研究生李威钢赴西藏就业事迹被《北京考试报》报道。

学生干部培训与班级建设。对学生骨干开展了工作方法、礼仪知识、视频制作、新闻写作技巧、就业创业知识和团队素质拓展等多方位的培训。开展了“光电学院学风建设月”“优良学风班”创建、“光电学院‘优学习’‘真温馨’‘爱卫生’优秀宿舍评比”、“新学期新气象”主题班会、“诚信考试教育”主题班会、“遵守章法、关爱生命”主题班会、“养德育人、社会主义核心价值观”主题班会等。

（邱明晓）

【对外交流】学院积极组织开展学术交流，努力提高仪器科学与技术引领学科在国内的知名度与影响力。5月9日至11日，与中国光学工程学会、中国宇航学会光电技术专业委员会等共同承办“2016国际光电技术与应用系列创新研讨会”；5月27日至19日，承办2016全国仪器科学与生物医学工程博士生学术论坛；11月3日至5日，与精密测试技术及仪器国家重点实验室（天津大学、清华大学）、合肥工业大学共同承办中国工程院“智能制造中测量科学与仪器的创新发展”高层论坛；11月4日，承办“2016年北京学者计划信息与电子专家委员会工作会议”。

（陈　伟）

【党建工作】学院党委坚持以科学发展观为统领，贯彻落实党的教育方针和校党委的决策部署，以学校党委2016年工作要点为指南，全面推动“两学一做”学习教育常态化、制度化，服务师生发展，努力营造开放、包容、积极向上的工作氛围，为实现学院的超常规、跨越式发展提供有力保障。学院党委下属党支部13个，其中教工党支部3个，学生党支部10个。共有党员177人，其中教职工党员43人，学生党员134人。2016年共发展党员50人，其中学生党员49人，教工党员1人，学生预备党员转正49人。2016年，学院有3名教师被评为学校“三育人”先进个人。

以“两学一做”学习教育为契机，不断加强班子建设。学院党委始终坚持把方向、管大事的原则，充分落实“两学一做”学习教育要求，积极听取群众意见，开展批评和自我批评，切实提升管理水平，提高领导班子的治院能力。学院党委坚持集体决策原则，充分发挥党政联席会作用，每周召开一次学院党政联席会议，凡涉及学院发展、建设、改革和教职工利益的重大问题，均由党政联席会议做出决定并存留记录。

加强思想政治和组织领导建设，发挥政治核心作用。进一步完善学院党委理论中心组和党员学习制度，以学期为单位，结合校院各类重点工作和“两学一做”学习教育要求制定学习计划。学院理论中心组共组织集体学习及参观 14 次，干部教育网平均学时数超过 50 学时，党员在线学时数平均超过 12 学时。学院党委将师德建设作为教师思想政治工作的重要载体，以开展“党建工作促师德建设”活动为切入点，以多种形式将思想政治教育融入师资队伍建设、教学科研的实际工作中，取得明显成效，本年度，学院多名教师获学校“三育人先进个人”荣誉称号，以及教学基本功大赛等奖励。

夯实基础，发挥基层党支部的战斗堡垒作用。学院党委按照学校整体部署要求深入开展“两学一做”学习教育，进一步强化党员理论知识学习，各支部制定学习计划，提交学院党委备案并严格落实执行，学院 13 个基层支部做到“两学一做”学习教育无盲区、无死角。结合教师党支部工作法的逐步推行，通过建设学习型党支部，落实学院系核心组会议制度及议事规则。学院党委积极履行学生党建主体责任，全面提升学生支部组织力和凝聚力。

完成学校年度重点工作和落实基层党建重点任务情况。顺利完成学院党委换届工作，完成支部换届及换届情况检查工作；完成党员组织关系集中排查专项工作；稳妥开展党费收缴专项，按时圆满完成 41 名教工党员的党费缴纳工作；完成区人大代表换届选举工作；完成新党员信息库维护及年度党内统计信息上报工作；开展党支部工作自查及建立台账工作，各支部提炼总结特色和经验，形成支部年度工作总结。

加强制度建设和作风建设。党委建立并完善了一系列的规章制度体系，正式建立并发文制度 8 项，完善了涉及党建和党组织作用发挥的制度近 20 项，对于教师岗位设置、职务聘任、年终编制分配等涉及广大教师切身利益的工作，召开座谈会反复征求意见，得到了广大教师的认可。

党风廉政建设工作。学院党委高度重视党风廉政建设的领导及组织落实，加强廉政文化建设，认真落实党风廉政建设目标责任要求，与系级二级机构负责人签订了年度廉政责任书，认真开展年度党风廉政建设责任制考核自查，重视专项巡视反馈意见的学习和运用。健全民主监督机制，拓宽监督渠道，广泛征求师生意见和建议；班子成员切实履行“一岗双责”，重点抓涉及人、财、物等廉政风险重点部位和涉及寒暑假、“两节”等廉政风险多发时段的防控管理；积极开展党务院务公开工作，自觉接受全院教职员工的监督。2016 年，学院教职工中未发现任何违纪违法现象，也未出现违反党风廉政建设方面的情况。

工会教代会工作。学院分工会认真完成校工会布置的各项工作，推动学院各项工作和谐发展。认真完成教代会的各项工作，按照学校的工作部署，成立二级教代会，积极参与学校民主管理和民主监督，增强了教职工参与民主管理的意识。

平安校园建设与安全稳定工作。成立安全稳定领导小组，与各二级机构负责人、各实验室负责人、各位导师、各位辅导员签署了安全稳定责任书，与学院房屋负责人签订网格管理责任书，落实安全稳定责任人。及时制定各种安全工作预案。在师生员工中统一思想，提高安全稳定意识。建立学生安全信息员队伍，重视安全员培训。在重要、敏感阶段认真落实学校相关工作部署和各项预防工作措施，加强学生心理健康教育和心理辅导工作，从源头上预防和化解各类事故和矛盾问题。

（王　鹰）

【校友工作】借助学院三十周年院庆契机，邀请 200 余名校友返校，举办了校友话就业、校友话成长系列论坛活动，组织开展了校友问卷调查，校友企业社会实践，促进人才培养和就业。

（邱明晓）

【其他】“仪器与光电工程实验教学中心”获批北京市实验教学示范中心。“仪器与光电工程实验教学中心”正式获批为北京高等学校市级实验教学示范中心，这是学校第五个市级实验教学示范中心。将进一步提高学院的实践教学水平，中心将以全面提高学生创新精神和实践能力为宗旨，进一步加强实验教学信息化、智能化管理建设，多渠道提升中心仪器设备的先进性，突出多学科交叉融合的专业特色，持续推进实验教学综合改革与创新，不断提高实践育人水平，充分发挥中心的辐射示范作用。

光电信息与仪器教育部创新团队顺利通过验收。7 月 1 日下午，受教育部委托，北京市教委组织专家在健翔桥校区图书馆会议室召开光电信息与仪器教育部创新团队建设验收会。在尤政院士的主持下，团队带头人祝连庆教授从团队发展与平台建设、创新能力与社会贡献、科教结合与人才培养、团队文化与运行管理、团队发展规划等5个方面向专家组作了详细汇报，并接受了专家组的质询与答疑。专家组一致认为该团队建设效果显著，实现预期目标，是一支结构合理、创新能力强的优秀创新团队，成绩优秀，同意通过验收。专家组建议团队瞄准世界一流学科建设目标，加强与基础学科的交叉融合，依托单位和主管部门加大支持力度，教育部给予滚动支持。

学院科技成果参展第21届中国国际激光、光电子及光电显示产品展览会。第21届中国国际激光、光电子及光电显示产品展览会（ILOPE）于2016年10月17日至19日在北京中国国际展览中心举办。受展会主办方和北京光学学会的邀请，学院光电信息与仪器北京市工程中心参加ILOPE第一届北京光电周京津冀光电专业高等院校科技创新与成果转化展示会。ILOPE作为国务院唯一正式批准的光电行业专业展会，从1991年首创至今已有24年的历史。从最初的业内专业展会发展成为集技术与产品交流研讨、产业发展汇报、新技术新产品展览展示为一体的“北京光电周”。今年是ILOPE首次举办京津冀光电专业高等院校科技创新与成果转化展示会，以期加强京津冀三地光电专业科技创新交流与合作。

学院三十周年院庆活动。2016年10月30日，学院举办了主题为“感恩·前行”的仪器科学与光电工程学院三十周年院庆活动。学校校友会领导、学院历任领导和退休教师代表、学院特聘教授代表、学校有关职能部门领导以及学院各届校友代表及光电学院师生代表200余人欢聚一堂，共庆盛事。此次院庆，旨在总结过去、展望未来、凝心聚力、共谋发展，激励全院师生积极投身学院发展事业，为实现仪器科学与光电工程学院的跨越式发展不断奋进。

祝连庆教授当选“全国优秀科技工作者”。第七届“全国优秀科技工作者”评选结果揭晓，学院仪器科学与技术学科带头人祝连庆教授获得“全国优秀科技工作者”荣誉称号。“全国优秀科技工作者”称号为终身荣誉，每人限授一次，是中国科协经中央批准面向广大科技工作者设立的奖项，每两年评选一次。人员的遴选是经全国一级专业学会、省级科协等评选推荐，全国优秀科技工作者评审委员会评审而产生，旨在表彰长期在一线从事科学研究、开发、推广、普及，为我国科技事业发展做出卓著成绩和重要贡献的科技工作者，激励其立足本职、敬业奉献、开拓创新、奋发有为，积极投身创新型国家建设，是国家对科技人员的工作肯定。

（陈　伟）

自动化学院

【发展概况】自动化学院（School of Automation）于2007年10月在原北京机械工业学院计算机及自动化系的自动化教研室、电气工程教研室、电工电子教研室和原北京信息工程学院信息与通信工程系的自动化教研室、电工电子实验教学中心的基础上组建而成。学院设控制工程系、电气工程系、智能科学与技术系3个专业系，设有控制工程实验室、电气工程实验室、智能科学与技术实验室本科教学实验室3个教学实验室。学院现有自动化、电气工程及自动化、智能科学与技术3个本科专业，其中自动化专业是教育部国家级特色建设专业、国家“卓学工程师计划”第二批试点专业、教育部“本科教学工程”地方高校第一批本科专业综合改革试点专业、北京市特色专业、第一批招生的本科专业。自动化专业生产实习基地是北京市高等学校市级校外人才培养基地。学院现有控制科学与工程、电气工程2个一级学科，1个控制工程硕士专业学位授权领域；控制理论与控制工程、检测技术与自动化装置学科为北京市重点建设学科。

经过全院大讨论、学术委员会、学位委员会和教学工作委员会的认真研究和学院党政联席会的审议，确定了自动化学院学科、专业和科研的三个特色：运动体导航与控制、先进检测与非线性控制、新能源发电与微电网技术。学院的师资队伍和条件建设，都要按照三个特色的发展来整合，集中力量打造学院的优势。

截止2016年底，学院共有教职工54人，其中专任教师49人，教师中教授10人，副教授12人，高级实验师4人。具有博士学位33人，博士生导师1人，硕士生导师19人。

2016 年，学院毕业生 302 人，其中研究生 52 人、本科生 250 人；2016 招生研究生 65 人、本科生 310 人，截止 2016 年底，在校生 1318 人， 其中硕士研究生 172 人、本科生 1146 人。

自动化学院党委目前下属党支部 15 个，其中教工党支部 5 个，本科学生党支部 4 个，研究生学生党支部 6 个。学院党员 223 人，其中教职工党员 52 人，本科学生党员 94 人，研究生学生党员 77 人。

（王久和）

【党建工作】学院党委以邓小平理论、“三个代表”重要思想、科学发展观习近平总书记系列讲话精神为指导，认真组织学习贯彻十八大精神、推进“三严三实”专题教育整改，按照计划深入开展“两学一做”学习教育。进一步加强组织建设、思想建设和作风建设，为切实提升人才培养质量、学院完成向教学研究型转变奠定基础。

1. 思想建设

学院始终把加强思想建设作为一项重要任务，紧密结合学院实际，深入学习贯彻党的十八大精神，认真组织开展“三严三实”专题教育整改，按照计划积极推进“两学一做”学习教育。活动中采取集中学习、个人自学、主题交流、专题研讨、讲党课、开展主题党日活动等多种形式强化学习效果。

完善理论中心组学习制度和教职工理论学习制度，认真做好教师和学生的思想政治教育工作。通过组织班子成员学习讨论王传亮书记的五个环境建设的相关理论，大家结合自身工作实际积极研究并推进各项工作。通过学资料、听报告、看录像、观电影、参观、形势政策课、线上线下等多种方式，引导师生深刻领会实现中国梦的内在意义和“四个全面”的精神实质，牢固树立创新、协调、绿色、开放、共享的发展理念，充分认识习近平治国理政，特别是从严治党反腐倡廉系列讲话精神内涵，引导师生坚定政治信念。通过开展七一新党员发展宣誓和两学一做论坛，学院新发展和转正党员到焦庄户地道站参观学习、电气系师生党支部参观长征胜利纪念展、信控中心党支部圆明园爱国主义教育、学生党支部红色“1+1+1”支部共建活动等主题党日活动，加强党员意识和责任使命教育。两学一做学习教育中，学院所有师生党支部都按照学习计划，组织学习党章党规、学习习近平总书记的系列讲话、学习习近平总书记七一讲话、学习纪律处分条例和问责条例、学习十八大六中全会的公报和党内政治生活准则、党内监督条例。各支部认真开展党员的在线学习，绝大部分党员都主动完成了 12 学时的党员在线学习任务。思想建设工作加强了师生责任意识，调动了工作的积极性。

2. 组织建设

学院党委稳步推进学院党委公推直选工作，产生了新一届学院党委委员会。同时完成了学生党支部的换届工作。为了加强本科生党支部的管理，辅导员与各党支部建立了对接关系。所有的党支部都有稳定的处级干部联系人，在两学一做学习教育中，处级干部都在联系支部认真讲了党课。

在党支部层面，进一步抓好固基工程，以“学习型、服务型、创新型”三型党支部创建为载体，认真组织各支部学习十八届六中全会精神，认真规范支部组织生活、加强党员的教育和管理，强化党员和党支部的作用发挥。坚持做好“三会一课”、 开好民主生活会和民主评议会，落实“群众评议”和“党员自评”的“双评”制度， 引导党员加强自我管理；积极推进学院党委工作和党支部自评工作，实现以评促建。

不断加强对入党积极分子的培养和党员发展工作，学院通过新生入学教育开展入党启蒙教育，在本科生和研究生中上好院级党课，做好学生思想引领；按照“坚持标准、保证质量、改善结构、慎重发展”的指导方针，坚持成熟一个发展一个，严格预审制度及发展程序，把好党员入口关，学院新发展党员 55 人，新转正党员 68 人。

3. 作风建设

通过做好党的群众路线教育实践活动整改落实、推进“三严三实”专题教育整改和两学一做学习教育工作，切实扭转领导干部和党员的作风表现。坚决反对形式主义、官僚主义、享乐主义和奢靡之风，努力把各项工作落到实处；坚持从严从实，加强民主集中制，切实提高班子的决策水平和行政能力；落实处级干部联系党支部的工作制度，要求领导干部要注重调查研究解决实际问题，切实履行为人民服务的根本宗旨；认真做好党务公开和院务公开工作，保证师生员工的知情权、参与权、表达权和监督权；两学一做学习教育中，认真推进各环节的学习要求，明确党支部的建设规范和党员的行为规范，在教师支部抓“魅力工程”，在学生支部抓“成才成长工程”，在办公室支部抓“服务与管理工程”，切实发挥党支部的战斗堡垒作用和党员的先锋模范作用。作风建设进一步强化了学院党员的先锋模范作用，支部的战斗堡垒作用，以及学院党委的核心影响力。

4. 党风廉政建设

学院重视党风廉政建设工作，严格执行党风廉政建设的主体责任，按照“谁主管，谁负责；一级抓一级，层层抓落实”的要求，实行目标分解，认真履行“一岗双责”，在处级干部中进一步明确廉政防控风险体系，在每一个可能出问题的工作关键环节都进一步落实责任，明确要求。学院在教职工和学生中深入开展党风廉政教育和警示教育，经常通过微信群组织大家了解贪腐案例，防患于未然，组织党员学习中央新印发的《中国共产党廉洁自律准则》和《中国共产党纪律处分条例》的精神，切实加强预防和反腐败抗风险能力。组织党员干部学习巡视组对学校的巡视意见及整改措施，要求每个党员都要从自身做起，严格要求自己。控制系党支部组织所有教师到奥运公园的廉洁教育基地开展了廉政教育。2016 年，学院没有出现党风廉政建设责任问题，党风廉政建设主体责任有所加强。

5. 安全稳定工作

学院不断健全安全稳定组织领导体系、工作体系、教育管理服务体系、应急处理体系，确实发挥安全稳定体系作用。按照《推进平安校园建设 维护学校安全稳定》责任书和《自动化学院最小单元格安全管理责任书》，进一步强化安全责任，确保落实安全措施。通过召开教职工大会、微信群安全提示、新生入学教育、消防技能培训与演习、安全知识教育，提高大家的安全意识和防控能力。建立信息沟通渠道，及时掌握师生思想动态。在重大假日和放假前安排师生开展安全自检，组织学院行政班子进行细致检查并且督促安全整改等。在教师大会上，反复强调意识形态领域的责任与要求，要求老师们注重日常教学对于学生意识形态的影响，要求严格执行学校讲座及重大活动的审批流程、严格执行接受采访的规范程序。

6. 研究生思想政治工作

通过开展支部建设、党员培养与教育、朋辈学业交流、班团干部培训、学院初级党课教育、党支部主题党日活动、党员发展与教育、毕业生就业咨询、组织文体活动等形式做好研究生的思想教育和日常管理工作。

2016 年，在研究生教育与管理工作中，按照研究生学院（学工部）工作部署，积极开展奖助工作。在国家奖学金评选中，共有 4 名同学获得 2016 年研究生国家奖学金。在研究生学业奖学金的评选工作中，14 级有 6 名同学获得一等学业奖学金，14 名同学获得二等学业奖学金，31 名同学获得三等学业奖学金；15 级有 6 名同学获得一等学业奖学金，16 名同学获得二等学业奖学金，34 名同学获得三等学业奖学金；16 级有 66 名同学获得学业奖学金。完成 2016 年国家助学金审核、报送工作，16 级有 66 名同学获得国家助学金。

自动化学院 2016 届硕士毕业生共有 52 人，就业率 100%，签订三方协议 20 人，签订劳动合同 25 人，考博士 4 人，灵活就业的 3 人，各项就业数据均优于全校平均水平。

7. 学院分工会工作

结合中心工作，注重发挥教代会代表的参政议政、民主监督和维护权益的职能及其桥梁纽带作用。在涉及教职工切身利益的相关事件中，能够树立以教师为本的观念，切实维护老师们的利益。按照学校统一安排，学院二级教代会和工会委员会的换届选举工作顺利完成。

在学校工会组织的各项活动中，积极宣传发动并认真准备，组织教师代表在参加学校运动会、七一歌咏比赛、女教职工服装风采展示、奥林匹克公园健步走比赛、121 健步走等活动中都取得了较好的成绩，在学校展示了自动化学院的集体主义形象和凝聚力。

策划并推进 “聚力”工程——“聚力杯”师生联谊趣味运动会（六个项目），活动凝聚的是全院师生的协作精神、团结力量和集体智慧，是学院落实学校“五个环境”建设的具体举措，旨在通过师生间、教师间、学生间的真情互动，加强学院育人环境和情感环境建设，营造宽容善意、相互欣赏、团结协作的氛围。策划组织教职工西山森林公园集体登山活动，开展团队建设，促进于大家交流沟通、增进感情。

重视开展“暖心”工程，关心困难教职工群体和特殊群体，通过“爱心扶助金”、“教职员工困难补助”等形式帮助困难教职工申请相关补助，及时关心和慰问新婚、生孩子、退休、有重大疾病的教职工。策划开展暖心工程之健康知识系列讲座，教师节前，邀请朝阳医院的介入科大夫李莹给大家介绍动脉硬化的形成与防治。开启提醒服务，每逢天气巨变或者有重要事件，提醒师生提前应对等。

重视师德教育。组织 2016 学校三育人先进的评选与事迹宣传，电气工程系被评为校级三育人先进集体，范军芳、李慧、艾红、魏英老师被评为三育人先进个人，其中，范军芳还获得了北京市“师德先锋”荣誉称号。策划并组织开展的学院女职工“寻找美、追求美”活动，不仅丰富了教职工业余文化生活，而且对于树立正确的价值观具有一定意义。

重视教师技能交流培训，促进教师职业发展有序有力。2016 年 12 月 16 日，自动化学院分工会青年教师技能培训活动在学院 210 会议室顺利举行。二十位青年教师参加活动。活动以青年教师实际需求为出发点和落脚点，旨在通过模块化的培训帮助青年教师优化课堂教学，提高科研能力，拓展工作视野。

（曹晋红）

【科研工作】2016 年，学院获得国家自然科学基金面上项目和青年基金项目各 1 项，北京市自然科学基金项目 1 项，获得北京市教委科技面上项目 2 项。实际到款额 555.55 万元，其中：纵向 394.20 万，横向 161.25 万。结合学院科研和学科领域以及相关学术热点，积极开展学术交流，聘请多名学者做了“欧洲风电发展”等学术报告。学术交流活动对开拓教师和研究生的学术视野，了解学术前沿起到了积极作用。

学院获得国家发明专利授权 2 项，实用新型专利授权 1 项。发表学术论文 80 篇，其中 SCI 检索论文 1 篇，EI 检索论文 11 篇，核心期刊论文 10 篇，其中在控制领域估计权威期刊 IEEE Trans on Automatic control 发表学术论文 1 篇。

（张奇志）

【教学工作】2016 年，学院以本科教育教学改革大讨论工作为契机，强化本科教学中心地位，全面提升人才培养质量。

1. 专业建设工作：以专业认证的要求为标准完成了 2016 本科人才培养方案的修订工作。智能科学与技术专业与北京科技大学继续合作实施“机器人大脑”方向的双培计划，电气工程及其自动化专业继续与北京交通大学合作实施“轨道牵引电气化”方向的培养计划。自动化专业开辟了与北京理工大学“高精尖”双培计划，并与北京科技大学合作实施了本科生国内访学计划。电气工程及其自动化专业、智能科学与技术专业完成了学校的专业自评工作，自动化专业提交了工程教育认证申请并获教育部高等教育教学评估中心、中国工程教育专业认证协会的受理。此外，参与了学校“机器人工程”的调研申报工作。

2. 人才培养工作：重视考研与国际交流工作，毕业生的考取研究生继续深造的数量与质量均取得突破。22 名毕业生考取了国内研究生，33 名毕业生出国留学深造。2013 级智能专业本科生李宗贤保送进入北京大学攻读研究生。

组织学生参加全国及北京市的全国智能车竞赛、机器人竞赛、电子设计大赛、大学生物理竞赛、数学建模竞赛等大学生学科竞赛，在机器人竞赛领域取得突出成绩。获中国机器人大赛暨 Robcup 公开赛一等奖四项；获全国机器人锦标赛暨 FIRA 世界杯选拔赛一等奖 4 项、二等奖 3 项、三等奖 12 项；获华北五省（市、自治区）大学生机器人大赛一等奖 13 项、二等奖 6 项、三等奖 5 项；获全国大学生智能汽车竞赛华北赛区二等奖 1 项、三等奖 5 项。获“华为杯”中国大学生智能设计竞赛获得二等奖 1 项、华为专项奖 1 项。

3. 教学改革工作：结合 2016 人才培养方案修订，加强了课程组、课程群建设工作，组织相关教师参加教育部培训中心、美国德州仪器公司等组织的课程教学方式方法改革、“微课”“慕课”专题培训，提升青年教师教学能力。在教材建设方面，出版了《人工神经网络原理与实践》、《智能机器人原理与实践》与《控制系统基础习题及综合创新实训项目指导书》3 部教材。2016 年，获批校级教改重点支持项目 1 项、一般项目 8 项，校课程建设与教学方法改革重点项目 1 项、一般项目 5 项，校教材建设项目 1 项。截至 2016 年 11 月统计，学院教师发表教改论文 15 篇。

4. 创新创业工作：学院创新实践基地开展了 2016 年大学生暑期训练营工作、“专业引领系列讲座”、新生“R-Auto 杯”智能小车竞速比赛、北京市科普基地建设、永泰小学、清河中学共建等工作。学院大创项目立项 6 项国家级项目、27 项市级项目，开放性实验项目立项20项，实物型毕业设计立项42项，院级特色创新实践项目3项。结合工程认证标准，精选项目成果案例进课堂、进培养方案，形成了大一阶段学院统一开展的专业引领型创新实践，大二、大三阶段统一开展的专业实战型创新实践，与大三、大四阶段学生自主实践创新创业的创新创业课程模块，将创新能力、工程能力的训练覆盖到了每一个学生。在2015专业引领学科竞赛“R-AUTO杯”智能小车竞速比赛的基础上，将该项活动纳入各专业培养方案，成为创新创业训练模块课程。2016年11月特别邀请到中国发明协会常务理事、发明方法研究分会会长、国家级创新方法研究会理事、科技部创新方法专家，清华大学特聘课程教授赵敏老师进行创新方法的引导，启动了学院2016级新生创新创业训练第一课。在第二届中国“互联网+”大学生创新创业大赛中，大创项目“眼球信号控制智能轮椅”获北京赛区一等奖，并在全国决赛中斩获铜奖。在北京高科大学联盟、河北省教育厅和秦皇岛市人民政府联合主办的京津冀大学生创新创业活动中，获“机器人技术竞赛”亚军一项、季军两项。2016年11月24日，北京晚报“科教聚焦”版块以《大学生研发脑控居家机器人，像“阿凡达”那样操控轮椅和餐桌》为题整版报道了学院“脑电波轮椅和智能餐桌”创新实践项目。2012级学生何常鑫领导的“家庭服务机器人”创业团队，经专家评审，成功入驻学校大学生创业基地。

（陈雯柏）

【学生工作】立足于服务学校、学院工作大局，紧紧围绕校、院中心工作，坚持“以学生为本”和尊重各有所长、鼓励全面发展的工作理念，按照务实进取的工作原则，以思想引领和学业辅导为工作重点，努力提高学生的综合素质，促进学生健康成长、成才。

1. 思想政治教育工作

学院围绕“以学生为本”和尊重各有所长、鼓励全面发展的工作理念，务实推进学生的思想政治教育工作。将深度辅导和思想引领贯穿到对学生的日常管理与服务工作之中，开展了全覆盖式的社会主义核心价值观主题班会，召开了5次学生干部、学生代表座谈会，排查上报并持续关注严重心理问题学生4人，组织心理健康知识讲座2场，举办新生入学适应讲座2场。11、12月份开展了学生骨干团体心理辅导工作。另外，在学院党委副书记、辅导员、班主任、班长、心理委员、宿舍长之间搭建了立体化的心理问题识别及汇报机制，各班级每周定期汇报班级学生思想、心理动态，同时，加强了对心理问题同学的关注与心理疏导，做好了相应的心理健康教育工作，共开展了有关学生心理谈话、辅导30余次。

2. 学生党建工作

贯彻“两学一做”专题教育工作精神，积极开展党支部理论学习活动，最终在学校的党章党史知识竞赛中获得了三等奖第一名的好成绩。完善了宿舍和学业责任区，以助学小课堂和学生党员积极分子与各学生宿舍结对子的形式进行引领与帮扶。在学生党员发展工作中，学院多次组织开展学生党支部书记培训，支部工作培训，圆满完成了本科学生党员的发展任务。学院2016级新生入党启蒙教育全覆盖。组织各党支部积极开展承诺践诺主题党日活动。6月，举办了“两学一做”学生党员学习教育论坛，进行了经验交流。同时学院不断完善学生党支部工作机制，安排了学生工作系统老师作为各学生党支部的指导老师，进一步明确了各支部支委、指导老师及各学生党员的工作职责。2016年，学院新发展党员55人，新转正党员68人。

3. 学风建设工作

为2016级新生班级安排了高年级学生党员作为班主任助理，制定了成长成才印迹，人手一册，每学期期初制定目标，下学期期初验核。在每学期初都会分年级召开学生学业状况指导讲座，在分析年级学生上一学期学业状况的基础上，邀请知名专家、优秀学长对学生进行交流分享，引领他们做好职业和学业规划。学院还通过勤信班集体建设和班级学业奖学金的设立，鼓励学生班级内形成帮扶小组，推动学生学业的整体进步。在分类指导方面，针对学业成绩优秀的学生，分别邀请知名专家和考研成功的优秀校友代表为他们进行考研辅导；针对学业困难的学生，开设了“助学小课堂”，开设了学业辅导QQ交流群，目前群里已有学霸15名，本年度咨询问题达150人次。同时，还聘请学院学业成绩特别优秀的学生党员为同学们主讲《高等数学》《大学物理》等必修课程开展助学小课堂达20余次，被辅导学生达400余人次。同时，学院开设了早自习、晚自习的活动平台，为不断追求进步的学生提供良好的氛围和环境。12月份学院举办了涵盖系主任、外语、基础课老师、班主任、学生代表在内的学风班风建设研讨会。

4. 团总支与学生会工作

充分发挥各学生社团和学生组织的作用，上报学校创新杯作品 10 余项，其中“眼球信号控制轮椅”项目获得了创新杯优秀奖；阳光志愿者服务社目前注册志愿者 200 余名，被学校评为了 2015-2016 学年“优秀志愿团体”，在“宿舍文化节”活动，获得宿舍安全知识竞赛季军，学五 517 宿舍获宿舍运动会第二名；在新生风采大赛中，获得最佳组织奖，box 节目获得其他组节目冠军。同时学院还举办了“雄辩风华”辩论赛、校情校规知识竞赛、宿舍文明公约大赛、“品读·启迪·发展”阅读周活动、“梦想唤醒计划”晨读活动、学院篮球赛、师生联谊趣味运动会、拔河比赛等文体活动，有效丰富了学院学生的校园文化生活。2016 年学院“暖溢自动化、雪瑞工科情”元旦晚会，充分结合思想政治教育的元素，充分引领学生思想。

5. 就业指导与新生引航工作

把好出口关，按照摸清现状、全面激发、分类指导、积极推荐、定向帮扶的方式有序开展。2016 届毕业生开展了五轮未就业学生轮次排查，对重点学生进行针对性辅导，一学期内召开班长工作例会 10 余次，举办企业宣讲会 30 余场，配合就业服务中心组织好校园招聘会 10 余场。对 2016 届毕业生的就业工作进行了总结，并对核心就业率前 50% 的班主任予以了表彰。同时，开展了优秀毕业生评选、毕业生基本信息信息采集、就业数据材料报送、档案转接、文明离校教育等相关工作。配合体育部、校医院、安稳处完成了毕业生体能测试、毕业生体检、毕业生户口转接等工作。最终完成了 2016 届毕业生就业分析报告，最终的核心就业率为 71.16%，整体就业率为 100%。完成了 2017 届毕业生就业创业能力的测评和团体辅导工作，共计测评学生 248 名，团体辅导参与学生 210 余名，同时针对 2017 届毕业生开展专场招聘会 3 场，考研辅导 2 场。

把好入口关，加强新生引航教育。在 2016 级新生入学教育工作中，圆满完成了 2016 级新生迎新工作及入学教育中的学籍教育、专业认知教育、安全教育工作，并组织了院领导与新生见面会、新生家长会、开学典礼等活动，在入学教育的过程中融入学业引领和职业生涯规划的教育工作，邀请学院优秀的学长和知名校友代表为新生做报告。同时，为加强班级建设，9 月 -12 月组织开展了破冰、新生篮球赛、新生风采大赛、新生新生引航系列活动，“新生引航工程”覆盖全体 2016 级学生，共计 860 人次参与活动，128 人次获评奖励。除此之外，学院还在新生院级党课过程中，融入了“弘扬长征精神”主题元素，通过小组讨论、主题演讲等形式。

6. 学生事务管理工作

成立了自动化学院“事务管理中心”，协助完成各项事务管理工作。在 2015—2016 学年校内奖学金的评比工作中，智能 1301 李宗贤，自控 1304 张伟同学获得校长奖学金，165 人次获得学习优秀奖学金（其中 3 人获得特等奖学金、29 人获得一等奖学金、59 人获得二等奖学金、74 人获得三等奖学金），35 人次获得科技创新奖学金（2 人获得一等、11 人获得二等、22 人获得三等），70 人次获得社会贡献奖学金，4 人次获得文体优秀奖学金，奖学金金额总计 373400 元。在资助工作中，开展并完成了 2015-2016 学年国奖奖学金、国家励志奖学金学评选工作、家庭经济困难学生认定工作、北京市国家助学金的评选工作、组织发放 2015-2016 学年三费补贴、一次性困难补助。共资助家庭经济困难学生 225 人次。

（陈红英）

【获奖情况】

2016 年，北京市高层次创新创业支持计划领军人才（教学名师）王久和

北京市高层次创新创业支持计划青年拔尖人才 范军芳

北京市科技新星 范军芳

北京市师德先锋 范军芳

学校优秀主讲教师 张巧杰

【其他情况】2016 年，艾红、胡平平晋升为教授、张芳晋升为副教授，侯明晋升为高级实验师。2016 年 10 月白连平教授退休。

电子信息与控制国家级实验教学中心

【概况】电子信息与控制国家级实验教学中心（Experimental Teaching Center of Electronics information and Control）前身是成立于2001年的电工电子实验教学中心，是服务全校16个本科专业“三电”类专业基础课程和课程设计、电子工艺实习等实践教学任务的教学单位。中心以学科建设为依托，以学生能力培养为中心，以实验教学改革为重点，以优化教学队伍为保障，在实验教学、实验队伍、管理模式、设备与环境等方面建设，构建了面向电子电气信息学科专业人才培养的多学科交融大电类实验教学平台，营造了设备先进、软硬件一体、资源共享、开放服务、网络化管理的实验教学环境，具有教师配备复合化、科研成果课程化、培养模式阶梯化、开放实验制度化、实验室功能多元化等鲜明特色。2007年中心被评为北京市电工电子实验教学示范中心。2008年被评为国家级电子信息与控制实验教学示范中心建设单位。2013年被评为国家级实验教学示范中心。

中心下设教研室和实验室两个二级机构，包括电路、模拟电子技术、数字电子技术、电工、综合实践五个课程组和电工电路、电子技术、EDA技术、SOPC技术、综合电子技术、大学生实践创新基地、工程实训等七个功能实验室，实验室占地面积近1200平方米，分布在小营和健翔桥校区。

中心有教职工21人，其中专任教师20人，教授3人，副教授及高工6人，具有博士学位6人，博士导师1人，硕士导师4人。

（高晶敏　柴海莉）

【教学工作】本科教学工作。中心共有教师20人，2016年度信控中心在两个学期中，共承担了10门理论课以及8门课程设计、实习课程的教学工作，面向学校的通信、电信、自动化、智能、电气、机械、机电、新能源、车辆、光信、测控、电技、工业、工设、数理实验班、物联网等16各专业及其卓越班共计2000多本科生。

同时承担开放性实验项目15项。指导北京市大学生创新项目3项，全部通过结题验收。

发挥课程组长的作用，课程组为单位开展教学研究工作。中心有5个课程组，每个学期开学初都由课程组长召集任课教师讨论制定教学日历，商讨本学期教学和实验的要求。同一门课的教学日历、作业、考试题目基本相同。在教学过程中，基本每周三下午，任课教师都要进行交流、探讨教学中出现的问题，每位任课教师都能按照课程组的要求完成教学工作。

结合“三电课”的特点，积极开展教学科研活动。中心定期开展教学科研活动，特别注重先进教学方法的探索与实践。中心在原有1门北京市精品课程建设项目和两门校级优质课程建设的基础，又新增校级课程建设项目1项、校级教学改革立项项目4项，发表教改论文6篇。

课程建设。目前中心承担《数字电路与逻辑设计》北京市精品课程一项，《电路分析》《模拟电子技术》校级优质课程两项。《数字电路与逻辑设计》《模拟电子技术》两门校教材建设立项。完成《电路分析基础》教材第二次印刷的校订工作。完成新版北京市精品教材《电工电子实验教程》的出版工作。

（杨鸿波　柴海莉）

【科研工作】以检测技术与自动化装置等学科为依托，积极组织中心科研团队，开展相关科研活动，发挥中心军工科研优势，在原有国防预研、航天预研等项目的基础上，2016年，新增科研任务6项，其中国家自然科学基金项目1项、军工及其他项目5项，到款科研经费170.95万元。获省部级科技成果奖二等奖1项、三等奖1项。发表论文60篇，其中核心期刊论文11篇。教师科研水平的提高，促进了相关学科的发展，对本科教学也起到了积极的推动作用。中心教师将科研成果与本科教学结合研制了“综合电子实验装置”“电机节能技术自制实验装置”等2种实验装置并投入使用，取得很好的教学效果。

（高晶敏）

【队伍建设】中心不断完善人才培养发展机制，采取教学、科研相结合的导师制，大力培养新入职青年教师。导师由中心具有丰富经验的专家教授担任，新教师入职后进入导师的教学团队和科研团队，从教学基本功开始，培养他们逐步成为作风扎实、基本功过硬、具有团队合作精神的青年骨干。同时，通过组织教师参加校内外培训、聘请校内外知名专家、名师做专题讲座、经常性的教学观摩、教学研讨和学术研讨，心内部经验交流等教研活动，使中心师资的整体教学、科研、学术水平全面提升。截至2016年年底，经过导师制培养的近两年新入职的三名青年教师，均以优秀的成绩通过导师制考核，并在承担的本科教学工作中表现优异，成为中心教学或科研骨干。作为导师科研团队的技术骨干，郝翠老师所属的科研团队获得200万元军工项目经费支持。

按照学校要求，积极开展中心内部的青年教师教学基本功、实践教学基本功比赛，选拔成绩突出的教师参加校级比赛，参赛率100%，冯清娟老师在2016年学校的青年教师基本功比赛中获三等奖。

（高晶敏）

【获奖情况及其他】2016年3月，中心承办中国人工智能学会CAAI校园行活动博耳杯全国大学生创客大赛北京信息科技大学宣讲会；5月，承办北京市大学生电子设计竞赛北京信息科技大学分赛区竞赛，为北方工业大学、北京城市学院共计120名参赛人员提供仪器和竞赛场地；11月，承办学校大学生电子设计竞赛并参与承办华北五省大学生机器人大赛；2016年3月、10月由中心教师指导的智能机器人俱乐部分别与永泰小学、清河中学共建，开展机器人训练营，给中小学生普及机器人的发展历史。

2016年，王扬老师带领学生参加全国机器人比赛，获国家级奖项亚军2项、一等奖1项、二等奖2项。

（高晶敏）

信息与通信工程学院

【概况】信息与通信工程学院（School of Information and Communication Engineering，简称“通信学院”）是突出学校信息技术优势的特色学院，设有通信工程、电子信息工程和物联网工程三个本科专业（系），其中电子信息工程专业是教育部和北京市特色专业；通信工程专业是北京市特色专业并入选教育部“卓越工程师教育培养计划”；物联网工程专业是新一代信息技术特色专业；通信工程、电子信息工程、物联网工程三个本科专业入选北京市“双培计划”。学院拥有信息与通信工程（一级学科）、通信与信息系统（二级学科）、信号与信息处理（二级学科）、智慧感知与信息处理（二级学科）的硕士学位授予权以及“电子与通信工程”领域工程硕士授予权，其中“信号与信息处理”学科是北京市重点建设学科。“信息与通信工程”一级学科为学校引领学科，在“宽带移动通信系统关键技术”“复杂信号与信息处理”“智能感知信息处理”“高速互边与三维集成”4个研究方向培养硕士研究生，与北京理工大学联合培养博士研究生。

学院拥有北京市重点实验室、信息与通信系统部级重点实验室、北京市职工创新工作室、中关村开放实验室及4个院属研究所。学院拥有国家级工程教育实践基地1个，市级校外人才培养基地2个。设有通信技术、电子信息技术和物联网工程等本科教学实验室，教学科研仪器设备总值5000余万元。

截至年底，学院有教职工52人，其中专任教师42人，其中教授5人、副教授13人、高级实验师1人。高级职称占专任教师人数的45.2%；博士学位32人、占专任教师人数的76.2%；海外学历背景教师2人；40岁以下中青年教师占专任教师的61.9%。博士生导师1人、硕士生导师16人。全国优秀教师1人，北京市教学名师2人，享受政府特贴专家1人，北京市长城学者1人，北京市科技新星2人，北京市先进工作者1人，北京市优秀教师1人，北京市师德先进个人1人，北京市高校优秀共产党员2人，北京高校优秀德育工作者2人，北京市模范军队转业干部1人，北京市青年拔尖人才3人，北京市优秀团队1支。

2016年学院毕业生286人，其中博士生1人，研究生29人，本科生256人；招生321人，其中博士研究生1人，研究生44人，本科生276人；在校生1252人，其中博士研究生4人，硕士研究生123人，本科生1125人。

（苏　中）

【学科建设与研究生教育】2013级研究生完成学业，100%就业。2016年招收博士研究生1人，硕士研究生44人。在校博士和硕士研究生127（2015年113）人，增长12.4%。

学科特色。宽带移动通信系统关键技术、复杂信号与信息处理、智能感知信息处理、高速互连与三维集成。

学科建设。完成信息与通信工程学科学位授权点整改方案、学科方向设置。

导师队伍。新增硕士生导师1人，聘请5名台湾高校教授和 1 名美国教授担任兼职教授，聘请 1 名台湾高校教授为客座教授。

重点实验室。高动态导航技术北京市重点实验室获国防科学技术发明一等奖、二等奖各 1 项，入选北京市科技创新基地培育与发展工程。

学术活动。主办学术讲座 3 次，承办 2016 年第十届海峡两岸信息科学与技术学术交流研讨会。

人才培养质量。3 名研究生获学校 2016 届优秀硕士论文奖，1 名研究生考取北京邮电大学博士研究生。承担“研究生教育教学改革项目”4 项，其中，研究生承担 3 项，结题项目有 1 项获得优秀奖。研究生发表期刊论文 34 篇，其中 CSSC、EI 检索 10 篇，北大中文核心期刊 9 篇，软件著作权 12 项。研究生获校级以上学科竞赛奖励 10 项。其中获 2016 国际水中机器人大赛冠军 1 项、亚军 1 项、季军 3 项；2016 中国机器人大赛（roubcup）二等奖军 1 项、三等奖 1 项；第十二届博创杯全国总决赛硕士组一等奖。华北五省机器人大赛三等奖 1 项，北京市机器人三等奖 1 项。

（苏　中）

【教学工作】教学建设与改革。专业建设。3 个专业进入“双培计划”。“卓越计划”进展顺利，毕业生高质量就业及深造。专业建设成果：通信工程专业的工程认证申请被教育部正式受理；物联网工程专业参加校内自评获得优秀；各专业完成 2016 版培养方案的修订，形成培养方案 8 套，课程大纲 161 门次。申报校级教学成果奖 3 项。承担市级教学专项 2 项，校内专项 6 项。

课程建设。开展教考分离 2 门次，申报名师网络开放课程建设 1 门次。申报校级教改类项目 9 项，获批 7 项；提交校级教改类结题项目 12 项，全部验收通过。2015 年度的“教指委重大、难点、热点课题”通过结题验收。发表教改论文 9 篇，出版教材 2 部。李红莲的《信息论》课程趣味教学法在北京市电子信息专业群研讨会上引起轰动，李学华的《通信原理》课程综合改革受邀在全国电子信息类课程研修班上作报告。

实践教学。完成“实培计划”19 项，新申报 28 项。承办四项学科竞赛，2016 年学院教师指导竞赛获得各类奖项 90 项，其中国际比赛获奖 2 项，国家级比赛获奖 13 项，市级竞赛获奖 26 项，校级比赛获奖 49 项。开展大创、开放实验、实物型毕设项目 96 项。组织出版大学生科技创新论文集《与信息时代同行 与创新精神共进》，收录学生为主的论文 30 余篇。2016 年优秀毕业设计 33 项。与北京邮电大学开展双创教育，组织“新生创客大赛”，建设网络虚拟社群，同时推动专业导论课改革，促进双创教育与专业教育的有机融合。新增学院大学生创新实践场所，利用校友捐赠的贵重设备——大型 3D 打印机开展系列双创活动。

教师教学促进。组织青年教师沙龙，开展新教师自我秀、教学心得分享、基金申请心得分享，班主任工作答疑等活动。组织各类专业技术、教育教学类师资培训 30 余人次。入选 2015 年优秀主讲教师 1 人，申报校级名师 2 人，参加青年教师基本功校级比赛 3 人。

教学管理与质量监控。理清教学管理工作流程，应对个性化和精细化管理所带来的挑战，全年无教学事故和集中投诉。院级督导组在试讲、基本功比赛等环节严格把关，深入课堂和实验室一线，对薄弱问题及时研究并加以整改。构建内部和外部评价相结合的评价反馈机制，把麦可思公司的调查结果引入专业建设和课程建设，指导持续改进方向。学院研究生考试上线率 11%，读研率 9.37%。参与学校重大教学活动：华北五省机器人大赛、卓越联盟实验室建设、“数据科学与大数据技术”及“机器人工程”新专业申报、市长王安顺调研学生科技活动等。

（李学华）

【科研工作】获批国家自然科学基金 4 项，北京市自然科学基金 2 项，国防专项 1 项，北京市科技计划 2 项。首获国防科学技术发明一等奖，共获国防科技和北京市科学技术奖 5 项，中国智能交通协会行业科技进步二等奖 1 项。

2016 年到校科研经费 1523 万元，其中高动态导航技术北京市重点实验室 962 万元，学院 561 万元。

公开发表学术论文 70 篇，其中期刊 SCI 检索 2 篇，期刊 EI 检索 11 篇，期刊 CSSCI 检索 1 篇，北大中文核心期刊 21 篇，获三大检索 14 篇。获授权发明专利 4 项，计算机软件著作权 35 项。出版专著 4 部。

（朱希安）

【学生工作】思想教育。以社会主义核心价值体系引领学生思想成长，执行学生党员先锋工程实施计划，“两学一做”学习教育实施计划。

创建“BISTU 党员通信站”微信平台，开展学院党史党章竞赛活动，共 164 名学生党员参加答题活动。开展读书学习讨论会，139 名学生党员推荐了优秀图书。北京市红色 1+1 示范活动评比：电信专业第一、二、三学生党支部和通信专业第二学生党支部获得北京市优秀奖。开展丰富的党日活动：庆七一“永远跟党走”歌咏比赛；参观纪念馆、博物馆；听报告；展风采等；开设师生联合体之“互动课堂”等。

出版第12期《成长-2016届毕业特刊》，出版院报《通信青年》第6期，开展《通信故事》的系列采访工作，建立学院微信平台“通信小新”，征集、确认、解读新院训“学以致通，勤以至信”。

队伍建设。组织辅导员参加各类专业化培训：北京高校基层党组织负责人示范培训班，全国创新创业教育教学技能提升研修班，校第二期“树人班”培训班等合计20人次。

召开“班主任工作沙龙”研讨会，分层次对学生干部进行培训。申请校内思政课题3项，党建课题1项。

学风建设。开展学风建设工程，创建优良学风：辅导员听课制度、党员助学小课堂、班级学习小组、高低年级对接、开展英语晨读、四六级备考指导活动、新东方导师指导活动活动等。英语晨读小课堂合计20周60次。2016年度学生无一例违规违纪事件。

人才培养。举办“畅享通信”第三届科技文化节。

2016年203人参加专业类职业资格认证培训，188人次获得证书，包括移动互联网开发工程师、中兴通讯LTE助理工程师、计算机网络工程师、华为HCNA-R&S认证工程师。

《智能灯光摄影棚》荣获学校第十届“创新杯”大学生创业计划竞赛亚军，2016年“创青春”首都大学生创业大赛银奖。

文化建设。参加学校的文化节、运动会、科技节等系列活动，取得以下成绩：学校的十佳歌手比赛中，获得第一名；校“三球联赛”，获排球冠军，足球第四名，篮球第四名。

组织学院活动：三球联赛；成语大赛；“荧光跑”活动；“有些话——我只想对你说”女生节活动；包饺子大赛；“如柒而至”元旦晚会。

社会实践、志愿服务。暑期带领学生党员赴云南宣威开展小学支教和志愿服务社会实践活动，获得学校社会实践三等奖。

与安详里社区继续开展社区服务，学院学生干部参加鸟巢、水立方、红十字会等志愿者团队，累计志愿服务人次达到150人次以上。

就业、考研工作。2016届本科毕业生一次性就业率为99.6%，核心就业率为95%，连续4年核心就业率全校第一名。研究生毕业生29人，一次性就业率100%，核心就业率100%，全校第一名。

校友工作。2016年4月30日，学院1996级校友返校。

2016年9月24日，举办院庆30周年庆祝活动。

征兵工作。2016年4名同学入伍。

（程立军）

【对外交流】与美国密西根大学签订合作办学协议。

与澳大利亚James Cook大学和台北商业大学达成合作意向。

2016级电子信息工程专业17名学生、通信工程专业32名学生参加北京邮电大学“双培计划”。

2016级物联网工程专业16名学生参加北京理工大学“双培计划”。

2016年选拔2个专业共2名学生参加中瑞典大学（Mid Sweden University，Sweden）“3+1”校际交流项目。

2016年暑假，选拔2个专业共2名学生赴德国进行为期2周的短期研修。

2016年本科毕业设计在北京邮电大学完成7项，在合作企业（悦成）完成36项，在合作企业（中兴通讯）完成18项，在其他合作单位完成3项。

2016年徐湛赴美国佐治亚理工学院学术交流一年。

（李学华）

【党建工作】2016年，学院党委共有14个党支部，其中4个教工党支部，10个学生党支部。学院共有党员196名，其中教工党员34名，学生党员162名（含研究生）。年内共发展学生新党员70人，转正70人。

强化党员群众的理论学习。制订党员和群众学习计划，深入学习贯彻党的十八大、十八届三中、四中、五中、六全会精神和习近平总书记系列重要讲话精神。

强化党建责任意识。扎实开展“两学一做”学习教育，深化办事公开、决策民主、经费透明的“阳光治院”理念，坚持率先垂范、敢于担当、不与民争利、求严求实的班子工作准则，坚持“干部以德为本、班子以信为本、工作以人为本、事业以实为本”的“四个为本”的行为规范，提出“必须学习、必须思考、必须认识、必须作为”的“四个必须”的班子工作要求。结合学校“五个环境”建设任务，实施“高铁行动”，落细落实责任担当，学院工作处处体现出“新”“特”“亮”

的工作成效。

加强组织建设。组织完成了以下支部的换届、委员补选及合并支部的工作：电子信息工程系教师党支部、通信工程系教师党支部的支部换届；物联网工程系教师党支部的委员补选；原通信第三学生党支部与通信第四学生党支部合并为新的通信第三学生党支部。

召开两期“党支部书记培训暨党支部工作研讨会”。

完善领导干部联系基层制度，落实2016年院领导干部联系基层点。

开展系列活动。召开座谈会；参观学习；沙龙讲座；支部研讨；知识竞赛答题；知识讲座等。

开展各类党日活动：“永远跟党走”歌咏比赛；《聚焦“五个环境”，践行承诺践诺，聚力事业发展》主题论坛；“承诺践诺”条目征集及展示活动；学生党员、干部赴云南宣威开展红色“1+1”活动；“两学一做”之“榜样的力量”党员风采展示；参观卢沟桥抗日战争纪念馆、国家博物馆、北京禁毒教育基地等。

深化“平安校园”创建工作。巩固“平安校园”创建工作成果，通过多种措施努力为教职工提供安全和谐的育人环境，为学生提供成长的安全空间。

开展廉政教育，落实党风廉政责任制。认真履行“一岗双责”，认真履行党风廉政建设责任制，制定《信息与通信工程学院党风廉政建设检查制度》，将其纳入各部门年度目标考核内容，接受群众监督。

党员发展工作。执行《中国共产党发展党员细则》，严格按照程序发展党员，确保党员发展质量。

分工会工作。积极参与学校活动，取得好成绩：组织教师参加学校“三八节”风采展示活动，获优秀组织奖；报送的微电影作品，获学校三等奖；参加学校运动会项目，获教职工团体总分第三名。组织开展学院各类文体活动：第五届、第六届教职工趣味运动会；学院教职工新年联欢会等。进行学院工会委员会换届工作。

（李　健）

【获奖情况】学院获2016年度学校综合考评优秀等级单位，并获五个单项奖：党的建设和思想政治工作（含党风廉政建设）、教学工作、科研工作、师资队伍建设工作、学生工作。

学院连续七年获华北五省及港澳台地区大学生计算机应用大赛优秀组织奖。

苏中、刘宁获国防科学技术发明一等奖。

徐湛入选北京市委组织部青年拔尖人才，入选北京市“高创人才”青年拔尖人才。

张涛获北京市科学技术奖一等奖、缪旻获北京市科学技术奖二等奖、曹林获北京市科学技术奖三等奖。

朱希安、曹林获中国智能交通协会行业科技进步二等奖。

李学华获评北京高校优秀德育工作者。

宋沛然获学校青年教师基本功比赛二等奖。

厉夫兵获学校青年教师基本功比赛三等奖。

通信1401班获评北京市先进班集体。

通信1401团支部，通信1402团支部获评北京市优秀团支部。

（李　健）

【徐湛入选两项青年拔尖人才项目】青年教师徐湛2016年6月入选北京市委组织部青年拔尖人才，2016年12月入选北京市“高创人才”青年拔尖人才。青年教师迅速成长，高水平师资队伍建设突显。

（苏　中）

【承办海峡两岸信息科学与技术学术交流研讨会】2016年7月29日在北京，学院承办第十届海峡两岸信息科学与技术交流研讨会。来自美国、中国台湾地区及北京各高校、研究院所专家学者共计146人参会。校长王永生代表学校聘请台湾东华大学校长赵涵捷、台北商业大学校长张瑞雄、美国密西根大学赵东明教授、台湾逢甲大学张真诚教授、台湾淡江大学王英宏教授、台湾东华大学彭胜龙教授为学校特聘教授。赵涵捷、张瑞雄、赵东明、张真诚、北京物联网研究会理事长王志良分别做主题报告，会议还进行了分组研讨。专家学者汇聚一堂探讨交流信息技术发展现状、趋势及关键挑战，分享学术研究成果。

（苏　中）

【举办三十周年院庆】2016年9月24日，学院在健翔桥校区举办三十周年院庆活动。历届校友150余人、老教师20余人、在校师生50余人，共计220余人参加院庆活动。校友们共同讲述学院30年的历史、道路和发展。学院编印《光阴的故事》院庆纪念册。校友陈定捐赠学院价值百万元的3D打印机。

（程立军）

【校友联谊会成立】2016年9月24日，学院校友联谊会成立。

（程立军）

【工程认证受理】2016年10月，通信工程专业向教育部提交工程认证申请，经过专家评审，申请被正式受理，标志着学院的专业建设工作正式与国际工程认证标准接轨。随着后续认证系列工作的深入推进，将有力促进人才培养质量和办学水平的不断提高。

（李学华）

【连续七年获华北五省及港澳台地区大学生计算机应用大赛优秀组织奖】2016 年 11 月 12 日，“鑫台华杯”2016 年华北五省（直辖市、自治区）及港澳台大学生计算机应用大赛决赛在北京联合大学举行，学院负责本次比赛的校内选拔及赛前培训、作品初选、比赛报名和模拟答辩等工作，学院通信工程专业“卓越计划”1301 班学生封之伟小组的作品“世界大冒险”获一等奖。由于出色的组织工作以及决赛成绩，组委会第七次授予学校优秀组织奖，学校也是该项赛事优秀组织奖的七连冠。

（李学华）

【苏中当选朝阳区第十六届人大代表】2016 年 11 月 15 日，在 2016 年区人大代表换届选举工作中，院长苏中当选朝阳区第十六届人大代表，学院选民参与投票率为 100%，突显了代表的影响力、组织的凝聚力和全体师生的行动力。

（李　健）

【首获国防科学技术发明奖】2016 年 12 月，苏中、刘宁获国防科学技术发明一等奖 1 项。

（苏　中）

【入选北京市科技创新基地培育和发展工程】2016 年 12 月 19 日，高动态导航技术北京市重点实验室通过北京市科委绩效考评，入选北京市科技创新基地培育与发展工程。2016 年北京市共选拔 4 个重点实验室，此次入选，是对高动态导航技术北京市重点实验室前期工作的认可，后续实验室将不断提高科技创新能力，促进科技成果转化，加强人才凝聚和人才培养，为推动首都城市可持续发展提供科技支撑。

（苏　中）

【学院教职工大会建立和工会委员会换届选举】2016 年 12 月 30 日，在健翔桥校区教职工活动中心，召开学院全体教职工大会暨工会会员大会，表决通过了学院教职工组长联系会成员名单，选举产生了新一届学院工会委员会。

（李　健）

计算机学院

【概况】计算机学院（Computer School）设有计算机科学与技术系、软件工程系、网络工程系、计算机实验教学中心等教学机构 4 个；设有网络文化与数字传播北京市重点实验室、计算机开放系统实验室、智能信息处理实验室、虚拟现实与仿真实验室、语音信号处理实验室、软件工程研究中心等研究机构 6 个。学院现有计算机科学与技术、软件工程、网络工程本科专业 3 个，其中计算机科学与技术国家级特色专业建设点 1 个，计算机科学与技术、软件工程北京市级特色专业建设点 2 个; 全部专业实现一批在京大类招生。计算机实验教学北京市实验教学示范中心 1 个；计算中心、微机与接口技术实验室、EDA/ 单片机实验室、计算机原理实验室、软件技术实验室、嵌入式系统实验室、集群机实验室、网络原理实验室、网络安全实验室、网络工程实验室、软件工程实验室等院级本科教学实验室 11 个。同华北计算所合作的校外生产实习基地国家级大学生校外实践教育基地和北京市高等学校市级校外人才培养基地 1 个。学院现有计算机科学与技术（覆盖二级学科 5 个）、软件工程一级学科硕士点 2 个; 计算机技术工程硕士专业学位授权领域 1 个；计算机应用技术北京市重点建设学科 1 个。

2016 年，学院有教职工 78 人，其中专任教师 70 人。专任教师中，教授 9 人，副教授 27 人，具有博士学位 34 人，占比 52.94%，研究生导师 18 人。

2016 年，学院毕业生数 390 人，其中研究生 51 人，本科生 339 人；招生 434 人，其中研究生 55 人，本科生 379 人; 在校生 1605 人，其中硕士研究生 166 人，本科生 1439 人。

（李　宁　霍颖培）

【学科建设与研究生教育】统筹推进一流学科建设。按照一流学科建设目标，加强计算机科学与技术引领学科建设。院领导参加了全国计算机学院院长论坛，到燕山大学、西安理工大学、西安电子科技大学、桂林电子科技大学等地交流，集体参加推进世界一流大学、一流学科建设研讨班，学习、调研“双一流”建设的内涵和先进经验。

参加学位授权点自我评估以及教育部全国第四轮学科评估。计算机科学与技术自评结果在全校各个学科中位列第三。借助这次评估，进一步梳理了学科和学科方向带头人，在完成学位授权点自评初评的基础上，推进整改建设工作，完成了计算机科学与技术、软件工程和计算机技术三个学位授权点的整改报告，目前正在调整软件工程学科，将之由学术型学位授权点转为专业型学位授权点，目的是优化学科结构，提升学科内涵，提高学科核心竞争力。此外，积极准备2017年的博士点申报，对照《博士硕士学位授权点申请基本条件（征求意见稿）》，率先完成了计算机科学与技术学科博士学位授权点申请的基本条件分析，寻找差距，重点改进。

在研究生培养方面。对2016研究生培养方案进行了修订，完成了2016级研究生的招考及录取。完善了导师队伍培育和激励机制，重新修订了研究生导师分配方案，使之更趋合理，并为有科研项目的年轻教师预留了研究生资源。组织完成了2013级学生的毕业系统检查和答辩工作、2014级学生的开题工作。为了提高研究生的培养质量，适应三年学制的变化，重新制定了《计算机学院关于全日制硕士研究生外出实习和应聘工作的规定》。并对学生反馈的意见进行了认真答复和阐释。学院党政联席会审议通过了《计算机学院研究生国家奖学金评审细则》和《计算机学院研究生学业奖学金评审细则》，使奖学金的评定细则有章可循。继续为季逸超实施研究生层面的特殊人才培养方案。协调学校有关部门，解决研究生自习室问题。

召开学位分委会会议5次。

（李　宁　张仰森）

【教学工作】持续推进大类改革。制定2015级大类招生学生专业分流方案，平稳完成2015级专业分流；2016级顺利招收大类学生330名。

申请并获批“数据科学与大数据技术”专业。在教务处的指导下，联合通信工程学院、经济管理学院、信息管理学院、理学院申请，申报“数据科学与大数据技术”专业，2017年3月获教育部批准。

修订2016培养方案。按照学校和教务处统一部署，基于工程教育专业认证标准，制定了9份新版培养方案，包括基于计算机大类的计算机科学与技术、软件工程、网络工程3个专业培养方案，以及双培计划、外培计划、专升本、二学位等培养方案。组织教师重新梳理了课程体系，重新编写了教学大纲，新版的大纲注重与培养目标的契合度以及课程和知识点之间的衔接。

工程教育专业认证。网络工程专业向国家提交了工程教育专业认证申请，虽然最终未能上会（全国仅一所院校确定被认证），但找到了差距和努力目标。

专业评估。计算机科学与技术专业参加北京市属高校专业评估。

申报优势专业建设项目。申报“人才培养质量建设-专业建设-北京市属高校优势专业建设（市级）-计算机科学与技术”。

专业建设。在2015年基础上，2016年继续开展“双培计划”“外培计划”“实培计划”，增加与北航大数据科学与脑机智能高精尖创新中心双培计划5名。

推进国际化合作办学。与奥克兰大学申请合作“数据智能”新专业，邀请瑞典教授到学院开设2星期课程，暑期安排21名学生参与瑞典短期交流，9月安排4名学生赴美参加3个月实训课程，选拔5名学生参加美国奥克兰在校生外培计划，多名学生出国参加“2+2/3+1”学习，安排多名教师出国培训。

开展大学生课外科技活动。通过大学生课外科技活动领导小组和学生科技协会，整合学生科技社团、学科竞赛、大学生创新项目，进一步明确学生课外实践创新发展路线，2016年取得学校认定的国家省部级各类竞赛奖项达到78项，其他各类竞赛奖项63项，校内比赛138项。

参加中国计算机学会计算机软件能力认证考试。为提高学生的实际编程能力，积累就业优势，组织近百名学生参与中国计算机学会CCF计算机软件能力认证（CSP）考试。

组织教师申报教学成果奖6项。

（张　伟）

【科研工作】科研与获奖。进一步提升科研成果产出力和科技创新能力。“智能立体仓库系统关键技术及应用”申报北京市科学技术奖，成功入围一等奖的答辩，为学校首次。与北京科技大学联合申报“北京材料基因工程‘高精尖’创新中心”。与拓尔思公司联合申报“网络内容理解与安全北京市重点实验室”。充分发挥重点实验室在科技创新、学科建设、人才培养、社会服务等方面的作用。与首都师范大学共同建设自然语言处理协同创新中心，承担国家社科基金重大项目“语言大数据及其文化价值发现”。与现代测控技术教育部重点实验室合作承担国家社科基金重点项目“世界记忆遗产东巴经典传承体系数字化国际共享平台建设研究”。承担国家“242”信息安全计划项目，适应国家对网络空间安全的需求。积极组织教师申请各种纵横向科研经费，包括申请国家自然科学基金项目、国家“242”信息安全计划项目、北京市自然科学基金项目、北京市教委科技发展项目、拔尖人才项目等。积极推进科研成果的产业化转移，为社会做出贡献的同时，提高计算机学院的社会影响力，学院和拓尔思公司、宁波西电科技创新园等签订了科研成果产业化专业合同。

建好科研平台。完善学院虚拟化云平台，初步建成科研云平台，并开展二期 PaaS 建设。

开展学术交流。组织教师参加中国计算机大会等学术会议，开阔老师们的学术视野；与北京电子学会共同主办“互联网 + 与智能制造信息技术峰会”，300多人参会，进一步推进“互联网 +”与各行业领域的深入融合，加速提升首都产业发展水平，增强行业创新能力。我们共举办了 7 次学术讲座，包括 2 次博士论坛，组织青年博士编辑出版科技前沿通讯，为学院的老师特别是青年教师提供了学术交流的舞台，并且计划将青年博士论坛办成学院的文化品牌之一。

本年度科研总经费达到 696 万元，获得国家级科研项目 7 项，其中获国家自然科学基金项目 6 项，取得历史突破，公开发表学术论文 95 篇。

（张仰森）

【学生工作】完善学生创新创业体系。把创新创业教育融入人才培养全过程，通过梳理、优化、规范学科竞赛和学生科技创新等项目，进一步发挥其在培养学生工程实践能力和创新意识中的积极作用。开展以“科技·文化”为主题的第八届科技文化节，开展“职业发展规划”系列活动。学生在“新星杯”创新创业大赛获亚军；“创新杯”学生课外科技创新与创业竞赛获团体季军。通过大学生课外科技活动领导小组和学生科技协会，整合学生科技社团、学科竞赛、大学生创新项目，进一步明确学生课外实践创新发展路线。与北京天融信科技股份有限公司成立联合实验室。支持凌涛老师“真实场景下的实践教学改革”，将自动售货机作为学生实践创新平台融入课程体系，并建设教学资源，提高学生解决复杂工程问题的能力，体现培养目标。

学生思想政治教育工作。切实加强和改进大学生思想政治教育工作的针对性和实效性，深入开展社会主义核心价值观和“中国梦”宣传教育。精心组织全院学生学习十八届五中全会、六中全会精神，重视新生入学教育，重点开展院长第一课、入党启蒙教育党委书记第一讲、新生安全教育、诚信教育、心理健康教育讲座；开展“心系母校·扬帆远航”毕业生教育活动；抓好学生的诚信教育，考前签署“计算机学院诚信考试承诺书”；坚持每学期师生座谈、学生寒暑假返校思想状况调查、专项工作调研等机制，准确把握学生思想动态，增强工作针对性。在学生中开展“两学一做”学习教育系列活动，“知党史、提党性、重温革命年代”主题党日，特邀组织员甄同树、曹珺专题研讨会、开展合格党员和合格党支部规范大讨论等。理论导师助学，指导党支部开展理论学习活动，与发展对象谈话，及时研究解决党支部理论学习存在的问题。党团员共赴宛平城抗日战争纪念馆、平北抗日纪念馆参观学习，鼓励预备党员担任助理班主任。

加强学风建设。多层面、多部门工作联动开展学业辅导。2014 级大类分流后，调研学生管理工作，制定和实施新的管理办法。落实学院关于课堂考勤和学业警示的规定以及与学生家长的联系制度；各年级重抓学风，每班配备助理班主任或学业小导师，开展专题授课、集中晚自习、期末集中辅导答疑、重点工作学生会商、一对一帮扶等学业辅导；启动“求知探索，学海遨游”学风建设月，组织“开讲啦”“一周生活志”“社团学风内建”等活动，四大学生社团首次联合成立“学风建设学风督查组”，开展为期 6 周的课堂考勤、课堂失范行为督查，抽查考勤 28 次，覆盖 2015 级、2016 级所有班级，召开督查组会议 5 次。

就业指导和服务。开通就业微信平台、就业公邮、就业 QQ 群、创业 QQ 群、考研 QQ 群，发送各类招聘信息 200 余条，提供招聘岗位 300 余个。组织计算机学院专场招聘会 5 场，参会单位共计 58 家，提供就业岗位 500 余个。组织学生参加校园招聘会 14 场，参加企业宣讲会 17 场次。开展“面试技巧讲座”“校友话职场”“就业直通车”、考研经验交流会、“考研面对面”。2016 届本科毕业生整体就业率 100%、研究生就业率 92.31%，就业质量稳中有升。有 34 名学生被录取到北京大学、北京交通大学等知名高校就读硕士研究生，考研录取率达到 10.27%，位列全校第一。

团学组织建设，以文化素质教育为主线，以丰富多彩的活动为载体，积极营造健康向上、富于时代特色的校园文化。开展“在团旗下共奋进，共成长”主题团日，举办计算机学院优良学风班暨先进班集体创建考评答辩会，开展优秀宿舍评比。首创国家奖学金、校长奖学金、雨厚奖学金公开答辩机制，组织低年级学生观摩学习。开展志愿者走入孤寡老人家、“温暖衣冬”“义务献血”等志愿服务工作，开展“计算机学院第二届体育文化月”，促进学生体育活动普及化、常态化。举办十佳歌手大赛、新生辩论赛、“四载韶华，‘计’忆留夏”毕业生晚会、“‘新’火相传”新年文艺晚会、饺王争霸赛等校园文化活动。

（杨　菁）

【对外交流】响应学校服务国家地区的发展战略，加快国际化办学进程，提升国际化办学水平，积极发展留学生教育，推动转型发展。本年度共选派了4名教师出访，10名研究生和21名本科生暑期赴国外短期交流。4名学生赴美参加3个月实训课程，5名学生参加美国奥克兰在校生外培计划，多名学生出国参加“2+2/3+1”学习，与美国奥克兰大学开展计算机科学与技术专业（数据智能方向）合作办学项目的申请，与爱尔兰阿斯隆理工学院、美国密苏里大学堪萨斯分校等签订合作办学协议，接收外国留学生2人，实习生2人。聘请1位国外教师到院上课，合作办学宣讲会2次。本年度共6人获得国家留学基金委资助，28人获得学校境外学习奖学金。

（李　宁）

【党建工作】抓好中心组学习，强化班子思想建设。制定了《计算机学院处级理论中心组学习制度》和《学习方案》，院领导班子全年集体学习17次，做到了有制度、有方案、有组织、有记录、有宣传、有成效。理论学习让班子成员站位更高，视野更开阔，思想更统一，加强了凝集力和战斗力。

规范党委会议事规则。2016年是新一届党委会履职的第一年，院党委及时召开党委会，研究部署学院党建和思想政治工作，落实《关于加强院级党组织党建工作责任制》《意识形态工作责任制》等，做到了有议题、有讨论、有记录、有决议，发挥了很好的政治把关作用。截至目前，党委会召开了6次。

建强支部，严管党员。院党委制定了院党委委员联系学生党支部制度和处级党员干部联系教工党支部制度；坚持了《计算机学院系核心组制度》，强化了系级核心组在教学系部重要工作中的作用；制定了教学系部党支部书记列席学院教学工作委员会会议的制度，党支部书记在系部工作中获得信任和威望；教师党支部书记给初级党课班讲党课制度得以持续推进。支部建设做到了有计划、有组织落实、有工作记录、有网上宣传、有总结和成效。着力加强学生党支部组织建设，注重过程式培养，有120名学生圆满完成初级党课学习顺利结业。

重视思想政治工作，确保正确的办学方向。年初制定了《计算机学院党员政治理论学习计划》和《计算机学院教职工政治理论学习计划》，及时开展师生假期返校后的思想动态调查工作。利用宣传橱窗正面宣传师生在各项工作和活动中涌现出的先进人物和事迹，开展“勤信”人物评选和学生年度表彰奖励大会。圆满完成区人大换届选举的发动组织工作。处级干部理论在线学习50学时和党员在线学习12学时任务圆满完成。

开展“两学一做”学习教育。院党委书记作为“班长”，把处级理论中心组的学习作为统一班子思想，提高理论水平，形成党政配合、同心协力完成学院党政各项工作任务的重要抓手。扎实开展“两学一做”学习教育，做到有制度作保证，有集中研讨、有深度思想交流、有记录、有宣传，确保学有实效、学以致用。

加强干部队伍与基层组织建设工作。学院党委意识到党支部建设是党建工作的重心，建强支部是有效发挥支部战斗堡垒作用的根本保证。支部建设关键在于党支部书记，院党委建立书记办公会例会制度，及时传达贯彻校党委的工作部署和指示精神，以“抓书记，书记抓”为工作理念，树立支部书记的威信，强化支部书记在教学、科研和人才培养等中心工作中的作用，坚持教学系部的“系核心组制度”，把党的工作深度融入中心工作中去。同时注意做好党支部书记的培训工作。

党风廉政建设。认真落实党风廉政建设工作责任制，强化党政主要领导“一岗双责”的责任意识，讲规矩、严纪律、明要求，坚持从严治党的总体工作要求。学院班子提出了“和谐建院、阳光行政”的廉政建设目标，推进“严格纪律，阳光行政”的共识和理念。坚持了每周三下午设立院领导接待师生的轮值制度。2016年新制定了《计算机学院创收提成经费管理实施细则（试行）》等四项制度：坚持“三重一大”等重大事项由党政联席会议决的民主集中制，党政联席会纪要经全体院班子成员会签。

统一战线和群团工作。通过建立机制和制度，把统战对象紧密团结在院党委的周围，积极发挥他们建言献策、监督协助的作用。院党委制定了《计算机学院党员领导干部联系党外人士制度》，在工作中、生活上关心他们，支持他们，信任他们，把统战对象作为推进工作、防止失误的监督员和同盟军，纳入到共同“建设幸福指数最高的学院”的共同理想上来。发挥好部门分工会委员会的积极作用，把更多的教职工吸引到学院组织的丰富多彩的文体活动中来，不断增强同事们之间的感情交流和人心融合，努力营造出轻松愉快、和谐暖心、充满人情味的工作学习环境，从而发挥“人心齐，泰山移”的集体精神力量。

开展五大环境建设。落实校党委“五大环境建设”理念，充分利用传统媒体和新媒体手段，扩大学院的影响力，提升学院校的知名度和美誉度。加强大学文化内涵建设和学院文化建设，增强广大师生及校友的文化认同感和归属感。学院新闻网站和党务公开网站得到持续改进，内容发布及时；QQ 与微信群成为凝聚全院教师的纽带以及了解学院工作的窗口。学院明确了发展目标、办学理念、发展策略、院训、学院梦、入学誓词，让师生们了然于心。组织近日参加了学校举办的学院文化标识展，获得好评。“建设幸福指数最高的学院”成为和谐建院的强大动力和响亮的集结号。此外代表学校参加了教育部主办的第九届高校校园文化建设优秀成果奖的申报。学院荣获了“三育人”先进集体称号。在“七一”建党 95 周年“党在我心中”群众歌咏比赛，获最佳组织奖第一名。成功举办了学院首届教职工“幸福杯”羽毛球比赛。

全年为 120 名入党积极分子举办初级党课；全年发展学生党员 75 人，转正 69 人。

（韩俊彦）

【获奖情况】教师获奖：

计算机学院荣获学校“三育人”先进集体。

“七一”建党 95 周年“党在我心中”群众歌咏比赛，获最佳组织奖第一名。

“三八”节女教职工时装展获最佳组织奖第二名。

2016 年度北京市科学技术奖二等奖：张仰森　黄改娟　陈若愚　蒋玉茹

第十二届北京市高等学校教学名师：陈　昕。

北京高校优秀德育工作者：杨　菁。

韩聪钰获得北京高校优秀辅导员、北京市暑期社会实践先进工作者。

学校优秀辅导员：冉秋月。

学校优秀班主任：陈　昕　刘旭红　陈若愚　徐雅斌　孟　坤　杨大利。

校辅导员职业能力大赛二等奖：单晴雯。

学校“三育人”先进个人：李宝安　刘建宾　彭克勤。

工会积极分子：胡信裕　彭克勤　丁　濛　侯　霞　孟　坤　高　卓　王　欣　王　莹　盛立国。

学生获奖：

计科第一学生党支部与健翔桥校区退休第三党支部开展的“师生支部齐闪亮、合作共建创丰收”共建活动获北京市红色“1+1”优秀奖。

暑期社会实践团在“青年服务国家”主题实践中，在校“实践归来话收获”评比中获得二等奖，并获得北京市优秀暑期社会实践团队称号。

微电影《考场风波》获得北京高校微电影优秀奖，“学党史、提党性、重温革命年代”微党课获校级三等奖。

计类 1405、网工 1302、研 1408 获得首都先锋杯优秀团支部。

在各类学科竞赛中，获国家级奖项 83 人次，省部级奖项 33 人次，校级奖项 155 人次。

在校运动会获得最佳组织三等奖，男子团体第六名。校“三球联赛”中，排球队获得季军。获校十佳歌手亚军；获校“博文约礼 辩理明德”先锋论坛辩论赛季军。

全年共评选学习优秀奖学金 184 人次，文体优秀奖学金 1 人次，社会贡献奖学金 126 人次，科技创新奖学金 50 人次，国家奖学金 3 人次，国家励志奖学金 48 人次，华成时代奖学金 6 人次，雨厚考研奖学金 32 人次，雨厚新生奖学金 12 人次，百名十大先锋的评选 13 人次，十大先锋人物 1 人次，优秀毕业生 20 人次。

（杨　菁　霍颖培）

【其他】制定学院“十三五”事业发展规划。院领导班子经过调研，集体起草了学院 “十三五”事业发展规划，在全院教师中征集意见，经党政联席会讨论，全院公示后最终通过。学院 “十三五”事业发展规划明确了“十三五”时期学院改革发展的指导思想、目标任务和重要举措。

人才引进。按照学校的要求，加强了人才引进工作。本年度共引进 6 名博士和博士后，教师队伍结构得到进一步改善，成效明显。其中 1 人本年度获得国家自然科学基金（近年引进的青年教师中已经有 6 人获得国家自然科学基金项目）。学院认真学习和领会学校新近发布的人才政策，积极联系院士和杰青等高层次人才，邀请他们来院工作。启动了 2017 年的人才招聘工作，提交了人才引进计划，通过社交媒体等多种渠道发布招聘启事。并参加学校组团，赴西安交通大学、西安电子科技大学、西北工业大学、四川大学、西南交通大学、电子科技大学和西南财经大学等高校招聘人才。

师资队伍建设工作。本年度新增北京市教学名师 1 人，兼职博士生导师 2 人，一位教师晋升副高级岗位。设立教学管理助理岗，解决了教学管理人员长期缺编的问题。

青年教师培养。实行青年教师导师制。召开青年教师座谈会，了解青年教师的状况、想法和困难，帮助他们及早形成稳定的研究方向并加入科研团队，鼓励他们多出去参加国内外学术会议，开阔视野、了解行业发展前沿，为学院未来的发展出谋划策，并从母校推荐高素质师资人才。开设青年教师论坛，开展学术交流。

新一轮教师职务聘任（晋升）的工作。开展新一轮教师职务聘任（晋升）的工作，并为学校未来的人事制度改革做好准备。

校友工作。利用校友资源开拓就业渠道，走访校友企业开展院企交流合作，组建学院校友会理事会微信群，利用学院网站和校友工作群积极宣传报道学校、学院发展动态和校友事迹，为《信息科大人》积极投稿，完成学校校友办部署的相关工作。接待 82 级、92 级计算机专业校友返校。举办“校友话职场”活动，邀请拓尔思副总裁施水才教授谈创业经历和创业体会；组织 8 名 2017 届应届本科毕业生搭乘“就业直通车”，到校友企业北京中达恒业公司直接参加专业知识考核，有 2 名学生被录用就业。

拓展办学空间。在教学和科研用房及其紧张的情况下，想方设法提高房屋资源的使用效率和配置效率，最大限度地满足教学科研和学校改革发展需要。本学期克服重重困难，调整了一线教师的办公用房，使两个系的办公室面积增加一倍，让每位老师可以有一个固定的办公桌；同时解决了“242”项目保密实验室的场地问题。重新规划了 Java 实验室，与 ACM 竞赛培训共享空间。另外，积极与学校各部门协商，增加研究生自习室，开设考研教室，为学生申请安装学习用品储物柜，努力改善考研复习的条件。

保障校园安全稳定。年初党政联席会制定了《计算机学院关于调整安全稳定领导小组的通知》，更新了领导小组成员，明确了院领导的分管责任和包片分工，班子成员实行安全工作常规检查记录制度。

召开党政联席会议（院务会）33 次。

（李　宁）

【荣获北京市科学技术奖】2016 年 11 月，计算机学院张仰森教授荣获北京市科学技术贰等奖，获奖项目：智能立体化仓库系统关键技术及应用。

（霍颖培）

【举办计算机学院首届“幸福杯”羽毛球比赛】自 2016 年 12 月 3 日上午，计算机学院教职工第一届“幸福杯”羽毛球比赛在小营校区气膜馆举办，学院近 30 名教职工参加了以系、办、中心为单位的团体赛。比赛由学院分工会主办，计算机学院教职工羽毛球协会承办。

（霍颖培）

【举办计算机学院青年博士论坛】2016 年 3 月始，计算机学院定期开展青年博士论坛活动，已经办成学院文化品牌之一。

（霍颖培）

【成立学生“学风建设督查组”】2016 年 11 月由计算机学院学生会、团总支、新闻中心、崛博学生工作中心四大学生社团联合成立“学风建设学风督查组”，开展为期 6 周的课堂考勤、课堂失范行为督查，抽查考勤 28 次，覆盖 2015 级、2016 级所有班级，召开督查组会议 5 次。

（霍颖培）

【举办“西普杯”北京信息科技大学第二届网络安全技术邀请赛】2016 年 6 月 5 日在健翔桥校区计算中心，在西普阳光教育科技股份有限公司、学校教务处等部门的大力支持下，计算机学院举办了“西普杯”北京信息科技大学第二届网络安全技术邀请赛，来自于计算学院、信管学院的 70 余名学生在健翔桥校区计算中心参加了此次赛事。

（霍颖培）

【“互联网＋校园”签约北京联合大学商务学院】2016 年 10 月 19 日上午，北京信息科技大学计算机学院、北京联合大学商务学院在北京联合大学商务学院教学楼举行真实场景下的创新创业及实践教学支撑平台战略合作协议签字仪式。参加签字仪式的北京信息科技大学方面的人员有：北京信息科技大学高端信息产业技术研究院领导钟玲、王占武等，北京信息科技大学计算机学院院长李宁，北京信息科技大学计算机学院教师凌涛；北京联合大学商务学院方面的人员有：北京联合大学科技处处长李静文，北京联合大学商务学院副院长孙桂生、副院长张明贤，电子商务系主任韦恒，以及许德才、赵绍全博士等。副院长孙桂生主持了签字仪式。

（霍颖培）

经济管理学院

【概况】学院拥有经济学和管理学两大学科门类，设有经济学、会计学、财务管理、市场营销、工商管理、质量管理工程、人力资源管理7个本科专业，管理科学与工程、工商管理、应用经济学3个一级硕士授权学科，管理科学与工程、资源循环管理工程、技术经济及管理、企业管理、会计学、国民经济学、数量经济学和金融学8个二级硕士授权学科，以及工业工程、工商管理硕士（MBA）2个专业硕士学位授予权。

北京信息科技大学文管综合实验教学示范中心为北京市高等学校实验教学示范中心。该中心在本院设有会计实验室、财务与投资实验室、企业管理实验室、营销管理实验室、经济与贸易实验室、实验经济学实验室和大学生科技创新基地。学院拥有藏书丰富的专业资料室和8个校外实习基地。

学院拥有一支实力雄厚的师资队伍。现有专职教师103人。其中，教授20人，副教授43人，占教师比例61%；具有博士学位教师41人，占教师比例40%；具有硕士及以上学位教师93人，占教师比例90.3%。教师中有享受国务院特殊津贴、北京市突出贡献专家、北京市市属高校学术创新团队带头人、北京市哲学社会科学研究基地首席专家、教育部新世纪优秀人才、北京市百千万人才、北京市市属高校高层次人才，有北京长城学者、北京市创新拔尖人才、北京市科技新星、北京市优秀教师、北京市中青年骨干教师、北京市优秀人才的学术骨干；另外还有中国数量经济学会副理事长、其他一级学会常务理事与理事，以及中国注册会计师，中国注册税务师、国家注册审核员、国家高级职业指导师、资产评估师、公司独立董事等，他们分别在数量经济与博弈实验、知识管理、科技管理、证券投资、质量管理、资产评估、人力资源、企业成长与并购、财务会计、企业管理教学与循环经济学科研领域颇有建树，享有很高的知名度。

学院利用北京市专家人才优势，与国务院发展研究中心、中国社科院、中国科学院、中国科学技术发展战略研究院等著名科研机构，以及北京大学、清华大学等著名高校建立了长期稳定的合作关系，与政府职能部门，以及企业建立了良好的合作关系。聘请了中国工程院院士、中国社科院学部委员等著名专家学者为兼职教授，为政府相关部门与企业决策发挥了重要的作用。

学院拥有北京市市级学科科研平台——北京知识管理哲学社会科学研究基地、北京市人才强校计划学术创新团队——知识管理研究创新团队、北京市重点建设（一级）学科——管理科学与工程、北京市重点（二级）学科——技术经济及管理、北京市重点建设（二级）学科——企业管理。在平台基础上，建立了三个校级研究机构——循环经济研究中心、知识管理研究所和企业成长研究中心；还建立了实验经济学研究中心、科技政策与管理研究中心、知识工程研究所、职业与信息工程研究所、生产力与质量研究中心等8个研究机构，以及知识管理、实验经济学等科学研究实验室。

学院积极开展国际合作和国内外学术交流活动，与爱尔兰都柏林格林菲斯学院开展了“2+2”模式的合作办学；与爱尔兰考克大学开展了“2+2/3+1”模式的合作办学；与美国威斯康星大学帕克赛德校区合作开展学生交换培养和“3+1”模式的合作办学；与美国博林格林大学开展了“2+2/3+1”模式的合作办学；与英国安格利亚鲁斯金大学开展了“2+2/3+1”模式的合作办学；与加拿大多伦多大学、德国亚琛大学进行知识管理研究、消费类产品有毒有害物质评价技术方面的学术交流；举办了实验经济学、科技成果转化、数据共享技术、WTO与中国国际学术年会、全球经济中的中小企业等国际会议与全国重要的学术会议，产生了重要的学术影响。

2016年，学院共有在校生2255人，其中本科招生530人，毕业564人。研究生毕业61人，招生78人。专硕38人，学硕40人。校级教学改革项目立项3项，院级1项，结题3项；校级课程建设项目3项，院级1项，结题21项。出版教材12本；2教师分别学校青年教师基本功比赛二等奖、三等奖。

（何　琼　张　健）

【学科建设与研究生教育】6月16日，学院召开第四轮学科水平评估专家论证会，邀请首都经济贸易大学高闯教授，北京交通大学张明玉教授、刘伊生教授、叶龙教授，中国社科院李金华教授，中央财经大学贾玉革教授，北京科技大学戴淑芬教授等经管领域的知名专家到学校指导。会议由院长葛新权教授主持，副院长张健教授、工商管理学科一级学科负责人侯军岐教授、应用经济学一级学科负责人徐文彬教授，以及参加评估工作的部分教师参加了会议。会上，张健向专家汇报了管理科学与工程、工商管理、应用经济学三个一级学科评估材料的准备情况。专家对评估材料逐一审查，从基础数据填写、目标定位分析、优势特色凝练、服务案例撰写等方面提出了有针对性的建议。会后，学院评估工作组认真分析了专家提出的修改建议，并提出进一步优化评估材料的工作方案。

（何 琼 张 健）

6月24日至25日，学院召开了学科建设与科研管理工作研讨会。副校长兼研究生院院长韩秋实、研究生院常务副院长王久和、科技处处长邢济收、经济管理学院院长葛新权、党委书记谢瑞峰、副院长张健、副院长曲立及学院50多名教师参加会议。同时邀请中国农业大学经济管理学院院长郭沛教授、北京工商大学商学院院长王国顺教授以及20余名优秀研究生毕业校友代表参加本次会议。经管学院院长葛新权主持会议，副校长韩秋实在致辞中回顾总结了学院“十二五”规划期间取得的优秀成绩，并对“十三五”计划提出了宝贵建议。受邀专家从多方面介绍了相关经验，并为经管学院提出了针对性建议。最后，学校领导介绍了新校区的发展现状和目标，鼓励校友积极参与互动。

（何 琼 张 健）

12月1日，学院邀请云盟国际资本管理（北京）股份有限公司董事长、北京交通大学和北京信息科技大学的兼职教授以及对外经济贸易大学的客座研究员云关秋给同学们开展了一堂别开生面的讲座。讲座中，云教授从证券投资金融、创新创业、中国经济、中国文化、循环经济等五个角度展开，并提出“拥护政府，远离政治”的概念，认为应该在经济理论研究中加入中国经验，将中国特色考虑进去。

（何 琼 张 健）

6月30日，FiscalNote公司CEO兼创始人Tim Hwang应学院邀请在小营校区学术报告厅进行了“大数据公司FiscalNote创业经历与发展”专题报告。报告由学院副教授李建良主持，学院部分教师和研究生参加了此次报告。学院党委书记谢瑞峰对Tim的到来表示欢迎和感谢，并代表学院聘请其为经管学院创业导师，向其颁发了聘书。会后，在场师生针对讲座内容进行提问，Tim Huang对每个问题都进行了详细的解答。

（何 琼 张 健）

10月15日，中国数量经济学会年会在中央财经大学学术会堂206报告厅开幕。北京信息科技大学经济管理学院院长、中国数量经济学会副理事长葛新权教授在开幕式主席台就座，刘伟老师和两位经管学院研究生参加会议。15日下午，在“实验经济学及其他学科”专题论坛上，经济管理学院研究生刘奥彬宣讲了题为《生产者责任延伸制度下废旧手机回收实验设计中的几个关键问题》的论文，并与在场学者深入探讨了实验经济学相关问题，学校实验经济学科研成果得到在场学者充分肯定。在16日上午年会优秀论文颁奖典礼中，刘奥彬同学的论文获年会优秀科研成果三等奖，葛新权教授出席并为年会获优秀成果奖的学者颁奖。

（何 琼 张 健）

【教学工作】2016年，会计学专业完成北京市专业评估试点会计学专业数据采集、评估报告撰写等评估任务，并顺利通过评估，排名第五。完成国际经济与贸易专业新专业申请、论证及申报工作。2016年，学院逐步完善了院级教学制度建设，制作了开课计划、考试管理、成绩管理、学籍管理、转专业、研究生推免、免修、自主选修等工作流程图。完成了学院7个专业培养方案调研总结、方案制定和论证工作；完成347门课程的教学大纲和课程信息制订和修订工作。工商管理专业完成了与对外经贸大学对接的“双培计划”培养方案制定，及8名学生选送工作。工商管理专业与北邮开展虚拟教研室建设工作，共同组织了19名双培生学习座谈，1名学生自愿回本校就读。

1月，学院与智观无限（北京）信息技术有限公司签订了实习基地协议，面向经济学和经济学（国际贸易）专业学生，2016年9月，与中建材信息技术股份有限公司签订了实习基地协议，面向人力资源管理专业学生。

5月5日，根据学校《关于开展2016级本科培养方案修订工作的通知》要求，经济管理学院2016培养方案专家论证会在小营校区图605举办。会议由副院长曲立教授主持，学院党委书记谢瑞峰教授出席会议并讲话。会议分别邀请北京大学等教授、知名学者以及公司高管等业内人士参会，学院2016级本科专业培养方案工作小组全体成员、学院教学工作委员会委员、各专业部分教师代表等参加了会议。会议紧紧围绕学校《关于修订2016级本科专业培养方案的原则意见》，按照专业特色与专业规范相结合、课程体系与培养目标有序关联、创新创业教育与专业教育相融合、加强国际交流与校企合作、优化实践教学体系，提高实践育人效果、大力推进通识教育，提升学生综合素质的原则，与会专家和各系参会人员结合社会需求以及所在行业、区域的发展趋势，结合学校办学特色，培养方案框架、课程体系与学时分配进行了讨论。与会专家对会计学、财务管理、工商管理、人力资源管理、市场营销、经济学、质量管理工程7个专业培养方案给予了中肯评价。专家们认为经济管理学院7个专业培养方案，能够反映当前社会经济发展与变革，学院统一规范学科基础课，开设与网络技术应用相关课程如互联网金融课程，以及结合“双创”设置相关课程，是十分好的做法。专家也对部分课程设置以及培养方案结构提出了很好建议和意见。

11月4日至6日，学院围绕学校“十三五”规划、人才工作会议精神和本科教学重点工作会议，召开经管学院本科教学工作会议。7个专业在认真总结2016级培养方案制订工作基础上，分别邀请校外专家与本专业教师对专业评估、专业建设、课程建设、实践教学环节建设进行研讨。专家对学院本科培养方案突出信息特色以及创业教育给予肯定，并提出与企业共建，办好专业。

11月30日14:30，学院在图书馆605进行了第九届青年教师基本功比赛初赛，初赛分为基本功比赛报名情况介绍、参赛教师教学演示、评审小组提问三个环节进行。历时两个多小时的初赛现场气氛热烈，参赛教师生动的教学演示感染了每一位评审小组成员，评审小组就参赛教师的教学内容、视觉效果、语言表达、课件设计、课堂互动等方面一一点评，提出修改意见和建议。最终工商系颜瑞、齐林、经济系王建国、人力系杨翠芬老师脱颖而出，代表学院参加校级基本功比赛。

（郑　玮　孙永平　曲　立）

【科研工作】5月4日，由北京市哲学社会科学规划办公室组织，与市教委联合聘请专家对15个研究基地第三个建设周期（2013—2015年）进行评估，学校“北京市知识管理研究基地”继前两期建设取得优秀后，再次获评优秀。研究基地以“推进中国知识管理理论创新与应用”为建设宗旨，在第三期建设规划中，瞄准“美丽中国”生态文明建设、推进我国治理体系及治理能力现代化，发展研究基地优势和特色，运用知识管理先进理念，进一步凝练研究方向；在政策与措施的宏观取向上，聚焦循环经济理论与应用研究；在政策与措施的微观论证上，聚焦博弈论与实验经济实验创新发展，走微观论证、中观示范、宏观决策的理论与应用结合路线，谋求为中国知识经济发展、生态文明建设以及我国治理体系与治理能力现代化做出贡献。

3月26日，北京科技人才研究会成立大会暨第一次会员大会在北京信息科技大学隆重召开。北京市委组织部人才工作处副处长朱永利、北京市人力社保局专家和博士后工作处副处长李欣、北京市科委科学技术奖励工作办公室副主任柯常取、北京市科协人事部副部长张宏、首都经贸大学副校长徐芳、茅以升科技教育基金会副秘书长爱伦，以及来自中国科学院、北京大学、清华大学、北京航空航天大学、首都医科大学、建设部综合勘察研究设计院、同仁医院等科研院所、高校、企业的百余名会员代表参加了大会，学校副校长韩秋实代表秘书处单位参加会议并致辞。会议由经管学院副院长张健主持。成立大会宣读了北京市民政局关于允许北京科技人才研究会成立的批文，审议并表决通过了章程与相关管理办法，选举产生了第一届理事会和监事会。副处长朱永利为大会作主题报告，对现状进行具体介绍并提出建议和要达到的目标。到场领导对第一次大会的成功召开表示祝贺，对北京科技人才研究会的筹备工作给予了充分肯定，并对今后的工作和发展提出了切实建议，表达了殷切希望。

6月1日，“大数据商业分析国际研讨会”在北京信息科技大学举行，IBM中国研究院院长、IBM大中华区首席技术官沈晓卫博士，清华大学工业工程系王凯波教授，以及中机华联机电科技（北京）有限公司总经理雷锡林等应邀出席了研讨会，副校长许宝杰教授同与会嘉宾进行了友好会面，感谢他们对学校实践教学和科学研究工作的大力支持。

12月27日，经济管理院申报的新型智库领域的“绿色发展大数据决策北京市重点实验室”获批。绿色发展大数据决策实验室经资格审查、会议评审、现场考察等多个环节，最终被认定为北京市重点实验室。实验室由北京信息科技大学牵头，北京拓尔思信息技术股份有限公司和山东浪潮云服务信息科技有限公司共建。实验室下设大数据驱动的绿色发展决策范式与方法、绿色发展决策治理关键技术、绿色发展大数据价值发现与决策平台三个研究方向。

（何 琼 张 健 王梅娟 曲 立）

【学生工作】1月10日，2015中国大学生就业模拟大赛决赛暨颁奖典礼在位于郑州市的华北水利水电大学完美落幕。最终，北京信息科技大学选手刘迎春、李为婕获得一等奖，赵明光获二等奖，余常州获三等奖。经济管理学院辅导员马翔宇、陈曦老师荣获优秀指导教师，学校获得了优秀组织单位。

1月14日，由经管学院主办的实验经济学公开赛决赛在郑州顺利落幕。其中，刘伟、周飞跃、刘瑞老师指导的4个小组共18名同学设计的实验经济学实验脱颖而出，获得优异成绩。冷倩宇小组的《手机生产商生产者责任制机制设计》实验获得一等奖；徐永慧小组的《高校食堂浪费现象研究及对策》、吴谨瑜小组的《距离、时间与收益的优化配置》获得二等奖；田昊小组的《服务型电商的一体化延伸》获得三等奖。经济管理学院刘伟、周飞跃、刘瑞荣获“优秀指导教师”称号。

4月6日18时30分，一年一度的经管学院“十佳歌手”大赛如约在二大阶拉开帷幕最后的颁奖环节，不出意外，格桑卓嘎获得了比赛的冠军，李子易与何文婷分获二、三名。声动经管——经管学院“十佳歌手”大赛在大家的合影后圆满结束。

4月14日18时30分，在清河校区二大阶举办了第六届“智汇经管，魅力百科”百科知识竞赛决赛。经过一个半小时的比拼，最终冠军花落会计1403团支部。本次百科竞赛系列活动很好的普及了学生的百科知识，激发出更广大学子的求知热情。

4月21日晚清河校区，经济管理学院邀请校友李胜杰、靳现凯、王盈盈、秋春童回校与在校生交流职业选择与发展。此次交流活动，是经管学院研究生及本科就业工作服务的一部分，接下来，学院还将从就业政策解析、本科村官应聘经验交流等专题为毕业生提供更精细化的教育与服务。

4月22日，由北京市学生资助事务管理中心主办的首届首都高校“十大校园励志人物”颁奖典礼暨励志人物先进事迹报告会在北京国际会议中心隆重召开。学院市场营销专业1102班邹魁同学荣登首届首都高校“十大校园励志人物”榜单，获“十大校园励志人物”荣誉称号。

5月12日下午，辅导员空间站活动——培训感受心得及工作体会工作坊在小营校区第四会议室举行。校党委副书记杨军，学生处、研工部、校团委、各学院学生工作人员40余人参加。经济管理学院马众、研工部王海龙、机电工程学院张婧梅等老师先后发言，分别就辅导员科研能力提升、大学生创新创业培训等内容进行交流，分享了各自在培训中的收获及感受。

5月14日，首都高校第54届学生田径运动会在北京电子科技职业学院开幕，校党委副书记杨军受邀出席，由经济管理学院女生组成的花束队代表北京信息科技大学参加田径运动会的开幕式。

5月18日18时，经济管理学院团总支在清河校区二大阶教室举办了以“意气风发逐梦人，繁花似锦正青春”为主题的感动经管颁奖晚会。推进了学院情感环境建设，促进学院师生相互理解认同，强化责任担当意识。

5月24日，经济管理学院党委在清河校区二大阶梯教室举办了“传承勤信精神·争做时代先锋”——第九届“同心杯”党章党史知识竞赛。校党委组织部副部长姜伟华，党委学工部部长郭银辉，学院党委书记谢瑞峰，副书记崔凯出席此次活动，经管学院辅导员、班主任、学院9个本科学生党支部200余名学生党员、入党积极分子观看了比赛。

5月25日中午，经管学院党委在小营校区1教E12进行预备党员培训动员会。学院党建辅导员周宇老师对参加此次学校培训的94名预备党员进行了动员。

5月31日，为继续推进“两学一做”教育学习在毕业年级党员中开展，5月31日，经济管理学院党委在小营校区1教E11教室举行2016届本科毕业生党员大会。学院党委书记谢瑞峰、党建辅导员周宇、毕业生党员130余人参加大会。院党委副书记崔凯主持会议。

6月17日，为丰富“两学一做”的学习形式，经管学院党委研究生党支部联合开展了“手抄党章100天”主题学习教育。“手抄党章100天”主题学习教育包括：硬笔书法比赛、学习党章交流会、“以党章规范自身，做合格党员”主题党日活动。经管学院研究生党员同志都积极参与其中，形成了良好的“学在日常，做在经常”的学习氛围，以突显“两学一做”实效性。

6月27日，经济管理学院在小营校区一教E23召开入党宣誓大会。参加本次宣誓大会是2016年上半年学院吸收的本科和研究生预备党员，经济管理学院院长葛新权、党委副书记崔凯出席本次大会。

7月10日，伴随着暑假的展开，学校各支社会实践团队陆续出发，开展假期社会实践活动。7月10日至12日经济管理学院赴南京社会实践团队以作为第一个出发的团队抵达南京开展活动。这支团队由经济管理学院2014级辅导员马众老师和2013级辅导员周海亮老师带领。

8月28日为了巩固“两学一做”教育学习的成果，进一步统一思想，扎实开展学习，8月28日，经管学院党委召开了新学期学生党员大会。学院党委副书记崔凯及党建辅导员周宇、辅导员章沁然与经管学院225名本科生、研究生党员参加大会。

12月1日，北京信息科技大学经济管理学院请来云盟国际资本管理（北京）股份有限公司董事长云关秋给同学们开展了一堂别开生面的讲座。云教授从证券投资金融、创新创业、中国经济、中国文化、循环经济这五个角度展开此次讲座。这次讲座不仅让同学们与资本领域的大牛接触，还让同学们开始思考中国经济发展现状，考虑如何抓住这个大的发展机遇，从而实现自身的跨越式发展。

12月7日晚，由学生处、教务处、纪委办公室、后勤管理处、校团委联合主办，校团委学习实践部承办，以“遵章守纪、知校爱校、健康成长、兴校荣校”为主题的2016年新生校情校规知识竞赛决赛在小营校区报告厅举行。经过激烈的答辩环节经管学院荣获冠军。青年教师们无论参赛与否，都能通过初赛的进行对比自身教学，找差距，总结教学经验，寻找课堂教学的突破口。初赛的进行，起到了提高青年教师教学能力和水平的作用，达到了调动和激励青年教师的工作热情的目的，同时也为学院就如何提高青年教师教学基本功积累了一定的经验。

（崔　凯　马　众　周海亮）

【对外交流】2016年，学院与爱尔兰科克大学、美国威斯康辛大学帕克赛德分校、美国加州大学河滨分校、瑞典哈穆斯塔德大学、加拿大温莎大学、美国蒙哥马利奥本大学6所国外大学及台湾朝阳科技大学联合培养学生项目持续招生。学院共外派学生18名，其中爱尔兰科克大学8名，赴美国威斯康星大学帕克赛德分校3名，美国加州大学河滨分校和赴加拿大温莎大学各2名，赴瑞典哈穆斯塔德大学学习、蒙哥马利奥本大学和台湾朝阳科技大学各1名。并派出1个教师学术考察团赴澳大利亚、新西兰进行学术交流与合作办学的洽谈。

2016年，学院共接待来自爱尔兰、美国、加拿大、瑞典、荷兰、韩国等国外代表团、学者专家的来访，双方就国际合作办学、学术交流等问题进行了广泛的交流与磋商。

3月14日，瑞典哈姆斯塔德大学的招生主管Stig Perttu教授、国际处Ditte Sörensen教授、嵌入式系统研究中心Mattias Weckst é n博士、信息技术学院商务信息系统专业Torben Svane博士受邀作为嘉宾参加了由经济管理学院院长葛新权教授主持的哈姆斯塔德大学商学院与经济管学院的会谈。经济管理学院市场营销专业教师徐峰、王梅娟参加了此次会谈。双方就具体事宜进行了协商讨论。其中，Sting教授对今后交流的本科生提出了英语水平的要求，最后Torben Svane博士向学院老师介绍了近期在学校的讲座内容与课程安排。

3月22日，美国威斯康星帕克赛德分校商学院院长Dirk Baldwin、国际教育主管王哲民教授一行到校访谈。会谈由经管学院副院长教授曲立主持，院长教授葛新权、MBA中心副主任教授王斌、财投系教授岳宝宏、会计系副教授李慧思和彭燕、经贸系副教授孙玉霞以及国际交流合作处张雅等出席了会议。会议上学院对来访嘉宾表示热烈欢迎，并对双方联合培养所取得的成绩表示肯定，希望能进一步合作，继续带动相关专业国际化。Dirk Baldwin院长介绍了威斯康星大学及商学院的情况，其中硕士招收的MBA专业项目已经过AACSB认证，希望继续保持友好合作，推进北京信息科技大学AACSB认证进度。最后双方就拟合作开展的项目进行磋商并达成共识。

5月12日，爱尔兰阿斯隆理工学院Ciaran O Cathain教授应邀到学院开展了“机构改革—爱尔兰案例”专题知识讲座。本次讲座Ciaran O Cathain教授主要从中外著名企业家的简介与启示、企业家创新精神解读、企业家精神特点、政府政策和企业家创新行为的关系等几个方面进行讲解。讲座中，Ciaran O Cathain教授应用数据与实例相结合的方式引发同学们对未来的自我发展新的思考。

5月16日，荷兰代尔夫特理工大学政策研究及系统工程专业 Scott W.Cunningham 教授应邀在学校图书馆 605 会议室为经济管理学院 2015 级研究生做了题为“Tech Mining Using Python（如何使用 Python 进行技术挖掘）”的讲座。本次讲座，Cunningham 教授从三个方面介绍了 Python 语言的作用。此次讲座让同学们在获取跨学科知识的同时提升了英语能力。

5 月 31 日，美国鲍灵格林大学商学院院长 Raymond Braun、商学院副院长 Zubair Mohammed、应用统计学和运筹学系主任 Bai-Yua（Arthur）Yeh、商学院教授李明生一行到经管学院访问。北京信息科技大学副校长许宝杰、教务处处长兼国际交流学院院长王兴芬、经济管理学院副院长曲立、财务投资系副主任王晖、工商管理系教师颜瑞、国际交流处教师张雅在小营小区接待了来宾，并就中外两校合作等相关事宜进行了会谈。双方就两校合作办学项目情况进行了经验总结，对今后合作中的事项进行了深入探讨，并就国际商学院认证（AACSB）的工作事项交换了意见。

10 月 31 日，来自美国 Wisconsin-Parkside University 的 Michele Gee 教授到学校进行为期一周的讲学。访问期间，Michele 教授为经管学院不同专业学生共开展了 8 次学术报告和 1 次说明会。其间，Michele 教授针对同学们提出的问题做了详细解答，加深了同学们对专业领域的了解。最后，Michele 教授并诚挚欢迎学校同学前去美国威斯康星大学帕克赛德分校学习。

11 月 1 日，应学校邀请，加拿大温莎大学商学院、曾荣获温莎大学“2011 年度最佳科研奖”的安云碧教授到经济管理学院，为学院师生进行了两场关于如何开展金融研究的专题讲座。本次讲座由院长葛新权教授主持，讲座交流气氛融洽，青年教师收获颇丰。讲座结束时，部分研究生仍意犹未尽，与安教授继续进行讨论。

12 月 9 日，台湾辅仁大学副校长、AACSB 初次认证委员会委员李天行教授受邀到学校做 AACSB 商学院认证标准解读讲座。此次讲座，李天行教授对 AACSB 认证的 15 项新标准进行了深入的解读，为学院即将开展的 AACSB 认证工作指明了方向，奠定了良好的基础。学院领导和老师一致表示将以学校 AACSB 认证为契机，按照相关标准，进一步规范学院教学、科研和管理等工作，并全力配合学院做好 AACSB 认证工作。

（何　琼　王梅娟　曲　立）

【党建工作】2 月学院关于组织开展 2016 年春季开学教职工思想动态的调研工作。及时了解教职工对近期热点时事问题的看法和学校、学院发展的意见和建议，及时、准确把握学院教职工思想动态，充分发挥党委的战斗堡垒作用，第一时间了解广大教职工的反应，未雨绸缪，妥善应对。始终跟党保持一致，有力维护思想建设的和谐统一。

4 月学院进行了 2015 年党务公开工作总结。以党委书记为组长的党务公开领导小组，党务秘书、党务辅导员、办公室主任具体负责的党务公开组织机构，完善了党务公开的程序和流程。严格执行学校（校党发〔2012〕39 号）《北京信息科技大学党务公开工作实施细则（试行）》制度和经管学院《党务公开制度》以及党风廉政建设责任制的系列制度。

6 月按照上级党组织要求，根据学校《在全体党员中开展“学党章党规、学系列讲话，做合格党员”学习教育的实施方案》（校党发〔2016〕26 号）工作安排，经研究决定在各党支部和党员中组织开展“承诺践诺，做合格共产党员”主题党日活动。为进一步推进“两学一做”学习教育，教育引导党员铭记党员身份，立足岗位、履职尽责，积极为党工作。

6 月，2016 届毕业生即将离校，为了顺利地做好毕业生党员组织关系转递工作，学院党委（党总支）相关工作人员按照《毕业生党员组织关系转递工作安排的说明》的相关要求，认真负责地做好本单位毕业生党员党组织关系转移工作。转接党的关系研究生党员 38 人和本科生党员 134 人。

6 月开展了“共产党员献爱心”捐献活动。“共产党员献爱心”捐献活动是首都广大党员发挥先锋模范作用，体现党的先进性，弘扬中华民族扶贫济困传统美德、展示北京精神的特色活动。2016 年是中国共产党成立 95 周年，当前全市正在开展“学党章党规、学系列讲话，做合格党员”学习教育。各院级党组织要将“共产党员献爱心”捐献活动作为“两学一做”学习教育的重要载体，组织党员广泛参与。

9 月经济管理学院关于组织开展 2016 年秋季开学教职工思想动态的调研工作。根据宣传部的通知要求，新学期伊始，经管学院开展了教职工思想状况调查工作，主要围绕寒假返乡见闻，对习近平总书记在哲学社会科学工作座谈会、全国科技创新大会、中国共产党成立 95 周年大会上重要讲话的反响。对我国经济发展形势的看法，对楼市去库存、债市风险、失业压力增大等热点问题的看法，对即将在我国召开的 G20 杭州峰会的看法。对南海问题、英国公投脱欧、“四国集团”屡提入常案、朝鲜半岛局势持续升温等国际热点问题的看法。学院部分教师对国际形势谈了自己的看法。对推动学校事业发展、提高人才培养质量、落实巡视整改方案、统筹推进“五个环境建设”、落实学校“十三五”事业发展规划等的意见和建议。学院教师密切关心学校的改革发展，对学校的未来充满信心，老师们谈到学校的发展与教师个人发展密切相关，理解大家与小家的关系，表示出能够积极进取，努力完成学校交给的各项工作，为学校的发展做出贡献等。

9 月进行了学院党委换届选举工作。为进一步完善党组织架构，根据《党章》《中国共产党基层组织选举工作暂行条例》（中发〔1990〕8 号）以及《中国共产党北京市委组织部、中国共产党北京市委教育工作委员会关于实施〈中国共产党普通高等学校基层组织工作条例〉的办法》（京发〔2011〕26 号）等有关规定，经研究决定，完成学院党委及教工党支部换届选举工作。

10 月为认真落实中央和北京市“两学一做”学习教育工作部署，按照北京市委教育工委《关于推进北京高校“两学一做”学习教育下一步有关工作的通知》要求，11 月 10 日前，梳理前段学习的组织情况，了解规定的学习篇目、基本教材学习情况，抓好组织关系保留在高校的毕业生党员、流动党员、离退休干部职工党员的学习覆盖情况，对缺课党员要以适当方式进行补课，确保学习教育覆盖到每个支部、每名党员。

11 月，组织开展党支部工作自查及建立 2016 年党支部工作台账，查找梳理党支部工作中的薄弱环节，补齐党支部工作短板，进而提升党支部工作。在查找梳理党支部薄弱环节的同时，各院级党组织要注意发现和培育工作规范、成效显著、特色鲜明的党支部，树立示范党支部，将其好的经验推广学习。

12 月 根据市委组织部电话通知的相关要求，进一步做好党员组织关系集中排查工作。首先，依据反馈的查找线索再认真组织一轮查找。11 月 2 日和 11 月 22 日，市里分两批反馈了失联党员（指党员组织关系在学校，且尚未取得联系的党员）查找线索，各院级党组织也可以进一步运用电信、金融等资源，继续加大查找力度，尽可能地与失联党员取得联系。其次，对截至 2016 年年底尚未取得联系的失联党员名册再次梳理一遍。根据调研中了解的情况，个别基层党组织尚未取得联系的失联党员名册中包含流动党员（即党员组织关系已不在学校），请各院级基层党组织对目前尚未取得联系的失联党员名册再次梳理一遍，存在类似情况的，不应当纳入统计。

12 月 2016 年度党内统计年报工作。教育部每年对全国高校基层党组织和党员队伍状况进行统计。按照北京市委教育工委要求，现需完成学校党员和党组织数据汇总工作，为完成此项工作，做好统计报表的填写工作。截至 2016 年年底，经管学院党员总数 423 人，教工 8 各支部 79 名党员，学生 15 各支部 344 名党员。

（贠立新　谢瑞峰）

【获奖情况】1 月 14 日，由经管学院主办的实验经济学公开赛决赛在郑州顺利落幕。其中，刘伟、周飞跃、刘瑞老师指导的 4 个小组共 18 名同学设计的实验经济学实验脱颖而出，获得优异成绩。冷倩宇小组的《手机生产商生产者责任制机制设计》实验获得一等奖；徐永慧小组的《高校食堂浪费现象研究及对策》、吴谨瑜小组的《距离、时间与收益的优化配置》获得二等奖；田昊小组的《服务型电商的一体化延伸》获得三等奖。经济管理学院刘伟、周飞跃、刘瑞荣获优秀指导教师。

学校“北京知识管理研究基地”评估再获优秀。由北京市哲学社会科学规划办公室组织，与市教委联合聘请专家对 15 个研究基地第三个建设周期（2013—2015）进行评估，截至 2016 年年底结果揭晓，学校“北京市知识管理研究基地”继前两期建设取得优秀后，再次获评优秀。

北京市知识管理研究基地成立于 2006 年，是依托北京信息科技大学建立的北京市哲学社会科学研究基地。研究基地以“推进中国知识管理理论创新与应用”为建设宗旨，积极把握世界前沿知识管理理论与先进实践，持续推进中国知识管理创新。在第三期建设规划中，瞄准“美丽中国”生态文明建设、推进我国治理体系及治理能力现代化，贯彻中共十八大推进我国治理体系和治理能力现代化的精神，发展研究基地优势和特色，运用知识管理先进理念，进一步凝练研究方向，在政策与措施的宏观取向上聚焦循环经济理论与应用研究，推动“美丽中国”生态文明建设；在政策与措施的微观论证上，聚焦博弈论与实验经济实验创新发展，推动我国不同层面治理的现代化，走微观论证、中观示范、宏观决策的理论与应用结合路线，谋求为中国知识经济发展、生态文明建设以及我国治理体系与治理能力现代化做出贡献。在后续建设发展中，研究基地将围绕学校“十三五”发展的规划要求，围绕基地研究的知识管理理论与应用、循环经济理论与应用、博弈论与实验经济学实验三个研究方向，开展更加紧密的工管以及多学科交叉的联合攻关，提升研究基地的研究水平，扩大研究基地的学术影响和知名度。

10月15日8：30中国数量经济学会年会在中央财经大学学术会堂206报告厅开幕，中央财经大学副校长李俊生教授致欢迎词，中国数量经济学会理事长李平研究员致开幕词。北京信息科技大学经济管理学院院长、中国数量经济学会副理事长葛新权教授在开幕式主席台就座，刘伟老师和两位研究生参加会议。14：00—18：00，年会组织11个专题论坛同步进行。在“实验经济学及其他学科”专题论坛中，经管学院研究生刘奥彬宣讲了《生产者责任延伸制度下废旧手机回收实验设计中的几个关键问题》的论文内容，并与在场学者深入探讨实验经济学相关问题。学校实验经济学科研成果得到在场学者充分肯定。16日8：30，年会组织名家讲坛活动，六位不同领域的专家分别做了精彩汇报。10：00年会优秀论文颁奖典礼和闭幕式在学术会堂206报告厅举行，葛新权教授出席并为年会获优秀成果奖的学者颁奖。刘奥彬同学所提交和汇报的论文获年会优秀科研成果三等奖。

（刘 伟 郑 玮 葛新权）

【其他】积极推进国际商学院认证工作。先后在线完成AACSB要求的会员调查问卷5份；10余人次北京科技大学、北京工商大学等商学院认证调研；2人次参加AACSB标准培训；邀请国内外知名大学专家分享AACSB认证工作经验和认证过程，成立学院AACSB认证办公室，着手撰写EA报告。

北京科技人才研究会是部分茅以升北京青年科技奖获奖者发起，旨在从科技人员的角度出发，审视自身的成长和发展历程，对科技人才的发展问题进行研究和探讨，促进首都科技人才工作，助力科技人才成长。研究会通过建立为不同专业、不同行业的科技专家提供服务的优秀平台，服务于首都和国家的社会经济发展，解决科技工作者自身和人才管理工作者关心的重点问题，帮助科技人才在改革创新的实践中实现自我价值、满足科技人员自身发展的需要。

9月14日，在教务处和学院领导大力支持下，经过一年多的努力，学院人力资源管理专业的职业导航活动正式启动。启动仪式上，学校教务处副处长金春华教授、学院院长葛新权教授、副院长曲立教授出席了活动。特邀嘉宾中国人力资源联合会张波（执行）会长、著名HR专家邓玉金讲师以及六名来自企业HR部门的职业导航师，与人力资源管理专业的全体师生们一起，开展了HR职业成长讲座沙龙和职业导航师导入活动。职业导航活动包括大学生职业导航沙龙讲座、校企合作建立实习基地、企业参观与座谈、引入职业导航师等，这些活动目的在于了解企业对人才能力要求，结合人才培养目标，制定课堂教学计划和实践课程;企业方面提出人才能力要求，并参与到校园人才培养中来。实现了企业、学校、学生的三方共赢。会议由人力资源管理系主任梁栩凌主持，教务处金春华副处长和葛新权院长分别致辞，都表达了对此次活动的期待，并将给予大力支持。中国人力资源联合会执行会长、人力葵花会长张波介绍了中国人力联合会和人力葵花会的情况，并表示愿意与学校进行资源合作，共享互联，为培养合格的专业人才共同努力。

10月26日，在经济管理学院和MBA中心的大力支持下，财务与投资系在学院会议室圆满召开“外培计划暨财务管理专业建设咨询会”。会议由MBA中心主任王斌教授主持，经管学院院长葛新权教授、党总支书记谢瑞峰教授出席会议并发表讲话。财务管理专业优秀毕业生校友，以及财务与投资系主任王晖、副主任刘亚娟和全体教师，对财务管理专业人才培养、用人单位人才需求、财务管理专业建设等议题进行了深入的交流和讨论。与会校友对学科建设和院系工作提出了中肯的建议和看法，并对个人职场经历进行了经验分享。

（王 斌 郑 玮 葛新权）

信息管理学院

【概况】信息管理学院（School of Information Management，以下简称“信管学院”）设有5个系、3个研究和联合实验机构、1个校级实验实习中心、5个本科教学实验室。设有信息管理与信息系统、信息安全、电子商务、审计学（计算机审计方向）和管理科学5个本科专业，其中信息管理与信息系统专业是北京市特色建设专业，信息管理与信息系统、信息安全和审计学（计算机审计方向）专业是本科一批次招生，一批次招收学生比例达85%。学院拥有跨学院共建的管理科学与工程北京市重点建设学科和硕士学位授权点，学院现共有3个硕士学位授权点。

学院有教职工71人，其中专任教师59人，教授9人，副教授26人；具有博士学位34人，硕士生导师16人。

学院在校生1350人，其中学术型学位硕士19人、专业型学位硕士40人，本科生1291人。

（李　忱）

【学科建设与研究生教育】学院拥有跨学院共建的管理科学与工程一级学科硕士学位点、信息管理与信息安全自主设置二级学科硕士学位点和物流工程专业学位硕士点共3个。开展生产系统优化与仿真、电子商务技术及应用、审计信息化、智能决策支持系统、物流与供应链管理、信息系统安全、物流系统工程、物流系统规划与设计、先进制造与生产物流管理等9个学科方向的科研工作和研究生培养，支撑5个本科专业，初步形成了交叉渗透、协同发展的学科专业建设格局；学院拥有北京信息科技大学信息系统研究所、国家审计署－北京信息科技大学联合实验室、北京信息科技大学—IBM联合人才培养基地等科学研究及人才培养基地，立足北京、面向全国，为国民经济信息化建设培养应用型高级专门人才。

（李　忱）

【教学工作】2016年，信息管理学院教师获得学校青年教师基本功大赛一等奖1项、二等奖1项；获批学校教学改革项目6项、课程建设项目6项、教材建设项目3项；共发表教育教学改革论文17篇，出版教材1部。学院学生在全国大学生计算机设计竞赛中获得二等奖1项，在全国大学生信息安全竞赛三等奖1项。具体工作还包括：

培养方案的修订。圆满完成信息管理与信息系统、信息安全、计算机审计、电子商务、管理科学5个本科专业培养方案的重新修订工作。新的培养方案紧跟社会人才需求和信息技术发展特点，进一步明确和凝练了专业方向和特色，形成了新的课程体系，组建了新的课程团队、确定了课程负责人。

信息管理与信息系统专业人才培养模式改革试点班首届学生毕业。遵循“导师制、国际化、重实践”的办班特色，人才培养取得显著成效。试点班学生在出国深造、国内考研和就业以及学生实践创新活动方面均表现出突出成绩。专业学习成绩全班平均绩点3.02，创新实践平均获得学分5.25，对口就业率91%。信管试点班的办学经验不仅为信管专业的建设与发展探索和积累了经验，也为其他4个专业的专业建设与改革起到了示范和带动作用。

稳步推进北京市高水平人才交叉培养——双培计划的开展。开始与北京邮电大学管理学院开展电子商务专业（互联网商务方向）培养项目，2016年共有16名学生赴北邮进行“3+1”学习，招生生源质量良好。以“双培计划”项目为纽带，启动了两校两院在专业建设、课程建设、教师培养与成长等方面的交流与合作。

教考分离。学院专业基础平台课程C语言程序设计、信息系统分析与设计、计算机网络、数据库基础等课程实施教考分离。

进一步完善丰富实验教学资源。申请完成北京市专项、校内专项共计93.87万元，建设“信息管理与信息系统专业综合实训资源建设”“物流实践仿真教学平台”，满足了信息管理与信息系统、电子商务专业急需的实验教学要求。

继续承办完成了三项校级学科竞赛，即“数据库应用技能竞赛暨全国大学生计算机设计竞赛选拔赛”“信息安全竞赛暨全国大学生信息安全竞赛选拔赛”“电子商务技能竞赛暨全国电子商务三创竞赛选拔赛”。把学科竞赛真正办成为学生打造实践创新创业的平台。学生得到锻炼并在全国相应竞赛中取得好成绩。

组织开展多项学生实践创业实践活动。其中：组织学生申报大学生科技创新项目10项、其中国家级项目2项，实际项目8项，获得经费资助11万元；开展实物型毕业设计3项、开放性实验4项；积极参加北京市教委高等学校高水平人才交叉培养“实培计划”项目，获批毕业设计（科研）项目 1 项、毕业设计（创业）项目 3 项。为学生实践创新能力的培养提供了更多的机会，使学生的创新意识和潜力有更多的机会得以表现和发挥。

通过校企合作开展专业实训探索。信息管理与信息系统专业 2013 级与甲骨文公司合作进行为期 6 周的企业实训项目，通过企业实际项目训练，学生感受到与课堂教学不同的教学方式和内容，具体体验了专业知识与实际应用的有机结合，为学生进入企业顺利开展工作打下良好基础。

积极探索与国外高校开放办学新模式。采取“走出去、请进来”的方式，利用学校与国外高校及机构合作的基础，满足学生的不同需求。2016 年，信管学院共派出 3 位学生赴爱尔兰考克大学、美国威斯康星—帕克赛德分校进行为期一年的交流学习，同时邀请国外专家到校讲学或做专题讲座，为学生未来出国深造创造条件。

顺利完成优秀本科毕业生推荐免试攻读硕士研究生工作，共推荐 3 名优秀学生获得免试直接攻读硕士研究生的资格。

顺利完成学生转专业工作，共接收 18 名外专业学生进入计算机审计、信息管理与信息系统和信息管理科学专业学习；接收 15 名专升本学生进入学院信息管理与信息系统专业学习。

（徐晓敏）

【科研工作】积极动员青年教师申报国家自然科学基金项目，对申报教师进行专门培训。本年学院科研实到经费 198 万元，其中，纵向项目实际到款金额 148 万元，横向项目 50 万元。学院新增获批 2 项北京市社会科学基金项目，4 项北京市科委科技计划项目。全院教师以第一作者单位共发表学术论文 57 篇，发表 SCI 收录论文 2 篇，EI 收录论文 7 篇，出版专著 5 部，获得发明专利授权 1 项，软件著作权登记 14 项。

（蒋文保）

【学生工作】2016 年，学生工作以思想教育为引领，以学业提升为核心，以就业服务为重点，以文化建设为补充开展工作，在学校二级考核中获得单项工作奖。

思想教育为引领。150 名 2016 级新生递交了入党申请书。本年度学院发展学生党员 80 人，转正学生党员 97 人，完成 961 人党组织关系排查工作。周秉德先生、高振普将军继续为学生上党课，在全校学生思想政治教育中产生深远影响。学生党员“读书读经典”获得校一、二、三等奖各 1 人。红色“1+1”项目获得北京市二等奖，获得校“两学一做”视频大赛二等奖、校“党章党史知识竞赛”二等奖。获得校级“十佳团支书”2 人、校级“活力团支部”1 个，市级优秀团支部 2 个，市级优秀团干 1 人、市级优秀团员 1 人。建设市级先进班集体 2 个，获得校级“无偿献血先进单位”称号。积极组织和开展学生暑期社会实践工作，学生作品获奖数占全校获奖总数的 50%。

学业提升为核心。依据 CDIO 工程教育理念，学院制定并推进实施“一二三计划”，形成了以生为本、全员参与、循环提升的闭环学业辅导体系。正式成立“求识学苑”，一年来为来自各学院学生提供学业辅导 320 人次。“导生工作室”迎来第二届成员。共为学生举办有关学业、专业、创新创业、就业等主题的讲座、交流等 10 多次。与“HR 百科互助社”建立合作关系，共同完善学院“优秀学子培育计划”。2016 届学生达到研究生国家线以上人数 31 人，成功留学 23 人。成立“学生实践创新中心”，聘请来自学院以及企业的指导教师共 14 人，中心为学生实践创新项目累计提供指导 400 余人次。本年度，获得第五届大学生科技创新作品与专利成果展示推介会三等奖 1 项，并受到投资人青睐，北京青年报刊登专访；“挑战杯”首都大学生课外学术科技作品竞赛三等奖；北京市“创青春”创新创业大赛三等奖 1 项；北京市双创人才精英训练营中“光华——最具投资价值奖”1 项，光华——双创之星” 荣誉称号 2 人；北京市大学生创业设计竞赛一等奖 1 个，1 人获创业之星称号；学校第十届“创新杯”团体冠军，其中一等奖 1 项、三等奖 2 项、优秀奖 7 项；学校第七届“新星杯” 创新创意大赛团体冠军；学校第一届“校友杯”创业大赛校友组一等奖、优秀奖各 1 项，校园组三等奖、优秀奖各 1 项；入驻学校创业孵化基地创新项目 2 项，入驻中关村大学生创业园项目 2 项。成立了“学生信息中心”，获得“新闻宣传工作优秀组织单位”称号，“信息科大信管青年”微信公众号评为新媒体联盟“十佳平台”。

就业服务为重点。通过“信管就业微讯”微信公众平台以及微信、QQ 群等为学生提供就业信息 2000 多个。多途径寻找与企业建立就业合作的机会，形成企业数据库，与 10 多家企业建立了长久合作关系，举办学院专场招聘会 4 次、召开亚信集团、电科院专场宣讲会。与国网中电普华公司正式签署合作协议，并举行了全校性专场宣讲与招聘会。积极拓展广州、上海、珠海等地就业市场，结合“学生实践创新中心”的功能发挥，以及与中关村大学生创业园、“HR 百科互助社”的合作，为学生就业创业提供帮助，取得良好效果，2012 级、2013 级学生各成功创业 1 人，2014 级学生 2 个创业项目入驻中关村及学校孵化基地。学院学生就业工作在院领导的高度重视下，在全体教师的支持下，学生就业率以及就业质量逐年提升，2016 届本科生毕业生就业率达到了 99.7%，核心就业率为 70.83%；研究生就业率 100%，核心就业率 100%。

文化建设为补充。获得学校篮球比赛亚军，在学校春季运动会中获得校春季运动会最佳组织奖二等奖，其中女子团体第二名、男子团体第三名、团体总分第三名、趣味项目第三名。由于 2015 级学生军训中表现突出，获得“军训全优营”的表彰。获得校“星空杯”辩论赛亚军、获校新生风采大赛最佳组织奖金奖，获得学校校情校规知识竞赛第二名；为培养学生环保意识，举办了祭春分植物领养、院十佳歌手大赛、新生风采大赛、新生合唱节、2016 届毕业生晚会、迎冬至包饺子大赛、新年晚会、女生节等活动，学生参与率高，成为学生校园生活的有益补充。

（张　健）

【对外交流】信息管理学院长期注重与业界交流和对外合作办学，拓展师生视野，锻炼实践能力。签署了“北京信息科技大学 -- 北京中电普华信息技术有限公司校企战略合作框架协议”。双方本着“优势互补、自愿共享、互惠共赢、共同发展”的原则，建立长期、紧密的战略合作关系。合作内容包括：充分利用甲方相关学院科技人才优势，根据乙方实际业务发展需求，双方在审计模拟仿真领域开展科研合作，共同申请各类科技计划项目，并共同开展 IT 审计相关标准编制、报批和发布等相关工作；双方在大数据、电子商务和互联网金融等相关业务领域，开展联合课题研究和各类科技计划项目申报等科研合作；联合人才培养以及合作建设校外实习基地等。

同时，积极探索与甲骨文、电力行业、环保系统在云计算、大数据以及数据分析等学术领域的新的合作。

在《北京信息科技大学——中国民生银行》校企合作协议基础上，学院继续与民生银行开展校企合作并进入实质性运作阶段，为信息管理学院五个本科专业的学生提供了一条了解银行信息化业务实践、进入金融领域就业的便利渠道。

邀请国内外大学知名学者开展系列讲座，师生们拓展了视野，开阔了思路；同时，信息管理学院与国外著名高校就“2+2”“3+1”合作办学等项目正式准备启动。

（李　忱）

【党建工作】在校党委的正确领导下，2016 年，信管学院党委以全面贯彻党的十八大和十八届三中、四中、五中、六中全会精神，深入学习贯彻习近平总书记系列重要讲话精神，以坚持立德树人为根本，实施“立德、修身、助航”育人工程；加强宣传教育，组织动员力量，克服各种困难，全面落实校院两级管理体制改革的各项任务；为学院发展建设，提供坚实的组织保障。

信息管理学院党委下设 15 个党支部，其中 6 个教工支部，6 个本科生支部，3 个研究生支部。学院共有党员 212，其中教工党员 51 人，占教工总数的 71.83%，本科生党员 163 人，占本科生人数的 12.56%，研究生党员 33 人，占研究生总数 59.65%。

民主生活会。按照学校党委要求，学院组织开展领导班子民主生活会系列工作。召开了各系教师代表民主生活会前征求意见的交流会。就改善办公条件、福利待遇、组织生活等方面各位教师代表发表了意见。召开了各基层党支部的民主生活，信息安全系、信息系统系等教师党支部开展了批评与自我批评，查找问题，深挖根源并制定整改措施。同时，指出了学院党委、班子成员存在的主动沟通少等问题。

按照校党委 41 号文件精神和要求，召开信管学院领导班子民主生活会，邀请系主任、教工支部书记列席会议。其间，班子成员认真地开展了批评与自我批评，查找问题，查找根源，并结合工作实际和责任分工，提出了有针对性的整改措施，达到了团结—批评—团结的目的。学院党委要求班子成员继续加强理论学习，进一步提高党性修养，深入开展“两学一做”，加大基层民主，加强沟通，进一步落实整改措施。校长助理林国策从理想信念、道德观、利益观等方面发表了总结讲话，加强党性修养，不越雷池一步。

专题学习。信息管理学院党委结合工作实际，深入学习贯彻习近平总书记系列重要讲话精神，特别是高校思想政治工作上的讲话精神；组织学院班子成员在认真开展了“三严三实”专题教育活动的基础上，继续贯彻落实学校党委关于党风廉政建设和反腐败的各项纪律规定，进一步加强领导班子和党员教师的组织建设、思想建设和作风建设，切实提高党组织的创造力、凝聚力和战斗力，充分发挥党组织的政治核心、战斗堡垒和全体党员的先锋模范作用。紧紧围绕学校2016年重点工作，抓住保稳定、促发展、搞建设这一学院发展主线开展工作。

学院党委积极落实校党委统一部署和要求，结合自身实际，制定了“两学一做”等专题学习教育方案，并提出“党委带头，支部先行，党员示范”的学习要求，按照方案要求，院党委指导制定了支部学习计划，党委委员和各支部书记率先集中学习“两学一做”等专题学习教育材料，全年组织召开专题学习会9次，讨论活动11次。

部署“两学一做”相关活动。根据学校党委要求，认真部署并监督执行了“两学一做”中的系列活动。2016年7月，要求各支部对当学期的“两学一做”工作进行总结，并在认真学习“习近平总书记在庆祝中国共产党成立95周年大会上的重要讲话”的基础上，组织召开期末组织生活会；2016年6月—2016年9月，组织学院各党支部和党员开展“承诺践诺，做合格共产党员”主题党日活动，将“两学一做”的学习成果付诸实际工作中；2016年11月，全院党支部开展了“合格党支部建设规范和合格党员建设规范讨论”。与此同时，教工党支部和学生党支部还在不同时期分别开展了“讲政治、有信念”“讲规矩、有纪律”以及“忠诚于党，忠诚于党的教育事业，做合格党员”“忠诚于党，爱国爱校，做合格党员”等主题学习、专题讨论活动各5次。

学院党委组织全院教师学习校长、书记的报告、讲话及学校相关文件，提升教师服务社会、服务北京市发展建设需求的意识；加强教师“学术研究无禁区，课堂讲授有纪律”的教育。积极宣传校党委书记关于“以‘五个环境建设’为统领，推动学校超常规跨越式发展”的党课报告内容。

宣传工作。宣传各类先进模范，引导正确的意识形态，如：大力宣传学院改革发展中的先进经验、先进人物和先进事迹。向校党委宣传部投稿40余篇，推举“勤信人物”候选人1名，推送优秀教师2名；在学院网站发表各类宣传信息、新闻逾100条，积极扩大学院的影响，以良好的社会形象凝人心、鼓士气。学院副书记积极动员一切力量，邀请周恩来贴身卫士将军高振普和周恩来侄女周秉德，以两位老前辈的亲身经历，为青年学生讲述周恩来的故事，激发青年学生努力学习为实现“中国梦”而奋斗的决心。

借用换届选举加强政治宣传，在今年的区人大换届选举中，学院积极动员广大师生充分行使自己的民主权利，体验选举过程严谨、公正、透明，使师生感受到国家政权是掌握在坚持党的领导，忠诚、干净、有担当的人手里。2016年11月，学院进行了支部换届选举，学院党委以支部换届选举为契机，加强党的选人用人政策的宣传和教育，选举过程，严格执行规范化、程序化的选举流程和组织纪律教育，使广大党员群众再次受到组织纪律和规矩意识的教育，增强了广大师生对党组织领导干部的监督和对党组织的信赖。

以参加校“纪念红军长征胜利80周年”歌咏比赛为抓手，组织全体教师观看电视剧《长征》（部分），李忱院长亲自讲解合唱曲目《十送红军》的历史背景和选曲意义，有83%的教师参加了合唱训练，在全体教师中重温长征精神，唤起教师对长征的崇敬和战胜困难的勇气。

学院加强学院主页、橱窗、展板、飞信群、微信群和信管青年微信公众号等媒体形式的建设，站在事关党和国家发展的战略高度，站在推动科学发展、促进社会和谐的高度，严控宣传内容，使宣传思想工作能够服务于师生成长、成才和个人发展。学院党委充分认识到学生群体处于意识形态建设的最前沿，为此，在学生中进行了相关的教育活动。如：学院党委书记针对学生成长实际上党课，课前精心收集党课素材，制作的PPT中包含大量图片和有震撼力的照片；还结合当代大学生的思想实际，以分析境外意识形态输出的核心内容为切入点，为学生入党积极分子做了题为《透过意识形态战争，看年强人的责任》的意识形态教育课。各系利用论文指导、实习指导等机会，对学生进行诚信教育、责任教育、世界观和人生观教育。

支部建设。2016年11月，学院采取公推直选的方式进行了基层党支部换届工作，选出了新一届教师支部书记，新当选的支部书记平均年龄34岁，75%为博士，50%为副教授，个个充满活力与干劲，为支部建设工作的顺利开展提供了坚实的保障。

按照学校统一安排，学院指导所管辖党支部组织开展了合格党支部建设规范大讨论，制定了《信管学院党委合格教师党支部建设规范》《信管学院党委教师党员行为规范》《信管学院党委合格学生党支部建设规范》《信管学院党委合格学生党员行为规范》，严格规范师生党员行为。

坚持院级班子成员学习制度。院班子成员积极参加校院两级理论中心组学习、党课、辅导报告、干部培训课、问题反馈、参观和交流等形式的学习教育活动，全年组织院级理论中心组集中学习 14 次；全年参加学校组织的各种学习教育超过 13 次，每次讨论会，班子成员均认真撰写读书笔记和讨论发言提纲。班子成员参加北京市干部在线学习，100% 提前完成 50 学时的学习任务。班子成员的政治意识、大局意识、核心意识、看齐意识、群众意识、首善意识不断增强。

建立教职工政治理论学习制度。即周三下午学习制度；根据学院实际情况，学院党委还制定了教师学习计划和学生党员学习计划，并按时完成；通过集体学习、交流讨论、党课教育、知识竞赛、举办演讲会、答题测试等多种形式活跃学习方式；根据教师的工作需要，积极购置图书，引导教师通过学习现代经济、科技、法律和社会管理知识，提高实际工作能力。

组织、敦促师生党员参加北京市党员在线学习活动。通过在线学习使广大党员提升了党的政治理论学养、道德修为和党性修养。截至 12 月 28 日，完成在线学习的党员达到 100%。

组织学院教师支部和学生支部采用集体学习、研讨交流、个人自学以及晒学习笔记、支部书记上党课、答题测试和实地参观等多种学习形式，深刻领会党中央治国理政新理念新思想新战略的基本内容，理解掌握增强党性修养、践行宗旨观念、涵养道德品格等基本要求。组织学生参加视频大赛，获得校“两学一做”视频大赛二等奖、校“党章党史知识竞赛”二等奖。

积极推动书记讲党课活动。按照学习方案，学院党委主要领导带头上党课，党委委员和教工支部书记认真指导所联系学生支部的活动，并精心准备上好党课；各学生支部书记认真备党课、讲党课。学院党委成员和师生党支部书记 100% 完成讲党课任务。

加强学生党支部建设和引导。发挥师生学科专业优势开展共建，信息安全教师党支部组织、指导学生参加第九届全国大学生信息安全竞赛，在决赛中荣获三等奖，组织指导学生参加第二届全国密码技术竞赛，进入决赛阶段比赛。为了进一步加强对学生党支部的建设，组织学生党支部与昌平区十三陵康陵村、育新社区，开展红色“1+1”共建活动，其中信管第三党支部的红色“1+1”项目获得北京市二等奖。拓展党员教育实践第二课堂，组织学生党员赴“焦庄户地道战遗址”“恭王府”等红色教育基地开展专题党日活动。

学生党员发展。对于学生党员发展，学院制定“党员意识提升方案”，严格党员发展程序，从源头严格学生党员培育，培养过程中注重老师的言传身教。新生一入校就开展入党启蒙教育， 2016 级新生有 150 名递交了入党申请书。学院党委成员和教师支部书记与学生党员发展对象谈话。院党委书记和副书记积极主动与党建辅导员和党员发展材料检查员沟通情况，查找薄弱点，探讨学生党员培养、教育、管理等有效做法，保证了党员发展质量，本年度学院发展学生党员 80 人，转正学生党员 97 人；完成 961 名党组织关系排查工作。

党风廉政建设。 学院继续坚持党政联席会议制度，利用每周一次的班子例会，除讨论日常工作外，还经常讨论中央电视台播出的对各类官员的违纪通报、犯法处理、审判纪实和“红色追逃”案例，讨论校纪委通报的高校违纪典型案例，讨论、交流中纪委和中央电视台拍摄的电视教育片《永远在路上》的观后感。通过一次次的案例教育，班子成员绷紧廉洁从政的弦，感悟廉洁自律是领导干部最大的内心宁静的保证。在班子成员中“不能腐，不想腐”的态势已经显现。

对普通党员，抓好民主生活会、“三会一课”和民主评议党员工作；充分利用各种场合和机会，对教师进行组织纪律、政治纪律、政治规矩和财经纪律的教育，推进党风廉政建设。

在日常工作和生活中，班子成员带头严格遵守组织纪律、群众纪律、廉洁纪律和生活纪律，进一步落实了党委主体责任中的示范责任，成为学院落实党风廉政建设的坚实保障。

（张　虹）

马克思主义学院

【概况】马克思主义学院(School of Marxism)，简称“马院”，成立于2011年3月，是在北京信息科技大学原人文社科学院史学与哲学部、经济学与法学部的基础上组建而成的，原名“马克思主义学院”。2016年5月式更名为“马克思主义学院”，行政级别为正处级。原政教学院党总支现更名为马克思主义学院党总支。马克思主义学院党总支下设4个教工党支部、1个研究生党支部。

马克思主义学院现下设马克思主义中国化教研部、哲学教研部、中国近现代史教研部、德育与法学教研部4个二级机构，承担全校思想政治理论课以及马克思主义理论硕士点的教学与学科建设任务。

马克思主义学院现有专职教师36人，其中教授6人，副教授13人，具有高级职称的教师占全体教师的52.8%，具有博士学位的教师13人，博士后2人，具有硕士学位的教师18人，硕士以上教师占全体教师的91.7%。马克思主义学院下设有学院办公室、教务办公室和资料室。

学院设有马克思主义理论硕士点。2011年，获得马克思主义理论一级学科硕士学位授予权。

2016年，学院共有2016届研究生11人，毕业生数10人；共招收研究生6人；在校生22人。

（赵玉静）

【科研工作】2016年度，共发表学术论文35篇，其中核心期刊15篇，CSSCI期刊论文5篇，人大复印资料收录论文1篇；出版编著、专著共7部；科研课题15项，其中纵向科研课题14项，横向科研课题1项，教育部课题3项，累计到款科研经费金额37.25万。

【学科与研究生工作】完成研究生新生招生、毕业生离校以及各年级研究生培养任务。完成马克思主义理论一级学科的学科评估工作。完成2016版培养计划的修订。

（刘永成）

【教学工作】参加和承办“北京高校社会主义核心价值观及高校思想政治理论课建设协同创新中心（清华大学）”工作推进会各1次，开展“高校贯彻落实习近平讲话精神的认同度研究”工作。获批北京市教工委“北京高校思想政治理论课改革示范点培育项目”。1名教师荣获“北京高校思想政治理论课特级教师”。组织完成2016级本科教学培养方案修订工作；开展思想政治理论课调研，修订思想政治理论课、校级选修课教学大纲；协助机电工程学院完成专业认证工作。思想政治理论课贯彻落实习近平总书记系列讲话精神的“三进”工作。组织学院教师申报2016年校级教改课题和2016年度教学效果评价工作。组织2016年度思想政治理论课优秀生赴河北社会实践，出版3部思想政治理论课优秀作品文集。组织2015—2016年思想政治理论课实践创新大赛，推荐优秀作品并荣获“2016年首都高校思想政治理论课学生社会实践优秀论文”二等奖2项。学院教师参加各类社会实践、调研、志愿服务、学术会议等累计百余人次。落实北京市教工委对思想政治理论课教师的听课研修任务。与密云区溪翁庄镇金叵罗村签订协议，在金叵罗村设立学校思想政治理论课校外实践基地。组织青年教师参加教学基本功比赛，1人获首届北京高校思想政治理论课微课教学比赛三等奖，1人获北京市属高校“创想杯”多媒体课件制作与微课程应用大奖赛PPT课件项目三等奖。学院教师担任各教学单位的理论导师或社团辅导员，讲党课，发挥思想政治理论课教师在教书育人和校园文化建设中的引领作用。

（刘建华）

【思想建设】党员在线学习，所有党员完成了在线学习任务，党员教师平均完成26.5学时的学习。深入学习党章，党总支下半年组织开展抄写党章的比赛。2016年7月，师生赴甘孜藏区儿童福利院支教并走访调研当地红色遗址。2016年10月9日，参观恭王府中央国家机关廉政教育基地，对教师进行廉洁教育。10月19日全院教师党员参观军事博物馆《纪念中国工农红军长征胜利80周年主题展览》。开展“两学一做”学习教育活动，制定“两学一做”学习教育工作方案，各党支部组织党员进行1次至2次集中学习讨论。开展多层次的系列讲党课活动。学院院长、书记在全学院讲党课，其他学院领导及各支部书记在各支部讲党课，联系学院的理论导师在各学院讲党课；开展公益服务，为社区讲党课。组织开展主题党日活动。各支部结合学校要求及支部的实际情况，围绕承诺践诺做合格党员、重走长征路、以史为鉴清正廉洁等主题，组织主题党日活动20次。组织全体党员学习长征精神活动。为每个党员购买长征的书籍，要求各支部组织学习，深入理解长征精神。结合教学工作，组织教师听取“勤·信”大讲堂及《马克思主义学科前沿讲座》相关内容。哲学教研部党支部全体党员前往怀柔，与怀柔第一党支部座谈交流支部建设、党员发展、规章制度、队伍建设等情况。马克思主义中国化教研部党支部制作的视频“基层党支部开展‘中国梦’专题研讨”获学校“两学一做”专题微视频比赛三等奖。组织教职工思想动态调查，各支部对调查题目进行研讨。

（郭春燕）

【组织建设】完成公推直选工作，形成新一届学院党的组织机构。2016 年 5 月更名为马克思主义学院后，学校党委重新调整马克思主义学院的党总支设置，形成了完整的新一届学院党总支机构。进行支部书记换届选举工作。进行党政一体化建设的尝试。学院总支继续坚持推行学院二级机构的党政负责人联席会议制度，加强系部核心组的建设，加强了党政配合。各支部把党员教育与教学研讨结合起来，收到了一定的效果。学院党总支指导所辖党支部开展合格党支部建设及党员行为规范大讨论；制定《关于加强“合格党支部建设规范和合格党员行为规范大讨论”工作的要求》及《关于开展薄弱党支部甄别工作的通知》。在讨论研究基础上形成党总支合格教师党支部建设规范、合格教师党员行为规范、合格学生党支部建设规范、合格学生党员行为规范。推进教师党支部服务工作法，积极进行服务型党支部建设活动。完成党支部 2016 年工作自查，各支部建立工作台账。配合组织部顺利完成党员组织关系排查专项工作。配合组织部，完成后备干部的集中调整工作。成立学院安全稳定工作小组，加强学院安全维稳工作。做好学生党员发展工作。举办院级党校教育培训，16 级新生中所有非党员学生参加党校培训并取得党校结业证书。本年度发展党员 2 名，转正预备党员 2 名。做好积极分子梯队建设，为每个入党积极分子配备联系人，为各年级的学生党员、预备党员、入党积极分子建立档案。组织党员学习《党章》《中国共产党廉洁自律准则 中国共产党纪律处分条例》等相关材料，落实“两学一做”学习教育活动。根据学校《2016 年学生党员先锋工程实施计划》通知精神，开展学院 2016 年学生党员先锋工程教育活动。纪念红军长征胜利 80 周年，研究生党支部全体党员及积极分子开展读书讨论会活动。部分学生党员和入党积极分子赴沧州、唐山开展社会实践活动。学生党支部书记、学生党员骨干参加学校组织的拓展培训。团总支参加高级团校学习、校运会、团干部理论学习、了解同学思想动态等十多项活动。下半年完成班级团支部和学院团总支换届选举；推选出 4 名入党积极分子。

（郭春燕）

【作风建设】理论中心组学习《中国共产党廉洁自律准则》《中国共产党纪律处分条例》等，通报各项违反八项规定的案件，引以为戒。在重要的节假日前进行提醒与检查，确保本单位教职工不出现问题。教育部办公厅举办的“第四届全国高校廉政文化作品征集暨廉洁教育系列活动”中，指导学生创作《“腐”不过三代》，荣获表演艺术类作品二等奖。组织民主生活会，形成民主氛围。班子成员之间交心、谈话活动经常进行，开展批评与自我批评。每学期末，都召开学院班子与各支部两个层次的民主生活会，征求意见，寻找问题，改进作风，加强建设。2016 年学院党总支开展“为爱而来，衣梦而行”冬衣捐赠活动，为贵州、广西、辽宁等地贫困留守儿童捐赠冬衣近百件。制定学院《党费使用管理规定》《党总支工作和活动经费使用及管理规定》《工会经费管理办法》《党政联席会会议制度及议事规则》《党总支会议制度及其议事规则》《党总支中心组理论学习制度》《党总支党员领导干部联系教师党支部制度》等。将民主评议党员与党总支的述职考评作为对党员的教育活动。让各支部、党员充分了解考评要求，自觉遵照要求规范自己的行为。执行财务信息公开制度。定期在教研部负责人或支部书记会及教师大会上通报支出情况。制定学院奖助学金评定制度及要求，在学生奖助学金的评定上，严格遵守程序规定，保证公开、公平、公正。

（郭春燕）

【工会工作】举办 2016 年师生联谊暨安全知识竞赛。教师到河北武强县周窝音乐小镇和衡水市进行参观考察。配合宣传部，开展“勤·信”人物评选活动，推荐勤信人物及团队各 1 个。完成学院文化标识设计，组织参加学院文化标示展。组织教师参加“三八”节服装表演。参加“育人风采”微电影大赛，作品《百闻不如一“践”》获得最佳参与奖。全体教师参加“党在我心中”教职工歌咏活动。教职工参加“我参与我快乐—百日健步走”活动，在“走进自然，健康生活”健步走活动中，学院争先组获得二等奖。配合学校相关部门，完成人大代表换届选举工作，实现师生百分百投票等。

（郭春燕）

【学生工作】完成迎新和学生入学教育，成立迎新工作小组，召开由学院领导、导师、班主任和新生参加的新生入学教育培训会，从学籍管理、专业教育、行为规范及安全教育、心理健康辅导等方面对新生进行关心、指导。暑假期间，学生赴甘孜藏区儿童福利院支教、走访调研当地红色遗址，并将社会实践的体会、收获编印宣传期刊。跟随2016年度思想政治理论课优秀生赴河北社会实践，并发表思想政治理论课作品。组织学生与校友座谈。2016年10月9日，参观恭王府中央国家机关廉政教育基地，对学生党员及积极分子进行廉洁教育。成立学院就业工作领导小组。2016届毕业生11人，截至10月31日，宽口径一次性就业率达到了92%。开展毕业生文明离校教育，全体毕业生参加毕业典礼。评选校级优秀毕业生1人。收集2017届学生信息。对2016毕业生进行追踪调查，撰写学院2016毕业生就业工作分析报告，做为下一届毕业生就业工作的支撑材料。启动2017毕业生就业工作，开展就业指导，建立沟通渠道和信息发布渠道，进行初步摸底调查。组织2016届、2017届毕业生参加校园招聘会，发布需求信息，为毕业生和用人单位提供双向选择的机会。评选2016年3名院级三好学生、2名院级优秀学生干部，1名校级三好学生。1个院级先进班集体，1名校级优秀团员。校级班级活动公开赛第一名。成立学院奖学金评选领导小组，组织评选出北京市双百奖学金1名，国家奖学金1名及学院研究生学业奖学金若干。获得北京信息科技大学2015届毕业生就业工作单位服务奖。在学校运动会获得道德风尚奖。完成学生宿舍暑期调整、搬迁工作；完成16项关于学生管理文件的修订编写；做学生中特殊群体的思想教育、管理和服务工作。

（于　洋）

公共管理与传媒学院

【概况】公共管理与传媒学院（School of Public Administration and Communication），简称“公管传媒学院”，学院下设公共管理系、传播学系、新媒体系、文化艺术教研部4个教学机构和公共管理研究所、跨文化研究所2个科研机构。承担行政管理、传播学、网络与新媒体3个本科专业的教学及建设工作及美术作品欣赏、硬笔书法等全校选修课程。公管传媒学院设有综合实验室，具体包括计算机房及媒体编辑实验室、录音棚、演播室、电脑辅助电话调查实验室等，拥有价值600余万元的专业实验设备。资料室主要有图书资料、期刊资料、音像资料三大类。其中图书资料共计4113册，期刊资料43种，音像资料2套。

截至2016年年底，公管传媒学院拥有教职工47人，其中专任教师39人，专任教师中，正高5人，副高10人，具有高级职称的教师占全体教师的38%；具有博士学位的教师16人，具有硕士学位的教师15人，共占全体教师的79%。

2016年，本科毕业生134人，招生2016级新生126人，实际报到124人，报到率98.4%，专升本新生8人。在校生506人。

公管传媒学院党总支2016年共有7个党支部、其中教师党支部4个、学生党支部3个。党员101人，其中教师党员31人，学生党员70人，入党积极分子33人。

（何颖利）

【学科建设】探索与学校相关优势学科及相近学科的有机融合、合理交叉，推进与其他学院共建的“数字文化传播”“公共决策与社会管理”两个二级学科硕士点建设。

（梁冬梅）

【教学工作】完成3位青年教师的导师制培养，并直接进入教学一线。完善教学管理工作制度，制定了《实验室设备借用管理办法》。编写教材4本，其中正式出版1本，发表教改论文4篇，主持各类教改项目6项，建设校院两级精品课程10余门。完成学院2016版三个本科专业人才培养方案的修订及教学大纲的编写工作，加强实验室和实践教学平台建设，鼓励实验室教师开设开放实验。3个团队申报参加了实培项目，2位教师参加了学校第9届教学基本功大赛，2个项目申报学校教学成果奖。2016届考研率5.22%。本科生转专业共转入27名，新增一个行政班。新增3个校外实习基地：北京星海国际传媒、大连市驻京办、南水北调中线管理局，同时正在和中建材信息技术股份公司洽谈实习基地建设协议。2016年选送5位同学到台湾世新大学交流学习，国际合作实现突破，1位同学申请赴科克大学交流，正积极和美国堪萨斯州立大学沟通交流。组织学生申报市级、校级的大创项目，正在实施项目达到20余项。配合和支持校内职能部门的摄影摄像、剪辑服务等工作。配合宣传部、马克思主义学院完成“长征胜利主题”大型展览。

（伊　强）

【科研工作】制订学院《学术分委员会章程》《提成经费开支细则（试行）》《科研经费管理实施细则（试行）》，完善相关科研管理制度。2016年科研经费到款额147万元，科研立项12项；发表论文56篇，其中CSSCI 2篇，核心期刊18篇；出版专著1部；申报国家社科基金项目10项，预申报国家社科基金项目11项。凝练4个科研方向，相应组成4个学术团队；完成2016年10万元科研平台建设1项；申报2017年科研水平提高项目1项，批准经费37万元。面向北京市中学生开展《奇幻影像空间》“北京市初中开放性科学实践活动”，参加学生达1000余人次。邀请科技处领导进行基金项目申报座谈，组织青年博士科研与学科建设工作座谈会，组织教师分别进行国家社科基金项目选题和申报初稿讨论会。邀请中国政法大学教授、中国出版集团中国大百科全书出版社编审等进行学术研讨；邀请北京服装学院时尚传播专业负责人做学术报告。举办“他山之石”论坛3场，举办“博士论坛”1场。组织科研人员参加第十届新闻与传播心理研讨会暨中国社会心理学会传播心理专业委员会第七届年会，组织科研人员先后赴南京、徐州、天津进行调研。

（梁冬梅）

【学生工作】加强学风建设工作。举办学院教学和学风建设工作会议；实施新生引航工程，院领导、系主任、专业教师为学生开展考研指导；实施学院班长、团支书月工作例会，行政1401班获得校级优秀班集体；实施公管传媒学院优秀学子巡讲制度，以班级为单位开展朋辈教育；开展学业辅导体系建设，举办职业生涯规划主题班会，邀请校友、生涯规划导师、人力资源高管做创业、生涯规划、求职面试等讲座。

落实学生事务工作。2016届毕业生就业率99.25%，考研率5.22%，134名毕业生文明离校。

活跃各类文体活动。评选学院院徽、院训、院旗，确定“知勤、知勉、守正、创新”的院训；开展“在团旗下共奋进共成长”主题团日活动，举办学院团日活动公赛，行政1402班荣获校级团日活动优秀奖；举办“畅谈节日情 共叙中国梦”晚会、2016级新生趣味运动会、辩论赛、排球赛活动；荣获学校宿舍文化节团体总分第一名，被评为优秀院级学生会等。

推进网络思政教育。加强学院新闻中心队伍建设，指定专业指导教师；利用学生工作微信公众号，定期向学生推送信息；建立班主任及各类学生干部微信工作群，发挥网络思政教育优势，服务学生成长成才。

强化学工队伍建设。召开学生工作例会，召开学院重点关注学生群体研讨会，鼓励辅导员参加培训与拓展，开展班主任工作交流总结；对各类学生干部开展教育和培训，增加党、团、学、社学生干部工作例会与工作培训。

（吕丽峰）

【党建工作】完成党总支“公推直选”换届选举工作，成立新的总支部委员会。完成学生党支部的换届调整工作。成立系（部）核心组。完成对所属7个党支部2015年、2016年两个年度工作考核。调整学院“安全稳定工作小组”，与各系（部、室）负责人、班主任和辅导员等签订了《实施平安校园建设提升工程切实维护学校安全稳定大局》责任书。组织开展“两学一做”学习教育、“党员在线学习竞赛”“承诺践诺，做合格共产党员”主题党日活动等。组织师生党员赴香山双清别墅、圆明园、焦庄户地道战遗址等进行爱国主义教育，赴恭王府廉政教育基地集中参观学习。制定和修订《党总支委员会会议制度及其议事规则》《青年教师谈话制度》《二级党校工作管理办法（试行）》《公管传媒学院党总支中心组理论学习制度》《2016年度党员教育培训计划》等一系列规章制度。开展2016年院级党课教育，118名新生参加党课启蒙教育，90人取得了结业证书。推荐30名入党积极分子参加校级党课培训，开展4次对第一梯队入党积极分子的培训，35人参加了培训。开展推优入党工作，推荐入党积极分子68名。本年度发展党员30人，按期转正30人。截至2016年年底，在校本科生党员70名，占全院学生总数的13.89%。选派2名教师支部书记、5名教师、1名处级干部和1名管理人员参加了学校相关专项工作集中培训。3个学生党支部完成红色“1+1”活动，6 名学生党员获得百名学习标兵荣誉称号。组织师生参与学校首届“勤信”人物（团队）评选活动，1 名学生入围学校“勤信”人物。确定了学院的院徽、院训和院旗，参加学校“抱玉握珠”学院文化标识展。制定了学院二级教代会、工会委员会换届选举工作实施方案，启动了相关工作。

（郭严俊　吕丽峰）

【获奖情况】组织参加“北京市人文知识大赛”“广告艺术大赛”“网络编辑大赛”等学科竞赛项目。全国大学生广告艺术大赛校内竞赛获得一等奖 5 项 9 人次，二等奖 9 项 13 人次，三等奖 16 项 25 人次，北京市级竞赛优秀奖 2 人次； 在韬奋杯全国大学生数字编辑大赛校园选拔赛中，获得网站设计组二等奖 5 人次，三等奖 4 人次，优秀奖 10 人次，电子书 APP 组提名奖 3 人次。

获得校党章党史知识竞赛一等奖，获得学校 2016 年暑期社会实践评比团队项目一等奖，校“青春踏歌行”合唱比赛二等奖，2016 届新生 3V3 篮球赛比赛亚军。获得本年度校长奖学金和勤信人物入围的 2 名同学上了学校的新闻报道。1 名毕业生到西部就业受到了学校的表彰。

开展“三育人”先进集体和先进个人的院内评选，有 2 名教师获得了学校“三育人”表彰；参加学校“三八”妇女节“我们的风采”女教职工时装展示活动，获最佳组织奖；参与学校“育人风采”微电影大赛，获二等奖 1 项、最佳摄影奖 1 项。行政 1401 班被评为北京市优秀班集体。

（何颖利）

【其他】教师队伍中，接收 1 名应届博士生，公共管理系 1 名青年教师获得博士学位。学工队伍中，接收北京工业大学硕士生一名；学院行政管理队伍接收非事业编制的海外留学硕士 1 名。编制了学院高层次人才引进的中长期规划，制定了《2017—2019 年人才引进和培育工作的实施方案》。完成 2015 年度教师职务的聘任工作，新晋升副高级专业技术人员 2 名。修订学院教师职务岗位说明书，启动 2016 年度职称评聘。组织学习《大学章程》，按照学校的办学方向、思路、理念、特色等一系列顶层设计，开展宣传教育，推进依法治校理念的贯彻落实。完善各类规章制度，制定了《学院院务公开制度》《系（部）主任职责及考核办法（试行）》《综合实验室主任职责及考核办法（试行）》《教学工作委员会工作条例》和《教学督导组工作条例》；制定了《学院学位评定分委员会章程》《学院信息公开实施细则（试行）》，发布了《学院信息公开目录》；陆续修订或制定了《学院财务管理制度》《学院固定资产日常管理规定》《学院提成经费使用细则》等一系列规章制度。组织修订《学院学术分委员会章程》，并遵照章程严格按程序进行了学术委员的选聘工作，正式建立了学院学术分委员会。结合学校“十三五”规划，完成学院“十三五”事业发展规划的编制。评选出 2016 年度工会工作积极分子 6 名。开展走访慰问送温暖活动，2016 年慰问结婚生子教职工 3 人，上报慰问生活困难教职工 1 人。在全院教职工中开展《北京市实施〈中华人民共和国工会法〉办法》知识竞赛》。

（郭严俊　杨孔雨）

外国语学院

【概况】外国语学院（School of Foreign Studies，简称“外语学院”）设英语系 1 个、大学英语教学部 2 个、研究生外语教学部 1 个。担任英语专业、大学英语、研究生英语等教学任务，开设德语、日语、西班牙语等语种课程。

学院现有英语专业 1 个（分商务、翻译、教育三个方向）。市级实验教学示范中心建设点 1 个，校级本科教学实验室 1 个。院级实验教学中心 2 个。学院的人才培养目标：“立足北京、服务首都、面向全国，培养基本功扎实，具有国际视野和人文素养，具备口笔译能力、商务实践能力、跨文化交流能力、思辨与创新能力，能从事翻译、商务、教育等工作的应用型人才。”

2016 年，外国语学院有教职工共 92 人，专任教师 83 人。其中，北京市优秀教师 1 人，北京市中青年骨干教师 7 人，北京市青年英才教师 2 人，北京市优秀人才 1 人。专任教师中具有高级职称的教师 32 名，约占教师总数的 38.55%，其中教授 3 名，副教授 29 名；具有硕士以上学位的教师 73 名，约占教师总数的 87.95%；45 岁以下的教师 63 人，占专任教师的 75.90%。

2016年，学院全日制本科毕业生84人，招收全日制学生本科生84人，截至2016年年底，学院全日制本科生328人。

学院党总支下属党支部8个，其中教工党支部5个、学生党支部3个。截至2016年12月底，学院共有学生党员39人，学生党员数约占学院学生总人数的12%；教师党员44人，教师党员数约占学院教师总人数的48.4%。

（王　瑾　王瑛月　张昱婷）

【学科建设与研究生教育】2016年，外国语学院继承承担1名“计算语言学”硕士研究生的培养工作，并指导研究生发表学术论文1篇。

2016年，继续筹备MTI申报工作，成立MTI申报领导小组和工作小组，逐条对比《博士硕士学位授权点申请基本条件》要求，寻找差距，讨论制定解决方案，积极落实建设和申报任务。

2016年，学院继续扎实开展研究生英语教学工作。建立期中学生座谈会、新生英语摸底测试等制度。参与修订北京信息科技大学2016版硕士研究生及工程硕士及工商管理硕士研究生培养方案，修订北京信息科技大学研究生英语课程目标，制定北京信息科技大学研究生英语课程教学管理规范。

（王瑛月）

【教学工作】2016年，外国语学院继续加强大学英语拓展课程的建设，跨文化交际、学术英语和高级听说三门大学英语拓展课程建立了稳定的教学团队和成熟的教学大纲，学校学生英语学习成绩和四级通过率保持稳定。深化“英语+”人才培养模式改革，保持商务和翻译方向的同时，增加教育方向，并按照《英语专业本科教学质量国家标准》修订英语专业人才培养目标，增设专业认识实践课和网络教学，培养学生自主学习能力，英语专业人才培养质量稳步提高。

学院积极鼓励学院教师钻研业务、切磋教学技艺，动员并组织教师参加教师基本功大赛夯实教师教学基本功，提高学院教学质量，共获学校青年教师教学基本功比赛二等奖1名，三等奖1名。学院重视教学研究与教学改革，2016年，获批2项重点资助校级课程建设立项，3项一般资助校级课程建设立项，6项一般资助校级教改立项，2项校级高教研究项目。2项青年教师社会实践调研项目被推荐为市级优秀社会调研成果。成功申报3项市级大学生创新项目，发表论文4篇。承办国家级学科竞赛1项，省部级学科竞赛2项，举办校级学科竞赛4项，院级学科竞赛4项。

（王瑛月）

【科研工作】2016年，学院继续积极组织教师申报各类科研项目，全年发表论文16篇，其中核心3篇，出版专著1部。2016年，全年学院科研经费到款50.77万元，超额完成了科技处下达的任务。同时，成功申报北京市社会科学基金青年项目一项，获2016年度北京市优秀人才培养资助（青年骨干个人项目）一项，国外科技人力资源跟踪与翻译研究基地取得重大进展，获批28.8万项目一项。

（王瑛月）

【学生工作】坚持“以学生为本”，把思想政治教育放在首位，扎实推进班风学风建设和心理健康教育。顺利完成迎新工作，2016年计划招生85人，实际报到84人，学生情绪状态良好，对学校学院各项接待、服务和教育工作感到欣喜。校园文化活动丰富多彩。坚持资助和育人并举，稳步推进助困育人工作的科学化和规范化。

本年度外国语学院共有1名同学获得国家奖学金，10名同学获得国家励志奖学金，11名同学获得国家一等助学金，14名同学获国家二等助学金，新增2人申请生源地助学贷款，为6名家庭经济困难的同学安排了勤工助学岗位。学习奖学金特等1人，一等5人，二等18人，三等24人；科技创新奖学金一等1人、二等2人、三等4人；社会贡献奖学金25人；文体优秀奖学金二等3人，二等2人。在2015—2016年度三好学生、优秀学生干部、先进班集体的评选中，院级三好学生26人，院级优秀学生干部21人，院级先进班集体2个，校级三好学生12人，校级优秀学生干部7人，校级先进班集体1个。在2015—2016年度优秀团员、优秀团干部、优秀团支部的评选中，院级优秀团员19人，院级优秀团干部15人，院级优秀团支部2个，校级优秀团员6人，校级优秀团干部3人，校级优秀团支部1个，英语1303班获得校级先进班集体、2015—2016年度北京市先进班集体称号，学生会主席邓山获得北京市“先锋杯”优秀基层团干部。4名毕业生获得北京市优秀毕业生，杜莎获得校园“十大先锋”人物。在2016年“百名时代先锋”的评选中，共有3名学生获得学校百名时代先锋荣誉称号。

（王　瑾）

【就业工作】外国语学院2016届毕业生共有84人，均为英语专业，其中商务方向49人，翻译方向24人，专升本11人；男生16人，女生68人；外地生源37人，北京生源47人。截至10月14日，2016届毕业生总体就业率100%，核心就业率84.52%，其中签三方协议28人，占33.33%，签劳动合同24人，占28.57%，共计签约52人，占61.90%；考研3人，占3.57%；申请出国16人，占19.05%；灵活就业14人，占15.48%。

（王　瑾）

【对外交流】2016年，外国语学院与美国威斯康星大学拉克罗斯分校文学院签署合作协议，将合作开展包括学生交流“2+2”“3+1”项目、短期交流项目、教师交流、双学位项目及其他合作项目。2016年暑期，派出2名同学赴加拿大英属哥伦比亚大学进行短期课程的学习。2016年下半年，派出1名同学赴美国威斯康星大学帕克赛德分校进行交流学习。

（王　瑾　王瑛月）

【党建工作】2016年学院严格按照组织程序顺利完成外国语学院党总支的换届选举工作。2016年，共有36名新生和1名教师递交入党申请书，并全部结业；共有23名毕业生党员圆满完成学业，顺利走上社会岗位。全年发展学生党员22人，学生预备党员转正21人。2016年，学院顺利完成了党员排查和党费补交专项工作，圆满完成了海淀区人大代表换届和十九大代表候选人推荐工作，学生党支部在学校“两学一做”微视频大赛中获得三等奖，英1303班顺利入围“勤·信”团队，杜佳楣老师当选第七届“首都十大新闻人物”，研究了“英语＋人才培养”模式改革，结合学校“五个环境建设”发展理念，专题讨论并形成了学院“五个环境建设”总体实施方案。

（张昱婷）

【英语专业开展本科试点评估】学院成立由主管教学副院长牵头，学院其他领导及英语系核心组成员参加的工作小组，全院教职员工积极配合支持。按照评估指标体系对英语专业各方面工作开展情况进行了梳理，按时完成了各项评估材料的准备和上报工作。

（王瑛月）

【英语专业四、八级考试一次性通过率保持较高水平】2016年，英语专业四级一次通过率为68.35%，高于全国18.43%；专业八级一次通过率50.65%，高于全国平均通过率（40.6%）10%，并首次超过全国理工类大学平均通过率（49.64%），比2015年2011级学生31.82%的通过率提高了18.83个百分点，创历史新高。

（王瑛月）

【开设“大学英语C班课程”】继续完善分级教学为内核，德语、日语、西班牙语等小语种选修课为外延，各类辅导班为补充的多元、分层的外语教学体系。首次为非英语考生和英语基础薄弱的少数民族学生开设“大学英语C班课程”，零起点教学，满足多样化和个性化培养需要。

（王瑛月）

【大学英语期末口试全面实施机考】2016年在全校范围内实施口语机考，共测试学生4000多人次。

（王瑛月）

【坚持举办学科竞赛，构建英语育人环境】全国大学生英语竞赛（国家级竞赛）：一等奖2名，二等奖5名，三等奖10名；“外研社杯”全国英语辩论赛（省部级竞赛）：三等奖2名；“外研社杯”全国英语演讲大赛（省部级竞赛）：三等奖1名；北京市大学生英语演讲比赛（省部级竞赛）：三等奖1名；“外研社杯”全国英语阅读大赛（院级）：特等奖2名，一等奖1名，二等奖3名，三等奖6名；“外研社杯”全国大学生英语写作大赛（院级）：特等奖2名，一等奖1名，二等奖3名，三等奖6名；第二届北京信息科技大学外国语学院—中国日报网翻译大赛（院级）：一等奖2名，二等奖3名，三等奖5名，优秀奖10名；英文电影配音大赛（院级）：一等奖4名，二等奖11名，三等奖9名，优秀奖14名；

（张玉辉）

【教师获奖】朱燕获第九届青年教师教学基本功比赛暨第三届教学新星评选文管组二等奖；曹姗姗获第九届青年教师教学基本功比赛暨第三届教学新星评选文管组三等奖；李伟宏老师的《在京留学生的北京文化认同调研》和史学东老师的《英语专业本科生人文素养现状调查》被推荐为市级优秀社会调研成果。

（王瑛月）

【外国语学院党总支换届选举工作完成】2016年5月9日，外国语学院印发《外国语学院党的总支部委员会换届选举工作实施方案》（外语党发〔2016〕1号），启动学院党总支换届工作，经公开推荐、沟通酝酿、组织考察、批复候选人预备人选、召开党员大会进行直接选举等程序，至6月30日顺利完成党总支公推直选工作，为学院党的建设和思想政治工作的开展打下了坚实的组织基础。

（张昱婷）

【外国语学院第一届教职工代表大会暨工会会员代表大会召开】2016 年 12 月 28 日下午，外国语学院院第一届教职工代表大会暨工会会员代表大会在清河小营校区办阶一召开，校工会副主席卢玲军出席大会并致辞，会议由党总支副书记王瑾主持，学院共 31 名教职工代表参会。大会听取了院长任维平所作的学院工作报告及学院经费使用情况报告和党总支书记李相爹所作的工会工作报告及工会经费使用和收缴情况报告。代表们以举手表决的方式，一致通过外国语学院第一届教职工代表大会组长联席会委员名单 7 名、《外国语学院第一届教职工代表大会暨工会会员代表大会选举办法（草案）》、委员候选人名单、总监票人、监票人名单。大会按照民主程序以无记名投票的方式，选举出了工会委员会委员：王瑛月、吕菁、李丹娜、李相爹、张昱婷（按姓氏笔画为序）。

大会结束后，学院第一届教代会组长联席会，召开了第一次全体会议，选举李萍为学院教代会组长联席会主任；学院工会委员会选举李相爹为学院工会委员会主席。

（张昱婷）

理学院

【概况】理学院（School of Applied Science）现有信息与计算科学、电子信息科学与技术、统计学 3 个本科专业及数理实验班。

学院下设信息与计算科学系、统计系、电子信息科学与技术系、数学教学部、物理教学部五个教学单位。研究机构有传感技术研究中心（传感器实验室）、应用数学研究室，数学物理研究所。其中，传感器实验室是北京市重点实验室。

2016 年，学院教职工 97 人，其中正教授 19 人，副教授 33 人。兼职博士生导师 2 人，硕士生导师 35 人。具有博士学位教师占专任教师比例为 59.5%。

（谢瑞峰　曲　青）

【学科建设与研究生工作】学院拥有数学、电子科学与技术 2 个一级学科硕士点，数学一级学科下设应用数学、基础数学、计算数学、概率与统计 4 个二级学科硕士点，其中，应用数学是北京市重点建设学科。电子科学与技术下设物理电子学、微电子学与固体电子学、电磁场与微波技术 3 个二级学科硕士点。

2016 年，理学院研究生发表学术论文 29 篇，其中 SCI/EI 收录 8 篇；申请专利 3 项；2 名研究生的硕士论文获学校优秀论文；校级优秀毕业生 3 人，市级优秀毕业生 1 人。

（杨毅恒　吴娟娟）

【教学工作】2016 年圆满完成了各项教学任务，深化人才培养全面改革，在专业建设，优化课程配置、公共基础课教学改革等方面进行了积极探索。对信息与计算科学专业、电子信息科学与技术专业及应用统计学专业 2016 级本科培养方案进行了修订。对全校性公共基础课进行了系列的改革：《高等数学 A、B》开展了分级教学，成效明显；对《高等数学 A、B》《线性代数 A、B》《概率论与数理统计 A、B》《大学物理 A、B》8 门全校性公共基础课的教学内容和考核方式进行了改革，实行了考教分离。协助机电学院完成了工程认证过程中 4 门公共基础课的教学大纲的修订，376 学时的课程教案。

积极组织申报教学类项目，完成了各类教学项目的申报工作。获北京市教学专项 1 项，校内教学专项 7 项，课程建设项目 1 项，学校教改项目 4 项。大学生科研训练校级项目 3 项，大学生科技创新计划项目 3 项：其中国家级 1 项，北京市级 2 项。

1 名教师获校青年教师教学基本功比赛二等奖。2 名教师获北京市微课竞赛一等奖，1 名教师获北京市微课竞赛二等奖；1 名教师获华北赛区微课竞赛一等奖，1 名教师获华北赛区微课竞赛二等奖。15 名教师参加了教学效果评价，8 人获得优秀，7 人获得良好。新入职青年教师 2 名参加了学校导师制计划。撰写教改论文 6 篇，教材 2 部。

（薛春艳　赵　华）

【科研工作】理学院具有较强的基础理论研究和工程应用研究的实力，承担完成和正在承担项目有：国家“863”高科技项目、国家自然科学基金项目、北京市自然科学基金、北京市教委基金、军工预研和军工配套等。

2016 年，实到科研经费 784.99 万元，其中：横向：310.02 万元，纵向：474.97 万元。发表论文 68 篇，进入三大检索论文 30 篇，著作成果 7 部，专利成果 6

项。获批国家自然科学基金5项，北京市自然基金1项，北京市社会科学基金1项，学校科研基金1项。

（杨毅恒 曲 青）

【学生工作】理学院学生工作2016年取得了良好成绩，在学校首次二级学院考核中，学生工作名列全校第二，荣获学生工作“单项工作奖”。

2016年，学院毕业生158人，其中：本科生131人，研究生27人；招生240人，其中：本科生215人，研究生25人；在校生共660人，其中：研究生74人，本科生586人，学术型学位硕士74人。

高度重视学生党建工作。5月24日，党总支召开学生党员大会暨“两学一做”动员会；6月17日，本科学生党支部开展以“学风建设，党员先行，争做表率”为主题的“党员学霸小课堂”活动；7月1日前后，研1514党支部与北京市顺义区木林镇大韩庄村党支部开展了红色“1+1”共建活动；10月9日，信计、统计联合学生党支部赴昌平区的中海阳能源集团股份有限公司开展了红色“1+1”活动；10月12日；电技数理学生联合党支部赴丰台区怪村开展红色“1+1”活动；11月30日，邀请理论导师朱晓艳开展以“大学生如何做一名合格党员”为题的中级党课；11月份，在党员群体中开展评选先进工作，孙泽锋等10名学生党员分别获评“百名学习标兵”“百名时代先锋”；11月底至12月初，在全院范围内开展“社会主义核心价值观主题班会”；12月份，学生党支部依次完成了支部换届、开展“红色1+1”活动总结等工作，其中信计、统计学生联合党支部与中海阳公司的“红色1+1”活动入选学校学生党支部示范活动，荣获北京市三等奖。

学院以各类校园活动为载体，深入推进学生思想政治教育工作。2月22日，学院开展了“师生欢聚，齐乐元宵”主题活动；3月23日，启动“协作与自我提升”主题团体辅导系列活动；4月13日，学院团总支开展了“科技与大学同行*科技双周”系列活动；4月22日下午，师生赴学校大学生创新创业基地参观学习；5月11日，举办以“在团旗下共奋进、共成长”为主题的团日答辩会；6月7日，举办2016年学生组织换届大会；8月22日至25日，师生赴山西晋中开展帮扶行动；9月7日，举办2016级学生干部专题培训；9月11日，组织开展学生干部专项素质拓展活动；10月19日，团总支主办“挑战杯”数独大赛决赛；10月26日，组织开展以“参观圆明园历史遗迹”为主题的爱国主义教育活动；10月31日，举办2016级新生主持人大赛。11月8日，学院举办禁烟签名活动；11月15日，启动第三届“书香理院”活动；11月21日，举办第二届“新生杯”辩论赛决赛，数理实验班代表队勇夺桂冠；12月2日，组织研究生开展“温情冬日 走出精彩”竞走活动；12月7日，举办第二届“青年说”演讲比赛决赛；12月15日，举行年度优秀学生表彰大会暨2017年新年晚会。12月28日，召开班主任工作会议，学习全国高校思想政治工作会议和学校安全工作会议精神。

采取多种措施推进学风建设。4月5日，启动“晨读、晨跑”活动；6月2日，举办毕业生考研经验交流会；6月7日，对2016级新生班主任开展了专题培训；9月12日，推出新生学风建设之“星火计划”实施方案；11月14日学，推出《理学院本科生校内奖学金评定细则（试行）》；11月25日，组织学生干部赴山东省开展“坚定理想信念 提升综合能力”为主题的社会实践活动；12月7日，理学院代表队获学校新生校情校规知识竞赛第三名，最佳组织奖二等奖；

高度重视毕业生就业工作。4月26日，与校友企业韵盛发科技有限公司签署了产学研合作备忘录。6月1日至3日，组织研究生赴青岛开展了以“就业与创业”为主题的专题调研社会实践活动；10月开展学业与职业生涯规划系列讲座和开展就业创业调研实践活动。2016届131名本科毕业生、27名硕士毕业生，一次性宽口径就业率均为100%，位居全校第一；本科核心就业率为80.15%，研究生核心就业率96.29%，分列全校第四、第三，连续五年进入学校第一梯队。

学生在各类学科及科技竞赛中多次获奖。其中，获得国际各类学科科技竞赛奖项6人次，全国各类学科科技竞赛奖项9人次，北京市科技竞赛奖项11人次。

全院本科生共有173人次获评校内各项奖学金，2人获评平安校园奖学金，1人获国家奖学金，16人获国家励志奖学金，57人获国家助学金。

（张景波 卢 霖 张 飞）

【对外交流】学院重视对外交流工作，多次派教师出国培训学习，同时，邀请专家学者到校进行学术交流。1月4日电子信息科学与技术专业邀请英特尔 Timwater 来校做为期一周的集成电路设计讲座。4月24日信息与计算科学专业邀请清华大学教授对学院2016年培养计划进行专家认证。12月24日信息与计算科学系邀请华北电力大学数学院教授进行 Alphago 与大数据分析讲座。统计系邀请广州大学理学院院长李元（教授）作应用统计学专业发展的报告，首经贸院长纪宏（教授）作了统计学专业硕士申报问题的报告。

（谢瑞峰 曲 青）

【党建工作】2016 年，学院党总支下属党支部 12 个，其中：教工党支部 7 个，本科学生党支部 2 个，研究生学生党支部 3 个。截至 2016 年年底，党员共计 137 人，其中：教职工党员 57 人，占教职工总数的 60.63%；本科生党员 51 人，占本科生的 8.7%。研究生党员 29 人，占研究生的 39.1%。2016 年发展学生党员 36 人，转正 14 人，新增学生入党积极分子 80 人。

加强组织建设，组织并完成了学院党总支的“公推直选”换届选举工作和党支部的选举（换届选举）工作。修订党总支规章制度 14 项，落实教师党支部服务工作法，开展合格党支部建设规范讨论。落实党风廉政责任制，把党风廉政建设要求纳入学院整体工作；坚持民主集中制，落实“三重一大”相关制度。

落实学院《2016 党员意识提升方案》，开展丰富多彩的主题党日活动，包括学生党员系列活动和教职工党员系列活动，其中：开展了“教师党员一堂课”活动，展教师党员风采；组织教师党员参观双清别墅、中国抗日战争纪念馆、《没有共产党就没有新中国》词曲创作地，进行爱党爱国教育；开展了学习新党章、“两学一做”、纪念长征胜利 80 周年、加强师德建设等知识问答，全员参与，效果良好。100% 完成教工党员在线和干部在线学习。

抓好“两学一做”学习教育活动。制定方案，落实计划；指导制作微党课，在“两学一做”学校微党课评比中，获二等奖、三等奖各 1 项。选派教师参加学校论坛；将“两学一做”内容纳入学院党课。

在学院的多项评优工作中：1 人荣获学校师德标兵，5 人被评为学校“三育人”先进；在学校首届“勤信人物”评选中，2 人获评“勤信人物”，1 人获提名奖。有 10 名学生党员分别获评“百名学习标兵”“百名时代先锋”等。

（韩 光 裴鹏程）

【其他】2016 年 9 月 21 日，校党委书记王传亮等领导到理学院调研，听取学院党政领导关于人才培养、学科建设、教学、科研、党建及学生工作等情况汇报，详细了解二级机构调整、制度修订完善、党政联席会议制度执行、“五个环境建设”等工作进展，王传亮从制度建设方面等进行了深入细致的阐述，强调学院制度建设和情感文化建设的重要性。理学院党政领导班子表示将进一步贯彻落实学校“五个环境建设”的发展理念，凝心聚力，同心同德，更好地推动学院的建设发展，为学校的转型发展做贡献。

（韩 光 曲 青）

国际交流学院

【概况】北京信息科技大学大学国际交流学院（College of International Education，以下简称“学院”）成立于 2013 年，专门承担到华留学生的教育教学与管理工作，开展对外汉语教学及涉外技能培训等。学院下设办公室、招生及学生管理办公室、教学部和国际教育研究所 4 个部门，行政人员 11 人，专职教师 3 人，外聘教师 24 人。学院国际教育项目包括本科学历项目、硕士学历项目、长短期汉语言培训项目、校际交换项目等多种学位和非学位留学项目。截至 2016 年年底，已有留学生在读的专业有国际贸易专业和计算机科学与技术专业。

2016 年，学院共计有来自 18 个国家的留学生 178 人，其中攻读硕士研究生学位的学生 4 人，本科学历生分别 64 人，非学历生 110 人，其中校际交换生 41 人，长短期汉语留学生 69 人。

（王 希）

【党建工作】2016 年 3 月，国际交流学院党支部成立，正式党员 5 人，6 月退休 1 人。支部成立后，按照机关党委下发的支部换届选举规定和流程，确定蔡英为支部书记，薛虹支部副书记。

全年，支部围绕“两学一做”学习计划，结合支部工作计划，开展理论学习 8 次，布置督促党员自主学习 8 次，加强党章党规学习和党的理论学习，巩固党员思想政治意识，提高党性修养，历次学习活动参与率达 100%；召开专题讨论会 3 次，组织生活会 2 次，对教育发展、师德师风建设和支部建设及党员行为规范讨论，拟定支部建设意见和党员行为规范意见，落实好全面从严治党、加强和规范党内政治生活、加强党内监督等工作；开展学习效果测试2次，加深理论理解和掌握，巩固学习成果。

6月，开展“承诺践诺，做合格党员”主题党日活动，通过讨论工作中的实际问题进行反思，查摆不足，强调师风师德表率，承诺并认真落实“办事讲规矩、服务有爱心”的工作要求；支部书记蔡英为支部党员讲“两学一做”专题党课，以“求真务实、锐意进取、共盟发展”为主题，讲述求真务实的重要性和实践。

7月，开展廉洁自律专题教育活动，通过学习违反中央八项规定精神及“四风”问题的有关案例，加强党员坚持廉洁自律意识，提高警惕，远离违规违纪红线。

12月，组织学院党员和群众完成区人大代表换届选举投票工作及党的人大代表推荐工作。

（薛 虹）

【学科建设】

1. 强化专业建设，依托学校资源，与专业学院开展来华留学生本科层次、研究生层次的联合培养。完成了《国际交流学院2016级BMIT（Business, Management and IT）大类培养方案》及《国际交流学院2015级计算机科学与技术专业培养方案》和《国际交流学院2016级经管研究生个人培养方案》。

2. 加强多元化教师学术队伍建设，构建了一支由国交学院和专业学院、专任教师和兼职教师组建的教师学术队伍，承担留学生教学任务和研究工作。

3. 重视人才培养工作，制定《北京信息科技大学外国留学生学籍管理规定》，通过建章立制，使留学生教育培养过程更加规范。

（戴东红）

【教学工作】2016年学院共组织开展校级教学改革项目共三项，分别是《留学生专业培养方案修订》《留学生教学团队建设》和《本科教学国际化培育》，三个项目均当年按期完成，项目实施成效明显。

（戴东红）

【招生宣传工作】学院通过多种渠道招收外国留学生来校就读，其中包括学院自身“一站式”外国留学生招生管理系统、国家留学基金委“留学中国”网站、合作院校教师与招生中介公司推荐以及参与国际招生会议等，加大对于“一带一路”沿线国家的招生力度，2016年，学院共招收来自12个国家的74名留学生，其中28名学历生，46名长短期语言生，来自“一带一路”沿线国家的留学生占到学院学历生总数的九成。

（易 融）

【学生活动】2016年，学院主办和参加共计6项大型学生活动：4月22日，组织留学生参观第四届北京农业嘉年华；9月10日，参加“第七届北京国际山地徒步大会”；10月16日，参加由北京市民间组织国际交流协会主办的“国粹风华——活力京剧在身边”活动；10月至11月，参加‘第二届“牛栏山杯”北京外国人篮球赛’，并获得优秀组织奖；12月23日，举办2016年国际交流学院元旦晚会。5月27日，学院还主办主题为“览异国文化，展BISTU风采”的国际文化节特色活动1次，超过200人次的留学生共同参与。

（易 融）

【学生资助】根据《北京市外国留学生奖学金管理暂行办法》，2016年秋季新学期伊始，学院通过对新入学留学生的材料审核评定，共有20名本科新生和2名研究生新生获得北京市外国留学生奖学金资格。同时，开展针对2013级至2015级留学生学历生的奖学金评选工作。学院评委会依据学习成绩、出勤情况、课堂表现、遵守校纪校规等综合素质，通过学生本人申请、评审、公示、复审、获奖名单发布五个环节，从中评选出17名本科生，完成80万元北京市外国留学生奖学金任务。与此同时，由于北京市外国留学生奖学金数量有限，对于学业优秀但又未获得北京市外国留学生奖学金的学历生，学校增设了“2016年度校级外国留学生奖学金”，其中有4名本科生、1名研究生共获得9.3万元的学费减免资格。11月学院“信息类专业留学生教育建设”项目成功申请到2017年度北京市外国留学生“一带一路”奖学金项目的支持。该奖学金持续4年，每年可为13~15名2017级本科生提供25万元的学费资助。

（易 融 王 希）

【安全教育】2016年，学院在10月13日、10月14日以及12月7日，共开展了3次全体性“安全教育大会”。会上就人身安全、财产安全、消防安全、交通安全、禁毒、反恐等多个方面对学院留学生进行安全教育，学生在会上学习安全知识，并分别签署《北京信息科技大学禁毒承诺书》《北京信息科技大学私家车交通安全责任书》。

（易 融）

【交流与合作】2016 年，学院共接待国外 2 个国家 3 次 44 人来访。其中，3 月，新加坡义安理工学院到校访问师生人数共计 39 人并与学院签署短期交流协议。5 月，美国奥克兰大学派 4 名学生到校进行交流学习。9 月，美国奥本大学派 1 名学生到校交流学习。

（李奇轩）

【举办留学生教育研讨会暨 2016 年国际文化节】5 月 27 日，以“紧抓‘一带一路’契机，提高留学生教育质量”为主题的“留学生教育研讨会暨 2016 年国际文化节”在北京信息科技大学健翔桥校区开幕，活动由国际交流学院主办，分为留学生教育研讨会与国际文化节两个部分。

留学生教育研讨会在健翔桥校区第一会议室举行，来自对外经贸大学、北京工商大学等 8 所兄弟院校的专家、学者与学院教授、教师代表通过报告和座谈等形式对留学生的培养方案进行论证，同时就留学生教育、管理等方面内容进行深入交流，进一步明确留学生教育办学思路，提高留学生教育质量。

国际文化节设有留学生特色舞台表演、国际风情文化展示两个板块，其中，留学生特色舞台表演 13 项，设置国际风情文化站台 15 个。学校 18 个国家的留学生代表参加活动。

（王　希）

【陈星打破“学生男子组 200 米”校运动会纪录】4 月 29 日，信息科大 2016 年田径运动会学生男子组 200 米决赛中，来自刚果金的留学生陈星以 23.62 秒的成绩打破北京信息科技大学校运动会“学生男子组 200 米”校级纪录。

（白雪莲）

【留学生在“我与北京”外国留学生征文比赛中获奖】2016 年，学院组织学生参加由北京市对外友协、北京市政府外事办、北京市政府新闻办、北京市教委共同主办的 2016 年北京市“我与北京”外国留学生征文比赛，1 人获得“三等奖”，6 人获得“优秀奖”，学校获得“优秀组织奖”。

（戴东红）

【留学生在“2016 来华留学生武林盟主争霸”比赛中获奖】5 月 27 日，由 4 名留学生制作的武术视频通过网络投票和最终评审，获得由共青团北京市委员会、中国国际青年交流中心等单位主办的“2016 来华留学生武林盟主争霸”赛的“网络人气奖”“优秀指导奖”及“组织奖”。

（白雪莲　王　希）

【留学生代表队在“第二届北京外国人篮球赛”中获奖】10 月 22 日，信息科大留学生在由北京市政府外事办公室、北京市体育局、北京市教育委员会和顺义区政府联合举办的“第二届北京外国人篮球赛”中获得“优秀组织奖”，北京卫视频道，北京电视台青年频道，搜狐新闻等众多媒体分别对此次赛事进行报道。

（李奇轩　王　希）

体育部

【概况】北京信息科技大学体育部（P.E，以下简称“体育部”）于 2006 年 12 月在原北京机械工业学院体育教研室和原北京信息工程学院体育教研室、基础二部体育组的基础上组建而成。体育部设教研室 2 个、部办公室，场地器材管理室。2016 年，体育部有教职工 34 人，其中专任教师 30 人，行政人员 3 人，场地管理人员 1 人。专任教师中，教授 1 人，副教授 6 人，讲师 20 人，助教 3 人，分别在小营、健翔桥、清河三个校区授课；国际级裁判 2 人，国家一级裁判 11 人，具有研究生学历的教师 8 人，占教师的 26.7%，16 名中级职称教师中 90%以上完成研究生主要课程学习，并取得结业证书。

（郭小兵　保月明）

【教学工作】2016 年，按学校本科教学工作的要求，体育部完善了教学大纲及英文版翻译、修订了教学计划，调整了教学内容。教学过程实行多重管理模式，加大了学生体能锻炼的强度和增加了对学生体能锻炼的监控；进行了一年两个学期的期中教学检查，从管理上和形式上都有新的突破，教师听课采取抽签的形式，在保持原有办法的基础之上所有教师参与了这项工作，收到了良好的效果。调整教学督导组，让具有高级职称的年轻教师加入到教学质量管理和监控行列。督导组每位成员平均看（听）课达 3~4 次，对提高体育部的教学质量、促进教学工作的改革起到了良好的作用。全年完成本科教学工作量 9824 学时，完成 1~4 年级 647 个班《国家学生体质健康达标》测试及上报工作。

（张世忠　保月明）

【**科研工作**】2016 年，体育部发表论文多篇，由教育部、北京市教委举办的体育科学报告会，体育部积极参加投稿并有 2 篇论文获奖。课程建设结题项目 1 项；教改立项 2 项。

（张世忠　保月明）

【**群体竞技**】以学校“五个环境建设”发展理念为统领，加快校园体育文化建设，促进学校人才培养，营造良好的校园体育文化氛围，培养学生终身体育的意识。结合学校的实际，2016 年，体育部在清河校区新建了室内木模馆并更新了三个校区场馆的场地灯光，大大改善了各校区的场地和器材的条件。

在学校体育工作委员会的领导下，学校成功举办了首都高校第八届秋季运动会。本届运动会有北京 54 所高校 1390 名运动员参加，是北京信息科技大学有史以来第一次承办市级体育盛会。运动会在“精彩、热烈、和谐、安全”的气氛中圆满闭幕。

在校体育工作委员会的领导下，体育部与各部门精诚合作，成功举办了 2016 年校田径运动会。

2016 年，体育部代表学校积极组织运动队，参加了北京市大学生体育竞赛活动，其中比赛项目有：北京市大学生田径运动会、北京市大学生越野攀登比赛、首都高校大学生毽球比赛、首都高等学校乙组足球赛、北京市速度轮滑比赛、北京市大学生定向越野锦标赛、首都高校龙舟锦标赛及跆拳道、游泳、毽绳、滑雪、铁人三项、篮球、排球、台球、五人制足球、网球比赛等 20 大项 25 个小项市级的比赛活动，2016 年各项比赛活动获得的名次有：第一名 1 人次、第二名 1 人次、第三名 2 人次、第 4 名到第 8 名 21 人次的好成绩。

（席　军　保月明）

【**党建工作**】2016 年，体育部直属党总支部有教职工党员 21 人。体育部直属党支部开展工作的指导思想是：以构建和谐体育部为主线，以培养高素质人才为目标，以组织建设、制度建设、思想建设为重点，以各种学习、活动为载体，紧紧围绕教育教学，扎实开展党建工作，创新党建工作的形式，丰富党建工作的内涵，拓展党建工作的外延，积极探索新形势下党支部工作的新思路，充分发挥党支部的战斗堡垒作用和党员的先锋模范作用。按照“常规工作抓规范，重点工作求突破，创新工作出特色，整体工作上水平”的工作思路，结合体育部实际，团结奋斗，开拓创新，较好地完成各项工作任务。2016 年，体育部开展了“两学一做”活动，采取了集中学习和自学相结合的方式，并邀请北京市大学生体育协会领导、清华大学张威教授到学校讲党课；组织了主题党日活动，党员集体参观了圆明园遗址；召开了支部大会，经过认真的讨论，形成了支部承诺书，在党旗下每位党员都在支部承诺书上庄严的签字。

（郭小兵　保月明）

计算中心

【**概况**】北京信息科技大学计算中心（Computer and Information Management Center）成立于 2007 年，由原小营校区计算中心、原健翔桥校区计算中心、原基础二部微机机房合并组成。

2016 年，中心设有基础教学部、计算机实验室（清河小营校区机房、清河校区机房）。基础教学部主要承担全校非计算机专业的计算机基础、C 语言程序设计、VB 程序设计、Python 程序设计、数据库及其应用等课程的教学、建设任务。计算机实验室占地面积约 1100 平方米，现有各类型学生用计算机 621 台，其中清河小营校区机房 329 台，清河校区机房 292 台。计算机实验室主要承担学校各专业本科生计算机课内上机实践、学生自由上机任务及提供开放实验环境及设备。中心除承担教学任务外，还提供公益性活动场地、设备支持及各种计算机应用能力培训。

截至年底，中心拥有教职工 24 人，其中专任教师 12 人，副教授 6 人，博士学位 3 人，硕士生导师 2 人；中心计算机实验室有实验技术人员 9 人，其中高级职称 3 人，中级职称 6 人，博士学位 2 人。

计算中心直属党支部共有中共党员 13 人，全部为在职党员。

（周长胜）

【**教学工作**】2016 年，中心积极倡导“以学生为中心”的教育教学理念，大力推进以能力培养为目标、激发学生主动参与的教学方式方法改革。完成机电工程学院等 10 个学院的信息技术类通识教育课程的教学工作。

中心积极搭建学生实践平台，开设有利于学生广泛参与的实践创新训练课程，提升和增强了学生实践创新能力和综合素质。

共组织开展教学改革项目 8 项，其中校级 6 项，发表教改论文 8 篇。继续实行《C 语言程序设计 A》及《C 语言程序设计 B》的教考分离，《计算机基础》和《VB 程序设计》上机考试。

6 月 25 日成功举办第七届 C 语言基本技能比赛，共有 75 人参赛，分布在各年级各专业。为配合学校修订 2016 级培养方案，计算中心对所承担的信息技术通识教育课程进行了教学大纲和实验大纲的修订；为配合机械工程专业进行工程认证，为机械工程专业制定了符合工程认证标准的机械工程专业《C 语言程序设计 B》教学大纲和实验大纲。计算机实验室实行每周 7 天开放模式，全年完成教学上机人时数约为 18 万（其中上半年约 6 万多人时数，下半年约 12 万人时数）。完成实践课程约 50 门，完成 91 个班的计算机课程上机考试、8000 多人次的英语口语上机考试。全年共完成 1 万多学生自由上机免费人机时数。全年开出开放实验项目 8 项：“计算机软硬件安装与调试”“C 语言编程拓展实践”“计算机实用技术”“C 语言课内知识巩固与实践”“多媒体技术应用实践”“计算机局域网组建”“Internet 技术应用实践”和“网络安全技术实践”。

（李文杰　林乐荣　赵玉双）

【科学研究】2016 年，中心积极开展科研工作，完成了学校布置的各项任务。中心实到科研经费 44.3752 万元，其中横向到款 40.3752 万元，纵向到款 4 万元；中心获科研课题立项 3 项；在各类学术期刊和会议上发表论文 3 篇。

（林乐荣）

【实验室建设】2016 年，为了进一步改善计算中心本科教学与实验教学条件，提升实验教学设备水平，完成了实验教学条件建设和基础设施改造项目。

完成了《计算机实验室教学条件综合建设》项目，共计 93.88067 万元。清河校区机房更新了 100 套学生用计算机，新增 101 个点的虚拟桌面管理系统及一个机房的多媒体系统；小营校区机房更新了 10 台二层交换机及 1 台三层交换机，更新和改造了多媒体系统。

2016 年暑假期间，完成清河校区四个机房更换地板、强弱电综合布线等机房改造工作。

（赵玉双　张红霞）

【党建工作】2016 年，计算中心直属党支部坚持围绕中心、服务大局、与时俱进、整体推进的四项基本原则，重点强化党建工作的主角、主业、主阵地意识。一是把握正确的政治方向，为部门教育教学工作提供思想和组织保证。二是重视意识形态工作，坚持正面引导，以学校“勤信人物”评选推荐活动为契机，宣传身边鲜活感人的故事和事迹；策划“两学一做”专题微党课征集推广活动。

2016 年，组织中心组学习 11 次；部署落实党员集体学习 5 次；主持召开了集中组织生活会、专题讨论会等 4 次；上党课 1 次；组织党日活动 6 次。5 月，计算中心直属党支部召开“学党章党规、学系列讲话，做合格党员”学习教育动员会；11 月开展了合格党支部建设规范和合格党员行为规范为主题的大讨论；12 月开展支部考评工作； 2017 年 1 月，开展民主生活会与党员评议工作，共评选出 2016 年优秀教职工党员 4 人。2016 年 2 月，选举产生了第三届计算中心直属党支部委员会。

2016 年，开展“参观历史遗址 弘扬爱国精神”系列主题党日活动，3 月走近圆明园、7 月走进延庆县大庄科乡霹破石村的昌延联合县政府办公遗址、11 月走近中国人民抗日战争纪念馆；为了纪念红军长征胜利 80 周年，组织观看了影片《勇士》和《万水千山》视频。这些活动的开展，强化了党员的党性意识、宗旨意识、组织意识。

党风廉政方面，共开展廉政建设主题教育活动 4 次。6 月开展了“远离违法违纪　做合格共产党员”主题党课教育； 8 月直属党支部召开了学习习近平总书记“七一”讲话谈感想集中组织生活会；9 月召开全体职工大会，微信宣传等形式向党员干部和全体教职工传达和宣传学校纪委的工作精神和要求；11 月以“严守纪律、不破党员底线、不越师德红线、不触法纪高压线，做合格党员”为主题的专题学习及讨论。截至 12 月中旬领导干部全部完成干部在线学习 50 学时，所有党员完成党员在线学习 12 学时。

发挥工会作用，努力建设健康、民主、向上、和谐之家， 2016 年 3 月，组织策划了“三八”妇女节服装展示、5 月开展第二届“美丽生活 美丽家园”摄影比赛展示活动；6 月中华传统“粽”相传 端午粽香情包粽子、7 月“党在我心中”歌咏比赛、6 月参观顺义北京现代二厂、7 月和 9 月开展健步走及登山等活动；10 月普及《中华人民共和国工会法》开展网络有奖答题活动。这些活动的开展对提升内部活力，增强凝聚力向心力起到重要作用。2017 年 1 月选举产生第一届计算中心工会委员会。

（张曼萍）

【表彰与奖励】计算中心直属党支部荣获学校“微党课”推广活动二等奖；李文杰被评为校三育人先进个人；林乐荣、李颖、李子录 3 位教师被评为校工会积极分子；周淑一荣获第九届青年教师教学基本功比赛暨第三届教学新星评选二等奖。

（张曼萍）

【其他】积极开展中小学共建项目，并协助其他学院、部门、社会完成竞赛、考试等工作。计算机实验室引入专业技术人员 1 名。7—12 月，基础教学部方炜炜老师到北京市教委国际交流与合作处挂职处长助理锻炼半年。

（赵玉双　李文杰）

机电实习中心

【概况】机电实习中心成立于 1993 年，是融教学、科研、社会服务于一体的校级实习中心。机电实习中心的主要任务是保证高质量完成面向全校及兄弟院校的金工实习、电工电子工艺实习等工程实践教学任务，按照学校“培养高级应用型人才”的办学指导思想，通过对学生进行现代工程实践训练，使学生掌握现代制造工艺知识。机电实习中心以“大工程教育”思想为指导，紧紧围绕北京信息科技大学作为教学研究型大学培养研究型、复合型和创新型工程技术人才这一目标，坚持以学生为主体，坚持传授知识、培养能力、提高素质协调发展，着力培养学生工程实践能力、综合分析与设计能力、科研能力与创新精神。

实习中心场地建筑面积 3200 平方米，设有 8 间教室以及实习操作场所。实习中心指导教师共 27 人，包括在编人员 12 人，非编人员 1 人，返聘人员 3 人，合同工人员 11 人，其中硕士学历 5 人、本科学历 6 人、高级实验师 5 人、实验师 4 人、高级工程师 1 人。金工实习设备有 110 余台，其中数控机床 50 台，包括 35 台数控车床，8 台线切割，1 台电火花机床，1 台小孔机，1 台数控铣床，4 台加工中心，普通机床 35 台，包括车床、铣床、钻床、刨床、磨床等。电工电子实习仪器设备及实训台 200 余套。机电实习中心分为三个部门：冷工部、热工部、电工电子部。冷工实习面积 2243 平方米，热工实习面积 210 平方米，电工电子实习面积 640 平方米，中心办公室及资料室面积 107 平方米。冷工部分车工组、铣工组、钳工组、刨磨组、数控组、维修组。热工部分铸工组、焊工组。电工电子部分电工组、电子组。

（王倪珂）

【实习教学工作】2016 年，经过机电实习中心全体教师努力工作，中心顺利完成学校教务处布置的各项实习教学工作，完成本校及外校实习总工作量为 16960 人天。

其中，本校实习指导范围覆盖 13 个专业，包括机械设计制造及自动化、车辆工程、自动化、新能源科学与工程、测控技术与仪器、机械电子工程、光信息科学与技术、电气工程及其自动化、工业设计、工业工程、工商管理、信息与计算机科学、电子信息科学与技术，共计 46 个班级，1223 人次。其中，金属工艺学实习教学工作总量为 13055 人天，电工电子工艺实习教学工作总量为 3905 人天，共计 15620 人天。

此外，在完成本校教学工作的同时，实习中心还为中国石油大学（北京）提供了优良的实习教学服务，涵盖测控技术与仪器、自动控制技术 2 个专业，共计 4 个班级，134 人次，金属工艺学实习教学工作总量为 1340 人天，发挥了示范中心的辐射服务作用，与兄弟院校达到资源共享，同时，有效地宣传了实习中心，与兄弟院校建立了良好的联系。

（王倪珂）

【教学科研工作】2016 年度，机电实习中心定期召开教学工作研讨会，总结已完成的实习班级的教学经验，根据不同年级不同专业学生特点和知识基础，制定相应教学方针互相学习探讨，提升教学能力和水平。

2016 年度，机电实习中心配合学院修订新的培养计划及教学大纲，共计 25 份，涉及 14 个专业。

2016 年度，机电实习中心完成纵向、横向、科研、教改课题多项，具体项目情况汇总如下表所示。

表 36　　2016 年项目汇总一览表

序号	项目名称	项目负责人	项目类型	项目经费
1	基于西门子 PLC 的实践教学平台建设研究	宋晓娜	教改项目	1
2	建设创新创业实践基地——创客中心	王倪珂	教改项目	1
3	金工实习试题库建设	孟玲霞	课程建设项目（校级）	1
4	《金属工艺实习》数控线切割教学内容及方法改革建设	董丽萍	课程建设项目（校级）	1
5	微波测试探针台自动控制系统软件研发	孟玲霞	横向课题	10

2016 年度，机电实习中心共发表教学改革论文 6 篇，科技论文 4 篇。详细情况汇总如下表。

表 37　　2016 年论文发表情况一览表

序号	第一作者	论文名称	期刊名称	期刊类型
1	侯晓霞	印制电路板的设计与制作在实践教学中的应用	实验室科学	一般
2	董丽萍	“饥饿营销”策略在数控线切割金属工艺实习教学实践中的应用	高校实验室工作研究	一般
3	宋晓娜	以专业认证为导向的电气控制工程实训教学改革	高校实验室工作研究	一般
4	侯晓霞	多媒体教学系统辅助《电工电子实习》教学	高校实验室工作研究	一般
5	侯晓霞	基于远程 LED 显示屏控制系统开发的实验室建设与管理改革	信息与电脑	一般
6	胡延平	发动机外特性虚拟仪器开发	高校实验室工作研究	一般
7	韩凤霞	通过快速扳手的研制培养学生的创新能力	高校实验室工作研究	一般
8	孟玲霞	应用转向梯形的双前轮无碳小车创新设计及优化	科技创新与应用	一般
9	孟玲霞	风电机组齿轮箱早期故障预警方法研究	仪器仪表学报	EI
10	李沛	脉冲噪声的非线性变换有源控制算法研究	实验技术与管理	核心

（王倪珂）

【对外交流】2016 年度，机电实习中心进行了多次教学实践的调研活动。

4 月，机电实习中心赴北方工业大学调研，参观工程训练中心、创新实验室等，与相关教学人员进行了教学上的探讨，对于实习教学实验项目的设置，热工实训模式制定整改方案等提供了有意义的参考。

7 月，中心赴哈尔滨工业大学的工程训练中心调研，了解并学习其工程训练中心的课程内容设置、创新项目的管理模式等。

8 月，中心赴秦皇岛参加华北地区金工研究会第八届理事会暨第十二届学术年会，了解高校工程训练实践教学和金工课程教学“十三五”规划期间的发展方向指引方向，并与兄弟院校的工程训练教师们进行经验交流，互相学习成功的教学经验，为今后更好地开展教学科研活动打下了基础。

10 月，中心赴山东科技大学参观控制基础实验教学中心、机器人创新实验室，学习交流其管理模式及运营经验。

11 月，中心赴中北大学工程训练中心调研，与重庆大学开展座谈会，交流学习工作经验，学习借鉴其教学模式和管理模式，教师们受益匪浅，对机电实习中心的教学过程也进行了相应的改进和提高。

（王倪珂）

【党建工作】机电实习中心党支部隶属教辅单位党总支，有正式党员 11 人。机电实习中心党支部积极配合直属单位党总支和工会工作，按时高效完成党总支布置的各项任务，仔细做好学校党代会各项工作，每次都能够做到全体党员到会，传达学校党委有关精神和具体要求同时，党支部按时定期召开党员学习活动，积极学习最新的政治理论，保证各位党员与时俱进，用新的理论武装自己的头脑。

2016 年度开展的思想学习工作主要有：3 月 11 日，学习习近平总书记系列重要讲话精神；5 月 9 日，学习党章和实现中华民族伟大复兴的中国梦；7 月 6

日，学习优秀共产党员吴大观的先进事迹、四有教师的学习等。6 月 16 日，开展“两学一做”专题党课学习；9 月 21 日，开展“严守纪律，不破党员底线，不越师德红线，不触法纪高压线，做合格党员—专题讨论会”；10 月 19 日，学习“四个全面”战略布局，树立新发展理念；11 月 8 日开展“合格党员行为规范”和“党支部行为规范”大讨论，“两学一做”知识竞赛答题。

4 月 22 日，党支部组织主题党日活动“赴平北抗战纪念馆看展”，缅怀革命先烈，感受爱国主义教育，不仅培养了教师们的爱国情怀，激励奋发图强的拼搏精神，同时，给教师们一个相互了解，相互交流的机会，让大家从紧张的工作中走出来，熏陶自己的情操和心灵，提高教师们在工作中团结协作、共同进取的思想意识。

此外，党支部还不忘时刻关怀中心各位老师的身心健康。6 月 23 日，中心相关领导前去看望生病住院的已退休孔繁顺老师；11 月 24 日，中心相关领导看望生病住院的刘京徽老师。通过对各位老师的关怀和关心，提升了中心党支部的凝聚力和号召力。

（王倪珂）

【大学生科技创新工作】中心设有大学生科技创新基地，创新基地面积 40 平方米，提供专用场地、各类设备及专业指导，并不断购置各类先进设备，如 3D 打印机、各类拼装编程组件等，为大学生参加各类科技创新大赛提供平台。

2016 年度机电实习中心共开设的开放性实验 18 项，大学生创新项目 1 项，指导大学生参赛获奖 2 项，具体项目如下表所示。

通过开放性实验及科技创新项目的开展，深化了学生对所学专业知识的理解掌握，培养了学生的动手能力和创新能力，帮助学生形成大工程意识和责任意识，有助于学生的知识技能与实践能力同时提高。

（王倪珂）

【专业认证】按照学校统一安排，机电实习中心全力配合机电学院机械设计制造及自动化专业的国际化专业认证工作。通过多次交流协商，中心根据国际化专业认证所需要求进行了大量的整改工作，例如整理教学文档、整理试卷库、修订实习报告册、修订安全规章制度、规范教学环境及实习环境，中心教师在此次申报过程中积极参与，做了大量工作。也使中心的教学、管理、环境等方面有了很大提高。中心实习教学中体现的特色对于考核认证中的个别考核点，给予了大力支持，实习教学内容和环境得到专家组的肯定。

（王倪珂）

【中小学科技开放工作】为配合学校与“永泰小学”的共建项目，应学校办公室要求，2016 年度，机电实习中心对“永泰小学”的部分科技爱好者学生进行开放，共接待小学生 60 人次，开设课程情况如下表所示。

表 38　　2016 年开放性实验情况一览表

序号	实验名称	指导教师
1	单片机实验电路安装调试实训	高　宁
2	凌阳 61 单片机的组装与扩展应用	高　宁
3	雕刻机在 PCB 制板工艺中应用的实验与改进	侯晓霞
4	改进 SMT 表面贴装工艺的实验	侯晓霞
5	印制板实训——稳压电源与充电器的制作	李　沛
6	智能双面转印机应用于电子工艺实训的实验开发	李　沛
7	可编程序控制器（PLC）及组态技术工程应用	张景荣
8	电子产品安装技能拓展训练	张景荣
9	模块化机器人控制实验	宋晓娜
10	基于 Arduino 单片机的压力传感器应用设计与制作	宋晓娜
11	电子音调发生器	胡延平
12	温度显示与报警	胡延平
13	基于 Pro/E 的三维造型建模	王倪珂

续表 38

序号	实验名称	指导教师
14	3D 打印机拆装实验	王倪珂
15	液压元器件的拆装与测绘	韩凤霞
16	机床精度的检测	韩凤霞
17	3D 打印机拆装与打印制作	孟玲霞
18	基于安卓系统的蓝牙排爆小车设计制作	孟玲霞

表 39　2016 年大学生创新创业项目一览表

序号	实验名称	指导教师
1	基于安卓系统的蓝牙排爆小车设计制作	孟玲霞

表 40　2016 年大学生竞赛所获奖项一览表

序号	竞赛名称	所获奖项
1	中国机器人大赛暨国际水中机器人大赛全局视觉组抢球博弈	一等奖
2	2016 年北京市大学生工程训练综合能力竞赛方案	三等奖

表 41　2016 年中小学共建课程一览表

序号	课程名称	授课对象	授课学时
1	基本电路元器件知识及应用	永泰小学	12
2	逻辑电路的使用	永泰小学	12
3	基于 metas 软件的编程	永泰小学	12
4	mBot Ranger 机器人组装与调试	永泰小学	4
5	mBlock 软件编程及 Makeblock 各类传感器应用	永泰小学	8
6	AutoCAD 软件绘图及激光雕刻机使用	永泰小学	8
7	Creo 软件及 3D 打印软件使用	永泰小学	4
8	基于 Makeblock 平台的避障搬运小车搭建	永泰小学	12

经过与带队老师的多次沟通，根据五六年级小学生的知识基础和年龄特点，中心教师们进行了充分的教学准备工作，制定了符合中小学生兴趣爱好的科技知识课程，并不断改进教学方式方法，课堂上气氛活跃，同学们热情高涨，一年的课程结束后，获得了教师、学生及学生家长的一致好评。

此外，中心还组织教师带领部分小学生参加了“永泰小学”科技节活动，用精巧的各类机器人作品，吸引了学生及家长们的眼球，提高了学校知名度及社会影响力。

【专项设备购置】2016 年，为了提高实习教学质量，配合现代化教学水平，2016 年，中心有“促进高校内涵发展—机电实习中心创新实践基地建设”及“促进高校内涵发展 - 机电实习中心实践教学人才培养模式改革”两项专项工作，共计约 150 万元，顺利完成了项目的申报、采购、调试、培训、验收等诸多环节，并在设备到位后及时投入实训教学，同步完成了相应的自编讲义编写工作。中心成立专项工作小组，在专项执行全过程，做到集体讨论、集体与厂家接触。做到公开公正公平，及时在中心全体会议上向全体教师公告，坚决杜绝暗箱操作等行为。

（王倪珂）

继续教育学院

【概况】2015 年，继续教育学院（The School of Continuing Education，简称继教学院）学校继续教育工作在校党委和行政的领导下，围绕学校党政工作要点和部门工作目标，遵照对继续教育实施改革的工作要求，明确了“向改革要动力、以转型求发展”的工作思路，科学调整办学结构、积极探索合作渠道、合理布局办学架构、推进继续教育转型发展，将办学方向转移到非学历教育工作上来，将管理重点转移到内涵建设、增强员工的创新工作能力，提升教学质量和网络教学资源建设上来，继续教育工作取得了一定成效。

2016 年学院在编教职工总数共 8 人。具有副高级以上职称 3 人，中级职称 1 人，初级职称 4 人。

【学历教育工作】学院的学历教育设有夜大、函授两种教育形式，招收高中起点专科、专科起点本科和高中起点本科三个层次，依托学校的学科优势和特色专业，开设有计算机科学与技术、机械设计制造及其自动化、会计学、工商管理、计算机信息管理、汽车检测与维修技术、机电一体化技术、电子商务、市场营销、工商企业管理、经济管理等 20 个本、专科专业，分别在校内、京内校外教学点和部分省市的函授站开展教育教学工作。

针对新时期成人教育特点和学生学习需求，学院在加强质量管理的同时，不断深化教育教学改革，全方位为教师和学生提供服务，成人学历教育保持着平稳发展的态势。

认真做好学生学籍管理工作。组织开展 2016 级 1930 余名新生报到、入学资格审查和电子注册工作；完成在校学生学籍变更；完成 2016 届 1950 余名毕业生的审核、信息采集、资料上传；完成毕业证制作、发放和毕业生档案的整理归档工作。

组织学位英语考试报名和学位评定工作。2016 年先后组织 2 次 248 名成人本科学位英语报名；评定 2016 届本科毕业生学士学位 45 名，其中管理学学士 20 名、工学学士 25 名；评选优秀毕业生 8 名。

切实做好考务组织工作。加强学风、考风建设，督促班主任认真做好学生考前动员和考风考纪教育，倡导端正学风，严肃考纪，坚决杜绝考试违纪违规现象；组织任课教师严谨试卷评阅、科学开展试卷分析和综合成绩评定，保证学生掌握专业知识的全面性和真实性。

加强校外教学站点的督导作用。2016 年学院组织校外教学站点参加省、市教育主管部门的年检和备案工作，按照省教育厅要求认真开展自查，梳理教学站点自身的建设情况，收到了良好效果。

坚持为校外教学站点提供指导和服务。组织召开年度函授教育和教学点工作会议，以“深化教学改革，推进转型发展，迎接“互联网 + 学习时代”为主题，就继续教育转型发展等问题，统一思想、明确定位，积极为校外教学站点的转型发展提供软、硬件支持和服务。

认真落实两个主体责任，学院组建教学工作检查组，深入到淮北、汕头、烟台等函授站，开展教学执行计划、论文指导和教务管理等方面的工作检查，落实主办校的主导与监督作用，对函授站正规化建设起到了促进作用。

继续开展课堂教学方法改革，突出以实践性、应用性为重点的教学内容，引导学生动手实践、自主探索、合作交流，指导学生找出解决问题的应对方法；改革成绩评定办法，根据课程标准要求，增加平时考核与实践环节的比重，提高学生到课率，提高学习效果，在有限的时间里提高学生的实践技能。

针对成人教育特点和学习需求，2016 年组织校内各相关院系的任课教师，完成了成人学历教育夜大计算机科学与技术、机械设计制造及其自动化等 10 个招生专业，共计 130 余门专业课程教学计划（大纲）的修订工作。

在学历继续教育招生工作中，学院坚持“计划招生、量出为入”的工作思路，严格按照上级教育主管部门的要求开展招生宣传，自觉遵守招生简章和广告宣传备案制度，切实从源头上杜绝违规违纪招生现象。

开展继续教育“微信公共平台”建设，增强继续教育网站网络宣传功能，利用“北京考试报”和“学院二级网站”等载体将招生信息对外公布，坚持招生值班和招生网上咨询答疑工作，确保招生信息公开透明，维护广大考生的切身利益。

积极与北京市和地方教育主管部门开展横向联系，展示学校的专业学科优势，按市场需求编制和投放专业计划，注重新增专业的市场调研与申报工作，最大可能弥补招生专业短板。2016 年成人各类学历教育招生录取共计 2349 人，其中函授 1943 人；夜大 406 人。圆满完成年度招生计划。

（高宏山）

【非学历教育工作】针对当前继续教育改革和成人教育转型发展的新形势，学院一方面稳定现有的非学历教育项目，另一方面积极与行业、企业和兄弟院校加强沟通，根据京津冀一体化建设需要，全方位拓展非学历教育渠道，寻求适合学校专业特色的培训项目，为继续教育可持续发展奠定基础。

学院与国家机械联合会合作，举办了首次“《中国制造2025》智能制造系统中的智能感知与‘互联网+’”高级研修班，围绕智能制造关键核心技术，开展国家制造行业研发人员知识结构更新，开拓思路，适应《中国制造2025》战略需求。

继续与北京幸星国际教育公司和北京ITET培训中心合作，在酒仙桥、金台路两校区开展“动漫设计”“计算机应用技术”专业技能培训。其中，“动漫设计”项目，2016年举办培训班2期，参加培训人数共计100余人，为校企深度合作和项目拓展夯实基础；完成与武警特警学院合作开展的“工程硕士”后期培养工作。

承接北京教育考试院、朝阳区人力资源保障局、海淀区卫计委考试中心等部门举办的“全国计算机等级”“全国人力资源管理师”“国家二级建造师”和“北京市卫生技术职称”等国家级和市级考试组考工作，承办各类考试600余场次，参加考试人数达14340余人次。

（高宏山）

【信息化建设工作】2016年，学院组织开展了网络平台和网络课程建设学习与调研，正式启动了“继续教育管理和教学信息平台”建设，并完成了继续教育网络课程建设的前期准备工作。

为适应成人教育特点，学院对中国人民大学网络教育学院进行了走访学习，就信息化平台和数字化资源建设开展了专项调研工作，并达成了资源共享的合作意向。

为加快信息化平台建设，学院完成了15万元网络课程资源建设专项经费申报，与东方兴业网络教育有限责任公司合作，完成了学校继续教育在线学习平台的基础建设。平台将于2017年4月正式上线运行。

（高宏山）

【综合管理】2016年学院领导班子进行了调整，新一届领导班子始终坚持“民主管理、团结协作、共谋发展”的工作作风，规范组织开展学院各项行政管理工作。

针对学院自然减员状况，及时整合部门（岗位）职责，科学细化责任分工，将减员空缺岗位的工作调整到工作有交叉的岗位，强化责任意识和协作意识，确保了学院工作不间断地进行。

遵照学校二号办公楼搬迁工作总体部署，学院积极开展搬迁动员，在“统一思想、统一认识”的基础上，全体教职工克服困难，加班加点，按照学校搬迁工作时间要求，率先完成了学院办公室的搬迁工作。

按照北京市教委的要求，完成北京市高校继续教育数据管理的统计、填报和上传工作，并根据市教委的要求，结合学院实际，完成学校年度继续教育质量报告的撰写工作，《报告》全文被市教委编入《北京高等学校继续教育质量报告（2015）》一书。

完成学校高等教育基础数据报表成人学历教育数据统计、填报和上传工作；按照学校时间节点，完成学校年鉴（2015）继续教育工作的编纂、审核工作。

开展国有资产的清点与核对工作，按照国有资产使用和管理规定的相关要求，认真盘点学院报废资产的账物核查，依照工作程序，规范办理超年限资产设备的报废手续，有效杜绝了资产流失与浪费现象。

（高宏山）

【党建工作】2016年学院党支部在教辅单位党总支的指导下，以开展“两学一做”活动和基层党组织、党员行为规范建设年为契机，多形式开展党的组织建设、制度建设和作风建设，有效发挥党组织的监督作用，为深化改革和转型发展保驾护航。

1. 严格经费使用与管理，认真落实“三重一大”制度，学院各项经费支出，实施逐级审核报销手续，遇较大数额的经费支出一律经院务会集体研究决定；编制完成年度学院收支预算和年度收支决算；完成非学历教育收入缴纳和成本支出，完善年度管理台帐。

2. 扎实深入开展“两学一做”学习教育，倡导全体党员切实做到“学在前、做在先，学用结合、知行合一”，学习教育取得了新成效；完成部门党风廉政责任制考核和部门经济责任审计工作。

3. 遵照校党委的统一部署，配合教辅单位党总支完成党总支委员换届选举工作；组织全体党员积极开展“基层党支部规范化建设”“合格党员行为规范标准”讨论和制定工作；发挥党支部的战斗堡垒作用，组织开展主题党日活动，强化党员的先进意识，提升党组织的凝聚力。

4. 坚持党内民主生活，定期召开党员民主生活会，开展批评与自我批评，通过“红红脸、出出汗”使领导班子成员和党员切实认识到自身的不足、明确改进的目标，有效促进了学院整体工作的开展。

5. 严格党费缴纳和使用规定，遵照校党委组织部的布置，开展党员党费补交专项工作动员、基数核算等，并按时完成补交党费上缴。

（高宏山）

【表彰与奖励】

学校获集体奖励与表彰

表 42　　学校获集体奖励与表彰一览表

获奖名称	获奖单位
2015 年度北京市社会科学基金项目优秀二级管理单位	北京信息科技大学
北京市教委 2015 年度决算编报工作先进单位一等奖	北京信息科技大学
2016 年预算综合绩效评价三等奖	北京信息科技大学
“北京市节水型单位”	北京信息科技大学
海淀区 2015 年度控烟工作先进集体	北京信息科技大学
2016 年度海淀区高校系统交通安全先进单位	北京信息科技大学
北京地区高校图书馆文献资源保障体系 BALIS 管理中心“最佳组织奖”	北京信息科技大学图书馆
北京高校网络图书馆“虚拟参考咨询先进集体奖”	北京信息科技大学图书馆
BALIS 馆际互借中心年度评比先进集体三等奖	北京信息科技大学图书馆
北京高校图书馆面向中小学开放日优秀奖。	北京信息科技大学图书馆
北京地区高校图书馆文献资源保障体系 BALIS 管理中心“BALIS 统一检索资源贡献奖”。	北京信息科技大学图书馆
北京高校图工委组织的北京地区高校图书馆第十届运动会“积极参与奖”。	北京信息科技大学图书馆
共青团海淀区委员会 2014 年度“青年文明号”	信息与网络管理中心
2014—2015 北京高校党建和思想政治工作优秀成果三等奖	北京信息科技大学
2016 年北京高校红色“1+1”示范活动评比最佳组织奖	北京信息科技大学
2016 年国防教育先进单位称号	北京信息科技大学武装部
2015—2016 年度北京高校德育工作先进集体	机电工程学院机械工程系
2016 年北京高校红色“1+1”示范活动二等奖	信管学院信管专业第三学生党支部
2016 年北京高校红色“1+1”示范活动三等奖	理学院信计统计联合学生党支部
	计算机学院计科第一学生党支部
	机电学院工业工设学生党支部
	通信学院电信专业第一、二、三学生党支部
	外国语学院英语专业学生第一、二、三党支部
	自动化学院第二学生党支部 & 电气专业学生党支部
	机电学院研 1502 学生党支部
	经管学院经济专业第二学生党支部联合校医院党支部
	公管学院行政管理专业第一学生党支部
	光电学院测控第一、三学生党支部
	通信学院通信专业第二学生党支部
	经管学院财务专业学生党支部 & 后勤公寓饮食党支部
2016 年北京高校优秀学生基层组织创建展示“示范班集体”	机电 1401 班

续表 42

获奖名称	获奖单位
2016 年北京高校优秀学生基层组织创建展示优秀奖	人力 1402
	英语 1303
	审计 1401
	行政 1401
2016 年北京高校“示范学生基层组织（宿舍）”	学五公寓 703（光电学院）
	学三公寓 418（计算机学院）
北京市“2016 年度国家安全人民防线建设工作先进集体”	北京信息科技大学
北京市海淀区高校系统交通安全先进单位	北京信息科技大学后勤管理处商服及运输科
北京信息科技大学“三育人先进单位”	北京信息科技大学安稳处

教职工获奖励与表彰

表 43　　教职工获奖励与表彰一览表

教育教学方面奖励与表彰	
获奖名称	获奖人
“全国优秀科技工作者”	徐小力　祝连庆
2016 年度海淀区高校系统交通安全先进个人	谢南贵
北京地区高校图书馆文献资源保障体系 BALIS 管理中心“原文传递服务先进个人奖”	马铭锦
BALIS 馆际互借中心年度评比中获馆际互借先进个人二等奖	杜广涛
北京高校优秀德育工作者	马绍辉　刘　泉　李学华　杨　菁　周　宇
北京高校优秀辅导员	王　晗　冯天赐　韩聪钰
北京市“2016 年度国家安全人民防线建设工作先进个人”	胡　滔　杜　平
北京市“2016 年度海淀区高校系统交通安全先进个人”	王　蕾　谢南贵
北京市海淀区交通安全优秀管理干部	段德君
2016 年北京市师德榜样	陈　勇
2016 年北京市师德先锋	范军芳
第九届青年教师教学基本功比赛暨第三届教学新星评选二等奖	周淑一

表 44　　2016 年度科研获奖一览表

序号	成果名称	奖励名称	所属单位	获奖作者	获奖级别	获奖等级	单位排序	科研编制（个）	科研奖励（万元）	奖励批准号	备注
1	机电系统测控及信息化技术研发与应用	中国产学研合作创新成果奖	机电系统测控实验室	徐小力 吴国新 王红军 王立勇 丁克勤(外) 乔文生(外) 马汉元(外)	行业奖	一等奖	第一单位	0.8	0	国科奖社证字第 0191 号	2016
2	微小飞行器智能制导技术及应用	吴文俊人工智能科学技术进步奖	自动化学院	范军芳 王　伟(外) 付国栋(外)	行业奖	三等奖	第一单位	0.4	0		2016
3	GIS 设备运维及检测技术研究与应用	青海省科学技术奖励	电子信息与控制实验教学中心	朱嘉林	省级奖	二等奖	第三单位	0.5	1	2015-KJJB-2-04-D03	2016
4	GIS 现场振荡型冲击耐压试验及故障诊断技术的研究与应用	中国电力科学技术奖	电子信息与控制实验教学中心	朱嘉林	行业奖	三等奖	第三单位	0.2	0	2015-J-3-44-D03	2016
5	中国内燃机再制造产业战略实施方案	中国机械工业科学技术奖	机电系统测控实验室	徐小力	行业奖	三等奖	第四单位	0			

表 45　2016 年度科研奖励、科研编制汇总表—（专利权部分）

序号	专利名称	第一完成人类型	第一完成人	所属单位	专利完成人	专利类型	学校署名	奖励	编制
1	智能运载机器人	本校老师	李　擎	自动化学院	李　擎，张　昊（学），原鑫（学），张承燕（学），付国栋（外）	外观设计	第一单位		0.03
2	基于 ARM11 的远程监控系统软件	本校老师	艾　红	自动化学院	艾　红	软件著作权	第一单位		0.03
3	远程监护系统上位机软件	本校老师	艾　红	自动化学院	艾　红	软件著作权	第一单位		0.03
4	无人船模拟避障系统	本校老师	李　擎	自动化学院	李　擎	软件著作权	第一单位		0.03
5	基于 IMU 的无人船姿态监测软件	本校老师	李　擎	自动化学院	李　擎	软件著作权	第一单位		0.03
6	泛在环境下传感器姿态演示软件	本校老师	李　擎	自动化学院	李　擎	软件著作权	第一单位		0.03
7	抑制 MEMS 陀螺随机漂移的一种粒子群 ARMA 模型程序	本校老师	李　擎	自动化学院	李　擎	软件著作权	第一单位		0.03
8	建筑物结构匹配的行人导航误差粒子滤波修正软件	本校老师	李　擎	自动化学院	李　擎	软件著作权	第一单位		0.03
9	行人导航参数地图绘显软件	本校老师	李　擎	自动化学院	李　擎	软件著作权	第一单位		0.03
10	四旋翼飞行器飞行控制系统	本校老师	马　洁	自动化学院	马　洁	软件著作权	第一单位		0.03
11	基于模型的输气管道泄漏检测系统软件 V1.0	本校老师	王军茹	自动化学院	王军茹，付兴建	软件著作权	第一单位		0.03
12	基于 IMU 阵列的行人航位推算软件	本校老师	李　擎	自动化学院	李　擎	软件著作权	第一单位		0.03
13	基于激光扫描仪的 ALV 测控软件	本校老师	李　擎	自动化学院	李　擎	软件著作权	第一单位		0.03
14	一种复杂机械设备多工况故障预测方法	本校老师	马　洁	自动化学院	马　洁	发明专利	第一单位	0.3	0.3
15	一种高精度大范围光纤延迟调节装置	本校老师	贾豫东	仪器科学与光电工程学院	贾豫东	实用新型	第一单位		0.06
16	一种基于多路准直光束的六自由度微位移测量装置	本校老师	刘力双	仪器科学与光电工程学院	刘力双，李晓英，孙　鹏，吕　勇，郎晓萍	发明专利	第一单位	0.3	0.3
17	双目立体视觉三维成像的眼底 OCT 成像方法及其系统	本校老师	刘国忠	仪器科学与光电工程学院	刘国忠，孟　浩，李　萍，燕必希，王晓飞	发明专利	第一单位	0.3	0.3
18	防割伤式的台式电锯	本校老师	孔全存	仪器科学与光电工程学院	孔全存，苏　慧（学），王丹妮（学），刘桂礼	发明专利	第一单位	0.3	0.3
19	多功能导盲拐杖	本校老师	孔全存	仪器科学与光电工程学院	孔全存，刘俊博（学），冯金磊（学），赵双琦	发明专利	第一单位	0.3	0.3

续表 45

序号	专利名称	第一完成人类型	第一完成人	所属单位	专利完成人	专利类型	学校署名	奖励	编制
20	一种狭窄空间智能移动机器人视觉导航系统及方法	本校老师	娄小平	仪器科学与光电工程学院	娄小平，董明利，吕乃光，林义闽（学），王　达（学）	发明专利	第一单位	0.3	0.3
21	一种利用局部参数优化计算基础矩阵的相对定向方法	本校老师	董明利	仪器科学与光电工程学院	董明利，李　巍（学），孙　鹏，王　君，燕必希	发明专利	第一单位	0.3	0.3
22	石英晶体电参数测试系统	本校老师	王艳林	仪器科学与光电工程学院	王艳林，李　东，刘桂礼	发明专利	第一单位	0.3	0.3
23	双三角光学测头的光路系统	本校老师	娄小平	仪器科学与光电工程学院	娄小平，郭阳宽，董明利，牛春晖，周哲海，祝连庆	发明专利	第一单位	0.3	0.3
24	光学三角测头的光路系统	本校老师	娄小平	仪器科学与光电工程学院	娄小平，董明利，郭阳宽，祝连庆，牛春晖，周哲海	发明专利	第一单位	0.3	0.3
25	用于坐标测量机的测头的系统标定方法	本校老师	祝连庆	仪器科学与光电工程学院	祝连庆，娄小平，郭阳宽，董明利，王　君，周哲海，燕必希	发明专利	第一单位	0.3	0.3
26	基于 CPLD 的脉冲光纤激光器驱动电源控制系统	本校老师	张荫民	仪器科学与光电工程学院	张荫民，祝连庆，骆　飞（外），周哲海，董明利，娄小平	发明专利	第一单位	0.3	0.3
27	控制用于激光打标的基于 FPGA 的脉冲光纤激光器功率控制系统的方法	本校老师	祝连庆	仪器科学与光电工程学院	祝连庆，骆　飞（外），董明利，张荫民，周哲海，郭阳宽，何　巍	发明专利	第一单位	0.3	0.3
28	一种采用 C 波段掺铒光纤产生 C+L 波段的宽带光源系统	本校老师	祝连庆	仪器科学与光电工程学院	祝连庆，骆　飞（外），何　巍，张荫民，董明利，娄小平	发明专利	第一单位	0.3	0.3
29	一种单端泵浦光谱补偿的高平坦 C+L 波段宽带光源	本校老师	祝连庆	仪器科学与光电工程学院	祝连庆，张荫民，骆　飞（外），何　巍，董明利，贾豫东	发明专利	第一单位	0.3	0.3
30	全流场 3D 可视化测速方法	本校老师	刘国忠	仪器科学与光电工程学院	刘国忠，李　萍	发明专利	第一单位	0.3	0.3
31	表面等离子体增强全内反射荧光显微成像方法及装置	本校老师	祝连庆	仪器科学与光电工程学院	祝连庆，周哲海，郭阳宽，娄小平，张荫民，孟晓辰	发明专利	第一单位	0.3	0.3
32	全内反射荧光显微成像方法及装置	本校老师	周哲海	仪器科学与光电工程学院	周哲海，祝连庆，娄小平，王　君，张荫民，刘谦哲，孟晓辰	发明专利	第一单位	0.3	0.3

续表 45

序号	专利名称	第一完成人类型	第一完成人	所属单位	专利完成人	专利类型	学校署名	奖励	编制
33	基于高级次轴对称偏振光的并行共焦显微成像方法及装置	本校老师	祝连庆	仪器科学与光电工程学院	祝连庆，周哲海，郭阳宽，孟晓辰，刘谦哲，王　君，吴思进	发明专利	第一单位	0.3	0.3
34	受激发射损耗显微成像方法及装置	本校老师	周哲海	仪器科学与光电工程学院	周哲海，祝连庆，董明利，张荫民，王　君，那云虓，潘志康	发明专利	第一单位	0.3	0.3
35	基于柱矢量光束的受激发射损耗显微成像方法及装置	本校老师	祝连庆	仪器科学与光电工程学院	祝连庆，周哲海，董明利，张荫民，吴思进，孟晓辰，刘谦哲	发明专利	第一单位	0.3	0.3
36	直流电机速度控制系统及速度控制方法	本校老师	郭阳宽	仪器科学与光电工程学院	郭阳宽，祝连庆，那云虓，王　君，董明利，娄小平，孟晓辰	发明专利	第一单位	0.3	0.3
37	石英晶体频率微调控制系统	本校老师	王艳林	仪器科学与光电工程学院	王艳林，王中宇（外），李　东，刘桂礼	发明专利	第一单位	0.3	0.3
38	基于柔性装配中的工件配准方法及系统	本校老师	燕必希	仪器科学与光电工程学院	燕必希，董明利，吕乃光，王　君，陈萌（学）	发明专利	第一单位	0.3	0.3
39	一种频域光学相干层析信号位置和相位配准方法	本校老师	刘国忠	仪器科学与光电工程学院	刘国忠，王瑞康（外）	发明专利	第一单位	0.3	0.3
40	基于小波阈值算法与包络谱分析的电机故障电流谐波信号检测仪软件 V1.0	本校学生	朱明斯	信息与通信工程学院	朱明斯（学），朱希安	软件著作权	第一单位		0.03
41	基于 PSO 神经网络的电机故障电流信号谐波测量仪软件 V1.0	本校学生	叶圣超	信息与通信工程学院	叶圣超（学），朱希安	软件著作权	第一单位		0.03
42	数字全息层析三维显示系统 V1.0	本校老师	冷俊敏	信息与通信工程学院	冷俊敏	软件著作权	第一单位		0.03
43	一维电磁场求解软件 [简称：Tsolver] V1.0	本校老师	缪　旻	信息与通信工程学院	缪　旻	软件著作权	第一单位		0.03
44	TSV 三维立体集成设计平台 V1.0	本校老师	缪　旻	信息与通信工程学院	缪　旻	软件著作权	第一单位		0.03
45	畜牧养殖环境监控三维可视化系统	本校老师	解迎刚	信息与通信工程学院	解迎刚	软件著作权	第一单位		0.03
46	畜牧养殖环境监控及质量追溯系统	本校老师	解迎刚	信息与通信工程学院	解迎刚	软件著作权	第一单位		0.03
47	基于物联网的地下室环境报警监控系统	本校老师	解迎刚	信息与通信工程学院	解迎刚	软件著作权	第一单位		0.03

续表 45

序号	专利名称	第一完成人类型	第一完成人	所属单位	专利完成人	专利类型	学校署名	奖励	编制
48	一种基于蛇形变形搜救机器人的全织物人造皮肤	本校老师	苏　中	信息与通信工程学院	苏　中，赵　旭(外)，陈　淞(外)，李　擎，张双彪(外)，刘福朝(外)	发明专利	第一单位	0.3	0.3
49	基于耦合传输线信道传输矩阵的串扰抵消方法及装置	本校老师	王亚飞	信息与通信工程学院	王亚飞，李学华	发明专利	第一单位	0.3	0.3
50	一种不增加总线数目的避免串扰编码方法及装置	本校老师	王亚飞	信息与通信工程学院	王亚飞，李学华，杨曙辉，陈迎潮(外)	发明专利	第一单位	0.3	0.3
51	基于嵌入式的智能快递柜系统	本校老师	张月霞	信息与通信工程学院	张月霞，王　宇(学)，王加庆(学)	软件著作权	第一单位		0.03
52	智能排队叫号系统	本校老师	张月霞	信息与通信工程学院	张月霞，罗振宇(学)，杨瑞琪(学)	软件著作权	第一单位		0.03
53	校企内部即时通讯软件	本校学生	杨瑞琪	信息与通信工程学院	杨瑞琪(学)，张月霞	软件著作权	第一单位		0.03
54	搜房雷达软件	本校学生	杨瑞琪	信息与通信工程学院	杨瑞琪(学)，张月霞，杨　逸(学)，段肖洋(学)	软件著作权	第一单位		0.03
55	疯狂 doge 游戏软件	本校学生	杨瑞琪	信息与通信工程学院	杨瑞琪(学)，张月霞	软件著作权	第一单位		0.03
56	分布式网络爬虫软件	本校学生	杨瑞琪	信息与通信工程学院	杨瑞琪(学)，张月霞	软件著作权	第一单位		0.03
57	编程小助手软件	本校学生	杨瑞琪	信息与通信工程学院	杨瑞琪(学)，张月霞	软件著作权	第一单位		0.03
58	基于 Android 的电池管理软件	本校老师	张月霞	信息与通信工程学院	张月霞，张玉宣(学)，王加庆(学)，殷生旺(学)，陈　行(学)，杨瑞琪(学)	软件著作权	第一单位		0.03
59	Turbo 编码系统	本校老师	张月霞	信息与通信工程学院	张月霞，谷栗(学)	软件著作权	第一单位		0.03
60	单位转换软件	本校老师	张月霞	信息与通信工程学院	张月霞，张玉宣(学)，王加庆(学)，殷生旺(学)，杨瑞琪(学)，陈　行(学)	软件著作权	第一单位		0.03
61	无线传感网络路由优化系统	本校老师	张月霞	信息与通信工程学院	张月霞，张玉宣(学)，殷生旺(学)，杨瑞琪(学)	软件著作权	第一单位		0.03

续表 45

序号	专利名称	第一完成人类型	第一完成人	所属单位	专利完成人	专利类型	学校署名	奖励	编制
62	基于 iOS 的手机室内定位软件	本校学生	高天润	信息与通信工程学院	高天润（学），张月霞，王浩鑫（学），邹　莹（学），刘珊珊（学），戴　玥（学）	软件著作权	第一单位		0.03
63	红外体温计测试系统	本校学生	张玉宣	信息与通信工程学院	张玉宣（学），张月霞	软件著作权	第一单位		0.03
64	无线传感器网络能量优化系统	本校老师	张月霞	信息与通信工程学院	张月霞，陈　行（学）	软件著作权	第一单位		0.03
65	Turbo 码译码软件	本校老师	张月霞	信息与通信工程学院	张月霞，杨瑞琪（学）	软件著作权	第一单位		0.03
66	智能停车场系统	本校老师	张月霞	信息与通信工程学院	张月霞，殷生旺（学）	软件著作权	第一单位		0.03
67	基于 Android 的手机通话管理软件	本校学生	张玉宣	信息与通信工程学院	张玉宣（学），张月霞	软件著作权	第一单位		0.03
68	基于 IOS 的手机股票软件	本校学生	王加庆	信息与通信工程学院	王加庆（学），张月霞	软件著作权	第一单位		0.03
69	基于 Android 的录音软件	本校学生	王加庆	信息与通信工程学院	王加庆（学），张月霞	软件著作权	第一单位		0.03
70	基于 KinectV2 无人机避障软件	本校老师	曹　林	信息与通信工程学院	曹　林	软件著作权	第一单位		0.03
71	基于 Arduino 开发平台的模型飞机控制软件	本校老师	曹　林	信息与通信工程学院	曹　林	软件著作权	第一单位		0.03
72	基于主元分析人眼定位软件	本校老师	曹　林	信息与通信工程学院	曹　林	软件著作权	第一单位		0.03
73	基于 Kinect 玩具机器人控制软件	本校老师	曹　林	信息与通信工程学院	曹　林	软件著作权	第一单位		0.03
74	灵明人脸验证软件	本校老师	曹　林	信息与通信工程学院	曹　林	软件著作权	第一单位		0.03
75	基于 Kinect 手势识别软件	本校老师	曹　林	信息与通信工程学院	曹　林	软件著作权	第一单位		0.03
76	机车对接专用测速测距雷达软件	本校学生	于　琳	信息与通信工程学院	于　琳（学），曹　林	软件著作权	第一单位		0.03
77	明捕人像检测捕获系统	本校学生	李　猛	信息与通信工程学院	李　猛（学），曹　林	软件著作权	第一单位		0.03
78	人脸图像超分辨率重建的方法和装置	本校老师	曹　林	信息与通信工程学院	曹　林，刘　丹（学），周　汐（学）	发明专利	第一单位	0.3	0.3
79	多小区多输入多输出系统考虑同频干扰抑制的能量效率优化功率分配算法	本校老师	姚彦鑫	信息与通信工程学院	姚彦鑫，荣　悦（学），王宇飞（外）	发明专利	第一单位	0.3	0.3
80	水污染防治行动计划项目储备库管理系统	本校老师	李　楠	信息管理学院	李　楠	软件著作权	第一单位		0.03
81	洞庭湖江河湖泊生态数据分析与可视化系统	本校老师	李　楠	信息管理学院	李　楠	软件著作权	第一单位		0.03
82	审计法规条款库软件	本校老师	梁力军	信息管理学院	梁力军	软件著作权	第一单位		0.03

续表 45

序号	专利名称	第一完成人类型	第一完成人	所属单位	专利完成人	专利类型	学校署名	奖励	编制
83	会计业务交易路径分析审计软件 V1.0	本校老师	梁力军	信息管理学院	梁力军	软件著作权	第一单位		0.03
84	基于差分隐私的动态数据发布系统	本校老师	康海燕	信息管理学院	康海燕，马跃雷（学）	软件著作权	第一单位		0.03
85	快递隐私信息安全流转系统	本校老师	康海燕	信息管理学院	康海燕	软件著作权	第一单位		0.03
86	基于社会工程学的信息安全漏洞分析与防御系统	本校老师	康海燕	信息管理学院	康海燕	软件著作权	第一单位		0.03
87	一种多元化项目的选择系统	本校老师	谷晓燕	信息管理学院	谷晓燕	软件著作权	第一单位		0.03
88	一种用于软件研发项目的风险预警系统	本校老师	谷晓燕	信息管理学院	谷晓燕	软件著作权	第一单位		0.03
89	一种依据流通商品的超市信息事后分析系统	本校老师	谷晓燕	信息管理学院	谷晓燕	软件著作权	第一单位		0.03
90	高新技术研发项目投资决策系统	本校老师	谷晓燕	信息管理学院	谷晓燕	软件著作权	第一单位		0.03
91	具有风险规避的营销分析系统	本校老师	谷晓燕	信息管理学院	谷晓燕	软件著作权	第一单位		0.03
92	个性化信息检索中用户隐私保护方法	本校老师	康海燕	信息管理学院	康海燕，苑晓姣（学）	发明专利	第一单位	0.3	0.3
93	汉语依存树库中未登录词的处理方法	本校老师	吕学强	网络文化与数字传播实验室	吕学强	发明专利	第一单位	0.3	0.3
94	面向中文专利文献的有标记并列结构的识别软件 V1.0	本校老师	吕学强	网络文化与数字传播实验室	吕学强	软件著作权	第一单位		0.03
95	基于多策略融合的专利主题词抽取软件 V1.0	本校老师	吕学强	网络文化与数字传播实验室	吕学强	软件著作权	第一单位		0.03
96	基于汉语组块分析的情感分析软件 V1.0	本校老师	吕学强	网络文化与数字传播实验室	吕学强	软件著作权	第一单位		0.03
97	汉语树库语义消歧软件 V1.0	本校老师	吕学强	网络文化与数字传播实验室	吕学强	软件著作权	第一单位		0.03
98	汉语概念复合块标注库规范化软件 V1.0	本校老师	吕学强	网络文化与数字传播实验室	吕学强	软件著作权	第一单位		0.03
99	基于有向图模型的多模态新闻图像检索软件 V1.0	本校老师	吕学强	网络文化与数字传播实验室	吕学强	软件著作权	第一单位		0.03
100	基于多模态的外观设计专利图像检索软件 V1.0	本校老师	吕学强	网络文化与数字传播实验室	吕学强	软件著作权	第一单位		0.03
101	面向专利摘要的中文分词软件 V.10	本校老师	吕学强	网络文化与数字传播实验室	吕学强	软件著作权	第一单位		0.03
102	专利知识获取软件 V1.0	本校老师	吕学强	网络文化与数字传播实验室	吕学强	软件著作权	第一单位		0.03
103	专利技术功效短语获取与分析软件 V1.0	本校老师	吕学强	网络文化与数字传播实验室	吕学强	软件著作权	第一单位		0.03

续表 45

序号	专利名称	第一完成人类型	第一完成人	所属单位	专利完成人	专利类型	学校署名	奖励	编制
104	运动会开幕词自动写作软件 V1.0	本校老师	吕学强	网络文化与数字传播实验室	吕学强	软件著作权	第一单位		0.03
105	微博城市投诉文本中的地理位置实体识别软件 V1.0	本校老师	吕学强	网络文化与数字传播实验室	吕学强	软件著作权	第一单位		0.03
106	基于本体上下位关系的招生问答机器人软件 V1.0	本校老师	吕学强	网络文化与数字传播实验室	吕学强	软件著作权	第一单位		0.03
107	高校学术会议统计软件 V1.0	本校老师	吕学强	网络文化与数字传播实验室	吕学强	软件著作权	第一单位		0.03
108	NBA 体育新闻自动写作软件 V1.0	本校老师	吕学强	网络文化与数字传播实验室	吕学强	软件著作权	第一单位		0.03
109	基于搜索日志的中文人名自扩展识别方法	本校老师	吕学强	网络文化与数字传播实验室	吕学强	发明专利	第一单位	0.3	0.3
110	学生工作系统 1.0	本校老师	杨厚云	网络管理中心	杨厚云	软件著作权	第一单位		0.03
111	基于 Android 系统的数字校园地图导览软件	本校老师	李　涵	理学院	李　涵	软件著作权	第一单位		0.03
112	实验室屏幕安全监控软件	本校老师	李　涵	理学院	李　涵	软件著作权	第一单位		0.03
113	基于 Android 系统的指尖订餐软件	本校老师	李　涵	理学院	李　涵	软件著作权	第一单位		0.03
114	基于 Android 系统的运动场所预定软件	本校老师	李　涵	理学院	李　涵	软件著作权	第一单位		0.03
115	基于 MOOC 有效学习课堂构建软件 V1.0	本校老师	王小妮	理学院	王小妮	软件著作权	第一单位		0.03
116	基于 MOOC 学习课堂在线题库软件 V1.0	本校老师	王小妮	理学院	王小妮	软件著作权	第一单位		0.03
117	盐湖智能采卤自动化物联网设备运维系统	本校老师	张　健	经济管理学院	张　健	软件著作权	第一单位		0.03
118	盐湖智能采卤物联网业务应用系统	本校老师	张　健	经济管理学院	张　健	软件著作权	第一单位		0.03
119	生物质热塑符合材料工艺过程控制系统	本校老师	张　健	经济管理学院	张　健	软件著作权	第一单位		0.03
120	工业企业碳排放计量系统	本校老师	张　健	经济管理学院	张　健	软件著作权	第一单位		0.03
121	工业企业碳排放流程管理系统	本校老师	张　健	经济管理学院	张　健	软件著作权	第一单位		0.03
122	C 语言程序在线分析辅导系统 V1.0	本校老师	张　良	计算机学院	张　良	软件著作权	第一单位		0.03
123	智能化立体仓库往复式调度管理系统	本校老师	张仰森	计算机学院	张仰森	软件著作权	第一单位		0.03
124	智能化仓储箱式缓存区调度系统	本校老师	张仰森	计算机学院	张仰森	软件著作权	第一单位		0.03
125	基于 hadoop 的公共云安全存储系统 V1.1	本校老师	蔡　英	计算机学院	蔡　英	软件著作权	第一单位		0.03

续表 45

序号	专利名称	第一完成人类型	第一完成人	所属单位	专利完成人	专利类型	学校署名	奖励	编制
126	基于微信公众平台的 C 语言自主学习系统	本校老师	张　良	计算机学院	张　良	软件著作权	第一单位		0.03
127	一种智能远程监控系统	本校老师	牟永敏	计算机学院	牟永敏	发明专利	第一单位	0.3	0.3
128	UOF 图表到 SVG 图形的转换软件（简称：“CCDF”）V1.0	本校老师	施运梅	计算机学院	施运梅	软件著作权	第一单位		0.03
129	一种具有自适应功能的网络渗透测试系统及方法	本校老师	焦　健	计算机学院	焦　健，李肖坚(外)，秦宏先(外)	发明专利	第一单位	0.3	0.3
130	一种对电感式传感器进行激励的交流电流源	本校老师	谷玉海	机电系统测控实验室	谷玉海，王立勇，王少红，马　超	发明专利	第一单位	0.3	0.3
131	一种高阶累积量特征提取方法适用性的判断方法	本校老师	吴国新	机电系统测控实验室	吴国新，徐小力，蒋章雷，左云波	发明专利	第一单位	0.3	0.3
132	一种光学试验平台	本校老师	马　超	机电系统测控实验室	马　超，赵自强(外)，刘令涛，王少红	发明专利	第一单位	0.3	0.3
133	一种面向复杂机电设备低信噪比信息的早期故障预测方法	本校老师	徐小力	机电系统测控实验室	徐小力，任　彬(外)，蒋章雷，孟玲霞	发明专利	第一单位	0.3	0.3
134	一种能提高超声波探测精度的超声波探测系统及方法	本校老师	黄　民	机电工程学院	黄　民，王小川，李天剑，高宏	发明专利	第一单位	0.3	0.3
135	光伏薄玻璃生产线自动取片码垛设备	本校老师	刘　泉	机电工程学院	刘　泉	发明专利	第一单位	0.3	0.3
136	非圆曲面 XY 直驱加工廓形误差教材耦合控制系统及方法	本校老师	彭宝营	机电工程学院	彭宝营，韩秋实，杨庆东，李启光	发明专利	第一单位	0.3	0.3
137	一种用于加工全金属螺杆钻具定子内孔的组合刀具	本校老师	许宝杰	机电工程学院	许宝杰，刘　泉	发明专利	第一单位	0.3	0.3
138	一种高空载人匀速下降救生器	本校老师	刘　泉	机电工程学院	刘　泉，刘　波(外)，黄小龙	发明专利	第一单位	0.3	0.3
139	基于西门子 840Dsl 非圆轮廓磨削数控软件 V1.0	本校老师	彭宝营	机电工程学院	彭宝营	软件著作权	第一单位		0.03
140	一种湿式离合器摩擦副温度测量系统	本校老师	李　乐	机电工程学院	李　乐，王立勇，周全健(学)	实用新型	第一单位		0.06

续表 45

序号	专利名称	第一完成人类型	第一完成人	所属单位	专利完成人	专利类型	学校署名	奖励	编制
141	轻型物体搬运机械手	本校老师	孙江宏	机电工程学院	孙江宏，张奇梁（学），王　茂，王少红，孙毓泽（学）	实用新型	第一单位		0.06
142	一种多功能绘图尺	本校老师	高　宏	机电工程学院	高　宏，孟玲霞，侯　浩（学），陈　炜（学），杜　祯（学），罗　超（学），李子豪（学）	发明专利	第一单位	0.3	0.3
143	蠕动式小管道机器人爬行机构	本校老师	刘相权	机电工程学院	刘相权，李天剑	发明专利	第一单位	0.3	0.3
144	一种管道视频检测的自动光源系统	本校老师	李天剑	机电工程学院	李天剑，刘相权，王会香	发明专利	第一单位	0.3	0.3
145	道路交通流量调查系统及其实现方法	本校老师	童　亮	机电工程学院	童　亮，张　欣（外），王　准，林慕义，王大江（学）	发明专利	第一单位	0.3	0.3
146	管道检测机器人	本校老师	李天剑	机电工程学院	李天剑，尹丽君（外），陈　晓，刘相权	发明专利	第一单位	0.3	0.3
147	一种能量回收模拟实验系统及进行能量回收模拟的方法	本校老师	林慕义	机电工程学院	林慕义，童　亮，王　准，郑　鑫（学），陈秀梅	发明专利	第一单位	0.3	0.3
148	电刀盘及采用该电刀盘的刀架	本校老师	杨庆东	机电工程学院	杨庆东，张瑞乾，王科社，童　亮，彭宝营	发明专利	第一单位	0.3	0.3
149	一种采用 PVDF 压电薄膜的弯张换能器	本校老师	秦　雷	传感器实验室	秦　雷，王丽坤，刘静静（学）	发明专利	第一单位	0.3	0.3
150	基于 PVDF 和压电陶瓷的收发换能器	本校老师	秦　雷	传感器实验室	秦　雷，王丽坤，周晶晶（学），刘静静（学），仲　超（学），张彬（学）	发明专利	第一单位	0.3	0.3
151	基于无证书短签名的可预警网络零售仿真系统 V1.0	本校老师	王兴芬	教务处	王兴芬	软件著作权	第一单位		0.03
	合计							15.9	18.93

学生获奖与表彰

北京信息科技大学 2015—2016 年度北京市“三好学生”“优秀学生干部”“先进班集体”名单

三好学生（19 人）：

郭文佐　何　艳　赫英楠　黄珊珊　黄汇聪
姜穆元　李永泽　李雪迎　李啸宇　李富强
马　宁　马子逸
毛泽天　申小盼　施小倩　王子旭　王宇森
颜培圣　张　艳

优秀学生干部（7 人）：

刘　畅　李智勇　施　慧　王梦晨　吴小艺
张梦婷　郑慧娴

先进班集体（7 个）：

测控 1403　电气 1502　计类 1411　经济 1403
通信 1401　信管 1401　英语 1303

北京信息科技大学 2015—2016 年度“先锋杯”优秀团支部、优秀基层团干部、优秀团员名单

优秀团支部（16）：

计类 1405　机电 1401　机电 1402　机械 1403
网工 1302　自控 1305　自控 1405　会计 1303
经济 1403　研　1408　信管 1302　信管 1401
测控 1401　测控 1403　通信 1401　通信 1402

优秀基层团干部（17）：

蔡思言　春　雨　邓　山　江晋锋　冷倩宇
李　畅　刘　鹏　刘宇婷　刘　磊　罗　丹
史文哲　王　鑫　文　迪　闫宏宇　杨英杰
张　博　周　宇

优秀团员（17）：

柏　峰　崔春雨　郭　宇　郭文佐　郜　珏
何　艳　洪壮状　刘冀泽　施小倩　王国钰
岳　潭　张高搏　张静璇　赵　磊　赵叶铭
赵刘杰　赵南茜

2016 年首都大中专学生暑期社会实践优秀团队

1. 外国语学院“红色印记”暑期社会实践团队
2. 公共管理与传媒学院赴青岛社会实践团队
3. 寻访改革路 · 传承爱国情社会实践团队
4. 理学院师生赴山西晋中社会实践团队
5. 经济管理学院赴南京社会实践团队
6. 北京信息科技大学研究生“知 · 行”志愿服务团队
7.2016 年首都高校暑期联合社会实践团队
8.“寻访红色故里，践行长征精神”自动化学院实践团
9.“青春行 · 中国梦”赴云南社会实践团队
10. 计算机学院赴江西社会实践团队

2016 年首都大中专学生暑期社会实践先进工作者

毋政印　韩聪钰　王　晗　张晓莹　唐　斌

2016 年首都大中专学生暑期社会实践先进个人

王　晨　钟佩华　施小倩　冷倩宇　潘金秋

2016 年首都大中专学生暑期社会实践优秀成果

1. 创新驱动发展，融合创造价值——以腾冲为例的“互联网 +”调研报告
2.“寻访改革路，传承爱国情”暑期社会实践团
3. 重走长征路，再现中国魂
4. 星火可燎原，青年勇担当
5.“寻访红色故里，践行长征精神”——北京信息科技大学自动化学院 2016 年暑期社会实践报告
6.“青春行 · 中国梦”赴云南宣威暑期社会实践总结报告
7. 深入晋中市贫困县了解扶贫政策和脱贫情况
8.“走进青岛 感悟蓝色经济魅力”暑期社会实践项目
9.2016 年“爱心快车”赴河南暑期社会实践报告
10.2016 年经济管理学院赴南京社会实践报告
11. 北京信息科技大学理学院赴宁波团
12. 外国语学院“红色印记”暑期社会实践团实践报告
13. 光电学院赴深圳实践报告
14.“致青春梦 · 行研途路”云南省文山州者妈完小学校支教
15. 寻访红色文化 · 传递中国精神

社团类获奖

1.12 月 15 日，在“弈同学时代”首届高校围棋大赛闭幕式上，北京信息科技大学分赛场荣获“最佳组织奖”。

2.8 月 18 日，北京信息科技大学天残棋社围棋部在对阵首都经贸大学的线上挑战赛上获得冠军。

3. 天残棋社象棋部在第五届北京市大学生象棋联赛上获得乙组第七的成绩。

文体类、志愿服务类获奖

1. 王一鸣获 2016 年常青藤国际钢琴作曲大赛中

国区总决赛中国乐曲高级组一等奖，庞钧元获中国作品中级组一等奖，肖潇获“杰出钢琴导师”称号。

2. 毛雪获 2016 年韩 · 中国际交流音乐大赛总决赛青年组第二名，并被韩国釜山音乐家协会授予“最佳天赋表演者”称号，肖潇被授予“优秀指导教师”称号。

3. 孙珩尧、宋阳获 2016 李斯特香港国际钢琴公开赛北京地区中国乐曲高级组一等奖，许爽获中国乐曲中级组一等奖，肖潇被授予“优秀钢琴导师”称号。

4.2016 年 1 月 9 日，校团委文化艺术部微信公众号“BISTU 艺中人”获得“特色平台”称号。

5.2016 年 11 月，管乐团参加北京大学生文化艺术节比赛，获银奖。

6.2016 年 12 月 3 日，国标舞蹈艺术团在第八届首都高校体育舞蹈比赛中取得两项一等奖、一项二等奖与一项三等奖。

7.2016 年，合唱团获北京大学生音乐节声乐类合唱金奖、声乐类重唱及人声乐团银奖。

8. 北京信息科技大学红十字会荣获 2016 年度首都高等院校红十字会系统先进集体。

9. 肖潇、林永天、庞天潇、于晴、郭新阳、郭诗琪、吴嘉敏被评为 2016 年度首都高等院校红十字会系统先进个人。

10.“灯光红丝带”及防艾大型宣传教育外展被评为 2016 年度红十字青少年活动组织奖。

11. 林永天被评为 2016 年度优秀红十字青少年会员。

12. 北京信息科技大学被评为 2016 年海淀区高校结核病防治知识竞赛优秀奖。

科技学术类奖项

1. 信息科大学术科技联合会平台在 2015 年度新媒体优秀平台评选中，被评为“十佳平台”。

学生竞赛获奖

表 46　　校级以上学科竞赛获奖一览表

竞赛名称	项目	获奖等级	获奖人员
全国大学生机械创新设计大赛		国家级二等奖	高阳臻　寇翰星　周可鑫　刘洪杰　杨　铭
首都高校机械创新设计大赛		市级一等奖	高阳臻　周可鑫　杨　铭
		市级二等奖	严宇奇
		市级三等奖	史凤梁　涂怡蓉　闫宏宇
中国机器人大赛暨 RoboCup 公开赛	类人组技术挑战赛	国家级二等奖（亚军）	谢瑞亲　董　莹　马　琳　博　格　冉瑞琼　钱超超　章　曦　周文涛　朱立夫　贾培智
		国家级三等奖	谢瑞亲　董　莹　马　琳　博　格　冉瑞琼　钱超超　周文涛　朱立夫　章　曦　贾培智
	空中机器人项目	国家级三等奖	郑　铮　高暐暐　许一鸣　姜　博　赵叶铭　杨莹莹　白浩然
	武术擂台赛	国家级三等奖	高　远　李　嵩　贾培智　樊弘宇　胡玮娜
	复杂石油管道检测项目	国家级三等奖	柯浩康　韩佳乘　杨　浩　杨　洋　董芷艺　熊小军
	助老服务机器人项目	国家级最佳创意奖	康岳一　阳　杨晓芬　殷　凡
	水中机器人全局视觉水球 2v2 项目	国家级二等奖	章兵兵　孙博宇　王宇昕
	武术擂台赛无差别 1v1 项目	国家级三等奖	孙博宇　王宇昕　章兵兵

续表 46

竞赛名称	项目	获奖等级	获奖人员
中国机器人大赛暨RoboCup公开赛	武术擂台赛轻量组项目	国家级三等奖	李彦辰 陶睿 郑明磊
	助老生活服务项目	国家级二等奖	康岳一 阳 杨晓芬 殷凡
	助老服务机器人助老环境与安全服务项目	国家级三等奖	李彦辰 郑明磊 陶睿
		国家级一等奖	陈耀明 李杨珺 于润蓬 尹子轩 杜金鹏 曹冠群 苏易衡 刘伟 何常鑫 吴杰
		国家级二等奖（亚军）	李渊 徐侨 刘洪杰 韩一菲 闫磊 刘杨钺 王帆 万斌 雷镕嘉 王庆升 李渊 徐侨 刘洪杰 刘杨钺 韩一菲 闫磊 谢瑞亲 董莹 马琳 博格 冉瑞琼 钱超超 章曦 周文涛 朱立夫 贾培智 邓银涛 李永泽 王鑫 常健
		国家级三等奖（季军）	谢瑞亲 董莹 马琳 博格 冉瑞琼 钱超超 章曦 周文涛 朱立夫 贾培智 郑铮 高暐暐 许一鸣 姜博 赵叶铭 杨莹莹 白浩然 高远 李嵩 贾培智 樊弘宇 胡玮娜 陈耀明 李杨珺 于润蓬 尹子轩
		国家级最佳机器人奖	谢瑞亲 董莹 马琳 博格 冉瑞琼 钱超超 章曦 周文涛 朱立夫 贾培智
全国航空航天模型锦标赛		国家级一等奖（金奖）	李颜均
全国大学生光电设计竞赛		国家级二等奖	赵叶铭 刘晋 王河 许一鸣 贾培智 高暐暐
		国家级三等奖	李嵩 贾硕 张程 白浩然
中国机器人大赛暨FIRA世界杯机器人大赛		国家级一等奖	陈嘉昊 常健 宗哲 旦巴杰增 贾子凡 玛尔简 刘洋 刘晨 李楠 王文凯 崔晓丽 宋亚信 郭宝峰 贾文浩
		国家级二等奖	岳晓艺 崔伊莹 朱星宇 陈耀明 霍子豪 吕伟绮 王文凯 崔晓丽 宋亚信 郭宝峰 贾文浩
		国家级三等奖	陈嘉昊 常健 宗哲 旦巴杰增 朱星宇 陈耀明 霍子豪 吕伟绮 岳晓艺 崔伊莹 高宇旋 赵晴 刘仕康 吕兆旭 宫光霖 谢天力 于鸿 赵冉 宁俤修 刘洋 刘晨 李楠 王文凯 崔晓丽 宋亚信 郭宝峰 贾文浩
大学生智能汽车竞赛（华北赛区）		市级二等奖	贺佳辉 李向博 王建业
		市级三等奖	许浩 李德曦 张天洋 刘金宝 马晨 徐浚洲 崔玺 李世华 杨玉竹 李瑞 郝鑫焱 张伟 陈涛 夏云倩 刘宏杰

续表 46

竞赛名称	项目	获奖等级	获奖人员
华北五省（直辖市、自治区）大学生机器人大赛	武术擂台赛	市级三等奖	高　远　郑　铮　杨莹莹　朱思宇　胡玮娜
	类人机器人竞技体育赛点球	市级三等奖	周文涛　徐晓凤
	工程项目组 - 输油管巡检技术挑战赛（浅水）	二等奖	柯浩康　韩佳乘　杨　浩　熊小军　张羽英
		市级一等奖	项　伟　齐京申　杨　奔　蒲　振　王　丹　徐培超　江长建　张　伟　王文凯　刘杨钺　陈祥凤　韩一菲　鲍中山　曾凡浩　肖　飒　杨玉竹　武永禄　李卓丰　张育萌　戚天宇　史嘉航　张欣悦　黄　珂　张　伟
		市级二等奖	陈耀明　李杨珺　于润蓬　尹子轩　范文超　王慧林　聂铭龙　马　棚　张　伟　王文凯　范文超　江长建　陆天洋　韩佳霖　王　璇　冯子钟　罗滕彧
		市级三等奖	张胤乔　聂铭龙　任　征　马　棚　邓银涛　李永泽　潘　展　李富强　郭　畅　张　翀　张　伊　张冰洁
北京市大学生机器人大赛	武术擂台赛	市级三等奖	高　远　郑　铮　杨莹莹　朱思宇　胡玮娜
	类人机器人竞技体育赛点球	市级三等奖	徐晓凤　周文涛
	工程项目组 - 输油管巡检技术挑战赛（浅水）	二等奖	柯浩康　韩佳乘　杨　浩　熊小军　张羽英
全国大学生嵌入式物联网设计大赛		国家级三等奖	管宇鹏　张　雨　贾　浩　陆科财　胡玉洁　余浩鹏
“大唐杯”全国大学生移动通信技术大赛		国家级三等奖	罗　灿　江运衡　米广双　谢振利
		市级一等奖	郑逸佳　栾佳星　杨艳红　周坤坤　米广双　谢振利
		市级二等奖	张静璇　甄星华　罗　灿　江运衡　张叶朋　马　上　王　阳　傅佳妮　高天润　郑方向　涂佩文　胡耀华　庞梦钦　李　琳　金珊宏　张　瑞
		市级三等奖	康文文　陈　璐　曹思雨　余莲娜　杨　昭　彭浩洵　刘　占　杨亚鹏　任晓童　王　乐　赵义飞　王　智　贾思捷　李嘉欢　杨晓芬　刘金英
华北五省（市、自治区）及港澳台大学生计算机应用大赛		市级一等奖	封之伟　汪　斌　张　帆　陈　璐
		市级三等奖	马志成　韩　淼　张　伊　刘杨钺　朱雨婷　李晓杰　刘　占　苏钰生　王　彤　李杨珺

续表 46

竞赛名称	项目	获奖等级	获奖人员
国际 ACM 程序设计大赛		国家级成功参赛奖	徐文栋 周建亭 陈伟颖 曹晨景 朱宇婷 王 朗 黄恩一 金海佳 李 佳
	C/C++ 程序设计大学 B 组总决赛	国家级三等奖	张 悦 胡 博 袁 博 陈伟颖
		国家级优秀奖	张浩然 张赫尧 徐文栋
	Java 软件开发大学 A 组总决赛	国家级二等奖	温智博
	Java 软件开发大学 B 组总决赛	国家级三等奖	芦美艳
计算机博弈竞赛	点格棋	国家级二等奖	张亦鹏 王 杨 邬丽君 徐 硕 安萌萌
	亚马逊	国家级三等奖	王 晨 姜 辉
	海克斯	国家级二等奖	李玉璋
	海克斯	国家级一等奖（季军）	李 胜 徐 硕
	军棋	国家级三等奖	王 俊 闫 桐
	爱因斯坦棋	国家级二等奖	田 敏 郝 蓓 王文超 黄恩一 李云鹏
	苏拉卡尔	国家级二等奖	张 博 张娅君 左 全 李 瑧 张芳悻 张浩然 范博奇 张 玮 胥文耀 付 尧
	二打一扑克牌（斗地主）	国家级三等奖	吴仁智 刘 帅
	点格棋	国家级一等奖（冠军）	廖帅帅 张亦鹏
	西洋跳棋（100）	国家级优秀奖	徐 硕 邬丽君 张亦鹏 王 杨 安萌萌
	西洋跳棋（100）	国家级三等奖	王 杨 邬丽君 张亦鹏 徐 硕 安萌萌
	西洋跳棋（64）	国家级三等奖	安萌萌 王 杨 邬丽君 张亦鹏 徐 硕
中国大学生就业模拟大赛		国家级一等奖	颉 涛
中国大学生创意创业大赛		国家级一等奖	刘谨锐 何 艳 商少安 李璐衍 李 莉 高文君 白 涵 张 颖
		国家级二等奖	赵刘杰 刘 鑫 杨娟妮
		国家级三等奖	赵欣媛 许 岳 王文思
“大智慧杯”全国大学生金融精英挑战赛		国家级一等奖	刘谨锐 何 艳 张 颖
		国家级三等奖	齐艾耘 李 晶 鲁 昕 宋捷睿 王石青 高嘉铭 李十佳 赵永鑫 白 涵 曹 薇 赵梦瑶 徐昕露 吴 疆 孙文新 李谊佳 赵颖杰 高春阳 王 欢 王丽丽 张秋龙 冯月阳

续表 46

竞赛名称	项目	获奖等级	获奖人员
国际企业管理挑战赛（中国赛区）	国家级二等奖		徐文慧 张 颖 何 艳
	市级三等奖		杨满庭 高春阳 刘雨秋 石美琪 许雅茹 齐艾耘 马 睿 侯亚丽 李格格 赵思宇 高汀竹 秦 晶 丁 爽 何思雨 王子旭 李谊佳 段欣言 张国伟 赵刘杰 张露丹 方 毅 邓朝霞 袁梓馨 王雨萌 张恩硕 于阿雪 林 瑶 王相茹 陆 源 熊诗印 张子鹏 吴宇博 原重阳 何林林 胡春颖 刘安琦 蔺俞铮 杨 茜 陈 昊
北京市大学生创业设计大赛	市级一等奖		林永天 赵 阳 刘桂林 崔 蕊 郑慧娴 郑 伊 赵娴雅 杜金鹏
	市级三等奖		高泽坤 徐 洋 林萃灵 姜雨彤 付明振 李宇同 寇 权 李卓然 孙梓洲 何雅婷 张芳梓 赵 旭 张 旭 高春阳 何思雨 段欣言
全国大学生经营模拟沙盘大赛	市级一等奖		张国伟 洪小钰 赵 彤 李京儒 周元春 尹丽叶 姜 山 贾子涵 冯宝东
中国大学生计算机设计大赛	国家级二等奖		贾超超 徐少良 郭建山
	国家级三等奖		陈楚翘 杨 悦 赵 迪 温婉琳
	市级一等奖		贾超超 徐少良 郭建山
	市级二等奖		高东霞 贾超超 郑明霞
北京高校思想政治理论课学生社会实践优秀论文评选	市级二等奖		左江红 张 艳 杨 晨 安黎京
全国大学生广告技术设计大赛	市级优秀奖		曹紫馨、郑皓尹
全国大学生英语竞赛	国家级一等奖		刘 帅 蒋铱含
	国家级二等奖		王 婷 戚世家 崔照阳 于海彤 温竹芸
	国家级三等奖		赵 彤 王子旭 董 菲 李梦颖 刘竹青 胡 颖 杨乔月 毕光磊 唐伟东 王晴川
“外研社杯”全国大学生英语辩论赛（华北赛区）	市级三等奖		葛勤天 悦 罗 丹
“外研社杯”全国英语演讲大赛	市级三等奖		杨可卿
北京市大学生英语演讲比赛	市级三等奖		张锦琳

续表 46

竞赛名称	项目 获奖等级	获奖人员
中国“互联网+”大学生创新创业大赛	国家级铜奖（三等奖）	李　祯　章孝诚　文　峥　何加发
	市级一等奖	李　祯　章孝诚　文　峥　何加发
	市级二等奖	陈一鸣　高山山　张继辰
	市级三等奖	崔　琳　陈　涛　李德镣　木热地理·依明　顾凡松　于春雨　王泽佳　高天辰　何常鑫　王　羽　徐培超　许　浩　邓枭雄　张桐淇　许强强　马延超
全国大学生数学竞赛	国家级一等奖	宋云龙
	市级一等奖	胡耀华　张明明　宁润泽　王本豪　刘　欢
	市级二等奖	翁元博　杨红瑜　邵玉杰
	市级三等奖	赵彦博　贾振宇　徐春蕾
全国大学生数学建模竞赛	市级一等奖	陈薪宇　李亚娜　檀汝婷
北京市大学生物理实验竞赛	市级二等奖	张子豪　李朝阳　李泽中
	市级三等奖	陆科财　胡玉洁　李　萌　朱培鑫　王　欣　李　艳　赵效佑　李美伦　宋昀轩　赵　腾　王庆升　张　涛　宁润泽　韩　晓　徐佳伟　张国武　徐晓庆　张　铭　董嘉豪　朱宇婷　李　政　郑石洪　张子璇　肖文君
全国部分地区大学生物理竞赛	市级一等奖	宁润泽　韩　晓
	市级二等奖	徐佳伟　张国武　肖文君
	市级三等奖	徐晓庆　张　铭　董嘉豪　朱宇婷　李　政　郑石洪　张子璇
北京市大学生电子设计竞赛	市级二等奖	陆科财　焦丹阳
	市级三等奖	王　耀　张子豪　管宇鹏　张　雨　石皓岩　丁晨光
“挑战杯”首都大学生课外学术科技作品竞赛(2016年“创青春”首都大学生创业大赛)	市级银奖	项　伟　马东惠　苏易衡　王　丹　刘春芽　李卓然　陈子晴　孙子洲　赵　旭　张芳梓　何雅婷
	市级铜奖	刘开元　高泽坤　付明振　李宇同　姜雨彤　夏金萍　翁培钧　徐　洋　徐　筝　寇　权　林萃灵
“韬奋杯”全国大学生数字编辑大赛	国家级二等奖	王　一　陈　勇　刘文静　韩雨晴　陈腾跃
	国家级三等奖	郭　正　张　硕　蒋一民　周　灿
	国家级优秀奖	陈周静　华　宇　张　浩　李延昭　郑　越　阮浩冉　王晓涵　苏静洁　孙羽函　杨新艺
	国家级提名奖	于静茹　朱　青　李月阳

续表 46

竞赛名称	项目	获奖等级	获奖人员
第三届首都网络安全日暨西普杯京津冀信息安全人才选拔挑战赛	市级优秀夺旗奖（决赛第七名）		李 林 蔡家豪 罗 江
2016 年第七届蓝桥杯全国软件专业人才设计与创业大赛（北京地区）	C/C++ 程序设计大学 A 组	市级二等奖	翟 玥
	C/C++ 程序设计大学 B 组	市级一等奖	张 悦 张浩然 张赫尧 徐文栋 胡 博 陈伟颖
		市级二等奖	刘 帅 张 博 张明明 曾 磊 高 铭
		市级三等奖	何亦伦 李书同 李 佳 王宇晖 田长昊 许 博
	Java 软件开发大学 A 组	市级一等奖	温智博
	Java 软件开发大学 B 组	市级一等奖	芦美艳 袁 博 郭丛丛
		市级三等奖	李海峰
2016 年国际水中机器人大赛	2D 仿真组 - 花样游泳	国家级一等奖	杨 洋 许红霖 黄一洋 王 倩
	2D 仿真组 - 生存挑战	国家级二等奖	杨 浩 韩佳乘 张育萌 熊小军
	2D 仿真组 - 抢球博弈	国家级三等奖	李 佳 张新杰 董芷艺 张羽英 王子聪
	2D 仿真组 - 水中搬运	国家级二等奖	柯浩康 李大伟 雷帅洪 黄 硕 张娅君
	工程项目组 - 水陆协同项目挑战赛	国家级一等奖（亚军）	柯浩康 韩佳乘 杨 浩 杨 洋 董芷艺 熊小军
	工程项目组 - 输油管巡检技术挑战赛（浅水）	国家级二等奖	柯浩康 韩佳乘 杨 浩 杨 洋 董芷艺 熊小军
第三届全国高校移动互联网应用开发创新大赛	国家级三等奖		翁培钧 熊小军 张晓晨
2016 全国大学生移动应用创新大赛	国家级优秀奖		翁培钧 熊小军 张晓晨 孙伊凡 吴丽娜 王凌志 段含婷
国际大学生 ican 创新创业大赛	国家级二等奖		张子豪 曾双雄 陈 丹
第十二届博创杯全国大学生嵌入式设计大赛	国家级二等奖		孙博宇 王宇昕 李鑫彤
2016 国际水中机器人比赛	全局视觉组水球 2v2（锦鲤 vs 锦鲤）	国家级二等奖	章兵兵 王明浩 张 词 李雨谦 崇明飞
	全局视觉组抢球博弈（锦鲤 vs 锦鲤）	国家级三等奖	章兵兵 张 词 姜 冰 王明浩 贾鸣阳
2016 年“外研社杯”全国英语阅读大赛	市级特等奖		戚世家 刘康宁
2016 外研社杯全国大学生英语写作大赛	市级特等奖		于小桐 房斐斐
“华为杯”中国大学生智能设计竞赛	国家级二等奖		张 翀 朱星宇 张海航

表 47　　校级学科竞赛获奖一览表

竞赛名称	项目	获奖等级	获奖人员
北京信息科技大学人文知识竞赛		校级一等奖	侯赛音 王喆 马倩倩 洪通 牛媛媛
		校级二等奖	邬清桦 王婷婷 任克森 丁万高 邢秋萍
		校级三等奖	赵尔适 韩天培 陈卓越 黄芦 陈彦嘉 米广双 陈辉光 徐也 朱红羽 陈卓 杨雨竹 魏沁 董天 金海佳 孙梦笑 曹路生
2016 年北京信息科技大学广告艺术大赛		校级一等奖	沈伯林 刘宇超 黄祎 张宇航 杨金凤 杨琇程
		校级二等奖	黄国宾 王宇 马鑫驰 马琛 李子君 马振超 孙雁宁 安岩 林强 曹紫馨 裴心羽 魏沁
		校级三等级	郑皓尹 薛仲利 杨宇行 朱家宁 朱智临 司雯 杨丹 符璐璐 陈雪盈 陈雨婷 马鑫驰 马琛 李子君 赵雨晖 翟天月 刘鼎乾 阮玉璇 陶劲京 魏思琪 韩小雨 金泽宇 李甜 罗天天 宁彩梅 石浩航 王星童
2016 首届光电设计竞赛		校级一等奖	贾培智 高暐暐 蔡飞璠 崔硕 赵迎超 王国钰
		校级二等奖	钱超超 李瑞涛 闫冠臣 王子豪 张程 赵叶铭 刘晋
		校级三等级	盛斯斯 杨君 何洋 刘金宝 徐浚洲 马晨 白德进 张青超 赵雅娴 郭尚伟 黄何 武梦萱 周侣含 宋贵杰 李嵩 贾硕
2016 虚拟仪器竞赛		校级一等奖	郭尚伟 黄何 武梦萱 马晓欢 刘金 金德发 罗汪海赟 张玮祺 李书锋 张云霞 潘金秋 江涛 黄菲 孙沛诗 赵娴雅 陈星谕 米广双 张鑫 谢振利 赵宸 候裕攀 纪强 虞亦潇 孙悦 杨明雪 李雪松 何洋 张文玥 杨君 郑刚 周侣含 管宇鹏 张雨 陆科财 胡玉洁 侯赛音
		校级二等奖	黄菲 盛斯斯 刘晋 张青超 张荣本 温红艳 李雅欣 林明 温娜 汤晨 秦志军 董波 颜艳军 冉洁 樊弘宇 王秋琳 焦亮 陈晓轩 葛琦玮 胡玉洁 胡冉 胡博 刘彦言 崔晓航 李维 刘仲思 米广双 张鑫 谢振利 黄佳兴 王猛 贾明昌 刘承运 于海跃 梁进宇 王旭 刘世杰 吕笑曦 王兴 孙洋洋 陈念 单宝娟 朱健辰 丁燕 吴大壮 白德进 王毅 杨远静 费秋实 董莹 王伟 唐海涛 屈鹏 孟子西 任旭阳 刘其林 卢建中 赵利明 罗星星 周康鹏 莫蔚靖 吴迪 孙溢鹰
		校级三等级	张笑语 李鑫 李嵩 贺杨 陈志青 赵宗秋 刘星雨 刘子通 雷浩 杨潇 孙佳庚 孙牧野 吴子卿 孙蕾 高远 庞明譞 艾苏鑫 穆怀峥 张泽 白智轩 寇宇鹏 刘凯柱 李子腾 王国彬 赵心瑞 王艺深 彭登军 宋藩超 李悦环 万隽 杨莹莹 郑铮 张小倩 刘暖冬 张安琪 张新鑫 陈景拼 陈云 张震 尤好 阿地拉 赵叶铭 董一凡 郑思宁 温时俊 闫桢
第七届 C 语言基本技能大赛		校级特等奖	徐文栋
		校级一等奖	曹晨景 王婷 李子旭 永权
		校级二等奖	李佳 刘一卫 朱玉婷 曾磊
		校级三等奖	张娅君 张芳梓 金海佳 黄恩一 陈伟颖 张博 李书同
		校级鼓励奖	张赫尧 赵晶晶
第八届校程序设计竞赛		校级一等奖	朱宇婷 刘一卫 李佳
		校级二等奖	黄恩一 曹晨景 周建亭 张斯禹 张博
		校级三等奖	胡川 张育萌 宁润泽 王朗 赵晶晶

续表 47

竞赛名称	项目	获奖等级	获奖人员
2016 年校计算机博弈大赛	爱因斯坦棋	校级一等奖	田　敏　郝　蓓
		校级二等奖	徐华俊　殷巧云
		校级三等奖	黄恩一　李云鹏
	六子棋	校级一等奖	杜　冰　郭　昊
		校级二等奖	张　凯　李长磊　袁从灏　张耀荣　洪锡一
		校级三等奖	郭正斌　刘其源　薛炜明　郑国伟　杜文楠　陈　宁　赵　雪　侯林清
	中国象棋	校级一等奖	夏　冰　杨　林
		校级二等奖	邬丽君　贾珊珊
		校级三等奖	张小鹏　马洋春　蒋俊驰　高学信　杨亦松　王文超
	西洋跳棋 64	校级一等奖	王　杨　安萌萌
		校级二等奖	王宇璐
		校级三等奖	马洋春　张小鹏
	西洋跳棋 100	校级一等奖	王　杨　安萌萌
		校级二等奖	郑　佳　黄姝婧
		校级三等奖	贾渊渊　许婷婷　马洋春　张小鹏
	苏拉卡尔塔棋	校级一等奖	张　博　李　臻
		校级二等奖	张永真　王　健
		校级三等奖	张浩然　付　尧　张蜀男　徐　哲
	点格棋	校级一等奖	张亦鹏　朱万祥
		校级二等奖	李　欢　魏天珂
		校级三等奖	雷　洋　赵　欢　叶　子　秦博宏　廖帅帅
	海克斯	校级一等奖	李　胜
		校级二等奖	徐　硕　王　燊
		校级三等奖	李玉璋
		校级优胜奖	王思远　魏瀚韬　么昌印　王琨鹏
	二打一	校级优胜奖	吴仁智　刘　帅
	二人军棋	校级优胜奖	王　俊　闫　桐
	亚马逊	校级一等奖	王　晨　姜　辉
第二届北京信息科技大学网络安全技术邀请赛	校级一等奖		李　林　蔡嘉豪　罗　江　刘　帅　陈　睿　李博文　邓丁朋　黄伟杰
	校级二等奖		黄　硕　杨　晨　常　江　朴杨鹤然　章　峰　张　旭　陈羿萌　李云峰　李　鹤　王若华　胡锦翔　王　硕　胡　川　张育萌　宋鑫博　王　丁　秦鲁法
	校级三等奖		赵　宁　邵　帅　陈　雨　杨毅辉　庞文滔　魏旭彬　郭林畅　路翔宇　刘慧博　高俊宇　李宸阳　张　京　郭雨晴　郑思卿　宋　浩　王　潇　王翰晨　张　鹏　唐　朝　杨　立　柯笑岩　姜凯珩　柳思铭

续表 47

竞赛名称	项目	获奖等级	获奖人员
机器人仿真大赛及 ROBOCUP 选拔赛	2D 仿真水中搬运	校级一等奖	雷帅洪
		校级二等奖	黄　硕　李大伟
		校级三等奖	柯浩康　张娅君
	2D 仿真组生存挑战	校级一等奖	杨　浩
		校级二等奖	韩佳乘
		校级三等奖	熊小军
	2D 仿真组抢球博弈	校级一等奖	李　佳
		校级二等奖	吴海艋
		校级三等奖	董芷艺　张新杰
	2D 仿真组花样游泳	校级一等奖	杨　洋
		校级二等奖	许红霖
		校级三等奖	黄一洋
“大智慧杯”全国大学生金融精英挑战赛		校级一等奖	赵培源　鲁　昕　王晓菲　赵　静　许　良　李　晶　李璐衍　赵梦瑶 盛斯斯　许　岳　高嘉铭
		校级二等奖	何思雨　吴　疆　曹　薇　高春阳　张　一　田亚林　姜智甄　李十佳 赵刘杰　刘谨锐　何　艳　张　颖
		校级三等奖	于阿雪　崔　健　王石青　徐昕露　赵　彤　何泽南　陈玉婷　杨　迎 李宇航　宋捷睿　齐艾耘　黄紫迎　尹　星　李格格　赵思宇
沙盘大赛校内选拔赛		校级一等奖	王鹤璎　张国伟　李京儒　洪小钰
		校级二等奖	赵　彤　卢叶婷　尹丽叶　周元春　姜　山　冯宝东　仲鲁浩　贾子涵 何加发
		校级三等奖	李俊颖　周家鑫　张夏萍　赵晨旭　彭欣伦　刘国帅　万子珍　颜大礼 郑一凡　陈　燕　陈　晓　杨　珊　汪孟德　杨雨桐
		校级优胜奖	张洛华　赵刘杰　王雨濛　肖昕怡　赵　颖
企业经营模拟		校级一等奖	李谊佳　段欣言　张国伟　赵刘杰　张露丹　方　毅　邓朝霞　袁梓馨 王雨萌　张恩硕　于阿雪　林　瑶　王相茹　陆　源　熊诗印
		校级二等奖	王　璐　王丽丽　燕　然　王　玉　胡圳杨　张子鹏　吴宇博　胡春颖 何林林　原重阳　刘安琦　蔺俞铮　杨　茜　陈　昊　罗　京　杨满庭 高春阳　刘雨秋　石美琪　杨满庭
		校级三等奖	郭新阳　李格格　刘英爽　赵思宇　马　睿　王子旭　侯亚丽　许雅茹 秦　晶　程铂惠　齐艾耘　易甜甜　金婉婷　高汀竹　何思雨　丁　爽
全国高校商业精英挑战赛流通业经营模拟竞赛		校级一等奖	王文思　许　岳　孙颖洁　邵　凡　金婉婷　于　晴　张　悦　王　政 张鑫楠　孙红波
		校级二等奖	王宇泽　赵雅倩　钟丽琴　李青松　赵欣媛　申　妍
实验经济学公开赛		校级一等奖	唐　祎　王　卉　王　荆　朱佳欣　蒋安珂　王植慧
		校级二等奖	慕文蓉　焦心仪　刘安佳　刘佳媛　马　瑞
北京信息科技大学大学生数学竞赛		校级一等奖	宋云龙　张明明　石　骁　胡耀华　姚志丹　邵玉杰
		校级二等奖	宁润泽　李艾丽　徐春蕾　谢　俊　麦家瑶　申小盼　赵彦博　单雅茹 梁宇航　吴　飞　王　盈
		校级三等奖	张　哲　师伟婕　杜　彬　翁元博　张千一　张　昊　李翊宁　李威良 徐佳伟　孙　统　王丁辰　胡玉洁　吴碧莲　马　鑫　张新鑫　代雪梅 康　帅　徐浩然　王本豪　聂志壕　孟莉莉　李　政　丁　爽　王相茹

续表 47

竞赛名称	项目	获奖等级	获奖人员
物理实验技能操作大赛	校级一等奖		陆科财 朱培鑫 张子豪 宋昀轩 刘杨钺 赵 腾
	校级二等奖		胡玉洁 李 萌 王 欣 李 艳 李朝阳 李泽中 赵效佑 李美伦 王紫豪 杨 超 于晨婷 王庆升
	校级三等奖		孙旭鹏 郑灵逸 张笑语 张欣怡 冯 哲 林 强 李 彪
北京信息科技大学物理竞赛	校级特等奖		董嘉豪 宁润泽
	校级一等奖		赵文良 栗占敏 梁宇航 韩 晓 张 苑 黄晨威 张 铭 徐佳伟 张千一 李伟鹏 胡 川 朱宇婷 陈凯旋 肖文君 刘柏村
	校级二等奖		王佳旎 张国武 康 帅 褚嘉雯 曹 姗 马 鑫 曹嘉文 徐晓庆 贾振宇 刘鼎乾 安 岩 曹 昊 柳可新 孟莉莉 李珍珍 方 杰 杜 港 刘 萌 房哲人 王 磊 王紫豪
	校级三等奖		李 政 王 一 王宇先 仲召扬 陈 楠 孟 洁 秦 超 胡露露 苏 宇 杨 俊 张斯琦 林诗戈 孔 帅 谢 俊 高伟翔 杨寒冰 金俊杰 宫光霖 吴 昊 范 勇 李 莲 贾慧川 郑石洪 宋之卉 杜一凡 曹力元 雷帅洪 王晴川 曾 越 沈荣耀 刘斌斌 荣 康 孟 岩 沈浏阳 蒋丽芳
思想政治理论课社会实践创新大赛	校级一等奖		王利实 马子逸 于清慧 翁元博 彭 茜 龚译潜 付 玮 左江红 张 艳 杜明夏 杨 晨 安黎京 白银邦 阿布力米提·米尔孜 崔有哲 桂良亮 秦仁钦瓦玛 施权垚 任 婷 吴彤彤 岳 瑶 张 博 张佳蕾 左欣颜 邢泽霖 李泊瀚 马子逸 蒋铱含 陈英飞 张梦婷 孙红波 马玉丽 朱思琪 甄新宇
	校级二等奖		王仕军 刘 颖 侯林飞 蒋 琦 张梦婷 周 静 赵 腾 王心悦 杨满庭 王 瑾 许雅茹 邢 云 殷林婵 白银邦 阿布力米提·米尔孜 崔有哲 韩 冰 张亚兵 杨 晨 杨一村 叶梦如 王苗苗 刘佩琪 贾 婷 刘 婉 王思南 仲树浩 温庆祥 毕宇昕 方 毅 周 满 马 文 吕颜君 郭冬雪 杜明夏 王 珊 关月盈 孙珩尧 王禹章 王一鸣 郭建山 贾超超 徐少良 杨 晨 张 晶 李 嘉 赵宇晨 王心琦 贾 贺 监 爽 郭佳宇 贾星楠 吴雨琦 谢 静 张玉莹 刘皓奇 牟秋美 刘晓娟 李 昱 许 岳 赵培源 赵梦瑶 毕宇昕 佟新潮 可碧文 邵 征 臧佳宁 李凯恩 吕梦遥 郑林刊 欧阳佳民 邵枫轩 杨思豪 周 力 罗 漫 王梦宇 王 曼 童恬依 吴淑静 王 靖 田媛媛
	校级三等奖		施权垚 刘 婉 贾 婷 吕贞昀 吴 菲 冯绍诚 刘皓奇 周明珠 张 涛 张 婷 蔡易珊 赵静琳 马 也 刘佳琪 李 琛 吴小艺 张梦晗 杨金凤 韩小雨 袁 微 宋 莹 高春阳 段欣言 何思雨 曹 薇 王 倩 王 露 隋秋实 宋小鸿 魏明月 杨清云 王笑晗 马天宇 邱雅楠 田宝珠 万 毅 王子月
北京信息科技大学计算机应用大赛	校级一等奖		封之伟 汪 斌 张 帆 陈 璐
	校级二等奖		马志成 韩 淼 张 伊 刘杨钺 朱雨婷 李晓杰 刘 占 苏钰生 王 彤 李杨珺
	校级三等奖		袁 博 徐 璐 王 硕 李啸宇 刘冀泽 金嘉诚 佟 睿 宋现智 洪 宇 乔 熠
嵌入式物联网设计大赛	校级一等奖		管宇鹏 张 雨 唐子钦 项 伟 杨 弃 蒲 振 孙博宇 王宇昕 李鑫彤
	校级二等奖		温庆祥 孙 悦 杨明雪 金珊宏 谢振利 李卓然 孙梓洲 侯裕攀 李书锋 张云霞 殷 凡 刘一凡 黄 昕 刘春宏 张成杰 盖贝贝 姜 欢 李焕利
	校级三等奖		莫江贤 邱焕霞 李鑫彤 刘一凡 孙晓荻 何云山 郭瑞杰 李 晨 王宇轩 高博斌 张子豪 李泽中 魏琳慧 夏立超 康 妍 李 俊 张禹尧 毛 腾 郭丛丛 芦美艳

续表 47

竞赛名称	项目	获奖等级	获奖人员
北京信息科技大学英语竞赛	校级一等奖		李岷青　张锦琳　王晴川　刘　帅　王　婷
	校级二等奖		商　策　秦　祎　龚濡濡　康春媛　张　彤　崔照阳　邵小泽　许清嘉　房斐斐　杨睿欣　段含婷　蔡嘉豪
	校级三等奖		宋之卉　王俊雅　白　璨　马义超　吴雁铭　姜奇奇　刘雅曼　郝　好　程鑫慧　张敏慧　冯雨婷　季婧如　乔戍娜　刘文舒　侯雪培　冯雨轩　白富民　夏玉聪
2016年“外研社杯”全国英语演讲大赛北京信息科技大学初赛	校级特等奖		刘康宁
	校级一等奖		张昕怡　杨可卿
	校级二等奖		焦　奕　房斐斐　郭丹妮
	校级三等奖		郭棣棠　马雪妍　张　彤　张娅君
“外研社杯”全国大学生英语辩论赛·北京信息科技大学校园选拔赛	校级一等奖		葛勤天悦　张锦琳
	校级二等奖		郭丹妮　刘希涵
	校级三等奖		熊　娜　李英姿　郭棣棠　商　策
	校级最佳辩手奖		葛勤天悦
	校级最佳语音奖		郭丹妮
	校级最佳表现力奖		张锦琳
	校级最佳台风奖		刘希涵
北京市大学生英语演讲比赛（初赛）	校级一等奖		张锦琳　张渊宗
	校级二等奖		郭丹妮　白　璨　熊　娜
	校级三等奖		汪　益　郑文敏　焦　奕　鲁　岚　贺　忱
2016年“外研社杯”全国英语阅读大赛	校级特等奖		戚世家　刘康宁
	校级一等奖		于小桐
	校级二等奖		张　彤　张昕怡　董观就
	校级三等奖		于海彤　院　茜　商　策　戴静雯　朱家瑶　刘梦媛
2016外研社杯全国大学生英语写作大赛	校级特等奖		于小桐　房斐斐
	校级一等奖		张颖娜
	校级二等奖		杨颖慧　李梦彤　范梓豪
	校级三等奖		季婧如　何泳衡　唐　达　郭　棠　董雅婧　刘竹青
第二届北京信息科技大学外国语学院 - 中国日报网翻译大赛	校级一等奖		永　权　高婉璐
	校级二等奖		李佳滢　黄思晨　胡志强
	校级三等奖		李雨婷　张　彤　张思曼　刘　琳　潘念慈
	校级优秀奖		马乐乐　肖　蔓　耿　婕　樊　磊　魏良熠　张笑薇　彭晓媛　邱　景　张　勉　张杨彤轩
	校级最佳班级组织奖		英　语 1301

续表 47

竞赛名称	项目	获奖等级	获奖人员
2016 年英文电影配音大赛	校级一等奖		梁菁雯 尹浩然 李翰程 杨帅江
	校级二等奖		王 瑜 王丹丹 张静璐 刘金鑫 杨晓琪 刘梦媛 孟子怡 王永康 江锦琳 万侣莹 白 璨
	校级三等奖		吴秋萌 钱叶凡 龚 宸 李蕴晔 马晓理 贾延铄 肖 慈 田 芮 郭瑛楠
	校级优秀奖		周海萍 贾舸祎 徐 阳 王恺馨 范译丹 廖歆莹 康春媛 杨宇鹏 冯炳辉 于宙仟 张文铎 陈 喆 刘宇龙 樊驰豪
北京信息科技大学第十届“创新杯”暨“校友杯”大学生创业计划竞赛	校级一等奖		刘开元
	校级二等奖		项 伟 马东惠 苏易衡 李卓然 陈子晴 贾 浩
	校级三等奖		高泽坤 付明振 李宇同 林永天 刘桂林 赵娴雅 贾超超 郭建山 徐少良 杨英杰
2016 北京信息科技大学电子商务技能竞赛	校级一等奖		高 雅 邸博奥 陈 雪 蒋金凯 刘 蓬 黄世泽
	校级二等奖		郭 宇 高世静 高丹聪 龙满清 张曦玉 王一鸣 张洪月 薛广阔 杨 浩 杨 迪 仉博永 于 杨 赵熙岑 孙 熠
	校级三等奖		郑倩倩 段 微 高荣旋 李 颖 李静悦 王嘉鑫 李 静 胡 雪 刘 沐 郭宇博 胡延旭 王 绚 陈吟萱 毛霖焱 冯宜阳
2016 年北京信息科技大学信息安全竞赛	校级一等奖		秦文雨 曾泽昊 左 冉 李 颖 范 楠 常 江 周 涛 朴杨鹤然
	校级二等奖		张子豪 李泽中 刘士启 杨紫琪 谭雨轩 王紫豪 邓启晴 孙艺铭 陈凯旋 毛梓明 管梦媛 李国涵 许天斯 寇新睿
	校级三等奖		何延超 谢成淋 岑 睿 王世通 沈浏阳 崔浩宁 殷 捷 荣 康 薛晓萱 阮冬奇 赵中旭 吴 可 冀源蕊 张 佩 孟 岩 周健祥 管 彤 杨 柳 樊 阳 刘宇浩 黎睿杰 石雨鑫 马凯茜 徐 彤
	校级优胜奖		左 倩 张语嫣 凯迪亚·阿尔根 赵少强 张子淳 王佳怡 孔高晴 彭 紫 张子舒
2016 北京信息科技大学机器人大赛	校级一等奖		江长建 徐培超 徐培超 陈翔凤 陈耀明 陈 富 张欣悦 黄 珂 崔越珊 陈佳伟 王 鹏 杨乔悦 曹冠群 董晓琪 任 萍 赵紫琳
	校级二等奖		张 伟 王文凯 张 伊 张冰洁 张 翀 郭 畅 刘杨钺 张 伟 王江昆 李江敏 孙艺嘉 闫熠辰 陈翔凤 刘杨钺 陈佳伟 江长建 王 璇 韩佳霖 冯子钟 罗腾彧 王志方 贺佳辉 庞新蕊 黄英华 张海航 黎艳梅 戚天雨 史嘉航 李珣灏 梁柏璠 林思辰 王慧林 李杨珺 宋博飞 于润蓬 陈耀明 张胤乔 聂铭龙 任 征 马 棚 项 伟 齐京申 高彬彬 杨 弃 浦 振 张 翀 汪承昊 张 鑫 王 丹 涂 程 孙夏翀
	校级三等奖		范文超 陆天洋 相竞程 张春龙 唐雲飞 王霄瀚 王 鹏 刘春芽 张钊铭 崔伊莹 王志方 贺佳辉 杨乔悦 李明阳 于晨婷 杨 超 赵伟彤 邓银涛 李永泽 潘 展 李富强
2016 北京信息科技大学节能减排社会实践与科技竞赛	校级一等奖		陈煜捷 王玉珏 王宇昕
	校级二等奖		杜宏辰 张奇梁 鹿昆磊 段密克 武小雨 高 宁 郭 婕 陈光轩 付 饶 杨 洋 王 羽 滕 钰
	校级三等奖		胡晓轩 李皓伟 丁晨光 石皓岩 赵 达 王 彬 唐 攀 殷克蒙 申小盼 张小宇 马 媛 王 鑫 王海量 李明月 刘士武 李 成 兰子健 张金瑞

【附录】

党政发文目录

表 48

序号	题名	分类号	文号	文件日期
1	北京信息科技大学关于公布第八届青年教师教学基本功比赛暨第二届教学新星评选结果的通知	行政内发文	校教发 [2016]1 号	1/6
2	北京信息科技大学关于公布第六届实验教学基本功大赛暨优秀实验项目评选结果的通知	行政内发文	校教发 [2016]2 号	1/6
3	关于印发《北京信息科技大学处级以下教职工 2015 年年度考核实施办法》的通知	行政内发文	校人发 [2016]1 号	1/6
4	北京信息科技大学学校办公室关于召开学校外事工作会议的通知	行政处级发文	办发 [2016]1 号	1/7
5	中国共产党北京信息科技大学委员会关于中国共产党北京信息科技大学计算机学院委员会选举结果的批复	党委内发文	校党发 [2016]1 号	1/8
6	中国共产党北京信息科技大学委员会关于中国共产党北京信息科技大学体育部直属支部委员会选举结果的批复	党委内发文	校党发 [2016]2 号	1/8
7	中国教育工会北京信息科技大学委员会关于表彰 2015 年度工会工作积极分子的决定	党委内发文	校工发 [2016]1 号	1/8
8	北京信息科技大学关于报送 2015 年在校生参加校际合作交流项目信息的函	行政外发文	信息科大外函 [2016]1 号	1/11
9	北京信息科技大学关于向周徐等同学颁发 2014-2015 学年本科生校内奖学金的决定	行政内发文	校学发 [2016]1 号	1/12
10	关于呈送《北京信息科技大学 2015 年度审计工作总结》的报告	行政外发文	信息科大审文 [2016]1 号	1/12
11	北京信息科技大学关于公布省部级（含）以上学科竞赛获奖级别认定及调整结果的通知	行政内发文	校教发 [2016]5 号	1/18
12	北京信息科技大学关于保密资格证书变更的申请	行政外发文	信息科大文 [2016]1 号	1/18
13	北京信息科技大学关于公布 2014-2015 学年辅导员考核结果的通知	行政内发文	校学发 [2016]2 号	1/19
14	北京信息科技大学关于公布 2014-2015 学年班主任考核结果的通知	行政内发文	校学发 [2016]3 号	1/19
15	关于印发《北京信息科技大学研究生学籍管理规定》的通知	行政内发文	校研发 [2016]2 号	1/20
16	北京信息科技大学关于上交 2015 年及以前年度返还到实有资金账户的财政拨款资金的情况说明	行政外发文	信息科大财文 [2016]1 号	1/20
17	中共北京信息科技大学委员会关于推荐郑君礼担任北京信息科技大学校友会第二届理事会会长的请示	党委外发文	信息科大党文 [2016]1 号	1/22
18	中共北京信息科技大学委员会关于推荐冯晓春担任北京信息科技大学校友会第二届理事会副会长的请示	党委外发文	信息科大党文 [2016]2 号	1/22
19	中共北京信息科技大学委员会关于推荐韩秋实担任北京信息科技大学校友会第二届理事会常务副会长的请示	党委外发文	信息科大党文 [2016]3 号	1/22
20	中共北京信息科技大学委员会关于推荐刘勇担任北京信息科技大学校友会第二届监事会监事长的请示	党委外发文	信息科大党文 [2016]4 号	1/22
21	北京信息科技大学关于呈送《2015 年会议计划和执行情况》的报告	党委外发文	信息科大党文 [2016]5 号	1/22

续表 48

序号	题名	分类号	文号	文件日期
22	北京信息科技大学关于呈送《2015 年培训计划执行情况》的报告	党委外发文	信息科大党文 [2016]6 号	1/22
23	北京信息科技大学关于呈送《2016 年培训计划》的报告	党委外发文	信息科大党文 [2016]7 号	1/22
24	北京信息科技大学关于审核沙河安置房认购资格的请示	行政外发文	信息科大勤文 [2016]1 号	1/22
25	北京信息科技大学关于李邓化同志延长退休时间的请示	行政外发文	信息科大人文 [2016]1 号	1/22
26	中国共产党北京信息科技大学委员会关于中国共产党北京信息科技大学计算中心直属支部委员会选举结果的批复	党委内发文	校党发 [2016]3 号	2/23
27	中国共产党北京信息科技大学委员会关于中国共产党北京信息科技大学机关委员会选举结果的批复	党委内发文	校党发 [2016]4 号	2/23
28	中国共产党北京信息科技大学委员会关于中国共产党北京信息科技大学后勤总支部委员会选举结果的批复	党委内发文	校党发 [2016]5 号	2/23
29	中国共产党北京信息科技大学委员会关于中国共产党北京信息科技大学校区联合总支部委员会选举结果的批复	党委内发文	校党发 [2016]6 号	2/23
30	中共北京信息科技大学纪律检查委员会立案决定书	党委内发文	校纪发 [2016]1 号	2/23
31	中共北京信息科技大学委员会学习贯彻《中国共产党廉洁自律准则》和《中国共产党纪律处分条例》的意见	党委内发文	校党发 [2016]7 号	2/25
32	中共北京信息科技大学委员会关于深入学习宣传贯彻党的十八届五中全会精神的通知	党委内发文	校党发 [2016]8 号	2/25
33	北京信息科技大学关于与美国奥克兰大学合作举办计算机科学与技术专业本科教育项目的请示	行政外发文	信息科大外文 [2016]1 号	2/25
34	北京信息科技大学关于新校区学生宿舍 A 组团项目基本建设资金归垫的请示	行政外发文	信息科大财文 [2016]2 号	2/26
35	中国共产党北京信息科技大学委员会保密委员会关于表彰我校 2014-2015 年度保密工作先进集体和先进个人的决定	党委内发文	校密发 [2016]1 号	3/1
36	中国共产党北京信息科技大学委员会保密委员会关于传感技术研究中心调整为保密要害部位的通知	党委内发文	校密发 [2016]2 号	3/1
37	关于印发《北京信息科技大学经费支出审批管理办法》的通知	行政内发文	校发 [2016]1 号	3/2
38	中共北京信息科技大学委员会关于印发《郑君礼书记在市委第四巡视组对北京信息科技大学党委开展专项巡视工作动员会上的讲话》的通知	党委内发文	校党发 [2016]10 号	3/3
39	中共北京信息科技大学委员会关于印发《市委第四巡视组组长崔砚青在对北京信息科技大学党委开展专项巡视工作动员会上的讲话》的通知	党委内发文	校党发 [2016]9 号	3/3
40	北京信息科技大学关于做好 2016 届毕业生就业工作的通知	行政内发文	校就业发 [2016]1 号	3/4
41	北京信息科技大学关于表彰 2015 届毕业生就业工作先进集体和先进个人的决定	行政内发文	校就业发 [2016]2 号	3/4
42	北京信息科技大学关于做好 2016 级新生入学资格审查工作的通知	行政内发文	校招生发 [2016]1 号	3/4
43	北京信息科技大学关于收购北京北空空调器厂情况说明的函	行政外发文	信息科大资文 [2016]1 号	3/4

续表 48

序号	题名	分类号	文号	文件日期
44	中国教育工会北京信息科技大学委员会关于印发《2016 年工会工作要点》的通知	党委内发文	校工发 [2016]2 号	3/7
45	中国教育工会北京信息科技大学委员会关于印发《北京信息科技大学部门工会经费管理办法》的通知	党委内发文	校工发 [2016]3 号	3/7
46	北京信息科技大学关于举办“第十届海峡两岸信息科学与技术学术交流研讨会”的请示	行政外发文	信息科大外文 [2016]2 号	3/8
47	关于呈送《中共北京信息科技大学委员会保密委员会关于学校保密工作的自查自评情况报告》的报告	党委外发文	信息科大密文 [2016]1 号	3/10
48	中国共产党北京信息科技大学委员会关于中国共产党北京信息科技大学马克思主义学院总支部委员会选举结果的批复	党委内发文	校党发 [2016]11 号	3/14
49	中国共产党北京信息科技大学委员会关于中国共产党北京信息科技大学经济管理学院委员会选举结果的批复	党委内发文	校党发 [2016]12 号	3/14
50	北京信息科技大学关于上交基建三年规划项目结余资金的请示	行政外发文	信息科大财文 [2016]3 号	3/14
51	中共北京信息科技大学委员会关于印发《2015 年北京信息科技大学院级党组织书记抓党建工作述职评议考核工作方案》的通知	党委内发文	校党发 [2016]15 号	3/16
52	中共北京信息科技大学委员会关于关于 2015 年院级党组织年度考评工作安排的通知	党委内发文	校党发 [2016]16 号	3/16
53	中共北京信息科技大学委员会关于印发《关于开展党员组织关系集中排查的工作方案》的通知	党委内发文	校党发 [2016]17 号	3/16
54	中共北京信息科技大学委员会关于对离退休党组织设置进行调整的通知	党委内发文	校党发 [2016]18 号	3/16
55	中共北京信息科技大学委员会 北京信息科技大学关于印发 2015 年工作总结的通知	党委内发文	校党发 [2016]13 号	3/17
56	中共北京信息科技大学委员会 北京信息科技大学关于印发《2016 年工作要点》的通知	党委内发文	校党发 [2016]14 号	3/17
57	北京信息科技大学校友会关于开展校友会评优工作的通知	行政内发文	校友会发 [2016]1 号	3/18
58	关于同意北京信息科技大学自动化学院校友联谊会重新提名选举会长的批复	行政内发文	校友会发 [2016]2 号	3/18
59	北京信息科技大学体育工作委员会关于印发《2016 年体育工作委员会工作要点》的通知	行政内发文	校体委发 [2016]1 号	3/28
60	北京信息科技大学体育工作委员会关于举办北京信息科技大学 2016 年田径运动会的通知	行政内发文	校体委发 [2016]2 号	3/28
61	关于呈送《北京信息科技大学 2016 年审计工作计划》的报告	行政外发文	信息科大审文 [2016]2 号	3/28
62	北京信息科技大学关于开展 2016 年秋季教育收费检查工作的报告	行政外发文	信息科大审文 [2016]3 号	3/28
63	北京信息科技大学学校办公室关于清明节放假安排的通知	行政处级发文	办发 [2016]2 号	3/29
64	北京信息科技大学关于开展第六届教学名师奖评选的通知	行政内发文	校教发 [2016]34 号	3/29
65	北京信息科技大学关于批准 2016 年教学改革立项项目的通知	行政内发文	校教发 [2016]35 号	3/29
66	北京信息科技大学关于批准 2016 年度课程建设项目的通知	行政内发文	校教发 [2016]36 号	3/29

续表 48

序号	题名	分类号	文号	文件日期
67	北京信息科技大学关于申请银行贷款利息归垫的请示	行政外发文	信息科大财文[2016]4 号	3/29
68	北京信息科技大学关于追加 2015 年基础设施改造未完项目未付合同款的请示	行政外发文	信息科大财文[2016]5 号	3/29
69	北京信息科技大学学校办公室关于组织教职工申请承租剩余公租房报名的通知	行政处级发文	办发 [2016]3 号	4/1
70	北京信息科技大学关于确认辛璟焘等同志讲师职务的通知	行政内发文	校人发 [2016]2 号	4/1
71	北京信息科技大学关于确认郭芳芳等同志讲师职务的通知	行政内发文	校人发 [2016]3 号	4/1
72	北京信息科技大学关于公布处级以下教职工 2015 年年度考核结果的通知	行政内发文	校人发 [2016]4 号	4/1
73	北京信息科技大学关于机电实习中心聘任二级机构负责人的批复	行政内发文	校人任 [2016]1 号	4/1
74	北京信息科技大学学位评定委员会 2016 年度第一次会议决议	行政内发文	校学位发 [2016]1 号	4/7
75	北京信息科技大学关于表彰 2016 届优秀硕士学位论文获得者及指导教师的决定	行政内发文	校学位发 [2016]2 号	4/7
76	北京信息科技大学关于批准王亚飞等 7 位教师为我校硕士研究生指导教师的决定	行政内发文	校学位发 [2016]3 号	4/7
77	关于印发《北京信息科技大学关于修订 2016 级本科专业培养方案的原则意见》的通知	行政内发文	校教发 [2016]37 号	4/8
78	北京信息科技大学校友会关于评选《北京信息科技大学经济管理学院丰耘青年教师优秀科研论文奖励基金》的通知	行政内发文	校友会发 [2016]3 号	4/8
79	北京信息科技大学校友会关于同意经济管理学院丰耘奖评审委员会委员调整请示的批复	行政内发文	校友会发 [2016]4 号	4/8
80	北京信息科技大学关于资产产权登记转移的请示	行政外发文	信息科大资文[2016]2 号	4/8
81	中共北京信息科技大学委员会关于印发《北京信息科技大学 2015 年度处级干部考核办法》的通知	党委内发文	校党发 [2016]22 号	4/13
82	北京信息科技大学关于做好 2015 ～ 2016 学年第二学期期末考试工作的通知	行政内发文	校教发 [2016]39 号	4/13
83	北京信息科技大学学校办公室关于召开全校运动会及“五一”、“五四”放假安排的通知	行政处级发文	办发 [2016]4 号	4/21
84	中国共产党北京信息科技大学委员会关于中国共产党北京信息科技大学公共管理与传媒学院总支部委员会选举结果的批复	党委内发文	校党发 [2016]23 号	4/21
85	中国共产党北京信息科技大学委员会关于中国共产党北京信息科技大学理学院总支部委员会选举结果的批复	党委内发文	校党发 [2016]24 号	4/21
86	北京信息科技大学学校办公室关于做好《北京信息科技大学年鉴（2016）》编纂工作的通知	行政处级发文	办发 [2016]5 号	4/25
87	中国共产党北京信息科技大学委员会关于成立中共北京信息科技大学委员会“两学一做”学习教育协调小组的通知	党委内发文	校党发 [2016]25 号	4/27
88	中国共产党北京信息科技大学委员会关于印发《在全体党员中开展“学党章党规、学系列讲话，做合格党员”学习教育的实施方案》的通知	党委内发文	校党发 [2016]26 号	4/27

续表 48

序号	题名	分类号	文号	文件日期
89	中国共产党北京信息科技大学委员会关于中国共产党北京信息科技大学教辅单位总支部委员会选举结果的批复	党委内发文	校党发 [2016]27 号	4/29
90	关于成立北京信息科技大学师资工作领导小组的通知	行政内发文	校发 [2016]2 号	4/29
91	关于印发《北京信息科技大学高水平人才交叉培养“实培计划”项目管理暂行办法》的通知	行政内发文	校教发 [2016]53 号	5/4
92	北京信息科技大学关于公布 2015 年度优秀主讲教师评选结果的通知	行政内发文	校教发 [2016]52 号	5/5
93	北京信息科技大学校友会关于第二次会员代表大会延期召开的请示	行政外发文	信息科大校友会文 [2016]1 号	5/5
94	中国共产党北京信息科技大学委员会关于评选 2016 年师德标兵和“三育人”先进集体 先进个人的通知	党委内发文	校党发 [2016]29 号	5/6
95	北京信息科技大学关于理学院二级机构调整的批复	行政内发文	校发 [2016]3 号	5/6
96	北京信息科技大学关于经济管理学院聘任二级机构负责人的批复	行政内发文	校人任 [2016]2 号	5/6
97	北京信息科技大学关于申请拨付新校区建设项目资金的请示	行政外发文	信息科大建文 [2016]2 号	5/6
98	北京信息科技大学关于请市教委出具同意清河校区运动馆改造项目按设备采购实施有关问题的请示	行政外发文	信息科大建文 [2016]1 号	5/9
99	北京信息科技大学关于审核沙河安置房认购资格的函	行政外发文	信息科大勤文 [2016]2 号	5/9
100	北京信息科技大学关于项欣病退的请示	行政外发文	信息科大人文 [2016]3 号	5/9
101	北京信息科技大学关于孙建民退职的请示	行政外发文	信息科大人文 [2016]4 号	5/9
102	中共北京信息科技大学委员会办公室关于印发 2016 年度党务公开工作例行公开事项的通知	党委处级发文	党办发 [2016]2 号	5/11
103	北京信息科技大学关于做好 2016 年资产清查及产权登记工作的通知	行政内发文	校资发 [2016]1 号	5/12
104	北京信息科技大学关于申请支持退役飞机的请示	行政外发文	信息科大文 [2016]2 号	5/12
105	中共北京信息科技大学委员会关于印发《北京信息科技大学 2016 年党风廉政建设和反腐败工作主要任务》的通知	党委内发文	校党发 [2016]30 号	5/15
106	北京信息科技大学校友会关于印发《2016 年校庆日校友返校活动安排》的通知	行政内发文	校友会发 [2016]5 号	5/18
107	关于举办北京信息科技大学第一届“校友杯”创业计划竞赛决赛的通知	行政内发文	校友会发 [2016]6 号	5/18
108	北京信息科技大学关于落实《关于房地产产权划分协议书》的函	行政外发文	信息科大资函 [2016]1 号	5/19
109	北京信息科技大学学校办公室关于端午节放假安排的通知	行政处级发文	办发 [2016]6 号	5/23
110	中共北京信息科技大学委员会 北京信息科技大学关于马克思主义学院更名为马克思主义学院的通知	党委内发文	校党发 [2016]31 号	5/23
111	中国共产党北京信息科技大学委员会关于公布 2015 年处级干部年度考核结果的通知	党委内发文	校党发 [2016]32 号	5/23

续表 48

序号	题名	分类号	文号	文件日期
112	关于印发《2016 年北京信息科技大学防汛工作方案》的通知	行政内发文	校勤发 [2016]1 号	5/23
113	北京信息科技大学关于表彰 2016 年“十大先锋人物”的决定	行政内发文	校学发 [2016]24 号	5/23
114	关于印发《北京信息科技大学 2016 年“安全生产月”活动实施方案》的通知	行政内发文	校勤发 [2016]2 号	5/24
115	北京信息科技大学关于职称机构比例调整的请示	行政外发文	信息科大人文 [2016]5 号	5/25
116	北京信息科技大学关于王智雨赴台湾朝阳科技大学参加交流项目的请示	行政外发文	信息科大外文 [2016]3 号	5/30
117	关于印发《北京信息科技大学防控艾滋病宣传教育工作实施方案》的通知	行政内发文	校勤发 [2016]3 号	5/31
118	关于印发《北京信息科技大学党委委派专人同发展对象谈话工作暂行办法》的通知	党委内发文	校党组 [2016]1 号	6/3
119	中共北京信息科技大学委员会关于印发《北京信息科技大学党员困难补助和慰问金发放暂行办法》的通知	党委内发文	校党组 [2016]2 号	6/3
120	北京信息科技大学学校办公室关于废止《北京信息科技大学设施改造工程管理办法》等文件的通知	行政处级发文	办发 [2016]7 号	6/6
121	关于印发《北京信息科技大学 2016 届本科毕业生离校工作实施方案》的通知	行政内发文	校办发 [2016]1 号	6/6
122	北京信息科技大学关于申报 2016 年度校级高教研究课题的通知	行政内发文	校高教发 [2016]1 号	6/7
123	关于印发《北京信息科技大学校友会迎接 2016 年北京市市级社会组织评估工作方案》的通知	行政内发文	校友会发 [2016]7 号	6/7
124	北京信息科技大学关于清河校区膜结构运动馆有关情况的函	行政外发文	信息科大文 [2016]3 号	6/8
125	关于呈送《北京信息科技大学“十三五”事业发展规划》的报告	行政外发文	信息科大文 [2016]4 号	6/8
126	中共北京信息科技大学委员会关于印发《聘请思想政治理论课教师担任学生党支部理论学习导师的实施办法》的通知	党委内发文	校党组 [2016]4 号	6/12
127	中共北京信息科技大学委员会关于做好 2016 年北京信息科技大学基层党建述职评议考核工作的通知	党委内发文	校党组 [2016]6 号	6/12
128	北京信息科技大学关于大学英语四 六级考试工作安排的通知	行政内发文	校教发 [2016]59 号	6/12
129	中国共产党北京信息科技大学委员会关于表彰 2016 年师德标兵和“三育人”先进集体 先进个人的决定	党委内发文	校党发 [2016]33 号	6/14
130	北京信息科技大学关于批准 2016 年大学生科技创新计划项目立项的通知	行政内发文	校教发 [2016]62 号	6/14
131	关于同意成立北京信息科技大学福建省校友联谊会的批复	行政内发文	校友会发 [2016]8 号	6/14
132	关于聘任么曼实等 129 名 2016 届毕业生为北京信息科技大学校友工作联络员的通知	行政内发文	校友会发 [2016]9 号	6/14
133	北京信息科技大学关于韩秋实同志延长退休时间的请示	行政外发文	信息科大人文 [2016]6 号	6/14
134	北京信息科技大学关于徐小力同志延长退休时间的请示	行政外发文	信息科大人文 [2016]7 号	6/14
135	北京信息科技大学关于杨庆东同志延长退休时间的请示	行政外发文	信息科大人文 [2016]8 号	6/14

续表 48

序号	题名	分类号	文号	文件日期
136	北京信息科技大学关于报送中德合作科研（PPP）项目候选人名单及有关材料的函	行政外发文	信息科大人文 [2016]9 号	6/14
137	北京信息科技大学关于丁汀等六人赴台湾世新大学参加交流项目的请示	行政外发文	信息科大外文 [2016]4 号	6/14
138	北京信息科技大学关于李荣华等 15 人赴台湾铭传大学研修交流的请示	行政外发文	信息科大外文 [2016]5 号	6/14
139	关于印发《北京信息科技大学“两学一做”学习教育巡回督导工作方案》的通知	党委内发文	校党办 [2016]1 号	6/15
140	北京信息科技大学关于同意北京意康机械有限公司办理占有产权登记的申请	行政外发文	信息科大技文 [2016]1 号	6/15
141	关于同意北京京信科高端信息产业技术研究院有限公司办理产权登记（年度检查）的申请	行政外发文	信息科大技文 [2016]2 号	6/15
142	关于同意北京科信机电技术研究所办理产权登记（年度检查）的申请	行政外发文	信息科大技文 [2016]3 号	6/15
143	关于同意北京市北信计算机系统工程公司办理变动登记的申请	行政外发文	信息科大技文 [2016]4 号	6/15
144	关于同意北京拓尔思信息技术股份有限公司办理变动登记的申请	行政外发文	信息科大技文 [2016]5 号	6/15
145	中共北京信息科技大学纪律检查委员会关于聘任王丽坤等同志为学校党风廉政监督员的通知	党委内发文	校纪发 [2016]1 号	6/16
146	关于印发《北京信息科技大学学生宿舍空调使用管理规定（试行）》的通知	行政内发文	校勤发 [2016]4 号	6/16
147	关于印发《北京信息科技大学深化创新创业教育改革实施方案》的通知	行政内发文	校教发 [2016]117 号	6/17
148	关于印发《北京信息科技大学本科生创新与实践学分认定与管理办法》的通知	行政内发文	校教发 [2016]66 号	6/17
149	北京信息科技大学关于做好 2016 届本科生毕业典礼工作的通知	行政内发文	校学发 [2016]34 号	6/20
150	关于 2016 年基层党组织开展党员教育培训党日活动校外培训学习地点的通知	党委内发文	校党组 [2016]3 号	6/21
151	北京信息科技大学关于金宝东等职务任免的通知	行政内发文	校干 [2016]1 号	6/21
152	关于召开北京信息科技大学第一届教职工代表大会第十一次会议的通知	党委内发文	校工发 [2016]4 号	6/21
153	中国共产党北京信息科技大学委员会关于中国共产党北京信息科技大学自动化学院委员会选举结果的批复	党委内发文	校党发 [2016]34 号	6/22
154	中国共产党北京信息科技大学委员会关于中国共产党北京信息科技大学信息管理学院委员会选举结果的批复	党委内发文	校党发 [2016]35 号	6/22
155	中国共产党北京信息科技大学委员会关于中国共产党北京信息科技大学离退休委员会选举结果的批复	党委内发文	校党发 [2016]36 号	6/22
156	关于印发《北京信息科技大学科级干部人事档案专项审核工作方案》的通知	行政内发文	校人发 [2016]6 号	6/22
157	北京信息科技大学关于表彰 2016 届优秀毕业生的决定	行政内发文	校学发 [2016]35 号	6/23
158	北京信息科技大学关于表彰赴西部基层工作毕业生的决定	行政内发文	校学发 [2016]36 号	6/23

续表 48

序号	题名	分类号	文号	文件日期
159	北京信息科技大学学位评定委员会 2016 年度第二次会议决议	行政内发文	校学位发 [2016]4 号	6/23
160	关于召开纪念中国共产党成立 95 周年大会暨“两学一做”学习教育专题论坛的通知	党委内发文	校党组 [2016]5 号	6/24
161	北京信息科技大学关于北京市宏利综合商业公司法人代表任免的通知	行政内发文	校勤发 [2016]5 号	6/24
162	北京信息科技大学学校办公室关于 2016 年暑假假期安排的通知	行政处级发文	办发 [2016]8 号	6/27
163	中国共产党北京信息科技大学委员会关于中国共产党北京信息科技大学仪器科学与光电工程学院委员会选举结果的批复	党委内发文	校党发 [2016]37 号	7/3
164	关于印发《北京信息科技大学迎接 2016 年新生入学工作实施方案》的通知	行政内发文	校办发 [2016]2 号	7/4
165	北京信息科技大学关于表彰 2016 届优秀硕士学位论文获得者（补选）的决定	行政内发文	校学位发 [2016]5 号	7/4
166	关于印发《北京信息科技大学硕士学位授权点整改工作方案（2016-2018）》的通知	行政内发文	校研发 [2016]5 号	7/4
167	中共北京信息科技大学委员会 北京信息科技大学关于成立北京信息科技大学综合改革领导小组的通知	党委内发文	校党发 [2016]38 号	7/5
168	关于成立中共北京信息科技大学委员会网络安全与信息化领导小组的通知	党委内发文	校党发 [2016]39 号	7/6
169	中共北京信息科技大学委员会 北京信息科技大学关于成立新校区建设相关组织机构的通知	党委内发文	校党发 [2016]40 号	7/6
170	北京信息科技大学关于聘任孙彦超等同志其他专业技术职务岗位的通知	行政内发文	校人发 [2016]10 号	7/7
171	北京信息科技大学关于聘任胡春梅等同志其他专业技术职务岗位的通知	行政内发文	校人发 [2016]11 号	7/7
172	北京信息科技大学关于聘任廉树林等同志工勤技能岗位的通知	行政内发文	校人发 [2016]12 号	7/7
173	北京信息科技大学关于聘任刘泉等同志教师职务岗位的通知	行政内发文	校人发 [2016]8 号	7/7
174	北京信息科技大学关于聘任张良等同志教师职务岗位的通知	行政内发文	校人发 [2016]9 号	7/7
175	中国共产党北京信息科技大学委员会关于中国共产党北京信息科技大学外国语学院总支部委员会选举结果的批复	党委内发文	校党发 [2016]41 号	7/13
176	中共北京信息科技大学委员会关于学习贯彻《习近平总书记在庆祝中国共产党成立 95 周年大会上的讲话》的通知	党委内发文	校党发 [2016]42 号	7/13
177	中共北京信息科技大学委员会 北京信息科技大学关于印发学校“十三五”事业发展规划的通知	党委内发文	校党发 [2016]43 号	7/13
178	中共北京信息科技大学委员会关于对马克思主义学院党组织设置进行调整的通知	党委内发文	校党发 [2016]45 号	7/13
179	北京信息科技大学关于刘永成等任职的通知	行政内发文	校干 [2016]2 号	7/13
180	关于印发《北京信息科技大学推荐优秀应届本科毕业生免试攻读硕士学位研究生遴选程序与办法（试行）》的通知	行政内发文	校教发 [2016]69 号	7/13
181	北京信息科技大学关于印发《2016 级“双培 外培计划”新生报到工作安排》的通知	行政内发文	校教发 [2016]70 号	7/13
182	北京信息科技大学学位评定委员会 2016 年度第三次会议决议	行政内发文	校学位发 [2016]6 号	7/13

续表 48

序号	题名	分类号	文号	文件日期
183	关于呈送《北京信息科技大学干部人事档案专项审核工作总结报告》的报告	党委外发文	信息科大党文[2016]8 号	7/13
184	北京信息科技大学关于申请新校区学生宿舍 A 组团项目建设资金补助的请示	行政外发文	信息科大建文[2016]3 号	7/13
185	中共北京信息科技大学委员会关于转发《市委第四巡视组关于对北京信息科技大学党委巡视情况的反馈意见》的通知	党委内发文	校党发 [2016]44 号	7/14
186	中共北京信息科技大学委员会关于郭春燕等同志任职的通知	党委内发文	校党干 [2016]1 号	7/14
187	北京信息科技大学关于申请 2017 年度北京市外国留学生奖学金的请示	行政外发文	信息科大外文[2016]6 号	7/15
188	关于印发《北京信息科技大学本科学生成绩管理办法》的通知	行政内发文	校教发 [2016]71 号	8/17
189	关于印发《北京信息科技大学授予普通高等教育学生学士学位工作细则》的通知	行政内发文	校教发 [2016]72 号	8/17
190	关于印发《北京信息科技大学全日制普通高等教育本科学生学籍管理规定》的通知	行政内发文	校教发 [2016]73 号	8/17
191	关于对从事教育工作满三十年教职工进行表彰的决定	党委内发文	校工发 [2016]5 号	8/30
192	关于印发《北京信息科技大学研究生课程教学管理规定》的通知	行政内发文	校研发 [2016]6 号	8/30
193	关于印发《北京信息科技大学研究生课程学习及考核规定》的通知	行政内发文	校研发 [2016]7 号	8/30
194	北京信息科技大学关于 2015 年度北京市外国留学生奖学金执行报告中涉及的问题说明	行政外发文	信息科大外文[2016]8 号	8/31
195	北京信息科技大学学校办公室关于中秋节、国庆节放假安排的通知	行政处级发文	办发 [2016]9 号	9/2
196	北京信息科技大学关于申报新专业的请示	行政外发文	信息科大教文[2016]1 号	9/6
197	北京信息科技大学关于做好 2016 年教育教学成果奖评选工作的通知	行政内发文	校教发 [2016]78 号	9/13
198	北京信息科技大学关于成立 2017 年优秀应届本科毕业生免试攻读硕士学位研究生遴选工作领导小组的通知	行政内发文	校教发 [2016]92 号	9/13
199	关于同意成立北京信息科技大学信息与通信工程学院校友联谊会的批复	行政内发文	校友会发 [2016]10 号	9/14
200	关于市委第四巡视组反馈干部选拔任用工作意见整改情况的报告	党委外发文	信息科大党文[2016]10 号	9/14
201	2016 年北京信息科技大学党委落实党风廉政建设主体责任情况自查报告	党委外发文	信息科大党文[2016]11 号	9/14
202	关于市委第四巡视组反馈意见整改情况报告	党委外发文	信息科大党文[2016]9 号	9/14
203	北京信息科技大学关于 2016 届本科毕业生王焯办理在京就业手续的请示	行政外发文	信息科大就业文[2016]1 号	9/23
204	中共北京信息科技大学委员会关于印发《2016 年区人大代表换届选举工作实施方案》的通知	党委内发文	校党发 [2016]46 号	9/26

续表 48

序号	题名	分类号	文号	文件日期
205	北京信息科技大学关于新校区大学生公寓补助项目基本建设资金归垫的请示	行政外发文	信息科大财文 [2016]6 号	9/26
206	中共北京信息科技大学委员会关于印发《加强处级干部因私出国（境）管理工作办法》的通知	党委内发文	校党发 [2016]47 号	9/29
207	中共北京信息科技大学委员会关于成立“新翼事工”专项工作领导小组的通知	党委内发文	校党发 [2016]48 号	9/29
208	关于印发《北京信息科技大学本科生成绩单及在读证明管理办法》的通知	行政内发文	校教发 [2016]102 号	9/29
209	关于印发《北京信息科技大学招标代理机构遴选及管理办法》的通知	行政内发文	校发 [2016]4 号	9/30
210	中共北京信息科技大学委员会保密委员会关于开展 2016 年武器装备科研生产单位安全保密专项检查的报告	党委外发文	信息科大密文 [2016]2 号	10/10
211	北京信息科技大学关于评选 2016 年度优秀主讲教师的通知	行政内发文	校教发 [2016]106 号	10/12
212	中共北京信息科技大学委员会 北京信息科技大学关于印发《北京信息科技大学招标工作规程（试行）》的通知	党委内发文	校党发 [2016]49 号	10/13
213	北京信息科技大学关于贾斌等 5 人赴台湾铭传大学访问交流的请示	行政外发文	信息科大外文 [2016]8 号	10/13
214	北京信息科技大学关于调整教师资格专家审查委员会的通知	行政内发文	校人发 [2016]13 号	10/16
215	北京信息科技大学关于经济管理学院聘任二级机构负责人的批复	行政内发文	校人任 [2016]3 号	10/16
216	北京信息科技大学关于理学院聘任二级机构负责人的批复	行政内发文	校人任 [2016]4 号	10/16
217	北京信息科技大学关于图书馆聘任二级机构负责人的批复	行政内发文	校人任 [2016]5 号	10/16
218	北京信息科技大关于沙河高教园区公租房银行贷款利息贴息的请示	行政外发文	信息科大财文 [2016]7 号	10/17
219	中共北京信息科技大学委员会关于专项巡视整改情况的通报	党委内发文	校党发 [2016]50 号	10/20
220	中共北京信息科技大学委员会印发《关于加强院级党组织党建工作责任制的意见》的通知	党委内发文	校党发 [2016]51 号	10/20
221	中共北京信息科技大学委员会关于印发《处级干部选拔任用工作实施细则（暂行）》的通知	党委内发文	校党发 [2016]52 号	10/20
222	中国共产党北京信息科技大学委员会关于中国共产党北京信息科技大学机电工程学院委员会选举结果的批复	党委内发文	校党发 [2016]53 号	10/20
223	北京信息科技大学关于切实做好 2016-2017 学年秋季学期校园安全管理工作的通知	行政内发文	校安稳发 [2016]1 号	10/21
224	北京信息科技大学关于 2016 年度高教研究立项审批结果的通知	行政内发文	校高教发 [2016]2 号	10/26
225	北京信息科技大学 2016 年度第四次学位评定委员会决议	行政内发文	校学位发 [2016]7 号	10/26
226	中共北京信息科技大学纪律检查委员会关于对 2013-2016 年北京信息科技大学招生录取工作中问题线索及案件查处情况进行专项检查的报告	党委外发文	信息科大纪文 [2016]1 号	10/27
227	关于呈送《北京信息科技大学 2015-2016 学年度平抑资金使用情况自查报告》的报告	行政外发文	信息科大勤文 [2016]3 号	10/28

续表 48

序号	题名	分类号	文号	文件日期
228	中共北京信息科技大学委员会 北京信息科技大学关于印发《北京信息科技大学二级单位年度考核办法（试行）》的通知	党委内发文	校党发 [2016]54 号	10/31
229	北京信息科技大学关于审核沙河安置房认购资格的请示	行政外发文	信息科大勤文 [2016]4 号	10/31
230	关于开展北京信息科技大学 2016 年本科教学基本状态数据采集工作的通知	行政内发文	校教发 [2016]111 号	11/2
231	关于印发《北京信息科技大学 2016 年下半年北京市中小学教师资格考试工作安排方案》的通知	行政内发文	校教发 [2016]112 号	11/2
232	以“五个环境建设”为统领 推动学校超常规跨越式发展 -- 王传亮同志的党课报告	党委内发文	校党办通报 [2016] 第 1 期	11/7
233	中共北京信息科技大学委员会关于印发《北京信息科技大学 2016 年处级后备干部集中调整工作实施方案》的通知	党委内发文	校党发 [2016]55 号	11/7
234	中共北京信息科技大学委员会关于印发《北京信息科技大学突发事件总体应急预案（2016 年修订）》的通知	党委内发文	校党发 [2016]56 号	11/7
235	关于印发《北京信息科技大学校园机动车出入和停放管理办法（试行）》的通知	行政内发文	校安稳发 [2016]2 号	11/15
236	北京信息科技大学关于举办第九届青年教师教学基本功比赛暨第三届教学新星评选的通知	行政内发文	校教发 [2016]115 号	11/15
237	北京信息科技大学关于做好 2016-2017 学年第一学期期末考试工作的通知	行政内发文	校教发 [2016]116 号	11/15
238	北京信息科技大学关于秦雷等 1 人赴台湾参加会议的请示	行政外发文	信息科大外文 [2016]9 号	11/16
239	关于印发《北京信息科技大学关于教师职务岗位晋升聘任绿色通道的办法 (试行)》的通知	行政内发文	校人发 [2016]16 号	11/22
240	关于呈送《北京信息科技大学内部控制基础性评价报告》的报告	行政外发文	信息科大财文 [2016]8 号	11/24
241	关于印发《中共北京信息科技大学纪律检查委员会关于规范纪律审查工作程序的实施办法（试行）》的通知	党委内发文	校纪发 [2016]4 号	11/25
242	中共北京信息科技大学纪律检查委员会关于印发《北京信息科技大学纪律检查委员会纪检监察信访举报工作实施细则（试行）》的通知	党委内发文	校纪发 [2016]5 号	11/25
243	关于印发《北京信息科技大学师资队伍补充与支持指导意见》的通知	行政内发文	校人发 [2016]14 号	11/29
244	关于印发《北京信息科技大学高层次人才引进与支持计划（试行）》的通知	行政内发文	校人发 [2016]15 号	11/29
245	关于印发《北京信息科技大学“勤信人才”培育计划 (试行))》的通知	行政内发文	校人发 [2016]17 号	11/29
246	北京信息科技大学关于聘任王弘蔚等同志科技成果转化高级职务岗位的通知	行政内发文	校人发 [2016]18 号	11/29
247	中共北京信息科技大学委员会 北京信息科技大学关于印发《北京信息科技大学师德建设长效机制实施细则》的通知	党委内发文	校党发 [2016]58 号	11/30
248	关于印发《中共北京信息科技大学委员会关于践行监督执纪四种形态的实施办法》的通知	党委内发文	校党发 [2016]57 号	12/5

续表 48

序号	题名	分类号	文号	文件日期
249	中共北京信息科技大学委员会关于认真学习宣传贯彻党的十八届六中全会精神的通知	党委内发文	校党发 [2016]59 号	12/5
250	北京信息科技大学关于戈新生同志延长退休时间的请示	行政外发文	信息科大人文 [2016]10 号	12/5
251	北京信息科技大学关于葛新权同志延长退休时间的请示	行政外发文	信息科大人文 [2016]11 号	12/5
252	北京信息科技大学关于李邓化同志延长退休时间的请示	行政外发文	信息科大人文 [2016]12 号	12/5
253	北京信息科技大学校友会关于第二次会员代表大会延期召开的请示	行政外发文	信息科大校友会文 [2016]2 号	12/5
254	北京信息科技大学关于 2016 年度二级单位考核工作的通知	行政内发文	校办发 [2016]3 号	12/5
255	中共北京信息科技大学委员会办公室 北京信息科技大学学校办公室关于做好 2016 年工作总结和 2017 年工作计划的通知	党委处级发文	党办发 [2016]3 号	12/7
256	中国教育工会北京信息科技大学委员会关于印发《北京信息科技大学二级教职工代表大会建立和部门工会换届选举工作实施方案》的通知	党委内发文	校工发 [2016]6 号	12/12
257	北京信息科技大学关于大学英语四 六级考试工作安排的通知	行政内发文	校教发 [2016]122 号	12/12
258	关于印发《北京信息科技大学公开招聘工作人员实施办法》的通知	行政内发文	校人发 [2016]20 号	12/12
259	关于印发《北京信息科技大学关于引进人才高级职称认定的意见》的通知	行政内发文	校人发 [2016]21 号	12/12
260	北京信息科技大学关于 2016 年教师职务岗位晋升聘任高级岗位指标下达的通知	行政内发文	校人发 [2016]19 号	12/15
261	北京信息科技大学学校办公室关于 2017 年元旦 寒假假期安排的通知	行政处级发文	办发 [2016]10 号	12/21
262	关于印发《北京信息科技大学“校园安全卫士”评选办法(试行)》的通知	行政内发文	校安稳发 [2016]3 号	12/22
263	中共北京信息科技大学委员会关于印发《推荐提名出席党的十九大代表候选人初步人选工作方案》的通知	党委内发文	校党发 [2016]60 号	12/27
264	关于印发《北京信息科技大学零星修缮工程施工备选单位遴选使用管理办法（试行）》的通知	行政内发文	校发 [2016]5 号	12/27
265	北京信息科技大学关于印发《北京信息科技大学学生日常行为习惯养成教育工作指导方案》的通知	行政内发文	校学发 [2016]87 号	12/28
266	中共北京信息科技大学委员会关于印发《党政领导干部外出请假报备制度》的通知	党委内发文	校党发 [2016]62 号	12/28
267	关于印发《北京信息科技大学建设工程、修缮工程项目审计实施办法》的通知	行政内发文	校发 [2016]6 号	12/30

2016届硕士毕业生、结业生名单

机电学院

机械制造及其自动化专业（8人）：

李阿为 么曼实 刘翠煜 夏怀健 林雯雯
刘 凯 汪 亮 陈砚坤

机械电子工程专业（13人）：

李宏亮 何栋磊 吕俊燕 周玉飞 陶立辉
黄 忠 卞家磊 高 延 黄思盛 黄 骥
王 宁 马利兴 翟保尊

机械设计及理论专业（10人）：

甄 真 马文硕 牛晓辉 牛 燕 陈凯捷
吴健鹏 李小丹 王 冲 张志环 董雪仰

车辆工程专业（7人）：

李文海 张 潘 任忠伦 赵建中 曹万仓
姚尚明 廉相如

先进装备动力学与控制专业（1人）：

李 伟

先进制造设备工业设计专业（1人）：

宫天明

工程硕士专业学位：

机械工程（30人）：

李志华 王世举 秦龙泉 原 野 张 晗
宋洋勇 王连新 尹宗博 胡 锐 马 阳
李晓光 杜 迪 刘明远 刘思羽 崔 康
刘斯彤 袁萍萍 王莎莎 贾晓丽 韩赛宙
高 鑫 郭浩敏 马 俊 宋建桥 蔡云龙
魏效国 程皖南 何梦琴 周全健 尚广伟

光电学院

光学工程专业（5人）：

肖立亮 高 燕 吴晓蒙 陈芳芳 潘思阳

精密仪器及机械专业（9人）：

鲁琳琳 王海军 陈 昊 杨润涛 毛佳红
周 进 尚 添 段良君 赵 阳

测试计量技术及仪器专业（10人）：

熊 兵 孔凡辉 杨增冲 陈佳毅 王 鹏
李 丽 王大博 尚忠义 陶美娟 张 黎

工程硕士专业学位

仪器仪表工程（28人）：

刘 涛 郝 婧 杨 妮 张慎佳 张建华
扈秋琬 李 盼 王 军 张 洁 赵海肖
李 会 郑 越 李威钢 王灏然 车朝光
李晓雷 岐晓蕾 陈义谱 栗兴良 邱有谋
汪金鹏 林 汀 滕 岳 刘风江 石 柱
肖明国 叶必雨 白 天

通信学院

通信与信息系统专业（1人）：

李晶晶

信号与信息处理专业（7人）：

冯梦璐 刘梦圆 杜思奇 杨 虎 唐志军
龙 雨 王 角

工程硕士专业学位

电子与通信工程（21人）：

余昕聪 孙少平 唐力飞 陈 现 李其聪
汪海鹏 张 平 李泽南 闫海云 楼元靓
闫 涛 张义川 陈 晨 关英翔 陈文翰
孙明刚 孙 健 杨少春 王川潮 杨应雷
李 萌

自动化学院

控制理论与控制工程专业（5人）：

冯永辉 张清华 曹 欢 吴金浩 刘海营

检测技术与自动化装置专业（7人）：

赵子炜 张 帅 于 飞 刘宇光 郝 嵘
裴志兵 马 超

模式识别与智能系统专业（4人）：

赵金刚 张 松 李 诚 李彬红

导航 自导与控制专业（3人）：

高 哲 朱士龙 苑宝贞

电机与电气专业（3人）：

周万骏 赵晓敏 方市彬

电力电子与电力传动（4人）：

库冬瑾 马彬涵 李坤鹏 翟丹丹

工程硕士专业学位

控制工程（26人）：

费程羽 张 昊 马胜利 王一品 宗和刚
韩彦肖 程学斌 朱永利 孔维星 何 刚
周萌萌 王红英 臧 强 魏行强 窦兆玉
李盼盼 徐锦丽 陈志洲 申玮霓 孙 骏
陈光艳 谌 莹 朱 骏 吴志军 王贞琪
李国昌

计算机学院

计算机系统结构专业（4 人）：

孙辛未 张 涛 纪建伟 胡 斌

计算机软件与理论专业（1 人）：

李晴晴

计算机应用技术专业（13 人）：

樊梦佳 聂金选 张 策 马红霞 刘占兵
裴 超 贾玉栋 仵永栩 崔晨骁 刘丹凤
徐祥斌 宋亚鹏 柴 菁

网络信息检索与内容理解专业（3 人）：

刘阳阳 汤 飞 毛婷婷

软件工程专业（2 人）：

王志一 汪 凯

工程硕士专业学位

计算机技术（32 人）：

唐安杰 闫 鹏 孙 赫 杨作宝 邵 发
赵 林 刘爱丽 郭拥宾 胡菊香 嵇 旋
陈 明 宋 林 徐明刚 李晓强 何 宇
闫明明 陈 凯 徐爱平 马跃雷 蔺晓栋
相子喜 郑锦勤 韩 友 杨浩杰 刘玉宏
李 艳 李丁丁 肖向博 李孟柱 孔祥军
朱有佃 张 玲

经管学院

数量经济学专业（4 人）：

邵佳琪 张旖旎 王盈盈 马 健

金融学专业（5 人）：

常 莎 王 亮 姜召彬 许凯楠 郭一凡

国民经济学专业（6 人）：

高 婷 勾竞懿 王紫璐 秋春童 董 岚
张 泽

管理科学与工程专业（6 人）：

勾丽明 刘 鑫 李 倩 刘欣然 幸 翔
廖梦洁

会计学专业（4 人）：

周 阳 任 艳 伍慧玲 卢 琴

企业管理专业（5 人）：

姜翠萍 崔 婷 任 智 陈思琪 李世达

技术经济及管理专业（3 人）：

刘芳芳 孔 琳 王树东

工程硕士专业学位

工业工程（8 人）：

张永威 王腾霄 郑 阳 温立浩 平旭彤
徐伟康 牛 燕 周建明

工商管理（21 人）：

吕启慧 马国胜 董永锁 郭张庆 刘红艳
安 然 吴鹏飞 刘金平 尹小凯 亓宗林
高 峰 田 萌 回广福 王 磊 冯 雪
杨 涛 孙 珂 张文鹏 张 勇 薛立军
沙晓芬

信管学院

管理科学与工程专业（7 人）：

刘 健 丁梦宇 王岩岩 刘甜甜 野雪莲
张洁琼 徐加瑞

工程硕士专业学位

物流工程（13 人）：

郑运鹏 于 东 杨粟涵 赵蔷蔷 吴 景
时洪会 张南南 董爱玉 袁彦彦 张 跃
史嘉兴 李寿胜 杜莉杰

理学院

基础数学专业（2 人）：

宋 全 孙丽丽

计算数学专业（3 人）：

李 青 马 敏 杨若男

概率论与数理统计专业（2 人）：

周 鑫 黄成祥

应用数学专业（8 人）：

张小媛 周 杰 任彩风 苑瑞宁 仝 哲
陈佃文 刘志刚 陈 飞

微电子学与固体电子学专业（11 人）：

李 超 陈达军 瞿炜炜 杨明明 乔 瑾
李汶洁 冯三明 李媛媛 董浩亮 程亚玲
刘 超

马克思主义学院

马克思主义理论专业（10 人）：

范剑锋 崔文聪 张珂源 裴 婷 李 想
张 鹏 李阳阳 张晓芳 张 鹏 张 黎

（李忠刚）

2016届本科毕业生、结业生名单

单位　机电工程学院

专业　机械设计制造及其自动化

毕业生　137人

刘绮年　马洁玲　任建新　程天乐　仇佳俊
丁　旭　李景辉　李　奇　李泽远　李　峥
庞海晨　孙　飞　汤帛衡　杨佳兴　杨志远
张浩然　张翔宇　赵　康　张明水　程小伟
韩柠蔚　马思媛　邓亚伟　杜　阳　郭　帅
李　健　李学文　刘靖博　刘　阳　唐　翔
唐裕杰　韦玉坤　徐斌斌　周　波　曹潇迪
何　涵　李晓雯　夏福菊　张　婧　陈希程
邓　龚　何章伟　黑光军　彭　炜　施　博
武志伟　杨　琦　杨雨霖　王赵雄　高建彬
高美杰　马伊娜　杨　琦　段思源　耿丽杰
郝亚江　华思隆　江宽厦　李昊楠　梁　好
刘　冰　刘旭晨　刘　学　柳晨鹏　王　凡
王毅宾　肖　凤　于华森　赵　硕　杨　铭
王成兴　戴霄玥　陈月坤　张新爽　陈德文
甘　浒　郭长见　仝思源　张保金　张新远
赵冰青　黄敏敏　黄　伟　曹　冉　方一桐
郑伟伟　白茜薇　刘德芳　邓黎明　符周波
秦康鉴　郝　硕　屈旻飞　许远东　尹雪松
于江湖　张少昕　刘玥贝特　张宇宬　朱丹阳
马　行　王　健　王子然　向炳廷　丁小龙
陈　超　葛　超　陶银虎　赵旭东　郑天聘
黄雅礼　阚　硕　于沅成　焦健雄　邢英杰
金美艺　石　雨　王遗广　董毛赫然　郭自成
孙　潇　孙光宇　武文汇　杜志国　房宇辉
李　翔　宋佳军　李　磊　张宝义　马　瑶
姜博涵　杨　冬　朱明仁　周泳城　徐　超
汤嘉越　夏力哈尔·海拉提

结业生　24人

王文明　刘　帅　欧　恺　黄　超　岳伟东
孙健陶　王艾嘉　王　裴　郑　北　郭京宇
张翼彪　谭元富　芦梦迪　王　凯　张晓东
陈吉建　李鹏飞　孙　鹏　王小军　黄宗广
任韩旭　崔　鹏　谷旷世　陈古财

专业　车辆工程

毕业生　61人

宋　晨　景　月　兰　瑾　聂超然　周　燕
郭　恩　郭鹏伟　黄明浩　李　煊　刘泽琳
毛云鹏　任智强　尚　强　佟建阳　涂狮鹏
吴可桐　徐立堃　尤　峥　俞家涛　曾圣迪
左　亚　白亚杰　谷新竹　贾宗博　白云海
曹海岐　刘　淇　吕靖笙　雒宇阳　苏家兴
孙　涛　唐　伟　唐伟峰　王　奔　王　琛
王程玉　王振军　肖鸿斌　邢镒麟　许　涛
杨景尧　郑　雷　杨　春　黄洪勇　郭世通
杨时雨　程义龙　罗竟宏　何新伟　姜思涵
孙　旭　夏　禹　徐志邦　侯周勇　靳国路
刘铭凇　甄玉鹏　郭文俊　时维盟　刘泽深
蔡琨麟

结业生　3人

刘嘉西　周顺甜　钱硕楠

专业　工业设计

毕业生　53人

段　梦　郭秋月　韩佳航　林　野　任家沛
苏忆丹　王　棣　王　婧　王　雪　王　煜
杨　帆　张晓萌　李建文　李文哲　卢金鹏
钱　旭　任　毅　尚佳彬　宋翊群　张宇涵
赵　慰　朱　健　丁鸿兰　高天惠　胡爱烯
刘　丹　尚方明　王海月　王梓铮　杨林娥
杨晓曦　袁　帅　张　琦　胡懿轩　黄永超
李　根　戚　鑫　谢洋洋　徐逸尘　叶家蕾
赵　唯　龙骆钰　李雅旭　李梦瑶　谢博雅
张　晨　普应奇　李航宇　刘沐春　王一璞
王　喆　李博功　赵　鑫

结业生　4人

马吉洋　李晨晨　周　沫　王天宇

专业　工业工程

毕业生　38人

韩　艺　荣亚飞　王欣悦　许博林　张　帅
张甜恬　赵　彤　蔡镇清　崔小齐　董俸岐
郭松亮　郭　征　李孟男　柳云峰　马小春
牛文卿　赵师林　金冬晴　任可鑫　杨　悦
于　红　朱森燕　韩　利　李怀东　马　超
毛亮亮　王　乾　张翁翼　赵浚凯　杨　红
崔静霏　常子龙　潘　楠　文祥兴　刘杏琪
刘鹏通　刘　悦　饶　鹏

结业生 8人

李 哲 李 根 刘天鹏 张金鹏 赵 赛
郑宇恒 陈登仁 何国瑞

专业 新能源科学与工程

毕业生 26人

冯紫嫣 李珺怡 李 响 秦文丽 徐红运
许倩倩 周 徐 邹洪岩 陈云强 耿建辉
孔 帅 连魏魏 刘 标 张 航 张 浩
张立立 宗晓光 曹 季 樊 星 侯海伦
王禹涵 张 楠 韩梓聪 李 冬 方意初
刘一旻

结业生 2人

杨时宇 赵子乔

单位 仪器科学与光电工程学院

专业 测控技术与仪器

毕业生 62人

高 媛 李 露 邵芬玲 杨梦雨 张溶洲
张 艳 周 晗 周宏煊 邹明雨 付开洪
李 楠 林金山 牟雪剑 潘心浩 王熙乾
王亚洲 王雨齐 吴庆涛 夏嘉斌 游 冲
余仲润 张玉虎 储小玲 郭 捷 黎 兰
乔梦娜 石书丽 王 涛 温 欣 戴 旭
贾 晗 卢 恺 徐振宇 张文飞 张 悦
高 强 李明月 乔亚丽 孙 悦 王 婕
王晓彤 熊艳艳 周迎洁 方俊星 胡高翔
王佛保 王一然 肖毅晟 于海跃 周 浪
徐嘉琳 王初晨 马海斌 邹杉波 薛 昂
李金峰 吴 辉 吴祎昀 王 睿 刘吉睿
吴媛媛 张 帆

结业生 6人

张福顺 罗志林 常晓璇 林 助 周积慧
刘 旭

专业 光信息科学与技术

毕业生 53人

郭 雯 陆 畅 张 晗 郑鑫蕊 柏文锋
曹思远 程 智 崔剑秋 黄 曦 刘思麒
李卓昊 莫蔚靖 秦绪志 王 猛 吴昕宇
张明翰 张天翊 郑 超 郝博泰 隗功远
马天添 陈 洁 李 丹 李 玲 邢梦菲
袁 琦 边 恒 蔡 君 杜 萌 杜兆轩
郭 宇 胡金鑫 李 伟 李 响 鲁 超
马 琛 汪恒冉 王浩冉 王禹霖 王 择
肖 楠 颜 铁 张 航 赵鹏云 熊禹瓒
宋英哲 周佳旭 石延业 张 驰 米鑫宇
张乐民 吴 静 甘忠达 岳 霄 张溧文
姚宗钰 冯 石 艾孜麦提江

结业生 8人

杜新宇 任宇轩 张 傲 何 彦 姜博宇
王金蒙 陈玮旸 伊力夏提·努尔它依

单位 自动化学院

专业 自动化（信息与控制系统）

毕业生 121人

白昆霭 毕 杰 崔 爽 封思思 黄亚平
蔡立尧 查昊月 陈一洋 程 欢 崔 隽
代雪峰 邓瑞安 董 鹏 郭翰杰 郭 淼
韩 晗 和志伟 胡兴源 李 芳 彭 玄
秦琳凤 亢新凯 李 冬 李 昊 李 盛
李顺新 叶珏磊 刘昊天 龙 琪 马 韬
聂灵伟 金单越 时晶晶 宋婉莹 王婵媛
王文之 王雪婷 王宜青 祁楚涵 齐 麟
宋文来 孙 亮 佟 宇 王鸿驰 王嘉琪
王天润 吴 杰 谢晶晶 尧 瑶 张 珊
王 哲 星 昶 杨贺晨 杨梦迪 杨 昭
杨 征 姚 坤 曾梓杰 张天豪 张 钊
赵宝森 赵 磊 郑士超 周 涛 周晓宇
范梦然 郭 梦 贾鑫玉 庞晓盈 史新立
唐嘉营 王炳雅 王思思 杨乃馨 于晶晶
陈旭东 陈 占 姜 军 李 帅 梁 力
刘迪行 刘迪阳 刘昊天 鲁 希 祁伟峰
乔宇晨 时圣雨 苏易衡 孙 晨 王维祎
王玉贵 杨一鸣 朱晨阳 朱 骥 安 洋
陈 星 龚 哲 李 艺 王 琛 王帅哲
赵佳琦 黄一迪 秦 齐 张梦雨 周 鑫
李怡蒙 陈天依 陈 平 贾在军 康家铭
李 杰 王梦龙 吴 峥 张睿博 梁泽辉
王晨泉 王冬玮 王海山 王宏凯 梁靖承
李 瑞

结业生 7人

祁 浩 祝泰舸 张伟楠 邓 博 廖文伯
刘 可 张天培

专业 电气工程及其自动化

毕业生 46人

程佳琪 杜 萌 薛妍冰 张怀天 张云萍
赵倩倩 胡晓宇 李晓轩 漆明星 王承昊

杨　明　张思铭　周　旭　朱　熙　方　戈
郭冰洁　李馨蕊　齐　绩　曹　歌　陈朝宽
陈小雨　段卫芳　付　康　刘海蛟　裴泓明
石泽宇　王宏伟　吴伟博　章　涛　赵　辉
刘　威　秦仲平　田骏邦　彭　硕　周世博
李翰驰　王　宸　杨宏伟　彭　锋　叶远青
李炳楠　李　响　卢昱坤　徐佳杰　秦泽阳
陈思远

结业生　7 人

高崇轩　徐宇辰　梁明申　史学良　王　震
韩　硕　扈海杰

专业　智能科学与技术

毕业生　58 人

周　洁　周雨珊　安　迪　唐一民　雷　枭
师　阳　尼玛卓玛　曹金帅　耿浩然　胡大胆
胡浩博　李家星　刘　科　刘　磊　宋明轩
杨　毅　徐　宁　李小璇　黄至铖　梁海洋
王一哲　周天奇　朱　龙　沈　晨　郑智文
纪玉娇　陈富权　吉喆夫　谢传良　杨　轲
赵刘屹　谢锦坤　张和平　张　杰　盛金旭
姜宏峰　马俊侯　王　剑　王　龙　姚光阳
赵　聪　杨圣明达　赵文鹏　李当然　霍　昕
王　策　邢潇磊　张紫安　黄钰成　王　莹
丁　壮　郭天朝　李健平　马敬宇　王铁成
王宇浩　崔　迪　刘怿艺

结业生　11 人

于志东　顾　超　张　宇　林源峰　李仁健
安童心　蒋　帅　吴　冬　张　鑫　李东凯
索浩楠

单位　信息与通信工程学院

专业　电子信息工程

毕业生　121 人

蔡奇颖　陈　雯　付　琦　高晨阳　李　静
刘凤颖　刘沙沙　牛婉璐　宋文苑　王　雪
邹晓琳　邓　辉　李　露　李松轩　王立夫
伍　懿　张果果　张宗男　赵俊博　赵　宁
朱书平　李　溪　刘梓嫣　梅春蕾　宋　欣
吴慕菲　张元迪　庄东炜　曹书培　陈静远
李宇辰　柳庆瑜　申　岱　田宏原　王　磊
席京尧　杨　帆　杨宇珅　张梓宸　周天硕
周亿铂　陈晓明　葛欣然　何海洋　严　薇
杨　悦　喻　航　曹雨浓　胡怪晨　李　野
陆　洋　屈　杨　肖志昊　郭　阳　刘欣跃
田　欢　肖晶晶　张鹤立　张　娇　张　颖
陈启航　陈　哲　谷　明　郭浩宇　郝佳楠
何凤洋　李泽凯　刘　偲　王　浩　杨怀智
杨　轶　周华健　周　磊　李悦歆　马一凡
阮京豫　张文慧　白天麟　白晓遥　付达平
侯梦童　李　思　李宗林　陆文凯　罗振宇
苏凯蒙　王宏伟　杨宏源　张天意　邹立达
徐　辉　唐昊天　文国坤　赵建儒　曹　绅
郝云鹏　刘瑞之　仇佳腾　邵冰洋　程　远
高天翼　李　尉　梁　晨　黄　晨　吕　铮
吴　松　李尚儒　张子龙　赵　骏　邸志伟
周立松　郭　骜　王　锐　王泰临　周倚天
张涵茗　郭　策　魏　维　张家驰　王希芊
李青翰

结业生　10 人

徐　欢　赵雪飞　李京京　周怡安　厉昊天
于光中　谢高清　张鸿鹏　宋　宇　张泽生

专业　通信工程

毕业生　108 人

冯译萱　刘思含　阮琳娜　张子妍　周　珺
高　浩　郭　儒　贾子钰　黎　原　李　淼
戴　玥　高思雨　李　哲　于强伟　郭春锐
刘珊珊　孙果林　许敏忱　赵梦迪　皮冰冰
王嘉睿　王　祯　周昱翱　邓玉洁　郭　阳
邹　莹　柳　笛　王浩鑫　杨飞虎　杨　逸
吕红蕊　曹浩楠　崔壮壮　崔柳青　靳　峥
魏俐彧　肖祎萌　高　玥　郝　瀚　李　军
李士铮　刘　欣　邢大博　尹毕成　张云志
卓泓宇　李嘉斌　丁　恬　王　彤　刘浩楠
刘　亮　常宁珊　孙　冉　张　迪　胡灿辉
李焱晖　马宏雷　宋孟哲　王鑫慧　余星星
晏蕾苓　董　勐　苏崇宇　张天磊　崔鹏飞
刘　阳　张岱薇　朱朝阳　丁昭华　孙　博
吴　昊　柴妮莎　裴金胤　彭丽媛　王　媛
张　哲　张杨博浩　吴彭磊　杨淞洋　叶向晖
张　黎　陈　术　王　雪　王奕淳　王云雷
拉玉君　罗　燊　程天意　杨　帆　吴英琦
张　阳　曹　硕　孙俊花　谢　蕊　张　歆
聂伟超　居唯越　浦明超　任昕亮　张馨然
马彦周　邹　明　张时佳　张书海　张竟秋
刘权锋　陈一博　曹　帅

结业生 16人

杨浩鹏 方 宇 时 月 张 晨 赵明康
王一鸣 杨 钢 王易梦 陈天星 孟 辰
贾爽妍 王 宇 崔永健 张子扬 徐 硕
师 悦

单位 计算机学院

专业 计算机科学与技术（计算机应用技术）

毕业生 145人

陈璐婷 刘佳亭 刘洁康 王北辰 王 淼
杨芳芳 韩 钊 胡正阳 靳朝晨 李智伟
刘鸿喆 罗皓辰 孟庆乐 彭璐康 孙张雷
王长深 王明昊 王 哲 项德周 赵 阳
朱一凡 王梦池 余昌盛 李 美 孙明欣
田乃馨 王 婷 王 肖 杨 颖 于城明
邓 康 杜浩生 郭浩天 李冀舒 李云鹏
廖洪亮 刘 鹏 龙湛涛 穆正一 任伟男
王海洋 王嘉伟 肖印航 谢 笛 杨润垲
尹 浩 付 宇 胡文华 李越其 刘 云
孙洁英 徐 颜 赵 欣 陈圣东 黄 陈
李明阳 娄天阳 庞 荣 彭 涛 王泽邦
王 震 王子明 余 智 刘银阳 吴建宝
韩丽丽 郝智慧 聂 鑫 石一凡 徐梦洋
翟雪晴 赵 琳 曹 猛 柴星宇 陈泉宏
邓匀翔 邓智平 李汇海 刘 硕 柳天一
吕勇良 田海军 王思远 席燚海 黄 剑
刘 露 彭媛媛 田 冲 王 宁 闫 慧
闫梦洁 张晨光 丁 鹏 方宏伟 关人潮
官家瑶 李志强 刘伟杰 王炳悦 王立冬
杨 帆 赵一鹏 周嘉林 周新林 贾梦蝶
李 鑫 刘占清 索思含 夏瑞岚 郑月明
祝淑琼 白 宇 李秀韦 梁 舜 刘佳兴
刘名远 毛 森 齐 磊 齐善强 苏雨斌
王祥坤 尹伊明 朱为智 冯温迪 马婧雯
周琪禹 杨 航 倪 兵 崔宇鹏 李晓阳
刘 通 蒋思奇 吴 迪 代 辉 刘 海
郭文林 贾逸群 孙宏钥 田 晨 王钦定
赵 亮 南天昕 邓冲冲

结业生 11人

张一淇 冯 强 王 鑫 任志鹏 王一桐
张子涵 陈前润 李 维 冯一铭 宋章玉
朱 宇

专业 计算机科学与技术

毕业生 14人

魏 媛 郝亚茹 程梁丹 张 鹏 胡圣笛
刘晓杰 张玉梅 任嘉鹏 刁 洋 杨子健
刘 鸥 廖夕月 李 响 王 盼

专业 软件工程

毕业生 77人

安 玉 陈 楚 李 歆 马 榕 袁茜茜
左 阔 曹 达 陈林松 杜晓曦 范 鑫
蒋 旭 宁 鑫 石 烁 苏 亮 孙 毅
谭胜方 唐佳新 韦 鹏 韦毅雄 项 坤
肖 伟 徐茂增 庞 晨 张 真 周子超
张 依 李可一 吕婷婷 王 芮 左 陈
陈 坤 戴 泽 丁泽豪 付 翾 龚 辰
韩金武 何文轩 侯 军 侯 珺 李文杰
刘 鹏 潘 宇 王 杨 王云鹏 杨 洋
俞成伟 张锡鑫 朱 凡 董婉丽 方 爽
刘苏萍 乔 丹 杨鑫玉 冯 洋 傅世豪
郭世成 杭京城 黄嘉腾 介俊峰 金炯星
李 旭 李 阳 马 波 秦子雄 申 奥
王 雨 杨海波 臧茂源 张君才 张明杰
申婧雅 李玉龙 宋 壮 杨 晗 李逸夫
白金平 郑荣辉

结业生 2人

刘丞杰 周天浩

专业 网络工程

毕业生 80人

阮君婷 张玉珏 赵建婧 陈小星 何 诚
黄 浩 刘 翔 马金舟 邵乾飞 吴俊洋
贺依依 苏宇佳 武 晋 郭 旭 李传约
李振杰 林 振 蒲业禹 杨 腾 叶东岳
陈坤如 贾 蕊 金戈愉 郑诗慧 马 昊
赵永鑫 朱凯南 朱正义 张可昕 曹润物
郭 宇 林道梓 沈鑫豪 孙 贺 欧阳应龙
王 彭 张赫尧 吴婷婷 张 慧 张 颖
张郁丹 李 哲 李智勇 孙健宸 王 维
于 琛 白 兰 王 杉 丁鹏飞 杜 郁
李长帅 李 兴 马浩宇 魏邓航 熊健羲
余 越 郭 泽 景 淇 史 悦 王志豪
程宇曈 高鹏飞 李晓磊 高 晗 贾旌隆
张宇航 尹兴军 王昭南 刘海涛 曲昊譞
宋 扬 闫 齐 张天阳 赵翰生 李文钊

赵伯阳　梁　楹　王宇涵　侯宜国　于海阔
结业生　4 人
尹　浩　李梦珂　王得琛　张翊博

单位　经济管理学院

专业　会计学（注册会计师）

毕业生　94 人
付雅斯　郭雅雯　郭　桢　何　欣　焦墨池
李鹤宇　李配君　李　倩　李　瑄　李璇子
刘雨佳　卢元晴　逯　琛　任晓彤　邵　卓
王　婧　徐梦迪　杨思琦　赵　琮　赵明月
加治鹏　齐　峥　任政同　王　喆　叶　龙
赵明光　高　婧　王腾飞杨　付文丽　侯　悦
李寒琼　李　佳　李　萌　李原媛　刘　赫
欧阳椰　王　丽　王　劝　王新心　徐颖菲
许　月　赵丹青　赵倩雯　赵　媛　费伍豪
马　硕　孙元烨　屠墨野　杨秋童　张　磊
罗继涛　邓涵文　白　雪　曹金宇　曹晓政
陈轩瑜　李　聪　李玉星　宁　静　任思宇
盛思诗　吴雨桐　徐航娟　尹毓涵　张晓彤
赵　侬　周皓月　周可可　高　珅　何乾琪
刘　阳　王　嵘　魏小超　杨业辉　马　聪
戴瑶睿　徐小晨　姜冬雪　王　悦　魏　洁
黄永贵　李晓腾　林　爽　林逸凡　刘超凡
卜晓令　刘　明　吴延齐　杨东生　胡京丰
孔令涵　张中天　余启航　刘　铮　王　浩
陈玮丹　李　虎

专业　会计学

毕业生　42 人
李念弘　薄　雪　董瑾慧　侯佳媛　焦云萍
李丹阳　李　静　刘天丽　刘　芸　罗思秀
马　迎　宋静雯　孙　琪　田　然　王　焯
王玺莹　王　艺　魏佳腾　吴　梦　徐　晶
杨丽莹　杨泽慧　张碧晨　张　淼　张荣宇
郭子鸣　张　鹏　张仕豪　肖涵文　吴雨点
高文双　郝　爽　董芮希　韩静洁　杜晓静
李冬梅　张晗雪　张心怡　牛世雄　陈雅迪
徐　玥　木坦里甫·阿布都克力木

专业　财务管理（证券与投资）

毕业生　32 人
左冬亭　高　蕊　何　宁　霍松麟　刘佳希
卢　晓　马　璐　舒　畅　滕佳颖　田玥旸
佟　雪　王思思　王　雪　王　莹　魏　琦
魏芷盈　张又心　张　月　赵　琦　赵媛媛
左亚男　何乐乐　李　今　刘博洋　张传文
周　祥　陈　沁　张　爽　赵子豪　王继盟
马思明　王　尉
结业生　1 人
蔡博宇

专业　财务管理（公司财务）

毕业生　59 人
蔡雅娴　党文娟　冯　清　顾　鑫　郝文杰
何宁宁　李　聪　李　雪　林鹭西　刘　营
王菁月　王晓宇　魏　帅　张名杰　张文静
张媛楠　程闽晖　黄鑫磊　王　程　张留丰
崔　琦　胡雨缦　阿迪莱·阿卜杜外力
穆凯代斯·米吉提　曹　迪　侯道真　胡晓妍
李晨漪　刘鹏星　刘馨泽　马力亚木古·色买提
热孜耶姆·买买提江　史红玉　孙　琪　吴　帅
张　祎　赵　丹　周汇文　周青野　黄明明
杨晓凰　李鑫斌　葛明媛　李昊楠　乔　澜
卫芊含　张弘扬　常　征　王宇熙　阴登科
张立竹　热依罕古丽·麦提赛伊迪　杨佳怡
刘大铭　刘　贺　张梓豪　周江南　陈　婳
孙伟华
结业生　1 人
冯思哲

专业　市场营销

毕业生　37 人
白易兰　程　诺　郭　华　姜　贺　邢　冲
徐　立　杨鉴琪　张　琼　张　薇　曹博宇
刘　鑫　孟祥瑾　任　鸣　徐　文　张天宁
赵　轩　冯文硕　黄镡嶓　孟　贤　田　林
王安琪　徐　薇　张辰媛　张　盟　刘　硕
孙世江　杨青青　赵龙飞　王睿琳　安　娜
邓　宵　左欣蕊　何小龙　宋　智　谢成佰
张　吉　孙　菊
结业生　12 人
刘　祎　陈　强　许　跃　李　阵　谢　爽
李　建　尉迟晋臣　李　桐　穆　标　郭子阳
柳融飞　张　园

专业　工商管理

毕业生　67 人
崔呈慧　樊　荣　部扬琪　巩　娇　郭　蕊
郭思言　贺晓莹　李　丹　李苏阳　李　鑫

龙碧波 马晓琳 王 鹤 王宇飞 闫欣瑶
杨 璐 赵 玥 杜福雨 冯兆鑫 王玉琪
赵 岩 甄 晨 蔡虹佚 陈 思 金 慧
李曌宇 刘 璐 牟思慧 王 茹 王迎迎
颜君怡 杨欢妹 于卓可 张颖函 赵孟博
曹 帅 郝长贺 郝文杰 井立康 林 杰
罗 荣 英 豪 李 枫 吴梦遥 李文卓
任思琪 王 青 国英杰 张宇婷 刘思璇
孙少婧 王 佟 戴海静 李 健 李 羡
乔 江 冯春权 陈 远 芦 远 石大太
王子强 韩鑫宇 王明焰 王大章 张桐淇
冯成雄 曹梓骞

结业生 2人

彭 玥 张子良

专业 工商管理（服务运营管理）

毕业生 51人

蔡欣悦 高新明 李 诗 梁姊侨 林心培
牛 璐 孙 丽 杨诗涵 张 灿 张思幪
张 妍 庄 田 杜雨澎 贺 林 黄 众
马 吉 宋仁杰 朱景涛 万 茉 董星晨
关 珊 康雪艺 刘天舒 刘惟一 刘迎春
齐华菲 孙 蕾 王菲楠 翁秋英 张 静
周 楠 何泽南 蒋星辉 李自强 梁雨桥
刘 涛 马 磊 张世豪 郑 恺 李欣婷
郑 淼 包 含 马 乐 樊路兵 陈祐琪
龚志明 张 振 曹吉盈 李 想 陈伟伦
王艺蓉

专业 经济学

毕业生 52人

高锦一 凯迪日耶·阿巴斯 李溯旸
萨妮耶·吾拉木江 石 然 王 婕 王 璐
王 玥 叶 芝 张冰洁 张 戈 张青云
张荣博 赵 峰 赵佳玉 李一龙 马梦宏
秦 川 韦融望 余长州 余 义
阿迪娜·阿布来提 陈 擎 郝梦晨 侯燕妮
黄诗正 李为婕 刘 婷 刘洋洋
玛迪娜·阿克木江 彭 琪 秦曦霖 张 涵
张思雨 张旭峰 朱青青 李春晖 王 宇
谢雪峰 鄢晨西 姚 超 张紫琦 周雨旋
武 尧 景子芸 荣安琪 肖 东 苗雨彤
石 鑫 季 昂 安 邦 陈安稷

专业 经济学（国际贸易）

毕业生 49人

陈瑜洁 杜旖格 高瑾雯 谷 雪 韩可心
韩 璐 刘鹏云 刘 彤 吕旭宁 马 铭
曲辛然 孙艺伟 王雪静 吴 岚 张景茜
张 楠 张莹莹 朱佳琦 苏家悦 王传瑞
杜梦茹 冯 敏 郭远新 海 洁 韩媛媛
侯小晴 贾婷玉 李雨杭 路 露 路泽乾
彭钰婷 史筱钥 谭纯纯 田 野 翟 爽
张思雨 朱一丁 龚 凯 贾睿庶 李志超
张武斌 张希劼 刘成栋 张功跃 王 喜
付博文 刘建达 张峻达 刘文鼎

结业生 3人

邓 军 高 雪 张 欣

专业 人力资源管理

毕业生 56人

巨禹婷 黄 燕 钟新宇 刘长发 阿姚乐
安 娜 陈 可 杜 楠 桂 彬 胡方凤
黄靖雯 黄思莹 李梦荧 刘钰爽 马媛媛
孟小珊 苏宇婷 孙赫阳 王思雨 王 潇
王 紫 吴艺蓉 赵 珺 韩 圣 李 严
连 赛 孙占奇 覃俊雄 唐 浩 熊 杰
陈 静 闇 娟 顾佳梅 黄静雅 贾璇钰
李 川 梁杰宏 梁双双 孟 雪 潘 悦
裴梦媛 王夏香 王舟静 吴羽笛 徐 莹
阴丽佳 张 桂 张 蕊 张天凤 赵 佳
刘文豪 罗吉鑫 母玉雄 王 千 夏国庆
宋 夏

结业生 3人

易雪玲 王云汉 王文静

单位 信息管理学院

专业 信息管理与信息系统

毕业生 74人

刘 伟 吴 瑶 王 宽 蔡倩瑜 葛子欣
王 蔚 陈 燕 江 帆 林 艳 楼丹霓
汤小朋 杨 菁 李 涵 罗 政 刘进林
王春鸣 陈 浩 陈良华 程 星 权洪林
王 维 张可佳 黄 俊 吴禹非 杨菁筠
冼耀先 李泽源 殷 畅 张增慧 常 竞
杨雪莉 胡亚楠 冯 静 刘 佳 刘 洁
倪兰思 谭卉宁 陈宇柱 董 晨 葛玉琦
马 骁 董 佳 杜世欣 韩 莹 李 杉

李浥菡 田 甜 杨 璐 杨 晴 袁 敏
岳 媛 张 欢 郑婉滢 刘联博 牛仲新
戚 鹏 朱明亮 孙安雅 岳永杰 王国会
王晓菲 张 爽 张 晓 张亚丽 周梦鑫
周婷婷 孙雨晨 汪 畅 张博源 钟泽昊
陈 茜 胡 婧 刘昊帅 张加恩 张露雨
赵 阳 都宇成 符启盛 李晨曦 刘舰扬
朴一君 唐凯城 郑瀚潇 张 文 张玉畅
高 爽 孙思佳 席 俊 谭 笑 戴海睿
付 予 韩明超 姜 珊 李晨希 李 琴
刘雪雪 王 环 赵玲伟 周佳琪 诸 萌
陈玉立 黄煜佩 李佳锋 李 彤 马德宏
张 辰 张 勇 张 鑫 王 婷 李理想
王 振 陈 风 陈棋颖 李万青 李彦佳
鲁 丹 马尚芳 魏依依 许亦婧 张菊欣
张婉茹 张馨予 张 妍 程 昊 冉沿川
王英杰 王裕丰 张成双 张 伟 王婧璇
李 貌 王 倩 崇爱磊 窦 月 侯 爽
贾冬雪 李 萍 刘瑜佳 麻瑞瑶 孟子钰
芮安妮 石 晗 石 雨 王 倩 徐文清
杨 瑶 赵天梅 陈 程 董 宁 黄宇彬
贾京川 李 伟 燕 宇 杜烨琳 付莎莎
李品遥 谭思婵 王孟晨 王 桐 孙 柳
张雨豪 任大为 杨 翌 孟繁琪 蒲相杓
尹兴晨 王 亮 徐 望 米 行 李佳鑫
王梦寒 陈天歌 刘海锋 张俊瑶
结业生 9人
路振宇 王志虎 吴乃芮 安达权 高 翔
王博泓 杨 丹 刘福民 李晓彤

专业 信息安全

毕业生 60人
吴芳芳 韩晓颖 江 珊 解子祎 田 梦
王璐平 吴 迪 闫 涵 赵世杰 费 禹
梁 原 鲁 岳 孟 繁 孙 晨 孙振雄
王晓鸣 王宇飞 王 峥 武 烁 夏吉仁
徐 赞 杨建华 于昌鑫 赵思捷 高 宇
康 健 刘 栋 吴 凡 付莉珺 丁晨溦
郭玉晨 侯佳琦 李自然 刘瑞元 孙梦竹
唐艺珍 王 梅 王心语 薛 蕾 姚 锐
余 果 张汝倩 杜幼林 高 志 李 渊
梁西龙 彭 程 屈顺城 孙 佩 杨晓旭
张翕然 赵 颉 王 震 孔德爽 刘文泽
刘心童 伍至煊 高 牧 秦 雨 宋雨轩
结业生 3人
石相文 赵之煜 王同辉

专业 电子商务

毕业生 23人
顾 帆 胡侨侨 姜 美 阚艺琳 刘姗姗
吕 彤 邵志妍 孙雪静 王家瑜 王晓宇
邢 平 张 冉 张艺璇 张子娟 朱 岩
陈 哲 戴凤吉 林京贝 邱泽华 石 宇
徐德雄 张烨挺 邹 伟
结业生 5人
屈韵竹 吕 林 冯泽宇 郝 松 周 晖

专业 审计学（计算机审计）

毕业生 35人
马兆艳 郭茜宇 汤碧燕 曹 慧 陈芊颖
冯 姗 管佳琳 郝 婷 胡晨颖 李明月
李莞枫 刘禹卿 庞路遥 石思涵 宋天鑫
孙雪蕾 王志遥 薛艳茂 杨冰倩 张 珉
曹 洪 崔昭宁 董 可 方翔世 金弘渊
李天聪 马嘉懿 孙 涛 翟俊豪 马万欣
张丹怡 崔珮瑶 史丫丫 李 萌
卡地丽亚·吐尔洪
结业生 2人
梁栩畅 徐思雨

专业 管理科学

毕业生 19人
陈 扬 何文奎 李晨旭 陆 颖 孙红变
王浩颖 王兴宇 许晓丹 郑航竹 付 童
孔卫奇 李 超 马鹏飞 仝帅杰 张 博
侯辰红 黄光耀 李璐瑶 米珂莱·阿迪江
结业生 6人
郭李朝阳 蔡雪丽 张凌宇 程 悦 左明然
亚夏尔江·阿不来提

单位 公共管理与传媒学院

专业 行政管理（办公自动化）

毕业生 26人
董晋孜 郭宣含 胡 佳 赖思斌 李雪莲
李依静 梁相君 潘悦欣 彭佳玉 施 玥
苏博洋 孙 冉 王 冕 王梓晴 吴若琳
夏明慧 徐 帆 徐 笑 张艳萍 郑 佳
郑秋凝 杨铁助 赵梦凡 闫 绅
麦尔哈巴·赛莱 布合地且·托合提吐木尔

结业生 1人
韩冰洁
专业 行政管理（电子政务）
毕业生 25人
范鹏燕 丁 娟 高 宇 胡宇晴 孔 玥
梁宝文 刘文吉 刘宇洁 龙 霄 吕 婷
马 静 苏雅茜 孙丽洁 夏 琦 杨 洋
张 珊 郑佳宝 戴啸天 邓超宇 马文善
张 涛 张新月 者小傑 樊成博
巴燕 · 列尼亚
结业生 1人
杨 瑞
专业 行政管理
毕业生 22人
郭 帆 郭文慧 朱艳娣 陈苑婕 陈晶晶
罗慧敏 夏凤玥 赵文琪 王雯怡 王霁萌
张路莹 刘玉娟 王熙宇 赵梦君 刘 畅
孙 佳 李艳丽 周思楠 李静怡 李晨雨
毛蓓奇 阮骏一
结业生 1人
陈 曦
专业 传播学（网络传播）
毕业生 55人
郭 正 刘坤元 陈昕冉 陈周静 高陈雯
华 宇 李月阳 刘婕青 阮浩冉 苏静洁
孙羽函 汤诗瑶 王晓涵 谢静仪 杨新艺
于静茹 张 晴 赵池林 仲 晴 朱 青
蔡宇辰 陈腾跃 丁伟林 李延昭 张 浩
郑 越 周 灿 陈云云 范盈盈 冯雪珊
韩雨晴 黎 晋 李 颖 刘文静 罗梦蝶
王 迪 熊文婷 杨 静 杨雅思 俞 珏
张雨微 赵凯旋 常 朔 邓海烨 洪埼袁
金 鹏 刘 淼 穆鹤林 王 一 张 实
赵 伦 李冬胜 董 玥 顾爽靖 陈 勇
结业生 2人
张 硕 孙 澍 蒋一民
单位 外国语学院
专业 英语（商务）
毕业生 45人
陈 洁 邓春蕤 杜嘉瑶 韩香凝 姜召彩
李 波 李婧楠 李明月 林樟嫔 刘 颖
龙雪英 明晨域 齐 明 孙明哲 向晶晶
张 琪 张思琦 张雅涵 张展文 章丹妮
赵一宁 赵 睿 陈思闽 丁 潇 杜 莎
侯 娜 李 朗 李媛媛 刘 晨 刘红丽
刘羽欣 齐 月 尹玉杰 张春苗 张琼霞
白凤秋 王书帆 高 云 彭新星 杨雅婷
单 静 胡浥辰 孙静晖 方智强 刘 巍
结业生 4人
宁思韬 周恒星 雷鹏博 张怡冰
专业 英语（翻译）
毕业生 24人
陈珂雪 陈予希 郝西妍 胡苨冉 纪昊丹
李 京 宋 军 万 莹 王 琳 肖梦楠
徐 昊 徐新冉 杨玉庆 张心怡 张 烨
赵 月 左茹岩 宋健达 武泽天 李 倩
耿宗周 张瀚予 杜志琪 王润雨
专业 英语
毕业生 11人
李艳招 李楠楠 南 格 白思雨 张 然
杨 诺 赵文辛 李 欢 刘 微 李冀川
赵发莲
单位 理学院
专业 信息与计算科学
毕业生 52人
车路路 陈 思 胡淑钰 刘寒玉 吴凯莲
于 平 陈炳岩 陈钰良 董春禹 郭泉洋
郭一凡 姜 蒙 李 昊 李嘉宸 李萌初
罗瑞晗 庞帅兵 翁学成 武 鹤 袁铁明
张劲鹏 甄明亮 徐 硕 张夏勇 陈 悦
景宇晗 居 笑 李 益 刘小棠 张梦楠
程立夫 程新胜 郭子强 江战波 李子寒
吴涛杰 谢宇宸 于崇鑫 张 赫 张 骁
赵 铭 赵玉峰 郑 凯 张长浩 崔梦瑄
张晋铭 周 鑫 黄泽旭 崇日思托 宗天佑
周 游 张希琦
结业生 3人
刘 斌 郭 睿 于博轩
专业 电子信息科学与技术
毕业生 44人
侯晶晶 秦 艺 张晓芳 赵京京 朱含玉
安 铮 曹 旭 陈建强 康 平 孔维元
刘子璋 谭家成 王奕轩 张浩鹏 张 鹏
赵来喜 赵 奕 陈 婕 付 月 刘 玉

王思雨　王雨岩　吴佳佳　安　东　边昊东
陈　洋　焦芃源　李世通　邱岳进　王　升
王星宇　王永俊　王章博　杨　阳　岳首印
张　辉　周　礼　王　林　陈宇铮　洪亦蚨
姚启明　张希羽　柳　杰　严宇奇
结业生　5 人
肖路宽　李林洋　董　宇　刘博炜　牛海辉

专业　统计学

毕业生　25 人
杜泉莹　霍晨晓　李冬卉　刘　烨　刘　莹
宋睿哲　孙婉宁　孙晓彤　王亚红　肖　娜
于博文　张一凡　张　祎　赵　赛　周　祎
朱馨瑗　常新焱　代明轩　李昊晟　宋振元
王红飞　吴　琛　冯子琦　高　宇　李伯峰
结业生　2 人
王琨皓　王冬冬

学校事业发展统计数据

表 49　　教职工情况（2016/2017 学年初）统计表　　单位：人

	合计	校本部教职工数					科研机构人员	校办企业职工	其他附设机构人员	另有其他人员			
		计	专任教师	行政人员	教辅人员	工勤人员				聘请校外教师	离退休人员	附属中小学幼儿园教职工	集体所有制人员
合　计	1359	1272	839	242	113	78	33	9	45	6	1094	0	0
其中：女	732	701	489	127	76	9	10	1	20	2	524	0	0
正高级	134	126	120	4	2	0	8	0	0	1	87	0	0
副高级	350	335	287	33	15	0	9	2	4	3	214	0	0
中　级	602	563	384	100	79	0	11	5	23	2	0	0	0
初　级	65	56	6	38	12	0	0	0	9	0	0	0	0
无职称	208	192	42	67	5	78	5	2	9	0	0	0	0

表 50　　专任教师学历情况（2016/2017 学年初）统计表　　单位：人

	合计	博士研究生			硕士研究生			本科			专科及以下		
		计	其中：获学位		计	其中：获学位		计	其中：获学位		计	其中：获学位	
			博士	硕士		博士	硕士		博士	硕士		博士	硕士
1. 专任教师	839	367	367		277	1	276	193		72	2		
其中：女	489	177	177		186		186	125		56	1		
正高级	120	89	89		23	1	22	8		3			
副高级	287	129	129		84		84	74		33			
中　级	384	128	128		148		148	106		36	2		
初　级	6				1		1	5					
无职称	42	21	21		21		21						
2. 聘请校外教师	6	1	1		1		1	3			1		
其中：女	2							2					

续表 50

	合计	博士研究生			硕士研究生			本科			专科及以下		
		计	其中：获学位		计	其中：获学位		计	其中：获学位		计	其中：获学位	
			博士	硕士		博士	硕士		博士	硕士		博士	硕士
外籍教师													
其他高校教师													
正高级	1	1	1										
副高级	3				1		1	2					
中 级	2							1			1		
初 级													
无职称													

表 51　　资产情况一览表（2016/2017 学年初）

	占地面积（平方米）			图书（万册）		计算机数(台)		多媒体教室数	固定资产总值（万元）				
	计	其中：绿化用地面积	其中：运动场地面积	计	当年新增	计	教学用（台）		计	教学、科研仪器设备资产		信息化设备资产值	
										计	当年新增	计	软件
学校产权	333178	96132	58156	116.9857	3.171	8603	7185	139	117541.261677	59244.54114	8971.015724	20237.76175	5226.7878
非学校产权	6300		5350									*	*
独立使用	5350		5350									*	*
共同使用	950											*	*

表 52　　校舍情况一览表（2016/2017 学年初）　　单位：平方米

	学校产权校舍建筑面积				正在施工面积	非学校产权校舍建筑面积		
	计	其中				计	独立使用	共同使用
		危房	当年新增	被外单位借用				
总　　计	331491.78			15672		5424	5424	
一、 教学及辅住用房	86546.56					5424	5424	
教 室	33681.1							
图书馆	9661.16							
实验室、实习场所	30709.47					1211	1211	
专用科研用房	6680.69					4213	4213	
体育馆	2882							
会 堂	2932.14							

续表 52

	学校产权校舍建筑面积				正在施工面积	非学校产权校舍建筑面积		
	计	其中				计	独立使用	共同使用
		危房	当年新增	被外单位借用				
二、行政办公用房	28704.28							
三、生活用房	112230.9							
学生宿舍	77015.27							
学生食堂	12499.2							
教工单身宿舍	4337.41							
教工食堂								
生活福利及附属用房	18379.02							
四、教工住宅	104010.04			15672		*	*	*

表 53　　硕士研究生情况（2016/2017 学年初）　　单位：人

名称	毕业生数	授予学位	招生数		在校生数				预计毕业生数
			计	其中：应届生	计	一年级	二年级	三年级	
总计	367	375	402	251	1210	425	408	377	393
国家任务学术型学位硕士	185	186	198	125	595	198	199	198	198
自筹经费学术型学位硕士	11	11	0	0	0	0	0	0	0
国家任务专业学位硕士	135	143	204	126	576	204	193	179	179
自筹经费专业学位硕士	36	35	0	0	39	23	16	0	16

表 54　　普通本科学生情况（2016/2017 学年初）　　单位：人

名称	毕业生数	授予学位数	招生数		在校生数					预计毕业生数
			计	其中：应届生	计	一年级	二年级	三年级	四年级	
总计	2332	2257	2774	2629	7	8	9	10	11	2686
高中起点本科	2236	2162	2682	2539	10749	2868	2747	2549	2585	2585
专科起点本科	96	95	89	89	10554	2774	2646	2549	2585	101
第二学士学位	0	0	3	1	191	90	101	0	0	0

表 55　　成人本专科学生情况（2016/2017 学年初）　　单位：人

名称	毕业生数	授予学位数	招生数	在校生数						预计毕业生数
				计	一年级	二年级	三年级	四年级	五年级	
总计										
成人本科生	570	0	652	1499	652	558	169	85	35	397
函授本科	410	0	593	1363	593	493	169	85	23	320
高中起点本科	17	0	195	668	195	196	169	85	23	23
专科起点本科	393	0	398	695	398	297	0	0	0	297
业余本科	160	0	59	136	59	65	0	0	12	77
高中起点本科	0	0	0	12	0	0	0	0	12	12
专科起点本科	160	0	59	124	59	65	0	0	0	65
成人专科生	1380	0	1281	2382	1281	1101	0	0	0	1101
函授专科	1164	0	1100	2040	1100	940	0	0	0	940
高中起点专科	1164	0	1100	2040	1100	940	0	0	0	940
业余专科	216	0	181	342	181	161	0	0	0	161
高中起点专科	216	0	181	342	181	161	0	0	0	161

媒体报道

报　纸

祝连庆委员：建议清理全国范围内不合时宜的计生宣传内容　（《人民政协报》，3 月 14 日）

王安顺到北京信息科技大学调研时勉励广大学子：敢于攀登科学高峰全面提升科技创新能力　（《北京日报》，4 月 29 日）

北京信息科技大学教授陈勇半生痴情电动汽车　（北京晚报》，5 月 1 日）

北京信息科技大学民族舞蹈团学生在操场训练　（《北京考试报》，5 月 25 日）

“北京榜样”5 月第三周上榜人物——为孤独症孩子点燃明灯杜佳楣　（5 月 16 日）

北京信息科技大学国际文化节日前开幕　（《北京晚报》，5 月 29 日）

中国 water 队摘金夺银　（《北京晚报》，7 月 4 日）

机器人世界杯信息科技大学获亚军　（《北京日报》，7 月 5 日）

北京信息科技大学摘得亚军　（《北京青年报》，7 月 5 日）

第 20 届 RoboCup 机器人世界杯落幕 北京信息科技大学获亚军　（《北京教育考试报》，7 月 11 日）

学会做人，学会做事，学会学习　（《北京教育考试报》，7 月 16 日）

正在跳舞的机器人（图）　（《北京日报》，9 月 27 日）

2016 世界机器人大赛：机器人赛出“奥运”劲儿　（《北京日报》，10 月 22 日）

共创共享共赢 开启智能时代——2016 世界机器人大会看点纷呈　（《经济日报》，10 月 22 日）

世界机器人大会昨起向公众开放　（《北京青年报》，10 月 22 日）

大学生研发脑控居家机器人 像“阿凡达”那样操控轮椅和餐桌　（《北京晚报》，11 月 28 日）

脑控轮椅亮相高校机器人大赛　（《北京日报》，11 月 12 日）

华北五省大学生比拼机器人　（《北京青年报》，11 月 12 日）

机器人大赛“开锣” （《法制晚报》，11 月 12 日）
华北五省市区大学生机器人大赛在京举行 （《北京晚报》，11 月 12 日）

期　刊

北京信息科技大学（封一、封二、封三、封四） （《北京教育》（高教版），2016 年第 1 期）
问渠哪得清如许 为有源头活水来 （《北京教育》（高教版），2016 年第 1 期）
地方高校建设“双一流”大有可为 （《中国高等教育》，2016 年第 15 期）
“五个环境建设”推动学校再创辉煌 （《北京教育》（高教版），2016 年第 9 期）

网　络

《“四十年的怀念——周恩来精神研讨会”在京举行》 （中红网，3 月 10 日）
《65 所高校晒出创新成果 500 项》 （民生网，9 月 26 日）
《中国 water 队摘金夺银》 （搜狐，7 月 4 日）
《机器人世界杯信息科技大学获亚军》 （网易，7 月 5 日）
《北京信息科技大学摘得亚军》 （凤凰网，7 月 5 日）
《第三届北京市大学生创新创业教育成果展召开》 （中国教育装备网，9 月 26 日）
《北京师德先锋人物陈勇：站稳三尺讲台 潜心教书育人》 （首都教育新闻网，11 月 28 日）
《2016 世界机器人大赛：机器人赛出“奥运”劲儿》 （民生网，10 月 22 日）
《共创共享共赢 开启智能时代 （2016 世界机器人大会看点纷呈》（中国教育和科研计算机网，10 月 22 日）
《世界机器人大会昨起向公众开放》 （海外网，10 月 22 日）

电视广播

北京市委副书记、市长王安顺到北京信息科技大学调研鼓励广大学子：敢于攀登科学高峰 努力增长知识和才干 全面提升科技创新能力 （北京电视台《北京新闻》，4 月 29 日）
德国莱比锡举行第 20 届 Robocup 机器人 （中央电视台《朝闻天下》，7 月 4 日）
机器人世界杯亚军花落北京信息科技大学 （北京电视台，7 月 23 日）
北京信息科技大学“实培计划”项目——海浪发电机及其最大功率跟踪控制器的研制 （北京电视台，9 月 27 日）
华北五省市区机器人大赛在京举行 （中国教育电视台 1 套，11 月 13 日）

（薛涛）